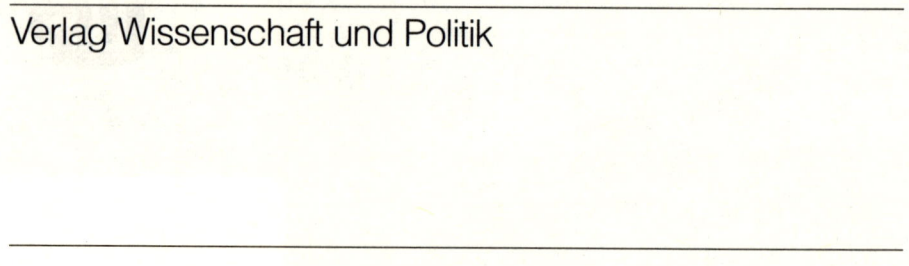

Verlag Wissenschaft und Politik

Eva Sternheim-Peters

Die Zeit der großen Täuschungen

Eine Jugend im Nationalsozialismus

© 1992 bei Verlag Wissenschaft und Politik
Claus-Peter von Nottbeck
Umschlaggestaltung Regina Holland-Cunz
Gesamtherstellung Werbedruck Zünkler, Bielefeld 11
Printed in Germany · ISBN-3-8046-8783-0

Inhalt

Vorwort

Was brachte Anfang 1945 eine junge Frau von gerade 20 Jahren, aufgewachsen in einem bildungsbürgerlichen katholischen Elternhaus in Paderborn, dazu, beim Einmarsch der ersten amerikanischen Soldaten in ihrer Vaterstadt provozierend und trotzig den Arm zum »deutschen Gruß« zu erheben? Eva Sternheim-Peters, die noch 1945 scheinbar unbelehrbare Nationalsozialistin E., läßt die Leser und Leserinnen ihres Buches an dem faszinierenden Versuch teilnehmen, durch immer wieder neue Suchgräben in ihrer Biographie plausible Antworten auf diese Frage zu finden. Wie eine Archäologin, die auch zunächst nebensächlich wirkende Kleinigkeiten sorgfältig registriert, legt sie dabei – ohne Schonung und in anrührender persönlicher Offenheit – Schichten des zeittypischen Wahrnehmens, Erlebens und Handelns vom Ende der zwanziger Jahre bis 1945 frei, die in den vielen Darstellungen des Lebens im »Dritten Reich« nur äußerst selten vorkommen und in dieser Ausführlichkeit und Eindringlichkeit bisher von Zeitzeugen noch nicht beschrieben worden sind.

Ausdrücklich geht es der Autorin nicht um Schuldbekenntnisse oder um ein nachträgliches Werben um Verständnis für eine fehlgeleitete Generation, sondern von der ersten bis zur letzten Seite spiegelt das Buch das bohrende Bemühen um Aufklärung darüber wider, was ganz konkret bei E. und wohl auch vielen anderen jungen Menschen der »Hitlerjugendgeneration« jene »große Täuschung« bewirkt hat. Dabei wehrt sie sich vehement gegen jede Deutung, die platt darauf hinausläuft, das deutsche Volk sei eigentlich unwillentlich in sein Verhängnis »hineingeraten« oder – durch den Terror einer verbrecherischen Clique gelähmt – zum Mitmachen gezwungen worden. Eva Sternheim-Peters geht statt dessen den eigenen aktiven Zutaten zum Funktionieren des von ihr damals fast uneingeschränkt bejahten und unterstützten Regimes nach, und sie stellt sich – nicht ohne bittere Selbstironie – angesichts der vielen entlastenden Selbstdeutungen ihrer Altersgenossen und -genossinnen die rhetorische Frage, ob sie denn wohl damals »ganz allein gejubelt (habe)«. Ihr Buch ist deshalb nicht nur ein mit persönlichen Farben versehenes, aber doch exemplarisches Mosaik individuell erlebter »Normalität« im nationalsozialistischen Deutschland, sondern zugleich eine deutliche Kritik an den vielen »allzu blühenden Widerstandsgeschichten« und »Lebenslügen«, mit denen sich viele Menschen ihrer Generation in die Zukunft mogelten. Sie spart bei ihrer Kritik aber auch die nachgeborenen Historiker und Historikerinnen nicht aus: Auf einem »Logenplatz« der Weltgeschichte sitzend, erklärten sie aus der sicheren Rückschau, »warum alles so kommen mußte, wie es gekommen ist«; die Sehnsüchte und Hoffnungen, Gewißheiten und Ängste der konkreten Menschen in jener Zeit hätten sie dagegen weitgehend unterschlagen oder als bedeutsame historische Fakten nicht ernst genommen. Daran ist viel Wahres: Nach einem fast völligen Verdrängen bzw. dem Fehlen einer historisch-kritischen Aufarbeitung des »alltäglichen« Nationalsozialismus bis in die sechziger Jahre, dann einer stark schwarz-weiß konturierten Beschäftigung mit den führenden Nationalsozialisten, den NS-Institutionen, den Terrormaßnahmen und dem Widerstand begann sich erst in den achtziger Jahren eine differenziertere Sicht auf die Lebensbedingungen im »Dritten Reich« durchzusetzen. »Historisierung« lautete das neue Schlagwort, und nicht zuletzt war damit auch der Versuch gemeint, Mentalitäten, Wahrnehmungsweisen und Erfahrungen aufzuspüren und zu analysieren, die dazu beigetragen haben, daß nach 1933 »die Reihen« zwar nicht »fest«, aber doch fast geschlossen waren.

Für diesen Kontext bieten nun die Aufzeichnungen Eva Sternheim-Peters' ein bislang wohl einmaliges Hilfsmittel, entsprechenden Antworten auf die Spur zu kommen. Vor allem die Tatsache, daß hier eine Frau ihrer damaligen Bereitschaft intensiv nachgeht, sich einem Regime auszuliefern, das von männlich-aggressivem Auftreten und von kraß übersteigerten männlichen Vorstellungen geprägt war, macht das Buch so wertvoll und reizvoll. Dies übrigens nicht zuletzt deshalb, weil die Autorin ständig die Darstellung des Allgemeinen und Zeittypischen mit dem persönlichen Erleben in unaufdringlicher Weise verknüpft. Allerdings erfordert die Lektüre von den Lesern und Leserinnen – darauf hat bereits Arno Klönne anläßlich einer ersten Fassung hingewiesen – durchaus mehr an gedanklicher Leistung und eigener Stellungnahme als andere Darstellungen des Nationalsozialismus; das Buch macht es ihnen nicht leicht, weil es sie herausfordert und in ihren Selbstgewißheiten erschüttern kann. Auch Mißverständnisse sind möglich.

Dennoch und gerade deshalb: Dies ist ein notwendiges Buch! Wenn es frühzeitig mehr solcher »ehrlichen« Aufzeichnungen gegeben hätte, wären viele der von Eva Sternheim-Peters beklagten mißglückten Dialoge zwischen den Generationen über die Zeit des Nationalsozialismus vielleicht nicht nötig gewesen.

Kann man aus der Geschichte lernen? Auch wenn die Geschichte keine simplen Handlungsanweisungen für die Lösung konkreter Gegenwartsaufgaben liefert, so mag man sich nach der Lektüre dieses Buches über eine besonders verhängnisvolle »Zeit der großen Täuschungen« doch fragen, ob die Art und Weise, wie die Autorin mit ihrer Biographie im Kontext einer konkreten Vergangenheit umgeht, nicht auch eine Empfehlung liefert, wie jetzt und in Zukunft die heutigen Zeitgenossen mit »ihrer« DDR-Geschichte und »ihrer« Geschichte in der Bundesrepublik seit den fünfziger Jahren umgehen sollten, um nicht noch einmal die Zukunft auf »Lebenslügen« aufzubauen.

Jürgen Reulecke

Einleitung

Nach dem Untergang des Dritten Reiches meldete sich »das andere Deutschland« zu Wort, das zwölf Jahre hindurch hatte schweigen müssen: verfemte Dichter, »entartete« Künstler, verfolgte Widerstandskämpfer, Überlebende der Konzentrationslager. Je lükkenloser die Aufklärung über die Verbrechen des NS-Regimes, desto unverständlicher für nachgeborene Jahrgänge, warum Eltern und Großeltern ihm bis zum bitteren Ende die Treue hielten, denn – obwohl das heute niemand mehr wahrhaben will –»das andere Deutschland« war eine Minderheit.

Die Identifizierung jüngerer Zeitgenossen mit dem Widerstand – die Überzeugung »so was hätte uns nicht passieren können« – trägt wenig zum Verständnis der Vergangenheit bei, gilt es doch herauszufinden, warum dem Widerstand im Dritten Reich die Massenbasis fehlte.

Ralph Giordano klagt in seinem Buch »Die zweite Schuld« das »riesige Kollektiv der ehemaligen Hitleranhänger an«, weil es »die einmalige Chance« verpaßt habe, »zum eigenen, aber auch zum Wohle der Nachkommen, Herkunft und Beschaffenheit der deutschen Anfälligkeit für den Nationalsozialismus zu ergründen«. Thomas Mann schrieb am 17. Juli 1944 in sein kalifornisches Tagebuch:»Man soll nicht vergessen und sich nicht ausreden lassen, daß der Nationalsozialismus eine enthusiastische, funkensprühende Revolution, eine deutsche Volksbewegung mit einer ungeheuren Investierung von Glauben und Begeisterung war.«

»Die Zeit der großen Täuschungen« ist kein Bericht aus dem »anderen«, sondern aus dem »einen« Deutschland der Jahre 1930–1950. Er mutet Lesern und Leserinnen zu, sich auf die Perspektive jener einzulassen, die mit gutem Gewissen keinen Widerstand leisteten und von denen viele »dran glauben mußten«, weil sie »dran geglaubt hatten«. Ihre Situation beschrieb Ernst Friedländer im Jahre 1948 wie folgt:

»Im Bewußtsein der meisten Deutschen war die Gefolgsmasse eine Volksgemeinschaft, die Tyrannei ein volksverbundener Staat, der Aufstieg aus der Krise von 1932 ein Führungswunder, die große Weltpolitik eine Weltverschwörung gegen Deutschland, der ›Weltjude‹ der Einpeitscher ›der Plutokratien und des Bolschewismus‹, der willkürliche Angriff Notwehr, die Neuordnung Europas eine Deutschland aufgezwungene Mission. Die Nazis haben es fertiggebracht, mit den Vorgängen auch die Erlebnisse der Menschen zu fälschen. Und sie waren gerissen genug, die Geschehnisse von Auschwitz und Lidice und zahllose andere nicht in die deutsche Öffentlichkeit dringen zu lassen. Das alles muß man zunächst einmal nüchtern registrieren, und zwar, was den Massendeutschen anbelangt, ohne jede Tendenz der Beschuldigung oder der Entschuldigung. Dann kommt man nämlich zu dem Ergebnis, daß dieser Massendeutsche der Jahre 1933 bis 1945 alles andere gewesen ist als ein Nazi . . . Der Massendeutsche will das Recht und den Frieden, aber der Nazi verfälschte ihm die tatsächliche Macht und den tatsächlichen

Angriffskrieg in ein Scheingeschehen, das dann als Recht und als Verteidigung erlebt wurde . . . Die These von der Kollektivschuld hat weit mehr verbittert als geholfen . . . Ein Übermaß des Vorwurfs erzeugt Trotz und nicht Reue. Das gilt auch für den fast chronischen Fehler, die Massendeutschen – Pgs oder Nicht-Pgs – einfach mit den Nazis zusammenzuwerfen und also dort zu strafen und leider auch zu rächen, wo in Wahrheit Illusionen zu zerstreuen waren. Die Nachrichten über die Nazigreuel wurden dem deutschen Publikum viel zu unvermittelt und viel zu zusammenhanglos vorgesetzt. Das hat nicht wenige Menschen skeptisch und stutzig gemacht, statt sie zu belehren. In diesem Falle war das Wahre so unwahrscheinlich, daß es erst innerhalb eines Gesamtbildes glaubhaft werden konnte. Dieses Gesamtbild fehlt. Es läßt sich nicht durch Schimpfworte ersetzen . . .«

»Die Zeit der großen Täuschungen ist keine Autobiographie, sondern ein subjektives Geschichtsbuch, in dem zwei Jahrzehnte deutscher Innen- und Außenpolitik mit Erinnerungen, Erlebnissen, Gedanken und Gefühlen eines Kindes, einer Heranwachsenden und ihrer Umwelt belegt, politische und menschliche Verhaltensweisen damaliger Zeitgenossen weder gerechtfertigt, noch entschuldigt, sondern nachvollziehbar dargestellt werden. Die persönlichen Erinnerungen wurden unter dem Aspekt des politisch Bedeutsamen ausgewählt und den jeweiligen Bereichen zugeordnet. Sie sind Beispiele für Aufnahme, Wirkung und Verarbeitung von Gesetzen und Verordnungen, › Volksaufklärung und Propaganda‹, ökonomischen und territorialen Veränderungen, militärischen Aktionen, Tendenzen im Kunst- und Kulturleben, zeitgenössischen Filmen, Liedern und Gedichten. Andere, im Erleben des Kindes, der Jugendlichen ebenso wichtige, oft wichtigere Gedächtnisinhalte blieben unberücksichtigt. Zwar weitete sich der Begriff des politisch Bedeutsamen im Prozeß des Schreibens mehr und mehr auf Kosten des rein Privaten aus – was ist schon unpolitisch? –, dafür stellten sich Proportionsverschiebungen ein, die die damalige Wahrnehmung und Verarbeitung des Zeitgeschehens verzerren. Seinerzeit für belanglos erachtete Erlebnisse wurden erst unter dem Eindruck von Nachkriegsinformationen zu Schlüsselerlebnissen, flüchtige Gedanken, vage Gefühle erhielten erst nachträglich eine politische Bedeutung. Wie weit sich – im Besitz der ganzen schrecklichen Wahrheit über das Dritte Reich – kindliche Vorurteile, jugendliche Zukunftsträume als Hinweise, Vorboten und Weichenstellungen einer Entwicklung entlarven, die in Auschwitz endete, möge der Leser beurteilen.

»Die Zeit der großen Täuschungen« ist ein Zeugnis des Jahrgangs 1925, der die Weltwirtschaftskrise mit sechs, die »Machtergreifung« mit acht, den Kriegsbeginn mit 14 und die Kapitulation mit 20 Jahren erlebte. Für diesen Jahrgang und für wenige benachbarte Jahrgänge waren die zwölf Jahre des »1000jährigen Reiches« besonders lang, da sie erlebnisstarke Kindheits- und Jugendeindrücke prägten, die sich nicht ohne Identitätsverlust von der Person abtrennen und auf den Müllhaufen der Geschichte werfen lassen. Gleichaltrige mit anderem familiären, klassenspezifischen, religiösen und lokalen Hintergrund mögen jene Zeit anders erlebt haben, sich mit der geschilderten Gefühls- und Gedankenwelt kaum oder nur partiell identifizieren können, obwohl Übereinstimmungen des Zeitgeistes auch in Zeugnissen aus dem Widerstand Spuren hinterlassen haben. Jedes Kapitel fängt ganz von vorn, d. h. bei frühen Kindheitserinnerungen an, Kindheit und Jugend werden immer wieder neu unter wechselnden Schwerpunkten durchforstet. Zeitsprünge, Überschneidungen und Wiederholungen ließen sich nicht vermeiden, da jedes Kapitel für sich verständlich sein sollte, also auch separat gelesen werden kann. Die Aufeinanderfolge von historischen Daten und Fakten, Genrebildchen aus dem bürgerlichen Heldenleben, Gesetzestexten und Zitaten, politischen Beurteilungen und

Einschätzungen, nüchternen Zustandsbeschreibungen und emotionalen Stimmungsberichten, das Nebeneinander von Idylle und Abgrund setzt den Leser einem ständigen Wechselbad der Gefühle aus, das jedoch vom Thema her berechtigt erscheint.

Der vorliegende Bericht aus dem »einen« Deutschland beschreibt – so absurd das klingen mag – die letzte deutsche Generation, die eine Kindheit und Jugend ohne Auschwitz erlebte, obwohl sich der Massenmord am europäischen Judentum zeitgleich ereignete. Damit dieser Zusammenhang gegenwärtig bleibt, wurde dem Buch ein Text aus Ernst Schnabel: »Anne Frank – Spur eines Kindes« vorangestellt.

Nach achtjähriger vergeblicher Verlagssuche veröffentlichte der Bielefelder AJZ-Verlag »Die Zeit der großen Täuschungen« erstmalig im Dezember 1987. 1989 folgte eine zweite Auflage, obwohl das Buch von überregionalen Medien totgeschwiegen wird. Nach einer Rezension in den »horen« gehört es »leider zu jenen Büchern, deren geringer Bekanntheitsgrad in geradezu schändlichem Verhältnis steht zu seiner überragenden Bedeutung«. Ob die Neuherausgabe im Kölner Verlag »Wissenschaft und Politik« daran etwas ändern wird, bleibt abzuwarten.

Die nun vorliegende dritte Auflage wurde überarbeitet und aktualisiert, einige Abschnitte wurden neu geschrieben und mit neuen Überschriften versehen. Ein zweiter Band wird die zum »Gesamtbild« ebenso wichtigen Kapitel »Sozialrassismus«, »Gottgläubigkeit«, »Geschlechtsrollenprägung und Emanzipation« und »Entnazifizierung« enthalten.

Berlin, den 1. Mai 1992   *Eva Sternheim-Peters*

Ernst Schnabel: »Anne Frank – Spur eines Kindes«

Aussage der Holländerin Frau de Wiek, die die 15jährige Anne 1944 in Auschwitz-Birkenau wiedertraf:

». . . Anne hatte noch ihr Gesicht, bis zuletzt. Und eigentlich kam sie mir in Birkenau noch schöner vor als in Westerbork, obwohl sie ja nun ihr langes Haar nicht mehr hatte, denn wir waren gleich bei der Ankunft kahlgeschoren worden, weil sie die Frauenhaare brauchten, für Treibriemen und Rohrdichtungen in den U-Booten, glaube ich. Aber jetzt sah man, daß ihre Schönheit ganz in den Augen gelegen hatte, nur im Blick, der immer größer schien, je magerer sie wurde. Ihre Lustigkeit war verschwunden, aber sie war noch immer lebhaft und lieb . . . Und sie war es auch, die bis zuletzt sah, was ringsum vorging. Wir sahen schon längst nichts mehr.

Daß aus den Krematorien des Nachts die Flammen zum Himmel schlugen, wer schaute noch hin? Und wenn es im Nachbarblock plötzlich ›Blocksperre‹ hieß und wir wußten, jetzt werden sie selektiert und vergast – es kümmerte uns kaum. Irgend etwas behütete uns, es zu sehen.

Aber Anne war ohne Schutz, bis zuletzt. Ich sehe sie noch an der Tür stehen und auf die Lagerstraße schauen, als sie eine Herde nackter Zigeunermädchen vorbeitrieben, und Anne sah ihnen nach und weinte. Und sie weinte auch, als wir an den ungarischen Kindern vorbeimarschierten, die schon einen halben Tag nackt im Regen vor den Gaskammern warteten, weil sie noch nicht an der Reihe waren. Und Anne stieß mich an und sagte: ›Sieh doch, die Augen . . .‹ Sie weinte. Und Sie können nicht wissen, wie früh die meisten von uns mit ihren Tränen am Ende waren . . .«

11

Zwischen den Kriegen

Ich hatt' einen Kameraden

*»Zogen einst fünf junge Burschen
stolz und kühn zum Kampf hinaus.
Sing, sing, was geschah?
Keiner kehrt nach Haus.*

*Wuchsen einst fünf junge Mädchen
schlank und schön am Memelstrand.
Sing, sing, was geschah?
Keins den Brautkranz wand.«
(Volkslied aus Ostpreußen)*

Es gibt eine Art von Raupen, die heißen Prozessionsspinner. Sie kriechen in langen Reihen, immer eine hinter der anderen, weil der Instinkt es so befiehlt. Wenn man sich einen Spaß erlaubt und Ende und Anfang der Prozession in Verbindung bringt, dann kriechen die Spinner geduldig im Kreis herum. Wenn man ihnen nicht mehr heraushilft, dann kriechen sie bis zur totalen Erschöpfung – dann sterben sie, wie der Instinkt es befiehlt.
Es gibt einen Heldengedenkstein in Hamburg. Da marschieren graue Soldaten um einen grauen Quaderstein. Sie marschieren in feldmarschmäßiger Ausrüstung, mit Stahlhelm und Gewehren, Tornister und Feldflasche, weil das Gesetz es befahl. Der Bildhauer hat zwischen Ende und Anfang der Kolonne nur eine Schrittlänge Raum gegeben, und so marschieren sie seit mehr als 50 Jahren geduldig um den Block herum – die toten Soldaten des Ersten Weltkriegs – in Hamburg am Dammtorbahnhof –, und keiner gibt das Kommando: »Ganze Kompanie . . . Stillgestanden! Rührt euch! Weggetreten!«
Auf dem Heldengedenkstein ist auch eine Inschrift: »Deutschland muß leben, und wenn wir sterben müssen!« An welches Deutschland mag er gedacht haben, der Kesselschmied und Arbeiterdichter Heinrich Lersch, dessen »Soldatenabschied« aus dem Jahre 1914 mit dieser Zeile schließt? Und Karl Bröger, der im gleichen Jahr das lesebuchberühmte »Bekenntnis eines Arbeiters« schrieb und sich – damals jedenfalls noch – als sozialer Klassenkämpfer verstand?
   »Immer schon haben wir eine Liebe zur Dir gekannt,
   bloß wir haben sie nie mit einem Namen genannt,
   als man uns rief, da zogen wir schweigend fort,
   auf den Lippen nicht, aber im Herzen das Wort:
   Deutschland!«

Sie gehörten doch beide nicht zu jenen, die auf der Schule Schiller und Hölderlin mißverstanden und das »Dulce et decorum est pro patria mori« aus dem Lateinischen übersetzt hatten: »Süß und ehrenvoll ist es, fürs Vaterland zu sterben.«

Das Denkmal in Hamburg am Dammtorbahnhof steht für die toten Soldaten eines Krieges, dem die laufende Nummer 1 erst zugesprochen wurde, als der Zweite Weltkrieg schon vorbei war. Aber weil die Stahlhelme sich kaum geändert haben und der Spruch »Deutschland muß leben, und wenn wir sterben müssen« keinen Widerspruch duldet, erspart es die Verlegenheit, neue Denkmäler mit neuen Sprüchen zu errichten. Und weil der Bildhauer sein Werk aus einem einzigen Steinblock geschaffen hat, besteht Hoffnung, daß es auch einen weiteren Krieg übersteht – selbst wenn kein Stein auf dem anderen bleibt. Aber ob es dann noch ein Deutschland gibt?

Es gab vor mehr als 20 Jahren eine Gruppe junger Leute in Hamburg in der Intergalerie, die machten sich Gedanken über das Heldengedenken, und sie beschlossen, das Heldengedenken abzuschaffen. Am besten wäre es, so meinten sie, den Heldengedenkstein am Dammtorbahnhof in die Luft zu sprengen – aber dazu fehlte es ihnen an Unbedenklichkeit gegenüber der möglichen Gefährdung Unbeteiligter und auch am Dynamit. Aber man wollte ein Fanal setzen und das Heldengedenken und den Heldengedenkstein lächerlich machen – mit Farbe oder anderen Zutaten. Und weil man an der vorweggenommenen »Verletzung heiliger Gefühle« schon soviel Spaß hatte, unterblieb die Ausführung.

Es gab in diesem Kreis eine Frau, die war schon älter und auch mehr zufällig anwesend, der wurde es schwer ums Herz bei den respektlosen Sprüchen. Sie wollte etwas sagen, aber sie fürchtete sich vor dem gnadenlosen Spott derer, zu denen sie sprechen wollte, und auch vor den aufsteigenden Tränen in der Kehle, aber sie konnte das Gedenken nicht einfach abschaffen, weil sie einer Generation angehörte, für die die Toten des letzten Krieges Väter, Ehemänner, Brüder – Geliebte, Verlobte, Freunde – Kameraden, Kollegen, Verwandte, Bekannte, Spielgefährten und Nachbarskinder gewesen waren.

Es gibt noch immer Schritte, die nicht ganz verhallt sind – Worte, Lachen, Lieder, die noch leise klingen – Walzer, die nie zu Ende getanzt wurden – Briefe, in denen von Glück und Liebe, Sehnsucht und Verlangen steht.

Es gibt auch Küsse, die noch immer auf den Lippen brennen, weil sie schon damals nach Blut und Tränen und Nicht-mehr-Wiedersehen schmeckten – Schatten von Umarmungen an der Laterne vor der Kaserne oder im Wald und auf der Heide –

manchmal ist es auch nur ein Geruch nach Schweiß und Leder –

ein Geräusch, wie das Klicken des Koppelschlosses beim Abschied –

eine Schlagermelodie – Fliederduft – Vogelstimmen –.

Eine ganze Generation von Lehrerinnen, Büroangestellten, Arbeiterinnen, Krankenschwestern, Küchenhilfen – viele von ihnen hießen offiziell »Fräulein« und inoffiziell »alte Jungfer«. Wenn sie tüchtig waren, so haben sie »ihren Mann gestanden«, wenn sie zu tüchtig waren, so, »weil sie keinen mitgekriegt hatten«, und zu dem Schaden kam der Spott. Manche haben eine bescheidene Karriere gemacht, manche haben sich emanzipiert, obwohl ihre Träume ganz andere waren – damals –, denn irgendwo in ihren Schubladen bewahren sie verblaßte Fotos auf von jungen Männern, deren Gebeine am Eismeer oder an der Atlantikküste, in Afrikas Wüstensand oder in den Sümpfen Rußlands vermodert sind und die heute längst ihre Enkel sein könnten.

Sie liegen an Straßenrändern und Feldrainen, an Bahnstrecken und Flußufern, unter wanderndem Sand der Kirgisensteppe und unter den Dünen der libyschen Wüste. Sie liegen in schwerer, fruchtbarer Schwarzerde der Ukraine, unter Moos und Flechten im frostharten Boden Kareliens, unter Palmen und Olivenbäumen, Pinien und Zypressen in

Italien, Jugoslawien und Griechenland. Sie liegen in hellen Birkenhainen und dunklen Fichtenwäldern der Taiga, im Fjord von Narvik und an der Mole von Kirkenes, unter blühenden Wiesen und reifenden Kornfeldern vor Moskau und Leningrad. Sie liegen in Kurland und auf Kreta, in der Tucheler Heide, in den Ardennen, in der Toscana und am Ilmensee, in Tälern und Schluchten des Kaukasus, der Karpaten und des Pirin-Gebirges, bei Kursk, Demjansk, Charkow und auf der Krim, vor Tobruk und El Alamein, bei Staraja Russa und in Stalingrad. Sie liegen bei Cherbourg und Caen, La Rochelle und Arnheim, an Wolga, Don, Dnjepr und Bug, Weichsel und Oder, im Hürtgenwald, an der Rheinbrücke bei Remagen und an den Pichelsdorfer Brücken über die Havel zwischen Spandau und Berlin.

Herbstregen und Schneestürme, Eiswind, Steppenwind, Tauwind, Frühlingswind haben ihre Spuren verweht.

Nach dem Ende des »Großen Vaterländischen Krieges« bildete sich in der Sowjetunion eine Tradition heraus: Junge Ehepaare bringen am Hochzeitstag Blumen auf einen Heldenfriedhof oder legen sie vor einem der zahlreichen Ehrenmale für die Gefallenen nieder. Sie gedenken der zehn Millionen sowjetischer Soldaten, die ihr Leben für die Freiheit der Heimat und für Leben und Glück der Nachgeborenen gaben.

Auch in Deutschland gibt es Ehrenmale für die Gefallenen, amtliche Kranzniederlegungen und Gedenkreden an Volkstrauertagen. Da wird von Heimatliebe, Opferbereitschaft, treuer Pflichterfüllung, Mut, Tapferkeit und Kameradschaft gesprochen – große Worte, mit einem Moderdunst nach Blut und Tränen, Tod und Verderben.

In den Niederungen des Alltags, der Zivilcourage, der Solidarität, der praktischen Vernunft haben sie nichts verloren, da sie für die Verteidigung der Heimat, der Freiheit, der Demokratie, der Kultur, des Christentums, des Abendlandes und anderer edler Werte reserviert bleiben müssen. Nicht auszudenken, wenn sie zum Ungehorsam gegen Gesetze, zur Verweigerung von Befehlen, für Tapferkeit vor dem Freund, zur Kameradschaft mit den Nachbarn mißbraucht würden. Es gilt sie zu schützen vor der Beschränktheit der Frauen – der Uneinsichtigkeit der Mütter – dem Überlebenswillen der Kinder, denn: Krieg ist Männersache!

Die jungen deutschen Soldaten des Zweiten Weltkrieges zogen keineswegs kriegslüstern, aber tapfer und entschlossen mit der Formel »Deutschland muß leben, und wenn wir sterben müssen« in einen sinnlosen, blutigen, mörderischen Krieg. Sie starben nicht für Führer, Volk und Vaterland, wie es in den Todesanzeigen der Heimatblätter hieß, und nicht für die Freiheit und das Glück der Nachgeborenen.

Sie starben
für unchristliche Kreuzzugsideen der Kirche,
für größenwahnsinnige Eroberungspläne des Generalstabs,
für brutale Ausbeutungs- und Versklavungsziele der Großindustrie,
für Herrenrassedünkel wildgewordener Kleinbürger im Reichssicherheitshauptamt.

Wie soll man ihrer gedenken, die doch mit ihrem Blut den Makel millionenfachen Massenmordes im Namen Deutschlands nicht zu löschen vermögen?

Soll man ihrer gedenken?

Kein Dank des Vaterlandes war ihnen gewiß. Nicht den Toten und nicht den Überlebenden. Kein Dank der Nachgeborenen, nicht einmal Respekt. Sie sagen: »Na und, selber schuld!«

Auch junge Soldaten von heute müssen an »ewige Werte« glauben, wenn sie – wann und wo auch immer – zum »Einsatz« kommen. Sie müssen dran glauben, denn ohne gläubige Soldaten können die Herren Generäle einpacken. Und damit die ewigen Werte ganz oben bleiben, erklingt am Schluß der Gedenkreden an Volkstrauertagen die Weise vom guten Kameraden, die nichts erklärt, nichts beantwortet, nichts in Frage stellt:

»Ich hatt' einen Kamderaden, einen bess'ren findst du nit.
Die Trommel schlug zum Streite, er ging an meiner Seite
In gleichem Schritt und Tritt
In gleichem Schritt und Tritt.«

Flandern in Not

E. ist zwischen den Kriegen geboren – sieben Jahre nach dem Ende des Ersten Weltkrieges, in dem ihre Eltern geheiratet haben, und vierzehn Jahre vor Beginn des Zweiten, in dem ihre Brüder gefallen sind. Damals hieß der letzte, verlorengegangene noch *der* Weltkrieg und war ein »Nie-wieder-Krieg« gewesen.

Die Menschheit hatte endgültig begriffen, daß Kriege nicht mehr in unsere Zeit paßten. So wurde es dem Kind von Eltern, Verwandten, Bekannten, Lehrerinnen und Dienstmädchen vermittelt. Nicht einmal Pathos war dabei, das schien allen selbstverständlich. Aber die ganze Menschheit war das nicht, und begriffen hatten nur wenige, daß man Kriege nicht mit gutem Willen verhindern kann. Die Erwachsenen aus der Umwelt des Kindes gehörten nicht dazu. Sie vertrauten arglos den Sonntagsblättern, der nunmehr auf Friedensproduktion umgeschalteten Schwerindustrie und der altbewährten Ordnung in Wirtschaft und Militär, Polizei und Justiz, auch wenn sie jetzt Republik hieß. Sie machten die Rechnung ohne den Wirt, denn »der Kaiser ging, die Generäle blieben«.

Der Erste Weltkrieg ist E. noch auf eine ganz private, familiäre Weise überliefert worden – in Schubladen und Schrankfächern, Büchern, Kästen und Kästchen, durch die ganze Wohnung verstreut. Feldpostkarten und zusammengebündelte Briefe »von der Front«, Fotos von Soldaten, auf denen das Kind nur mühsam den Vater oder einen Onkel erkannte; Ansichten aus Belgien, Frankreich, Rußland; Zeitungsausschnitte mit Gedichten, Heeresberichten und Todesanzeigen; Orden und Ehrenzeichen, Flottenkalender, Liederblätter, Landkarten, Zeichnungen. Auch ein Kriegsbilderbuch für Kinder war dabei, das hatte die Kronprinzessin schon im Jahre 1914 herausgegeben. Zu diesem »Familienarchiv« gehörten die Worte Schützengraben, Unterstand, Trommelfeuer und Ortsbezeichnungen: Tannenberg, Skagerrak, Marne, Somme, Verdun, immer wieder Verdun. Manchmal tauchten fremde Männer auf, die keine richtigen Onkel waren, sondern »alte Kriegskameraden«. Der Vater duzte sich mit ihnen, weil sie zusammen in irgendwelchem Dreck gelegen hatten, der von großer Bedeutung gewesen sein mußte.

Die Mobilmachung im August 1914 war für das Kind kein historisches Ereignis, sondern verbunden mit privaten Überlieferungen, wann, wo und in welcher Weise diese Nachricht in das geruhsame Leben der Familien Peters in Gelsenkirchen und Determeyer in Ibbenbüren eingebrochen war – damals, in der »guten alten Zeit« vor dem Ersten Weltkrieg. Im August 1914, als »der Kaiser rief, und alle, alle kamen«, als es »keine Parteien mehr gab, sondern nur noch Deutsche«, kamen acht Brüder der Mutter vom Deteringhof im Münsterland. Sie hatten »einjährig-freiwillig« gedient und sich lange vor dem Krieg scherz-ernsthaft Ort, Zeit und Stunde des »Einrückens« abgefragt, für einen Tag, der »Mobilmachung« hieß, weil das in ihren Entlassungspapieren verzeichnet stand: in Münster, in Osnabrück, in Rheine – morgens um sechs Uhr vor dem Krieg.

Onkel Valentin, der älteste, wurde zum »Landsturm« eingezogen und in polnisch-russischen Wäldern als »Waldhüter« eingesetzt. Da ging er vier Jahre lang mit dem

Bruder von Hermann Löns auf die Jagd, wie schon vor dem Krieg und noch viele Jahre danach. Onkel Job, der jüngste, meldete sich freiwillig zu den Jagdfliegern, war mit 20 Jahren Leutnant und ein »Held der Nation«. Später, nach dem Krieg, als er die Uniform ausziehen mußte, »hat er nicht mehr so richtig Fuß fassen können in einem ordentlichen Beruf«, hieß es in der Familie.

E.s Vater wurde mit 33 Jahren als einfacher Rekrut eingezogen. Seine Frau konnte es zeitlebens nicht verwinden, daß er vor ihrem jüngsten Bruder (dem »dummen Jungen«) strammstehen mußte. Als der Fliegerleutnant in der Kaserne erschien, in der der Studienrat gnadenlos für den Fronteinsatz zurechtgeschliffen wurde, fiel ein Schein seines Glanzes auf den Musketier Peters: »Aber selbstverständlich, Herr Leutnant, bekommen ›der Herr Schwager‹ heute nachmittag Ausgang!«

Keiner von ihnen hatte eine Partei zwischen sich und dem Vaterland, denn mit den »Sozis« hatten sie nichts im Sinn, weil sie keine Arbeiter waren, sondern immer schon »nur Deutsche«. Die Sozialdemokraten ertrugen es nicht länger, als »vaterlandslose Gesellen« zu gelten, jetzt, wo das Vaterland in Gefahr war, und bewilligten die Kriegskredite. Die Dichter schrieben Gedichte voller Säbelrasseln und Hurrapatriotismus, derer sich manche später, als es zu spät war, schämten. Die Männerchöre sangen Lieder, in die Millionen mit »heiliger Begeisterung« einstimmten: »O Deutschland hoch in Ehren, du heil'ges Land der Treu«, »Der Gott, der Eisen wachsen ließ, der wollte keine Knechte«, »Es braust ein Ruf wie Donnerhall«. In den Küchen und Waschküchen wurden die Lieder von »siebzig/einundsiebzig« gesungen, weil der neue Krieg noch keine Lieder hatte: »Die Sonne sank im Westen bei Sedan in der Schlacht«, »Morgenro-ot, Morgen-ro-ot, leuchtest mir zum frühen To-od.«

Die vaterländischen Gesänge und Küchenlieder wurden dem Kind »vom Volk« überliefert. Das Volk hieß Unser-Lieschen und war langjähriges Dienstmädchen im Hause der Eltern. Dazu gehörte ihr ebenso langjähriger – weil arbeitsloser – Bräutigam. Die Lieder standen in drei schwarzen, linierten Wachstuchheften, und die vielen Strophen waren sorgfältig bis zum letzten Lalala und Hollahi ausgeschrieben. Von Unser-Lieschen lernte das Kind viele traurig-schöne Lieder über den Heldentod. Da war Zeit für edle Worte und Grüße an die Lieben, und man wurde anständig zu Grabe getragen:

»Ach Mutter, liebste Mutter, nur fest auf Gott gebaut!
Noch tut die Fahne schwe-e-ben, die mir auf Tod und Le-e-ben
mein Kaiser anvertraut« –
»Gestern noch auf stolzen Ro-o-ssen,
heute durch die Brust gescho-o-ssen,
morgen in das kühle Gra-ab.«

Der Bräutigam war mehr für männlich-heroische Imponiergesänge zuständig. Er war zwar kein Soldat gewesen (wurde es auch im Zweiten Weltkrieg wegen hochgradiger Kurzsichtigkeit nicht), aber an vaterländischer Gesinnung ließ er sich von keinem übertreffen. Mit ihm beruhigte das Kind so manches Mal lautschallend in der Küche das Vaterland:

»Haltet aus! Haltet aus!
Lasset hoch das Banner wehn!
Zeigt's dem Feind, zeigt's der Welt,
daß wir treu zusammenstehn!« –
»Lieb Vaterland, magst ruhig sein,
lieb Vaterland, magst ruhig sein!
Fest steht und treu die Wacht, die Wacht am Rhein!«

Von ihren Brüdern ließ E. sich viele Male die Texte aus dem Kriegsbilderbuch vorlesen und erweiterte ihren militärischen Wortschatz um die Begriffe: Infanterie, Kavallerie, Artillerie, Patrouille, Granate, Schrapnell. Weil das Buch bereits wenige Wochen nach dem Kriegsausbruch erschienen war, kamen Tanks, Gasmasken, Stacheldrahtverhau und auch Stahlhelme noch nicht darin vor. Dafür blitzte und krachte es auf vielen Seiten, und meist flogen irgendwelche Trümmer durch die Luft. Tote gab es nicht einmal auf der Feindseite, höchstens Verwundete. Nur auf einem Bild war ein Leutnant mit einem Glas im Auge, der seine Männer, die ihn begleiten wollen, mit herrischer Gebärde zurückweist und auf einem einsamen Patrouillenritt den Heldentod findet. Aber den sieht man nicht, das berichtet nur der Text.

Auch Franzosen kommen vor. Die fliehen gerade vor den vorwärts stürmenden, »hurra« rufenden Pickelhaubenkriegern und sehen von hinten mit ihren roten Pluderhosen lächerlich aus. Auf einem Bild war der General Hindenburg zu sehen, an dem die Reste der bei Tannenberg vernichtend geschlagenen russischen Truppen in die Gefangenschaft vorbeiziehen. Unordentliche, merkwürdige Gestalten mit Pelzmützen, langen Mänteln, Filzstiefeln, gewickelten Fußlappen und stumpfsinnigen Gesichtern, die im Text »Kosaken, Kalmücken, Tataren« hießen.

Die Verwundeten werden von Sanitätern behutsam gestützt oder auf einer Bahre weggetragen. Im Lazarett kümmern sich Rote-Kreuz-Schwestern liebevoll um sie. Frisch gewaschen, frisch rasiert, frisch verbunden, liegen sie in frisch bezogenen Betten, und die »kleinen Prinzen« in Matrosenanzügen kommen zu Besuch und bringen ihnen Blumen und Schokolade, worüber sie sehr erfreut zu sein scheinen.

E. ist in einer Garnisonstadt aufgewachsen, in der es auch zur Zeit des »Hunderttausend-Mann-Heeres« zwischen 1918 und 1935 Soldaten gab. Der Garten des Hauses, in dem ihre Eltern eine geräumige Wohnung gemietet hatten, grenzte an die Infanteriekaserne. Wachablösungen, klingendes Spiel von Militärkapellen, singende Marschkolonnen und das Hornsignal des abendlichen Zapfenstreiches gehören zu ihren frühesten Kindheitseindrücken.

Die Soldaten der Weimarer Republik sangen noch immer die Lieder des großen Krieges. Frankreich war der »Erbfeind«, den es zu besiegen galt, weil man es das letzte Mal nicht ganz geschafft hatte: »Siegreich wolln wir Frankreich schlagen, sterben als ein tapfer He-e-e-eld«, oder »Frankreich unser Er-be-feind läßt uns keine Ru-u-uh, morgen marschieren wir dem Rheine zu.« In belebteren Straßen der Innenstadt sangen sie manchmal das Lied »Wenn die Soldaten durch die Stadt marschieren, öffnen die Mädchen die Fenster und die Türen«.

»Im August 1914 sind wir winkend und lachend ein Stück mit den marschierenden Soldaten gelaufen«, erzählte E.s Mutter. »Einige ganz Kecke haben sogar Blumen in die Gewehrläufe der ausziehenden Truppen gesteckt. Das war kein Protest gegen den Krieg, das war bloß wegen dem Tschingerassabum. Ich war viel zu schüchtern, aber Tante Käthe, die war natürlich immer vorneweg. Kannste dir ja denken.«

Tante Adolphine spendete 1914 ihren goldenen Ehering »auf dem Altar des Vaterlandes« und erhielt dafür einen schwarzen Reif mit der Aufschrift »Gold gab ich zur Wehr, Eisen erhielt ich zur Ehr«. Den trug sie bis an ihr Lebensende, obwohl sie 1933 mit ihrem jüdischen Ehemann aus dem Vaterland fliehen mußte. Patenonkel Hubert ließ seinen Zweitgeborenen, der 1914, am »Tag, an dem Maubeuge fiel«, zur Welt kam, mit den Vornamen »Walter Maubeuge« in das Geburtsregister eintragen.

Zwei Brüder des Vaters fanden ihre Ehefrauen weit im Westen, hinter dem Rhein. Onkel Fritz kam zu Beginn des Krieges schwer verwundet in französische Gefangenschaft, verliebte sich in eine französische Klavierlehrerin und blieb nach dem Krieg gleich in Frankreich, wenn auch nicht für lange. Onkel Herrmann heiratete »vom Fleck weg« eine schöne junge Buchhändlerin aus Lothringen, die war einen ganzen Kopf größer als er und dazu noch evangelisch. Weil er Künstler war und Künstler eben »freier« sind, hielt er die bürgerlichen Regeln nicht ein, die eine Verlobungszeit mit gegenseitigen Familienbesuchen auch der Eltern erforderten, ehe die Hochzeit in festlichem Rahmen von den Brauteltern ausgerichtet wurde. Er kündigte im Elternhaus sein Kommen mit der ihm bereits angetrauten Ehefrau an, und E.s Großvater, der Musikdirektor Johann Heinrich Peters, telegraphierte empört zurück: »Bringe mir die Person nicht ins Haus, bis ich Näheres über sie erfahren habe.«

Die Vöglein im Walde, die sangensangensangen so wunderwunderschön, als die Soldaten mit ihren Pickelhauben nach Frankreich wohl über den Rhein zogen, und Weihnachten wollten sie wieder bei Muttern sein. Die Mütter von 1914, die Großmütter von E.s Generation, waren sie stolz auf ihre Söhne in den schmucken Uniformen? Verdrängten sie die dumpfe Angst? Trösteten sie sich damit, daß nicht jede Kugel trifft? Gaben sie in ihren Gedanken den Tod – wenn er schon sein mußte – rücksichtslos allen anderen Söhnen, wenn nur die eigenen nicht dabei waren?

Von ihrer Großmutter aus Ibbenbüren weiß E. nur, daß sie es schwer verwinden konnte, ihre Söhne in »preußischen« Uniformen zu sehen. Sie stammte nämlich aus dem Hannoverschen und verzieh es den Preußen bis an ihr Lebensende nicht, daß sie den letzten Herrscher von Hannover, den blinden König Georg V., vertrieben und ins Exil gezwungen hatten.

Bei Kriegsbeginn meldeten sich viele Tausende freiwillig, die noch gar nicht »dran« waren, Studenten und Schüler, Wandervögel und Lehrlinge. Sie fielen beim Sturm auf Lüttich oder vor Langemarck. E. entsinnt sich dunkel einer alten Dame mit einem merkwürdig langen Namen. Wenn von ihr gesprochen wurde, hieß es: »Das ist die Frau Oberst Delius, deren drei Söhne beim Sturm auf Lüttich gefallen sind.«

Den Heeresbericht vom 11. November 1914 lernte Günter, E.s ältester Bruder (der seinen Namen später, als er sich freiwillig zur Waffen-SS meldete, mit germanischem »th« schrieb), schon vor 1933 in der Scharnhorst-Jugend: »Westlich Langemarck brachen junge Regimenter mit dem Gesang ›Deutschland, Deutschland über alles‹ gegen die erste Linie der feindlichen Stellungen vor und nahmen sie.« Diese Meldung war so unwahrscheinlich, daß manche sie später bezweifelt haben. Wie denn singen? Beim Sturmangriff? Schießend? Fallend? Sterbend? Im Todeskampf? Aber der Bericht von den singend stürmenden und sterbenden Kindern von Langemarck wurde vom Feind überliefert, weil kaum einer den Sturm auf Langemarck überlebt hat. Die Kriegsfreiwilligenregimenter, die am 11. November 1914 aufrecht schreitend und singend im feindlichen Kugelhagel zusammenbrachen, waren 17- bis 18jährige Schüler, Lehrlinge und Studenten.

Und wenn er nicht wahr wäre, so hätte man ihn erfinden müssen, denn der Mythos von Langemarck hat E.s Brüder geprägt. Und weil sie ein humanistisches Gymnasium besuchten, lag für sie Langemarck direkt hinter den Thermopylen, die Leonidas im Jahre 480 v. Chr. mit 300 Spartanern im Kampf gegen die Perser »bis zum letzten Mann« verteidigte: »Wanderer, kommst du nach Sparta, so verkündige dorten, du habest uns hier liegen gesehen, wie das Gesetz es befahl.«

Es meldeten sich im August 1914 auch Männer, die eigentlich nicht mehr »dran« waren. Hermann Löns zum Beispiel, der in seinem Lied vom Lindenbaum gesungen hatte: »Oh grüner Klee, o weißer Schnee, o schöner Soldatentod«. Er zog im Alter von fast 50 Jahren aus der Lüneburger Heide, aus dem wunderschönen Land, nach Frankreich und fiel dort schon im September des Jahres. Darüber lernte E. ein schönes Gedicht in der Schule, in dem Markwart der Häher den anderen Waldtieren den Tod des Dichters und Jägers verkündete.

Aber von dem im November 1914 gefallenen Kriegsfreiwilligen und Reichstagsabgeordneten Ludwig Frank, der auch nicht mehr der Jüngste war und ein jüdischer Sozialdemokrat dazu, erfuhr sie nichts und auch nicht, daß die deutschen Juden, die zum erstenmal in der deutschen Geschichte Soldaten sein durften, ihre Liebe zu Deutschland mit 12 000 Gefallenen ebenso blutig bezahlten wie ihre nichtjüdischen Soldaten-Kameraden. Es hat ihnen nichts genützt, denn knapp 20 Jahre später sangen andere: »Soldaten-Kameraden, hängt die Juden, stellt die Bonzen an die Wand.«

Nur Karl Liebknecht, Rosa Luxemburg, Carl von Ossietzky und einige andere behielten damals den Kopf oben, aber nicht lange, denn das »Deutschland muß leben, und wenn wir sterben müssen« ist unerbittlich. Der sozialdemokratische Rechtsanwalt Dr. Karl Liebknecht, der 1914 gegen die Kriegskredite stimmte, und die sozialistische Politikerin Dr. Rosa Luxemburg, die zusammen mit Liebknecht im Jahre 1918 den Kampfbund »Spartakus« und die Kommunistische Partei Deutschlands gründete, blieben für E. bis in die späten vierziger Jahre – 30 Jahre nach ihrer Ermordung durch Reichswehroffiziere – schlimme Verbrecher. Liebknecht – ein bolschewistischer Vaterlandsverräter – und Luxemburg – ein widerliches jüdisches Flintenweib. Und sie verkörperten doch die Hoffnung Deutschlands auf einen demokratischen Sozialismus.

Der Vater erzählte niemals Fronterlebnisse. Abenteuerliche Geschichten aus dem Krieg galten unter Frontsoldaten als Beweis dafür, daß die Betreffenden gar nicht »richtig vorne im Dreck« gelegen hatten. Nur Onkel Hubert, Reserveoffizier, EK 1 und 2, machte mal im Beisein der Kinder mit Augenzwinkern eine Bemerkung über den englischen Gegner: »Die Engländer, die konnten laufen ... laufen konnten die ... und wir immer vorneweg.« Konnte ja sein. Schließlich hatten wir den Krieg am Ende verloren. Aber so was erzählt man doch nicht, dachte E.

Um das Jahr 1930 herum wurde in der Familie viel über ein Buch gesprochen, das »Im Westen nichts Neues« hieß. In diesem Buch sei »die Ehre des deutschen Soldaten in den Schmutz gezogen worden«, sagte der Vater, als er es – 1935 noch – im Bücherschrank von Onkel Anton entdeckte. Der Schwager, Reserveoffizier, EK 1 und 2, verteidigte sich und das Buch: »Es war aber so!« Wie war es denn?

In den Jahren, die man heute Vorkriegsjahre nennt, und in den ersten Kriegsjahren las E. viele Bücher über den Weltkrieg: von Ernst Jünger, Walter Flex, Edwin Erich Dwinger, Joseph Magnus Wehner, Ehrhardt Wittek, Bruno Brehm, Thor Goote, Franz Schauwecker, Werner Beumelburg, Paul Alverdes, Karl Benno von Mechow, Hans Carossa und Paul Cölestin Ettighofer, der ein Kriegskamerad und Freund ihres Onkels Franz war. »Wanderer zwischen beiden Welten«, »Sperrfeuer um Deutschland«, »Gespenster am Toten Mann«, »Douaumont«, »Sieben vor Verdun«, »In Stahlgewittern«, »Wir fahren den Tod«, »Die Armee hinter Stacheldraht«, »Durchbruch Anno Achtzehn«, so hießen die Titel. Es waren Bücher, denen man heute Verherrlichung des Krieges vorwirft. Das trifft vielleicht für die allzu positiv geschilderte Frontkameradschaft zu, für das allzu konfliktfrei dargestellte Verhältnis zwischen Soldaten und Offizieren, für die oft verzweifelten Versuche der Verfasser, dem Inferno des modernen Krieges einen Sinn abzugewinnen oder doch wenigstens deutsche Innerlichkeit und Gemüt durch grauenhafte, unmenschliche Zeiten hindurch zu retten – das Kampfgeschehen wurde auch in diesen Büchern nicht romantisch verklärt. Mit Vorstellungen vom frisch-fröhlichen Heldenleben und edlem Heldentod räumten auch sie gnadenlos auf.

Als die Soldaten ihre bunten Uniformen mit dem »Feldgrau« und ihre Pickelhauben mit dem Stahlhelm vertauscht hatten, vor Verdun, im Argonnerwald, an Somme und Marne, da zeigte es sich, wie wirkungsvoll die Rüstungsindustrie und die Chemiekonzerne den Krieg vorbereitet hatten. Da mußte der Krieg Farbe bekennen, und diese Farbe war ein schmutziges, blutiges Rot. Da fing das große Morden an und das schreckliche Gemetzel, das man später »Materialschlacht« nannte. Der Heeresbericht meldete viele Monate hindurch »Im Westen nichts Neues«, weil der grauenhafte Stellungskrieg um wenige Meter tausendfach umgewühlter, schlammiger Erde, in der selbst die Toten keine Ruhe fanden, sich weder strategisch noch in Siegesmeldungen auszahlte.

Es gab neue Lieder, die waren schon deutlicher, aber immer noch nicht deutlich genug:

»Wildgänse rauschen durch die Nacht
mit schrillem Schrei nach Norden.
Unstete Fahrt. Habt acht! Habt acht!
Die Welt ist voller Morden.« –
»Sie waren kaum verladen, da nahm sie schon der Tod,
Offizier, Musketier, wer die Namen alle nennt,
es war ein ganzes Regiment.
Lauter gute Kameraden lagen stumm im Morgenrot!«

Der Tod trat seine Herrschaft an, und es war der Tod aus dem mittelalterlichen Totentanz, der keinen Unterschied machte, für den es keine Fronten gab und keine Sieger und Besiegte:

»Der Tod reit' auf einem kohlschwarzen Rappen,
er hat einen undurchsichtigen Kappen.
Er trommelt laut, er trommelt fein:
Gestorben, gestorben, gestorben muß sein!
Flandern in Not.
In Flandern reitet der Tod!
In Flandern reitet der Tod!«

Der Tod war nicht romantisch, nicht einmal mehr ästhetisch. Er hatte heraushängendes Gedärm, ein verspritztes Gehirn und eine ausgekotzte Lunge. Es war keine Zeit mehr für edle Abschiedsworte, sondern nur noch für den Urschrei: »Mutter!« Das schrien sogar die, die ihre Mutter gar nicht gekannt hatten – so wird berichtet.

Aber die Mütter hatten sie verraten. Sie hatten ihnen die Milch heiß gemacht und die Brote gestrichen, das Fieber gemessen und bei den Schularbeiten geholfen, aber sie hatten sich nicht in den Krieg eingemischt. Sie hatten die Orden auf den Generalsbrüsten bewundert, für die ihre Söhne mit dem Leben bezahlen mußten. Sie hatten das Gehampel der Paradenmärsche nicht lächerlich gefunden. Sie hatten sich nicht auf die Schienen gesetzt, als die Truppen zur Front rollten, denn: Krieg ist Männersache.

Als das große Abschlachten nach vier Jahren zu Ende ging, da gab es für Millionen »in der Heimat, in der Heimat« kein Wiedersehen mehr. Als das Lied von Langemarck zur Nationalhymne wurde, da waren die Grenzen »von der Maas bis an die Memel, von der Etsch bis an den Belt« längst überholt. Als E.s Vater als einfacher Soldat, ohne Orden, nur mit dem Verwundetenabzeichen, aus dem großen Krieg nach Hause kam, da hatte der Tod auch in der Heimat zugeschlagen. Hunderttausende schlecht ernährter Kinder und hungernder Erwachsener waren an einer Grippe gestorben, die man »Lungenpest« nannte, darunter auch sein ältester Sohn, geboren im »Steckrübenwinter« 1916/17. Hans-Herrmann Peters starb mit eineinhalb Jahren, am 9. November 1918, dem Tag, an dem der große Krieg zu Ende ging.

Später, viel später, wenn E. ihre Mutter nach den Augusttagen des Jahres 1914 fragte, schüttelte diese mit versteinertem Gesicht den Kopf: »Ach Kind – was wußten wir denn vom Krieg!«

Gekränkte Unschuld

Im Juni 1929 vermerkt die Stadtchronik von Paderborn eine »Große Protestkundgebung gegen die Kriegsschuldlüge auf dem Rathausplatz«. Sie richtete sich gegen den Artikel 231 des Versailler Vertrages, der das nationale Selbstbewußtsein des deutschen Volkes bis ins Mark getroffen hatte. Im Gegensatz zu allen anderen Artikeln enthielt er keine direkten materiellen Konsequenzen, sondern Deutschlands Kriegsschuldbekenntnis und diente zur moralischen Rechtfertigung aller übrigen Bestimmungen des Friedensvertrages.

Der Versailler Vertrag wurde nicht nur in bürgerlich-nationalen Kreisen als schreiendes Unrecht angesehen, sondern auch von der SPD als »Gefahrenquelle neuer blutiger Konflikte« und von der KPD als »Ausdruck imperialistischer Machtpolitik der Siegermächte« scharf verurteilt. Der Zentrumspolitiker Erzberger »rechtfertigte« die Unterzeichnung der Friedensbedingungen wie folgt:

> »Wenn man mit Gewalt zur Unterzeichnung des Friedens gezwungen wird, so begeht man keine Unwahrhaftigkeit. Man muß nur offen sagen, daß man der Gewalt weiche. Wenn jemand von mir bei gefesselten Armen und unter Vorhaltung des Revolvers auf die Brust die Unterzeichnung eines Stücks Papier fordert, wonach ich mich verpflichten muß, in achtundvierzig Stunden auf den Mond zu klettern, so wird jeder denkende Mensch – um sein Leben zu retten – dies unterzeichnen, aber offen sagen, daß er diese Forderung nicht erfüllen kann.«

Maßgebliche Politiker der Weimarer Republik stellten immer wieder, wenn auch vergeblich, die Forderung nach einem internationalen, unparteiischen Gerichtshof, der die Ursachen des Weltkrieges untersuchen sollte; viele der nach Artikel 227 auszuliefernden »Hauptschuldigen am Ersten Weltkrieg« erklärten ihre Bereitschaft, sich einem solchen Gericht zu stellen.

In den späten zwanziger und frühen dreißiger Jahren schwelte das Gefühl nationaler Schmach und Schande noch immer unter der Oberfläche des Alltags und bestimmte das nationale Klima. E.s politische Sozialisation wurde in dieser Zeit entscheidend von ihren beiden älteren Brüdern geprägt, die der kleinen Schwester nicht nur Grundkenntnisse des Lesens und Rechnens vor Schulbeginn beibrachten, sondern sie auch großzügig an ihrem jeweiligen Erkenntnisstand über Deutschland, das deutsche Schicksal und den deutschen Volkscharakter – im Gegensatz zu dem anderer Völker – teilnehmen ließen.

Lange bevor E. konkrete Vorstellungen über Gebietsabtretungen, Reparationszahlungen, Auslieferung von Kriegsmaterial, Reduzierung der Streitkräfte, entmilitarisierte Zonen und andere Bestimmungen des Versailler Vertrages erwarb, war ihr der Begriff »Kriegsschuldlüge« bekannt. Er bedeutete, daß »wir« ganz allein am Krieg schuld gewesen sein sollten – »was ganz gemein gelogen war« – und außerdem, daß die deutsche Regierung diese Lüge auch noch hatte unterschreiben müssen – »was noch viel gemeiner war«.

Im Oktober des Jahres 1929 initiierte die radikale Rechte (DNVP, Stahlhelm und NSDAP) ein »Volksbegehren gegen Kriegsschuldlüge und Young-Plan« und veröffentlichte gleichzeitig den Entwurf eines »Gesetzes gegen die Versklavung des deutschen

Volkes«, nach dem Bevollmächtigte des Deutschen Reiches, die den Young-Plan unterzeichneten, wegen Landesverrat mit Zuchthaus bestraft werden sollten.

Im Young-Plan des Jahres 1929 wurde der Gesamtbetrag der von Deutschland zu leistenden Reparationszahlungen erstmalig festgelegt (116 Milliarden), die jährlichen Raten von bislang drei Milliarden auf zwei Milliarden gesenkt. Diese Reduzierung bedeutete eine augenblickliche Erleichterung der durch Kredite und Anleihen zerrütteten Staatsfinanzen. So wurde er von allen Parteien (außer der DNVP, der NSDAP und der KPD) trotz schwerer Bedenken angenommen und vom Reichspräsidenten Hindenburg unterzeichnet, zumal mit seiner Annahme das Versprechen des Abzugs der Besatzungstruppen aus dem Rheinland verbunden worden war.

In den frühen dreißiger Jahren rechneten sich die drei Kinder eines Studienrates im westfälischen Paderborn ihr Alter im sagenhaften Jahr 2000 aus und gelobten feierlich ein gemeinsames Treffen – ganz gleich, wohin das Schicksal den dann 80jährigen Günther, den 77jährigen Erwin und die 75jährige Eva verschlagen haben würde. Bei dieser Gelegenheit erfuhr die Schulanfängerin, daß Deutschland bis zu diesem unvorstellbar fernen Datum für den verlorenen Krieg »Strafe« zahlen müsse. Das war nur wenig übertrieben, denn die Laufzeit des Youngs-Planes betrug 59 Jahre, die letzte Rate war im Jahr 1988 fällig.

Nach dem 30. Januar 1933 wurde der Friedensvertrag auch offiziell nur noch als »Schanddiktat« (oder kurz und schneidend als »Versailles«) bezeichnet und unaufhörlich als ungeheuerliche Demütigung und Erniedrigung des deutschen Volkes angeprangert. Die langsam verheilende Wunde wurde ständig aufgerissen, die nationale Empörung systematisch am Kochen gehalten. Hitler beschimpfte die Politiker der Weimarer Republik, die mit geduldigen Verhandlungen und vorsichtigen diplomatischen Schritten versucht hatten, die harten Bestimmungen des Versailler Vertrages abzumildern, unablässig und pauschal als »ehrlose Vaterlandsverräter, feige Novemberverbrecher, Ausverkäufer nationaler Interessen« usw. Im Juni 1934 stellte die Deutsche Reichsbank sämtliche Rückzahlungen der Daves- und Young-Plan-Anleihen ein. England reagierte mit restriktiven Außenhandelsmaßnahmen, die übrigen Siegerstaaten beschränkten sich auf formelle Proteste.

Als Schulkind bezog E. den Lehrstoff ihrer Brüder mit. Sie lernte das griechische Alphabet – nicht nur zum Vokabelabhören, sondern auch als Geheimschrift für den eigenen Gebrauch – und kannte sich in ihren Lesebüchern und Lehrbüchern für Geschichte und Erdkunde aus. Mit Vergnügen ließ sie sich zur Ausmalung und Beschriftung von Kartenzeichnungen anstellen, die als Hausaufgaben zu machen waren, und vertiefte sich stundenlang in Dierckes Schulatlas.

So waren ihr Namen, Gestalt und Grenzen, Hauptstädte, Flüsse und Gebirge europäischer Staaten und ferner Kontinente vertraut, als in der eigenen Schulklasse die Heimatkunde Westfalens auf dem Lehrplan stand. Die Umrisse von Ländern und Erdteilen prägte sie sich in einem Alter ein, in dem Gegenstände des täglichen Gebrauchs, Buchstaben und sogar Zahlen ihren kindlichen Ausdrucksgehalt noch nicht verloren hatten. Die 8 war gemütlich, die 4 ordentlich, die 5 leichtsinnig, die 1 soldatisch – Autos und Straßenbahnen hatten grämliche, freche oder pfiffige Gesichter, Staatsgrenzen zeigten aufgerissene Mäuler, ausgreifende Gliedmaßen, harmlos abgerundete oder gefährlich zerlappte Körper, Länder und Kontinente lagen auf der Lauer, waren zum Sprung bereit oder buckelten sich selbstzufrieden von ihren Nachbarn ab.

Das Land, das im Atlas »Deutsches Reich« hieß, erschien dem Kind als schmerzliche Verkörperung von Leiden, Verletzungen und Amputationen, weil »Reich« in einer

blauen Insel stand, die Ostpreußen hieß und durch einen »Korridor« – den polnischen –
von der großen blauen Fläche mit dem unvollständigen Namen »Deutsches« abgetrennt
war. Die lange Zunge Schlesiens erstreckte sich im Tal der Oder beunruhigend schmal
zwischen Polen und der Tschechoslowakei. Die mit einem helleren, verwaschenen Blau
und einer Perlenschnurgrenze eingezeichneten Grenzprovinzen schienen in grausamen
und unmenschlichen Operationen abgerissen.
Sie konnte diese Gebiete benennen, lange bevor die Bestimmungen des Versailler
Vertrages im Unterricht der eigenen Klasse behandelt wurden: Elsaß-Lothringen, Eupen-
Malmedy und das Saarland im Westen, Nordschleswig im Norden, Memelland, Danzig,
Posen-Westpreußen, Oberschlesien und das Hultschiner Ländchen im Osten.
Auch die noch immer blau eingezeichneten deutschen Kolonien, die jetzt »Mandatsge-
biete« hießen, kannte E. schon im Grundschulalter: Deutsch-Südwest (Namibia),
Deutsch-Ost (Tansania), Togo und Kamerun in Afrika, die Halbinsel Kioutschou mit
Tsingtau im fernen Osten, der Bismarckarchipel in der Südsee und das Kaiser-Wilhelm-
Land auf Neuguinea.
Ihr kindliches Nationalgefühl verknüpfte sich früh mit dem Namen »Werßaije« und dem
Gefühl der gekränkten Unschuld. Diesem Gefühl entsprach ein ganzer Katalog von
Begriffen und Vorstellungen über Deutschland und das deutsche Volk, die das Kind zwar
kaum oder nur sehr vage hätte formulieren können, die aber das kindliche Weltbild und
das Hineinwachsen der Jugendlichen in politische Prozesse entscheidend prägten:

     gedemütigt, geknechtet, geschändet,
     erniedrigt, beleidigt, versklavt,
     verleumdet, verraten, verfemt,
     entwürdigt, entwaffnet, entehrt,
     wehrloses Opfer von niedrigstem Haß und gemeinster Rache,
     gnadenlos ausgepreßt von habgierigen Feinden,
     grausam verstümmelt durch leidvoll aufgerissene blutende Grenzen,
     gehaßt wegen seiner Tugenden,
     beneidet wegen seiner Vorzüge,

und doch:

     ein Fels in schmutziger Brandung,
     eine Trutzburg der Ehre und Treue,
     ein Hort der Gerechtigkeit,
     Ursprung und Quelle tiefster Gedanken und höchster Kultur,
     stolz, mutig, ungebrochen,
     ehrlich, fleißig, friedliebend,
     pflichtbewußt, selbstbewußt, rechtschaffen,
     genügsam, bescheiden,
     edel, hilfreich und gut.

Das beste Land, das beste Volk der Erde.
Das »Leiden am deutschen Schicksal« war schmerzlich und erhebend zugleich. Es glich
dem Genuß jener walzenförmiger Bonbons, die damals beim Einkaufen aus großen
Gläsern auf der Ladentheke »zugegeben« wurden. Zunächst mußte eine weißliche, bitter-
saure, den Mund schmerzhaft zusammmenziehende Hülle tapfer durchgelutscht werden,
ehe jenes schon im Querschnitt verheißungsvoll sichtbare zerbrechlich-bunte Gebilde
erreicht wurde, dessen köstliche Süße ohne die vorherige Bitternis kaum erträglich
gewesen wäre.
Das Gefühl der gekränkten Unschuld ließ erstaunlich wenig Raum für Haß und Rache-

gelüste gegenüber den Urhebern des »Schanddiktats von Versailles«. Nicht mit Waffengewalt, sondern mit der Kraft der moralischen Überlegenheit gedachte das Kind die Feinde zu beschämen und identifizierte sich mit der edlen germanischen Fürstin Thusnelda, die im Jahre 15 nach Christi Geburt den Römern in die Hände gefallen war. Als Rache für die Niederlage im Teutoburger Wald durch ihren Ehemann, den Cheruskerfürsten Hermann, war sie in Rom den gaffenden Massen zur Schau gestellt worden. E. rechnete fest damit, daß die ehemaligen Kriegsgegner eines Tages ihr Unrecht einsehen würden, da niemand auf Dauer mit einem sooo schlechten Gewissen leben konnte.

Je erfreulicher sich die Lage Deutschlands in den sechs Friedensjahren des Dritten Reiches zu entwickeln schien – »als sich das deutsche Volk Schritt für Schritt aus den Fesseln von Versailles befreite« –, desto mehr blieb die Rolle der edlen Dulderin auf der Strecke.

Manchmal bedauerte E. es, nicht zu jener Generation zu gehören, die »den Kelch der Schmach und Schande« bis zur Neige hatte austrinken müssen. Heimabende über das »Schanddiktat« und auch über andere »leidvolle« Kapitel der deutschen Geschichte konnte die JM-Führerin fast ohne Vorbereitung aus dem Ärmel schütteln und befriedigte damit eine geheime Sehnsucht nach düsteren, tragischen Gefühlen von antiker Größe. Zum Standardrepertoire »Versailles« gehörten Auszüge aus der Rede des Grafen Brockdorff-Rantzau am 7. Mai 1919 im Spiegelsaal zu Versailles, nachdem der französische Ministerpräsident Clemenceau die »Stunde der Abrechnung« angekündigt und der deutsche Außenminister die Friedensbedingungen mit langsam und demonstrativ übergestreiften weißen Handschuhen in Empfang genommen hatte, um sich die Hände nicht zu beschmutzen:

> »Wir wissen, daß die Gewalt der deutschen Waffen gebrochen ist. Wir kennen die Macht des Hasses, die uns hier entgegentritt, und wir haben die leidenschaftliche Forderung gehört, daß die Sieger uns zugleich als Überwundene zahlen lassen und als Schuldige bestrafen wollen . . . Es wird von uns verlangt, daß wir uns als die allein Schuldigen am Kriege bekennen; ein solches Bekenntnis wäre in meinem Munde eine Lüge.
>
> Wir sind fern davon, jede Verantwortung dafür, daß es zu diesem Weltkrieg kam und daß er so geführt wurde, von Deutschland abzuwälzen . . . aber wir bestreiten nachdrücklich, daß Deutschland, dessen Volk überzeugt war, einen Verteidigungskrieg zu führen, allein mit der Schuld belastet wird . . . Auch in der Art der Kriegsführung hat nicht Deutschland allein gefehlt. Jede europäische Nation kennt Taten und Personen, deren sich die besten Volksgenossen ungern erinnern . . . Die Hunderttausende von Nichtkämpfern, die seit dem 11. November an der Blockade zugrunde gingen, wurden mit kalter Überlegung getötet, nachdem für unsere Gegner der Sieg errungen und verbürgt war. Daran denken Sie, wenn Sie von Schuld und Sühne sprechen.«

Wenn E. diese Passagen zitierte, dachte sie an das Foto eines auf zusammengeschobenen Sesseln des Herrenzimmers aufgebahrten Kindes mit verwelkenden Blumen zwischen den blassen, auf der spitzenbesetzten Bettdecke zusammengelegten Händchen. Es war das einzige Bild ihres ältesten Bruders Hans-Hermann. Er starb an einer infektiösen Enzephalitis, die bis zur Aufhebung der Hungerblockade im Jahre 1920 Hunderttausende von Opfern forderte.

Das von der Regierung der Weimarer Republik anläßlich der völkerrechtswidrigen Besetzung des Ruhrgebietes ausgegebene Fichte-Wort: »Nicht die Gewalt der Waffen, sondern die Kraft des Gemütes ist es, welche Siege erkämpft!« wurde von der Jungmädel-

Führerin auch noch weitergegeben, als Siege mit der Kraft des Gemütes längst durch solche mit der Gewalt der Waffen abgelöst waren. Sie sah darin keinen Widerspruch, denn erstens war »uns« die Gewalt der Waffen »aufgezwungen« worden und zweitens würde die Kraft des (deutschen) Gemütes sich erweisen und beweisen in den großmütigen, die nationale Ehre und Selbstachtung militärisch bezwungener Völker achtenden und darum dauerhaften Friedensbedingungen, mit denen das siegreiche Deutschland diesen letzten, unvermeidbaren Krieg beenden würde, denn in der Propaganda der letzten Kriegsjahre ging es um eine neue, endgültige, gerechte Weltordnung unter der weisen und gütigen Führung Großdeutschlands. Eine Zukunftsvision, die ihre Wirkung auch im Golfkrieg, nun unter der weisen und gütigen Führung der amerikanischen Supermacht, nicht verfehlte.

Das U-Boot in der Erbsensuppe

Im kindlichen Spiel der frühen dreißiger Jahre wurde das erschütterte deutsche Selbstbewußtsein weniger edel kompensiert. Beim »Länderklauen«, »Schiffe versenken« und dem Ball-Abtreff-Spiel »Ich habe die Wut, ich habe die Wut auf das verflixte Land . . . (England)« wurden die Mitspieler zu Vertretern verschiedener Völker. Wer als erster eines dieser Spiele vorschlug, machte sich selbst natürlich zum Deutschen. Franzosen, Engländer, Amerikaner oder Russen waren allerdings nicht bereit, dem eigentlichen Vaterland zuliebe auf militärischen Ruhm zu verzichten, und kämpften auch unter fremder Flagge um den Sieg.

In politischen Kinderwitzen jener Zeit waren die Deutschen hingegen immer Sieger. Hier nahmen sie den ihnen gebührenden ersten Platz in der Weltgeschichte ein und übertrumpften andere Völker durch Schlagfertigkeit und technische Überlegenheit.

Im November 1928 verzeichnet die Paderborner Stadtchronik: »Ein kommunistisches Volksbegehren gegen den Panzerkreuzerbau erhielt in Paderborn nur 79 Unterschriften.« Bei diesem Volksbegehren wurden die zum Stopp erforderlichen vier Millionen Gegenstimmen nicht einmal zur Hälfte erreicht. So konnte im Mai 1931 Hindenburg in Kiel die »Deutschland« taufen, von der E.s Brüder Bilder sammelten und Wunderdinge zu berichten wußten.

Das (rechte) »Volksvermögen« bemächtigte sich dieses Ereignisses mit folgendem Witz: Bei einem Streit um die Größe von Panzerkreuzern behauptet der Franzose: »Unsere Panzerkreuzer sind so groß, da muß der Kapitän mit einem Fahrrad auf Deck rumfahren, wenn er seine Befehle an den Mann bringen will.« Der Engländer übertrumpft ihn mit einem autofahrenden, der Amerikaner mit einem fliegenden Kapitän, während der Deutsche den Koch der »Deutschland« in der Mannschaftsküche mit einem Unterseeboot durch die Erbsensuppe kreuzen läßt, um ein Anbrennen zu verhindern.

In der Chirurgie bzw. Prothesenherstellung lagen die Deutschen an der Spitze der internationalen Medizin: Der Franzose berichtet von einem Armamputierten, der sich nach Anpassung eines Holzarmes zum besten Boxer Frankreichs entwickelt habe, der Engländer von einem Beinamputierten, der trotz eines Holzbeines der schnellste Läufer Englands geworden sei, der Deutsche behauptet, in Berlin habe es ein Kriegsversehrter ohne Kopf mit einem dafür aufgesetzten Holzkopf zum Bürgermeister gebracht. Während in diesem Witz deutsche Großmannssucht ironisiert und Kritik an einem Berliner Bürgermeister jener Jahre geübt wurde, kann für folgende, bei Bruder Erwin besonders beliebte Geschichte kein direkter politischer Bezug ausgemacht werden:

Der Franzose erzählt einen Traum, in dem er die »Weltkugel« mit einer darüber schwebenden Trikolore gesehen haben will. Im Traum des Amerikaners schwebt noch über der französischen Flagge der amerikanische Zylinder. Der Engländer fügt dem gleichen Arrangement die englischen Tauben (?) hinzu. Der Reichsadler des deutschen Träumers begnügt sich indes nicht damit, über diesen nationalen Symbolen majestätisch zu schweben, sondern frißt die Tauben, kackt in den Zylinder und putzt sich mit der Trikolore den Hintern ab.

In einer von der Mutter überlieferten Anekdote aus dem Ersten Weltkrieg erweist sich ein bayerischer Landsturmmann, wiewohl der französischen Sprache unkundig, dennoch der geistigen Auseinandersetzung mit dem militärischen Gegner gewachsen. Ein von ihm gefangengenommener französischer Soldat murmelt auf dem Weg zur Sammelstelle wütend: »Revanche en marche!« (Die Rache wird kommen!) Der Bayer mißversteht die Drohung als französische Version des Götz-Zitates und erwidert gleichmütig: »Du mi a!«

In Abenteuer-, Entdecker- und Zukunftsromanen von Max Eyth, Hans Dominik, Friedrich Gerstäcker, Sophie Wörishöffer, Karl May und auch in vielen deutschen Filmen arbeiteten deutsche Techniker, Ingenieure, Forscher, Entdecker, Trapper oder Farmer häufig mit Kollegen aus anderen europäischen Nationen – meist Engländern und Franzosen – zusammen. Die fachliche und moralische Überlegenheit der deutschen Teilnehmer war in diesen Büchern unbestritten, nicht aber in denen von Jules Vernes, dem berühmten französischen Verfasser utopisch-technischer Romane. An einen seiner Romane erinnert E. sich noch heute. Zwar hat sie Titel und Handlung vergessen, nicht aber, daß darin Charaktereigenschaften und Intelligenz dreier Forschungsreisender – eines Deutschen, eines Engländers und eines Franzosen – auf befremdliche Weise verteilt waren. Rangordnung und Eigenschaften des Engländers blieben unangetastet. »Tom« ist sportlich und fair. Er quengelt nicht rum, wenn etwas schiefgeht, sondern bemüht sich mit Erfolg um praktikable Teilleistungen, wofür ihm der zweite Platz im Team sicher ist, während der erste und dritte Platz miteinander vertauscht waren, so daß der Deutsche das Schlußlicht bildete. »Herr Fridolin« ist eigensinnig, querköpfig, pedantisch, unkameradschaftlich und humorlos – ein richtiges Ekel. Die Franzosen in deutschen Romanen waren zwar fachlich weniger kompetent, glichen ihre Schwächen aber durch Charme, gute Laune, Verhandlungsfähigkeit sowie leichtsinnige – in der Stunde der Gefahr jedoch manchmal überraschend nützliche – Liebesabenteuer aus. In diesem Buch wäre die Expedition ohne den französischen Ingenieur Pierre kaum mit dem Leben davongekommen. Er findet auch in schwierigsten Situationen mit Intelligenz, Phantasie und beachtlichem Mut einen Ausweg und überdies noch Zeit und Energie für Charme und gute Laune.

»Das kommt daher, weil das Buch von einem Franzosen geschrieben wurde«, erklärte Bruder Günther und fügte hinzu: »Wenn es ein Engländer geschrieben hätte, wäre der natürlich der Erste!«

Das war ein Angriff auf E.s kindlichen Ethnozentrismus, über den sie lange nachdachte. So fand sie sich denn auch bereit, Leistungen anderer Völker in Technik und Naturwissenschaften, Literatur und Musik anzuerkennen. Die »deutsche Innerlichkeit« und das »deutsche Gemüt«, die »Tiefe« der deutschen Kunst und die »Gründlichkeit« deutscher Gedanken machte »uns« jedoch keiner nach.

Jahrzehntelang

Der Schatten des Zweiten Weltkrieges liegt für E.s Generation noch immer über der Gegenwart. Zerstörte Hoffnungen von Glück und Liebe, versunkene Träume von Heimat und Geborgenheit durchbrechen für Augenblicke die gleichmütige Maske des Alltags und tauchen als zitternde Angst oder aufsteigende Tränen vom Grunde der Seele hoch. Manchmal noch erinnern Fabriksirenen am Feierabend an Fliegeralarme, Leuchtraketen zu Silvester an die als »Christbäume« bezeichneten Illuminationen des Nachthimmels vor Flächenbombardements. Der Geruch von schwelendem Holz und erkalteter Asche, der sich auf Grillpartys quälend in den Bronchien festsetzt, ruft den nach Rauch schmeckenden Wind über Deutschlands sterbenden Städten ins Gedächtnis zurück. Aber was ist mit dem Schatten, den große Ereignisse angeblich vorauswerfen?
Jüngere Generationen behaupten selbstherrlich, »damals« habe jeder sehen können, wissen müssen, »worauf das hinauslief«.
Wissen sie, worauf ihre Zeit hinausläuft? Sind sie sicher, daß ihre Jugendjahre nicht irgendwann Vorkriegsjahre, vielleicht gar »die letzten Tage der Menschheit« genannt werden? Können sie ausschließen, einer Generation anzugehören, die hätte sehen können, wissen müssen, daß moderne Massenvernichtungsmittel die Hütten und fast nie die Paläste treffen, daß der technische Fortschritt auf eine »Erde, unbewohnbarer als der Mond«, hinausläuft?
Historiker haben es leicht. Sie erklären im nachhinein, warum alles so kommen mußte, wie es gekommen ist. Da sie genau wissen, »worauf alles hinauslief«, finden sie mühelos den richtigen Weg durch das Labyrinth einer vergangenen Zeit. Irrwege und verwachsene Pfade, in denen sich die Menschen einer Epoche mit ihren Sehnsüchten und Hoffnungen, Gewißheiten und Ängsten vertrauensvoll einrichteten, lassen sie links oder auch rechts liegen.
Falsche Wegweiser, gigantische Täuschungsmanöver, gezielte Fehlinformationen – all das, was Zeitgenossen einer Diktatur den Blick auf die Wirklichkeit verstellt, bleiben als unerhebliches, von der Geschichte überholtes Beiwerk auf der Strecke der Geschichtsschreibung. So z. B. die unzähligen Friedensreden, Friedenskundgebungen, Friedensappelle, Friedensangebote und Friedensbündnisse aus den Vorkriegsjahren – ein ständiges Friedensgebimmel, das E. noch heute in den Ohren klingelt.
Historiker befassen sich zudem mit Zeiten, die für ihr persönliches Leben keine unmittelbare Bedeutung mehr haben. Der Krieg, dessen Schatten sie über den Jahren 1933–1939 wahrnehmen und – im nachhinein – überzeugend nachweisen, bedroht ihr Leben, ihre Familie nicht mehr. So sind ihre Ermittlungen gefeit gegen das Prinzip Hoffnung, das jede Generation dazu verführt, den Friedensversicherungen der eigenen Regierung zu glauben und Gefahren zu bagatellisieren, die die eigene Existenz betreffen. Wenn E. zu beschreiben versucht, warum Millionen in Deutschland den Schatten des kommenden Krieges nicht wahrgenommen haben, so geschieht das nicht zur Rechtfertigung, sondern zur Warnung.
1933 kauften sich die Eltern ein Radio, und die Achtjährige hörte die Rundfunkansprachen des neuen Reichskanzlers mit an, weil alles, was aus dem braunen Wunderkasten kam – Stimmen, Musik, vor allem das erheiternde Quieken beim An- und Abschalten –, aufregend war. Vom Inhalt der Reden verstand sie nichts, wohl aber die erleichterten, befriedigten, ja bewegten Kommentare der Erwachsenen, die sehr bald an den friedlichen Absichten der neuen Regierung nicht mehr zweifelten, da sie im Ton absoluter Aufrichtigkeit und Ehrlichkeit vorgetragen wurden. Da hieß es: ». . . Gerade uns beseelt

tiefstes Verständnis für begründete Lebensansprüche anderer Völker . . . Das deutsche Volk hat zu sehr unter dem Wahnsinn (des Krieges) gelitten, als daß es beabsichtigen könnte, anderen das gleiche zuzufügen . . . Wir respektieren die Rechte anderer Völker. Es ist unser unerschütterlicher Wille, mit ihnen in Frieden und Freundschaft zu leben . . .«, und der Reichspropagandaminister verkündete: »Der Frieden muß auf jeden Fall erhalten werden. Krieg wäre das größte Unglück für die Welt, ganz gleich, ob es sich um Sieger oder Besiegte handelt.« Mit ähnlichen Aussprüchen ließen sich viele Seiten füllen. Bestärkt wurden diese Eindrücke durch zahlreiche Führerplakate, auf denen sich das Wort FRIEDEN eindringlich aus der Zeile hervorhob.

Versöhnungsworte aus einer Rundfunkrede im Oktober 1933 waren direkt an Frankreich gerichtet. Sie sind E., wenn auch nur dem Sinne nach, im Gedächtnis geblieben, weil sie die Mutter fast zu Tränen rührten. Da hieß es: »Ich fasse es als Zeichen eines edleren Gerechtigkeitssinnes auf, daß der französische Ministerpräsident Daladier in seiner letzten Rede Worte eines versöhnlichen Verstehens gefunden hat, für die ihm unzählige Millionen Deutsche dankbar sind. Wir sind ergriffen bei dem Hinweis auf die leider nur zu traurige Wahrheit, daß diese beiden großen Völker so oft in der Geschichte das Blut ihrer besten Jünglinge und Männer auf dem Schlachtfeld geopfert haben. Ich spreche im Namen des ganzen deutschen Volkes, wenn ich versichere, daß wir alle von dem aufrichtigen Wunsch erfüllt sind, eine Feindschaft auszutilgen, die in ihren Opfern in keinem Verhältnis steht zu irgendeinem möglichen Gewinn . . .«

Irgendein möglicher Gewinn bei einem Krieg mit Frankreich, das konnte nur Elsaß-Lothringen sein, das im Versailler Vertrag mal wieder Frankreich zugeschlagen worden war. Der feierliche, endgültige Verzicht Hitlers auf Elsaß-Lothringen, »wenn die Frage des Saargebietes, das ein deutsches Land ist, einmal in Ordnung kommt«, wurde nicht nur von den Eltern, sondern auch von der Achtjährigen mit Befriedigung zur Kenntnis genommen. Es hatte sich nämlich bis zu ihr herumgesprochen, daß die Elsaß-Lothringer durch das ständige Hin und Her »falsch« geworden waren und gar keine Deutschen mehr sein wollten. Ein Krieg für Elsaß-Lothringen? Das war ja wohl ein Witz.

Die »Aussöhnung mit Frankreich« hatte bereits unmittelbar nach der »Machtübernahme« damit begonnen, daß den Soldaten der Infanteriekaserne die revanchistische Weise vom »Erbfeind« verboten wurde, die E. noch aus früher Kindheit im Ohr hat: »Frankreich unser Er-be-feind läßt uns keine Ru-u-uh, morgen marschieren wir dem Rheine zu.« Einige Wochen hindurch wurde der Refrain eines anderen Liedes: »Siegreich wolln wir Frankreich schlagen, sterben als ein tapfrer He-e-e-eld« in »Siegreich wolln wir dürfens nicht sagen« abgeändert, bis auch diese Fassung aus ihrem Repertoire verschwand.

Im Jahre 1934 geschah auf Hitlers Initiative die Kontaktaufnahme mit französischen Frontkämpferverbänden, die ihre Wirkung auf die Frontsoldaten und Frontoffiziere der Familie nicht verfehlte, denn in ihren Berichten hatte der »Poilu« des Ersten Weltkriegs schon immer als tapferer und fairer Gegner gegolten.

Patenonkel Hubert hatte die im Hurrapatriotismus von 1914 erfolgte Namensgebung seines Zweitgeborenen (Walter Maubeuge) kraft seines Amtes als Bürgermeister einer westfälischen Landgemeinde längst wieder getilgt und fuhr zu einem der vielen Frontkämpfertreffen auf den Schlachtfeldern Frankreichs. Von dieser Fahrt existiert noch ein Album mit sorgfältig gepreßten Feldblumen und Gräsern und den Unterschriften »Argonnerwald«, »Verdun«, »Douaumont«. Dazwischen Gruppenfotos mit den ehemaligen militärischen Gegnern. Lauter freundliche, gesetzte Herren – die Franzosen erkennt man nur an ihren Baskenmützen. Auf die letzte Seite hatte der Onkel mit sauberer Amtmannsschrift in Großbuchstaben eingetragen: »NIE WIEDER KRIEG!«

Im Jahre 1936 verfolgte die Elfjährige zusammen mit ihren Brüdern die Olympischen Spiele von Berlin in Radio, Wochenschau und Zeitungen, später dann in den Filmen der Leni Riefenstahl und den Sammelalben der Zigarettenindustrie. Da war die ganze Welt zu Gast im neuen Deutschland, und alle konnten sich davon überzeugen, wie gut »wir« es meinten. Der schwarze Superstar Jesse Owens aus den USA wurde zum Idol und Freund der deutschen Jugend. Frankreich, der »Erbfeind« von gestern, hatte die Bruderhand angenommen, die man ihm – trotz »Versailles« – großzügig gereicht hatte, denn die französische Sportlermannschaft begrüßte beim Einmarsch in das Olympiastadion den Führer in seiner Loge zackig mit zum »deutschen Gruß« ausgestrecktem Arm.

Besonders im Gedächtnis geblieben ist die feierliche Schlußveranstaltung der Olympischen Spiele aus dem Riefenstahl-Film, als die Olympiafanfare zum letzten Mal erklang, das olympische Feuer verlöschte, die Olympiafahne mit den bunten Ringen der fünf Erdteile eingeholt wurde und in der Dämmerung des Sommerabends der Ruf eines deutschen Sportlers von den dichtbesetzten Zuschauerblöcken widerhallte: »Ich rufe die Jugend der Welt nach Tokio!« Dieser Ruf erfüllte die Elfjährige mit einem tiefen Glücksgefühl. Er konnte doch nur bedeuten, daß das unselige Zeitalter der Kriege nun endgültig und für immer abgelöst worden war durch den friedlichen, sportlichen Wettstreit der Nationen.

1937 wurde die ein Jahr zuvor begründete »Achse Berlin – Rom« durch einen Besuch Mussolinis in der Reichshauptstadt bekräftigt. Die Zwölfjährige bekam durch die Wochenschau einen Eindruck vom festlich geschmückten Berlin mit den vielen von Scheinwerfern angestrahlten römischen Säulen, römischen Adlern und römischen Standarten. Der Duce hatte seine Glatze unter einem flotten Troddelkäppi verborgen und richtete auf deutsch mit rollenden Augen eine Friedensbotschaft an das deutsche Volk, die wegen der komischen Aussprache das ganze Kino zum Lachen brachte. Sie lautete: »Wir Nationalsozialisten und Faschisten wollen den Frieden und werden bereit sein, für den Frieden zu arbeiten . . . Der ganzen Welt, die sich gespannt fragt, was das Ergebnis der Begegnung von Berlin sein wird, Krieg oder Frieden, können wir antworten: Friede, Friede, Friede!«

Im Sommer 1938 fuhr die 13jährige mit der Paderborner Führerinnengruppe des Jungmädelbundes in die Nordmark. In Hamburg übernachteten die Mädchen auf der schwimmenden Jugendherberge »Hein Godenwind«. Auf dem ausgedienten Segelschulschiff waren viele Einzelreisende aus den skandinavischen Ländern sowie einige Jugendgruppen aus Frankreich. In diesem Jahre fanden besonders viele deutschfranzösische Jugendbegegnungen statt. Beim morgendlichen Fahnehissen bemühten sich alle Gruppen der Hitlerjugend durch Zucht und Ordnung, diszipliniertenen Gesang und strahlende Gesichter, den ausländischen Gästen etwas vom »Geist des neuen Deutschland« zu vermitteln. Um so empörter war E., daß der Fahnenspruch, den ein HJ-Führer an diesem Morgen laut und mit schneidender Schärfe ausrief, völlig aus dem Rahmen fiel, obwohl er vom Führer selbst stammen sollte. Er lautete: »Zum Freiwerden gehört Stolz, Wille, Trotz, Haß und wieder Haß!«

Auch den Kameradinnen war der Widerspruch zu dem fröhlichen, radebrechenden Miteinander der Jugend peinlich. Sie beruhigten sich damit, daß die ausländischen Jugendlichen wenig oder gar kein Deutsch verstanden, und Frieda, die Untergauführerin, meinte, daß der Spruch – wenn er denn wirklich vom Führer sein sollte – wahrscheinlich »völlig aus dem Zusammenhang gerissen« sei.

Danach tauschte E. mit einer »Denise« aus Grenoble einige Postkarten aus und las später – aber das war schon im Krieg – »André und Ursula« von Polly Maria Höfler, eine schwärmerische Liebesgeschichte zwischen einer deutschen Studentin und einem französischen Soldaten, las auch »Die Reise« von Charles Morgan und »Wind, Sand und Sterne« von Antoine de Saint-Exupéry, das 1943 im NS-Deutschland in einer Auflage von 120 000 erschien.

Im Herbst desselben Jahres kehrte der britische Premierminister Chamberlain mit seinem Regenschirm vom Münchener Abkommen zurück und wurde in London »von friedenstrunkenen Massen« begeistert gefeiert. So hieß es in den Zeitungen. Die Stimmung im deutschen Volk, dem man heute »Kriegslüsternheit« nachsagt, war sehr ähnlich. E. hatte den Eindruck, hat ihn auch heute noch, daß die Zustimmung Millionen Deutscher zum Führer nicht zuletzt darauf beruhte, daß man in ihm geradezu einen »Garanten des Friedens« gefunden zu haben glaubte. Dazu kam schrankenlose Bewunderung seiner diplomatischen Fähigkeiten, die es ihm zu erlauben schienen, den Versailler Vertrag Stück für Stück friedlich – unter geschickter Ausnutzung des schlechten Gewissens der Siegermächte von 1918 – zu revidieren und seinem im ersten Punkt des Parteiprogramms angekündigten Ziel näher und näher zu kommen: »Wir fordern den Zusammenschluß aller Deutschen aufgrund des Selbstbestimmungsrechtes der Völker!« Die Stadtchronik von Paderborn vermerkt für den September 1938, also unmittelbar nach der Sudetenkrise, eine große Friedenskundgebung auf dem Marktplatz.

Was macht ein zum Krieg Entschlossener mit einem Volk, das seinen ständig verkündeten »entschiedenen Friedenswillen« ernst nimmt? Das Dilemma eines von der eigenen Friedenspropaganda überrollten Aggressors beschrieb der »Friedensfürst« mit erstaunlicher Klarheit in einer Geheimrede vor den Chefredakteuren der Inlandspresse am 10. November 1938. Da hieß es:

> ». . . Die Umstände haben mich gezwungen, jahrzehntelang fast nur vom Frieden zu reden. Nur unter der fortgesetzten Betonung des deutschen Friedenswillens und der Friedensabsichten war es mir möglich, dem deutschen Volk Stück für Stück die Freiheit zu erringen und ihm die Rüstung zu geben, die immer wieder für den nächsten Schritt als Voraussetzung notwendig war. Es ist selbstverständlich, daß eine solche jahrzehntelang betriebene Friedenspropaganda auch ihre bedenklichen Seiten hat; denn es kann nur zu leicht dahin führen, daß sich in den Gehirnen vieler Menschen die Auffassung festsetzt, daß das heutige Regime an sich identisch sei mit dem Entschluß und dem Willen, einen Frieden unter allen Umständen zu bewahren. Das würde aber nicht nur zu einer falschen Beurteilung der Zielsetzung dieses Systems führen, sondern es würde vor allem auch dahin führen, daß die deutsche Nation . . . mit einem Geist erfüllt wird, der auf die Dauer als Defaitismus gerade die Erfolge des heutigen Regimes wegnehmen würde und wegnehmen müßte.
>
> Der Zwang war die Ursache, warum ich jahrzehntelang nur vom Frieden redete. Es ist nunmehr notwendig, das deutsche Volk psychologisch allmählich umzustellen und ihm langsam klarzumachen, daß es Dinge gibt, die, wenn sie nicht mit friedlichen Mitteln durchgesetzt werden können, mit den Mitteln der Gewalt durchgesetzt werden müssen . . .«

Diese zynischen Ausführungen gehören heute zu den jedermann zugänglichen Standarddokumenten des Dritten Reiches. Damals verblieben sie im Kreis führender NS-Journalisten der gleichgeschalteten Reichspressekammer. »Jahrzehntelange« Friedenspropaganda war zwar stark übertrieben – selbst bei Einbeziehung der gesamten »Kampfzeit« kommen nicht einmal 20 Jahre zusammen, stimmte aber mit dem subjektiven Zeitempfinden von Heranwachsenden überein. E.s »jahrzehntelange« Kindheits- und

Jugendjahre waren tatsächlich mit dem »uuunerschütterlichen Friedenswillen« des Führers angefüllt. Gemäß den geheimen Richtlinien erfolgte die Therapie der Kriegsunlust nicht schockartig, sondern »langsam« und »allmählich« in homöopathischen Dosen, eingekapselt, verzuckert, mit lebenswichtigen Vitaminen gestreckt oder in harmlosen Flüssigkeiten aufgelöst, zudem in Kubikmetern »Friedenswatte« und »Friedensmull« verpackt.

Wohlweislich endete die kriegsvorbereitende Propaganda für die breite Masse weit im Vorfeld jener geheim verordneten Einsicht, »daß es Dinge gibt, die, wenn sie nicht mit friedlichen Mitteln durchgesetzt werden können, mit den Mitteln der Gewalt durchgesetzt werden müssen«.

Statt dessen wurde die Vision einer tödlichen Gefahr beschworen. Vom internationalen Judentum angeführte »Kriegshetzer« und »Kriegstreiber«, jüdische Rüstungskonzerne und aus Deutschland vertriebene jüdische Kriegsgewinnler mißgönnten dem deutschen Volk seinen friedlichen Aufbau, seinen bescheidenen Wohlstand, seine Unabhängigkeit vom Börsenkapital des Weltmarktes und seine – trotz »Versailles« – wiedergewonnene nationale Ehre und bereiteten, so hieß es, die Vernichtung Deutschlands vor. Angesichts dieser existentiellen Bedrohung durch die »Einkreisungspolitik« galt es, die »Verteidigungsbereitschaft« zu stärken, denn: »Es kann der Beste nicht im Frieden leben, wenn es dem bösen Nachbarn nicht gefällt.«

Die offizielle Propaganda und der Führer selbst vermieden es während des gesamten Krieges, den »entschiedenen Friedenswillen« des deutschen Volkes und seiner Regierung in Frage zu stellen.

Auch die am 30. Januar 1939, dem sechsten Jahrestag der »Machtergreifung«, von allen deutschen Sendern übertragene Reichstagsrede des Führers war eine »Friedensrede«. E. hat sie mit angehört, weil sie alle Führerreden seit 1933, sei es in der Schule, sei es während einer Kundgebung oder auch im Elternhaus, mit angehört hat. Sie empfand solche Anhörungen als selbstverständliche, wenn auch langweilige Ehrenpflicht, denn es gelang selbst der Heranwachsenden nur selten, kontinuierlich zuzuhören. Lange Passagen bildeten häufig nicht mehr als eine vertraute Geräuschkulisse für abschweifende Gedanken oder auch eine Art Dämmerzustand, der im Jargon der Hitlerjugend mit »innerlich weggetreten« bezeichnet wurde. So prägten sich lediglich einige Formulierungen Hitlers nachhaltig dem Gedächtnis ein. Die aus der Rede vom 30. Januar 1939 immer wieder zitierte »Vernichtung der jüdischen Rasse in Europa« gehört nicht dazu. Sie scheint auch auf die Erwachsenen ihrer Umgebung keinen besonderen Eindruck gemacht zu haben, obwohl sie heute als unmißverständliche Ankündigung der »Endlösung« interpretiert und von Nachgeborenen gnadenlos als Mitwisserschaft, wenn nicht gar Zustimmung zum Massenmord am jüdischen Volk ausgelegt wird. Sollte nicht auch das rhetorische Umfeld beachtet werden? Da hieß es:

> »Die Völker werden in kurzer Zeit erkennen, daß das nationalsozialistische Deutschland keine Feindschaft mit anderen Völkern will, daß alle Behauptungen über Angriffsabsichten unseres Volkes auf fremde Völker entweder aus krankhafter Hysterie geborene oder aus der persönlichen Selbsterhaltungssucht einzelner Politiker entstandene Lügen sind . . . Ich will heute wieder ein Prophet sein: Wenn es dem internationalen Finanzjudentum inner- und außerhalb Europas gelingen sollte, die Völker noch einmal in einen Weltkrieg zu stürzen, dann würde das Ergebnis nicht die Bolschewisierung der Erde und damit der Sieg des Judentums sein, sondern die Vernichtung der jüdischen Rasse in Europa . . . Die Völker Europas wollen nicht mehr auf den Schlachtfeldern sterben, damit diese wurzellose internationale Rasse

an den Geschäften des Krieges verdient und ihre alttestamentarische Rachsucht befriedigt. Über die jüdische Parole: ›Proletarier aller Länder, vereinigt euch‹ wird eine höhere Erkenntnis siegen, nämlich: ›Schaffende Angehörige aller Nationen, erkennt euren gemeinsamen Feind!‹«

Millionen in Deutschland, die sich nicht auf jugendliche Unbedarftheit herausreden können, sich aber gleichwohl nicht an die »Vernichtung der jüdischen Rasse in Europa« erinnern, haben aus dieser Rede wohl vor allem die leidenschaftliche Absage an den Krieg, insbesondere die scharfe Verurteilung eines Angriffskrieges herausgehört.

E. vermag den betreffenden Formulierungen auch heute noch keine unmißverständliche Ankündigung der »Endlösung der Judenfrage« zu entnehmen. »Prophetisch« vorausgesagt wird nicht mehr und nicht weniger als eine internationale schreckliche Rache der »schaffenden Angehörigen aller Nationen« am »internationalen Finanzjudentum« und auch das nur für den Fall, daß es ihm »gelingen sollte, die Völker noch einmal in einen Weltkrieg zu stürzen«. Vor der Vision eines dauerhaften, friedlichen Zusammenlebens der Völker verhallte die »Vernichtung der jüdischen Rasse in Europa« wie Theaterdonner.

Im März 1939 sprachen im Stadt- und Landkreis Paderborn geschulte Gauredner auf insgesamt 15 Veranstaltungen über das Thema »Warum hetzt Juda zum Weltkrieg?« Das deutsche Volk glich in diesen Reden der friedlichen Besatzung einer belagerten Festung, die durch Drohgebärden versucht, den Feind einzuschüchtern und die eigene Angst zu überwinden. Trotzdem glaubte man in E.s Umwelt nicht an eine Kriegsgefahr, sondern vertraute dem Friedenswillen und der Friedenspolitik des Führers. Zwar bezweifelte kaum noch jemand, daß in den Regierungen Englands, Frankreichs, der Vereinigten Staaten von Amerika und der Sowjetunion »Kriegshetzer« und »Kriegstreiber« an Einfluß gewonnen hatten, aber – so hoffte man – sie würden sich nicht durchsetzen können, denn: »Die Völker Europas wollen nicht mehr auf den Schlachtfeldern sterben!« Die Sündenbocktheorie Hitlers, mit der er das Judentum als alleinigen Urheber von Kriegen anprangert, bot eine einfache Lösung: Frieden erhalten durch Antisemitismus!

Wer den Frieden will, rüstet zum Krieg

In den frühen dreißiger Jahren sammelten E.s Brüder Zigarettenbilder der Serie »Wie die andern gerüstet sind«. Die Schulanfängerin sammelte zur gleichen Zeit die »Internationale Tanzkunst« mit Fotos von Anna Pawlowa, Mary Wigman, Isadora Duncan, Rudolf von Laban, Harald Kreutzberg und Waclaw Nijinskij. Bilder von Flugzeugen, Tanks, Kanonen und Gewehren interessierten sie nicht sonderlich, aber an das ärgerliche Gefühl »Die dürfen und wir nicht!« erinnert sie sich.

Paderborn war eine Garnisonstadt, und Soldaten zogen seit E.s früher Kindheit singend am Gartentor vorbei. Aber die Reichswehr – so erfuhr sie von den Brüdern – war kein Volksheer, in dem jeder deutsche Mann eine Zeitlang »dienen« mußte. Sie bestand aus Berufssoldaten, die »Zwölfender« genannt wurden, weil sie sich für zwölf Jahre verpflichten mußten. Außerdem war ihre Zahl nach den Bestimmungen des Versailler Vertrages auf 100 000 Mann beschränkt. Viele ehemalige Offiziere hatten dadurch ihren Beruf verloren und mußten sich, wie Onkel Job und Onkel Franz, als »Vertreter« durchschlagen, weil sie nichts gelernt hatten. Nicht nur Franzosen, Engländer, Amerikaner und Russen hatten Armeen. Auch Soldaten aus Norwegen, Dänemark, Holland, Belgien, Polen und sogar China und Japan waren in jenem Album mit Waffen und

Ausrüstungen abgebildet. Alle diese Länder hatten Flugzeuge, Kanonen, Tanks, Panzer-kreuzer, Schlachtschiffe und Unterseeboote. Sie bildeten Soldaten aus, um ihr Vaterland verteidigen zu können. Darum mußte jeder Staat auch in Friedenszeiten gerüstet sein. Eine Armee gehörte zu einem Staat wie das Amen zur Kirche.

Die Reichswehr hingegen war zur Verteidigung des Deutschen Reiches viel zu schwach. Außerdem durfte sie nur altmodische Waffen besitzen und hatte nicht einmal genügend Munition, um das Schießen zu üben. Besonders empört waren E.s Brüder darüber, daß das »100 000-Mann-Heer« kein einziges Flugzeug haben durfte. Deshalb übten die Fliegerhelden des Ersten Weltkrieges und andere Flugbegeisterte auf der Wasserkuppe in der Rhön mit Segelflugzeugen, um das Fliegen nicht ganz zu verlernen und den »Fluggedanken« im deutschen Volk aufrechtzuerhalten. Viele Jungen und auch die Brüder bauten sich Segelflugzeugmodelle, nicht nur aus technischem Interesse, sondern auch aus Solidarität mit den Fliegern auf der Wasserkuppe.

Historiker interpretieren die Wiedereinführung der allgemeinen Wehrpflicht und die Aufkündigung der Rüstungsbeschränkungen des Versailler Vertrages im Jahre 1935 als entscheidenden Schritt zur Kriegsvorbereitung. Spätestens jetzt, so argumentieren Nach-geborene, habe jeder sehen können, wissen müssen, »worauf das hinauslief«. In der NS-Propaganda wurden die Wiederaufrüstung Deutschlands und der 1936 erfolgte Austritt aus dem Völkerbund mit dem Mißerfolg der internationalen Genfer Abrüstungskonfe-renzen begründet. Trotz feierlicher Versprechungen, so hieß es, hatte sich nur Deutsch-land den harten Abrüstungsbestimmungen des Versailler Vertrages gefügt, während die Siegermächte des Weltkrieges ihr Militär ständig erweiterten und mit immer moderneren Waffen ausrüsteten. Das Ergebnis der – nachträglich – erbetenen Zustimmung des deutschen Volkes, das erst 1926 unter demütigenden Bedingungen in den Völkerbund aufgenommen worden war, wurde mit 99 Prozent angegeben.

In E.s Umwelt galt die »Wiederherstellung der Wehrhoheit« als Wiederherstellung des Normalzustandes. Sie war nicht nur eine Prestigefrage, sondern eine Bestätigung für das wiedergewonnene Selbstbewußtsein der deutschen Nation. Jetzt konnte das »Heilig Vaterland« als gleichberechtigter Partner wieder »kühn sein Angesicht in die Runde« der europäischen Völker erheben, denn ein wehrloses Deutschland mitten im Herzen Europas konnte die Nachbarstaaten dazu verführen, sich noch mehr von dem in Versailles bereits rigoros verkleinerten und zerstückelten Deutschen Reich abzuschneiden. Um das zu verhindern und auch, um niemanden in Versuchung zu führen, war Deutschland zum Aufbau einer starken Armee geradezu verpflichtet. Die Wehrmacht hatte die Aufgabe, den Frieden durch Abschreckung und Verteidigungsbereitschaft zu sichern.

Obwohl der Weltkrieg der letzte Krieg gewesen sein sollte, hinderte das Lesebuchher-ausgeber und Jugendschriftsteller nicht daran, die Helden des verlorengegangenen Krieges in Gedichten und Geschichten zu verherrlichen. Das Heldenrepertoire der Brüder umfaßte neben Rennfahrern, Fußballern und Boxern auch Helden der Luft und »zur See«: Immelmann, der »Adler von Lille«, Manfred von Richthofen, der »rote Kampfflieger«, Otto Weddigen, der U-Boot-Kommandant, Felix Graf Luckner, der »Seeteufel«, und viele andere. Das Gedicht »Ott' Weddigen heißt der Kapitän/U-9 sein schlankes Boot/ Und prasselnd läßt's im Sturme wehn/die Flagge schwarz-weiß-rot!« lernte Bruder Günther schon vor 1933 in der Volksschule und auch, daß schwarz-weiß-rot die eigentliche, die »richtige« deutsche Fahne sei.

Ein besonders inniges Verhältnis hatten auch die Eltern nicht zu den Farben der glanzlosen, krisengeschüttelten Weimarer Republik, denn als ihre Söhne einmal mit dem Spruch nach Hause kamen: »Von unsrer Fahne schwarz-weiß-rot/da nahm man uns das

Weiße/Was man uns dafür wiedergab/war nichts als lauter Scheiße!« wurde ihnen das nur milde verwehrt – wegen der »Scheiße«.

Kaum eine Bestimmung des Versailler Vertrages war vom deutschen Volk mit so großer Erbitterung hingenommen worden wie die Gebietsabtretungen an den 1918 neu geschaffenen polnischen Staat. Kein Politiker der Weimarer Republik hatte es gewagt, dem offiziellen Verzicht Deutschlands auf territoriale Ansprüche im Westen auf der Konferenz von Locarno im Jahre 1925 ein »Ost-Locarno« folgen zu lassen und feierlich auf Danzig, Westpreußen, Posen und Oberschlesien zu verzichten. In den Schulatlanten gehörten die »unter polnischer Verwaltung« stehenden »deutschen Gebiete« mit blaßblauer Farbgebung und Perlenschnurgrenze noch immer zum Deutschen Reich. Der 1934 von der NS-Regierung mit Polen abgeschlossene zehnjährige Freundschafts- und Nichtangriffspakt, in dem jede gewaltsame Änderung der Grenzen zwischen beiden Staaten ausgeschlossen wurde, war unpopulär, galt aber gerade deshalb als echter und ehrlicher Beweis für den Friedenswillen Hitlers. Er wurde nicht als endgültiger Verzicht auf die »deutschen Ostgebiete« ausgelegt, wohl aber als Garantie dafür, daß eine Revision der polnischen Westgrenze nur mit friedlichen, keinesfalls mit kriegerischen Mitteln angestrebt wurde, eine Formel, die von Vertriebenenfunktionären für die westlicheren »deutschen Ostgebiete« Pommern, Schlesien und Ostpreußen auch heute vertreten wird.

Das im Jahre der »Wiederherstellung der Wehrhoheit« mit England abgeschlossene Flottenabkommen, in dem die bisherige rigorose Beschränkung der deutschen Kriegsflotte auf 35 Prozent der britischen angehoben werden durfte, galt in E.s Umwelt ebenfalls als Zeichen beachtlicher Bescheidenheit und Zurückhaltung.

Kurze Zeit später begannen die »Organisation Todt« und der Reichsarbeitsdienst mit dem Bau des »Westwalls«, der das Wunderwerk der »Maginotlinie« noch übertreffen sollte. Über dieses unterirdische Verteidigungssystem, das Frankreich, unter dem Eindruck des Traumas von 1914, nach dem Ersten Weltkrieg gebaut hatte, waren in der Serie »Wie die andern gerüstet sind« phantastische Dinge berichtet worden. Deutschland setzte nun der Maginotlinie den angeblich noch moderneren, noch uneinnehmbareren »Westwall« gegenüber. Ein Werk, das der Verteidigung diente – ein Friedenswerk. Was denn sonst? Der Bau dieses Friedenswerkes beschäftigte viele Jahrgänge des Reichsarbeitsdienstes und auch noch E.s Bruder Günther, der im Sommer 1939 als Arbeitsmann in der Pfalz mit sonnenverbrannter Haut und schwieligen Händen das »Deutsche Schutzwall-Ehrenzeichen« erwarb.

In den Sommerferien des Jahres 1935 besuchte E.s gleichaltrige Cousine Marianne aus dem Kölner Raum die Paderborner Verwandten. Wenn sich eine marschierende Soldatenkolonne durch Gesang oder gar eine Militärkapelle mit klingendem Spiel ankündigte, war sie nicht zu halten und rannte mehrmals täglich zur Infanteriekaserne, um sich das Spektakel der Wachablösung anzusehen. E., der solche Eindrücke seit früher Kindheit vertraut waren, hatte dafür wenig Verständnis. Das änderte sich, als im März 1936 der Jubel der Bevölkerung aus den Lautsprechern drang, mit dem deutsche Soldaten beim Einmarsch in Köln, Aachen und Trier, Koblenz, Kaiserslautern und Saarbrücken begrüßt wurden. Die Triumphfahrt des Führers durch das nun wieder der deutschen Wehrhoheit unterstellte Rheinland, das Glockengeläute des Kölner Doms und der vieltausendstimmige Choral »Wir treten zum Beten vor Gott, den Gerechten« bestärkten ihre Gewißheit, daß das deutsche Volk und seine Regierung zu den »Gerechten« gehörten – eine Gewißheit, die bis Kriegsende und noch einige Zeit danach unerschüttert blieb.

Historiker bezeichnen den Einmarsch der deutschen Truppen in die nach den Bestimmungen des Versailler Vertrages unbefristet entmilitarisierte Westzone Deutschlands als kriegerischen Akt. Damals hieß diese Aktion offiziell »Wiederherstellung der deutschen Souveränität«. Sie wurde, ebenso wie die Einführung der allgemeinen Wehrpflicht, mit besonders feierlichen Versicherungen des deutschen Friedenswillens begleitet. Es gab zwar leise Befürchtungen der Erwachsenen, »ob Frankreich sich das gefallen lassen würde«, aber die Überrumpelung gelang, weil sie an einem Sonnabend stattfand. E. dachte: »Schließlich kann uns doch keiner verbieten, die ›Wacht am Rhein‹ endlich wieder selbst zu übernehmen.«

Die Begeisterung der Rheinlandbevölkerung über die deutschen Soldaten hatte wohl auch mit dem Schock zu tun, den die erst wenige Jahre zuvor beendete Besetzung des Rheinlandes und des Ruhrgebietes durch französische, englische und amerikanische Truppen hinterlassen hatte. Davon erzählte Onkel Franz aus Köln, Reserveoffizier, EK 1 und 2, Reisender in Anzug- und Mantelstoffen: »Beim Einmarsch der Franzosen standen viele Tausende schweigend am Straßenrand. Besonders empört waren sie darüber, daß die Franzosen Neger und Mongolen aus den französischen Kolonien geschickt hatten. Plötzlich fing mein Freund Ettighofer an zu singen: ›O Deutschland hoch in Ehren, du heil'ges Land der Treu‹, bei ›Haltet aus, haltet aus, lasset hoch das Banner wehn‹ sangen schon fast alle mit, und zum Schluß hallte die ganze Stadt wider: ›Zeigt's dem Feind, zeigt's der Welt, daß wir treu zusammenstehn!‹« Daran mußte E. denken, als sie später Bücher von P. C. Ettighofer las: »Verdun, das große Gericht« – »Gespenster am Toten Mann« – »Eine Armee meutert« und viele andere.

Tante Liesel hatte die Räumung des Koblenzer Brückenkopfes am 30. November 1929 miterlebt und berichtete, wie die Trikolore auf der rechtsrheinischen Festung Ehrenbreitstein am Deutschen Eck um Mitternacht eingeholt und statt dessen die Fahne Deutschlands, von Scheinwerfern und Raketen beleuchtet und einer vieltausendköpfigen Menge bejubelt, am Fahnenmast emporgestiegen sei. Vor dem endgültigen Abmarsch hätten die Franzosen ihre Fahnen feierlich in den Rhein getaucht, weil sie sich mit der Aufgabe des Rheinlandes nicht abfinden wollten.

Vom passiven Widerstand, den die Regierung der Republik aus Protest gegen den völkerrechtswidrigen Einmarsch ins Ruhrgebiet ausgerufen hatte, vom Schußwaffengebrauch der Besatzungsmacht gegen demonstrierende Arbeiter in Essen und von der Beerdigung der 13 Toten, an der mehr als eine halbe Million Menschen aus dem gesamten rheinisch-westfälischen Industriegebiet teilgenommen hatten, erfuhr E. von ihrem Bruder Günther. Während seiner Mitgliedschaft in der Scharnhorst-Jugend hing über seinem Bett das Foto eines schlanken Holzkreuzes, das wirkungsvoll gegen den bewölkten Himmel aufgenommen worden war. Darunter stand: »Mein Schicksal war mir Nebensache. Ich habe gehandelt aus Liebe zum Vaterland« – Ehrenmal für Albert Leo Schlageter.

Günther erzählte von jenem Einzelgänger und ehemaligen Offizier (Terrorist? Widerstandskämpfer? Verbrecher? Nationalheld?), der Sabotageakte gegen Bahnanlagen verübt hatte, um den Nachschub der französischen Besatzungstruppen zu behindern. Schlageter wurde am 26. Mai 1923 auf der Golzheimer Heide bei Düsseldorf hingerichtet. An seiner Beerdigung nahmen Zehntausende teil, unter den Sargträgern war der junge Martin Niemöller. Schlageters Tat fand nicht nur Anerkennung in rechten Kreisen, sondern, als revolutionäre Aktion, auch bei Karl Radek, einem Gründungsmitglied der KPD. Später reklamierten ihn die Nationalsozialisten als »Vorläufer« für sich.

In Paderborn gab es keine Rüstungsindustrie, dafür um so mehr Kasernen. Sie wurden in den Vorkriegsjahren ausgebaut und durch neue Komplexe ergänzt, für Waffengattungen, die es bislang in der alten Garnison nicht gegeben hatte: Panzer und Flieger.

Militärfahrzeuge gehörten zum Stadtbild, Militärflugzeuge zum Luftbild. Auf dem Truppenübungsplatz in der Senne, den schon Soldatengenerationen vor dem Ersten Weltkrieg singend verflucht hatten: »Sennesand, du heißer Sand, wie oft bin ich in dir gerannt«, fanden Manöver und Schießübungen statt. Schon vor dem Krieg waren an Wochenenden und Sonntagen Kinos und Gaststätten von Paderborn mit Soldaten überfüllt. Was war daran bedrohlich? Jeder Staat hatte eine Armee. Zu jeder Armee gehören Waffen. Auch eine Armee, die der Abschreckung dient, muß Manöver veranstalten, damit sie ihre Waffen im Verteidigungsfall einsetzen kann.

Zur Verteidigungsbereitschaft braucht man ein Feindbild. Während Hitler gen Westen unablässig Verständigungsbereitschaft und Völkerfreundschaft signalisierte, beschwor er die Unversöhnlichkeit der nationalsozialistischen und der kommunistischen Weltanschauung mit bemerkenswerter Deutlichkeit – bis auf jenes verlegene Schweigen zwischen dem Abschluß und dem Bruch des Nichtangriffspaktes mit der Sowjetunion. So hieß es z. B. in einer Rede vom 20. Februar 1938: »Wir sehen im Bolschewismus die Inkarnation des menschlichen Zerstörungstriebes.« War das eine Kriegserklärung? Auch der amerikanische Präsident Ronald Reagan bezeichnete die Sowjetunion als »Verkörperung des Bösen«. In Paderborn wurden solche Äußerungen als selbstverständlich empfunden, weil sie exakt dem Feindbild der katholischen Kirche entsprachen.

Das tiefe Einverständnis zwischen ihrem Antikommunismus und dem der Nationalsozialisten bewährte sich erstmalig im Jahre 1936 bei Ausbruch des spanischen Bürgerkrieges.

Der verzweifelte Kampf der legal und demokratisch gewählten spanischen Republik gegen die Legionärs- und Kolonialtruppen des von Marokko aus putschenden Generals Franco wurde im katholischen Mädchenlyzeum St. Michael vom ersten Tage an als Kampf zwischen Gott und Satan (oder auch zwischen Sankt Michael und Luzifer) gedeutet. E. hörte nicht nur im Religionsunterricht der Schule zahllose Greuelgeschichten über die »Rotspanier«, die Priester und Bischöfe, Nonnen und Jungfrauen lebendig verbrannten, Gefangene von Ratten auffressen ließen und das Christentum und alle Kultur, alles Gute, Schöne und Edle ausrotten wollten. Ähnliche Berichte standen auch in den Zeitungen, prägten sich aber weniger eindrucksvoll und unauslöschlich in die kindliche Seele ein als die mündlichen Schilderungen. Immer neue Dimensionen des Grauens wußten die Nonnen zu berichten, da sie offenbar über zusätzliche, noch detailliertere Informationsquellen verfügten als die gleichgeschaltete Presse.

Die Wirkung der Leidensgeschichte Christi mit Geißelung, Dornenkrönung und Kreuzigung hatte sich durch ständige Wiederholung etwas abgenutzt, die von wilden Tieren zerrissenen, als lebendige Fackeln verbrannten oder in siedendes Öl getauchten christlichen Märtyrer im alten Rom gehörten – Gott sei Dank – der Geschichte an. Afrika, wo noch heute manchmal christliche Missionare von wilden schwarzen Heiden auf schreckliche Weise umgebracht und aufgefressen werden, war weit weg, so hielt es das Kind mit den leidenden und verfolgten Christen Spaniens und mit dem christlichen General Franco, der, stellvertretend für die gesamte Christenheit, mit seinen christlichen Soldaten einen Kampf zwischen den Mächten des Lichtes und den Mächten der Finsternis ausfocht.

Niemand in E.s Umwelt fand auch nur ein einziges Wort zur Verteidigung der spanischen Republik. Niemand bezweifelte die Greueltaten der »Rotspanier«. Niemand berichtete über Gegenbeispiele von der »rechten«, der »richtigen«, der »christlichen« Seite, an denen es in jenem von beiden Seiten mit beispielloser Grausamkeit geführten Kampf weiß Gott nicht gefehlt hat.

Von der militärischen Unterstützung Francos durch die NS-Regierung erfuhr E. im Sommer 1939, als der »Legion Condor« in Berlin ein triumphaler Empfang bereitet wurde. Niemand in ihrer Umgebung stieß sich daran, daß dieser Einsatz unter dem Bruch der Neutralitätsbehauptungen Hitlers erfolgt war, denn dem Satan gegenüber war jede List erlaubt. Die Brüder erzählten abenteuerliche Geschichten, wie sich die Legionäre, als harmlose Touristen getarnt und zu strengster Geheimhaltung verpflichtet, bei Nacht und Nebel eingeschifft hatten, und lernten in der Hitlerjugend das »Lied der Legion Condor«:

»Wir flogen jenseits der Grenzen mit Bomben gegen den Feind,
hoch über der spanischen Erde, mit den Fliegern Italiens vereint . . .
Vorwärts, Legionäre! Vorwärts, im Kampf sind wir nicht allein,
und die Freiheit soll Ziel unsres Kampfes sein.
Vorwärts, Legionäre!«

Daß es nicht die Freiheit der kleinen baskischen Stadt Guernica im Norden Spaniens gewesen war, erfuhr E. lange Jahre nach dem Krieg in einer Picasso-Ausstellung. Von Deutschen, die in der »Internationalen Brigade« zusammen mit Freiwilligen aus aller Welt die Freiheit der spanischen Republik verteidigt hatten, hörte sie während des Dritten Reiches nichts, obwohl ihre Lieder ähnlich klangen:

»Die Heimat ist weit, doch wir sind bereit
zu kämpfen und sterben für dich: Freiheit!«

Zur Errichtung der Franco-Diktatur, die für 36 Jahre alle demokratischen Freiheiten in Spanien auslöschte, veröffentlichte der Bischof von Münster, Clemens August Graf von Galen, im April 1939 einen Hirtenbrief:

»Der gottlose Kommunismus und Bolschewismus, der mit Gottes Willen jetzt gänzlich besiegt und seiner Macht beraubt ist, hat durch mehr als drei Jahre in Spanien gewütet. Welche Gefahren wären dem christlichen Abendland, auch unserem Volk und der ganzen Welt erwachsen, wenn Moskau gesiegt und ein neues Zentrum der kämpfenden Gottlosigkeit und der zersetzenden Wühlarbeit in allen christlichen Staaten diesseits und jenseits der Meere im Südwesten Europas errichtet und ausgebaut hätte. Darum stimmen wir mit dem heldenhaften und befreiten spanischen Volk in den Jubel ein und in den Dank gegen Gott, der den tapferen Kämpfern gegen den Antichrist den Sieg geschenkt hat.«

Volksgemeinschaft

Made in Germany

Im Jahre 1931 entzifferte die Schulanfängerin E. auf einem silbergrauen Zeppelinmodell ihres Bruders drei geheimnisvolle Worte: »Made in Germany« und entdeckte sie wenig später auf Spielzeugeisenbahnen, Baukästen, Puppenwagen, Küchenmaschinen, Staubsaugern, Fahrrädern und Gebrauchsgegenständen aller Art.

Diese Made – so die brüderliche Unterweisung – wurde »Mäd in Dschörmenie« ausgesprochen und hieß: »Gemacht in Deutschland«. Alles, was in Deutschland gemacht und zum Verkauf angeboten wurde, mußte diese Inschrift tragen, um ausländische Käufer abzuschrecken – so wollten es die Engländer. Da hatten sie sich aber verrechnet! Die deutsche Made hatte sich sogar besonders erfolgreich auf dem Weltmarkt durchgefressen, denn alle Welt wußte, daß deutsche Werkzeuge und Maschinen, Bagger und Traktoren, Autos und Lokomotiven, Flugzeuge und Schiffe länger hielten und besser funktionierten als in England, Frankreich oder Amerika hergestellte.

Auch andere Völker hatten tüchtige Ingenieure, Wissenschaftler, Forscher und Erfinder, aber sie konnten sich nicht auf absolut zuverlässige und verantwortungsvolle Arbeiter stützen. Der deutsche Arbeiter setzte nämlich seinen ganzen Stolz darin, nur völlig einwandfreie, sorgfältig überprüfte Werkstücke für Verkauf und Gebrauch freizugeben.

Die Worte »Arbeit« und »Arbeiter« hatten in E.s Elternhaus einen guten Klang. Alle Arbeit galt als notwendig und von gleichem gesellschaftlichen Nutzen, sofern sie »ehrlich und anständig« ausgeführt wurde. So betraf eine besonders eindrucksvolle Belehrung des Vaters die Unverzichtbarkeit der Müllabfuhr. Es fehlte darin nicht an »bestialischem« Gestank, Fliegen- und Rattenplage sowie Seuchen und Krankheiten. Sogar den eigenen Beruf als Studienrat hielt er (zumindest zeitweise) für entbehrlicher. Das leuchtete E., die sich über jeden schulfreien Tag freute, gern ein.

Die Formulierung »nur ein einfacher Arbeiter« verwendete der Vater gelegentlich, um die Begabung eines seiner Schüler aus Arbeiterkreisen besonders hervorzuheben. Dabei vergaß er nie, die »erstaunlichen Intelligenzreserven im Volke« durch das »zufällige Zusammentreffen hochwertiger Erbanlagen« zu erklären. Im übrigen hegte der unpraktische, körperlich nicht sehr kräftige Studienrat eine fast unterwürfige Hochachtung vor geschickter und sachkundig ausgeführter Handarbeit sowie vor Leistungen, die erhebliche Muskelkraft erforderten. Bei gelegentlicher Zusammenarbeit in Haus und Garten unterwarf er sich bescheiden und selbstverständlich der Sachkompetenz und physischen Überlegenheit eines Handwerkers oder Arbeiters.

E.s Mutter benutzte die Formulierung »nur ein einfacher Arbeiter«, wenn ihr Einfühlungsvermögen, Hilfsbereitschaft und soziales Verständnis des so Bezeichneten besonders imponiert hatten. In die Hochachtung vor dem fleißigen, ehrlichen, anständigen und tüchtigen (deutschen) Arbeiter bezog sie auch die »Arbeiterfrau« mit ein, deren Sorgen und Nöte sie vor allem während der Weltwirtschaftskrise teilnehmend mitempfand.

Dem »deutschen Arbeiter« stand keine »deutsche Arbeiterin« zur Seite, die in gleicher Weise für das Qualitätsmerkmal »Made in Germany« bürgte. Weibliche Wesen erhielten das Gütesiegel »deutsch« bereits für Geschlechtszugehörigkeit und Mutterschaft. Der »deutschen Frau«, der »deutschen Mutter« konnte kein »deutscher Mann«, geschweige denn ein »deutscher Vater« das Wasser reichen, wenn er sich nicht darüber hinaus als »deutscher« Arbeiter, Bauer, Soldat, Handwerker, Ingenieur oder Wissenschaftler bewährt hatte.

Deutsche Frauen hingegen verfügten auch ohne berufliche Qualifikation, dafür in trautem Verein mit deutscher Treue, deutschem Wein und deutschem Sang über die magische Kraft, deutsche Männer lebenslänglich zu edlen Taten zu begeistern – so lernte es die Schulanfängerin mit der Nationalhymne.

Arbeiterinnen kamen nur im Lesebuch und im Religionsunterricht vor. Sofern es sich um Hausfrauen und Mütter handelte, verdienten sie Mitleid und Anerkennung, denn sie vernachlässigten ihre Familien nur aus Not – sei es, daß sie arme Witwen waren, sei es, daß der Verdienst des Ehemannes nicht für den Lebensunterhalt ausreichte.

Unverheiratete Arbeiterinnen hingegen waren »leichtfertige« junge Mädchen, die aus oberflächlicher Vergnügungssucht und krasser Geldgier ihr einfaches, meist ländliches Elternhaus verlassen hatten, um in der Stadt, fern von der behüteten Familie, ein »freies« (d. h. unmoralisches) Leben zu führen. Eine Geschichte aus dem Beichtunterricht des dritten Schuljahres blieb unvergeßlich. Darin besucht eine junge Fabrikarbeiterin, wiewohl des regelmäßigen Kirchgangs längst entwöhnt, noch dazu nach einer »lasterhaft« durchtanzten Nacht, »aus einer Laune heraus« die heilige Messe und geht sogar, ohne ihre Sünden vorher gebeichtet zu haben, zur heiligen Kommunion. Im Augenblick der mystischen Vereinigung mit dem Leib Christi wird ihr schockartig der ungeheure Frevel bewußt. Sie kann den entsetzten Kirchgängern nur noch zuflüstern: »Ich habe unwürdig kommuniziert!«, ehe sie ihr verworfenes Leben aushaucht.

Erst in den letzten Jahren des Dritten Reiches fiel ein Abglanz jener ehrenvollen Verpflichtung zu deutscher Wertarbeit auf »tapfere deutsche Arbeiterinnen«, die vorübergehend an der Front kämpfende Männer ersetzten, ehe sie sich wieder ihren »wesensgemäßen Aufgaben in Familie und Volksgemeinschaft« zuwenden konnten.

Die propagandistische Aufwertung der »deutschen Arbeit« und des »deutschen Arbeiters« nach 1933 fügte sich nahtlos in das E. bereits im Elternhaus vermittelte Weltbild ein. Erst lange nach dem Krieg ging ihr auf, daß in dieser familiären und politischen »Hochachtung« auch eine gewisse gönnerhafte Entmündigung gelegen hatte, denn außer ehrlicher, anständiger Arbeit wurde dem deutschen Arbeiter nichts Weiteres zugetraut. Für sich selbst sprechen, die eigenen Interessen artikulieren, das Schicksal selbst bestimmen konnte er nicht. Rückblickend stellen sich sogar gewisse Parallelen zwischen deutschen Arbeitern und der Bevölkerung der ehemaligen deutschen Kolonien ein, die bei straffer, aber gerechter und gütiger Führung gute Arbeit leisten konnten. Deutschen Arbeitern konnte man allerdings erheblich mehr an eigener Entscheidungsfähigkeit, Mitdenken und Verantwortung zutrauen als den Negern Afrikas. Sie waren keine Analphabeten, sprachen die gleiche Sprache, hatten Zugang zur deutschen Kultur und bildeten die unverzichtbare, starke und gesunde Grundlage der deutschen Volksgemeinschaft.

Sechs Millionen

Die Zahl 6 000 000 steht am Ende des Dritten Reiches als Fazit der »Endlösung der Judenfrage«. Die gleiche Zahl stand an seinem Anfang und prägte sich der Schulanfängerin als magische und unheilvolle Größe ein. Sechs Millionen Arbeitslose! Im Januar 1933 registrierten die Arbeitsämter Deutschlands 6 014 000 Arbeitslose. Dazu kamen zwei Millionen Kurzarbeiter und etwa ebenso viele »unsichtbare«, d. h. von den Statistiken nicht erfaßte arbeitslose Frauen sowie Hunderttausende schulentlassener Jugendlicher, die weder einen Ausbildungsplatz noch eine Arbeit gefunden hatten. Die Unternehmer zahlten untertarifliche Löhne, forderten in aller Öffentlichkeit einen »Abbau der Sozialpolitik« und entließen kämpferische Belegschaftsmitglieder, insbesondere politisch und gewerkschaftlich organisierte Arbeiter. Nahezu zwei Drittel aller Gewerkschaftsmitglieder waren arbeitslos.

Die Arbeitenden fürchteten die harte Konkurrenz der Arbeitsuchenden. Die Zahl der Krankmeldungen ging drastisch zurück. Die Gewerkschaften konnten es sich wegen der vielen potentiellen Streikbrecher nicht mehr leisten, auf Lohnabbau, Entlassungen, Kurzarbeit und Verschlechterung der Arbeitsbedingungen mit Arbeitsniederlegungen zu antworten. Die Massenarbeitslosigkeit zehrte an der Solidarität der Arbeiterklasse.

Das System der staatlichen Arbeitslosenversicherung war längst zusammengebrochen. Um die Jahreswende 1932/33 erhielten nur noch 800 000 Hauptunterstützungsempfänger ein äußerst knapp bemessenes Arbeitslosengeld. Die übrigen waren auf staatliche, regionale, kirchliche und überkonfessionelle Wohlfahrtsverbände und Fürsorgeeinrichtungen angewiesen. Diese zahlten nach eingehenden Bedürftigkeitsprüfungen Beträge aus, mit denen nicht einmal die elementaren Lebensbedürfnisse befriedigt werden konnten.

Arbeitslosigkeit bedeutete für die Betroffenen und ihre Familien Hunger und Kälte, wachsende Verelendung und hoffnungslose, dumpfe Verzweiflung.

Die Auswirkungen der Weltwirtschaftskrise verschonten auch E.s Heimatstadt nicht. Die Stadt Paderborn zählte um 1930 etwa 35 000 Einwohner. Ihre Bedeutung war jedoch durch die Erhebung zum Erzbistum (1929/30), die starke Garnison, den ausgedehnten Landkreis sowie eine zwölfhundertjährige Geschichte größer als die anderer Mittelstädte der gleichen Größenordnung. Richter, höhere Beamte, Offizierskorps und hohe Geistlichkeit, Ärzte, Rechtsanwälte, Architekten und einige alteingesessene Kaufleute bildeten die gesellschaftliche Oberschicht. Die Mehrheit der Bevölkerung bestand aus Handwerkern, Einzelhändlern und kleinen Gewerbetreibenden. Die Arbeiterschaft war erheblich unterrepräsentiert.

Als Sammelpartei der etwa 70 Prozent Katholiken in Stadt und Landkreis behauptete sich das Zentrum quer durch alle Bevölkerungsschichten noch in den Märzwahlen 1933, während sich die nichtkatholische Minderheit in Wähler bürgerlicher und sozialistischer Parteien aufspaltete. Das protestantische Kleinbürgertum bildete die erste Einbruchstelle für den Nationalsozialismus.

Folgende Daten, die das politische Klima in dieser Stadt am Vorabend des Dritten Reiches erhellen, stellte E. aus einer Stadtchronik zusammen.

Besonders lebhaft sind ihr erfreuliche und unerfreuliche lokale Ereignisse ohne besondere politische Relevanz im Gedächtnis geblieben – Schützenfeste, Grippeferien und Zirkusbesuche, aber auch Großbrände, Unglücksfälle und Naturkatastrophen. Mit vielen der aufgeführten Fakten und Zahlen verbinden sich ab 1929 persönliche Erlebnisse und prägende Erfahrungen.

Wie der Verfasser der Stadtchronik zu Beginn seiner Eintragungen vermerkt, will er »Leben und Treiben in dieser *guten* Stadt« schildern, »während einer Zeit . . . in welcher nicht nur Deutschland, sondern in Folge des Weltkrieges von 1914 – 1918, die *gesellschaftliche Ordnung* bis in den Grund erschüttert wurde. ›In Dei nomine feliciter Amen!‹«

1925
Januar	Die Stadtverordneten Paderborns lehnen eine Kundgebung für den Reichspräsidenten Ebert (Sozialdemokrat) ab.
April	Kaufhaus Herzheim feiert 100jähriges Jubiläum.
Mai	Einweihung des Husarendenkmals am Westerntor.
Oktober	Der Vaterländische Frauenverein feiert sein 50jähriges Bestehen.

1926
März	3256 Personen unterschreiben in Paderborn die Forderung auf Enteignung der Fürsten (Volksbegehren).
Juni	5256 Ja-Stimmen für das Volksbegehren. (Dieses Volksbegehren wurde von den sozialistischen Parteien beantragt. Die Ja-Stimmen übertrafen die der SPD- und KPD-Wähler in Paderborn um etwa 1000.)

1927
September	Ein Artikel der sozialistischen »Volkswacht« Bielefeld führt zu zwei stürmischen Stadtverordnetensitzungen und zur Ablehnung weiterer Zuschüsse für den Arbeitersportverein.
Oktober	Große Herbstmanöver.
Dezember	Zwei stürmische Stadtverordnetensitzungen aufgrund der übertriebenen Darstellung Paderborner Wohnverhältnisse durch die Sozialdemokraten.

1928
Oktober	Ein kommunistisches Volksbegehren gegen den Panzerkreuzer erhält in Paderborn 79 Unterschriften. Um den Mißständen im Bettelwesen zu begegnen, führen die Wohlfahrtsvereine Caritasscheine zu 5, 10, 15, 20 und 50 Pfennig ein.
	Stahlhelm-Gautreffen in Paderborn.
November	Die Synagoge erhält eine Kupferbedachung.
Dezember	Erwerbslose machen eine Eingabe für Weihnachtssonderzuwendungen (50 RM für Verheiratete, 20 RM für Ledige, 2 RM für jedes Kind; Ergebnis dieser Eingabe nicht verzeichnet).

1929
Februar	Der in Berlin verstorbene jüdische Bankier Paderstein vermacht 100 000 RM für die Armen seiner Heimatstadt.
Juni	Auf dem Rathausplatz findet eine große Protestkundgebung gegen die Kriegsschuldlüge statt.
Oktober	Das Volksbegehren gegen Kriegsschuldlüge und Young-Plan findet in Paderborn nur 134 Zustimmungen (229 im Landkreis). (Dieses Volksbegehren wurde von den radikalen Rechten – Deutschnationale Volkspartei, Stahlhelm und NSDAP – beantragt.)

1930

Juni   Paderborn ist aus Anlaß der Befreiung des Rheinlands (Abzug der Besat-
            zungstruppen) reich beflaggt. Großer Zapfenstreich und allgemeine Freu-
            denkundgebung auf dem Rathausplatz.
August   Das Bistum Paderborn wird Erzbistum.
            Jahrestagung des Friedensbundes deutscher Katholiken.
September   Reichstagswahl: Von den insgesamt 37 545 abgegebenen Stimmen in Stadt
            und Landkreis Paderborn erhielten: Zentrum 25 545 (68,0 %), SPD 2737
            (7,3 %), KPD 1400 (3,7 %), Deutschnationale Volkspartei 1116 (2,9 %),
            Deutsche Volkspartei 825 (2,2 %), Demokratische Partei 777 (2,0 %).

1931

Januar   Reichsgründungstag wurde mit Truppenparade vor dem Dom festlich began-
            gen.
            In der Stadt Paderborn (36 000 Einwohner) sind 8981 Arbeitslose gemeldet,
            von denen 7116 Hauptunterstützungsempfänger sind.
April   Einführung der *»Bürgersteuer«*.
Juni   In Geseke stürmen *Erwerbslose* das Rathaus, nachdem die Polizei eine
            nichtgenehmigte Versammlung aufgelöst hatte. Es gab acht Verhaftungen.
            In ganz Deutschland häuften sich kommunistische Ausschreitungen und
            Lebensmittelunruhen. Abgesehen von Geseke, blieb es in der Paderborner
            Gegend ruhig, während in vielen Städten zahlreiche Schlägereien zwischen
            Kommunisten und Nazis stattfanden, bei denen es Tote und Verletzte gab.
Juli   Notverordnung.
            Protest der Eisenbahn-Rentenempfänger gegen die elfprozentige Kürzung
            der Renten.
            Bildung eines Bürgerschutzvereins.
            Staatsanwaltschaft beschlagnahmt eine Flugschrift des Kommunisten Hans
            Schulte wegen Beschimpfungen der katholischen Kirche und Beleidigung
            kirchlicher Institutionen.
August   Stillegung der Zementwerke Atlas, weitere Verschärfung der Arbeitslosig-
            keit.
            Ein Trupp Kommunisten macht auf einen Trupp Nationalsozialisten, die von
            einer Versammlung nach Lippstadt heimkehrten, einen Feuerüberfall: acht
            Schwer-, sieben Leichtverletzte. Auch einige Kommunisten wurden durch
            Schüsse verletzt.
            16 Kommunisten als Anstifter verhaftet.
September   Organisierung einer Winter-Nothilfe mit den karitativen Vereinen. Aufruf
            des Erzbischofs Klein zu Geld- und Sachspenden.
            Es sind 6022 Arbeitslose gemeldet, von denen 3665 Unterstützung erhalten.
Oktober   Verhandlung über kommunistischen Feuerüberfall auf Nationalsozialisten
            dauerte fünf Tage. 17 von 35 Angeklagten wurden freigesprochen, die
            übrigen zu zwei bis 12 Monaten Gefängnis verurteilt. Vorsitz: Landgerichts-
            direktor Dr. Junkersdorff.
            Erhöhung der Bürgersteuer um 100 %.
November   Alle Saalveranstaltungen fielen aus mit Rücksicht auf die große Wirtschafts-
            not. Es fanden Sammlungen statt für die Winterhilfe. 800 Familien wurden
            mit Kartoffeln versorgt.

Dezember	Mit Rücksicht auf die Not der Zeit sagten die Vereine von Stadt und Land Paderborn alle Tanzlustbarkeiten ab.
	Die Arbeitslosenzahl beträgt im Reich sechs Millionen und nahm auch in Paderborn erheblich zu. 7202 sind als Arbeitslose gemeldet.
	In der Erzdiözese Paderborn sind insgesamt 1449 Priester tätig.

1932

	Prinz Auwi spricht vor 4500 Zuhörern in der Schützenhalle für die NSDAP. (Prinz Auwi = August-Wilhelm von Preußen, ein Sohn des letzten deutschen Kaisers.)
Februar	Der freiwillige Arbeitsdienst im Sennelager umfaßt 500 Mann, die Kultivierungsarbeiten durchführen.
	8000 Unterschriften werden gesammelt für die Liste, Hindenburg (der im Winter 1918/19 im Einvernehmen mit dem sozialistischen »Rat der Volksbeauftragten« das Heer demobil machte) wieder als Reichspräsident aufzustellen.
	15 000 Männer und Frauen nehmen an Kundgebungen gegen die Gottlosenbewegung teil, die auf dem Schützenplatz, vor dem Dom und vor der Herz-Jesu-Kirche stattfinden.
März	Grauenhafter Mädchenmord an der schwangeren Hausangestellten Martha Kaspar, die bei dem jüdischen Viehhändler Moritz Meyer tätig war. Sie wurde von dessen Sohn, Kurt Meyer, erschlagen, der mit dem Mädchen ein Liebesverhältnis unterhielt. Die Volksmeinung, in ihren antijüdischen Instinkten, munkelte von einem jüdischen Ritualmord, weil der Mörder Jude ist und weil der Mord gerade vor der heiligen Karwoche geschah.
	Reichspräsidentenwahl: Hindenburg erhält 83,5 %, Duesterberg (Deutschnationale und Stahlhelm) 1,7 %, Hitler (NSDAP) 10,4 %, Thälmann (KPD) 4,2 %.
April	Landtagswahl: Zentrum 67,8 %, SPD 6,9 %, NSDAP 12,2 %, Deutschnationale Volkspartei 2,3 %, KPD 1 %, Wirtschaftspartei 2,5 %, Deutsche Volkspartei 1 %.
	Reichspräsidentenwahl und Landtagswahl erbringen staunenerregendes Anwachsen der Stimmen für den Nationalsozialismus.
	Reichsbahngesellschaft kündigt über 400 Arbeiter.
	Bürgermeister de Voys trägt in der Stadtverordnetensitzung vor, daß der Arbeitslohn bei kinderreichen Eisenbahnarbeitern manchmal so niedrig sei, daß die Familie zusätzlich vom Wohlfahrtsamt unterstützt werden müsse.
Mai	Bei einem Streit zwischen Erwerbslosen in Bad Lippspringe wird der Arbeiter Weinreich erschossen.
Juli	Dr. Brüning vom Zentrum spricht auf dem Schützenplatz vor 25 000 Männern und Frauen auf der bisher größten Versammlung in Paderborn.
	Reichstagswahl: Zentrum 73,1 %, NSDAP 11,5 %, SPD 5,4 %, Sonstige 6,5 %.
	Zusammenstöße in Paderborn, Neuhaus, Sennelager und Lippspringe von Sozialdemokraten und Kommunisten mit der NSDAP. In Neuhaus werden am Vorabend der Reichstagswahl der Kommunist Brüsecke erschossen und zwei Sozialdemokraten verletzt. Sechs Verhaftungen erfolgen.
	In Beverungen wird der SA-Mann Deckert von dem Kommunisten Dietrich

44

erstochen. Er erhält fünf Jahre Gefängnis. Die Staatsanwaltschaft hatte Zuchthaus beantragt. Sondergericht gegen die Nationalsozialisten Steiof, Gembris und Hagedorn aus Paderborn sowie mehrere SA-Leute aus Lippspringe, darunter Sturmführer Schierenberg. Angeklagt wegen Körperverletzung und Zerstörung eines kommunistischen Propagandawagens auf der Friedrichstraße. Urteile: drei Monate und zwei Wochen Gefängnis.

September Prozeß gegen Mitglieder der NSDAP wegen Zusammenstößen in den Wochen vor der Reichstagswahl mit KPD- und SPD-Angehörigen, wobei ein Kommunist getötet, zwei Sozialdemokraten verletzt wurden. Vorsitz: Dr. Junkersdorff.

Von den 14 angeklagten Mitgliedern der NSDAP werden sechs aus der Untersuchungshaft vorgeführt: Dr. med. Linden aus Neuhaus, Wischen/Arbeiter, Brand/Maurer, Steiof/Hauderer, Gembris/Ingenieur, Schmude/Hauptmann a. D.

Urteil: Linden erhält als »Rädelsführer« sieben Jahre Gefängnis wegen Totschlags. Es gilt als sicher, daß er die tödlichen Schüsse abgegeben hat. Der Versuch, ihm als Morphinisten Paragraph 52 zuzubilligen, wird abgelehnt, da Kreisarzt Dr. Loer (1933 in Ruhestand versetzt) ihn gutachterlich als verantwortlich bezeichnete. Staatsanwalt Ebbers (1933 entlassen) hatte zehn Jahre Zuchthaus und fünf Jahre Ehrverlust beantragt. Der Prozeß offenbarte eine traurige Sittenverwilderung im politischen Kampf, für die es keine mildernden Umstände gibt. (Nach der »nationalen Erhebung« wurden die Strafen im Linden-Prozeß nicht weiter vollstreckt.)

Prozeß gegen den Mädchenmörder Kurt Meyer. NS-Zeitungen schrieben von Ritualmord, wofür sich aber in der Untersuchung keinerlei Anhaltspunkte ergaben. Der Mörder wurde zu 15 Jahren Zuchthaus verurteilt. Der Staatsanwalt hatte Todesstrafe beantragt.

Oktober Reichskanzler von Papen besucht Paderborn.

Da wieder ein Notwinter erwartet wird, wendet sich Erzbischof Klein mit großem Erfolg an die Landbevölkerung. Die Lebensmittelsammlung erbringt: 4523 Zentner Kartoffeln, 414 Zentner Brotgetreide, 30 Zentner Hülsenfrüchte, 210 Zentner Gemüse und Obst, 31 Zentner Fleisch, 10 350 Eier.

November Reichstagswahl, sehr ruhiger Wahlsonntag. Im Vergleich zur Juliwahl gewinnen die Kommunisten und die Deutschnationale Volkspartei an Stimmen, während Zentrum, NSDAP und SPD verlieren.

Zentrum 67,1 %, NSDAP 8,9 %, SPD 4,5 %, KPD 5,5 %, Deutschnationale Volkspartei 5 %.

Dezember Erfolgreiche Sammlungen gegen Not und Arbeitslosigkeit.

Zentrumsanhänger unternehmen einen Zug zum »Braunen Haus« am Kamp. Es kommt zu Mißhandlungen von Nationalsozialisten und zu Sachbeschädigungen. Parteisekretär Arntz vom Zentrum erhält zunächst Gefängnis-, dann Geldstrafe.

Winterhilfe durch Kinderspeisung. Paderborner Regimenter geben an drei Stellen der Stadt aus Feldküchen warme Mahlzeiten aus.

Anfang des Jahres wurden 848 Familien, Ende des Jahres 1455 Familien von der allgemeinen Fürsorge unterstützt. Erheblicher Steuerrückgang.

1933

Januar

Die Zahl der Arbeitslosen beträgt 9724, die Zahl der im freiwilligen Arbeitsdient Tätigen 1517.

Paderborn wird von einer Grippewelle heimgesucht. Lipper Landtagswahlen am 15. Januar erbringen staunenerregende Erfolge der Nationalsozialisten, Wendepunkt. Alle Parteien hatten ihre »ersten Kanonen« als Wahlredner aufgeboten. Am 12. Januar sprach Adolf Hitler in Schlangen. Die PESAG, das Wittekind-Autobus-Unternehmen, die Post und Privatautos ermöglichten die Anfahrt. Viele fuhren auch mit dem Fahrrad oder gingen zu Fuß. 1000 Teilnehmer hatten im Saal Platz, 2000 standen davor. Der »Führer« traf erst um 23 Uhr ein. Weißgekleidete Mädchen gaben der überaus stürmischen Begrüßung ein festliches Gepräge. Vorher sprachen Dr. Frick und Prinz Auwi. Adolf Hitler bekam den stärksten Beifall.

Anwachsen der Wohlfahrtslasten, Voranschlag der 75 000 RM überschritten, erheblicher Steuerrückgang.

Dr. Linden von der NSDAP wird wegen der Grippeepidemie aus der Haft entlassen.

Amnestie für die ins »Ausland« (Lippe) geflohenen »Fememörder« von Sennelager. Zwei von ihnen hatten in einem Unterstand im Wald, der nach allen Regeln der Feldkunst gebaut worden war, den Zeitpunkt ihrer Begnadigung abgewartet, wobei es ihnen an guter Verpflegung nicht gefehlt haben soll.

Februar

Nach dem Reichstagsbrand von kommunistischer Seite werden in Stadt und Land zahlreiche Kommunisten in Schutzhaft genommen, viele Haussuchungen angeordnet, Brücken und Viadukte bewacht, da Sprengstoffattentate befürchtet werden. Verbot der kommunistischen und SPD-Presse.

März

Reichstagswahl nach dem »nationalen Umbruch«. Die Wahl verläuft in Paderborn sehr ruhig, im Gegensatz zu Berlin und anderen Großstädten, in denen viel Blut floß. Beteiligt an diesen mit Knüppeln und Schußwaffen ausgetragenen Meinungskämpfen waren fast ausschließlich KPD- und SPD-Anhänger sowie NSDAP-Organisationen.

Bei der Wahl erhält die NSDAP großen Zuwachs. Die Wahlbeteiligung betrug in Paderborn 87,6 %.

Ergebnis: Zentrum 61,2 %, NSDAP 21,7 %, SPD 6,3 %, KPD 4,2 %, bürgerliche Vereinigung 5,56 %, Schwarz-weiß-rot 5,0 %. Fackelzug der Paderborner SA (Gesamtergebnis im Reich: NSDAP 44,1 %, SPD 18,2 %, KPD 12,3 %, Zentrum 11,3 %, DNVP 7,9 %, BVP 2,7 %). In der Nacht vor der Wahl (4./5. März) wird eine Hakenkreuzfahne auf dem Rathaus angebracht, die auf Anordnung von Oberbürgermeister Haerten wieder entfernt werden muß und erst am 11. März, einen Tag vor der Kommunalwahl, offiziell gehißt werden darf.

(OB Haerten am 9. Juli 1933 telefonisch beurlaubt, am 21. September in Ruhestand versetzt, da Fortfall der OB-Stelle.)

Vor der Kommunalwahl durfte das »Westfälische Volksblatt« zwei Tage nicht erscheinen. Kommunalwahl, Minderwahlbeteiligung von 3031 Wählern (Ergebnis nicht vermerkt).

»Tag von Potsdam« 21. März 1933.

Schulferien, Fackelzüge, Truppenparade.

1. April   Zur Abwehr der Greuelpropaganda im Ausland eintägiger Boykott jüdischer Geschäfte, bei dem Fensterscheiben beklebt und auch eingeschlagen wurden. »Von dem Tage des nationalen Umbruchs an flaggte man in ganz Paderborn wieder die alte Reichsfahne schwarz-weiß-rot neben der Hakenkreuzfahne. Die bisherige Reichsflagge schwarz-rot-gold konnte man vorher in der ganzen Stadt an den Fingern abzählen. So gering war die Sympathie für die Farben des Novemberumsturzes von 1918. Mit dem Herzen flaggten die Paderborner jetzt wieder einmütig schwarz-weiß-rot!«

Betteln und Hausieren verboten

Not und Massenelend der frühen dreißiger Jahre begegneten E. in Gestalt des sogenannten Bettelunwesens. In dieser Zeit hatten Hausbesitzer an vielen Häusern Porzellan- oder Emailleschilder angebracht mit der Aufschrift »Betteln und Hausieren verboten!« Ihre Wirkung war gering. Eine sehr viel größere Rolle spielten geheimnisvolle Kringel und Kreuzchen an den Wohnungstüren. Sie enthielten Hinweise auf die Gebefreudigkeit, die Art der zu erwartenden Spenden, Ratschläge für erfolgreiches Auftreten des Bittstellers und Warnungen vor drohenden Gefahren. Obwohl Lieschen, langjähriges Dienstmädchen im Elternhaus, die Kringel viele Male abwischte, wurden sie immer wieder neu angemalt und hatten anscheinend eine einladende Bedeutung, denn in E.s Kindheitserinnerungen klingelte die Türglocke unaufhörlich. Einmal teilte die Mutter dem vom Unterricht heimkehrenden Ehemann seufzend mit: »Heute morgen waren es schon sieben!«
Meist waren es Bettler, gelegentlich auch Hausierer, die aus einem Bauchladen Schnürsenkel, Druckknöpfe, Heftpflaster, Wäscheklammern, billiges Spielzeug und anderen Kleinkram anboten. Unter den Bettlern und Hausierern waren Kriegsversehrte, Bucklige, Blinde oder Taubstumme keine Seltenheit. Sie pflegten ihre jeweiligen Behinderungen überdeutlich zur Schau zu stellen und trugen z. B. nur selten eine Prothese oder eine dunkle Brille. Oft hörte man schon aus dem Treppenhaus das dumpfe Aufstoßen von Krücken oder das hellere Tappen eines Blindenstockes.
E. sah mit geheimem Grauen, wie Einbeinige ihre angeschnallten Bauchläden über mehrere Treppenstufen zugleich herauf- und herunterschaukelten, sah über Beinstümpfen umgeschlagene, mit Sicherheitsnadeln befestigte Hosenbeine, in Taschen eingesteckte Jackenärmel und steif herabhängende Arme mit bräunlich bezogenen, in unheimlicher Krümmung erstarrten Kunsthänden, sah leere Augenhöhlen, weiße oder blutrote Augäpfel und blicklos stierende Glasaugen, erinnert sich an Grimassen, Fingerzeichen und gurgelnde, unverständliche Laute von Taubstummen.
In den Jahren der Weltwirtschaftskrise stand in der Diele neben der Etagentür eine Obstschale, in der Pfennige gesammelt wurden. Manchmal durfte das Kind einige davon in eine schwärzlich verhornte Arbeiterhand drücken. Damals bekam man für drei Pfennige ein Brötchen, für vier bis acht Pfennige, je nach Jahreszeit, ein Ei. Frische Brötchen und ein Frühstücksei gab es im Elternhaus nur an Sonn- und Feiertagen, denn auch eine Beamtenfrau mußte damals mit dem Pfennig rechnen.
Wenn E. aus der Grundschule nach Hause kam, saß manchmal ein fremder Mann auf den Treppenstufen und löffelte ein warmes Essen, das ihm von der Mutter oder von Unser-Lieschen herausgereicht worden war. Die Schulanfängerin drückte sich an solchen Gästen scheu vorbei, aber die Männer sahen meist gar nicht auf.

Bettler und Hausierer pflegten ihre Bitte um Unterstützung oder um Abkauf ihrer Ware tonlos zu murmeln, trotzdem ging eine leise Gefahr von ihnen aus. Sie waren nämlich nicht nur arm und arbeitslos, sie »lagen auch auf der Straße«. E. hat noch heute den von unbestimmter Angst erfüllten Klang der mütterlichen Bemerkung im Ohr: »Die Männer müssen von der Straße!« Natürlich lagen die Männer nicht auf der Straße, sondern bei schönem Wetter höchstens mal auf den Paderwiesen, aber sie standen an Straßenecken, saßen zu fünft oder sechst auf Parkbänken oder »lungerten« in Haus- und Hofeingängen herum. 8000 bis 10 000 Arbeitslose waren im Stadtbild unübersehbar.

Manchmal versammelten sich zehn oder 20 am hellichten Tage vor einer Kneipe und grölten mit roten Gesichtern: »Wir versaufen unser Oma ihr klein Häuschen« oder »Freut euch des Lebens«. Die Schulanfängerin machte um solche Ansammlungen einen weiten Bogen, sah mit Ekel, daß sie alle aus der gleichen Flasche tranken, und ahnte zumindest, daß die Männer nicht wirklich froh, sondern eher verzweifelt waren.

Einmal in jenen Jahren, in denen die Pfennigschale neben der Etagentür stand, klingelte Frau Steinhauer, die Mutter ihrer Vorschulfreundin Anneliese. Ihr Mann war arbeitslos, solange E. zurückdenken kann. Frau Steinhauer und die Mutter sprachen zuweilen am Gartentor miteinander, und Steinhauers Kinder durften im Garten von E.s Elternhaus spielen, weil sie aus einer »ordentlichen, anständigen Familie« kamen, aber gegenseitige Hausbesuche waren nicht üblich.

Frau Steinhauer brachte ihren Wunsch – »Ich möchte deine Mutter sprechen« – sehr bestimmt vor, und so führte E. sie wie »richtigen Besuch« ins ungeheizte Eßzimmer. Schon nach etwa zehn Minuten geleitete E.s Mutter die Nachbarin zur Tür, und als sie ihr die Hand gab und mehrmals versicherte, daß es ihr sehr leid tue, lächelte keine der beiden Frauen.

Frau Steinhauer hatte sich für Näh- und Flickarbeiten angeboten, die damals in jedem Haushalt anfielen, da es allgemein üblich war, zerrissene Bettbezüge zu flicken, dünn-gewordene Laken in der Mitte durchzutrennen und die noch strapazierfähigen Seiten wieder zusammenzunähen sowie durchgescheuerte Kragen und Manschetten von Her-renoberhemden durch neue zu ersetzen. Nach der »großen Wäsche« flatterten damals viele Herrenhemden mit unten angesetzten weißen oder andersfarbigen Lappen auf den Wäscheleinen, und E. schlief viele Jahre ihrer Kindheit auf Bettüchern mit einer Naht in der Mitte.

Solche und andere Näharbeiten erledigte aber schon seit vielen Jahren Frau Michels, die einmal im Monat aus einem weit entfernten Stadtviertel kam, um sie sich abzuholen. Frau Michels, so erklärte die Mutter, war auch eine arme Frau, »die es nötig hatte« und »damit rechnete«. Sie fühle sich daher nicht berechtigt, ihr diese Arbeit wegzunehmen und anderweitig zu vergeben. E. wäre es lieber gewesen, wenn sie sich anders entschieden hätte. Obwohl jetzt Evchen und Marianne ihre Freundinnen waren, mit denen sie zusammen »auf die Nonnen« ging, die Vorschule eines von katholischen Nonnen geleiteten Mädchengymnasiums, so war sie doch noch vor gar nicht langer Zeit mit Anneliese »dick« befreundet gewesen, hatte sich in Steinhauers Küche mit Apfelmus und Kartoffelpfannkuchen vollstopfen lassen, in Steinhauers Schrebergarten Johannisbeeren gegessen und manchmal den alten Kinderwagen geschoben, in dem Gemüse heimtrans-portiert wurde.

Nach jenem Besuch war die alte Kinderfreundschaft endgültig vorbei. Wenn ihr Herr oder Frau Steinhauer, Anneliese, Mia, Bruno oder Franz auf der Straße begegneten, ging sie schnell auf die andere Seite, um sie nicht begrüßen zu müssen, und wenn sie heute an die »Zeit der schweren Not« zurückdenkt, so sieht sie nicht die zahlreichen, namenlosen Vertreter des »Bettelunwesens« vor sich, sondern Frau Steinhauer, wie sie an jenem Nachmittag langsam und schwerfällig die Treppen wieder hinunterging: die unförmige Gestalt mit der alten Jacke über der Kittelschürze, die glanzlos-fettigen Haare, das breitflächige Gesicht mit dem grauen, hoffnungslosen Ausdruck.

Manchmal sagte eine Nachbarin, eine Verkäuferin, eine Friseuse: »Mein Mann hat Arbeit«, oder auch, wenn es ein junges Mädchen war: »Mein Bräutigam hat Arbeit.« Sie sagten es leise und verhalten, mit fast abergläubischer Furcht, als könne eine allzu laute Verkündung das unerhörte Glück in Frage stellen.

E.s Mutter und auch Unser-Lieschen war die Konfrontation mit Bettlern immer etwas peinlich, da sie glaubten, daß es diesen noch viel peinlicher sei und ungeheure Überwindung koste, von Tür zu Tür zu gehen und um milde Gaben zu bitten.

Viele Erwachsene dachten darüber ganz anders. Einmal lauschte E. einer längeren Diskussion über das »Bettelunwesen«, als der wöchentliche Kränzchennachmittag der etwa 20 Studienratsfrauen des Paderborner Gymnasiums in ihrem Elternhaus stattfand. Es ging um die Frage, ob man überhaupt was geben solle und wenn ja, wem, was und wieviel. Als E.s Mutter Bettler mit unschuldig in Not Geratenen gleichsetzte, wurde ihr von einer der Damen lebhaft widersprochen. Sie vertrat die Ansicht, Bettler seien nur arbeitsscheu, denn wer wirklich arbeiten wolle, könne jederzeit eine Arbeit finden. Außerdem mache ihnen das Betteln gar nichts aus, und Geschichten von kranken Frauen und hungernden Kindern solle man ja nicht glauben. Die seien meistens gelogen.

Andere hielten ihre Türen aus Angst verschlossen. Schließlich könne man nie wissen, ob es sich bei einem fremden Mann nicht um einen Dieb, vielleicht sogar um einen Kommunisten oder einen aus dem Zuchthaus entflohenen Raubmörder handele, der nur die Gelegenheit ausspionieren wolle. Einer sei mal um das Haus herumgegangen, berichtete eine Dame, als ihm auch nach dreimaligem Klingeln nicht geöffnet wurde, und habe an die Gott sei Dank verschlossene Hintertür gefaßt.

Eine andere Kollegenfrau erzählte von einem Hausierer, der sofort den Fuß in die leichtsinnigerweise einen Spalt geöffnete Tür setzte und erst wieder zurückzog, nachdem sie ihm vor lauter Angst (»ich war ganz allein zu Hause«) so viele Wäscheknöpfe abgekauft habe, daß ihr Bedarf jetzt für das ganze Leben gedeckt sei.

Die meisten Kränzchenteilnehmerinnen waren von der katastrophalen Notlage weiter Bevölkerungskreise ehrlich bedrückt und sich darüber einig, daß man verpflichtet sei, das Elend nach besten Kräften zu lindern, aber über die verbleibenden Fragen, was, wieviel und wem man geben solle, entwickelten sich lebhafte Kontroversen.

Von Geld, so meinten einige, sei dringend abzuraten, weil die Arbeitslosen es doch bloß vertrinken würden, statt für ihre Familie Brot zu kaufen, deshalb solle man prinzipiell nur Butterbrote, eine warme Mahlzeit oder getragene Kleidung geben. Tatsächlich strömten die Bettler hin und wieder billigen Fuselgeruch aus. E.s Mutter zeigte auch dafür ein gewisses Verständnis und meinte, daß sie es »so einem armen Mann« nicht verdenken könne, wenn er sich mal »einen genehmige«, weil die Wohlfahrtsunterstützung doch »nicht hin und nicht her reiche«.

Die Ausgabe von Butterbroten blieb ebenfalls umstritten. So berichtete eine Dame empört, daß sie mal ein mit besonders guter Wurst belegtes Brot auf der Hofmauer wiedergefunden, eine andere, daß ein Bettler das gerade erhaltene dem nächstbesten Hund auf der Straße zum Fressen hingeworfen habe.

Viele Damen bezweifelten, daß die Männer, die von Haus zu Haus gingen, wirklich »am schlimmsten« dran seien. Deshalb solle man Geld- und Sachspenden lieber der Caritas zukommen lassen, die viel besser übersehen könne, wo die Not am größten sei.

Eine kinderlose, immer mit erlesener Eleganz gekleidete Kollegenfrau berichtete von einem Besuch in einer »schrecklich armen«, aber »gut katholischen« Familie mit sieben Kindern, der sie im Auftrag der Caritas kurz vor dem Weihnachtsfest Geld- und Sachspenden direkt in die eiskalte, nur mit dem Nötigsten ausgestattete Wohnung gebracht habe, und wie Vater, Mutter und Kinder dieses Glück gar nicht fassen konnten und vor Freude und Rührung geweint hätten.

Dann erzählten die Kollegenfrauen von Notfällen in ihrer Nachbarschaft, und E.s Mutter erwähnte nebenbei Lieschens arbeitslosen Bräutigam, der in ihrem Haushalt mit durchgefüttert würde, was eine der Damen übertrieben fand, da man »die Mädchen nicht zu sehr verwöhnen dürfe«, eine andere sinnvoll und vernünftig, weil man so verhindere, daß sie »heimlich was an die Seite schafften«, was E.s Mutter wiederum – Unser-Lieschen betreffend – energisch zurückwies. Darauf folgten die üblichen, unerschöpflichen Geschichten über ehrliche und unehrliche, fleißige und faule, bescheidene und freche, anständige und »verlaufene« Mädchen.

Unsicherheit darüber, ob es sich bei den Bettlern an der Wohnungstür wirklich um »echte« Notleidende handelte oder nur um »Leichtsinnige«, die die erhaltenen Pfennigbeträge in Schnaps umsetzten, vielleicht sogar tatsächlich um »Arbeitsscheue«, begleitete in all diesen Jahren auch das »Geben« in E.s Elternhaus und machte das »Bettelunwesen« zu einer ärgerlichen, in vielfältiger Weise Unbehagen schaffenden Angelegenheit. Manchmal stand in der Zeitung, daß sich ein Mann aus Verzweiflung über langjährige Arbeitslosigkeit aufgehängt, manchmal, daß sich eine kinderreiche Familie mit Gas vergiftet hatte, denn im Hintergrund der Bettler und Hausierer gab es auch Frauen und Kinder, von denen, wie es hieß, viele hungern und frieren mußten.

Bei Steinhauers und in den Wohnungen anderer Nachbarskinder, deren Väter arbeitslos waren, fehlte es am Nachmittag ebensowenig an genügend Brot mit Rübenkraut oder Pflaumenmus, am Abend an Bratkartoffeln und roten Beeten wie in E.s Elternhaus, und in ihren Küchen war es immer gemütlich warm. Daher war ihr das Gerede über die hungernden und frierenden Kinder, die es auch in Paderborn geben sollte, lästig und unangenehm. Besonders gemein fand sie das »Andere Kinder wären froh, wenn sie ein so gutes Essen hätten!«, weil diese Behauptung ein schlechtes Gewissen vermittelte, für das keine eigene Schuld ausgemacht werden konnte. Da lag es nahe, die traurige Realität in die Welt der Märchen, Legenden und Geschichten zu verlegen, in denen Armut und Not ein romantisches Übergangsstadium zu Reichtum und Überfluß bildeten.

»Hänsel und Gretel« z. B. hatten für den ganzen langen Tag nur ein einziges Stückchen trockenes Brot als Wegzehrung mitbekommen, konnten sich dann aber an Plätzchen und Kuchen satt essen und kehrten nach dem Sieg über die böse Hexe mit Reichtümern und Schätzen beladen in ihr armseliges Elternhaus zurück.

»Sterntaler« verschenkte vor lauter Mitleid seine warme Kleidung, sein einziges Stückchen Brot und im dunklen Wald zuletzt sogar – »wenn auch mit Bedenken, aber es sieht dich ja niemand« – sein Hemdchen an noch ärmere Kinder, bis ihm zum Lohn die goldenen Sterne vom Himmel in ein neues Hemdchen von allerfeinstem Linnen fallen.

Nicht zu vergessen das Christkind, das mitten im kalten Winter wohl zu der halben Nacht in einem Stall bei Bethlehem geboren wurde, dann aber von den guten Hirten auf dem Felde mit Milch, Honig und warmen Schaffellen zum Zudecken versorgt wird, am 6. Januar sogar von Kaspar, Melchior und Balthasar, den Heiligen Drei Königen aus dem Morgenland, Weihrauch, Myrrhen und Gold geschenkt bekommt.

Nur »Das kleine Mädchen mit den Schwefelhölzchen« verstieß in ärgerlicher Weise gegen diese Regel. Das arme Waisenkind will auf dem Weihnachtsmarkt der reichen und prächtigen Stadt Kopenhagen Schwefelhölzchen verkaufen, brennt diese eines nach dem andern ab, um sich die von der Kälte erstarrten Finger zu wärmen, träumt dabei von einem warmen Ofen, einer braun gebratenen Gans, einem strahlenden Christbaum und zuletzt von der geliebten, längst verstorbenen Großmutter und merkt gar nicht, daß es dabei erfriert.

Der Trost des Dichters Hans Christian Andersen, daß es nun mit der geliebten Großmutter im Himmel vereint sei, mißfiel E. zutiefst. So etwas durfte einfach nicht passieren, weder in einer reichen und prächtigen Stadt noch irgendwo sonst, wenn andere nicht hungern und frieren mußten.

Auf die allgemeine Hoffnungslosigkeit und Angst vor der Zukunft reagierte das »Volksvermögen« mit Galgenhumor und Fatalismus. So sang E. damals, zusammen mit ihrer Freundin Evchen, den Weltschlager »Sonny boy« in folgender Version: »Und wenn du groß bist / und arbeitslos bist, / dann frißt du Heu, Sonny boy!« Und statt: »Lila ist Mode, lila ist modern, / lilane Strümpfe tragen die Herrn!« hieß es: »Allah ist mächtig, Allah ist groß, / zwei Meter sechzig und arbeitslos!« Bei kindlichen Wettspielen lautete das Kommando manchmal: »A-u-f d-i-e P-l-ät-z-äää – f-e-r-t-i-chchch – arbeitslos!« Wer dann trotzdem losrannte, wurde ausgelacht.

Materielle und ideelle Folgen der Arbeitslosigkeit stellten sich spätestens nach einem Jahr ein: »Wenn das so weitergeht, ein ganzes Jahr, / habe ich kein Hemd mehr an, halleluja.« »Es war einmal ein treuer Husar, / der liebt sein Mädchen ein ganzes Jahr, / nach einem Jahr war er sie los, / denn nach 'nem Jahr war er arbeitslos.«

Im Sommer 1932 besuchte die siebenjährige E. Großmutter und Patentante in Bottrop. Von den politischen Verhältnissen der Weimarer Republik hatte sie inzwischen mitbekommen, daß die Regierungen in Berlin ständig wechselten, aber keine mit der Arbeitslosigkeit fertig wurde. Von den Kindern einer Arbeitersiedlung in Bottrop lernte sie den Vers: »Das ist die Liebe der Matrosen, / hau dem Brüning auf die Glatz, / daß die Notverordnung platzt!«

Obwohl Brüning vom Zentrum »unser Mann in Berlin« war, gefiel E. die bildkräftige Tabuverletzung, und so sang sie den gewagten Vers probeweise im Elternhaus. Er passierte die mütterliche Zensur ungerügt, denn die Brüningsche Notverordnung hatte eine 20prozentige Kürzung der Beamtengehälter mit sich gebracht.

In jenem Sommer lernte E. auch eine Umdichtung des Schlagers von dem Kater mit den sieben Jungen, in dem ein Ausweg aus der Krise angedeutet wurde: »Unsre Katz hat Junge, sieben an der Zahl, / sechs davon sind Zentrum, eins ist National. / Und der Kater spricht: ›Die ernähr ich nicht.‹«

Im weiteren Verlauf erweisen sich die von ihrem Erzeuger schmählich im Stich gelassenen sechs Zentrumskätzchen als unfähig, sich durchzubringen, während das nationale Geschwisterchen die gesamte verwaiste Brut spielend ernährt.

Mit »national« waren die »Nazis« gemeint, von denen E. zwar schon gehört, aber bis dahin noch niemals einen gesehen hatte, obwohl es auch in Paderborn welche gab. Sie marschierten nämlich nur nachts, klebten nachts ihre Plakate an und prügelten sich nachts irgendwo in der Stadt oder auf den Landstraßen in der Umgebung mit Kommunisten rum. Eines Morgens war die ganze Stadt mit kleinen Hakenkreuz-Aufklebern an Laternenpfählen, Zäunen, Briefkästen, Telefonhäuschen und Straßenbahnwartehallen übersät. E.s Bruder Erwin riß alle, die auf seinem Schulweg in erreichbarer Höhe angeklebt waren, sorgfältig ab, weil sein Lehrer von der Herz-Jesu-Schule ihm und seinen Klassenkameraden das aufgetragen hatte – und weil ihm Abreißen Spaß machte. Und weil auch E. gerne was abriß, half sie ihm dabei.

Im Sommer 1932 sah sie in Bottrop die ersten »Nazis«. Es war eine ganze Gruppe, die sich SA nannte – junge Männer mit braunen Hemden und Hosen, schwarzen Stiefeln und Skimützen, die in Dreierreihen marschierten. SA hieß »Sturmabteilung«, und die Riemen, mit denen die Skimützen unterm Kinn festgeschnallt waren, hießen »Sturmriemen«. Dieses und anderes Wissenswerte über die SA erfuhr die Siebenjährige von Herbert, einem Bottroper Jungen, mit dem sie sich beim Rollschuhlaufen angefreundet hatte. Herberts Vater war Bergmann und auch SA-Mann. Wenn er keine »Schicht« hatte, marschierte er freiwillig für die Nazipartei.

Mit einem Vater, der freiwillig für eine Partei auf der Straße marschierte, konnte E. nicht aufwarten. Die Männer vom Zentrum waren zwar auch gegen die Kommunisten – das mußte Herbert zugeben –, aber sie blieben dabei im Hintergrund und überließen es der SA, mit den Kommunisten zu kämpfen. Dabei seien schon viele tapfere SA-Männer gefallen, so z. B. ein junger Student aus Bielefeld mit dem Namen Horst Wessel, der in Berlin einen SA-Sturm geführt hatte.

Singende Marschkolonnen waren für E. nichts Neues. Die »Zwölfender« des »Hunderttausendmannheeres« in der Infanteriekaserne hinter dem Elternhaus marschierten häufig im Gleichschritt durch die Stadt. Sie latschten ordentlich, aber gewohnheitsmäßig durch die Gegend und erregten bei der Paderborner Bevölkerung nur dann Aufsehen, wenn sie von klingendem Spiel begleitet wurden. Das war bei den SA-Männern von Bottrop ganz anders.

Vor der Marschkolonne gingen im Abstand von ein paar Metern drei in einer Reihe, von denen der Mittlere keine Mütze trug. Der Wind spielte mit seinen Haaren und mit der großen roten Fahne, die er mit gestrecktem Arm über der Schulter ausbalancierte. Es war nicht nur die Fahne, die die SA von Soldaten unterschied. Die Männer mit den braunen Uniformen sangen Lieder, die E. noch nie gehört hatte, und sie marschierten auch »anders«. Anscheinend wußten sie genau, wohin ihr Marsch führte, obwohl das weniger ein bestimmter Ort als ein bestimmter Tag zu sein schien, der »Tag für Freiheit und für Brot« hieß und von dem sie singend verkündeten, daß er bald anbrechen würde.

Vom Horst-Wessel-Lied, das E. ein Jahr später als neue Nationalhymne lernte, blieb ihr damals nur die jeweils letzte Zeile der Strophen im Gedächtnis, da sie zweimal gesungen und die Melodie bei der Wiederholung von einigen hellen Oberstimmen triumphierend hochgerissen wurde:

»Bald flattern Hitlerfahnen über allen Straßen,
die Knechtschaft dauert nur noch kurze Zeit.« –
»Es schaun aufs Hakenkreuz voll Hoffnung schon Millionen,
der Tag für Freiheit und für Brot bricht an!«

Dann sangen sie auf die Melodie vom »Argonnerwald«.

»An Rhein und Ruhr marschieren wir,
für Adolf Hitler kämpfen wir.
Die rote Front, schlagt sie zu Brei!
SA marschiert. Achtung! Die Straße frei!«

Es gab keinen Zweifel, daß sie es ernst meinten mit ihrem »Die Straße frei«, denn das »Achtung!« davor wurde nicht gesungen, sondern so laut gebrüllt, daß E. zusammenzuckte, aber an dem »zu Brei schlagen« störte sie sich nicht sonderlich, weil sie noch so jung waren, nur wenige Jahre älter als Freunde und Klassenkameraden ihrer Brüder, die sich häufig Gleiches oder Schlimmeres anzudrohen pflegten und niemals in die Tat umsetzten. Später war sie doch erleichtert, daß in der gedruckten Fassung dieses »alten Kampfliedes der SA« die rote Front nur »entzwei« geschlagen wird.

52

Alle Männer der Marschkolonne blickten starr geradeaus, aber auch E. merkte, daß sie für die Zuschauer am Straßenrand marschierten, die die Sturmabteilung mit einer merkwürdigen Spannung an sich vorbeiziehen ließen. Niemals zuvor hatte die Siebenjährige eine solche untrennbare Einheit von Marschrhythmus und Gesang erlebt. Die Idee, von der die Männer erfüllt waren, schien nicht nur im Kopf, sondern ebenso in den Körpern und Marschstiefeln der Singenden zu leben und wurde hundertfach in den Staub der Straße gehämmert. Die vorbeistampfende Einheit erschien wie eine braune, geballte Kraft, in der es keine Individuen mehr gab.

Die kommunistische Reichstagsabgeordnete Clara Zetkin bezeichnete die Sturmabteilungen der NSDAP als eine »Massenbewegung von Enttäuschten aller Schichten« und zugleich »die tüchtigsten, stärksten, entschlossensten, kühnsten Elemente aller Klassen«. E. verstand damals nur, daß da eine große Hoffnung marschierte, eine Hoffnung, an die viele schon nicht mehr glauben konnten – die Hoffnung, daß Not, Elend und Arbeitslosigkeit bald ein Ende haben würden, an einem Tag, der »Tag für Freiheit und für Brot« hieß.

Arbeiterrevolution

Es mag am Alter gelegen haben, an Frühlingsgedichten im Lesebuch, Frühlingsliedern in der Musikstunde, sicher aber auch an der »nationalen Erhebung«, daß die Achtjährige den Frühling des Jahres 1933 ganz nah und wach erlebte.

Die vom Wasser der Schneeschmelze angeschwollenen Paderarme gluckerten aufgeregt und vielversprechend durch die Altstadt. Vereinzelte, noch schüchterne Vogelstimmen vereinigten sich zu einem immer vielstimmigeren frühmorgendlichen Konzert. Kahle, aber schon von Winterstarre befreite Bäume gaben sich geschmeidig und hoffnungsvoll den Frühlingsstürmen und den ersten wärmenden Sonnenstrahlen hin. Äste und Zweige der Hecken und Sträucher gingen von winterlich-stumpfem Schwarz in ein glänzendes Braun über, trieben klebrige Knospen hervor, ließen zitternde grüngelbe Kätzchen herunterhängen und weiße, pelzige aus ihren harten braunen Schalen platzen. Grüne Finger von Schneeglöckchen, Krokus, Tulpen und Narzissen drängten sich zwischen vermodertem Vorjahrslaub und verstaubten, zusammengebackenen Schneeresten durch kalte, dunkle, vom Frost gerade erst aufgetaute Erde ans Licht und setzten weiße, gelbe, violette und rote Farbtupfen in das graufahle Wintergras von Vorgärten und Anlagen, und E.s Körper nahm erleichtert Abschied von dicken Wollpullovern und kratzenden langen Wollstrümpfen. Der erwachende Frühling erwies sich als Bundesgenosse einer zagen Hoffnung, die sich in den ersten Monaten des Jahres 1933 ausbreitete: »Es geht wieder aufwärts!«

Im fernen Berlin waren am 30. Januar Hunderttausende Männer der Sturmabteilungen viele Stunden lang singend in einem endlosen Fackelzug an ihrem Führer vorbeigezogen. Davon gab es am 31. Januar ein Foto quer über die ganze Vorderseite des »Westfälischen Volksblattes«: Unendliche Reihen kleiner Lichtpunkte »quollen aus dem Nächtigen« der Druckerschwärze, wuchsen im Vordergrund zu Flammenkreisen an und beleuchteten dunkle Stoffmassen eines Fahnenheeres. Auf dem Balkon der Reichskanzlei der »Führer« im Schlagschatten werfenden grellen Scheinwerferlicht, der die Vorbeimarschierenden mit angewinkeltem Arm grüßte.

Als E. an diesem Morgen, wie gewöhnlich, die vor der Haustür abgelegte Zeitung heraufholte, auf der Treppe, wie gewöhnlich, die Schlagzeile las und diese, wie gewöhn-

lich, der zum Frühstück versammelten Familie verkündete: »Adolf Hitler zum Reichskanzler ernannt«, meinte die Mutter: »Kann der denn das überhaupt? Der hat doch nicht
mal Abitur.« Der Vater war da vorurteilsfreier: »Soll er doch mal zeigen, was er kann,
wo er immer soviel Wind macht.« E. wußte noch nicht, was ihr in den folgenden Jahren
in Schule und Hitlerjugend immer wieder »eingehämmert« wurde, nämlich, daß sich
damals eine »Sternstunde« des deutschen Volkes ereignet habe, eine große, einmalige
Zeitenwende, nach der »alle Not ein Ende hatte«.

Am Frühlingsanfang, dem 21. März, fand die meisterhaft inszenierte erste Reichstags-
sitzung der neuen Regierung in der Potsdamer Garnisonkirche statt. E. ist von diesem Tag
jenes millionenfach in Zeitungen und auf Postkarten abgebildete Foto in Erinnerung, auf
dem sich der »junge« Reichskanzler in schlichtem Gehrock beim symbolträchtigen
Händedruck zwischen dem »alten« und dem »neuen« Deutschland bescheiden und
ehrfurchtsvoll vor dem greisen Reichspräsidenten Paul von Hindenburg verneigt, während dieser die Huldigung aufrecht, mit Pickelhaube und ordenübersäter Marschalluni-
form entgegennimmt.

Spätestens nach dem »Tag von Potsdam« wurde auch Paderborn von einer Welle
nationaler Begeisterung überflutet, die sich der Achtjährigen als unübersehbares und
unüberhörbares Straßentheater darbot. Das Stück hieß »Sieg der nationalsozialistischen
Arbeiterrevolution« und wurde einige Wochen hindurch auf Straßen und Plätzen von
immer zahlreicheren Kolonnen der SA und des freiwilligen Arbeitsdienstes aufgeführt,
die sich untereinander »Genossen« nannten (Volksgenossen – Parteigenossen – Jungge-
nossen) und unaufhörlich singend verkündeten, daß ihnen »die Straße« gehöre und »der
Tag für Freiheit und für Brot« nun angebrochen sei.

Die Dekoration dieses eintrittsfreien Spektakels bildeten unzählige leuchtendrote Hakenkreuzfahnen, die neben schwarz-weiß-roten aus immer neuen Anlässen vom Rathaus,
von Schulen und öffentlichen Gebäuden sowie zahlreichen neu errichteten, hoch aufra-
genden Fahnenmasten flatterten und zusammen mit den heller werdenden Tagen und
dem frischen Grün der zunehmenden Belaubung Optimismus ausstrahlten.

Die Männer marschierten mit den Liedern von Werner Altendorf (»Ein junges Volk steht
auf«), Arno Pardun (»Siehst du im Osten das Morgenrot«), Herybert Menzel, Herbert
Böhme, Heinrich Spitta und anderen Liedermachern der ersten Stunde »durch Not und
Schmach und Schand ins freie Vaterland«. Es ging um die Befreiung von Arbeitslosigkeit
und um die Freiheit der Arbeit, denn sie sangen: »Frei soll die Arbeit und frei wolln wir
sein, / wir schreiten der Sonne entgegen: / Schaffendes Deutschland, erwache, brich
deine Ketten entzwei / Soll'n Maschinen wieder schaffend ihre Räder dreh'n, / sollen
deutsche Brüder bessere Zeiten sehen, / muß unser Streben danach unermüdlich sein, /
muß ein neues Leben sie für uns befrein, / Gebt Raum der deutschen Arbeit! / Für uns
die Straße frei / Schreitet ein graues Arbeiterheer, Männer des Werktags heran.«

Gern und häufig sangen sie auch volkstümliche Weisen mit schlichten Texten, die durch
jeweils ausgewechselte Zeilen, oft nur durch ein einziges Wort, sowohl als »Kampflied
der SA« wie auch als »Kampflied der Roten Front« bezeichnet werden konnten: »In
München (Leuna) sind viele gefallen«, »Von all unsern Kameraden war keiner so lieb
und so gut«, »Als die goldene Abendsonne sandte ihren letzten Schein«.

In der zunächst monarchistisch-patriotischen, schon vor dem Ersten Weltkrieg bekannten Schnulze »Auf, auf zum Kampf, zum Kampf, zum Kampf sind wir geboren« wird
zunächst »dem Kaiser Wilhelm (haben wir's geschworen«), dann den etwas gewaltsam
in die Zeilen eingestoppelten Arbeiterführern Karl Liebknecht und Rosa Luxemburg,
während die Version der SA, »dem Adolf Hitler haben wir's geschworen, dem deutschen

Volke reichen wir die Hand« sich wiederum mühelos und selbstverständlich der Melodie einfügt. In der zweiten Strophe, die E.s Brüdern besonders gefiel, wurde aus dem Rotarmisten wieder ein Sturmsoldat:»Dort steht ein Mann, ein Mann, so stark wie eine Eiche, / er hat gewiß, gewiß schon manchen Sturm erlebt. / Vielleicht ist er schon morgen eine Leiche, / wie es so manchem Sturmsoldaten geht«, während die dritte Strophe das Parteiprogramm Sozialismus und Nationalismus erschöpfend und zweifelsfrei abhandelte:»Wir kämpfen nicht, ja nicht fürs Gold der Millionäre, / das Börsenkapital ist unser größter Feind. / Wir kämpfen nur für unsres Volkes Ehre, / für Deutschlands Zukunft kämpfen wir vereint.«

Zwei Lieder prägten sich E. in den ersten Wochen und Monaten des Dritten Reiches besonders ein. Am Abend, wenn die Lichtstrahlen der Scheinwerfer vorüberfahrender Autos über die Decke des Kinderschlafzimmers wanderten, hörte sie oft den langgezogenen»Ohrwurm« des Hermann Claudius:»Wann wir schreiten Seit an Seit«. Von der »sozialistischen« Vergangenheit dieser Weise ahnte sie nichts. Allzu treffend paßte der Text zu jenem kritiklos-erleichterten»In-die-Hände-Spucken«, mit dem große Teile der von jahrelanger Arbeitslosigkeit zermürbten Massen auf die unmittelbar nach der »Wende« von der Regierung getroffenen Arbeitsbeschaffungsmaßnahmen reagierten, und auch»Blut und Boden« wurden darin genügend berücksichtigt:

»Einer Woche Hammerschlag, einer Woche Häuserquadern
zittern noch in unsern Adern, aber keiner wagt zu ha-a-dern.
Mit uns zieh-ieh-ieht die neu-eu-e Zeit!
Birkenlaub und Saatengrün! Wie mit bittender Gebärde
hält die alte Mutter Erde, daß der Mensch ihr eigen werde,
ihm die vo-o-ollen Hä-än-de hin.«

Wie hätte E. daran zweifeln können, daß es sich um *das* Lied der neuen Zeit handelte? Das zweite war die alte sozialistische Arbeiterhymne aus dem Jahre 1897:»Brüder zur Sonne, zur Freiheit, Brüder, zum Lichte empor! / Hell aus dem Dunkeln, Verga-angnen leuchtet die Zukunft hervor«, deren Originaltext sie ebenfalls von singenden SA-Kolonnen zum erstenmal hörte, ehe Monate später dieses Lied, auf dessen Melodie und Tradition die NS-Arbeiterpartei nicht verzichten wollte, in gleich zwei neuen Versionen als»altes Kampflied der SA« weitergegeben wurde:»Brüder in Zechen und Gruben« und »Brüder, formiert die Kolonnen.«

E. zweifelte nicht daran, daß es sich um die gleichen Millionen handelte, wenn die SA-Männer sangen:»Seht, wie der Zug Millionen, / endlos aus Nächtigem quillt, / bis euer Sehnsucht Verlangen / Himmel und Nacht überschwillt« – und:»Es schaun aufs Hakenkreuz voll Hoffnung schon Millionen, / der Tag für Freiheit und für Brot bricht an!«

Da all diese Lieder noch immer nicht zur kontinuierlichen Sangesbegleitung der Marschkolonnen ausreichten, ließen sich zwischendurch wilde Gesellen vom Sturmwind durchwehn, Könige auf dem Meer von brausenden Wogen überrollen, ritten die blauen Dragoner und die roten Husaren, hielten die Niedersachsen fest wie unsre Eichen stand, schwankte die Feder vom Barette, wehten die bunten Fahnen weit übers Meer, schwang sich der rote Adler hoch über die märkische Heide, und die Lore-Lore-Lore-Lore schaute so unentwegt aus dem Försterhaus im finstern Walde heraus, daß sogar der Überdruß noch einen Abgesang lieferte und zugleich die deutschlandweite Ausdehnung dieser Singelust bestätigte:»Und von Berlin bis an die Pfalz hängt uns die Lore aus dem Hals. Halli – Halli – Hallo!«

Inzwischen umstrittene Wahlanalysen der frühen dreißiger Jahre machen bei den um 30 Prozent schwankenden Wählerstimmen für die NSDAP vorwiegend Vertreter des unteren Mittelstandes aus: kleine Ladenbesitzer, verschuldete Bauern, ins Proletariat abgesunkenes Kleinbürgertum, Volksschullehrer und Angestellte. Linke Faschismustheorien definieren die »nationalsozialistische Revolution« als Mittelstands- bzw. Kleinbürgerbewegung. Das traf für die halbmilitärische Bürgerkriegsarmee der SA in der »Kampfzeit« kaum zu. Die Kerntrupps der Sturmabteilungen, die mit ihrem Straßenterror ständig Schlagzeilen lieferten, bestanden zu etwa 40 bis 50 Prozent, manche sogar überwiegend aus jungen, meist arbeitslosen Arbeitern, Treibsand der Arbeiterbewegung, denen der demagogische Antikapitalismus der Nazis ausreichte.

»Arbeiternazis« waren es vor allem, die das Image der NSDAP in der Öffentlichkeit bestimmten und den größten Teil der unangenehmen, gefährlichen, anstrengenden und zeitaufwendigen Aufgaben der Parteiarbeit übernahmen. Sie marschierten singend durch Dörfer und Städte, fuhren auf fahnengeschmückten Lastwagen über Landstraßen, klebten Wahlplakate, verteilten Flugblätter und Propagandamaterial in »roten« Arbeitervierteln, übernahmen den Versammlungsschutz und lieferten den politischen Gegnern aus der eigenen Klasse blutige Saal- und Straßenschlachten. Sie holten die Kastanien aus dem Feuer für das nationalistische Bürgertum, das diesen Kampf zwar für notwendig hielt, sich aber von den gewalttätigen Aktionen der Sturmabteilungen vornehm distanzierte und sich erst zwischen März und November 1933 geschlossen hinter das neue Regime stellte. Nationalsozialisten, die zwischen 1930 und 1932 wegen politischer Gewaltverbrechen verhaftet wurden, waren auch in Paderborn vorwiegend Lohnarbeiter. Die Achtjährige zweifelte nicht daran, daß es sich um eine Arbeiterrevolution handelte. Die Partei, die »gesiegt« hatte, war die einzige Partei in Deutschland, die sich »Arbeiterpartei« nannte. Die neue Regierung schob den 1. Mai als schul- und arbeitsfreien »weltlichen« Feiertag zwischen die katholischen Festtage Ostern und Pfingsten und erfüllte damit als erste westeuropäische Regierung die hundertjährige Forderung der Arbeiterbewegung nach einem bezahlten Feiertag der Arbeit.

Zum 1. Mai 1933 schrieb der 1935 seines Amtes enthobene Stadtsyndikus in die von ihm geführte Chronik:

> »Am 1. Mai mußten die Bewohner der Stadt, die durch Hand- und Kopfarbeit ihr Brot verdienen, an einem Festzug gewaltigen Ausmaßes teilnehmen. Es war das ›Fest der nationalen Arbeit‹. In kleinerem oder ähnlichem Umfang werden die verschiedenartigen Demonstrationsveranstaltungen gemacht, mit dem Ziel, das ganze Volk ›gleichzuschalten‹.«

In einer parallel dazu, aber bereits im »neuen Geist« geführten Stadtchronik fand E. eine detaillierte Beschreibung des Tagesablaufs:

> »Reicher Flaggenschmuck – junges Grün der Bäume – Festgottesdienste im Dom und in der (evangelischen) Abdinghofkirche, danach vor dem Dom Übertragung der offiziellen Feier aus Berlin – Aufstellung des ›Zuges der Schaffenden‹ auf dem Turnplatz – Betriebsführer und Gefolgschaftsmitglieder aller Betriebe, Vereine, Organisationen der Beamtenschaft, des Handels und des Handwerks – 15 000 Teilnehmer zogen durch die Stadt zum Schützenplatz – die ganze Stadt dröhnte vom Marschtritt der Massen und den Weisen ihrer Lieder – zwei Eichen wurden gepflanzt, die Hitler- und die Hindenburg-Eiche – es folgten Stunden der Erholung auf dem schönen Platz – abends ein geschlossener Fackelzug in die Stadt und eine Schlußveranstaltung auf dem Marktplatz – Kreisleiter Meyer hielt eine Rede, die mit dem Aufruf endete: ›Deutschland muß leben, und wenn wir sterben müssen – Es lebe das neue Deutschland, es lebe die gerechte und ehrliche Arbeit, es lebe unser Führer zu Freiheit und Brot! Sieg-Heil!‹«

E. ist der »gewaltige Festzug aller Schaffenden« im Gedächtnis geblieben, weil sie eine solche Massenveranstaltung vorher nie gesehen hatte. Ganze Betriebsgemeinschaften, Arbeiter und Fabrikbesitzer, Handwerksmeister, Gesellen und Lehrlinge, Eisenbahner und Postbeamte, Juristen und Verwaltungsangestellte, Lehrer und Studienräte zogen Arm in Arm mit Blumen, Fahnen und Musikkapellen durch die Stadt, denn alle erwerbstätigen Deutschen waren jetzt Arbeiter. Wer kein »Arbeiter der Faust« war, war eben ein »Arbeiter der Stirn«. Das lernte E. von ihrem Bruder Erwin, der den Festzug mit einem geheimnisvollen Ritual grüßte: zunächst mit zum Hitlergruß ausgestrecktem Arm, dann mit an die Stirn getipptem Zeigefinger und zuletzt mit geballter Faust. Umstehenden, die lachend nach dem Sinn fragten, erklärte er: »Das heißt: Heil Hitler! Ihr Arbeiter der Stirn und der Faust.«

Die Achtjährige gewann nicht den Eindruck, daß die 15 000 »Schaffenden« die Teilnahme an jenem Umzug als Zwang empfanden, sondern eher mit einer aufgeräumten Verlegenheit ob des ungewohnten Spektakels an ihren den Straßenrand säumenden Familienangehörigen vorbeizogen.

Lediglich ein Fabrikbesitzer, der von einigen seiner leicht angeheiterten »Gefolgschaftsmitglieder« kumpelhaft untergehakt in der ersten Reihe marschierte, fühlte sich offenbar nicht besonders wohl und lächelte etwas gequält, als sie übermütig sangen: »Wir sind nicht Bürger, Bauer, Arbeitsmann, haut die Schranken doch zusammen, Kameraden!«

E. erinnert sich an zwei winzige Eichensprößlinge mit Namensschildern – inzwischen zu mächtigen namenlosen Bäumen herangewachsen –, an den nächtlichen Fackelzug, an ein intensives Glücksgefühl der Geborgenheit in der größeren Familie der »Volksgemeinschaft« sowie ein ebenso intensives Gefühl von Liebe und Dankbarkeit gegenüber dem »Führer«, der sie geschaffen hatte.

Bei späteren Maifeiern wechselten die Akzente. Irgendwann – 1934 oder 1935 – gab es z. B. einen fast karnevalistischen Umzug, auf dem größere Betriebe und Handwerkerinnungen phantasievolle Festwagen ausgestaltet hatten. Die Arbeiter des Reichsbahnausbesserungswerkes marschierten in Eisenbahneruniformen hinter einer gewaltigen Papplokomotive einher, auf dem Wagen der Schneiderinnung vollführten einige Schneidergesellen in Hemdsärmeln und mit angeklebten Ziegenbärtchen, »bewaffnet« mit überdimensionalen Pappscheren und Nadeln, ein lustiges »Heckmeck« um ein riesiges Bügeleisen. Andere Maifeiern betonten den Charakter eines allgemeinen Frühlingsfestes, bei dem um einen »Maibaum« auf dem Domplatz Volkstänze getanzt und Frühlingslieder gesungen wurden, und schon vor dem Krieg wurde dem Militär mehr und mehr die tragende Rolle auf dem »Feiertag der nationalen Arbeit« eingeräumt. Die Stadtchronik von Paderborn vermerkt bereits im Jahre 1934: »Bei der Maifeier erschienen in diesem Jahr als Hauptpersonen nicht mehr die Vertreter der NSDAP, sondern die Offiziere der Garnison.«

Vage Erinnerungen lassen sich durch die in den Jahren 1934 bis 1939 ausgegebenen 1.-Mai-Plaketten bestätigen. Die Plakette des Jahres 1934 knüpft noch unmittelbar – mit Hammer und Sichel – an die Tradition der Arbeiterbewegung an. Die beiden Werkzeuge sind allerdings voneinander getrennt durch den Kopf eines berühmten »Arbeiters der Stirn«, nämlich Johann Wolfgang von Goethe, und nur durch die ausgebreiteten Schwingen des deutschen Adlers am unteren Rand miteinander verbunden. 1935 wird die Volkseinheit mit einer Darstellung vergangener Produktionsverhältnisse beschworen. Drei Figuren verkörpern eher »Werkleute« als Arbeiter. Ein Schmied mit Hammer und ein Bauer mit einem Ährenbündel tragen altertümliche Lederschürzen, der Geistesarbeiter zwischen ihnen trägt eine Art Talar und eine Pergamentrolle. 1936: keine menschlichen Figuren, sondern nur die Arbeitsgeräte Pflug und Schmiedehammer, denen anstelle des Symbols der Geistesarbeit ein Schwert beigefügt ist.

Plaketten und Maifeiern der drei Vorkriegsjahre hatten mit dem »Tag der Arbeit« kaum noch etwas gemein. 1937: ein nacktes Knäblein mit einem Eichenzweig – 1938: ein um den Maibaum tanzendes junges Paar in gelöster, übermütiger Bewegung – 1939: eine schlanke Jugendstil-Flora, die ihre Blüten über ein Band mit den Namen Ostmark, Altreich, Sudetenland ausschüttet.

Während des Krieges fanden jeweils 1.-Mai-Kundgebungen der nationalen Einheit und Schicksalsgemeinschaft zwischen Front und Heimatfront statt. Plaketten gab es nicht mehr. Über den 2. Mai 1933 vermerkt die Stadtchronik von Paderborn:

> »Gleichschaltung der freien Gewerkschaften – Inschutzhaftnahme der beiden Führer der Gewerkschaften und Stadtverordneten Lücking und Gruber, die nach Sicherstellung der Akten wieder auf freien Fuß gesetzt wurden – diese Maßnahmen waren, nach Dr. Ley, erforderlich, um ein Wiederaufleben des Marxismus zu verhindern.«

E. hörte von dieser »Inschutzhaftnahme« nichts, vermutet, daß die vorübergehende Verhaftung der beiden Gewerkschaftsfunktionäre und die Sicherstellung der Akten, um »ein Wiederaufleben des Marxismus zu verhindern«, nur wenige Paderborner Bürger schockierten.

Über die tatsächlichen Vorgänge des 2. Mai 1933, an dem in ganz Deutschland die Gewerkschaftshäuser besetzt, Gewerkschaftskonten gesperrt und beschlagnahmt, Gewerkschaftsfunktionäre verhaftet und in Konzentrationslager eingeliefert wurden, vernahm sie auch in den folgenden Jahren nicht das geringste. Niemand in ihrer Familie war Arbeiter und von der Zerschlagung der Gewerkschaften betroffen. Ihre Vorstellungen von einer »Arbeiterrevolution« beschränkten sich darauf, den Arbeitern der NS-Arbeiterpartei das Verdienst zuzusprechen, sich mit sicherem Instinkt einem Führer verschworen und zur Macht verholfen zu haben, der in der Lage war, nicht nur die Arbeiterschaft, sondern das ganze deutsche Volk zu »retten«.

Die zögernden Eingeständnisse vereinzelter Bekannter der Familie, daß sie eigentlich schon immer Sympathien für die Nazis gehabt hätten oder sogar heimlich Mitglied der NSDAP gewesen seien, verwunderten E., da die NSDAP schließlich eine Arbeiterpartei war.

Einige Jahre später las sie das 25-Punkte-Parteiprogramm der NSDAP vom Februar 1920 mit seinen zehn »sozialistisch-antikapitalistischen« Forderungen und zweifelte nicht daran, daß

die »Zinsknechtschaft« (was immer das auch sein mochte) inzwischen gebrochen,
das arbeits- und mühelose Einkommen abgeschafft,
die Altersversorgung ausgebaut,
die Bodenspekulation verhindert,
die Gesundheit von Mutter und Kind gehoben und
der gesunde Mittelstand geschaffen war;
hielt auch
die Verstaatlichung der »Trusts« (?),
die Einziehung der Kriegsgewinne,
die strenge Bestrafung von Wucherern und Schiebern,
die Förderung begabter Kinder armer Eltern und
die Gewinnbeteiligung in Großbetrieben
für eingelöst.

Bürger

Wenn E. sich in diesen Aufzeichnungen als »aus bürgerlichen Kreisen stammend« bezeichnet, so entspricht das keineswegs ihrem damaligen Sprachgebrauch und Selbstverständnis. Das Wort »Bürger« hatte in der offiziellen Sprachregelung des Dritten Reiches einen ausgesprochen negativen Beigeschmack, obwohl E.s Mutter »bürgerliche« Küche und »bürgerliche« Haushaltsführung für brauchbare, praktische Lebensmuster hielt.

Ihr Ehemann benutzte das Wort »Bürger« ausschließlich in den Zusammensetzungen »Spießbürger« oder »Kleinbürger«, wurde zeit seines Lebens nicht müde, sich von dieser Spezies leidenschaftlich abzusetzen, und ging sowohl alkoholisierten Stammtischverbrüderungen wie sentimentalen Männerchören prinzipiell aus dem Wege.

Bis 1945 fühlte er sich als »echter« Vertreter der nationalsozialistischen Weltanschauung. Als er wenige Jahre vor seinem Tod den DEFA-Film »Der Untertan« nach dem Roman von Heinrich Mann mit großem Vergnügen ansah, bemerkte er seiner Tochter gegenüber, daß die Hauptfigur genau der Typ sei, gegen den er sein Leben lang gekämpft habe, und damit hatte er recht. In seiner Verachtung des Bürgertums fühlte er sich durch den »Führer« bestätigt, der in seinen Reden häufig ätzenden Spott über Feigheit, Energielosigkeit und Standesdünkel bürgerlicher Kreise ausgoß und den bürgerlichen Parteien nicht nur vorwarf, im November 1918 in jämmerlicher Weise »vor der Straße« kapituliert, sondern dem Marxismus keine grundsätzlich entgegengesetzte Weltanschauung mit stürmischem Eroberungswillen entgegengestellt zu haben.

Es kann bezweifelt werden, daß Hitler aus Sympathie einen Pakt mit den konservativen Eliten des Bürgertums, des Militärs und der Wirtschaft schloß und aus Sympathie um die Gunst von Industriellen, Generälen, Diplomaten und Beamten buhlte. Das Kapital blieb in privater Hand, weil die wohlhabenden Schichten mächtig genug waren.

Es gibt Vermutungen, daß nach einem gewonnenen Krieg nicht nur die Existenz der Kirchen, sondern auch des Bürgertums und des Großkapitals vernichtet werden sollte zugunsten einer Art Feudalsystem mit nicht vererbbaren Lehensgaben, für das hinsichtlich der Ostgebiete bereits konkrete Pläne vorlagen. Ein erster Beweis für die Rücksichtslosigkeit gegenüber konservativen Machteliten war die Ermordung des Reichswehrgenerals Kurt von Schleicher im Jahre 1934, ein weiterer die gnadenlose Hinrichtung des preußischen Adels nach dem 20. Juli 1944, und folgende Passage aus einer Hitlerrede des Jahres 1938 läßt an Deutlichkeit nichts zu wünschen übrig: »Wenn ich so die intellektuellen Schichten bei uns ansehe, leider, man braucht sie ja, sonst könnte man sie eines Tages ja, ich weiß nicht, ausrotten oder so was. Aber man braucht sie leider . . .«

Auch für E. hatte ein »Bürger« in der deutschen Volksgemeinschaft keinen Platz. Das Wort roch nach Muff und Mief, Feigheit und Unterwürfigkeit. Bürger waren bestenfalls »Ewiggestrige«, häufig aber auch Radfahrer, Duckmäuser, Kriecher und Speichellecker. Bürger trugen (symbolische) Zipfelmützen, waren verschlafen, engstirnig und gehörten zur Kleinstaaterei und Spitzwegschen Kleinstadtidylle.

Für die großartige, klassenüberwindende Idee des Nationalsozialismus fehlte es einem Bürger an Kühnheit und Wagemut. Die Toten vom 9. November 1923 vor der Feldherrnhalle in München waren nicht von »Rotfront«, sondern von der »Reaktion«, nämlich der Münchener Polizei, im Auftrag des um seine Privilegien bangenden Bürgertums feige aus dem Hinterhalt erschossen worden.

Zwar wurden im Geschichtsunterricht die bürgerlichen Revolutionen des 18. und 19. Jahrhunderts mit ihren Parolen »Freiheit, Gleichheit, Brüderlichkeit« und ihrem Kampf für allgemeine Menschenrechte und allgemeine Menschenwürde als berechtigte Protestaktionen gegen unerträgliche Ausbeutung und Unterdrückung dargestellt, aber der heroisch-pathetische Beiklang des Wortes »Bürger« erstickte in der Blutorgie der Französischen Revolution. Diese wurde zudem in der Rassentheorie des Grafen Gobineau (»Versuch über die Ungleichheit der Menschenrassen«), die E. etwa zum selben Zeitpunkt las, als verhängnisvolle »Entnordung« des französischen Volkes (durch Ausmerzung der vorwiegend nordischen Oberschicht) und von Hans F. K. Günther, dem führenden Rassenkundler des Nationalsozialismus, als Gleichmacherei und »Vermittelmäßigung« zugunsten ostischer Bevölkerungsteile ausgelegt.

Im übrigen war ihr die Mordwelle der Revolution von 1789 bereits im Handarbeitsunterricht des zweiten Schuljahres nahegebracht worden, in dem aus einem Buch vorgelesen wurde, das »Lilien Frankreichs« hieß und auf dessen Einband ein zartes, engelhaftes Wesen in weißem Gewand abgebildet war. Es enthielt traurige Geschichten nicht nur über das schreckliche Schicksal des »Dauphin«, des unglücklichen Sohnes Ludwigs XVI., sondern auch über das vieler anderer edler französischer Grafenkinder, kleiner Marquis und Marquisen, die in der schrecklichen Christenverfolgung lieber hatten sterben wollen, als ihrem Glauben an Gott und die heilige katholische Kirche abzuschwören. Die Französische Revolution galt der vorlesenden Nonne als »Aufstand des Pöbels«, der das Christentum durch den schrecklichen Götzendienst an der »Göttin der Vernunft« ersetzt hatte, und so strickte E., noch ehe sie das Gehörte verarbeiten konnte, die »Lilien Frankreichs« ergriffen in einen Baumwolltopflappen hinein.

Der Nationalsozialismus konnte sich bei seinen Angriffen auf das Bürgertum auf eine nicht nur bei E.s Vater vorhandene »bürgerliche Antibürgerlichkeit« stützen. Die Arbeiter in der »Bewegung« bestätigten vielen Bürgern, daß die NSDAP wirklich für eine soziale Erneuerung kämpfte. Die bewußte Geringschätzung der geistigen und kulturellen Werte des Bürgertums zugunsten jugendlicher Stärke und Entschlossenheit, die nicht »von des Gedankens Blässe angekränkelt« war, imponierte ihnen. Viele aus bürgerlichen Kreisen stammende junge SA-Leute und NS-Aktivisten versuchten sich der mythischen Gestalt des Arbeiters und dem rauhen, rüden Ton der Sturmabteilungen anzupassen und unterstützten damit im Erscheinungsbild der NSDAP den Charakter einer »Arbeiter«partei.

Viele Bürger fürchteten, den Anschluß an die »Volksgemeinschaft« zu verlieren. Sie waren bereit, Bildungsprivilegien und Standesunterschiede in Frage zu stellen, und sehnten sich nach einfacher, unkomplizierter Zugehörigkeit zur »Arbeitsfront aller Schaffenden«.

Als Beleg für die Anfälligkeit »antibürgerlicher Bürger« fand E. einige Zitate des Dichters und Arztes Gottfried Benn, dessen Name ihr vor 1945 nur flüchtig, dessen Werk ihr erst in den fünfziger Jahren bekannt wurde. 1933 schrieb er als »Antwort an die literarischen Emigranten« in seiner auch durch den Rundfunk verbreiteten Schrift »Der neue Staat und die Intellektuellen« zum 1. Mai 1933:

> »Seien Sie auch fest überzeugt, daß die Eroberung der Arbeiterschaft durch die neue Macht weiterschreiten wird, denn die Volksgemeinschaft in Deutschland ist kein leerer Wahn, und der erste Mai war kein getarnter kapitalistischer Trick, er war höchst eindrucksvoll, er war echt: die Arbeit trug plötzlich nicht mehr ihren Makel als Joch, ihren Strafcharakter als proletarisches Leid, den sie die letzten Jahrzehnte trug, sondern sie stand da als Grundlage einer neu sich bindenden, die Stände auflösenden Gemeinschaft, es ist kein Zweifel, für keinen, der es sah, dieses Jahr 1933 hat vielem, das seit Jahrzehnten an Sozialismus in der europäischen Luft lag,

ein neues, festes Gesicht gegeben und einen Teil der Menschenrechte neu proklamiert.«

An anderer Stelle:

»Wollen Sie, Amateure der Zivilisation und Troubadoure des westlichen Fortschritts, endlich doch verstehen, es handelt sich hier gar nicht um Regierungsformen, sondern um eine neue Vision von der Geburt des Menschen ... wahrscheinlich um eine der großartigsten Realisationen des Weltgeistes überhaupt ...«

und in einem Brief an den emigrierten Klaus Mann:

»Ich erklärte mich ganz persönlich für den neuen Staat, weil es mein Volk ist, das sich hier seinen Weg bahnt. Wer wäre ich, mich auszuschließen, weiß ich denn etwas Besseres – nein! Ich kann versuchen, es nach Maßgabe meiner Kräfte dahin zu leiten, wo ich es sehen möchte, aber wenn es mir nicht gelänge, es bliebe mein Volk. Volk ist viel! Meine geistige und wirtschaftliche Existenz, meine Sprache, mein Leben, meine menschlichen Beziehungen, die ganze Summe meines Gehirns danke ich doch in erster Linie diesem Volke. Aus ihm stammen die Ahnen, zu ihm kehren die Kinder zurück. Und da ich auf dem Lande und bei den Herden groß wurde, weiß ich auch noch, was Heimat ist. Großstadt, Industrialismus, Intellektualismus, alle Schatten, die das Zeitalter über meine Gedanken warf, alle Mächte des Jahrhunderts, denen ich mich in meiner Produktion stellte, es gibt Augenblicke, wo dies ganze gequälte Leben versinkt und nichts da ist als die Ebene, die Weite, Jahreszeiten, Erde, einfache Worte –: Volk.«

Arbeitsbeschaffungsschlacht

Am 1. Juni 1933 wurde das »Gesetz zur Verminderung der Arbeitslosigkeit« erlassen. Der Reichsfinanzminister Hjalmar Schacht gab sogenannte Schatzanweisungen bis zu einer Milliarde Reichsmark für Notstandsarbeiten im Tiefbau, Instandsetzung von Gebäuden, Errichtung von Kleinsiedlungen und Versorgungsbetrieben, Ausbau von Straßen und Schienenwegen. Der freiwillige Arbeitsdienst, ein Auffangbecken für jugendliche Erwerbslose, wurde erweitert und leistete Bewässerungs- und Entwässungsarbeiten bei der Trockenlegung und Urbarmachung von Sümpfen und Ödland sowie der Eindeichung von Kögen im Wattenmeer, arbeitete bei der Regulierung von Flußläufen, in Aufforstungsgebieten und beim Autobahnbau.

Die Zeitungen führten einen pathetischen Kampf mit der Arbeitslosenstatistik und berichteten über immer neue Grundsteinlegungen, erste Spatenstiche, Siege am Fließband, Durchbrüche auf der Scholle und gewonnene Arbeitsbeschaffungsschlachten. Der Führer, der Reichsminister für Volksaufklärung und Propaganda, Dr. Joseph Goebbels, der preußische Ministerpräsident und Innenminister Hermann Göring und andere überregionale und regionale Parteigrößen hielten unentwegt »Ans-Werk-Reden«, und die veröffentlichten Zahlen über den Abbau der Arbeitslosigkeit ließen kaum einen anderen Schluß zu als die erleichterte Feststellung: »Es geht wieder aufwärts!«

Am 30. Juni 1933, vier Wochen nach Inkrafttreten des erwähnten Gesetzes, verzeichnete die Arbeitslosenstatistik, die im Februar bei 6 050 000 gelegen hatte, eine Zahl von 4 865 000, ein Jahr später, im April 1934, von nur noch 2 480 000. Demnach hatten in gut einem Jahr 3,5 Millionen Arbeitslose wieder einen Arbeitsplatz gefunden. Im Juni 1935 war die Zahl der Arbeitslosen wiederum um eine Million gesunken und lag bei 1,8 Millionen. Zwei Jahre später wurde die Millionengrenze erstmalig unterschritten, gleichzeitig machte sich ein erheblicher Facharbeitermangel bemerkbar. Ab Mai 1938 fehlten im Deutschen Reich etwa eine Million Arbeitskräfte. Reserven gab es nur noch unter der nichtberufstätigen weiblichen Bevölkerung.

Die Arbeitsbeschaffungsmaßnahmen der ersten Stunde griffen auf bereits vorhandene Pläne zurück, so z. B. auf das von Hitlers Vorgänger im Kanzleramt, General Kurt von Schleicher, beschlossene »Sofortprogramm« und den Autobahnbau. Diese in der Öffentlichkeit unbekannten Schubladenpläne waren an der Politik früherer Regierungen gescheitert. Nun wurden sie als revolutionäres wirtschaftliches Neuordnungsprogramm ausgegeben und vermittelten den Eindruck von Stärke und Tatkraft sowie das erleichterte Gefühl: »Endlich geschieht etwas!« Die wachsende Staatsverschuldung nahm die NS-Regierung – im Hinblick auf den längst geplanten Krieg – leichtherzig in Kauf.

Die Arbeitsbeschaffungsschlacht der ersten Stunde diente vor allem dem Ziel, »die Leute von der Straße zu bringen« und so die Effektivität der neuen Macht zu beweisen. Um die statistische Wirkung der Arbeitsbeschaffungsmaßnahmen zu erhöhen, wurden Arbeitsplätze auch ohne Rücksicht auf wirtschaftlichen Nutzen geschaffen. Der Einsatz von Maschinen galt als »Rationalisierungswahn«, der zugunsten menschlicher Arbeitskraft so weit wie möglich vermieden werden sollte.

Die veröffentlichten Erfolge aus dem ersten Jahr des Dritten Reiches beruhten weitgehend auf einer Manipulation der Arbeitslosenstatistik, einer in Krisenzeiten nicht unüblichen Praxis. Notstandsarbeiter, die gezwungen wurden, für äußerst geringe Entlohnungen schwerste Tiefbau- und Meliorationsarbeiten zu leisten, wurden ebenso aus der Statistik ausgeklammert wie unregelmäßig Beschäftigte. Die Notstandsarbeiten des Winters 1933 / 34 übertrafen die des vorhergehenden Jahres um das Siebenfache und trugen wesentlich zur Senkung der veröffentlichten Arbeitslosenzahl bei. Auch jugendliche Landarbeiter und »Arbeitskameraden« des freiwilligen Arbeitsdienstes, die für Unterkunft, Verpflegung und ein tägliches Taschengeld von 25 Pfennig arbeiteten, galten nicht mehr als arbeitslos.

Eine bescheidene Verbesserung der materiellen Lage der Arbeiter wurde zwar erst ab 1934 spürbar, aber es ging ihr eine erstaunliche Veränderung der allgemeinen Stimmung voraus. Viele Arbeiter empfanden jede Art von Betätigung schon als Befreiung von erdrückender Langeweile, Passivität und Hoffnungslosigkeit der Krisenjahre. Das traumatische Erleben jahrelanger Arbeitslosigkeit und die Hilflosigkeit der gewerkschaftlichen Interessenvertretung während der Weltwirtschaftskrise hatten das elementare Sicherheitsbedürfnis der Arbeiter zutiefst erschüttert. Trotz der ungünstigen Arbeitsbedingungen und teilweise erheblicher gesundheitlicher Schwächung nach Zeiten der Unterernährung und existentiellen Not reagierten sie auf einen Arbeitsplatz mit straffer Arbeitsdisziplin, die dem NS-Regime zugute kam.

Der Abbau der Arbeitslosigkeit trug in vielen Arbeiterfamilien zu einer erheblichen Entspannung der häuslichen Atmosphäre bei, denn – so hatte das Kind aus Gesprächen der Mutter mit ehemaligen Dienstmädchen, Waschfrauen, Hausschneiderinnen und Frisösen aufgeschnappt – arbeitslose Ehemänner standen überall im Wege und machten mehr Arbeit als zuvor. Sie gingen als lästige »Pottkieker« oder »Quengelfritzen« auf die Nerven. Manche versoffen die letzten Pfennige, »krakeelten« und prügelten.

Von der geringen Bezahlung der Paderborner Notstandsarbeiter in den Jahren 1933/34 hörte E. eher zufällig. Eine Arbeiterfrau beklagte sich bei der Mutter, daß der Lohn weder für dringend benötigte Arbeitskleidung noch für ein Stück Fleisch reiche. Diese entgegnete, daß sich das bestimmt bald bessern würde. Die Hauptsache sei doch wohl, daß ihr Mann wieder Arbeit habe.

»Hauptsache ist, daß mein Mann endlich wieder morgens aus dem Haus geht«, meinte Frau Hirschberg und berichtete von ihrem täglichen Ärger bei der Heimkehr von frühmorgendlicher Putzarbeit, mit der sie ihre Familie jahrelang über Wasser gehalten hatte: »Dann dachte ich, er hat vielleicht schon aufgeräumt und den Kindern Kaffee gemacht. Dann war er noch nicht einmal angezogen, sondern stand am Herd und wärmte sich sein Hemd an, einmal von vorn und einmal von rückwärts!«
Diese morgendliche Küchenszene blieb E. lebendiger im Gedächtnis als die Klagen über den geringen Lohn. Der Gedanke, daß man an der Höhe des Lohnes, der beim Vater »Gehalt« hieß und nicht wöchentlich, sondern monatlich ausgezahlt wurde, etwas ändern könne, war E. als Beamtenkind völlig fremd. Sie war davon überzeugt, daß der Staat Notstandsarbeitern und Studienräten soviel zahlte, wie es seine finanzielle Lage erlaubte. Die Beträge hatte man hinzunehmen und, so gut es ging, damit auszukommen.
Die kritiklos-erleichterte Reaktion auf das »Endlich-wieder-Arbeit-Haben« betraf wohl weniger die ehemals gewerkschaftlich und parteipolitisch organisierten Arbeiter industrieller Großbetriebe, sondern jene Millionen, die niemals für gewerkschaftliche bzw. politische Forderungen der Arbeiterparteien SPD und KPD zu mobilisieren gewesen waren. Die meisten dieser Arbeiter waren nicht in einem größeren Industriebetrieb tätig, sondern in der Landwirtschaft, im öffentlichen Dienst, im Verkehrssektor, in Handel und Handwerk, privaten Dienstleistungs- und kleinen industriellen Produktionsbetrieben vorwiegend in der Provinz. Ihre Beziehungen zum Arbeitgeber waren demgemäß eher persönlicher als kollektiver Art. Der Verlust gewerkschaftlicher Rechte erschien ihnen gering gegenüber der wiedergefundenen sozialen Sicherheit durch einen Arbeitsplatz.
Nach den Wahlanalysen der Jahre 1930 bis 1932 stimmte etwa die Hälfte der lohnabhängigen Bevölkerung (Lohnarbeiter, wahlberechtigte Familienmitglieder und Rentner), d. h. insgesamt etwa 8 bis 8,5 Millionen der sozioökonomisch als Arbeiter geltenden Wahlberechtigten, niemals für eine Arbeiterpartei. Zwei bis drei Millionen im Ruhrgebiet, in Westfalen, in Süddeutschland und Schlesien gaben ihre Stimme dem katholischen Zentrum, die Wahlentscheidungen der übrigen etwa vier bis fünf Millionen sind ungewiß. Zu vermuten ist, daß sie dem Beispiel von Vorgesetzten bzw. sozial Bessergestellten folgten und auch unter den etwa 300 000 »Arbeiternazis« in der NSDAP (= 32 %), den 100 000 bis 150 000 in den Sturmabteilungen der SA und den mindestens 3,5 Millionen Lohnarbeitern, die bei der Reichstagswahl vom Juli 1932 für die NSDAP stimmten (= 25 % der insgesamt 13,7 Millionen Wählerstimmen für diese Partei), überdimensional vertreten waren. (Neueste Forschungsergebnisse belegen einen weit höheren Prozentsatz von Arbeiterstimmen für die NSDAP.)
Der 1935 seines Amtes enthobene Stadtsyndikus von Paderborn verschweigt die Schattenseiten der »Arbeitsbeschaffungsschlacht« keineswegs. Auch der Wille zur Arbeit wird von ihm skeptisch eingeschätzt.

1933
Juni   600 000 RM Darlehen für Kanalisationsarbeiten. Die Zahl der Arbeitslosen ist stark zurückgegangen.
Oktober   Fortführung der Kanalisationsarbeiten und Bau der Kläranlage in den Fürstenwiesen brachten vielen Arbeitslosen Arbeit und Brot. Die Löhne sind aber jetzt so niedrig, daß zwischen den Unterstützungssätzen des Wohlfahrtsamtes und dem Arbeitsentgelt oft nur eine ganz geringe Spanne besteht.

1934

Februar   Mit allen Mitteln wird in diesen Wochen und Monaten versucht, den Arbeitslosen Arbeitsstellen zu verschaffen. Sehr viele Vermittlungsfähige sind auf diese Weise schon wieder zur Arbeit gebracht. Da aber der Arbeitslohn oft die Höhe der üblichen Armenunterstützung nicht oder nicht wesentlich überschreitet, ist der Wille zur Arbeit oft nicht groß. Neben dem tarifmäßigen Arbeitslohn wird sehr oft zur Ergänzung noch Unterstützung vom Wohlfahrtsamt gezahlt.

April   Auf dem Truppenübungsplatz in der Senne wird ein Flugplatz gebaut, der Bahnhof Sennelager wird vergrößert, in Paderborn sind Kasernenbauten geplant.

August   Zur Behebung der Arbeitslosigkeit werden auf öffentliche Kosten Arbeiten ausgeführt. Fortführung der Kanalisationsarbeiten. Das Riemekeviertel wurde teilweise kanalisiert, im Süden wurde dabei die Bahn überschritten. Die private Bautätigkeit ist sehr groß. Auf dem Gelände der Infanteriekaserne sowie auf dem neu eingerichteten Flugplatz, dem ein Teil des dortigen Stadtwaldes zum Opfer fiel, wurden neue Kasernenblöcke errichtet. Seit Januar 1933 ist die Arbeitslosenzahl um 67 Prozent zurückgegangen. In den Gaststätten herrscht »Bombenbetrieb«.

1935

Februar   Unsere Promenadenanlagen sind im letzten Jahr sehr verschönert worden.

September Hier und da wird über Verteuerung der Lebensmittel geklagt. Der ganze Straßenzug Kamp – Rathausplatz – Westernstraße wird erneuert. Neuhäusertor und Heierstor nach der Umgestaltung dem Verkehr übergeben. Für die öffentliche Fürsorge wurden rund 120 000 RM weniger als im Vorjahr eingesetzt, denn die Ausführung von öffentlichen Arbeiten hat angehalten.

Im Frühsommer des Jahres 1933 bestimmte der »Sieg der Arbeiterrevolution« das Stadtbild nur noch an Sonntagen und nationalen Feiertagen und verlor zunehmend den stürmischen, spontanen Aufbruchscharakter des Anfangs zugunsten disziplinierter Demonstrationen von Kraft, Einigkeit und Stärke. An Werktagen wurde die »Revolution« von einer weniger romantischen, aber ebenso eindrucksvollen Neuinszenierung abgelöst, die »Kanalisation« hieß, denn die »Arbeitsbeschaffungsschlacht von Paderborn« wurde im Untergrund ausgetragen. Das graue Arbeiterheer von Männern, die noch gerade erst »auf der Straße gelegen hatten«, verschwand nicht unauffällig hinter Fabriktoren und Betriebseingängen, sondern drang, zu personenstarken Kolonnen vereinigt, im Tagebau tief in die Eingeweide der Stadt vor.

Die Schlagworte vom »nationalen Aufbruch« bzw. »Umbruch« bestätigten sich der Achtjährigen anschaulich in Form einer gigantischen Buddelei, bei der kein Pflasterstein neben dem anderen blieb. Straßenzug um Straßenzug wurde auf- und umgebrochen, Stadtviertel um Stadtviertel verwandelte sich in eine ausgedehnte Baustelle. Der Verkehr in der Innenstadt und auch in den Außenbezirken schrumpfte zeitweise auf schmale Fußgängerpassagen zusammen. Läden und Warenhäuser, Ämter, Kirchen und Schulen waren nur über hölzerne Brücken zu erreichen, E.s Wohnung und die von Bekannten, Klassenkameradinnen und Freundinnen nur über behelfsmäßige Stege.

An den Straßenrändern türmten sich Pflastersteine, Erdhügel und Bordsteinkanten. Von Lastwagen wurden Kabelrollen, Rohre, Teerfässer, Mischtrommeln, Sand und Schotter sowie nasser, durch die Ritzen der Ladeflächen tropfender Kies und andere Baumaterialien abgeladen. Die noch mit Kreidezeichen vom Hüpfespiel (»Schere«) bemalten Steinplatten des Gehweges vor dem Elternhaus standen wochenlang hochkant am Vorgartenzaun.

Der Verlust dieser beliebten Spielmöglichkeit wog indes gering gegenüber dem vielfältigen Ersatz, den der Straßenbau lieferte. Kleinkinder tummelten sich mit Schippchen, Förmchen und Eimerchen in Sandhaufen, jüngere Schulkinder rollten Bälle, Spielzeugwagen und -autos durch braune, gelbe und dunkelrote Tonröhren und benutzten die großen Abwasserrohre zum Durchkriechen und Versteckspielen, ältere ließen sich durch das an Sonntagen und nach Feierabend verwaiste Grabengewirr und die abgestellten Bauwagen, Kipplader, Bagger und Dampfwalzen zu verbotenen Kletterpartien anregen.

Es mag an kindlicher Freude über die abenteuerliche Veränderung der vertrauten Umwelt gelegen haben, am Heimatkundeunterricht, in dem die unterirdischen Versorgungsleitungen der Stadt anschaulich behandelt wurden, sicher aber auch am »nationalen Umbruch«, daß E. die »Arbeitsbeschaffungsschlacht von Paderborn« mit besonderer Anteilnahme verfolgte, denn obwohl es dabei »abwärts« ging, galt die rege Bautätigkeit allgemein als Beweis dafür, daß es nun endlich wieder »aufwärts« ging.

Niemals zuvor hatte die Achtjährige in so eindrucksvoller und konzentrierter Weise Männer bei der Arbeit gesehen. Die Lockerung des Straßenpflasters erfolgte durch Dreiergruppen, die mit wuchtigen Hammerschlägen eine Art Ramme zwischen helle, zu Kopfsteinen abgeschliffene Bruchsteine und dunkelgraue, scharfkantige, bei Nässe blauschwarz glänzende Basaltsteine eintrieben, die sie dann am Straßenrand aufschichteten. Auch die Aushebung der Gräben geschah fast ausschließlich in Handarbeit bzw. durch Muskelkraft. Arbeitskolonnen wühlten sich durch Sand- und Kiesschichten, Schotter und Splitt des Straßenbettes etwa drei bis vier Meter tief in den Kalkboden des Untergrundes und erreichten jenseits der Schwelle des Paderquellgebietes, im nördlichen Teil der Stadt, in dem E. wohnte, gelbe, schwere Lehmerde, die einen penetranten, unangenehmen Geruch ausströmte. Von der untersten Sohle aus warf ein Vortrupp Schaufel um Schaufel oft feuchter, schlammiger Erde schwungvoll auf schmale Galerien der holzverkleideten Seitenwände, wo sie von Arbeitskollegen übernommen und auf das Niveau der Straße geschleudert wurde.

Andere Arbeiten, wie etwa das Verbinden der Tonröhren, die Kontrolle, Isolierung und teilweise Erneuerung von Kabelsträngen, das Abdichten von Gasleitungen mit teergetränktem Hanfgespinst sowie geheimnisvolles Wirken in dunkelgrünen Zelten am Straßenrand, aus deren Ritzen gleißend helles Licht und Funkenflug von Schweißgeräten drang, blieben Fachleuten vorbehalten.

Nach vielen Wochen wurden die Gräben wieder zugeschüttet, das Straßenbett neu angelegt und die Straße neu gepflastert. Das Wiedereinsetzen und Festklopfen der Steine geschah durch Arbeitskolonnen, die sich kniend auf der Fahrbahn vorarbeiteten. Dann folgten das Einschlämmen und Abfegen und zuletzt die Egalisierung mit einer Dampfwalze.

Im Jahre 1934 besichtigte E. bei einem Besuch in Bottrop von einer Straßenbrücke aus eine Autobahnbaustelle. Die Baugrube erstreckte sich kilometerweit und schwindelerregend tief durch Wälder und Felder und ließ die Kanalisationsarbeiten von Paderborn zu einer Art Kinderspiel schrumpfen. Auch hier waren unzählige Arbeiter beschäftigt, die nur als winzige Gestalten zu erkennen waren. Sie bewegten sich nach geheimnisvollen Plänen ameisenhaft emsig im ausgedehnten Baugelände oder bedienten von kleinen Führerhäuschen aus moderne Baumaschinen. Riesige Bagger übernahmen den Erdtransport, himmelhohe Baukräne den der Betonplatten für die Autobahndecke. Der Eindruck war überwältigend. Trotzdem beruhte E.s Hochachtung vor »ehrlicher, anständiger Arbeit« lange Zeit auf den Gräben und Baustellen der Paderborner Kanalisation, dem Geruch von Teer und Lehmboden, dem grauen Arbeiterheer mit den verschwitzten Hemden und den Wasserstiefeln, mit denen sie im Schlamm der untersten Sohle gestanden hatten, den Händen, in die nicht nur symbolisch gespuckt worden war, den Schaufel-in-Schaufel-Erdtransporten, dem dumpfen Pink-Pank-Ponk der schweren Vorschlaghämmer beim Aufbrechen des Straßenpflasters und dem hellen Pink-Pink-Pink-Pink der auf den Knien vorrutschenden Steineklopfer.

Das war keine komplizierte Produktionstechnik, die das Gütesiegel »Made in Germany« beanspruchen konnte, hatte dafür aber die schlichte Würde schwerer körperlicher Arbeit. Auf die Zuschüttung und Neupflasterung der Straßen folgte die Neugestaltung der verwahrlosten Promenaden längs der alten Befestigungsanlagen. Die bei Regenwetter schlammig aufgeweichten Gehwege in der Mitte der rund um die Stadt führenden Allee wurden befestigt, die zertretenen Seitenflächen neu eingesät, an den Stadttoren Blumenbeete und kleine Parks angelegt.

Viele Häuser der Altstadt, die E. bis dahin übersehen oder aber als besonders häßlich und unansehnlich, ja unheimlich empfunden hatte, wie z. B. ein riesiges Fachwerkhaus am Neuhäusertor, erstrahlten plötzlich in ganz unvermuteter Pracht. Sie beruhte auf dem Kontrast zwischen den ehemals grau verwitterten, jetzt schwarz oder dunkelbraun glänzenden Eichenbalken und den nun makellos weiß, lichtgelb, rosa oder hellgrün getünchten Feldern des Fachwerkes.

Nie bemerkte, weil abgeblätterte oder verrottete Holzschnitzereien figürlicher Art und Inschriften über Haustüren und an Simsen zwischen den Stockwerken wurden sorgfältig restauriert und bunt angemalt, die Heiersburg zur Jugendherberge ausgebaut und ein verkommenes Fachwerkhaus an der »Wasserkunst« geschmackvoll renoviert und der Paderborner Hitlerjugend als Heim zur Verfügung gestellt. Die schwarzgrau nachgedunkelten Renaissancefassaden von Rathaus und Bürgerhäusern erhielten einen hellen Verputz, beschädigte Zinnen und Aufsätze wurden erneuert.

Diese zumeist im Auftrag der öffentlichen Hand oder mit staatlichen Zuschüssen ermöglichten Verschönerungen ihrer Heimatstadt bestätigten E., daß die »alte deutsche Kultur« bei der neuen Regierung in besten Händen war, und so vermischte sich Heimatliebe mit kindlicher Liebe zum »Führer«, der die alte Stadt in neuem Glanz erstrahlen ließ.

Neben den vielen Richtfesten für Wohn- und Geschäftshäuer fielen die neugebauten Kasernenblocks auf dem Gelände der Infanteriekaserne und am Militärflugplatz kaum auf. Niemand in E.s Umwelt sah darin bedrohliche Vorboten einer kriegsvorbereitenden Aufrüstung, sondern eher den Beweis für ein freies, nicht mehr schmählich bevormundetes Deutschland, das, wie alle Staaten, zu seinem Schutz und seiner Verteidigung eine angemessene Armee unterhielt.

Irgendwann in jenen Aufbruchsjahren trafen E. und ihre Mutter auf dem Wochenmarkt Frau Steinhauer, die Mutter ihrer Vorschulfreundin Anneliese. Sie hatte frische Dauerwellen, trug einen Pelzkragen auf dem Wintermantel und glich in nichts mehr jenem Urbild bedrückender, hoffnungsloser Verzweiflung, als welche sie E. einige Jahre zuvor so deutlich wahrgenommen hatte. Erst als sie laut und aufgeräumt grüßte: »Guten Tag, Frau Peters!« erkannte die Mutter, wen sie vor sich hatte, und sagte erstaunt: »Mein Gott, Frau Steinhauer, ich hab' Sie gar nicht wiedererkannt. Wie geht es Ihnen denn?«, obwohl diese Frage überflüssig war, weil jeder sehen konnte, daß es ihr gut ging. Das sagte sie dann auch: »Danke! Mir geht es gut! Mein Mann hat wieder Arbeit!«, und in diesen

Worten lag mehr als ein vom Herzen fallender Stein, lag ein ganzes Gebirge von Erleichterung und neu erwachtem Lebensmut. Dann sprachen die beiden Frauen einige Minuten, wovon in jenen Jahren alle sprachen, nämlich daß es ja nun endlich, Gott sei Dank, wieder aufwärts ginge.

Einige Monate nach dieser Begegnung sah E. die Steinhauer-Jungen mit neuen Fahrrädern durch die Gegend flitzen und irgendwann auch den ältesten in der braunen Uniform der SA.

Jetzt konnte man die Worte »Mein Mann hat Arbeit« bzw. »Mein Mann hat wieder Arbeit« immer häufiger hören. Die anfängliche Unsicherheit der Auskunftgebenden – als könnten sie es noch gar nicht recht glauben – schwand zugunsten der freudigen Gewißheit, daß die Zeit der schweren Not jetzt und für alle Zeit überwunden sei.

Viele Männer fanden im Baugewerbe einen Arbeitsplatz, viele in der holzverarbeitenden Industrie und Möbelproduktion des Paderborner Raumes und des angrenzenden Lipperlandes, da die von der neuen Regierung gewährten Ehestandsdarlehen in Form von Gutscheinen für Möbel und Hausrat ausgegeben wurden.

Viele ehemalige Dienstmädchen holten die lange aufgeschobene Eheschließung nach. Sie kauften »Schleiflack«-Schlafzimmereinrichtungen und Küchenschränke mit gewellten Mahagonitüren und ausfestonierten Scheiben, die E. eine Zeitlang als Inbegriff moderner Wohnkultur erschienen. Ihre kindliche Liebe zum »Führer« hatte nicht unwesentlich mit der wundersamen Verwandlung von Frau Steinhauer zu tun, mit einem »Gelsenkirchener Barock-Monster« in Unser-Lieschens Wohnküche und mit jenem Stimmungswandel, der durch alle Poren drang und als Zurückgewinnung von Lebensmut und Zukunftshoffnungen eines ganzen Volkes auch von ausländischen Korrespondenten als »deutsches Wirtschaftswunder« staunend beschrieben wurde. So zum Beispiel von Lloyd George, dem britischen Premierminister während des Ersten Weltkrieges und der Versailler Friedenskonferenz, hochgeachteter Führer der liberalen Partei. Nach einem Deutschlandbesuch schrieb er im »Daily Express« vom 17. September 1936:

> »Ich bin eben von einem Besuch in Deutschland zurückgekehrt. Ich habe jetzt den berühmten deutschen Führer gesehen . . . Was immer man von seinen Methoden halten mag – es sind bestimmt nicht die eines parlamentarischen Landes –, es besteht kein Zweifel, daß er einen wunderbaren Wandel im Denken des Volkes herbeigeführt hat . . . Zum ersten Mal nach dem Krieg herrscht ein allgemeines Gefühl der Sicherheit . . . Über das ganze Land verbreitet sich die Stimmung allgemeiner Freude. Es ist ein glücklicheres Deutschland . . . Dieses Wunder hat ein Mann vollbracht. Er ist der geborene Menschenführer. Eine magnetische, dynamische Persönlichkeit, mit einer ehrlichen Absicht, einem entschlossenen Willen und einem unerschrockenen Herzen . . . Die Alten vertrauen ihm, die Jungen vergöttern ihn . . . Er ist der George Washington Deutschlands.«

Keiner soll hungern und frieren

E.s Kindheitswinter waren »richtige« Winter mit weißen Gärten und Straßen, tiefverschneiten Wäldern und zugefrorenen Teichen. Es waren aber auch schlimme »Notwinter«, weil zum Hungern noch das Frieren kam.

Von den vielfältigen Bemühungen der Stadtverwaltung und der katholischen Kirche in den frühen dreißiger Jahren, durch Sammlungen, Spendenaufrufe, Sparmaßnahmen und Sondersteuern Armut und Not zu lindern, erfuhr E. wenig, da ihr Horizont in den Wintern 1931/32 und 1932/33 noch kaum über die eigene Familie hinausreichte.

Das war im Winter 1933/34 anders. Immer noch gab es viele Millionen Arbeitslose. Im Gegensatz zu früheren Jahren, so verkündete es die Propaganda, wurde ihnen aber jetzt tatkräftig vom ganzen Volke geholfen. Der Führer selbst hatte das Geben und Helfen für jeden Deutschen nicht nur zur Pflicht, sondern zur Ehrensache gemacht, und sein Aufruf erreichte auch E.: »Keiner soll hungern und frieren!«

Am 13. September 1933 wurde das »Winterhilfswerk des Deutschen Volkes« (WHW) von der »Nationalsozialistischen Volkswohlfahrt« (NSV) und den ehemals freien Wohlfahrtsverbänden begründet. Kernidee dieses Hilfswerkes war die Entlastung der staatlichen Arbeitslosenfürsorge durch Opfer aller gesellschaftlicher Gruppen – auf das »Bettelunwesen« folgte das »Sammelunwesen«.

Ein vielfältiges und phantasievolles System von Sammlungen, Konsumverzicht, Lohnkürzungen und freiwilligen Arbeitsleistungen wurde mit gewaltigem Propagandaaufwand in Szene gesetzt und von ehrenamtlichen Helfern der Partei und ihrer Organisationen durchgeführt. Das erste Winterhilfswerk verzeichnete im April 1934 als Bilanz der Sammlungen 320 Millionen Reichsmark, das des Winters 1936/37 schon 358,5 Millionen RM – Beträge, die man zum Vergleich heute mit fünf bis sechs multiplizieren müßte.

In historischen Werken über den NS-Staat, sogar in solchen, die sich speziell mit der Sozialpolitik des Dritten Reiches befassen, wird das Winterhilfswerk nicht erwähnt oder (als »sogenanntes«) mit einem Nebensatz abgetan. So standen bei diesem Kapitel weder Faktensammlungen, Anschauungsmaterial oder Durchführungsbestimmungen noch Angaben über den Zeitraum bestimmter WHW-Aktionen als Erinnerungshilfen zur Verfügung. Gleichermaßen fehlte es an Rechenschaftsberichten der NSV über die Verwendung der einkommenden Gelder sowie einer kritischen Beurteilung des Winterhilfswerkes durch die Faschismusforschung.

In E.s Erleben trug dieses Hilfswerk entscheidend dazu bei, jene Vertrauensbasis herzustellen, die sie dem nationalsozialistischen Staat bis zu seinem bitteren Ende einräumte.

Am ersten Schultag nach den Kartoffelferien im Oktober 1933 sah sie zum erstenmal an der Brandmauer eines vielstöckigen Hauses am Neuhäusertor ein Plakat der Winterhilfe. Das Bildmotiv war eine Familie im Elend, die hoffnungsvoll auf ein der Achtjährigen unbekanntes, hakenkreuzähnliches Zeichen blickte, von dem ein warmer Lichtstrahl ausging. Es war das Zeichen der »Nationalsozialistischen Volkswohlfahrt«: ein breitgezogenes »Wolfsangel«-N, durchkreuzt von einem steilen S. Das am Schnittpunkt der Geraden aufgesetzte V bildete mit der oberen S-Achse eine Lebensrune, die mit ihrer krückenhaft gerundeten Mittellinie an einen halb geöffneten Regenschirm erinnerte. Auch später behielt das Symbol der NSV für E. eine betuliche, auf die »Welt der Frau« eingeengte Gefühlstönung von »Kindern und Küche« – einer Welt, die für das Kind in weiter Ferne lag, jenseits der ungeduldig erwarteten Jugendzeit mit Ablösung vom Elternhaus, Studium in einer fremden Stadt, erster Liebe, Reisen, Abenteuern. Die NSV war für E. eine gute und nützliche Einrichtung, aber weder eine Jugend- noch eine »Kampforganisation«, sondern, ebenso wie die NS-Frauenschaft, ein langweiliger Frauenverein.

Damals, an jenem kalten Oktobertag des Jahres 1933, las E. unter dem Bild der Familie: »Keiner soll hungern und frieren – Winterhilfswerk des Deutschen Volkes.« Sie dachte an das kleine Mädchen mit den Schwefelhölzern und glaubte fest daran, daß es so etwas in Deutschland nun nie wieder geben würde.

Auch die Eltern und Erwachsenen ihrer Umwelt fanden es gut, daß etwas gegen die Not getan wurde, und gewöhnten sich an die neue Sprache, in der militärische Begriffe für friedliche Zwecke verwendet wurden. Da war vom »Kampf gegen Hunger und Kälte«, von »Winterschlachten«, vom »Angriff auf die gebefrohen Herzen« bzw. vom »Siegeszug der guten Herzen« die Rede.

Daß das ganze Leben ein Kampf war, wurde dem Kind wenig später durch eine Inschrift nahegebracht, die auf einer Hauswand im Zentrum der Stadt mit sorgfältiger Kunstschrift angebracht worden war: »Wer leben will, der kämpfe also, / und wer nicht streiten will, / in dieser Welt des ewigen Ringens, / verdient das Leben nicht!« (Adolf Hitler)

Wenige Wochen nach ihrem Eintritt in den Jungmädel-Bund »kämpfte« die Zehnjährige zum erstenmal aktiv gegen Hunger und Kälte. Plakate zur Eröffnung des dritten Winterhilfswerkes 1935/36 sollten in Läden und Geschäften mit der höflichen Bitte um Aushang verteilt werden. E. meldete sich freiwillig, nahm eine Rolle mit Plakaten unter den Arm und zog mit ihrer Freundin Ruth von Geschäft zu Geschäft. Die meisten Ladeninhaber nahmen die Plakate freundlich entgegen, einige klebten sie sofort hinter die Schaufensterscheibe.

In einer schmalen Durchgangsstraße zum Domplatz entdeckten die beiden Freundinnen das große, noch plakatfreie Schaufenster eines Herrenbekleidungsgeschäftes, hinter dem nur einige Anzugstoffe und Schneiderpuppen mit fertigen Herrenjacken ausgestellt waren. Der Laden war leer und nicht sehr gut beleuchtet. Ruth grüßte laut in das Halbdunkel des Hintergrundes, aus dem sich zögernd ein jüngerer Mann herauslöste: »Heil Hitler! Wir kommen von der NSV! Wir wollen Sie bitten, dieses Plakat aufzuhängen!«

Der junge Mann reagierte betreten. Der Besuch der beiden Jungmädel schien ihm peinlich zu sein. Er sah sich das Plakat überhaupt nicht an, sondern murmelte verlegen: »Da ist doch gar kein Platz an der Scheibe!«, und als ihm diese Behauptung erstaunt widerlegt wurde, meinte er in einem überredenden Tonfall, der eine wachsende Beunruhigung kaum verbarg: »Hier kommen doch gar nicht so viele Leute vorbei. Wollt ihr die Plakate nicht lieber auf der Westernstraße oder im Schildern verteilen? Da ist es doch auch viel heller als hier unterm Bogen!«

Es war klar. Er wollte das Plakat nicht aufhängen. Aber aus welchem Grund? Während E. noch nach Argumenten suchte, um ihn zu überzeugen, sagte Ruth: »Ja, dann auf Wiedersehen!« und ging zur Tür, so daß E. nichts anderes übrigblieb, als ihr zu folgen. Draußen sagte Ruth: »Das war bestimmt ein Jude!« und fügte verwundert hinzu: »Haste das gemerkt? Der hatte direkt Angst vor uns!«

Heute kann E. die Reaktion des jüdischen Geschäftsmannes nachvollziehen, dem der Aushang eines NS-Plakates sicherlich als »unverschämte Provokation« (der Nichtaushang eines in Empfang genommenen möglicherweise als »Sabotage«) ausgelegt worden wäre, und es beruhigt sie nicht, in einer Schrift über das Schicksal der Juden Paderborns nachzulesen, daß Walter Wolff, Inhaber jenes Herrenbekleidungsgeschäftes »Am Bogen«, geboren 1901, mit 17 Jahren Kriegsfreiwilliger im Ersten Weltkrieg, bereits 1936 nach Frankreich emigrierte, denn der Absatz über sein Schicksal endet: »Ob ihn später die deutsche Besatzung traf, ist ungewiß.«

Damals blieb der Zehnjährigen nur die Erfahrung, daß ein Jude sich nicht am Geben und Helfen beteiligte, und als »Erklärung« nur die Tatsache, daß er eben ein Jude war.

Wenige Wochen später half E. beim Abholen der sogenannten »Pfundtüten«, die zuvor von den Blockwarten an die Haushaltungen verteilt worden waren. Es handelte sich um große braune Packpapiertüten, in die etwa vier bis sechs einzelne kleine Tüten mit je einem Pfund Nährmitteln, Hülsenfrüchten, Mehl oder Zucker eingepackt werden sollten. Die Mutter legte regelmäßig ein Viertelpfund Bohnenkaffee obenauf und meinte: »So'ne arme Frau, die will doch auch mal 'nen guten Kaffee trinken!« Bohnenkaffee wurde im Elternhaus auch für den eigenen Bedarf nur viertelpfundweise eingekauft – das Viertel zu 60 Pfennig – und blieb den Erwachsenen vorbehalten, der Nachmittagskaffee, aus dem noch einmal aufgebrühten »Morgenprütt«, sogar nur der Mutter.

Die Zehnjährige fand es spannend, an vielen Türen legal, noch dazu in höherem Auftrag, klingeln zu dürfen, obwohl sie sich beim Aufsagen des zungenbrecherischen Sprüchleins: »Heil Hitler! Ich komme von der NSV! Ich wollte die Pfundstüte abholen für das Winterhilfswerk!« zunächst einige Male vor Schüchternheit und Aufregung versprach. Die Fahrt durch die Stadt auf einem dunkelgrünen, von der Wehrmacht zur Verfügung gestellten und von einem freundlich-väterlichen SA-Mann gelenkten Pferdewagen machte großen Spaß, weniger allerdings, daß einige Tüten beim Transport kaputtgingen und auf der Ladefläche Erbsen, Graupen, Linsen, Reis, Nudeln, Mehl, Gries und Zucker unter den Stiefeltritten der aufladenden SA-Männer knirschend zu einer unansehnlichen Masse zusammenbackten.

Der erste Sonntag der Monate September bis März wurde zum »Eintopfsonntag« erklärt, das für einen Sonntagsbraten eingesparte Geld am Nachmittag von freiwilligen Helfern der Partei und ihrer Organisationen eingesammelt und in vorbereitete Namenslisten eingetragen, die von den Gebern persönlich abgezeichnet werden mußten, damit es keinen Zweifel an der Ehrlichkeit der Sammelnden gab. Obwohl das sonntägliche Eintopfessen kaum kontrolliert werden konnte, hielt man sich in E.s Elternhaus daran – nicht nur, um den erwarteten Betrag von etwa zwei Reichsmark (der Preis für ein Pfund Schmorfleisch) leichter erübrigen zu können.

Den Eintopf konnte man auch auf dem Domplatz aus dampfenden Gulaschkanonen der Wehrmacht einnehmen. Ein »Schlag« Erbsensuppe wurde für 20 Pfennig ausgegeben und dazu »Nachschlag« in unbegrenzter Anzahl. E.s Mutter und Unser-Lieschen fanden diese Aktion sehr praktisch, weil sie nicht nur das Kochen, sondern auch das Abwaschen ersparte, und so nahm die Familie einige Male daran teil. E. ekelte sich zwar vor der lauwarmen, schon ganz fettigen Brühe in dem großen Faß, in dem die Kochgeschirre zwischendurch abgespült wurden, aber dafür spielte eine Wehrmachtskapelle flotte Märsche und Schlager. Viele Menschen aus allen Schichten der Bevölkerung sprachen und lachten miteinander, denn das deutsche Volk war ja jetzt »eine richtige Volksgemeinschaft«.

In den späten Dreißigern und frühen Vierzigern beteiligte sich E. viele Male an den Straßensammlungen des WHW, die ebenfalls einmal monatlich stattfanden. Jedesmal kam eine neue Serie von etwa fünf bis zehn verschiedenen Abzeichen heraus, die zum Preis von 20 Pfennig erworben werden konnten. Nach E.s Schätzungen müssen mindestens 70 bis 80 Serien während des Dritten Reiches zum Verkauf gelangt sein.

Die WHW-Abzeichen boten immer wieder Überraschungen, da Material und Ausführung ständig wechselten. In der »Wochenschau« sah man fleißige Heimarbeiter und Heimarbeiterinnen aus dem Erzgebirge, aus Schlesien und dem Thüringer Wald beim Drechseln, Schnitzen, Nähen und Sticken. In Fertigungsbetrieben verschiedenster Industriezweige (metallverarbeitende Industrie, Idar-Obersteiner und Gablonzer Schmuckindustrie, Kamm- und Elfenbeinindustrie, Porzellan- und Glas-, Galanteriewaren-, Kunstblumen-, Kunstleder- und Textilindustrie) wurde mit atemberaubender Geschwindigkeit gestanzt, gegossen, geblasen, gewebt, gesägt, gepinselt und geklebt.

Mal gab es bunt angemalte Porzellanfigürchen mit deutschen Volkstrachten, mal auf Seide gestickte Wappen deutscher Länder, mal in Kunstharz oder Plexiglas geprägte oder aus Eisenblech gestanzte Plaketten mit den Köpfen deutscher Dichter, Philosophen und

Musiker, Tiere des deutschen Waldes aus Halbedelsteinen, Blumensträußchen aus Papier oder Stoff mit grün umwickelten Drahtstielen, geschnitzte Nußknackerfiguren und Reiterchen, die sich als Christbaumschmuck eigneten. Andere Serien zeigten Märchenfiguren, Kleeblätter, germanische Runen, deutsche Dome, Burgen, Stadttore und andere Baudenkmäler, Tierkreiszeichen und Sternbilder, dazwischen gelegentlich auch militärische Motive: Soldaten aller Waffengattungen, Geschosse verschiedener Kaliber, einmal ein rotes Büchlein mit Sprüchen des Führers. Das alles im Miniaturformat von etwa zwei bis drei Zentimetern, da die Abzeichen an den Mantelaufschlag gesteckt werden sollten.

Gekauft wurden die WHW-Abzeichen, weil die eindringlichen Aufrufe, die sich an Hilfsbereitschaft und soziale Verantwortung aller gesellschaftlicher Gruppen richteten, nicht ohne Wirkung blieben. Die NS-Regierung konnte diesbezüglich sogar mit dem Verständnis vieler Menschen rechnen, die dem Regime kritisch gegenüberstanden. So las E. vor einigen Jahre eine nur für den Dienstgebrauch bestimmte politische Beurteilung des Dichters Werner Bergengruen seitens der für seinen Wohnsitz zuständigen Münchener Ortsgruppe der NSDAP: »Wenn er auch, wenn dazu Anlaß besteht, an seinem Fenster die Hakenkreuzfahne zeigt oder bei Sammlungen immer und gerne gibt, so gibt seine sonstige Haltung trotzdem Anlaß, ihn als politisch unzuverlässig anzusehen.«

Zweitens waren viele Serien so hübsch und originell, daß von ihnen selbst ein Kaufanreiz ausging, zudem regten sie die Sammellust an, und 1939 und 1940 erschienen sogar von Sammelgruppen herausgegebene Handbücher der WHW-Abzeichen.

Drittens konnte man sich an Sammelsonntagen nur mit einem Abzeichen am Mantelaufschlag vor den lästig-aufreizend mit ihren Büchsen klappernden Sammlern retten.

Viertens fürchteten manche wohl auch, sich durch Nichterwerb politisch verdächtig zu machen.

Alles in allem erwiesen sich die WHW-Straßensammlungen mit Abzeichenverkauf als außerordentlich wirksame Methode, um den Leuten »das Geld aus der Tasche zu ziehen«. Durchgeführt wurden die Sammlungen von verschiedenen NS-Organisationen. Mal waren SA und SS dran, mal Hitlerjugend und BDM, mal Jungvolk und Jungmädelbund, mal der NS-Lehrerbund, die NS-Frauenschaft oder andere Gliederungen. Manche der Erwachsenen gaben die Sammelbüchsen allerdings im Laufe des Tages an ihre Kinder weiter. Zu Beginn eines WHW-Winters, am sogenannten »Tag der nationalen Solidarität«, sammelten die Spitzen der Partei und Verwaltung: Kreisleiter, Kreisamtsleiter und Ortsgruppenleiter der NSDAP, Bann- und Jungbannführer, BDM- und JM-Untergauführerin, ferner der Bürgermeister, Direktoren und Direktorinnen von Schulen und Oberschulen, der Landgerichts- und der Amtsgerichtsdirektor.

In der Wochenschau sah man am »Tag der nationalen Solidarität« Göring, Goebbels und andere Reichsminister, umgeben von lachenden, sich drängenden Menschenmassen, die sich bemühten, den prominenten Sammlern ein paar Groschen persönlich in die Büchse zu stecken.

An solch einem Tag traf die Familie auf einem Spaziergang »rund um die Stadt« den befreundeten Landgerichtsdirektor (und Nichtparteigenossen). Er stand gemütlich klönend mit einigen Kollegen am Detmolder Tor und klapperte nur gelegentlich, wenn Bekannte vorüberkamen, etwas geniert mit der Sammelbüchse. Obwohl E.s Eltern mit dem Kauf eines Abzeichens extra bis zu dieser Begegnung gewartet hatten und andere »gute Bürger« es sich nicht nehmen ließen, gerade dem Landgerichtsdirektor einige Groschen zu spenden, dachte E.: »So kriegt der nie was zusammen.« Sie hatte längst die Erfahrung gemacht, daß Klappern eher abschreckend wirkte und nur selten jemanden zum Kauf eines Abzeichens veranlaßte. Der »Straßenangriff auf die gebefrohen Herzen« war nämlich keineswegs einfach. Um die von der NSV zunächst an jeden Sammler ausgegebenen 20 Abzeichen zu verkaufen, bedurfte es mindestens zwei bis drei Stunden »harter« und entschiedener Angriffstechnik.

So stürzte sie sich denn an Sammeltagen gnadenlos mit der Frage »Ham Sie schon ein WHW-Abzeichen?« auf jeden noch abzeichenlosen Zeitgenossen, ärgerte sich, wenn viele – in E.s Erinnerung sogar die meisten – daraufhin mehr oder weniger freundlich »Hab schon!« brummten, und fügte manchmal vorwurfsvoll hinzu: »Dann stecken Sie's doch an!«

Im Kriegswinter 1939/40 stellte E. einmal mit der Anzahl der von ihr verkauften Abzeichen (es waren Plastikplaketten mit germanischen Runen) einen Paderborner Sammelrekord auf und war sehr stolz auf die Anerkennung, die ihr beim Abholen immer wieder neuer Abzeichenkartons in der NSV-Dienststelle zuteil wurde, obwohl ihr inzwischen der Sinn der WHW-Sammlungen nicht mehr recht einleuchtete. Nach Beseitigung der Arbeitslosigkeit gab es, wie sie glaubte, keine deutschen Volksgenossen mehr, die in wirklicher Not und Armut lebten.

Der Aufruf »Keiner soll hungern und frieren!«, der sie vor wenigen Jahren noch tief bewegt hatte, schien ihr nun, angesichts des bereits erreichten behaglichen Wohlstands, der nur durch den Krieg ein wenig auf der Stelle treten mußte, geradezu peinlich. Die 14jährige fragte sich an jenem kalten Kriegswintersonntag, wofür denn wohl all das Geld verwendet würde, das an diesem Tag unzählige Sammler und Sammlerinnen im ganzen Reich zusammenbrachten, und kam zu dem Ergebnis, daß es dann wohl für den Krieg gebraucht würde.

Sie war durchaus bereit, für den Krieg zu sammeln, denn der von den »Kriegstreibern in England und Frankreich angezettelte und dem deutschen Volk aufgezwungene« Krieg kostete viel Geld und mußte noch gegen England durchgestanden werden, aber es blieb ein leiser Stachel. Warum sagte man dem Volk nicht die Wahrheit, statt die Sammler noch immer mit dem »Schnee vom vergangenen Jahr« auf die Straße zu schicken?

Bier und Spiele

Als das Versprechen des Führers eingelöst schien, »keiner soll hungern und frieren«, überließ E. die weitere Sorge für das Wohlergehen des deutschen Volkes der neuen Regierung.

Sozialpolitische Maßnahmen, die über die Beseitigung unmittelbarer Entbehrungszustände hinausgingen, vor allem die Wirkungsfelder der NSV (Familienfürsorge, Hilfswerk »Mutter und Kind« usw.), bewegten die Heranwachsende kaum. Sie löste sich gerade vom Elternhaus, und die Gründung einer eigenen Familie kam erst nach Jugend- und Studienzeit – keinesfalls vor dem 25. Lebensjahr – in Frage.

Es lag wohl am Vertrauen in die neue Regierung, daß E. sehr früh den beruhigenden Eindruck hatte, »dem« Arbeiter gehe es wieder gut, vielleicht sogar besser als der eigenen Familie.

Frau Schröder, eine im gleichen Hause wohnende Arbeiterfrau, benutzte bei Einkäufen in der Stadt oder auf dem Wochenmarkt die Straßenbahn, die für E.s Familie praktisch nicht existierte. Ihr Ehemann rauchte dicke Zigarren und trank jeden Abend eine Flasche Bier. E.s Vater drehte seine Zigaretten selbst und leistete sich von seinem spärlichen

Taschengeld höchstens einmal in der Woche ein Glas Bier. E. lernte bei Herrn Schröder eine merkwürdige Männerkrankheit kennen, die »krank geschrieben« hieß. Er lag dabei nicht mit Fieber im Bett, wie der Vater, als er mal eine Grippe hatte, sondern reparierte sein Fahrrad und strich die Küche, ehe er nach einer Woche wieder »gesund geschrieben« wurde.

Arbeiterfrauen kauften beim Metzger erstaunliche Fleischmengen für ihre Männer und zahlten, so die Mutter, »ohne mit der Wimper zu zucken«.

Modische Kleinigkeiten (Mickey-Mouse-Plaketten aus Blech, Hunde- oder Katzenfiguren aus Plastik und weiße Möwen aus Elfenbein zum Anstecken, Zopfspangen mit Blümchen und Armbänder mit kleinen Glücksklee-, Würfel- oder Hufeisenanhängern usw.) verbreiteten sich nicht nur unter Kindern von Geschäftsleuten, sondern auch unter Arbeiterkindern schnell, während sie selten in den Besitz von Beamtenkindern gelangten. E. lernte früh, modische Strömungen ungerührt an sich vorbeiziehen zu lassen, erinnert sich aber an eine kleine weiße Möwe mit weit ausgebreiteten Schwingen, die als Symbol für Sehnsucht und Fernweh mehrere der von den Brüdern geerbten Lodenmäntel überdauerte.

Später erlebte sie, daß Jungmädel aus Arbeiterkreisen auf Fahrt und im Lager reichlich Taschengeld von Eltern oder schon verdienenden Geschwistern zugesteckt bekommen hatten und dieses unbekümmert »verschleckerten«, obwohl für sie ein Zuschuß beantragt und gewährt worden war. Ehemalige Mitschülerinnen aus Arbeiterkreisen, die nach der Schulentlassung mit 14 Jahren in Büroberufe gegangen waren, erschienen E. als die »Glamour-Girls« der späten dreißiger und frühen vierziger Jahre. Sie verwendeten ihr Gehalt zum größten Teil für Kleidung und gaben im Elternhaus nur ein geringes Kostgeld ab.

In der Metallindustrie, im Baugewerbe und im Ruhrbergbau erzielten qualifizierte Facharbeiter Spitzenlöhne, die, so hieß es, dem Gehalt von E.s Vater nahekamen oder es sogar überstiegen.

Diese Beobachtungen waren zutreffend, aber kaum repräsentativ. Sozialreportagen über Bevölkerungskreise, die keinen Anteil an jenem bescheidenen Wirtschaftswunder der späten dreißiger Jahre hatten, gab es kaum. Statt dessen verkündete die Propaganda unablässig den »nie gekannten Wohlstand« der deutschen Arbeiterschaft.

Die von E. und ihrer Familie angestellten Vergleiche des Lebensstandards beruhten im übrigen auf einem prinzipiell unvergleichbaren Lebensstil. Im Elternhaus wurde das seit der Weimarer Republik notverordnungsgekürzte und – im Gegensatz zu Arbeiterlöhnen – bis in die Kriegsjahre auf dem Stand von 1933 »eingefrorene« väterliche Gehalt restlos aufgezehrt von den Kosten für eine geräumige, behagliche Wohnung, für Schulgeld, Zeitungs- und Zeitschriftenabonnements, Teilnahme an kulturellen Veranstaltungen, Kauf von Büchern, Musikinstrumenten und Sportgeräten, für Klavier- und Nachhilfestunden und für das zur Führung des arbeitsintensiven bürgerlichen Haushalts unverzichtbare »ganze (Dienst-)Mädchen«. Für kurzfristige Bedürfnisse und auch für Kleidung blieb kaum etwas übrig, zumal die Preise langsam stiegen und z. B. Lebensmittel zwischen 1933 und 1936 um etwa zehn Prozent teurer wurden.

Das wirtschaftliche Konzept der NS-Regierung, den Lohnstand vom Januar 1933 beizubehalten, erwies sich bald als undurchführbar. Seit Mitte 1936 kämpften die Arbeitslosen nicht mehr um jeden freiwerdenden, schlecht entlohnten Arbeitsplatz in einem fremden, zumeist ungelernten Beruf. Je mehr die Arbeitskraft zur Mangelware wurde, desto mehr setzten sich Mechanismen von Angebot und Nachfrage auf dem Arbeitsmarkt durch. Die 1932 auch vom Allgemeinen Deutschen Gewerkschaftsbund unterstützte Doppelverdienerkampagne gehörte schon bald nicht mehr zum Repertoire der Propaganda, Ehestandsdarlehen wurden ab 1936 auch ohne Ausscheiden der Ehefrau aus dem Erwerbsleben gewährt.

Die Tariflöhne blieben zwar »eingefroren«, der übertariflichen Lohnbildung wurden jedoch keinerlei Beschränkungen auferlegt. Viele Arbeiter veranlaßte das, ihren Arbeitsplatz zugunsten eines besser bezahlten aufzugeben. Als die Vollbeschäftigung erreicht war, gewann die Arbeiterschaft eine gewisse wirtschaftliche Machtposition.

Der Klassenkampf hörte im Dritten Reich nicht auf. Allein im Jahre 1936 wurden 15 000 Arbeiter wegen aktiven sozialdemokratischen und kommunistischen Widerstandes verhaftet. Passive Formen des Widerstandes manifestierten sich im Absinken der Arbeitsdisziplin, in getarnten Streiks, häufigem Arbeitsplatzwechsel und Landflucht, die sich trotz der ideologischen Phrasen von »Blut und Boden«, trotz Zuzugssperren für bestimmte Großstädte und der Einführung von Arbeitsbüchern unvermindert fortsetzte.

In organisierter, systemadäquater Form beanspruchte die Deutsche Arbeitsfront zunehmend gewerkschaftliche Funktionen. Ihre Aufgabe war es, die Stabilität des nationalsozialistischen Staates zu sichern und die Arbeiter durch eine psychologisch tragbare Lohn-, Steuer- und Arbeitspolitik mit dem Verlust gewerkschaftlicher Rechte zu versöhnen. Gleichwohl sah sich die NS-Regierung gezwungen, das Verlangen der Menschen nach Wohlstand auf Kosten der Aufrüstung zu berücksichtigen. Noch 1941 und 1942 wurden Siedlungen und Wohnblocks im sozialen Wohnungsbau errichtet, 1944 noch 94 Prozent der zivilen Produktion von 1938 aufrechterhalten. Die Göringsche Forderung nach »Kanonen statt Butter« wurde bis weit in die Kriegsjahre hinein mit der Erzeugung von Kanonen *und* Butter unterlaufen.

Obwohl freie Gewerkschaften unter diesen Konjunkturbedingungen möglicherweise höhere Löhne durchgesetzt hätten, läßt sich ein wachsender Lebensstandard im Lebensmittelverbrauch, im Eigenheimbau, im zunehmenden Alkohol- und Tabakkonsum sowie im steigenden Absatz von Möbeln, Hausrat und elektrischen Geräten (Staubsauger, Heißwasserboiler, Bügeleisen und Küchenherde), Radios und Fotoapparaten, Sportartikeln, Musikinstrumenten, Schreibmaschinen, Schuhen und Kleidung, Kosmetika und Süßwaren ablesen. Inmitten einer fortdauernden Weltdepression entwickelte sich NS-Deutschland zu einer bescheiden-behaglichen Wohlstandsinsel. Der Wiederaufbau 1945 konnte sich auf eine nur durch den Krieg aufgehaltene, im übrigen aber ungebrochene Konsumorientierung stützen.

Der Unterschied zwischen Tariflohn und tatsächlicher Bezahlung klaffte in manchen Industriebereichen so weit auseinander, daß eine Reduzierung auf den Stand des Jahres 1933 nicht ohne Unruhen möglich gewesen wäre. Demgegenüber blieb das Lohnniveau im schlesischen Bergbau, in der Textilindustrie und in der Landwirtschaft außerordentlich niedrig. Das traditionelle Ost-West-Gefälle ließ sich auch durch die forcierte Aufrüstung nicht beheben, da die Rüstungsbetriebe aus strategischen Gründen vorwiegend in Mitteldeutschland errichtet wurden.

Die Deutsche Arbeitsfront blieb für E. während der gesamten zwölf Jahre NS-Herrschaft ein langweiliger Verein. Sie hielt die »Leistungsgemeinschaft aller Schaffenden« nicht für eine politische Institution, sondern für eine Art gemeinnützige Einrichtung, wie etwa die Allgemeine Ortskrankenkasse. Die Zugehörigkeit zur DAF beruhte formaljuristisch auf Freiwilligkeit, faktisch bestand jedoch Zwangsmitgliedschaft aller in Lohn und Brot Stehenden, sofern für sie nicht besondere NS-Berufsverbände zuständig waren. Der DAF-Beitrag wurde automatisch wie Lohn- und Kirchensteuer, WHW-Spende, Sozialversicherungs- und Krankenkassenbeitrag vom Lohn oder Gehalt abgezogen.

Wenn E. sich recht erinnert, war sie im letzten Halbjahr des Krieges im Besitz einer Mitgliedskarte mit dem Zahnradsymbol der DAF.

Die Einschätzung der DAF als einer selbstgefällig und mit organisatorischer Geschäftigkeit vor sich hin wuchernden Bürokratie traf für die ersten Jahre des Regimes zu. Bei der NS-Regierung – vom Leiter der Deutschen Arbeitsfront ganz zu schweigen – bestanden keinerlei konkrete Vorstellungen über Sinn und Aufgaben der Zwangsvereinigung von Arbeitnehmern und Arbeitgebern.

Mit seiner plumpen Unverblümtheit formulierte Dr. Robert Ley in einem Rückblick aus dem Jahre 1937:

> »Mit einem Wort: Ich kam als blutiger Laie dahin und ich glaube, ich habe mich damals wohl selbst am meisten gewundert, weshalb ich mit diesem Auftrag betraut wurde. Es ist nicht so gewesen, daß wir ein fertiges Programm hatten, das wir hervorholen konnten und an Hand dieses Programms die Arbeitsfront aufbauten, sondern ich bekam den Auftrag des Führers, die Gewerkschaften zu übernehmen, und dann mußte ich weiterschauen, was ich daraus machte.«

Im September 1933 rechtfertigt er vor führenden Intellektuellen, die der nationalsozialistischen »Nachfolgeorganisation« mit Mißtrauen begegneten, die Gründung der DAF:

> » ... es gab zwei Wege. Entweder zerschlug man damals die Gewerkschaften restlos, verbot sie und machte damit zwölf Millionen Menschen in unserem Land heimatlos, oder man machte es auf dem Wege, den ich auf Befehl des Führers gegangen bin. Und ich sage Ihnen, meine Herren, einem Staat ist nichts gefährlicher als heimatlose Menschen.«

Die Profillosigkeit der DAF kulminierte in ihrem Leiter, der vor allem auf die Ausweitung seiner Macht bedacht war und als »Reichstrunkenbold« sehr bald eine negative Popularität erlangte.

Massenwirksam war die Ende 1933 von der Deutschen Arbeitsfront mit dem beschlagnahmten Gewerkschaftsvermögen gegründete Freizeitorganisation »Kraft durch Freude«, im Volksmund »Mucki durch Fez« genannt. Es handelte sich dabei um ein Mammutunternehmen moderner Massentouristik und Feierabendgestaltung, die es in organisierter Form bis dahin nicht gegeben hatte. Gleich zu Anfang ihres Wirkens setzte die DAF eine Verlängerung des bezahlten Urlaubs durch. Die Gewerkschaften hatten der Urlaubsfrage und Freizeitgestaltung ihrer Mitglieder keine besondere Wichtigkeit beigemessen. Es gab zwar die »Naturfreunde« als freizeitgestaltende Organisation der Arbeiterbewegung, aber viele Arbeiter pflegten bis in die dreißiger Jahre dieses Jahrhunderts ihren Urlaub am Wohnort zu verbringen, allenfalls Verwandte auf dem Lande zu besuchen. Reisen waren dem Bürgertum vorbehalten. Ab 1933 wurden in der NS-Propaganda Reisen ihres Luxuscharakters entkleidet und zur »nationalen Pflicht«, Urlaub zum »seelischen Erneuerungsprozeß« erklärt. Das KdF-Freizeitwerk bot erschwingliche Pauschalreisen in Nord- und Ostseebäder an, die in den dreißiger Jahren großen Anklang fanden.

KdF-Urlaubsfahrten führten in die Notstandsgebiete von Rhön, Eifel und Bayerischem Wald, die in jenen Jahren für den Fremdenverkehr erschlossen wurden. Zahlreiche private Reiseunternehmen wuchsen aus dem Boden und machten mit preisgünstigen Angeboten dem KdF-Werk Konkurrenz. Die Ankurbelung des Fremdenverkehrs wirkte sich auch auf die ausländischen Touristen aus, deren Zahl sich 1938 im Vergleich zum Vorjahr verdoppelte.

Waren es im Jahre 1934 2,3 Millionen, die an Urlaubsfahrten des KdF teilnahmen, so stieg diese Zahl im Jahre 1938 auf 10,3 Millionen. Als bisher nie dagewesene Sensation,

»deutsche Arbeiter fahren nach Madeira«, wurden die Kreuzfahrten riesiger KdF-Passagierdampfer von der Propaganda herausgestellt. Auf diesen »Traumschiffen« gab es prinzipiell nur eine Klasse, Wunderdinge wurden über die Qualität der Kabinen, der Verpflegung, der Aufenthaltsräume, der kulturellen und sportlichen Betreuung an Bord und an Land gemeldet. Sie fuhren nach Mallorca und Madeira sowie in die norwegischen Fjorde. Allein im Jahre 1938 verzeichneten die Passagierlisten 180 000 Teilnehmer solcher Traumreisen, von denen allerdings nicht alle Arbeiter gewesen sein sollen. Trotz subventionierter Preise war eine Kreuzfahrt nur mit Zuschüssen des Betriebes möglich. Auf Betriebsfesten und Betriebsjubiläen wurden sie gelegentlich als Hauptgewinn verlost. Der niederdeutsche Dichter August Hinrichs schrieb ein häufig aufgeführtes Urlauberlustspiel: »Petermann fährt nach Madeira.«

Im Sommer 1938 verbrachte die 13jährige eine Nacht im Hamburger Hafen auf der schwimmenden Jugendherberge »Hein Godenwind«. Am Nachbarkai lag die »Wilhelm Gustloff«. Sie dampfte in der gleichen Nacht nach Madeira ab. E. winkte den lachenden, singenden und tanzenden Fahrgästen unter den bunten Wimpeln und der sich im schwarzen Wasser spiegelnden Lichterkette zu, als das Schiff langsam in die offene Fahrrinne der Elbe glitt. Die Schiffssirenen tuteten, und die Bordkapelle spielte das übermütige Abschiedslied »Muß i denn, muß i denn zum Städtele hinaus, Städtele hinaus und du mein Schatz bleibst hier«.

Einige Wochen später las sie den Bericht eines deutschen Auslandskorrespondenten aus einem exklusiven Badeort an der Riviera, der zu den Anlaufhäfen der KdF-Schiffe gehörte. Die dortige »Hautevolee«, so hieß es, inklusive vieler aus NS-Deutschland geflohener »Devisenschieber«, »Asphaltliteraten« und »Landesverräter«, habe mit Schadenfreude die Ankunft der »Wilhelm Gustloff« mitsamt den »aus Propagandagründen zwangsweise über die Meere geschleusten abgerissenen Elendsgestalten aus dem Nazi-Reich« erwartet und nicht glauben wollen, daß die gut gekleideten, selbstbewußten deutschen Touristen wirklich deutsche Arbeiter waren.

Bürgerliche Kreise, insbesondere solche, deren ablehnende Haltung zum Nationalsozialismus auf Stilfragen bzw. der Angst vor dem Verlust von Standesprivilegien beruhte, betrachteten diese Art von Massentourismus mit gemischten Gefühlen. Die Abkürzung »KdF« bekam einen ähnlich abwertenden Beiklang wie heutzutage das Wort »Neckermann«, stellvertretend für billige Pauschalreisen. Damals wie heute wurden Tips weitergegeben über Orte, die noch nicht vom Massentourismus entdeckt worden waren. Auch dem Individualreiseverkehr wurden damals neue Möglichkeiten mit dem Beginn der Autozelt- und Wohnwagenbewegung eröffnet. 1937 fand in Wiesbaden das Welttreffen der »International Federation of Camping Clubs« statt, 1938 erschien der erste Campingplatznachweis des ADAC.

Der Besitz eines Personenautos war in E.s Kindheit ausschließlich Ärzten sowie wenigen reichen Geschäftsleuten vorbehalten. In der zweiten Hälfte der Dreißiger rollte die Motorisierungswelle an. Die Zahl der Autobesitzer stieg in Deutschland schneller als in Großbritannien, aber das große Vorbild war Amerika. Hitler erklärte die Motorisierung zum Ziel der nationalsozialistischen Politik, denn »das deutsche Volk hat genau dieselben Bedürfnisse wie das amerikanische«. Henry Ford, der als erster billige Autos für seine Arbeiter produzierte, war ungemein populär. Nach der Gründung des DAF-Volkswagenwerkes in Wolfsburg 1938 stiegen die Erwartungen steil an. Sie veranlaßten 300 000 Deutsche, monatlich 17 RM zu sparen, um in vier bis fünf Jahren Besitzer eines Volkswagens zu sein, dessen Preis bei 950 RM liegen sollte.

Bruder Günther, ein passionierter Einzelwanderer, der zwischen seinem 14. und 18.

Lebensjahr deutschlandweite Radtouren (für eine RM pro Tag, inklusive 20 Pfennig DJH-Übernachtungsgebühr) unternommen hatte, bezog in jenen Jahren eine Werbezeitschrift der Firma Klepper, in der neben Sportbekleidung und Campingzubehör Faltboote mit und ohne Außenbordmotor angeboten wurden. Er träumte davon, eines Tages Deutschlands Straßen mit Deutschlands Wasserwegen zu vertauschen. Bruder Erwin plante den Erwerb eines Motorrades. Beide Brüder verfolgten mit großem Interesse die jährlichen Automobilausstellungen in Berlin und die Bildberichte über Rekordjagden von Fliegern und Rennfahrern in den Illustrierten und Sportzeitschriften. Die Möglichkeit, beim Militär den Führerschein zu erwerben und mit der Technik moderner Waffen vertraut gemacht zu werden, kam der Begeisterung der Jugend für Sport und Technik entgegen. Das Ideal des Soldaten verband sich mit dem des Technikers und Ingenieurs. Die Reisewelle der fünfziger und sechziger Jahre hatte ihren bescheidenen Vorläufer in den späten dreißiger und frühen vierziger Jahren. Während des Krieges nahm die Bewegungsfreude der deutschen Bevölkerung noch zu, so daß der Propagandaslogan »Räder müssen rollen für den Sieg!« um die wenig erfolgreiche Ermahnung verlängert wurde:»Unnötige Reisen verlängern den Krieg!«

E.s Zukunftsperspektiven waren darauf ausgerichtet, dem deutschen Volk und Vaterland nach besten Kräften zu dienen. Dieser »Dienst« schloß die Hoffnung auf ein schönes Leben im Wohlstand, inklusive Reisen in fremde Länder, nicht aus. Die Studienzeit stellte sie sich zwar kärglich, aber nicht so entbehrungsreich vor wie die der einige Jahre älteren Töchter des befreundeten Landgerichtsdirektors, die in den frühen Dreißigern studierten. Sie trugen jahrelang die gleichen »Fähnchen«, legten die 110 Kilometer lange Strecke zum nächstgelegenen Studienort Münster ausschließlich mit dem Fahrrad zurück – selbst am Tage, als ein Doktorexamen abgelegt wurde – und hungerten sich buchstäblich durch das Studium. E. ahnte nicht, daß sie nach ihrem Abitur im Jahre 1943 und einem Studiensemester im Sommer 1944 eine achtjährige Zwangspause bis zum Jahre 1952 würde einlegen müssen, da nach dem Krieg acht Jahrgänge männlicher Kriegsteilnehmer bei der Vergabe von Studienplätzen bevorzugt wurden.

Das Freizeitwerk »Kraft durch Freude« bot nicht nur Reisen, sondern auch Feierabend- und Wochenendaktivitäten: Theaterbesuche, Symphoniekonzerte in den Werkpausen der Betriebe, Kurse in Volkstanz, Gesellschaftstanz, Kosmetik und auch exklusive Sportarten wie Reiten, Segeln, Tennis und Skilaufen, die früher ausschließlich von »gehobeneren« Gesellschaftsschichten betrieben worden waren. Von 9,1 Millionen Teilnehmern an KdF-Freizeitaktivitäten im Jahre 1934 stieg die Zahl auf 54,6 Millionen im Jahre 1938. Während des Krieges wurden zahlreiche »bunte Abende« veranstaltet, deren ideologisches und künstlerisches Niveau jedoch oft sehr mäßig war, wie selbst Robert Ley im Jahre 1941 kritisierte. Sie deckten das weitverbreitete Bedürfnis nach politikfreier Heiterkeit und Ablenkung. Goebbels sprach von einer »reinen Rummelbewegung«. Göring verlangte von der DAF »mehr Kraft und weniger Freude«.

Die Vorstöße der DAF in Fragen von Lohnerhöhungen, Urlaubsverlängerung, Mutter- und Jugendschutz, Bezahlung von Feiertagen, erweitertem Kündigungsschutz, Unterstützung im Krankheitsfall, zusätzlicher Altersversicherung, Gesundheitsfürsorge, Unfallverhütung und Berufserziehung interessierten E. als Heranwachsende nicht sonderlich, da sie als Oberschülerin und Beamtentochter kaum Berührungspunkte mit der »Welt der Arbeit« hatte. Zeitungen und Wochenschauen berichteten über die von der DAF angeregte Initiative »Schönheit der Arbeit«, und so schien ihr auch dieser Bereich der gesellschaftlichen Wirklichkeit bei der NS-Regierung in besten Händen zu liegen.

Es ging bei dieser Initiative nicht nur um die Anpflanzung von Bäumen und Sträuchern auf dem Betriebsgelände oder um freundliche Farbanstriche und Blumenkästen in den Werkshallen, sondern um konkrete Verbesserungen der Arbeitsbedingungen hinsichtlich Beleuchtung und Belüftung, Ausbau von Dusch- und Umkleideräumen, Anlage von Sportplätzen, Errichtung von Werkskantinen usw. Solche Bestrebungen hatte es bereits vor der Weltwirtschaftskrise gegeben. Sie entsprachen weitgehend den Anregungen amerikanischer Arbeitswissenschaftler, die damit eine bessere Arbeitsmotivation und eine Steigerung der Produktivität erreichen wollten.

Jetzt wurden diese Bemühungen als Errungenschaften des nationalen Sozialismus ausgegeben. E. lernte das Wort »Kantine«. Die »Henkelmänner« – wärmeisolierende Blechgefäße, in denen eine gekochte Mahlzeit zur Arbeitsstelle mitgenommen oder von Arbeiterfrauen in der Mittagspause an das Fabriktor gebracht wurden – verschwanden mehr und mehr aus dem Straßenbild. Die vom Amt »Schönheit der Arbeit« angeregten Ausgaben betrugen im Jahre 1936 etwa 80 Millionen RM, im Jahre 1938 schon 200 Millionen RM. Insgesamt erhöhten die sozialen Reformen der NS-Zeit die Lohnkosten der Industrie um 6,5 Prozent, eine Steigerung, die allerdings angesichts der erzielten Gewinne kaum ins Gewicht fiel.

Besonders vorbildliche Betriebe konnten ab 1936 auf Vorschlag der DAF zu »nationalsozialistischen Musterbetrieben« ernannt werden. Diese Auszeichnung wurde Betrieben verliehen, »in denen der Gedanke der nationalsozialistischen Betriebsgemeinschaft im Sinne des Gesetzes zur Ordnung der nationalen Arbeit und im Geiste der Deutschen Arbeitsfront vom Führer des Betriebes und seiner Gefolgschaft auf das Vollkommenste verwirklicht ist«. Sie berechtigte dazu, eine Flagge der Deutschen Arbeitsfront mit goldenem Zahnrad und goldenen Fransen zu hissen. An dem entsprechenden Leistungskampf des Jahres 1937/38 beteiligten sich 81 000 Betriebe, im Jahre 1939/40 bereits 273 000. Zu den Kriterien für nationalsozialistische Musterbetriebe gehörten unter anderem die Einordnung des Betriebsführers in die Werkschar, der Ersatz der Kontrolluhren durch allgemeine Betriebsappelle bei Arbeitsbeginn, an denen sowohl Arbeiter und Angestellte als auch Direktoren und Betriebsführer teilnehmen mußten, die Auszahlung großzügiger Weihnachtsgratifikationen, die Beteiligung der Arbeiter am Gewinn, der Aufbau zusätzlicher Pensionskassen durch den Betrieb, vorbildlicher Gesundheitsschutz durch Einstellung von Betriebsärzten und Werksfürsorgerinnen, der Bau von Sportstätten und Werkssiedlungen, die Förderung von KdF-Fahrten für Betriebsangehörige und anderes mehr.

Lohnfragen waren für E. eine Angelegenheit der Wirtschaft. Davon verstand sie nichts. Die Familienüberlieferung enthielt keine Erinnerungen an Streiks, Lohn- und Arbeitskämpfe, die ihr Interesse für das Zustandekommen von Arbeiterlöhnen hätten anregen können. Eine Geschichtsbetrachtung auf der Grundlage von Ökonomie und Klassenkampf begegnete ihr erst lange nach 1945. Zur Zeit des Dritten Reiches wäre ihr eine solche historische Theorie absurd erschienen. Sie hätte wohl eine ähnliche Reaktion ausgelöst wie bei Gottfried Benn in »Der neue Staat und die Intellektuellen«: »Welch sonderbarer Sinn und welch sonderbare Geschichte, Lohnfragen als den Inhalt aller menschlichen Kämpfe anzusehen«.

Der vergessene Faktor

Die Volksgemeinschaftsideologie verlangte von den Arbeitern, die eigene Entrechtung und Entmachtung als Fortschritt, ja als großen, staatspolitischen Erfolg des neuen Regimes zu feiern, die Erfahrungen des Klassenkonflikts als Selbstbetrug zu verwerfen und sich ohne eigene Vertretung als »Betriebsgefolgschaft« in die »Betriebsgemeinschaft« einzuordnen. Sie garantierte den Unternehmern Besitz und Eigentum, hohe Gewinne, absolute Vormachtstellung im Betrieb sowie »Befriedung« des Arbeitskampfes und erwartete dafür vom »Betriebsführer« die »verständnisvolle Ausübung seiner wirtschaftlichen und sozialpolitischen Macht im Dienste der Volksgemeinschaft«. Standesdünkel und Elitebewußtsein des Bürgertums wurden durch ein »Wir sind doch alle Brüder«-Pathos ersetzt, das den »besseren Ständen der Gesellschaft« herablassende Gönnerhaftigkeit gestattete und so wiederum zu ihrer Selbsterhöhung beitrug.

Generell scheint die Volksgemeinschaft vom Mittelstand bewußter und nachhaltiger erlebt, reflektiert, angenommen oder auch verworfen worden zu sein als von Unternehmern und Arbeitern. E. erlebt des öfteren, daß Zeitgenossen mit ähnlicher Herkunft die Volksgemeinschaft loben, manchmal sogar begeistert beschwören, wenn über die Hauptunterschiede zwischen »damals« und »heute« gesprochen wird. Sie ertappt sich zuweilen bei dem Wunsch, sich dem anzuschließen, um wenigstens »etwas Gutes« aus der eigenen Jugend zu retten, aber es gelingt nur selten, die inzwischen gereifte Skepsis gegenüber subjektiven Wahrnehmungen halluzinatorischer Brüderlichkeit zu verdrängen, noch seltener, den dafür gezahlten Preis zu vergessen.

Von Winifried Wagner, der Herrin von Haus Wahnfried und persönlichen Freundin Adolf Hitlers, holte sich die 15jährige im Jahre 1940 ein Autogramm. Es imponierte ihr, daß das kulturelle Erbe eines der größten deutschen Genies von einer Frau verwaltet und weitergeführt wurde. In jenem Fernsehinterview vom Ostersamstag 1978, das Hans-Jürgen Syberberg mit der Enkelin Richard Wagners führte, tutete die weit über 80jährige mit verklärtem Blick in das Volksgemeinschaftshorn und beschrieb die Besucher und Ehrengäste der Bayreuther Festspiele während der Kriegsjahre als Querschnitt durch das gesamte deutsche Volk: Rüstungsarbeiter, Soldaten aller Waffengattungen, Rote-Kreuz-Schwestern, Fronturlauber und Kriegsversehrte mit ihren Frauen – eine richtige Volksgemeinschaft.

Dr. Carl Goerdeler, nach dem Attentat vom 20. Juli 1944 als Nachfolger Hitlers für das Amt des Reichskanzlers vorgesehen, zählte die »Volkwerdung« zu jenen Errungenschaften, die aus der Konkursmasse des Dritten Reiches übernommen werden sollten. Nach einem Regierungsentwurf von Beck und Goerdeler aus dem Jahre 1941 sollte die als »Staatsjugend« unter Führung eines Generals und bewährter Frontoffiziere weitergeführte männliche Hitlerjugend »das Zusammenfinden organisieren, um auch schon im jugendlichen Menschen das klassengelöste Gefühl der Volksgemeinschaft stark werden zu lassen«. Noch 1944 betonte er, der Nationalsozialismus habe »die Deutschen gelehrt, einander zu helfen . . .«

Die Volksgemeinschaft mußte offenbar einzig und allein dem Standesbewußtsein und Bildungsdünkel führender Schichten abgetrotzt werden. Die Propaganda richtete sich fast ausschließlich – dazu in rüder, aggressiver Form – gegen das Bürgertum, und der Führer wurde nicht müde, Hohn und Spott über meinungszersetzende Intellektuelle, feige Spießbürger, nörgelnde Kritikaster und sogenannte Gebildete auszugießen, denen er Willensschwäche und Dekadenz, gepaart mit Besserwisserei, unheiligem Respekt vor akademischen Zeugnissen und Verachtung körperlicher Arbeit vorwarf.

Unternehmer und Industrielle wurden sehr viel vorsichtiger auf ihre Pflichten in der Volksgemeinschaft hingewiesen, und der Arbeiterschaft – so schien es E. – wurde für ihren Eintritt nichts weiter als ein gesundes Selbstbewußtsein abverlangt. Am 1. Mai gehörte es zu den Pflichtübungen nationalsozialistischer Redner, die absolute und prinzipielle Gleichwertigkeit von Kopf- und Handarbeit zu betonen. Ein Literaturpapst des Dritten Reiches stellte fest: »Das Wort Arbeiter ist eines der am meisten geachteten Worte, die das neue Deutschland für die Bezeichnung einer Tätigkeit zu vergeben hat«; Robert Ley behauptete 1938: »Es gibt in Deutschland einfach keine Klassen mehr, und darum wird der Arbeiter auch mit den Jahren die letzten Schlacken eines Minderwertigkeitsgefühls, das er vielleicht noch aus der Vergangenheit besitzt, verlieren.«

Zwei Kampagnen, die sich direkt an das Bildungsbürgertum wandten, sind im Gedächtnis geblieben, weil Ausläufer davon auch E. erreichten.

Im Jahre 1933 wurde die deutsche Studentenschaft aufgefordert, sich nicht länger von nichtakademischen Volksschichten fernzuhalten, sondern die Freundschaft von Jungarbeitern zu suchen. Ab 1934 durfte ein Universitätsstudium nur nach abgeleistetem Reichsarbeitsdienst aufgenommen werden, der als idealer Schmelztiegel zum Abbau von Klassenvorurteilen und gleichzeitig als institutionalisiertes Arbeitsethos galt. Schlagende Verbindungen wurden verboten, den übrigen das Farbentragen in der Öffentlichkeit untersagt, und 1935, nach einer heftigen Pressekampagne der Hitlerjugend gegen die »Restbestände arbeiterfeindlichen Feudalwesens«, lösten sich alle noch bestehenden Burschenschaften und studentischen Korporationen auf. Auch die bunten Kappen von Gymnasiasten und Oberschülern waren mit der Volksgemeinschaft nicht zu vereinen, und E. nahm Abschied von ihrer ohnehin ungeliebten Schülermütze, weil sie auf keinen Fall »etwas Besseres« sein wollte.

Im Jahre 1937 wurde die Beamtenschaft offiziell verpflichtet, sich im Umgang mit »Volksgenossen« höflich und zuvorkommend zu benehmen und eher als Fürsorger und Berater denn als Vorgesetzter gegenüber Untergebenen aufzutreten. Diese Verhaltensvorschriften waren zwar auf Kommunal- und Staatsbeamte mit Publikumsverkehr gemünzt, aber E.s Mutter berief sich gelegentlich scherzhaft darauf, wenn der Beamtenehemann einen allzu penetranten »Lehrerton« anschlug.

Im Jahre 1941 wurde der Reichsjugendführer Baldur von Schirach, ein »Dichter-Student« aus »gutem Hause«, durch Artur Axmann abgelöst, dessen Herkunft (zutreffend) als »Arbeiterjunge aus dem Wedding« angegeben wurde. Diese Personalentscheidung fand E. sinnvoll und »ausgewogen«. Artur Axmann, seit 1933 Leiter des Sozialamtes der Reichsjugendführung, hatte bereits 1934 den Reichsberufswettkampf ins Leben gerufen, an dem im ersten Jahr 500 000 und im Jahre 1939 bereits 3,5 Millionen Jungen und Mädchen teilnahmen. Der Reichsberufswettkampf betraf E. zwar nicht, da an ihm – bis auf die letzten Kriegsjahre – nur 14- bis 18jährige teilnehmen konnten, die bereits im Berufsleben standen, aber sie vermerkte mit Befriedigung, daß den Reichssiegern außer symbolischen Ehrungen – einer Reise in die Reichshauptstadt mit persönlichem Empfang beim Führer – auch handfeste Vergünstigungen und Aufstiegschancen geboten wurden, daß 59 Prozent der Sieger aus Lohnarbeiterfamilien stammten und 80 Prozent nur über Volksschulbildung verfügten. Sie zweifelte nicht daran, daß erstmalig im Dritten Reich jedem begabten Arbeiterkind alle Wege offenstanden.

Insgesamt war die Aufstiegsmobilität während der sechs Friedensjahre des Dritten Reiches doppelt so groß wie während der letzten sechs Jahre der Weimarer Republik. Allein die staatlich-bürokratischen Organisationen und die privatwirtschaftlichen Verbände absorbierten mehr als eine Million Menschen aus der Arbeiterschaft. Es gab im

Dritten Reich massenhafte Klassenvermischung und Klassenaufbrechung. Das betraf weniger laufbahnrechtliche Karrieren in Schulen und Universitäten als vielmehr die Aufstiegschancen in der Wirtschaft, im Militär- und Beamtendienst, und der Krieg beschleunigte diese Entwicklung noch. Tausende von Abiturienten, Volksschullehrern, Referendaren, Assessoren, mittleren Beamten und Angestellten wurden zu Offizieren befördert und steigerten dadurch ihr soziales Ansehen ungemein.

Während mehr als 60 Prozent der Reichswehrgeneräle der Weimarer Republik ein »von« vor ihrem Namen trugen, sank dieser Prozentsatz während des Zweiten Weltkriegs auf unter 20 Prozent. Obwohl von Offiziersanwärtern nach wie vor das Abitur verlangt wurde, soll das Offizierskorps der Wehrmacht das am wenigsten snobistische in der deutschen Geschichte gewesen sein.

Klassenvermischung und Aufstiegsmobilität vollzogen sich in anderen Industriestaaten vor und während des Zweiten Weltkriegs in ähnlicher Weise. Von der NS-Propaganda wurde die »Aufbrechung der Klassenschranken im völkischen Staat« jedoch als einmaliger Erfolg bewertet, für den es in anderen Ländern angeblich keine Parallelen gab. »Der völkische Staat hat nicht die Aufgabe, einer bestehenden Gesellschaftsklasse den maßgebenden Einfluß zu wahren, sondern die Aufgabe, aus der Summe aller Volksgenossen die fähigsten Köpfe herauszuholen und zu Amt und Würden zu bringen!« (Adolf Hitler).

Der Ernährungsminister Dr. Darré lieferte die Utopie eines »Neuadels aus Blut und Boden«, Hans F. K. Günther, Professor für Rassenkunde, Völkerbiologie und Landwirtschaftssoziologie, entwickelte Vorstellungen eines »Führeradels als Sippenpflege«, und ein Parteipublizist definierte den »größten und gerechtesten Sozialismus«, den es geben kann: »... Vom einfachen Landarbeiter bis zum General mit Orden und Pension ist jedem die Möglichkeit gegeben, zum Träger der Staatsgewalt zu werden.«

Trotz Klassenvermischung und Klassenaufbrechung, trotz Aufstiegsoptimismus und Aufstiegschancen ging es in der Volksgemeinschaftsideologie nicht um die Abschaffung der Klassenverhältnisse, sondern um das übergreifende gesinnungsbildende Gefühl der Volksgemeinschaft, das die »Klassenschranken im Bewußtsein« ablösen sollte. Die Begriffe »Sozialismus« und »sozialistisch« spielten dabei eine große Rolle. Sie wurden mit Gesinnungen und Verhaltensweisen gleichgesetzt, die gemeinhin als »sozial« bezeichnet werden. So erklärte Hitler das Winterhilfswerk als einen Beitrag der Erziehung zu »sozialistischem« Denken und Handeln; Robert Ley formulierte schlicht: »Sozialismus, das ist Kameradschaft«, und Baldur von Schirach: »Jugend ist vorurteilsfrei und einer echten Gemeinschaft fähig, ja, Jugend ist Sozialismus.« Tatsächlich kam es in der Massenorganisation der Hitlerjugend und auch im Reichsarbeitsdienst zu einem Abbau sozialpsychologischer und in der sozialen Herkunft begründeter Schranken innerhalb der Jugend, den es bis dahin nicht gegeben hatte, aber diese Nivellierung spielte sich nur im Bewußtsein ab und verhinderte gleichzeitig echte sozialrevolutionäre Ansätze.

Ziel des nationalsozialistischen »Sozialismus« war nicht die Sozialisierung der Produktionsmittel, um – nach der Theorie des wissenschaftlichen Sozialismus – die Entfremdung des Menschen von seiner Arbeit aufzuheben, sondern die »Sozialisierung des Menschen«.

Hermann Rauschning, der ehemalige Senatspräsident der Freien Stadt Danzig, faßte die ihm gegenüber geäußerten Ansichten Hitlers in folgender Weise zusammen:

»Unser Sozialismus greift viel tiefer. Er ändert nicht die äußere Ordnung der Dinge, sondern er ordnet allein das Verhältnis des Menschen zum Staat, zur Volksgemeinschaft . . . Warum soll ich mich mit allen diesen halben Aushilfen noch abgeben, wenn ich viel Wesentlicheres in den Händen habe: den Menschen selbst nämlich . . . Was heißt schon Verstaatlichung, Sozialisierung. Als ob irgend etwas damit geändert ist, daß die Besitztitel der Fabrik nun jetzt in Händen des Staates sind und nicht mehr des Herrn Lehmann . . . Die Zeit des persönlichen Glücks ist vorbei. Wir werden dafür ein Gemeinschaftsglück empfinden . . . Es ist das, was in solcher Intensität nur die ersten Christengemeinden empfunden haben können . . . Was besagt da schon Besitz und Einkommen. Was haben wir das nötig: Sozialisierung der Banken und Fabriken. Wir sozialisieren die Menschen.«

Da niemand in E.s Umwelt das Privateigentum an Produktionsmitteln in Frage stellte oder auch nur als mögliche Theorie diskutierte, erschien der Heranwachsenden die vorgefundene kapitalistische Gesellschaftsordnung naturgegeben und unabänderlich. Kritiklos übernahm sie die auf »soziale Gesinnung« und »soziales Handeln« reduzierte und individualisierte nationalsozialistische Auslegung der Begriffe Sozialismus und sozialistisch. Eine Verbesserung nicht nur der privaten, mitmenschlichen Beziehungen, sondern auch der Gesellschaft schien nur mit der »Kraft des Herzens« erreichbar. Sozialismus bedeutete nichts anderes als die weltliche, säkularisierte Form christlicher Nächstenliebe, mit der Ungerechtigkeiten und allzu krasse Unterschiede zwischen Arm und Reich gemildert und versöhnt werden sollten.

Individualisierung bzw. »Vermenschlichung« der Klassen- und Arbeitsverhältnisse war auch das Ziel der DAF, der einzigen NS-Organisation, deren Mitglieder sich offiziell als sozioökonomisch bestimmte Wesen, nämlich als Arbeitgeber und Arbeitnehmer, einbrachten. Die Deutsche Arbeitsfront galt als institutionelle Überwindung der Klassenschranken und Beweis für die Klassenharmonie der Volksgemeinschaft, denn nicht nur die Gewerkschaften wurden in dieser Zwangsgemeinschaft »aufgehoben«, sondern auch die 1933 ebenfalls verbotenen Arbeitgeber-Vereinigungen.

»Vertrauen läßt sich nur von Mensch zu Mensch, nicht aber von Verband zu Verband herstellen«, formulierte Robert Ley, und »Der Wert der Persönlichkeit, einerlei ob Arbeiter oder Unternehmer, soll in der DAF den Ausschlag geben«, sowie »die DAF wird dafür sorgen, daß die soziale Ehre des Betriebsführers wie seiner Gefolgschaft zu einer entscheidenden Triebkraft der neuen Gesellschafts- und Wirtschaftsordnung werden«. Den Arbeitgebern versuchte er die Vorzüge der Volksgemeinschaft mit der Versicherung schmackhaft zu machen: »Wenn der Arbeiter weiß, daß der Unternehmer Kamerad ist, dann können Sie vom deutschen Arbeiter alles verlangen.«

So blieb auch das Großbürgertum vom Druck der Anpassung an die Volksgemeinschaft nicht unbehelligt. Die meisten Unternehmer fügten sich mehr oder weniger gutwillig den gezielt an sie gerichteten Forderungen: »Achten Sie Ihre Arbeiter! Bauen Sie die Klassenschranken ab! Reichen Sie Ihrer Gefolgschaft die Hand!«, mischten sich auf Betriebsfesten und Betriebsausflügen »leutselig« unters Volk oder gaben sich als »Kamerad«, ohne daß Klassenschranken dadurch in Frage gestellt worden wären, denn, so lautete ein zynischer Kommentar aus jenen Jahren: »Einmal jovial auf die Schulter geklopft erspart eine Lohnerhöhung.« Viele »Betriebsführer« empfanden es wohl auch als angenehm, vom »klassenfeindlichen« Druck organisierter Kampfmaßnahmen der Arbeiter befreit, als gütige Patriarchen aufzutreten und sich ohnehin überfällige bzw. der Erhöhung der Produktion dienende Verbesserungen der Arbeitsbedingungen sowie zusätzliche, vom Amt »Schönheit der Arbeit« oder vom eigenen sozialen Gewissen angeregte Maßnahmen als »Dienst an der Volksgemeinschaft« honorieren zu lassen.

Als Vorbild galten jene guten persönlichen Beziehungen zwischen Arbeitern und Unternehmern, die in manchen mittelständischen Industriebetrieben traditionell vorhanden waren. Sozialreformer von oben, wie z. B. der Physiker und Teilhaber der Zeiss-Werke in Jena, Ernst Abbe, der 1891 die vorbildlich arbeiterfreundliche Carl-Zeiss-Stiftung gründete, wurden als Vorläufer nationalsozialistischer Betriebsführung geehrt. Niemand in E.s Umgebung zweifelte daran, daß die Effektivität einer Fabrik nur dann gesichert war, wenn der Fabrikdirektor uneingeschränkt »das Sagen« hatte, denn dieses Modell entsprach bürgerlichen Vorstellungen einer hierarchischen Volksgemeinschaft. Im Jahre 1944 wurde die Jenaer Studentin E. zum Kriegshilfsdienst in die Jenaer Glasfabrik Schott und Söhne verpflichtet, durfte diese Arbeit aber nach wenigen Tagen zugunsten einer Tätigkeit als Straßenbahnschaffnerin in ihrem Heimatort aufgeben – ein »Privileg«, das sie dem Tod ihres zweiten Bruders verdankte.

So blieb ihr während der Zeit des Dritten Reiches ein persönlicher Einblick in die Welt der (Fabrik-)Arbeit versagt. Ihre diesbezüglichen Vorstellungen stützten sich auf die Literatur, auf Wochenschauen, Filme und Informationen in den Zeitungen. Einmal las sie ein Gespräch zwischen einigen deutschen Industriellen. Darin bestätigen sich zunächst zwei ältere, »ewiggestrige« Vertreter ihres Standes, daß sie sich »Kollegen« aus anderen Ländern weit näher und verwandter fühlen als den Arbeitermassen ihrer Betriebe. Sie zucken erschreckt zusammen, als ein jüngerer Unternehmer (ein echter nationalsozialistischer Betriebsführer) kräftig auf den Tisch haut und versichert, daß er sich weit lieber mit einem ehrlichen deutschen Arbeiter an denselben (Tisch) setze als mit einem arroganten nichtdeutschen Industriellen.

In einem anderen Bericht schildert ein Betriebsführer seine Erfahrungen auf einem DAF-Lehrgang. (An sozialpolitischen Lehrgängen für Unternehmer und Arbeiter nahmen etwa 30 000 Betriebsführer teil.) Zuerst sei es ihm schwergefallen, mit einfachen Arbeitern zusammen im gleichen Raum schlafen zu müssen und mittags gemeinsam mit ihnen zum Abtrocknen eingeteilt zu werden. Aber in diesen Situationen habe er zum erstenmal Arbeiter »als Menschen« kennengelernt, und es sei zu beglückenden und dauerhaften Freundschaften gekommen.

Irgendwann las E. das Buch des Reichssendeleiters Eugen Hadamowsky: »Hilfsarbeiter Nr. 50 000«. Auch andere leitende Reichsbeamte sollen sich in den ersten Jahren des Dritten Reiches als Hilfsarbeiter in deutschen Betrieben verpflichtet haben, um ihren »Sozialismus der Tat« zu beweisen. An Einzelheiten dieses Erlebnisberichtes erinnert sich E. kaum, wohl aber an den Eindruck, daß die »Härte des Arbeitslebens« konkret geschildert wurde.

Allzu grobe Verstöße gegen die »soziale Ehre« eines Gefolgschaftsmitgliedes konnte sich ein nationalsozialistischer Betriebsführer nicht leisten. Sie führten gelegentlich zu Ehrengerichtsverfahren der DAF, in denen Verwarnungen, Auflagen, Geldstrafen, in Einzelfällen sogar Aberkennung der Betriebsführereigenschaft verhängt wurden, denn, so hieß es in einem Urteil aus dem Jahre 1937: »Die Gefolgschaftstreue endet, wo der Gefolgsmann seine Ehre wahren muß. Auch der Führer eines Betriebs muß darauf Rücksicht nehmen.«

E. weiß davon, weil es in ihrer Verwandtschaft zu einem solchen Aberkennungsurteil gekommen ist. Der Betreffende, Inhaber einer Lack- und Farbenfabrik, wurde im Jahre 1935 wegen allzu rücksichtsloser »Ausbeutung« und rüder Behandlung seiner Arbeiter zwar nicht enteignet, aber zum »Rücktritt« und zur Anstellung eines Geschäftsführers gezwungen. In diesem Jahr liefen insgesamt 223 Ehrengerichtsverfahren, davon 164 gegen Betriebsführer, 41 gegen stellvertretende Betriebsführer und leitende Angestellte und 18 gegen einfache Gefolgschaftsmitglieder. In neun Fällen wurde dem Unternehmer verboten, seinen eigenen Betrieb weiterzuführen.

Auch auf unteren Ebenen einer Betriebshierarchie konnte eine allzu krasse Mißachtung der »sozialen Ehre« von Untergebenen Ärger bringen. So belegte die DAF in einer E.s Heimatort benachbarten westfälischen Kleinstadt eine Arztfrau mit einer Art Sperrfrist, die ihr die Anstellung eines Dienstmädchens, wenn auch nur vorübergehend, untersagte, weil sie das ihrige in einer Weise behandelt und »ausgebeutet« hatte, die die übliche Ausbeutung weit übertraf. (Der im Zeitungsbericht verwendete Begriff »Hausangestellte« setzte sich in der katholischen Provinz allerdings nur sehr langsam durch und erregte zunächst ähnliche Belustigung wie vor einigen Jahren noch die heute selbstverständliche »Raumpflegerin«.)

E. verfolgte solche Fälle damals mit Genugtuung und Schadenfreude, obwohl ihr klar war, daß eine mit Sanktionen und öffentlichen Strafverfahren erzwungene Volksgemeinschaft keinen Bestand haben würde. So setzte sie ihre Hoffnungen auf soziale Gerechtigkeit in den Generationswechsel, denn – davon war sie überzeugt – erst die junge, im NS-Sinne erzogene Generation würde mit Klassenschranken und Klassendünkel endgültig aufräumen.

Eine späte Kampagne zur »Vermenschlichung« (Individualisierung) der Klassen- und Arbeitsverhältnisse erreichte E. im Winter 1947/48. Es handelte sich um eine Veranstaltung der sogenannten »Moralischen Aufrüstung«, einer von dem Amerikaner Frank N. Buchmann gegründeten Bewegung zur »sittlichen Erneuerung der Welt unter der Diktatur des Geistes Gottes«. E. besuchte diese Vorstellung, weil sie, wie alles, was die Besatzungsmächte anboten, in einem geheizten Saal stattfand. Ihre Erinnerung an diesen Abend ist unlösbar verknüpft mit dem damals seltenen Gefühl wohliger Wärme, wenn auch nicht mit dem noch selteneren des Gesättigtseins.

Umrahmt von Chorgesang, Gruppenzeugnissen und »Erweckungsberichten« einzelner, gelangte das »Industriedrama« »Der vergessene Faktor« zur Aufführung. Es behandelte einen harten, erbitterten Arbeitskampf in einer amerikanischen Fabrik. Die Kontrahenten, ein Gewerkschaftsführer und ein Fabrikbesitzer, beharren so lange starrsinnig und uneinsichtig auf ihren Forderungen, bis sie sich persönlich »von Mensch zu Mensch« kennenlernen. Die Begegnung wird ihnen von der jungen Generation, einem »Romeo-und-Julia-Liebespaar« (Industriellensohn und Arbeitertochter), trickreich und gegen ihren Willen aufgezwungen. Die bis dahin unversöhnlichen Gegner stellen schon nach kurzer Zeit fest, daß ihr (Klassen-)Kampf auf Mißverständnissen bzw. auf dem von Institutionen und Verbänden geschürten Mißtrauen beruht, und so steht der Klassenharmonie nichts mehr im Wege.

Den Chor bildeten adrett gekleidete amerikanische Studentinnen und Studenten, die sich der Erweckungsbewegung freiwillig angeschlossen hatten. Die Damen trugen lange faltige Kleider im »New Look«, jener stoffreichen Nachkriegsmode, die den Millionen Ausgebombten und Flüchtlingen – so auch E. – als Verhöhnung ihrer Situation erscheinen mußte, die Herren gutsitzende Sakkos, makellos weiße Oberhemden mit Krawatten und Hosen mit messerscharfen Bügelfalten. Geradezu unverschämt vor Gesundheit und Gepflegtheit strotzend, sangen sie mit strahlenden Gesichtern und blanken Augen »seid nett zueinander« und verpflichteten sich vor dem Publikum in einem Gemeinschaftsbekenntnis mit »heiligem« Ernst zu absoluter Reinheit (Purity), absoluter Ehrlichkeit, absoluter Liebe und absoluter Selbstlosigkeit.

Am Schluß berichtete ein Jungunternehmer aus den USA von einem Streik, den er mit dem Geist der moralischen Aufrüstung habe verhindern können, von kommunistischen

Arbeitern, die unter dem Einfluß ebendesselben ihrer gottlosen, materialistischen Gesinnung abgeschworen und sich »bekehrt« hätten, und von seinem »Paulus-Erlebnis« in Caux. Dort befand (befindet?) sich das Zentrum der »Moralischen Aufrüstung«, in dem nicht nur Weltkongresse, sondern auch zahlreiche Tagungen und Lehrgänge für Unternehmer, Industrielle, Wissenschaftler, Arbeiter und Gewerkschaftsführer aus aller Welt veranstaltet wurden (werden?).

Hatte sich E. trotz mancher fremdartig wirkender Momente bereits bei der Theateraufführung ein dunkles Gefühl des »déjà vu« eingestellt, so fiel es ihr wie Schuppen von den Augen, als der Erweckte vom gemeinsamen Geschirrabtrocknen zusammen mit einfachen Arbeitern erzählte, bei dem er plötzlich erkannt habe, daß auch Arbeiter Menschen und alle Menschen Brüder seien.

Obwohl sie in diesen Nachkriegsjahren verzweifelt nach einer neuen Weltformel suchte, blieb sie skeptisch gegenüber der frohen Botschaft aus Amerika, zumal das entsprechende Bekenntnis eines Arbeiter-Saulus ausblieb.

Die germanische Demokratie

Als Vorbild und Grundlage der nationalsozialistischen Volksgemeinschaft galt das altgermanische Führer-Gefolgschafts-Prinzip: Freie germanische Wehrbauern wählten aus ihren Reihen einen Herzog, dem sie sich, wenn auch nur für die Dauer einer kriegerischen Auseinandersetzung, freiwillig unterordneten und zu unbedingter Gefolgschaftstreue verpflichteten. Dieses Modell war E. seit früher Kindheit vertraut, weil Hermann der Cherusker und Widukind, der Sachsenherzog, Lokalhelden ihrer engeren Heimat waren. Für einen modernen Staat, noch dazu in friedlichen Zeiten, war dieses Prinzip hingegen viel zu unzuverlässig, denn die germanischen Bauernkrieger pflegten nach dem Sieg auseinanderzulaufen und oft genug um die Früchte desselben betrogen zu werden. Daher mußte es auf Dauer institutionalisiert werden. Hitler bezeichnete den von ihm begründeten »Führerstaat« als »germanische Demokratie« und behauptete, daß in ihm die spezifisch deutsche Form von Demokratie verkörpert sei.

Nach dem Tode des Reichspräsidenten Paul von Hindenburg im August 1934 identifizierte sich auch die Reichswehr (freiwillig!) mit der neugermanisch-deutschen Demokratie. Hatte bis dahin die schlichte Eidesformel der Weimarer Republik gegolten: »Ich schwöre Treue der Reichsverfassung und gelobe, daß ich als tapferer Soldat das Deutsche Reich und seine gesetzmäßigen Einrichtungen jederzeit schützen, dem Reichspräsidenten und meinen Vorgesetzten Gehorsam leisten will«, so wurde nun mit dem persönlichen Treueeid auf Adolf Hitler und dem ungleich pathetischeren Stil ein Stück Monarchie durch die Hintertür wieder eingeführt, bei der sich das »Germanisch-Demokratische« auf die bürgerliche Herkunft des Führers beschränkte: »Ich schwöre bei Gott diesen heiligen Eid, daß ich dem Führer des Deutschen Reiches und Volkes, Adolf Hitler, dem Oberbefehlshaber der Wehrmacht, unbedingten Gehorsam leisten und als tapferer Soldat bereit sein will, jederzeit für diesen Eid mein Leben einzusetzen.«

In der Geschichtsschreibung wird das Dritte Reich gewöhnlich als Diktatur bezeichnet, das Verhältnis zwischen Führer und Gefolgschaft mit unbeschränkter Herrschaft und sklavischer Unterwerfung gleichgesetzt. Psychoanalytische Faschismustheorien erklären die Führer-Gefolgschafts-Bindung mit den angeblich im deutschen Volk besonders zahlreich vertretenen passiv-autoritären Charakterstrukturen, die sich nach Beherrschung und Unterordnung, Unfreiheit und Selbstaufgabe sehnen. Wenn E.s Zeitgenossen sich dieser Abstempelung widersetzen, so spielt gekränkte Selbstachtung dabei sicherlich eine Rolle. Wer gibt schon gern zu, sich nach »sklavischer Unterordnung« zu sehnen? Aber nicht gekränkte Selbstachtung und intellektuelle Unredlichkeit verhindern die Zustimmung, sondern das subjektive Erleben des Zeitgeschehens, das sich nur schwer damit in Einklang bringen läßt. E. z. B. hat sich in den 40 Jahren seit dem Ende der Hitler-Diktatur niemals wieder so intensiv als freies, politisch denkendes und handelndes Wesen, als verantwortungsvolle, ständig zur persönlichen Verantwortung herausgeforderte Trägerin politischen Geschehens gefühlt, wobei die Tatsache, daß sie an den zahlreichen Wahlen und Abstimmungen der NS-Zeit noch gar nicht teilnehmen durfte, die geringste Rolle spielte.

Das starke Gefühl aktiver politischer Teilhabe stellte sich damals nicht nur bei Jugendlichen, sondern auch bei Millionen Deutschen älterer Jahrgänge ein, die das Bedürfnis hatten, sich politisch zu betätigen und politische Verantwortung zu übernehmen. Jenes gigantische Ablenkungsspektakel, das der NS-Staat zu veranstalten wußte, übte auf sie eine faszinierende Wirkung aus.

Viele Zeitgenossen des Dritten Reiches waren noch mit dem monarchistisch-vaterländischen Gepränge des Wilhelminischen Zeitalters aufgewachsen – mit »Schwertgeklirr und Wogenbraus« der Kaiser-Geburtstage, Reichsgründungs- und Sedanfeiern, mit Truppen- und Flottenparaden, mit dem nationalen Rausch der Augusttage 1914, mit Siegesfeiern und Dankgottesdiensten im Ersten Weltkrieg.

Die Weimarer Republik verzichtete demgegenüber weitgehend auf Selbstdarstellung. Ihre offiziellen politischen Veranstaltungen entbehrten jedes Show-Elements und glichen eher langweiligen Honoratiorenversammlungen. Überdies verlangte sie der deutschen Bevölkerung ein nüchtern-rationales Politikverständnis ab, auf das diese kaum vorbereitet war und das die meisten überforderte. Die Politik der Weimarer Republik blieb für viele ein Spiel mit verdeckten Karten, das sich – bei zudem ständig wechselnden Regierungen und 35 Parteien – in undurchschaubaren Gremien hinter verschlossenen Türen abspielte und während der Weltwirtschaftskrise mehr und mehr ein Gefühl von Ausgeliefertsein und politischer Ohnmacht vermittelte.

Die Anziehungskraft des Führerstaates beruhte vor allem darauf, daß in der Person des Führers das politische Geschehen entbürokratisiert und zugleich heroisiert wurde. Die Staatsmacht war wieder sichtbar, Politik ein Spiel mit offenen Karten, das in einem permanenten, ebenso öffentlichen wie intimen, da unvermittelten Austauschprozeß zwischen Führer und Volk gespielt wurde. Weder durch das starre Klassengefüge und die respektvolle Unterordnung im Kaiserreich noch durch das parlamentarisch-bürokratische Protokoll der Weimarer Republik von »seinem« Volk abgeschirmt, legte der Führer unentwegt »Rechenschaft« ab.

Der einzelne »Volksgenosse« fühlte sich ernst genommen, seine persönlichen Interessen schienen in direkter Beziehung zum »Ganzen« zu stehen, ja mit denen des Staates zusammenzufallen, wenn ihn der Führer persönlich – wenn auch erst nachträglich – um Vertrauen, Verständnis und Zustimmung zu einer spektakulären politischen Aktion bat, so z. B. im November 1933 nach dem Austritt aus dem Völkerbund und der Wiederaufrüstung mit »Verteidigungswaffen«, im August 1934 nach der Zusammenlegung der Ämter des Reichspräsidenten und des Reichskanzlers, im März 1936 nach der Rheinlandbesetzung bzw. der »Wiederherstellung der deutschen Souveränität« oder im April 1938 nach dem Einmarsch in Österreich bzw. der »Wiedervereinigung«. Den veröffentlichten, zumeist zwischen 95 und 99 Prozent liegenden Zustimmungsergebnissen gingen demagogische Wahlreden voraus, die breiten Bevölkerungsschichten die Überzeugung vermittelten, daß die ausgelösten Veränderungen historisch notwendig seien und sich in der Person des Führers der »Ratschluß der Geschichte« vollziehe.

Die in der deutschen Geschichte einmalige Mobilisierung der Bevölkerung auf Massenveranstaltungen gilt heute als Zwang, die totalitären Traumergebnisse der Wahlen und Abstimmungen werden als »plebiszitäre Akklamationen« abgetan. Tatsächlich hatten sie mit politischer Meinungsbildung wenig zu tun, um so mehr mit Gefühlen von Stärke, Leidenschaft, Entschlossenheit, Tatkraft und Stolz.

An den ständigen Selbstdarstellungen des Dritten Reiches mit Fahnen und Uniformen, Trommeln und Fanfaren, Fackeln und Scheinwerfern, an Kundgebungen, Parteitagen, Feierstunden, Aufmärschen und Paraden nahmen Hunderttausende freiwillig teil. Sie boten kleinbürgerlichen und proletarischen Massen in bis dahin niemals erreichtem Maße die Möglichkeit, sich positiv und bejahend mit ihrem Staat zu identifizieren und sich als politische Wesen und Träger dieses Staates zu fühlen. Mitgliedschaft und Dienst in den klassenindifferenten NS-Organisationen boten zudem zahlreiche (antiautoritäre!) Durchbrechungen und Überwindungen alltäglicher schulischer, beruflicher und familiärer Abhängigkeiten. Ein reicher Segen von hauptamtlichen und ehrenamtlichen Posten und Funktionen, Orden und Medaillen, symbolischen Ehrungen und Ernennungen regnete über das Volk. Im Jahre 1935 gab es bereits 200 000 »Hoheitsträger« der Partei, insgesamt fast 1,5 Millionen Funktionäre der verschiedenen Standes-, Berufs- und Wohlfahrtsorganisationen, außerdem unzählige ehrenamtliche Funktionsträger wie z. B. Ortsgruppenleiter, Zellenleiter und Blockwarte.

Fast eine halbe Million Blockwarte »betreuten« je 40 bis 60 Haushalte mit etwa 160 bis 240 Personen. Ihre Aufgabe bestand im Austeilen von Wahlunterlagen und Lebensmittelkarten, Formularen für Volkszählungen, Auszahlungen von Beihilfen, Übergabe von WHW-Spenden usw., sowie im Einkassieren von Mitgliedsbeiträgen für NS-Organisationen. Von zusätzlichen Aufgaben, wie Agitieren, Weitergabe der Volksstimmung nach oben, Denunzieren von »verdächtigen Elementen« hörte E. während der Zeit des Dritten Reiches nichts, weil sie niemanden kannte, der davon betroffen war. Sie wurden wohl auch keineswegs von allen Blockwarten im gewünschten Sinne durchgeführt, da man bei dem großen Bedarf an ehrenamtlichen Helfern nicht besonders »wählerisch« sein konnte. Nur 30 Prozent der Blockwarte waren alte Kämpfer, weniger als die Hälfte Parteigenossen, und von dem für einen benachbarten Häuserblock Verantwortlichen wurde sogar gemunkelt, er sei früher mal Kommunist gewesen.

Parallel dazu lief bereits in den Vorkriegsjahren die Durchstrukturierung der Wohnbevölkerung durch den Luftschutzbund, der nicht bei Wohnblocks haltmachte, sondern für jede Luftschutz-Kellergemeinschaft einen Luftschutzwart vorsah und auch die »Kellergefolgschaft« zu Funktionärsträgern – so z. B. E. zum »Melder« – machte.

In der Hitlerjugend machte man sich über diese »Posteritis« mit der fiktiven Rangbezeichnung eines »stellvertretenden Adjutanten des Jungenschaftsführers« lustig.

Dem durch christliche Feiertage gegliederten Kirchenjahr setzte der Nationalsozialismus ein entsprechendes, immer wiederkehrendes Ritual an die Seite. Während die drei im engeren Sinne nationalsozialistischen Gedenktage – Tag der Machtergreifung am 30. Januar, Führers Geburtstag am 20. April, Gedenktag für die »Märtyrer der Bewegung« am 9. November – kaum über Feierstunden in Schulen, Hitlerjugend und Parteiorganisationen hinaus Beachtung fanden, weil sie meist auf gewöhnliche Werktage fielen, sprachen der arbeitsfreie und bezahlte »Feiertag der nationalen Arbeit« am 1. Mai, das an einem Oktobersonntag stattfindende Erntedankfest und der auf einen Sonntag im März verlegte Heldengedenktag breite Kreise der Bevölkerung an – Arbeiter, Bauern, Soldaten. Sie eigneten sich daher zu besonders eindrucksvollen Darstellungen der »starken und in sich geeinten Volksgemeinschaft«. Die bei solchen und zahlreichen anderen Anlässen aus den Volksempfängern »Mendes« und »Sabas« dringende Stimme des Führers durchbrach den beruflichen und schulischen Alltag bzw. die feierabendliche und sonntägliche Freizeit über die Massenveranstaltungen hinaus und schuf eine »Hörervolksgemeinschaft«, von der kaum jemand ausgeschlossen blieb.

In den Kriegsjahren vermittelten die Ringsendungen des Großdeutschen Rundfunks die Volksgemeinschaft von Front und Heimat. Funker der entferntesten Stationen wurden nacheinander aufgerufen und meldeten sich aus Kirkenes am Polarkreis und aus Tobruk in Nordafrika, vom Atlantikwall, aus Kreta und von der Wolgafront – »Ich rufe noch einmal Stalingrad« – »Hier ist Stalingrad«. Am Weihnachtsabend 1942 drang die deutsche Weihnachtsnationalhymne »Stille Nacht, heilige Nacht«, von rauhen Männerkehlen in fernen Ländern gesungen und von der Technik vereint, aus den Volksempfängern der Heimat.

Im Jahre 1952 las E. die im Rowohlt-Verlag neu erschienene Auswahl »Zwischen gestern und morgen« des ihr bis dahin unbekannten deutschen Dichters Kurt Tucholsky und dachte bei vielen Gedichten und Prosastücken: Wenn dir doch nur einige davon während des Dritten Reiches vor Augen gekommen wären. Besonders nachdenklich stimmte sie das Essay »Heimat« aus dem Jahre 1929, das wie folgt schließt:

»Ja wir lieben dieses Land.

Und nun will ich euch mal etwas sagen: Es ist ja nicht wahr, daß jene, die sich ›national‹ nennen und nichts sind als bürgerlich-militaristisch, dieses Land und seine Sprache für sich gepachtet haben. Weder der Regierungsvertreter im Gehrock noch der Oberstudienrat, noch die Herren und Damen des ›Stahlhelm‹ allein sind Deutschland. Wir sind auch noch da.

Sie reißen den Mund auf und rufen: ›Im Namen Deutschlands . . .‹

Sie rufen ›Wir lieben dieses Land, nur wir lieben es.‹ Es ist nicht wahr . . .

Wir pfeifen auf die Fahnen – aber wir lieben dieses Land.Und so wie die nationalen Verbände über die Wege trommeln – mit dem gleichen Recht, mit genau demselben Recht nehmen wir, wir, die wir hier geboren sind . . . – mit genau demselben Recht nehmen wir Fluß und Wald in Beschlag, Strand und Haus, Lichtung und Wiese: es ist unser Land . . . Man hat uns zu berücksichtigen, wenn man von Deutschland spricht, uns ›Kommunisten, junge Sozialisten, Pazifisten, Freiheitsliebende aller Grade‹, man hat uns mitzudenken, wenn ›Deutschland‹ gedacht wird . . . wie einfach, so zu tun, als bestehe Deutschland nur aus den nationalen Verbänden. Deutschland ist ein gespaltenes Land. Ein Teil von ihm sind wir. Und in allen Gegensätzen steht – unerschütterlich, ohne Fahne, ohne Leierkasten, ohne Sentimentalität und ohne gezücktes Schwert – die stille Liebe zu unserer Heimat.«

E. fragte sich, damals im Jahre 1952 auf der Suche nach der verlorenen Zeit, ob die »stille Liebe zu unserer Heimat« von jenem anderen Deutschland vielleicht lauter hätte verkündet, Fluß und Wald, Strand und Haus, Lichtung und Wiese entschiedener hätten mit Beschlag belegt werden müssen –

damals, als die nationalen Verbände das magische Zauberwort: »Deutschland« über die Wege trommelten und in den Staub der Straße stampften –

dachte an Kampflieder der SA, die mit Not und Elend begannen und mit dem Glauben an Deutschland endeten:

»Wir tragen Hunger und Schmerzen, / die hemmen nicht unsern Schritt, / wir tragen in hämmernden Herzen / den Glauben an Deutschland mit«;

dachte an die Suchdienstsendungen des deutschen Rundfunks aus den Vorkriegsjahren: »Wo bist du, Kamerad?«, an die ebenfalls übertragenen Wiedersehenstreffen »alter Frontkameraden« aus dem Ersten Weltkrieg, die sich gemeinsam an die einzige Zeit in ihrem Leben erinnerten, in der sie aus ihrem Dorf, ihrem »Kiez«, ihren beengten Verhältnissen herausgekommen waren und von der – in der Erinnerung – nur noch das große Abenteuer und das Vaterland und die Kameradschaft in Leben und Tod übriggeblieben war –

fragte sich, ob das Bedürfnis deutscher Arbeiter nach Stolz und Ehre und nationaler Identität in Streiks und Lohnkämpfen, Arbeiteraufständen und der internationalen Solidarität der Arbeiterklasse auf der Strecke geblieben war –

fragte sich, ob hier die vom Drachenblut durch ein Lindenblatt abgedeckte und daher verwundbare Stelle der deutschen Arbeiterbewegung zu suchen ist, wo der Einbruch der Fahnen und Leierkästen, der Sentimentalität und des gezückten Schwertes gelang –

so daß den Arbeitern nichts anderes übrigblieb, als 1914 zusammen mit den Regierungsvertretern im Gehrock, den Oberstudienräten und den Herren und Damen des Stahlhelms – »Deutschland« zu denken –

zusammen mit den bürgerlich-militaristischen Verbänden 1933 in die »nationale Erhebung« einzuschwenken und sechs Jahre später in einem Krieg »ihre Pflicht zu erfüllen« und »die Knochen hinzuhalten«, der mit den Anliegen der organisierten Arbeiterschaft nicht das geringste zu tun hatte.

Einer von uns?

Und wie reagierten die Arbeiter im Dritten Reich auf den Abbau der Klassenschranken beim gemeinsamen Geschirrabtrocknen mit dem Unternehmer-Kameraden? Wieweit erreichte Hitler sein Ziel, »dem Volksgedanken die Millionen seiner Arbeiterschaft wiederzugeben«?

Einen Einblick in die psychische Struktur deutscher Arbeiter und Angestellter kurz vor der »Machtergreifung« liefert eine 1929 von Erich Fromm und Hilde Weiß begonnene, 1934 im Exil ausgewertete und 1980 erstmalig unter dem Titel »Arbeiter und Angestellte am Vorabend des III. Reiches« veröffentlichte Studie des Frankfurter Instituts für Sozialforschung. Sie offenbart eine geringe Widerstandsfähigkeit des deutschen Arbeiters gegen überkommene Autoritätsvorstellungen. Zwar hätten die linken Parteien die Wählerstimmen der meisten Arbeiter erhalten, es sei ihnen jedoch nicht gelungen, »die Persönlichkeitsstruktur ihrer Mitglieder so zu verändern, daß sie in kritischen Situationen verläßlich gewesen wären«. Diese Analyse wurde – wie sich Herbert Marcuse erinnert – vom Institut selber aus politischen Gründen zurückgehalten, »da man nicht den Eindruck erwecken« wollte, als ob »die deutschen Arbeiter im Kern . . . schon immer faschistisch gewesen seien«.

E., die sich in diesem Kapitel ohnehin auf dünnem Eis befindet, kann zur Frage nach der historischen Wirksamkeit der Volksgemeinschaftsideologie auf deutsche Arbeiter zur Zeit des Dritten Reiches außer Zitaten und Mutmaßungen kaum etwas beitragen. Eigene Begegnungen und Gespräche beschränkten sich auf solche Angehörige der Arbeiterschaft, die sich kaum als klassenbewußte Arbeiter, sondern eher als Kleinbürger verstanden und ihre Stimmen in den letzten freien Wahlen vor 1933 (wahrscheinlich) der katholischen Zentrumspartei gegeben hatten.

Die Fachliteratur beantwortet diese Frage außerordentlich konträr. Neben der prinzipiellen Gleichsetzung von Arbeiterklasse und Widerstand (oder zumindest Widerstands-potential) gegen das NS-Regime gibt es andere Stimmen, die (widerwillig) zu anderen Ergebnissen kommen. Tim Mason spricht von einem durchweg gespannten Verhältnis zwischen Regierung und Arbeiterklasse, nimmt aber die Person des Führers und gelegentliche Gesten nationaler Selbstbehauptung davon aus.

Wolfgang Buchholz stellt in einer Dissertation über das DAF-Freizeitwerk »Kraft durch Freude« fest, daß dem Regime die Integration der Arbeiterschaft mit Mitteln gelungen sei, die »die reale Ungleichheit der Arbeiter und die gegebenen Klassenstrukturen nicht veränderten« und also »die Integration über das Bewußtsein« erfolgt sei. Richard Grunberger behauptet sogar, »daß während der letzten Jahre des Dritten Reiches die Arbeiter eine engere Verbundenheit mit der übrigen deutschen Gesellschaft (gezeigt hätten) als in den Endstadien des Kaiserreiches oder der Weimarer Republik«.

Weitere Informationen liefern die Deutschland-Berichte der illegalen SPD von 1934 bis 1940. Sie beruhen auf Berichten, Briefen und Dokumenten, die von zuverlässigen Genossen im Reich erstellt bzw. gesammelt wurden und schonungslos die wachsende Hinwendung der deutschen Arbeiterschaft zur NS-Diktatur belegen. Auch sie wurden erst lange nach dem Krieg, erstmalig im Jahre 1980, veröffentlicht.

Darin heißt es im April/Mai 1934: »Stimmungsmäßig verfügt die Regierung über den meisten Anhang in der Arbeiterschaft« – im Juni/Juli wird die »beschämende Tatsache« vermerkt, »daß das Verhalten der Arbeiter dem Faschismus gestattet, sich immer mehr auf sie zu stützen«.

Januar 1935: »Die Arbeiter sind noch immer stark vom Hitlerismus besessen« – November: »Trotz Terror, trotz Lohnherabsetzungen, trotz Versklavung glauben sie an den großen Erlöser Adolf Hitler« – Dezember: »An zahlreichen Fahnen ist zu sehen, daß das Hakenkreuz über Hammer und Sichel genäht wurde.«

März 1937: »Der Widerstandswille ist nicht sehr verbreitet. Man muß zugeben, daß gerade in der Arbeiterschaft die meisten nachgiebigen Elemente zu finden sind. Wäre es anders, dann könnte das Regime heute nicht mehr existieren« – im gleichen Monat: »Die Münchener KdF-Faschingsveranstaltungen haben die traditionellen Schwabinger Künstlerfeste seit langem übertroffen. Selbst Leute aus besseren Gesellschaftsschichten besuchen heute die KdF-Bälle, weil dort jeder auf seine Rechnung kam, der einmal die Schranken konventionellen Lebens überspringen wollte.«

Spätere Berichte vermerken uneinheitliche bzw. pessimistische Stimmungen, allgemeinen Fatalismus, geheime Wut in allen Schichten des Volkes, Haß und Neid in den Betrieben, der um so stärker zum Durchbruch komme, je mehr die Volksgemeinschaft in öffentlichen Kundgebungen gepriesen werde, Flucht in Ablenkung, Betäubung und Alkohol. Im November 1939 werden erste Symptome einer wachsenden Solidarität mit dem Regime beobachtet, im Januar 1940 wird eine aktive Antikriegsstimmung vermißt und im Februar 1940 davor gewarnt, den Krieg im Reich für unpopulär zu halten und den Willen zum Sieg gering einzuschätzen.

Kurz vor Kriegsende ergaben Untersuchungen in britischen Kriegsgefangenenlagern, daß nur neun Prozent der deutschen Soldaten eine dezidiert ablehnende Haltung gegen-über der NS-Regierung einnahmen, 15 Prozent sich unentschieden äußerten, während die übrigen 76 Prozent den Nationalsozialismus vor allem wegen seiner wirtschaftlichen und sozialen Leistungen, insbesondere auch wegen der durch ihn bewirkten Überwindung der Klassenschranken, in Ehren hielten. Im Jahre 1947 äußerten sich 50 Prozent der von einem britischen Meinungsforschungsinstitut befragten Einwohner der britischen Besatzungszone in Deutschland, der Nationalsozialismus sei eine prinzipiell gute, aber schlecht durchgeführte Sache gewesen. Von den unter 30jährigen mit einer achtjährigen Schulbildung waren es sogar 68 Prozent. Die Aussagen über das Schlechte gipfelten in Äußerungen wie: »Nur der Krieg und das mit den Juden, das hätte er nicht machen dürfen«, und über das Gute: »Daß wir alle zusammen gehören. Daß jeder für jeden verantwortlich ist.«

Von einem gespannten Verhältnis zwischen Arbeiter und NS-Regierung oder gar einem klassenkämpferischen Widerstand hat E. während der gesamten NS-Zeit niemals etwas wahrgenommen. Das hätte sie im übrigen auch verwundert, ja – als Zeichen krasser Undankbarkeit – empört. Es bedurfte in ihrer Heimatstadt ohnehin nicht der NS-Propaganda, um die »ehrlichen, anständigen, im Grund national gesinnten und christlich gläubigen deutschen Arbeiter« und die Führer der Arbeiterparteien auseinanderzudividieren.

Die »Sirenenklänge« der – 1933 verhafteten und in Konzentrationslager eingewiesenen – »Aufwiegler«, »Volkshetzer«, »November-Verbrecher« und – zumeist auch noch gottlosen – »Handlanger Moskaus«, die im (Ersten) Weltkrieg mit ihrer schändlichen »Revolution« der kämpfenden Front feige in den Rücken gefallen waren, hatten, wie E. glaubte, ohnehin nur während der Weltwirtschaftskrise eine größere Resonanz unter verzweifelten Arbeitermassen finden können, die nun – nachdem es wieder aufwärts ging – auf Null gesunken war.

Das Wort »Proletarier« war E. bis 1945 nur vage bekannt, ebenso wie die Formel »Proletarier aller Länder, vereinigt euch«; der Begriff »Klasse« als sozioökonomische Kategorie war aus dem offiziellen Sprachgebrauch so gründlich ausgemerzt worden, daß er nur im Zusammenhang mit Schulklasse sowie als Werteskala (»Klasse« bis »ganz große Klasse«) geläufig war. Selbst in verneinender Form, als etwas, das es zu überwinden galt, wurde er weitgehend vermieden. Nicht »Klassenvorurteilen«, sondern dem »Standesdünkel« war der Kampf erklärt.

E. kann sich nicht erinnern, daß als Synonym für die Volksgemeinschaft jemals von einer klassenlosen Gesellschaft gesprochen worden wäre, aber vielleicht hat sie es vergessen, weil »klassenlose Gesellschaft« nüchtern und blutleer klang gegenüber der mystischen, mit »völkischer Unsterblichkeit« verklärten Gemeinschaft der Deutschen.

Häufig bezeichnete sich Hitler, wenn er vor Arbeitern sprach, als einen »aus ihren Reihen Hervorgegangenen«, so in der Wahlrede im November 1933 vom Dynamowerk der Berliner Siemenswerke aus (zu Beginn der Rundfunkübertragung wurde der Verkehr in Deutschland für eine Minute angehalten, in allen deutschen Betrieben trat eine Arbeitspause zum gemeinsamen Empfang ein): »Ich war in meiner Jugend Arbeiter, so wie ihr, und ich habe mich durch Fleiß, durch Lernen und ich kann wohl auch sagen durch Hungern langsam emporgearbeitet.« Genaueres über die »entbehrungsreiche Jugend des Führers« lernte E. später im Jungmädel-Bund, und es imponierte ihr, daß er sich zeitweise sogar als Bauhilfsarbeiter durchgeschlagen haben sollte.

Vor 120 000 Arbeitern der Krupp-Werke behauptete Hitler 1936 – von einer Lokomotive aus: »Ich bin vielleicht der einzige Staatsmann der Welt, der kein Bankkonto besitzt. Ich habe keine Aktie, ich habe keine Anteile an irgendeinem Unternehmen. Ich besitze keine Dividende . . .« Und E. hörte, daß der Führer auf das ihm zustehende Reichskanzlergehalt verzichtet und eine ihm angetragene Ehrendoktorwürde ausgeschlagen hatte, hörte, daß sein persönlicher Lebensstil bescheiden und einfach geblieben sei, sah ihn in unzähligen Wochenschauen in Parteiuniform oder im schlichten Waffenrock der Wehrmacht, ohne Orden und Ehrenzeichen, dekoriert nur mit dem EK 1, das ihm als »Meldegänger« für Tapferkeit vor dem Feind im (Ersten) Weltkrieg verliehen worden war.

Mehr als jeder andere europäische Staatsmann präsentierte Hitler sich in der Öffentlichkeit, nahm prinzipiell neben dem Fahrer Platz, wenn er im offenen Wagen durch jubelnde Volksmassen fuhr und schüttelte unzählige ihm begeistert entgegengestreckte Hände. Nach Beendigung des Baues der neuen Reichskanzlei im Jahre 1939 empfing er als erstes – vier Tage vor den Diplomaten aus aller Welt – die Bauarbeiter, ließ Körbe mit Lebensmitteln, Wein und Obst austeilen, überreichte jedem der am Bau Beteiligten persönlich die handsignierte Reproduktion eines seiner Aquarelle und entschuldigte sich wegen der Pracht und Weitläufigkeit der Räume damit, daß er ja schließlich das Deutsche Reich repräsentieren müsse. So zeigte es die Wochenschau – so berichteten es die Zeitungen.

Solche und zahlreiche andere demonstrative Gesten der Volksverbundenheit hatten sicherlich mehr Wirkung auf Arbeiter als die zweifelhafte Kameradschaft der Unternehmer, denn eines ließ sich nicht bestreiten: Hitler kam »von ganz unten«, aus dem namenlosen Nichts des Volkes, hatte als Mann ohne Vermögen, ohne einflußreiche Verwandtschaft, ohne Abitur und Studium, ohne jegliche Berufsausbildung eine Karriere gemacht, die nur mit der des armen Bauernjungen aus alten deutschen Volksmärchen zu vergleichen war, der es bis zum König brachte.

An der Herrschaft der alten Machteliten hatte sich zwar wenig geändert, trotzdem schien im neuen Staat »das Unterste zuoberst gekehrt«, denn an der Spitze stand ein Autodidakt, ohne akademischen Grad, vor dem Professoren Treuebekenntnisse ablegten, ein unbekannter Soldat aus dem Weltkrieg, vor dem Generäle »Haltung« annahmen, ein (gelegentlicher) Bauhilfsarbeiter, um dessen Gunst sich die Herren von Kohle und Stahl bemühten, der »selbstlose«, »klassenlose« Führer einer Bewegung, dem angeblich nur eines am Herzen lag: eine starke, in sich geeinte Volksgemeinschaft.

E. zweifelt nicht daran, daß Hitler bei der überwiegenden Mehrheit deutscher Arbeiter in einem Maße populär war, wie es niemals zuvor und danach ein deutscher Politiker gewesen ist.

Sie wußte zwar auch damals, daß die Propaganda »der Zeit vorauseilte« und den Eindruck zu erwecken suchte, als sei schon viel mehr Volksgemeinschaft erreicht worden, als es tatsächlich zutraf, aber sie fand das legitim, denn schließlich ging es um die Erziehung des Volkes. So war ihr klar, daß auf jene von der Kamera der Wochenschau eingefangenen gläubig-ergriffenen Arbeitergesichter bei Symphoniekonzerten in Rüstungsbetrieben oder bei Ansprachen des Führers vor der Belegschaft eines Industriekonzerns mindestens die gleiche Anzahl schläfrig-gelangweilter kam, die sich nicht propagandistisch ausschlachten ließen. Seit ihrer Teilnahme am Erntedankfest auf dem Bückeberg bei Hameln im Jahre 1937 wußte sie, daß sich die Phonstärke eines aus Lautsprechern dringenden Jubels künstlich verstärken ließ, aber sie traut sich noch heute zu, einen erzwungenen Beifall von einer spontanen, herzlich-begeisterten Zustimmung zu unterscheiden. Sie zweifelt auch heute nicht am Wahrheitsgehalt von Meldungen, wie z. B. folgender aus einer Broschüre des Reichssymphonieorchesters: »In Eßlingen, in der Württembergischen Maschinenfabrik, fragte der Rundfunkansager einen alten grauen Meister, dem die Tränen in den Augen standen, als alles jubelte vor Begeisterung, was denn er dazu zu bemerken hätte. ›Daß uns der Kaiser einmal sein Hoforchester in die Fabrik geschickt hätte, hat sich damals niemand zu denken getraut . . . Nun hat der Führer selbst sein Orchester zu uns geschickt. Das können wir ihm nie genug danken.‹«

Die Rolle deutscher Großindustrieller als Steigbügelhalter des aufkommenden Nationalsozialismus, vor allem aber als Nutznießer, Komplizen und Mittäter bei der imperialistischen Eroberung fremder Territorien, der Ausbeutung von Zwangsarbeitern und der

Ermordung von Juden und anderen zu »Untermenschen« Erklärten ist bekannt. Die Auseinandersetzung darüber, ob im Dritten Reich ein »Primat der Politik gegenüber der Wirtschaft« oder umgekehrt ein »Primat der Wirtschaft gegenüber der Politik« geherrscht habe, hält an, aber die einfache Formel »Herrschaft im Dritten Reich war Herrschaft des Großkapitals«, trifft kaum zu.

»Ausgesetzt auf den Bergen des Herzens«

E. erlebte die zwölf Jahre nationalsozialistischer Herrschaft als unaufhörliches Ringen um die Verwirklichung der Volksgemeinschaft. »Abbau der Klassenschranken!, Überwindung der konfessionellen Spaltung!«, »Gemeinnutz geht vor Eigennutz!«, »Du bist nichts, dein Volk ist alles!«, so und ähnlich lauteten die Parolen, die große, überwertige Ziele aufzeigten, aber auch Heimat und Geborgenheit versprachen.

Die Ideologie der Volksgemeinschaft suggerierte, daß durch Überzeugung, Hingabe, Willenskraft und Opferbereitschaft die totale Einigung und Erneuerung einer korrupten, von kleinlichem Kampf um egoistische Interessen zersplitterten Gesellschaft erreicht werden könne, ohne daß die gesellschaftliche Ordnung geändert oder auch nur in Frage gestellt werden mußte.

Wahrscheinlich war es der utopische Charakter der Idee, vielleicht der Zwang zur Idealisierung, ja Heroisierung politischen Handelns, der das Kind, die Heranwachsende faszinierte. Die »idealistische«, d. h. jede gesellschaftliche Bedingung von Denken und Handeln ignorierende Überzeugung, daß der menschliche Geist die Grenzen menschlicher Leistungsfähigkeit ins Unendliche erweitern könne, entsprach sowohl der bürgerlichen Tradition des Elternhauses als auch der religiösen Unterweisung, nach der der Glaube sogar Berge versetzen könne.

Die Volksgemeinschaftsideologie kämpfte für eine heile Welt bürgerlicher Rechtschaffenheit. Der Kampf um die Seelen deutscher Volksgenossen richtete sich in der offiziellen Rhetorik gegen die Trägheit der Herzen, gegen Feigheit, Charakterlosigkeit und Gefühlskälte, gegen Zwietracht und Hader, Neid und Mißgunst, Standesdünkel und Unterwürfigkeit. Stolz, Freiheit und Ehre standen allen deutschen Volksgenossen zu, die Stiefel im Gesicht nicht gern hatten und über sich keine Herren duldeten, weil alle Herren waren.

Die Volksgemeinschaft stützte sich auf das »gesunde deutsche Volksempfinden«, das, einmal zur Macht gelangt, innerhalb des eigenen Landes eine »Diktatur der Tugend«, eine »Tyrannei der Zucht und Ordnung, der Sauberkeit und Anständigkeit« errichten und jenseits der Grenzen ungeheuerliche aggressive Energien freisetzen sollte, denn sie zielte auf eine »Ethik der geschlossenen Gruppe«, die nur für den deutschen Volkskörper galt.

Aber da das deutsche Volk ja schon viele Millionen Menschen umfaßte und im Programm der Regierung die Beherrschung anderer Völker nicht vorgesehen zu sein schien, fühlte sich E. nicht für diese und schon gar nicht für die ganze Menschheit verantwortlich, sondern mit der Aufgabe, zur »Volkwerdung« beizutragen, mehr als ausgelastet.

Der Heranwachsenden erschien diese Ideologie als Speerspitze des Fortschritts, Zustimmung oder Ablehnung des neuen Staates waren eher eine Frage der Moral als der politischen Überzeugung. Mangelnde »Volksgemeinschaftsbereitschaft« beruhte daher auf menschlicher Unzulänglichkeit, die nur mit der Kraft des Herzens überwunden werden konnte, denn das – natürlich nur bildlich gemeinte – »und willst du nicht mein Bruder sein, so schlag' ich Dir den Schädel ein«, nutzte gar nichts.

Viele Paderborner gossen Hohn und Spott über die Volksgemeinschaft aus, weil sie sich »etwas Besseres« dünkten. Die Kraft des Herzens war nicht vor Mißerfolgen gefeit, Ärger und Enttäuschung schlugen sich bei E. in gelegentlichen depressiven Stimmungen und ohnmächtiger Wut nieder. Obwohl es in ihrem Leben wie in dem fast aller Zeitgenossen des Dritten Reiches nicht an Erlebnissen einer »Levée en masse« fehlte, nicht an Bekundungen von Einigkeit, in denen die Volksgemeinschaft ganz nah, ja verwirklicht schien, wie z. B. beim Anschluß Österreichs, blieben diese Ereignisse dennoch Ausnahmezustände. E. ließ sich von ihnen vorübergehend und willig berauschen, aber ein geheimes Mißtrauen gegenüber ihrer Tragfähigkeit war immer dabei, glich der Angst eines Eisläufers auf gefrorenem See vor dem Abgrund unter trügerisch glänzender Bahn. Zwölf Jahre hindurch wurde das deutsche Volk nicht nur am »Tag der nationalen Arbeit«, sondern auch an anderen nationalen Festtagen, auf Großkundgebungen und Massenveranstaltungen, in Feierstunden der Partei und ihrer Gliederungen, in Schule und Hitlerjugend, in Rundfunkübertragungen und Wochenschauen mit Reden, Liedern und Kanons zusammengeschmiedet und zusammengehämmert. Manchmal schlicht von »uns«:

»Nichts kann uns rauben Liebe und Glauben zu unserm Land.
Es zu erhalten und zu gestalten sind wir gesandt«,
von der sozialistischen Trias »Arbeiter, Bauern Soldaten«:
»Wir tragen und bauen das Reich,
nie wollen wir es verraten!
Arbeiter, Bauern, Soldaten«,
der zivileren »Bauer, Bürger, Arbeitsmann«:
»Wir sind nicht Bauer, Bürger, Arbeitsmann,
haut die Schranken doch zusammen, Kameraden«,
von »Stadt und Land«:
»Im einigen Reich steht jeder seinen Mann,
Stadt und Land Hand in Hand«,
von den Brüdern des Rütlischwures der freien Schweizer Eidgenossen:
»Wir wollen sein ein einzig Volk von Brüdern
in keiner Not uns trennen und Gefahr«
oder schlicht den »Werkleuten all«:
»Wir Werkleute all
schmieden ein neues Volk
in stolzer Freiheit wieder zusammen.«
Je feierlicher und beschwörender die Rituale, desto düsterer die Tonart, desto wuchtiger der Rhythmus, desto mystischer und zeitloser die Texte der Lieder, die das angestrebte Ziel manchmal nur mit einem letzten strahlenden Dur-Akkord sieghaft vorwegnahmen:
»Alle stehen wir verbunden, unter uns'rer Fahne Schein,
da wir uns als Volk gefunden, steht nicht einer mehr allein,
steht nicht einer mehr allein.
Alle stehen wir verpflichtet, Gott, dem Führer und dem Blut,
fest im Glauben aufgerichtet, froh im Werk, das jeder tut,
froh im Werk das jeder tut.
Alle wollen wir das Eine: Deutschland, Du sollst leuchtend stehn,
wolln in Deinem hohen Scheine unser aller Ehre sehn,
unser aller Ehre sehn.«
Dieses Lied hieß im Jargon der Hitlerjugend »Rotes-Kreuz-Lied« (»alle stehen wir verbunden«), aber E. hat es trotzdem viele Male mit heiligem Ernst gesungen.

Besonders liebte sie den »grimmigen Trotz« eines Liedes aus dem 17. Jahrhundert:
»Wer jetzig Zeiten leben will, muß han ein tapfres Herze,
es hat der argen Feind soviel, bereiten ihm groß Schmerze.
Da heißt es stehn ganz unverzagt in seiner blanken Wehre,
daß sich der Feind nicht an uns wagt, es geht um Gut und Ehre.«

Der Feind in diesem Lied war kein militärischer Gegner, sondern »menschliche Niedertracht«, denn in der zweiten Strophe hieß es:
»Geld nur regiert die ganze Welt, dazu verhilft betrügen,
wer sich sonst noch so redlich hält, muß doch bald unterliegen.
Rechtschaffen hin, rechtschaffen her, das sind nur alte Geigen:
Betrug, Gewalt und List vielmehr, klag Du, man wird Dir's zeigen.«

Aber das »tapfere Herze« stellt sich unverzagt einer »Welt voller Teufel«:
»Doch wie's auch kommt das arge Spiel, behalt ein tapfres Herze
und sind der Feind auch noch so viel, verzage nicht im Schmerze.
Steht gottgetreulich, unverzagt in Deiner blanken Wehre:
Wenn sich der Feind auch an uns wagt, es geht um Gut und Ehre.«

Die ständige Zerreißprobe zwischen strahlender Siegesgewißheit und dem Gefühl hoffnungsloser Überforderung wird in folgenden Texten deutlich:
»Unser die Sonne, unser die Erde,
unser der Weg in das blühende Land!
Daß ein einiges Volk uns werde,
reiche der Bruder dem Bruder die Hand!«

und
»Haltet Eurer Herzen Feuer wach durch alle schwere Not,
bis von unserm Stern ein neuer Schein in unser Morgen loht.«

E. liebte ihr Volk mit heißem Herzen und brennender Liebe. Diese Liebe umfaßte alle deutschen Volksgenossen diesseits und jenseits der Grenzen und – während des Krieges – alle deutschen Soldaten, die in fernen Ländern für Deutschland kämpften. Sie war um so reiner, je ferner, abstrakter und symbolischer die umschlungenen Millionen blieben, denn allzu konkrete Begegnungen, so z. B. mit dem mythisch verklärten Bauernstand, verliefen oft ernüchternd und enttäuschend. Irgendwann stellte sie sogar fest, daß es die Bauern aus der Blut-und-Boden-Literatur überhaupt nicht gab. Auch der »Bodensatz« an »asozialem, entartetem, ehrlosem und arbeitsscheuem Gesindel«, den es leider auch im deutschen Volke gab, blieb von der Umarmung ausgeschlossen.

Am besten gedieh das »große« Gefühl, die »reine« Idee der Volksgemeinschaft als verborgenes, kostbares Gut, als heimliches Feuer, dem E. tief in der Seele einen Altar errichtet hatte.

Wenn sie heute versucht, dieser Idee Erlebnisse zuzuordnen, fallen ihr Hochstimmungen bei Kundgebungen und in Feierstunden ein, die von Nachgeborenen als Rausch, dumpfeste Hordeninstinkte und Massenhysterie bezeichnet und gelegentlich, da Vergleichsmöglichkeiten lange Zeit fehlten (erst mit der kurzfristigen Vereinigungseuphorie nach dem Fall der Mauer gegeben sind), mit Ausnahmezuständen kreischender und johlender Beatles-Fans verglichen werden. In E.s Erinnerungen gehörten sie einer völlig anderen Erlebnisqualität an, einem zwar gelegentlich strahlend-überschäumenden, meist jedoch eher verhaltenen, innigen, elementaren und zugleich schmerzlichen Glücksgefühl, das Brüderlichkeit, Gemeinschaft, Geborgenheit hieß, und sie stellt verwundert fest, daß die schlichten Worte »Volk« und »Heimat« ihren magischen Zauber noch immer nicht verloren haben.

Auch erinnert sie sich bei dem Stichwort »Volksgemeinschaft« an Fotos einfacher unbekannter deutscher Menschen aus deutschen Landschaften, die in Wochenschauen und Bildbänden, Lesebüchern und Schulungsheften häufig abgebildet waren: Arbeiter und Bauern, Kinder und junge Leute, vor allem von lebenslanger harter Arbeit gezeichnete Gesichter alter Männer und Frauen, die E. mit Ehrfurcht, Demut und scheuer Zuneigung betrachtete.

In der Propaganda realisierte sich die Volksgemeinschaft vor allem in gemeinsamer Arbeit, die in Kulturfilmen, auf Plakaten, in Kalenderblättern und Kunstwerken der dreißiger Jahre durch freudig und harmonisch Schaffende aller Art verbreitet wurde: pflügende und säende Bauern, Schweine fütternde Bäuerinnen, Spaten schwingende Autobahnarbeiter, Trauben pflückende Winzer und Winzerinnen, Kohle und Erz fördernde Bergleute, Stein auf Stein setzende Maurer, Facharbeiter, die in riesigen Werkhallen Industriegüter herstellen, Zimmerleute, die auf halbfertigen Gebäuden Richtkronen anbringen, Wissenschaftler, die durch Mikroskope schauen oder den Inhalt von Reagenzgläsern kritisch prüfen, Ingenieure, die in Konstruktionsbüros Pläne entwerfen, Kartoffeln schälende, Suppenschüsseln auftischende und Kinder betreuende Mütter und Hausfrauen, Arbeitsmänner und Arbeitsmaiden beim Einbringen der Ernte usw., usw. 1939 wurden auch diese friedlichen Lebensbereiche von der Propaganda militarisiert und als »Heimatfront« der von deutschen Soldaten weit über die Grenzen des Reiches vorgeschobenen Frontlinie zur Seite gestellt.

Je mehr Front und Heimatfront sich räumlich annäherten und der Krieg militärisch sinnlos wurde, desto mehr erhielt er für viele Soldaten einen Sinn: die Heimat verteidigen; für viele Zivilisten: die kämpfende Front nicht im Stich lassen. Was die Rhetorik vom Opfergeist der Volksgemeinschaft in sechs Friedensjahren nur unzulänglich zusammengeschweißt und zusammengeschmiedet hatte, erreichten nun die Angst vor dem Einmarsch der Roten Armee, die Wut und die Verzweiflung über die Terrorangriffe amerikanischer und britischer Bomber und unheimliche, ungeheuerliche Gerüchte über die von den Alliierten vorgesehenen Modalitäten einer bedingungslosen Kapitulation. Sie verstärkten in weiten Kreisen des Volkes jene seit Beginn des Dritten Reiches beschworene Schützengrabenmentalität, die es dem 1942 zum Rüstungsminister ernannten Albert Speer erlaubte, die Rüstungsproduktion bis 1944 um 230 Prozent zu steigern, und den Oberbefehlshabern der Streitkräfte, die militärischen Aktionen bis zum restlosen Zusammenbruch fortzusetzen.

Nach verheerenden Bombenangriffen schrieben nicht nur NS-Funktionäre an die Trümmer der zerstörten Häuser: »Unsere Mauern brachen, unsere Herzen nicht!«, oder auch trotzig-fatalistisch: »Bleib über! Wer jetzt noch lebt, ist selber schuld, denn Bomben sind genug gefallen«, und die Berliner benannten ihre Stadtviertel: Klamottenburg, Stehtnix, Trichterfelde.

In einer Apokalypse von Blut und Tränen, Angst, Opfer und Untergang reihten sich Hunderttausende in eine Volksgemeinschaft der Tat und der Hilfe ein. In jenen letzten Monaten des Krieges gab es sogar hier und da so etwas wie einen »Volkskörper«. Flüchtlingsmassen, Kellergemeinschaften erlebten ein atemloses Zusammensein in Angst und Not, ein Aufeinanderangewiesensein in Ur- und Todesgefahren, eine unendliche Beziehung zueinander, in der jeder mit dem anderen verknüpft war, Schmerz und Freude auf gemeinsamen Nervenbahnen von einem zum anderen geleitet wurden.

Manchmal – zwischen Traum und Tag – drängen sich Erinnerungen an jene Massenbewegungen der Herzen auf, die E.s Jugend geprägt haben. Dann ist sie nicht mehr so sicher, ob sie Nachkriegsjahrgänge beneiden, ihren eigenen Jahrgang bedauern soll, weil sie »in jener Zeit« aufgewachsen ist. Dann verteidigt sie ihre Jugend, weil sie nur diese eine hatte und sich auch keine andere vorstellen kann, jedenfalls keine, in der die Liebe zu Volk und Vaterland fehlt. Dann identifiziert sie sich trotzig mit den Worten Ernst Jüngers aus den »Stahlgewittern«: »Im kalten Licht des Verstandes wird alles zweckmäßig, verächtlich und fahl. Uns war es noch vergönnt, in den unsichtbaren Strahlen großer Gefühle zu leben. Das bleibt uns unschätzbarer Gewinn!«

Antisemitismus

Ubi Pine, ibi patria

Tante Adolphine, genannt Pine, geboren 1886 als dritte der fünf Töchter Determeyer vom Deteringhof im Münsterland, ausgebildete Sport- und Handarbeitslehrerin, katholisch, heiratete 1913 im Alter von 28 Jahren gegen den Willen ihrer Eltern den jüdischen Schriftsteller und Privatgelehrten Ernst Berg aus Kassel.

Das abgewandelte Cicero-Zitat »Ubi Pine, ibi patria« – Wo Pine ist, da ist mein Vaterland – ging als Kommentar von Ernst Berg in die Familienüberlieferung ein, als das kinderlose Ehepaar im Jahre 1933 nach Belgien emigrierte.

Für Adolphine Berg, geborene Determeyer, war es selbstverständlich, das jüdische Schicksal ihres Ehemannes zu teilen. Als westfälische Bauerntochter verfügte sie jedoch über keinerlei kulturelle Traditionen, die sie auf Heimatlosigkeit, Verfolgung und Vertreibung vorbereitet hätten. Sie reagierte auf das erlittene Unrecht weit weniger gelassen als ihr Mann, sondern mit leidenschaftlichem Haß und einer symbolischen Hinrichtung. In gleichlautenden Briefen aus dem Exil teilte sie ihren in Deutschland verbliebenen Brüdern und Schwestern mit, sie haben, den »Adolph« (in ihrem Namen) »geköpft« und wünsche nunmehr und für alle Zeiten »Ine« genannt zu werden.

»Bene« ist es dem Ehepaar Berg in der Emigration nicht gegangen. In der Hoffnung, daß der »braune Spuk« bald vorübergehen würde, eröffneten sie in einem Arbeitervorort von Lüttich, knapp 50 km hinter der deutschen Grenze, einen Schreibwarenladen, mit dem sie sich mehr schlecht als recht über Wasser hielten.

Neben dem Verlust der Heimat, der bürgerlichen Existenz, der wissenschaftlichen Anerkennung, des Freundes- und Familienkreises brachte die Flucht aus Deutschland Ernst Berg letztlich nicht mehr als einige Jahre Aufschub vor Verfolgung und Tod. Tante Ine entschloß sich erst lange nach dem Krieg, in »das Land, das meinen Ernst nicht haben wollte«, zurückzukehren.

»Pine Determeyer hat einen Juden geheiratet!« Diese unglaubliche Nachricht verbreitete sich im Jahre 1913 wie ein Lauffeuer in der guten Gesellschaft von Ibbenbüren und bei den Mitgliedern der weitverzweigten Familie im Münsterland, Emsland und den Niederlanden. Nach den Berichten von E.s Mutter löste sie Empörung, Mitleid (mit den Eltern), Schadenfreude und Genugtuung aus: »Tony wollte ja immer so hoch hinaus mit ihren Töchtern.«

Die letzte Welle dieses Skandals schlug noch 50 Jahre später über dem Treffen zweier alter Damen zusammen, obwohl inzwischen zwei Kriege vergangen waren und Kaiserreich, Weimarer Republik und NS-Diktatur der Geschichte angehörten.

1963 traf sich E.s Mutter Änne, jüngste der Determeyer-Töchter vom Detering-Hof, mit einer Cousine aus dem Emsland. Die beiden hatten sich zum letztenmal vor dem Ersten

Weltkrieg gesehen und tauschten mit viel Gelächter gemeinsame Kindheitserinnerungen aus. Als aber die Cousine plötzlich auch jenes fernen Ereignisses gedachte, noch dazu in einem Tonfall, den E.s Mutter später als giftig bezeichnete:»Ich weiß noch, wie Pine den Juden heiratete«, endete die gerade wieder angeknüpfte Familienbindung frostig und unwiederbringlich. Im engeren Kreis der Familie war nämlich aus »dem Juden« längst der Schwager und Onkel Ernst geworden.

Tante Adolphine war Patentante von Bruder Erwin. Die wegen ihrer Heirat mit einem Ungetauften Exkommunizierte hatte ihn zwar nicht aus der Taufe heben dürfen, und für die Aufgabe eines katholischen Paten, die christlich-katholische Erziehung des Patenkindes zu überwachen, kam sie nicht in Frage, aber so genau nahm man es in der Familie nicht mit den katholischen Bräuchen.

Erwin war immer etwas »schwierig«, fühlte sich häufig zurückgesetzt und fand bei Onkeln und Tanten weniger Beachtung als seine Geschwister. Als Kleinkind war ihm nach einer schweren Krankheit vom Hausarzt Luftveränderung verordnet worden. Das kinderlose Ehepaar Berg nahm den Dreijährigen auf und gab sich rührende Mühe, ihm über die erste Trennung von der Mutter hinwegzuhelfen. Auf einem Foto aus dem Jahre 1926 sitzt der etwas füllige Onkel Ernst auf dem Rand einer eigens für den kleinen Gast angeschafften Sandkiste und bietet ihm freundlich lächelnd ein Sandförmchen an, während dieser, die Hände unter dem Kinderschürzchen verknäult, den Onkel mit tiefem Mißtrauen anblickt.

Seit seinem Aufenthalt in Kassel hatten die Bergs den kleinen, heimwehkranken Jungen ins Herz geschlossen, und als sie im Jahre 1930, auf der Rückfahrt von Norderney, einige Tage in Paderborn verbrachten, war Erwin überglücklich, weil er glaubte, sie seien einzig und allein seinetwegen gekommen. Den Gästen wurde das Elternschlafzimmer eingeräumt, der Vater zog sich auf die »Schäselong« im Herrenzimmer zurück, Mutter, Tante Käthe und drei Kinder schliefen eng, aber gemütlich in den zusammengeschobenen Betten des Kinderschlafzimmers.

Am Morgen des ersten Besuchstages kroch Erwin zu Onkel und Tante ins Ehebett und provozierte sie zu einer Kissenschlacht. Nachdem er sich ausgetobt hatte, wollte er noch einige Minuten mütterliche Wärme genießen und bohrte sich einen Weg unter das Familiendeckbett, aber die Mutter zeterte mit komischem Entsetzen:»Nein, das geht doch aber nun wirklich nicht«, und zur Schwester:»Der kommt doch direkt aus Ernst seinem Bett.« Tante Käthe bestätigte:»Nein, das geht wirklich nicht«, bevor beide losprusteten. Die Nachtruhe endete mit einem wunderschönen Spiel. Bei jeder Berührung mit Erwins Körper zogen alle die betreffenden Gliedmaßen mit Geschrei und Gestrampel zurück, so wie man auf eiskalte Füße eines Bettgenossen reagiert.

Zwei Jahre später veranstaltete ein Paderborner Autobusunternehmer verbilligte Tagesfahrten in die nähere und weitere Umgebung, und da auch Kassel zu den Ausflugszielen gehörte, besuchte die Familie Tante und Onkel. Niemand ahnte, daß es das letzte Mal sein würde.

Es war ein Tag voller Schönheit und Harmonie: strahlendes Sommerwetter, eine Autofahrt – damals ein seltenes und außerordentliches Ereignis –, die Residenzstadt Kassel mit ihren prächtigen Bauten, ausgebreitet zwischen den Hügeln des hessischen Berglandes, die gepflegten Parkanlagen von Karlsaue und Wilhelmshöhe mit den großen, schattenspendenden Bäumen, bunten, bienenumsummten Blumenpolstern, perlenden Wasserfällen, die »Kaskaden« hießen, und dem Herkules, fast so imponierend wie das Hermannsdenkmal im Teutoburger Wald, das man bei klarem Wetter von Paderborn aus sehen konnte.

Zu den unvergeßlichen Eindrücken dieses Tages gehört auch die festliche Aufmachung der Familie: E.s Mutter, damals 42 Jahre alt, hatte den Ausflug nach Kassel zum Anlaß genommen, sich endlich einen »Bubikopf« schneiden und Dauerwellen legen zu lassen. Das Kleid ihres langjährigen blau-weißen »Komplees« war durch Heraustrennen der Ärmel und Verkürzung des Saumes auf den letzten Stand der Mode gebracht worden. Gekrönt wurde ihre Erscheinung durch einen im Schlußverkauf erstandenen Topfhut aus dunkelblauem Stroh mit weißem Blumentuff. Dazu trug sie selbstgehäkelte weiße Handschuhe.

Ihre Bemühungen wurden von dem zwölfjährigen Günther am frühen Morgen mit dem schwärmerischen Kompliment belohnt: »Mutter, ich wußte gar nicht, daß du so schön bist.« E. fand den ungewohnten Anblick der Mutter eher verwirrend. Mütter waren für die Kategorie Schönheit viel zu alt. Außerdem störten sie die langgezogenen Impfnarben und die Leberflecke auf der weißen Haut der vollen Oberarme. Die Brüder trugen an diesem Tag ihre ersten »Faltenhemden«, in die sie sich morgens mit gegenseitiger Hilfe die zur Kommunion erhaltenen Manschettenknöpfe hineingequält hatten. Die Siebenjährige erregte Aufsehen mit einem von Patentante Liesel eigenhändig gewebten, genähten und bestickten Kleidchen. Tante Ine trug keinen Bubikopf. Ihr üppiges dunkelblondes Haar endete in einem schweren Nackenknoten, der nicht geflochten, sondern auf eine lässige Weise ineinander verschlungen war. Arme und Hals waren schlank und braungebrannt und der von ihr ausströmende dezente Wohlgeruch duftete viel interessanter als »Oohdekolonch«. Ihr sandfarbenes, sportliches Kleid war von schlichter Eleganz und erschien E. als Inbegriff von Vornehmheit.

Nach dem gemeinsamen Mittagessen wollte Onkel Ernst zur Unterhaltung der Gäste beitragen. Er bohrte die Daumen in die Weste, zog die Schultern hoch, legte den Kopf schief und sagte mit merkwürdig singendem Tonfall einige Worte in einer Sprache, die man nur schwer verstehen konnte. Die Kinder lachten, der Vater lächelte amüsiert, die Mutter zeterte mit dem gleichen komischen Entsetzen wie zwei Jahre zuvor bei der Bettgeschichte: »Ernst, laß das doch!« Tante Ine sagte kurz, fast drohend: »Ernst, laß das!« Dann wurde schnell von etwas anderem gesprochen.

Am Nachmittag stiegen alle die Wilhelmshöhe hinauf, die Kinder wurden vorgeschickt. E.s Brüder ahmten die Vorstellung von Onkel Ernst nach und erklärten mit einem wissenden Grinsen, das sei »mauscheln« gewesen. Dann sprachen sie Leute an und fragten höflich, wo der Herr Kules denn seine Frau gelassen habe und ob es nicht auch ein Fraukules-Denkmal gäbe.

Am Abend des 30. Januar 1933 meldete das Amt ein Ferngespräch aus Kassel an. E. spitzte die Ohren, hörte vom anderen Ende der Leitung die hohe, aufgeregte Stimme der Tante und die Mutter beschwichtigend antworten: »Ach, das glaube ich nicht – wartet doch erst einmal ab, das wird schon nicht so schlimm werden.« Später, als sie dem Ehemann von diesem Telefongespräch berichtete, erfuhr die Siebenjährige, daß man in Kassel einen guten Bekannten und Freund von Tante Adolphine und Onkel Ernst, der auch ein Jude sei, »mißhandelt« und in »schimpflichem Aufzug« durch die Stadt geführt habe.

Der nicht für die Ohren des Kindes bestimmte Bericht über einen Unbekannten verblaßte bald und wurde überdeckt durch Fahnen und Lieder und tiefe Dankbarkeit für den »Führer, der uns vorm bösen Kommunismus gerettet hat«. Mit dieser litaneiähnlichen Formel wurde Adolf Hitler spätestens nach dem »Tag von Potsdam« von der offensichtlich bewegten Klassenschwester Mutter Fidelis in das tägliche Schulgebet eingeschlossen.

Tante Adolphine und Onkel Ernst wohnten plötzlich nicht mehr in Kassel, sondern in Lüttich. Schreiben mußte man das aber Liège, und die Straße hieß Rue Bois d'Avrois, was Günther mit »Straße des Waldes von Avrois« übersetzte, weil er schon Französisch hatte.

Viele Briefe gingen in den nächsten Jahren hin und her. Die Briefmarken mit König Leopold, Königin Astrid und den vier Königskindern wanderten in die Briefmarkenalben der Brüder oder wurden gegen andere eingetauscht. Manchmal nahm E. die Umschläge mit in die Schule, denn Verwandte im Ausland erhöhten die soziale Rangordnung. Manchmal machte sie sich auch damit wichtig, daß die Tante wegen ihres jüdischen Ehemanns nach Belgien gezogen war, weil in Deutschland jetzt nur noch Deutsche leben sollten. Für eine Judenheirat in der Familie konnte man sie schließlich nicht verantwortlich machen. Aber merkwürdig war das schon.

»Warum hat Tante Ine den Onkel Ernst denn geheiratet?« wollte das Kind eines Tages von der Mutter wissen. – »Sie hat ihn eben geliebt!« verteidigte diese die Schwester. »Wußte sie denn, daß er Jude war?« – »Natürlich wußte sie das.«

Natürlich, dachte E. So was merkte man doch. Liebe schien aber eine ziemlich gefährliche Sache zu sein, wenn man sich sogar in einen Juden verlieben konnte.

»Wo hat sie ihn denn kennengelernt?« – »Sie haben in Wiesbaden in der gleichen Pension gewohnt. Tante Ine war dort Lehrerin an einem katholischen Mädchengymnasium, und Onkel Ernst studierte in Frankfurt Philosophie oder so was.«

Die ehestiftende Funktion von Familienpensionen war E. bereits aus den Erzählungen der Mutter vertraut, denn auch sie hatte ihren Ehemann in einer solchen Einrichtung kennengelernt. Eine Judenheirat ließ sich aber offenbar nicht so einfach erklären, denn die Mutter fügte hinzu: »Die anderen Pensionsgäste waren nicht sehr nett mit Ernst, weil er Jude war. Da hat er ihr leid getan. Sie ist eben eine gute Seele und sehr gerecht! Deshalb hat sie sich ein bißchen um ihn gekümmert. Sie haben zusammen Tennis gespielt, sind spazierengegangen, und da ist das dann so gekommen.«

Bis auf »da ist das dann so gekommen« konnte E. die Tante verstehen. Sie nahm sich vor, später auch »sehr gerecht« und immer nett zu allen Leuten zu sein, auch zu den Juden, weil die ja schließlich »nichts dafür konnten«. Wenn alle Leute nett und gerecht gewesen wären, hätte Tante Ine den Onkel Ernst nicht zu heiraten brauchen.

»Was haben denn eure Eltern dazu gesagt?« – »Tante Ine brachte ihn einfach mit nach Hause und stellte ihn als ihren zukünftigen Ehemann vor, obwohl das damals nicht üblich war. Ein Paar, das sich schon einig war, bevor der Mann offiziell um die Hand des Mädchens angehalten hatte – da konnte man ja ›sonst was‹ denken. Unsere Eltern haben ihn aber freundlich aufgenommen. Schließlich war er Gast. Er hielt dann offiziell um Ines Hand an, legte seine Vermögensverhältnisse dar und daß er ihr eine gutbürgerliche Existenz bieten könne.« – »Und was haben sie geantwortet?« – »Sie haben sich die Entscheidung nicht leicht gemacht. Ine war schon 28 und die erste von uns fünf Schwestern, um deren Hand überhaupt angehalten wurde. Aber dann haben sie gesagt: ›Er ist wirklich sehr nett, aber er ist Jude.‹ Mit ehrlichem Bedauern, denn persönlich hatten sie nichts gegen Ernst. Das war wegen der Religion.« – »Und wenn er getauft gewesen wäre?« – »Das weiß ich nicht . . . Bedenken hätten sie sicher auch dann gehabt. Die Juden sind eben anders . . .«

E. war damals sicher, daß die Großeltern ihre Zustimmung auch in diesem Falle verweigert hätten. Schließlich waren sie »Großbauern« gewesen. Das behauptete jedenfalls Bruder Günther, obwohl die Mutter dem widersprach und ihren Vater stets als »Hofbesitzer« bezeichnete. Aber da das Wort »Bauer« erst im Dritten Reich wieder zu

Ehren gekommen war, konnte man ihr das nicht übelnehmen. Bauern, so glaubte E., brauchten keine »Gesetze zum Schutz des deutschen Blutes und der deutschen Ehre« (so hießen die »Nürnberger Gesetze« offiziell), um zu wissen, daß die Juden eine ganz fremde Rasse waren und eine Vermischung mit ihnen das deutsche Volk verderben würde. Als Bauern mußten sie doch instinktiv eine Ahnung davon gehabt haben. Wenn nicht sie, wer dann sonst?

E. hatte schon gelernt, daß man sich in »Rassefragen« nur bedingt auf die Kirche verlassen konnte. Sie erlaubte die Eheschließung mit einem Juden und sogar mit einem »Zulukaffer« oder »Hottentotten«, wenn er das richtige Gesangbuch hatte, machte aber bei einem evangelischen Christen schon Schwierigkeiten und verbot einem geschiedenen Katholiken die Wiederheirat, auch wenn die beiden, die sich heiraten wollten, blutsmäßig noch so gut zusammenpaßten. Sie konnten sich dann »nur« standesamtlich trauen lassen und lebten fortan in »wilder Ehe« bzw. »im Zustand andauernder schwerer Sünde«.

Da war es schon gut, daß die meisten Juden nicht nur Juden, sondern auch ungetauft waren. Die Nürnberger Gesetze rannten in katholischen Kreisen offene Türen ein, da sich in ihnen die rassistischen Interessen der NS-Regierung mit den religiösen der Kirche trafen. Nach katholischem Eherecht war die Folge einer nur standesamtlich möglichen Trauung mit einem »Ungetauften« nicht nur moralische Verurteilung, sondern Exkommunikation, d. h. Ausschluß aus der Kirche, Ausschluß von den Tröstungen der Sakramente. Die Kirche protestierte während der Nazizeit gegen Scheidungsdruck und Eheverbot nur, wenn es sich bei dem jüdischen Partner um einen »katholischen Nichtarier« handelte, und ihre Hilfsaktionen zur Rettung von Juden vor dem Zugriff der Nazis betrafen so gut wie ausschließlich diesen Personenkreis.

War es das Seelenheil der Tochter, das E.s Großeltern veranlaßte, den jüdischen Bewerber abzuweisen? Waren es rassische Vorurteile, oder war es der gesellschaftliche Skandal? Wahrscheinlich von allem etwas.

»Was hat denn Onkel Ernst dazu gesagt, daß man ihn nicht als Schwiegersohn haben wollte?«, fragte das Kind weiter. – »Er hat das meinen Eltern weniger übelgenommen als Tante Ine. Seine Familie war nämlich auch nicht gerade erbaut von der christlichen Schwiegertochter. Ine hat es da nicht leicht gehabt.«

Adolphine Determeyer und Ernst Berg heirateten bald darauf ohne den Segen der Eltern und der Kirche, und Tante Ine bezeichnete sich seitdem trotzig als Freidenker, obwohl sie noch kurz bevor sie ihren Ernst kennenlernte, sehr ernsthaft den Eintritt in einen strengen katholischen Missionsorden erwogen hatte. Sie wurde aus dem Elternhaus verstoßen und erhielt für das von ihr gewählte Leben in andauernder schwerer Sünde keine Aussteuer. So wurden Möbel, Hausrat und Wäsche, alles das, was ein Mädchen aus gutem Hause seinerzeit mit in die Ehe zu bringen pflegte, vom Geld des Ehegatten angeschafft, und Tante Ine ließ Besteck und Bettwäsche trotzig mit A. B. (Adolphine Berg) statt mit ihren Mädcheninitialen (A. D.) zeichnen.

»Und was habt ihr dazu gesagt, du und deine Geschwister?« wollte E. wissen. – »Wir haben natürlich zu Ine gehalten, haben ihr auch heimlich einen Teil ihrer Wäscheaussteuer zukommen lassen. Richtig gezeichnete natürlich. Meiner Mutter war das nämlich gar nicht recht. Die schämte sich vor Ernst seiner Familie und sagte: Das sieht ja aus, als ob Pine von nichts her wäre.« – »Und wie seid ihr mit Onkel Ernst ausgekommen?« – »Gut. Er war ja auch wirklich nett, und man konnte mit ihm herzlich lachen. Ine hat keinen Grund gehabt, sich zu beklagen. Auch meine Brüder mochten ihn, und Ernst hatte direkt eine Schwäche für unsere Familie. Wir wären so vital und unkompliziert , hat er gesagt. Er liebte sein ›Pinchen‹ und ihr cholerisches Temperament. Einmal warf sie eine

Schreibmaschine, die nicht funktionieren wollte, vor Wut aus dem Fenster. Ernst hat sich kaputtgelacht und das überall in Kassel rumerzählt. Ine war sehr ärgerlich darüber.« – »Und wie war das früher mit den Juden in Ibbenbüren und in Gelsenkirchen (der Heimatstadt des Vaters)?« wollte E. wissen.

An häuslich-geselligen Verkehr zwischen jüdischen und christlichen Familien konnte E.s Mutter sich nicht erinnern. Auch die dort seit Generationen ansässigen wohlhabenden Geschäftsleute habe man nicht zur »guten Gesellschaft« gerechnet, aber ihr Vater habe langjährige geschäftliche Beziehungen mit einem jüdischen Großhändler unterhalten und sei nicht schlecht dabei gefahren.

E., die damals gerade den »Büttnerbauer« von Wilhelm von Polenz las, war sicher, daß der jüdische Händler den Großvater übers Ohr gehauen hatte.

Im Elternhaus des Vaters war alles anders. Großvater Peters, Musikdirektor in Gelsenkirchen, pflegte freundschaftlich-geselligen Umgang mit Juden, nicht nur in musikalischen Vereinigungen, sondern auch bei häuslichen Kammermusikveranstaltungen, und hatte sogar lange Jahre hindurch den Gelsenkirchener Synagogenchor geleitet. Eine Jubiläumsgabe dieses Chores mit Widmung war in den Besitz von E.s Vater und seiner Familie übergegangen. Es handelte sich um eine Jugendstilbowle, eine grüne Glaskugel, die von einem bronzenen Weinlaubungetüm mit einem als Weintraube geformten Deckel in grobschlächtiger Filigranarbeit umspannt wurde.

Als E. dieses Gebilde im dritten Kriegsjahr, zusammen mit Zinnkrügen und Kupferwärmflaschen vom Deteringhof in die Altmetallsammlung gab, schlug sie zuvor sorgfältig mit einem Hammer die peinlich-verräterische Widmung unleserlich.

Im Jahre 1910 luden die Determeyer-Brüder Hubert und Franz ihre drei jüngsten Schwestern Änne, Käthe und Adolphine zu einem Badeurlaub an die Nordsee ein. Ob es Zufall war, daß sie die Nordseeinsel Borkum als Zielort wählten?

Auf Borkum waren schon im Kaiserreich Juden unerwünscht. Jeden Abend spielte die Bordkapelle zum Ausklang des fröhlichen Badelebens das berüchtigte Borkum-Lied mit dem Refrain: »Und wer da naht mit platten Füßen, / die Nase krumm, die Haare kraus, / der darf nicht unsern Strand genießen, / der muß hinaus, hinaus, hinaus!«

Diesen Text, mit entsprechenden antisemitischen Karikaturen umrahmt, gab es auch als Postkarte. In einer Zeit, in der ähnliche Karikaturen jede Woche neu im Schaukasten des »Stürmers« an der Heiersburg ausgehängt wurden, fand E. eine solche Karte mit fröhlichen Feriengrüßen der Determeyer-Geschwister zwischen alten Briefen, Familienfotos und Zeitungsausschnitten im Schreibtisch der Mutter. Als sie ihren Fund beim Mittagessen amüsiert vorzeigen wollte, nahm die Mutter ihr die Karte aus der Hand, sagte verärgert: »Ach, das heißt ja nichts!« und zerriß die Erinnerung an ferne, unbeschwerte Urlaubstage. Lange nach dem Krieg meinte sie kopfschüttelnd: »Da haben wir alle mitgesungen. Da haben wir uns nichts bei gedacht.«

Unvergeßlich geblieben sind E. Berichte der Mutter vom großen vaterländischen Fest, das der Vaterländische Verein von Ibbenbüren im Jahre 1912 zum 100jährigen Gedenken an die Erhebung Preußens veranstaltet hatte. Höhepunkt dieser Jahrhundertfeier waren »Lebende Bilder aus der deutschen Geschichte«, in denen für die zahlreiche Familie Determeyer tragende Rollen abfielen.

Tante Käthe, vierte der fünf Töchter Determeyer, verkörperte die »anmutige, liebreizende Preußenkönigin Luise«, so die historischen Quellen, und sie soll dieser Rolle durchaus gerecht geworden sein. Als der Vorhang sich öffnete, lag sie empiregewandet, mit spärlich verhülltem Busen, zu herzzerreißender Pose erstarrt, Napoleon zu Füßen und flehte – stumm natürlich – für ihr unglückliches Vaterland um Gnade. Der

»Kaiser der Franzosen«, die Hand charakteristisch in den Rock geschoben, blickte kalt und ungerührt über sie hinweg – und war ein jüdischer Schneider.

»Juden in einem vaterländischen Verein? Wo die doch gar keine Deutschen sind?« – »Er paßte vom Typ her sehr gut. War so'n kleiner dicker Mann mit schwarzen Haaren. Die hatte ihm ein Friseur napoleonmäßig zurechtgeschnitten und angeklatscht. Richtig echt sah der aus«, verteidigte die Mutter ihre Jugenderinnerungen. Und weil sie merkte, daß das die Tochter nicht überzeugte: »Die Juden wollen eben überall mitmachen. Die drängen sich überall rein.«

Aha! So war das also. Wenn man es recht bedachte, hatte man dem Juden ja auch die richtige Rolle gegeben, die eines landfremden Eroberers, eines Feindes der Deutschen, während der wackere Kriegsmann in dem Kolossalgemälde »Kriegers Abschied« von einem echten deutschen Mann dargestellt wurde, nämlich von Onkel Alwin, blond und blauäugig wie alle Determeyers und mit »Es-ist-erreicht-Schnurrbart« nach kaiserlichem Vorbild. Behelmt mit Pickelhaube und in voller Kriegsausrüstung riß er sich mannhaft aus der verzweifelten Umklammerung seiner »liebenden Braut«, weil ihn der preußische Kriegsadler an der Kulissenwand zu höherem Dienste berief.

Die liebende Braut wurde von einem »kleinen Nähmädchen« dargestellt. E.s Mutter meinte damit nicht die Körpergröße der Betreffenden, sondern ihren gesellschaftlichen Stand. So setzte sich der vaterländische Gedanke machtvoll über antisemitische Vorurteile und Standesdünkel hinweg.

Tante Ine hatte einen ergreifenden Auftritt als überirdisches Wesen, halb Krankenschwester, halb Schutzengel, in der »Schlacht von Sedan«. Vor einer blutrot untergehenden Sonne spendete sie zahlreichen Verwundeten Trost und Verklärung.

Das Schlußtableau »Deutschland, Deutschland über alles« wurde allein von Frauen gestaltet. Da imponierte die schöne, wenn auch immer etwas – aber für diese Rolle keineswegs – zu stattliche Tante Elli als Germania mit Schwert und Schuppenpanzer, umringt von erheblich schlankeren und zarteren Allegorien deutscher Ströme, unter denen sich auch die drei Töchter des jüdischen Geschäftsinhabers Seidenschnur befanden. Zur Rechtfertigung dieses »Mißgriffes« (»jüdische Mädchen als deutsche Ströme?«) brachte die Mutter in neidloser Anerkennung vor, es seien »wunderschöne Mädchen« gewesen. E. bezweifelte das nicht, aber mußten sie ausgerechnet deutsche Ströme verkörpern?

Im Laufe der Zeit erwarb E. sich einen Überblick über die zwölf Geschwister der Mutter und die vier des Vaters, nebst angeheirateten Onkeln und Tanten und jeweiligen Vettern und Cousinen.

Bei Tante Ine und Onkel Ernst fiel manches Merkwürdige auf, so z. B., daß die Bergs gar keine richtige Familie waren, da sie keine Kinder hatten. Die Fruchtbarkeit der Großelterngeneration war zwar bei den verheirateten Onkeln und Tanten erheblich zurückgegangen, aber drei bis vier Kinder waren meistens vorhanden.

»Warum haben Onkel Ernst und Tante Ine keine Kinder?« – »Sie wollten keine.« – »Sie wollten keine?« – »Ernst wollte keine.« – »Warum denn nicht? Mag der keine Kinder?« – »Doch, aber er wollte ›das‹ wohl nicht auch noch Kindern vererben.« – »Was?« – »Daß er Jude ist. Schließlich hat er selbst genug darunter gelitten.«

E. hat keinen Anlaß, an der geplanten Kinderlosigkeit der Bergs zu zweifeln, aber dieser Entschluß hatte nichts mit der NS-Zeit zu tun. Bei ihrer Emigration war das Ehepaar bereits 20 Jahre verheiratet und näherte sich den Fünfzigern.

Sie fand diese Erklärung der Mutter einerseits bedauerlich, weil sie sich eine Ehe ohne Kinder sehr langweilig vorstellte, andererseits war sie erleichtert wegen der Vererbung, denn die Kinder von Onkel Ernst und Tante Ine wären ja halbe Judenkinder gewesen. Die Entscheidung ihres jüdischen Onkels, »das« nicht auch noch weiterzuvererben, imponierte ihr. Judesein war für das Kind so etwas wie eine tragische Behinderung, eine Art Krankheit, die man leider nicht heilen konnte. Besser wäre es schon, wenn es die Juden gar nicht gäbe.

Auch anderes war ungewöhnlich in dieser Ehe. Onkel Ernst arbeitete nicht. Oder doch? Einmal, als die Bergs Familienbesuch hatten, zog sich Onkel Ernst ins Herrenzimmer zurück, und Tante Ine sagte betont: »Ernst arbeitet!« Ihre Schwestern sahen sich vielsagend an und flüsterten: »Der arbeitet doch gar nicht.«

Also was denn nun? E. hatte gelernt, daß Lesen oder Schreiben am Schreibtisch im Herrenzimmer Arbeit war. Ihr Vater durfte dann nicht gestört werden, obwohl Bruder Erwin einmal despektierlich bemerkte: »Vater arbeitet ja gar nicht, der liest ja bloß.«

Der Unterschied war der, daß Onkel Ernst nicht darauf angewiesen war, den Lebensunterhalt für sich und seine Frau zu verdienen, denn Onkel Ernst hatte ein Vermögen. »Und woher hatte er das?« – »Das hat er geerbt von seinen Eltern.« – »So viel Geld, daß man ein ganzes Leben davon leben kann?« – »Sein Vater war Bankdirektor. Da kommt Geld zu Geld.«

Und dann zitierte die Mutter etwas resigniert eine ihrer sprichwörtlichen Lebensweisheiten: »Wer nix erheiratet, nix ererbt, bleibt 'n armes Luder, bis er sterbt.« – »Aber woher wissen sie denn, wie lange das Geld reichen muß? Sie wissen doch nicht, wie lange sie leben? Wenn es nun auf einmal ›alle‹ ist?«

Daß Geld nicht »alle« wird, kannte sie bis dahin nur aus Märchen. Da gab es manchmal ein Glückssäckel, eine Wunderlampe oder einen Gold kackenden Esel. Jetzt erfuhr sie, daß nur wenig Geld »alle« wird. Die Eltern hatten wenig Geld. E. erlebte jeden Monat, daß die Mutter sehnlichst auf den »Ersten« – magischer Begriff in einem sparsamen Beamtenhaushalt – wartete. Geld, von dessen Zinsen man leben konnte, nannte man ein Vermögen, und Geld, dessen Zinsen man gar nicht aufbrauchte, wurde von selbst immer mehr und hieß Kapital.

Und noch etwas Ungewöhnliches. Onkel Ernst war zwar Soldat, aber niemals an der Front gewesen. Er hatte den ganzen Krieg auf einer Schreibstube verbracht. Die Mutter berichtete das ganz sachlich, keineswegs abfällig oder gar mit Worten wie Drückeberger oder Feigling. »Die Juden sind eben keine Soldaten. Das liegt ihnen nicht.«

Der Vater und die zahlreichen Onkel waren »richtig« im Krieg gewesen, bei Verdun und Arras, an Somme und Marne. Manche hatten Eiserne Kreuze bekommen, waren Offizier geworden, hatten mit einer Verwundung im Lazarett gelegen, waren als Flieger abgeschossen, in Gefangenschaft geraten usw., typische Stationen eines deutschen Männerschicksals.

Es ist möglich, daß Ernst Berg aus politischer Überzeugung immun gegen »Heldenideale« war und sich deshalb unabkömmlich gemacht hat. Zu den zahlreichen Juden insbesondere des gehobenen Bürgertums, die, deutschnational bis in die Knochen, diese freiwillig und selbstverständlich im Ersten Weltkrieg für ihr deutsches Vaterland hingehalten haben, gehörte er wohl nicht.

E. hat ihrem Onkel die Schreibstubentätigkeit nicht übelgenommen. Warum hätte er als Jude auch für Deutschland kämpfen sollen? Deutschland war doch gar nicht sein Vaterland. Die Juden hatten nämlich überhaupt keins. Das wußte sie aus dem Lesebuch für katholische Volksschulen »Das goldene Tor«, das vor und auch nach 1933 in Gebrauch war. Darin stand die Legende von »Ahasver, dem ewigen Juden«, einer unheimlichen Gestalt mit schwarzem Mantel, schwarzem Hut und »unstetem« Blick, der dazu verdammt war, heimatlos und verfolgt von Land zu Land zu fliehen, weil er geholfen hatte, Christus ans Kreuz zu schlagen.

So sehr tief konnte der Umzug nach Belgien daher auch den Onkel Ernst nicht getroffen haben, dachte E. Sie fand den Spruch »Ubi Pine, ibi patria« zwar sympathisch, weil darin ausgedrückt war, daß er Tante Ine liebte, aber auch bezeichnend für »jüdische Wurzellosigkeit«.

Die erste Wahl, an der das Kind emotionalen Anteil nahm, war die Präsidentenwahl des Jahres 1932, in der alle anständigen Leute Hindenburg wählten. Die Kandidaten Hitler, Duesterberg und Winter waren mit der greisen Vaterfigur des Generalfeldmarschalls und Siegers von Tannenberg überhaupt nicht zu vergleichen, gehörten aber noch irgendwie zu den anständigen Leuten, während ein Mann namens Thälmann eindeutig unter dem Strich stand.

Die Siebenjährige war entsetzt, als sie zufällig mitbekam, daß die Bergs diesen schrecklichen Kommunisten gewählt hatten. Der Tante schien diese Wahlentscheidung auch nicht ganz geheuer, denn E. hörte, wie sie sich der Schwester gegenüber verteidigte: »Was bleibt uns denn anderes übrig?« und dachte: »Vielleicht müssen Juden so was Schreckliches wählen.«

Von der Mutter erfuhr sie später, daß Ernst Berg in den zwanziger Jahren ein Buch geschrieben hat mit dem Titel »Wohin treibt Juda?« Darin soll er vorausgesehen haben, »daß man die Juden eines Tages nicht mehr in Deutschland haben wollte, wenn sie so weitermachten«. Das imponierte ihr. Wenn er das sogar selbst eingesehen hatte, was sollte man dann noch gegen ihn haben.

Während des Dritten Reiches gab es für gewöhnliche Sterbliche kaum Gelegenheit zu Auslandsreisen. Begründet wurden diese Reisebeschränkungen mit Devisenmangel. Deutschland war arm und konnte es sich nicht leisten, daß deutsches Geld zum Vergnügen in fremden Ländern »verjubelt« wurde. Das leuchtete ein.

Zur Weltausstellung in Brüssel im Jahre 1935 wurden allerdings von Aachen aus mehrtägige Pauschalreisen veranstaltet, auf denen die deutschen Reisenden ein winziges Taschengeld einwechseln durften. Die Mutter nahm die Gelegenheit wahr, um sich mit Schwager und Schwester in Brüssel zu treffen, und fuhr anschließend mit ihnen für einige Tage nach Lüttich, ehe sie sich der Reisegesellschaft auf der Rückfahrt wieder anschloß. In Lüttich lernte sie den Freundeskreis der Bergs kennen. Es waren genau die Kreise, denen deutsche Staatsbürger nicht begegnen sollten: Emigranten aus Deutschland und antifaschistische Belgier – Professoren, Schriftsteller, Künstler, Wissenschaftler. »Auch ein ehemaliger jüdischer Hauptmann war dabei«, erzählte die Mutter nach ihrer Rückkehr. »Der hieß Sternheim und hatte vier Jahre lang mit Lettow-Vorbeck in Deutsch-Ostafrika gekämpft. Er war natürlich sehr verbittert und verstand die Welt nicht mehr.« Dieser Bericht verwirrte die Zehnjährige. Mit ihren Brüdern hatte sie den Film »Reiter von Deutsch-Ostafrika« gesehen. Da war also auch ein Jude dabei gewesen? Merkwürdig. Das mußte sich wohl um einen einmaligen, tragischen Fall handeln.

Die Mutter berichtete weiter, daß die Bekannten von Tante Ine und Onkel Ernst ihr nahegelegt hätten, mit ihrer Familie aus Deutschland auszuwandern.

»Warum denn das bloß?« – »Sie haben gesagt, in Deutschland sei man unfrei. Da dürfe man nicht sagen, was man wolle!« »So'n Quatsch«, dachte E. »Deutschland war doch noch nie so frei gewesen wie jetzt«, und sie vernahm mit Befriedigung, daß die Mutter in diesem Sinne geantwortet hatte. Auch der Vater wunderte sich, wie verzerrt man vom Ausland her die Lage in Deutschland sah.

Über den Geschäftsgang in dem kleinen Schreibwarenladen berichtete die Mutter: Die

Klingel habe zwar unaufhörlich gebimmelt, so daß man sich in dem dunklen Hinterzimmer gar nicht in Ruhe habe unterhalten können, aber meist seien es nur Kinder gewesen, die für ein paar Sous Bonbons oder ein Schulheft gekauft hätten. Und am Abend sei gerade genug Geld für die notwendigen Lebensmitteleinkäufe in der Ladenkasse gewesen. »Ernst, du mußt das doch können!« habe sie scherzhaft zu ihrem Schwager gesagt, aber er habe »es« noch weniger gekonnt als die Schwester.

1937 fuhr sie einige Tage nach Kassel, um den Transport der dort in einem riesigen Lager untergestellten Möbel in die Wege zu leiten. Vom Vermögen der Bergs durfte aber auf keinen Fall etwas nach Belgien transferiert werden. Das war »Devisenschiebung«, auf der hohe Zuchthausstrafen, in besonders schweren Fällen sogar die Todesstrafe stand. E. erfuhr erst nach dem Krieg, daß Tante Käthe sich einige Male im Aachener Dom an einem bestimmten Tag zu einer bestimmten Stunde unauffällig unter eine internationale Touristengruppe gemischt hatte, um an einer bestimmten Säule einer vorher nie gesehenen Person, mit der sie weder einen Blick tauschen noch ein Wort habe sprechen dürfen, einen Umschlag mit Geld in die Tasche zu stecken. Das sei sehr gefährlich gewesen, weil es dort von Spitzeln gewimmelt habe. Auch der Mutter war es bei jener Fahrt zur Weltausstellung gelungen, einen »größeren Schein« über die Grenze zu schmuggeln. Ihr Ehemann – Beamter und Parteigenosse – durfte davon natürlich nichts wissen, weil sie damit die ganze Familie gefährdete. Solche Transaktionen hatten im Selbstverständnis der Schwestern nichts mit antifaschistischem Widerstand zu tun, wohl aber niemals den Makel des Verstoßes gegen ein Gesetz verloren. Es handelte sich um reine Familiensolidarität.

Zu berichten bleibt, daß die Bergs in Belgien bei Kriegsausbruch als Deutsche, d. h. als Angehörige einer feindlichen Macht, interniert wurden. Nachdem deutsche Soldaten einmarschiert waren, schlossen sie sich einem Flüchtlingstransport nach Südfrankreich an. Während Ernst Berg noch einmal in die Wohnung zurückkehrte, um wichtige Papiere zu holen, ging der Transport ab. Seine Frau hoffte vergebens, daß er mit dem nächsten Schub nachkommen würde, aber inzwischen hatte die Front Lüttich schon überrollt. Sie haben sich nicht wiedergesehen.

Ine Berg kehrte noch während des Krieges in der vergeblichen Hoffnung, eine Spur ihres Mannes zu finden, in das besetzte Belgien zurück. Ihr Patenkind Erwin gehörte inzwischen zu den Besatzungssoldaten und besuchte sie einige Male.

Nach dem Krieg erhielt sie vom französischen Roten Kreuz die Nachricht, man habe 1942 in einem Wäldchen bei Maubeuge in Nordfrankreich einen unbekannten Mann erschossen aufgefunden, auf den ihre Suchmeldung passen könne. Sie fuhr dorthin und identifizierte ihren Ehemann aufgrund der dort aufbewahrten Kleidungsstücke und der Beschreibung in der Akte.

Ob Onkel Ernst auf der Flucht erschossen worden war, oder ob er selbst Hand an sich gelegt hatte, war nicht mehr festzustellen. Letzteres bezweifelte die Mutter entschieden: »So was hätte Ernst nie getan!«

Nach dem Krieg lernte E. Tante Ine richtig kennen. Sie war eine vornehme alte Dame, die sich mit erlesener Eleganz zu kleiden wußte und Unmengen von Zigaretten rauchte. E. unterhielt sich mit ihr über die philosophischen Werke ihres Mannes, die sie inzwischen gelesen hatte, wagte es aber nie, über Emigration und Nationalsozialismus zu sprechen. Vom cholerischen Temperament der Tante war nicht mehr viel geblieben. Nur wenn die Rede auf Hitler und die Nazis kam, was alle zu vermeiden suchten, konnte sie die Fassung verlieren und mit Schwager und Nichte schimpfen, daß sie »so dumm« gewesen seien.

Und was wäre aus Adolphine Determeyer geworden, wenn sie nicht zufällig dem Juden Ernst Berg begegnet wäre? E. erinnert sich an ein Gespräch zwischen Mutter und Tante, als beide schon über 80 waren: »Damals warste mal ganz fromm. Da wollteste ja sogar ins Kloster!« – »Wollt'ich gar nicht!« – »Wolltste wohl. Da war doch schon eine Nonne auf dem Hof, um mit Vater und Mutter alles zu besprechen.« – »Ach ja. Da war ich noch jung und dumm.« – »So jung auch nicht mehr. Über 25 warste da auch schon.« – »Ach. Olle Kamellen. Hör doch auf damit!« – »Und 1910 mit Franz und Hubert in Borkum. Da haste abends auch immer das Judenlied mitgesungen.« – »Is ja gar nicht wahr. Ich kann ja gar nicht singen.« – »Doch wahr. Du hast am lautesten gesungen.« – »Nein, du!« – »Nein, du!« »Nein, du!« Und dann prusteten sie los. »Gib's doch zu! Eigentlich magst du die Juden auch nicht.« – »Ach « – »Gib's doch zu! Eigentlich mochtest du sie nie!« – »Ja, ich geb's zu. Biste jetzt zufrieden?«

Die von Irmin geschützte Burg

E. wurde im Jahre 1931 schulpflichtig. Da sie nicht mit den Kindern aus den Mietskasernen der Roonstraße in die Schule gehen sollte und außerdem alle »besseren Leute« der Stadt ihre Töchter in die Vorschule der von katholischen Nonnen geleiteten Studienanstalt St. Michael schickten, fand sich die Sechsjährige an einem regnerischen Apriltag des Jahres 1931 an der Hand ihrer Mutter in dem historischen Klostergebäude ein, um dort unter der Obhut von Mutter Fidelis in die Anfangsgründe des Lesens, Schreibens und Rechnens sowie der katholischen Religion eingeführt zu werden. E. ging »auf die Nonnen«, wie es damals und heute noch im Paderborner Volksmund heißt.
Die etwa 25 Schulanfängerinnen der neu zusammengestellten Klasse kamen aus allen Teilen der Stadt. Schüchternheit und Befangenheit überdeckten zunächst Neugier und Mitteilungsfreude. Zu überwältigend war die Fülle neuer Namen und Gesichter, Stimmen und Verhaltensweisen.
An diesem ersten Schultag im April des Jahres 1931 war es eine sensationelle Mitteilung, die Fremdheit überwinden half und Gesprächshemmungen abbaute. Hinter vorgehaltener Hand getuschelt, in neugierig gespitzte Ohren geflüstert, durch bedeutungsvolle Blicke, versteckte Fingerzeige, Beschreibung von Kleid- und Haarfarbe jeden Irrtum ausschließend, lautete sie: »Die da . . . das ist ein Jude.«
Die Schulanfängerin hatte bis dahin nicht gewußt, daß man so was Schlimmes schon als Kind sein konnte. Onkel Ernst war zwar auch ein Jude, aber der war schließlich erwachsen. Sie starrte die Bezeichnete verstohlen mit einer Mischung von Neugier, Grauen und Mitleid an und weiß daher, daß das Wort »Jude« für sie und offenbar auch für alle anderen Schulanfängerinnen ihres Jahrgangs mit einer unheimlichen Gefühlsstörung belastet war.
An der Weitergabe dieses »Geheimnisses« beteiligte sie sich aus Schüchternheit nicht, aber auch, weil sie gelernt hatte, daß man nicht »mit dem Finger auf Leute zeigt«. Sie war erleichtert, daß das Objekt des plötzlich ungeteilten Interesses von all dem nichts zu bemerken schien, sondern aufmerksam nach vorn zur Klassenschwester blickte.
Irmgard Müller, geboren 1925 zu Paderborn in Westfalen, Tochter des Kaufmanns Fritz Müller und seiner Ehefrau, besuchte in den Jahren 1931 bis 1938 zunächst die Grundschule und anschließend die Oberschule des von katholischen Nonnen geleiteten Mädchenlyzeums »St. Michael« zu Paderborn.
Ihre Schullaufbahn endete in der Untertertia, am 14. November 1938, fünf Tage nach der

»Reichskristallnacht«, durch einen Erlaß des Reichserziehungsministers Rust über den Ausschluß jüdischer Schulkinder vom Unterricht allgemeinbildender Schulen.

Wann und in welchem Zusammenhang E. das Wort »Jude« zum ersten Mal gehört hat, verliert sich im Dunkel der frühen Kindheit.

Aus der Zeit des Schulbeginns erinnert sie sich an die »Judenschule«, in der es angeblich »drunter und drüber« gehen sollte, an einen Vers aus dem umfangreichen Repertoire unanständiger Kinderreime ihres zwei Jahre älteren Bruders Erwin: »Jude Itzig, Nase spitzig, Augen eckig, hinten dreckig«, und an eine unter Kindern damals gebräuchliche Scherzfrage: »Was magst du lieber, Judenpaar oder Christenpaar?« Auf diese Frage fiel man nur einmal herein. Der Witz daran war, daß die spontane Antwort »Christenpaar« als »Kriegst ein paar« mißverstanden und mit spielerischen Boxhieben beantwortet wurde. In diesem, aber auch nur in diesem Falle war es also ratsam, Juden den Christen vorzuziehen.

In der ersten, nunmehr allmorgendlich stattfindenden Religionsstunde, an der das Mädchen, das »ein Jude« war, nicht teilzunehmen brauchte, sagte Mutter Fidelis, Irmgard sei ein »Kind der Israeliten«. Das klang besser als das unheimliche Wort »Jude«, und von den »Kindern Israels« hörte die Schulanfängerin in den folgenden Monaten und Jahren viele schöne und spannende Geschichten.

Die Sechsjährige war auf ihrer Seite, als sie sich vor der Sintflut in die Arche Noah retteten und von den Tieren je ein Paar, Männchen und Weibchen, mitnahmen, als sich die Wassermassen des Roten Meeres teilten und sie »trockenen Fußes« hindurchziehen konnten, während die Ägypter »mit Pferd und Wagen« in den Fluten ertrinken mußten, und als die »Kinder Israels« auf der Suche nach dem verheißenen Land Kanaan, in dem »Milch und Honig fließen«, hungrig durch die Wüste irrten.

Wie hätte sie auch nicht auf ihrer Seite sein können, wo doch der liebe Gotte selbst auf ihrer Seite war, ihnen das köstliche Manna vom Himmel herabregnen ließ und sogar einen Bund mit ihnen geschlossen hatte.

Später erst, als sie den lieben Herrn Jesus ans Kreuz geschlagen hatten, war von den Kindern Israels nicht mehr die Rede. Da hießen sie Juden und waren verflucht für alle Zeiten, weil sie »Barabbas, Barabbas« geschrien hatten und auch »sein Blut komme über uns und unsere Kinder«.

Irmgard konnte man das nicht übelnehmen, weil das schon so lange her war. Mutter Fidelis nahm ihr das auch nicht übel. Ihr tat Irmgard leid, weil sie ungetauft und daher unerlöst und kein »Gotteskind« war. Das merkte man daran, daß Irmgard immer eine Stunde später kam, wenn die Religionsstunde vorbei war, kein Kreuzzeichen machte und auch nicht mitbetete, wenn der Unterricht mit einem gemeinsamen Gebet beschlossen wurde. Sie stand dann zwar auf, senkte wie alle anderen Kinder den Kopf, legte die Hände aber nicht gestreckt zusammen, faltete sie nicht einmal, sondern legte sie nur so umeinander. Das sah die Sechsjährige einmal heimlich beim Beten von der Seite.

Unverständlich war der Schulanfängerin, daß die Juden ihren damaligen Irrtum bis heute nicht einsehen wollten. Wo doch klar erwiesen war, daß es sich bei Jesus Christus wirklich um Gottes Sohn gehandelt hatte. Wie hätte er denn sonst alle die Wunder wirken und sogar »von den Toten auferstehen und in den Himmel auffahren« können?

Anstatt sich nun endlich taufen zu lassen, warteten sie noch immer auf den Messias. Da konnten sie lange warten.

Die Sechsjährige lernte im Religionsunterricht: Judesein war ein religiöses Problem, das ließ sich nur – dann allerdings endgültig – aus der Welt schaffen mit der Formel: »Ich taufe dich – im Namen des Vaters, des Sohnes und des Heiligen Geistes – Amen.«

Die Taufe war das erste der sieben heiligen Sakramente, das in der Schule durchgenommen wurde. E. erfuhr, daß jeder taufen konnte, der selbst getauft worden war. Man mußte nur die Formel zusammen mit dem Kreuzzeichen sprechen und dem Täufling dabei etwas Wasser über die Stirn schütten. So einfach war das. Natürlich war es besser und auch viel feierlicher, wenn das ein Priester zusammen mit den Eltern und den Paten in der Kirche am großen Taufbecken machte. Aber in Notsituationen, wenn z. B. ein Kind zu sterben drohte und noch nicht getauft worden war, konnte jeder Katholik die Taufe spenden, mußte es sogar, weil das Kind sonst nicht in den Himmel aufgenommen werden konnte, sondern bis zum Jüngsten Tag in der für solche traurigen Fälle vorgesehenen »Vorhölle« warten mußte. Es nützte ihnen nichts, daß jedes Jahr, direkt nach Weihnachten, ein Fest für sie gefeiert wurde, das »Fest der unschuldigen Kinder«, denn die schreckliche Erbsünde, mit der alle Menschen geboren wurden, konnte man nur durch die Taufe loswerden.

Die Siebenjährige nahm diese Taufverpflichtung sehr ernst und war bereit, jedes sterbende Baby zu taufen, bei dem auch nur der leiseste Verdacht bestand, es könne noch ungetauft sein, denn zweimal taufen schadete nichts.

Ob auch andere Kinder ihrer Klasse dabei an ihre jüdische Mitschülerin dachten? Wenn das so einfach war? Mit ihrer Freundin Evchen hat sie jedenfalls darüber gesprochen. Mutter Fidelis schien so etwas zu befürchten. Als Warnung vor sakramentalen Experimenten erzählte sie die Geschichte eines katholischen Dienstmädchens, das ein ihr anvertrautes und deshalb ans Herz gewachsenes jüdisches Baby aus lauter Mitleid getauft habe. Die jüdischen Eltern seien sehr erzürnt gewesen, sie habe ihre Stellung verloren und keine Gelegenheit mehr gehabt, das getaufte Judenkind nun auch im rechten Glauben zu unterweisen.

Die merkwürdige und befremdliche Eigenschaft der Mitschülerin Irmgard, ein Jude zu sein, hatte sehr bald ihre unheimliche Faszination verloren. Sie ließ sich für E. außer an Irmgards schwarzen Haaren auch nur an ihren immer etwas feuchten Händen und einem leichten Sprachfehler festmachen. E. registrierte diese Besonderheiten ihrer jüdischen Klassenkameradin damals wohl deshalb so genau, weil ja irgend etwas anders sein mußte bei einem Juden.

Bereits wenige Wochen nach Schulbeginn hatte sich in E.s Klasse eine Rangordnung herausgebildet, an deren unterem Ende etwa fünf oder sechs bedauernswerte Mädchen standen, vor denen die übrigen sich »ekelten«. Irmgard war niemals in der Gefahr, in diese Kategorie abzurutschen. Diese Rangordnung hatte nämlich nichts mit Rassen-, wohl aber mit Klassenunterschieden zu tun, die es auch in dieser Privilegiertenschule gab.

In der Regel wurden die unteren Rangplätze von Kindern eingenommen, die in Altstadthäusern oder Mietskasernen wohnten, aus Handwerksbetrieben oder einfachen Kneipen stammten und deren Eltern das Schulgeld teilweise durch Dienstleistungen für das Kloster aufbrachten. Wenn dazu noch ein unangenehmer Körpergeruch, fleckige oder allzu ärmliche Kleidung sowie unterdurchschnittliche Schulleistungen kamen – auch kleine körperliche Besonderheiten, wie Irmgard sie aufwies, genügten in einem solchen Falle –, war die Diskriminierung perfekt.

E. erinnert sich nur ungern an Zurückweisungen und Beleidigungen, mit denen weniger angesehene Kinder auf ihre untergeordneten Rangplätze verwiesen wurden. Obwohl sie sich von den Ekelgefühlen anstecken ließ, faßte sie doch viele Male, wenn auch mit geheimem Grauen, das unfallverkrüppelte Händchen eines Bauernmädchens an, weil es ihr zu lieblos erschien, bei Kreisspielen den Platz zu wechseln oder den Kreis offenzulassen.

Irmgards gutbürgerliches Elternhaus sicherte ihr unbestritten einen Rangplatz in der ersten Hälfte der Klasse. E. hat nie gemerkt, daß es einer ihrer Mitschülerinnen unangenehm gewesen wäre, mit Irmgard die Bank zu teilen, weder in den Grundschul- noch in den Oberschuljahren. Ihre eigene Grundschulbankgemeinschaft mit der jüdischen Mitschülerin wurde allerdings sehr bald wegen allzu vielen Schwatzens beendet. Irmgard mangelte es nicht an Schulweg- und Spielgefährten. E. sieht sie noch heute lachend mit einem ganzen Schwarm von Mädchen den Eselberg hinter dem Dom herabkommen.

Bärbel, die am ersten Schultag der Versuchung nicht hatte widerstehen können, sich mit Irmgards Judesein wichtig zu machen, war schon vorher und auch nachher mit ihr befreundet und ebenso andere Mädchen, die in ihrer Nachbarschaft wohnten.

E. war nicht mit ihr befreundet. Das lag einmal daran, daß sie weit draußen am Stadtrand wohnte und in der Freizeit auf Klassenkameradinnen aus der Nachbarschaft angewiesen war. Abgesehen davon »lag« ihr Irmgard nicht besonders. Sie hatte zwar nichts gegen sie. Niemand hatte etwas gegen sie, weil sie ein besonders freundliches, gutmütiges Kind war. E. fand sie ein bißchen langweilig, allzu gut erzogen, allzu brav. Immer hatte sie ihre Schularbeiten sauber und sorgfältig angefertigt, vergaß nie Hefte und Schulbücher, Handarbeits- oder Turnzeug, Buntstifte oder Frühstücksbrot. Nie kam sie in die Verlegenheit, die Nase hörbar hochzuziehen, weil ihr das Taschentuch fehlte, oder die Hände tief in die Taschen zu vergraben, weil ihre Handschuhe verlorengegangen waren, und niemals hatte sie »Trauerränder« unter den Fingernägeln. Sie war ein sehr gepflegtes Kind.

In der Schule fiel sie weder durch besonders gute noch besonders schlechte Leistungen auf. Im Sport waren ihre Bemühungen größer als ihre Erfolge. Besondere künstlerische Begabungen der jüdischen Mitschülerin sind E. nicht in Erinnerung geblieben und auch keine originellen, abenteuerlichen Spielideen, die von ihr ausgegangen wären. Zurechtgewiesen wurde sie von Mutter Fidelis nur, wenn sie mit ihren jeweiligen Nachbarinnen schwatzte.

Wenige Tage vor den Osterferien und der Versetzung in das zweite Schuljahr kam es zu erregten Gesprächen in den Pausen, die jäh verstummten, wenn sich die jüdische Mitschülerin näherte. Es ging um einen Mordfall, der die gesamte Bevölkerung Paderborns wochenlang in Atem hielt.

Am Palmsonntag, dem ersten Tag der Karwoche des Jahres 1932, fanden Spaziergänger in Wiesen und Feldern rings um Paderborn verstreut, in Hecken und Weidenbäumen aufgespießt, in Kartons verpackt und in Wasserarmen treibend größere Fleischstücke, die sich als Reste eines menschlichen Körpers herausstellten. Andere Leichenteile entdeckte die Polizei in der Jauchegrube eines jüdischen Viehhändlers, der wenige Tage zuvor sein Dienstmädchen als vermißt gemeldet hatte. Sie verhaftete den Sohn des Dienstherrn unter dringendem Tatverdacht, und dieser gestand, das junge Mädchen mit einem Spaten erschlagen zu haben, weil sie ihm mit der Offenbarung ihrer intimen Beziehung und einer Anzeige wegen Abtreibung gedroht habe. Im September des gleichen Jahres wurde er wegen Totschlags zu 15 Jahren Zuchthaus verurteilt und kam Anfang 1945 im Konzentrationslager Ravensbrück ums Leben.

Dieser Mordfall war keineswegs der erste, der der Siebenjährigen bekannt wurde. Erst wenige Wochen zuvor hatte die weltweite Empörung über die Ermordung des Lindbergh-Babys im fernen Amerika auch E. erreicht und zutiefst bewegt. Im Sommer 1931 hatte Mutter Fidelis ihrer Klasse anläßlich der Hinrichtung des Düsseldorfer Massenmörders Peter Kürten befriedigt mitgeteilt, der Verbrecher habe sich unmittelbar vor seinem Tod

»bekehrt«, d. h. seine Untaten bereut und gebeichtet und sein »verwirktes« Leben in Frieden mit Gott, »wohlversehen mit den heiligen Sterbesakramenten«, beschlossen. Der am Palmsonntag des Jahres 1932 aufgedeckte Mord war mit diesen Verbrechen nicht vergleichbar. Einmal hatte er sich in der eigenen Stadt zugetragen, noch dazu in einem Hause, an dem E. oft vorübergegangen war. Zweitens hatte die unzulängliche Spurenbeseitigung besonderen Abscheu erregt, und drittens sprach die Volksmeinung diesem Mord von Anfang an den privaten Charakter ab, weil er von einem Juden verübt worden war.

Unter Kindern wurden damals immer neue grausige Details über den Hergang der Tat, über Fundorte und Beschaffenheit von Leichenteilen und Zerstückelungswerkzeugen usw. ausgetauscht. Abgenagte Menschenknochen seien in Hundehütten des Riemekeviertels gefunden worden, Teile des in sieben (!) Stücke zerhackten Kopfes im Schlachthofkanal vorbeigeschwommen, nur das Herz des unglücklichen Opfers sei unauffindbar, »weil die Juden es besonders auf Blut von Christenmenschen abgesehen hätten«. Bruder Erwin präsentierte der entsetzten Schwester und ihren Freundinnen den eigenen, zuvor mit Tinte auf »Leichenfarbe« präparierten und durch ein Loch an der Unterseite einer Streichholzschachtel gesteckten Daumen als Originalfundstück.

Jahrhundertealte antijüdische Verleumdungen über Ritualmorde, Hostienfrevel und Brunnenvergiftungen tauchten aus dem Sumpf der Volksüberlieferung auf. Legenden und Sagen wurden durch angebliche Fälle aus der unmittelbaren Vergangenheit ergänzt. Die Juden, so hieß es, marterten, in Wiederholung der Passion Christi, jedes Jahr vor Ostern einen unschuldigen Christenmenschen zu Tode, um sein Blut zu trinken oder zur Herstellung von ungesäuertem Brot zu verwenden. Viele Opfer seien inzwischen heilig, die übrigen zumindest selig gesprochen, und ihre Grabstätten, wie z. B. die des heiligen Werner von Bacharach, eines unschuldigen zwölfjährigen Christenknaben, würden noch heute als Wallfahrtsorte aufgesucht.

Solche Geschichten verbreiteten vor allem Paderborner Dienstmädchen, die zumeist aus den ärmeren Schichten der katholischen Landbevölkerung stammten und sich durch den Mord an einer der Ihren besonders betroffen fühlten.

Im Bekanntenkreis der Eltern, im »Westfälischen Volksblatt«, im Religionsunterricht und in den Kirchen wurden diese Legenden als »finsterer Aberglaube« energisch zurückgewiesen, und so glaubte auch E. nicht daran – ebensowenig wie sie an Gespenster glaubte und sich doch vor ihnen fürchtete.

In den folgenden Jahren trafen sich die Grundschülerinnen ab und zu auch außerhalb der Schule. So war es zum Beispiel üblich, an Namenstagen – nicht an Geburtstagen – eine größere Anzahl Klassenkameradinnen einzuladen. Solche Veranstaltungen setzten ein großes Eßzimmer voraus, an dessen festlich gedeckter Tafel etwa zwölf bis 15 Kinder Platz finden konnten. Zum Kaffee gab es Obst- und Cremetorten, zum Abendessen belegte Brote und eine »Bowle« mit vielen Früchten, viel Selters, viel Zucker und sogar ein bißchen Wein.

Das Dienstmädchen half der Frau des Hauses beim Kakaoeinschenken und Kuchenanbieten. Bei Irene, einer Hotelbesitzerstochter, wurde sogar einmal ein richtiger Ober zur Bedienung der kleinen Gäste abgestellt.

Weil auch noch ein Geschenk im Werte von mindestens 50 Pfennig und eine Gegeneinladung erwartet wurden, grenzte sich der Kreis der einladenden und eingeladenen Kinder entsprechend ein. Irmgard gehörte selbstverständlich dazu.

Irmgards Vater war Mitinhaber der Getreidegroßhandlung »Müller und Schild«. Das erste Mal, als E. bei Müllers eingeladen wurde, ging sie mit besonderer Neugier und einer etwas unbehaglichen Spannung in die Bahnhofstraße, weil sie ja nun sehen würde, wie es bei Juden zu Hause aussieht. Sie war erleichtert, aber auch etwas enttäuscht, denn in der behaglichen Etagenwohnung der Müllers gab es nichts Unheimliches zu sehen, zu hören, zu riechen oder zu schmecken. Im Wohnzimmer standen dieselben Stühle mit Lederbezug und geriffelten Goldknöpfen, die damals in fast allen gutbürgerlichen Häusern zu finden waren. Es duftete nach frisch gekochtem Kakao, der Kuchen schmeckte überhaupt nicht anders, und Irmgards Mutter blieb als eine besonders nette, lebhafte Dame in Erinnerung, die sich große Mühe gab, die Gäste ihrer Tochter mit lustigen Spielen zu unterhalten.

Vor allem Irmgards Zimmer machte großen Eindruck. Es war geheizt, der Fußboden war mit einem Teppich belegt, und Irmgard hatte alle ihre Puppen und viel Spielzeug darin, während E. noch zusammen mit ihren Brüdern in einem eiskalten, spartanisch eingerichteten Zimmer neben dem Dachboden schlief.

Irmgard hatte auch ein richtiges Büchergestell mit vielen Büchern, und da E. schon damals von einem unstillbaren Lesehunger befallen war, lieh sie sich in den folgenden Wochen den gesamten Buchbestand aus: Märchen und Abenteuer und ein schmales Büchlein mit dem Titel »Dieter und Dietlinde«, dessen Rückgabe sie vergessen hat.

1933 wurde ein Mann, der Hitler hieß, aber lieber »Führer« genannt werden wollte, Reichskanzler. Die neue Regierung war dagegen, daß die Juden sich »überall reindrängten« und »viel zu breit machten«, aber dagegen waren auch die Erwachsenen in E.s Umwelt.

Vor allem störte es den »Führer« und seine Anhänger, daß die Juden mit ihren großen Warenhäusern kleine deutsche Geschäfte kaputtmachten. Deshalb sollte man nicht mehr bei ihnen kaufen.

Am 1. April 1933 standen auch in Paderborn für einen Tag SA-Männer in braunen Uniformen vor den Türen jüdischer Kaufhäuser. Sie trugen Pappschilder in der Hand mit der Aufschrift »Deutsche! Kauft nicht beim Juden«, wo es doch eigentlich heißen mußte: »Kauft nicht bei Juden!«, denn in Paderborn gab es viele jüdische Geschäfte, in denen E.s Mutter einkaufte, wenn etwas dringend gebraucht wurde: Kleidung, Weihnachtsgeschenke, Hausrat.

Der 1. April 1933 war ein Samstag, und wie immer waren viele Bewohner der umliegenden Dörfer zum Einkauf in die Stadt gekommen. Als E. aus der Schule kam, sah sie vor Steinheim, Grünebaum und Herzheim größere Menschenansammlungen, durch die sie sich mühsam hindurchschlängelte, um die Männer mit den Schildern zu sehen. Aber sonst passierte nichts, da die jüdischen Kaufleute an diesem Tag von sich aus die Schwingtüren ihrer Geschäfte geschlossen hielten.

Schilder und SA-Männer waren am nächsten Tag verschwunden. Etwas Vergleichbares wie diesen eintägigen Boykott jüdischer Geschäfte gab es dann nicht mehr, oder doch? An einem vorweihnachtlichen »Staatsjugendtag« des Jahres 1935 kamen E. und ihre Freundin Evchen in Jungmä(del)uniformen um die Mittagsstunde am jüdischen Kaufhaus Herzheim in der Westernstraße vorbei. Die Konfektionsware dieses Geschäftes galt in Paderborn als nicht besonders chic und modern, dafür hatte es einen guten Ruf in bezug auf deftige, haltbare Haushaltswäsche und Berufskleidung und erfreute sich vor allem bei der Landbevölkerung eines regen Zuspruchs. Die beiden Zehnjährigen sahen mit Mißfallen dem Kaufbetrieb zu, weil man ja doch nicht mehr bei Juden kaufen sollte. Vertrauend auf die Aussagekraft ihrer Uniformen stellten sie sich vor den Eingang, maßen die Eintretenden mit vorwurfsvollen Blicken und ärgerten sich, daß diese nicht die geringste Notiz von ihnen nahmen, ärgerten sich vor allem darüber, daß es Bauern waren. Das Wort Bauer, das E. bis 1933 vorwiegend in wenig freundlichen Zusammensetzungen und Bedeutungen begegnet war: Bauerntrine, Bauerntrampel, Kappesbur usw., erlebte während des Dritten Reiches eine Aufwertung als »Neuadel aus Blut und Boden«; der Bauer wurde zum ersten und wichtigsten, weil erdverbundenen, unlösbar in heimischer Scholle verwurzelten Stand erklärt, als Bewahrer und Hüter deutschen Volkstums und deutscher Volkskraft hoch geehrt. Und ausgerechnet die kauften noch »beim Juden«, statt der neuen Regierung für diese Aufwertung dankbar zu sein.

Mit Irmgard hatte das nichts zu tun, denn ihre Eltern hatten kein Warenhaus. Die Namenstagseinladungen erlebten gerade in den ersten Jahren der Nazizeit ihren Höhepunkt, die Mitschülerinnen trafen sich auf der Kirmes und dem Schützenfest, die Klasse machte Schulausflüge und Schulfeste, und Irmgard war dabei, sofern es sich nicht um eines der zahlreichen religiösen Feste handelte.

Während des dritten Schuljahres empfand E. die allmorgendliche Religionsstunde mehr und mehr als unerträgliche Belastung. Das hatte wenig mit Widerstand gegen die Inhalte der religiösen Unterweisung zu tun, wohl aber mit ihrer beharrlichen Weigerung, lange Abschnitte der biblischen Geschichte Wort für Wort auswendig zu lernen.

Die Achtjährige verstrickte sich in einen Rattenschwanz von Lügen und Ausweichmanövern: gelernt, aber vergessen, vergessen zu lernen, Bibel in der Schule vergessen, Bibel verloren, beim Abfragen schnell zur Toilette müssen, zu spät kommen, das wiederum mit einer Lüge begründet werden mußte, usw. Es kam zu Angstzuständen, Einschlafstörungen, nächtlichem Bettnässen.

Irmgard erschien nach wie vor erst zur zweiten Unterrichtsstunde, schien auch keineswegs besonders unglücklich zu sein, nicht im »rechten Glauben« unterwiesen zu werden, sondern kam ausgeschlafen und gut gelaunt zur Schule, nachdem es hell geworden und die Laternen gelöscht waren. E. beneidete sie besonders an kalten, dunklen Wintertagen um die zusätzliche Stunde morgendlicher Bettwärme.

Erst als die Klasse auf das Sakrament der heiligen Beichte vorbereitet und zur gründlichen Gewissenserforschung angeleitet wurde, erkannte sie die »Frevelhaftigkeit« ihres Neides auf ein »armes Judenkind«, denn das war kein gewöhnlicher Neid, sondern vielleicht schon fast die schlimmste Sünde, die es gab, die »Sünde wider den Heiligen Geist«. Auch ihr Widerstand gegen das Auswendiglernen biblischer Texte, das ihr inzwischen aufgrund einer Intervention ihres Vaters erlassen worden war, erschreckte sie jetzt, denn in der Bibel stand kein beliebiger Unterrichtsstoff, sondern der heilige katholische Glaube selber. So hatte sie bei ihrer ersten Beichte außer »läßlichen« Sünden (Lügen, Naschen, böse Wörter sagen) und einer schon nicht mehr »läßlichen« (Unkeusches gern gesehen haben) auch zwei schwere Sünden zu beichten, und der gütige Pfarrer sprach von Gottes unermeßlicher Gnade, mit der er auch einem schweren Sünder, der ehrlich bereut, Vergebung gewährt.

Das hörte E. gern, weil sie sich aus der Masse der übrigen Beichtkinder hervorgehoben fühlte. Sie war sicher, daß keine ihrer Klassenkameradinnen so schwere Sünden zu beichten gehabt hatte und so tief gefallen war wie sie. Eigentlich war nur Irmgard an allem schuld, da man ihr überhaupt nicht anmerkte, daß sie arm und unerlöst war und einem von Gott verfluchten Volk angehörte.

Der neue Staat hielt mit Fahnen und Liedern, Feierstunden und dem neuen »deutschen Gruß« langsam, aber sicher Einzug in die Schule.

Die neue Fahne mochte E. gern. So viel rot und das Zeichen darauf, ein germanisches Symbol für die aufgehende Sonne. Aber ihre Eltern kauften sich erst einmal eine schwarzweißrote Fahne, die jetzt auch wieder die richtige Fahne war.

Beim deutschen Gruß mußte man den rechten Arm gestreckt halten, damit ganz klar wurde, was er bedeutete: »Siehe, ich komme ohne Waffen, in friedlicher Absicht.« So hatten die alten Germanen gegrüßt – wenn sie in friedlicher Absicht gekommen waren. Es war nicht so einfach, die ganze Strophe der neuen Nationalhymne hindurch den Arm gestreckt zu halten, vor allem, wenn keiner vor einem stand, auf dessen Schulter man ihn abstützen konnte. Aber E. gab sich Mühe, so wie sie sich lange Zeit Mühe gegeben hatte, die Hände beim Beten gestreckt zu halten, weil das Gott wohlgefälliger war, als die Finger durcheinanderzustecken.

Nur der »Führer« erlaubte sich, beim neuen deutschen Gruß den Arm anzuwinkeln und die offene Handfläche zu zeigen, obwohl das eigentlich kein gutes Vorbild war. Aber da der Gruß »Heil Hitler« hieß und er sich ja schlecht selber grüßen konnte, war es wohl nur ein Zeichen seiner Verlegenheit.

E. kann sich nicht daran erinnern, bei solchen Gelegenheiten nach ihrer jüdischen Mitschülerin geschielt zu haben, so wie sie im ersten Schuljahr beim Beten nach ihr geschielt hatte. Es ist möglich, daß Irmgard bei Feierstunden und Fahnehissen vor den Ferien und bei Wiederbeginn des Unterrichts schon nicht mehr dabei war. 1934 wurden jüdische Schüler offiziell von der Teilnahme an nationalen Feierstunden befreit, wenig später wurde ihnen diese untersagt, weil sie keine Deutschen waren und nicht zur deutschen Nation gehörten. Aber das wußte E. schon vor der Nazizeit.

Ostern 1934 kam die Neunjährige zur ersten heiligen Kommunion. Auf dieses große Ereignis im Leben eines gläubigen katholischen Kindes wurde die Klasse monatelang vorbereitet und in der letzten Woche der Gang zur Kommunionbank mit brennender Kerze und Gebetbuch geübt, damit die feierliche Zeremonie würdevoll und ohne Störung verlief. Das Gefühl der mystischen Vereinigung mit Gott, verbunden mit der festlichen Gestaltung der kirchlichen Feier und dem anschließenden häuslichen Familienfest, prägte die Klasse in den vorhergehenden und nachfolgenden Wochen.

War Irmgard schon bei den Fronleichnamsprozessionen nicht dabei gewesen, an denen die Mädchen der drei ersten Schuljahre als blumenstreuende »Engelchen« direkt vor dem Allerheiligsten gehen durften, so wurde ihre Nichtteilnahme an den sonntäglichen Gottesdiensten, den Sakramenten, den Maiandachten, Marienfesten usw. für die Klassenkameradinnen augenfällig. Und da das katholische Kirchenjahr viele Feiertage kennt und der Alltag in einer katholischen Kleinstadt, insbesondere der Schulalltag in einer katholischen Schule, durch viele religiöse Bräuche geprägt ist, galt Irmgard auch schon damals – ganz unabhängig vom Antisemitismus der neuen Regierung – als ein Mädchen, das eben doch niemals »ganz richtig« dazugehörte. E. wußte, daß es in Paderborn eine jüdische Gemeinde mit einer eigenen Synagoge gab und daß Irmgard zusammen mit viel jüngeren und viel älteren jüdischen Kindern eine Religionsschule besuchte, in der der »Irrglaube« vom kommenden Messias noch immer gelehrt wurde, und sie dachte: »Das muß wohl eine richtige Judenschule sein«, denn in einer ordentlichen Schule waren die Kinder streng nach Altersgruppen eingeteilt. Manchmal stand Irmgard auf dem Schulhof mit den etwa zehn bis 15 über alle Schulklassen verteilten jüdischen Schülerinnen zusammen, während es für E. und die übrigen Mitschülerinnen klassenüberschreitende Kontakte nur in Einzelfällen gab, und E. dachte: »Ja, ja, die Juden, die halten zusammen.«

Die Paderborner Kirmes heißt seit mehr als 1100 Jahren »Libori«, denn auch sie hat, wie so vieles in Paderborn, einen heiligen Ursprung: Die Gebeine des heiligen Liborius, Schutzpatron des Erzbistums Paderborn, wurden im Jahre 836 in feierlichem Aufzug von Le Mans in Frankreich nach Paderborn überführt und im Dom beigesetzt. Seitdem finden zu Beginn des Sommers liturgische Festakte und profane Volksbelustigungen statt, die jedem Paderborner Kind als »Libori« unvergeßlich bleiben.

Im Juli 1934 traf die Neunjährige ihre jüdische Klassenkameradin auf dem Liboriberg. Auch Irmgard war zufällig allein, freute sich über die Begegnung und schlug alle möglichen gemeinsamen Unternehmungen vor.

E. war nicht erfreut. Einmal zeigte es sich auch hier, daß die Interessen und Vorlieben der Kinder wenig übereinstimmten. Einer Fahrt mit der Berg-und-Tal-Bahn, wie sie Irmgard vorschlug, konnte E. nur ein müdes Lächeln abgewinnen, weil sie den Gleichgewichtssinn in Kopf und Magen nur mäßig strapazierte. Außerdem ging ihr das Gekreisch der Liebespaare auf den letzten Runden, wenn eine grüne Plane künstliche Dunkelheit erzeugte, auf die Nerven. Irmgard hingegen schreckte vor Wonneangstgefühlen zurück, wie sie Achterbahn, russisches Rad oder Kettenkarussell zusammen mit einem aufregenden Rundblick über die ganze Stadt boten.

Das Zusammentreffen scheiterte aber vorwiegend daran, daß E. nur 50 Pfennig in ihrem winzigen Portemonnaie hatte. Da bedurfte es sorgfältigster Planung und eiserner Selbstdisziplin, um damit einen langen Nachmittag so genußreich wie möglich zu gestalten. Sie hatte die Erfahrung gemacht, daß jede Gesellschaft dabei nur störte und zu unbedachten Ausgaben verleitete. Daher versuchte sie Irmgard mit dem Hinweis abzuwimmeln, sie warte auf ihre Freundin Evchen. Als das nichts half, wies sie in aller Deutlichkeit auf ihre beschränkten finanziellen Mittel hin. Irmgard glaubte an eine momentane, rein zufällige Geldverlegenheit und bot ihre Hilfe an. Sie zog ein großes braunes, mit Groschen bis zum Platzen vollgespicktes Portemonnaie heraus und meinte, als E. nicht darauf eingehen wollte, sie könne ihr das geborgte Geld ja am nächsten Tag zurückgeben.

»Am nächsten Tag zurückgeben? Wovon denn?« – »Dann lad' ich dich eben ein!« sagte die gutmütige Irmgard. Aber E. hatte gelernt, daß man so was nicht annehmen kann, war auch ein bißchen stolz auf ihre »Beamtenarmut« und dachte: »Ja, ja, die Juden, die haben das Geld.« Dann kamen Irene, die Hotelbesitzerstochter, Bärbel, deren Eltern eine Kohlenhandlung betrieben, und Ulla, die aus einer gutbürgerlichen Speisewirtschaft stammte, und Irmgard zog fröhlich mit ihnen ab. E. wußte, daß ihre Portemonnaies ebenso dick, vielleicht sogar dicker waren als die der jüdischen Mitschülerin, und dachte: »Ja, ja, die Kaufleute, die haben das Geld.«

Nach den großen Ferien des Sommers 1935 trat E. in den Jungmädelbund ein. Sie hatte inzwischen gelernt, daß man sich nichts darauf einbilden durfte, wenn die Eltern zu den »besseren« Leuten gehörten. (Ihr Vater war zwar »arm«, aber dafür »Akademiker« und wurde in der Kleinstadt unbestrittener und selbstverständlicher als manche sehr viel reicheren Kaufleute der »guten Gesellschaft« zugerechnet.) Daher fand sie es gut, daß sie jetzt mit Mädchen aus allen Bevölkerungsschichten zusammenkam, und freundete sich gleich mit einigen Volksschülerinnen aus der Jungmädelschaft an.

Im November dieses Jahres war E. mal wieder mit der Namenstagseinladerei dran, da sie, wie in jedem Jahr, das Fest ihrer dritten Namenspatronin feierte, der heiligen Elisabeth, Landgräfin von Thüringen, Wohltäterin der Armen und Kranken, Landfahrer und Heimatlosen, Erniedrigten und Beleidigten.

Die gnadenlose Rangordnung der ersten Schuljahre hatte inzwischen unauffälligeren Formen Platz gemacht, aber auch diese ließen sich kaum mit dem Gedanken der »Volksgemeinschaft« in Einklang bringen. So gehörte nach wie vor nur ein bestimmter Kreis aus der Klasse zu den an Namenstagen eingeladenen Mädchen.

Besonders unangenehm berührte die Heimlichtuerei. Auch wenn man noch so diskret vorging, ließ es sich nicht vermeiden, daß die übergangenen Kinder ihr Nichteingeladenwerden wahrnahmen, wenn nicht vorher, dann nachher, denn meist wurde noch einige Tage über den gemeinsam verbrachten Nachmittag gesprochen.

Auch ihrer Mutter behagte das nicht, und daher schlug sie der Tochter vor, diesmal die ganze Klasse einzuladen. Das war noch nie dagewesen. Keine der Mütter, deren Haushaltsgeld eine solche Klasseneinladung weit besser hätte verkraften können, war bislang auf eine so revolutionäre Idee gekommen.

Also verkündete die Zehnjährige in jener Novemberwoche des Jahres 1935 vor dem Fest der heiligen Elisabeth stolz und öffentlich: »Ich lade die ganze Klasse ein!« Weil viele der zuvor niemals eingeladenen Mädchen ungläubig nachfragten, versicherte sie zusätzlich auch einzeln: »Natürlich lade ich dich ein. Ich lade doch die ganze Klasse ein.«

Irmgard fragte nicht nach. Warum sollte sie auch? Wo sie doch schon immer und selbstverständlich dazugehört hatte. Dafür fragte aber eine andere Mitschülerin aus der »Bahnhofsstraßenclique«. Es war ein Mädchen, deren Eltern niemals zuvor oder danach als »Nazis« in Erscheinung getreten waren, aber in ihrer Frage lag dieselbe ungute Wichtigkeit wie in jener Mitteilung am ersten Schultag über Irmgards Judesein: »Lädst du die Irmgard denn noch ein?« Als E. zu Hause davon erzählte, schüttelte die Mutter mißbilligend den Kopf und trug der Tochter auf, Irmgard noch einmal ausdrücklich einzuladen.

Fast alle Mädchen der Klasse kamen zu diesem Namenstag. Das Bauernkind mit der verkrüppelten Hand brachte einen großen bunten Bauernblumenstrauß mit, von dem E.s Mutter ein großes Aufheben machte. Sie stellte ihn locker in eine Vase und dann mitten auf den Tisch, so daß alle sehen konnten, daß das wirklich ein ganz außergewöhnlicher, wunderschöner Strauß war, mit Blumen, die man in keinem Blumengeschäft kaufen konnte. Akelei, tränende Herzen, Jungfer im Grünen, Jelängerjelieber. Einige Mädchen, die sich vorher vielsagend angesehen hatten, weil das doch kein »richtiges« Geschenk war, wurden beschämt.

Von diesem Nachmittag wurde noch lange gesprochen, weil die ganze Klasse sich in E.s Bruder Günther verliebt hatte. Er war zwar schon 15, hatte aber den ganzen Nachmittag lustige Spiele angeregt und sich dabei besonders um die Mädchen gekümmert, die schüchtern und befangen waren, weil sie nie zuvor an einer solchen Feier teilgenommen hatten.

Irmgard war nicht gekommen. Als E. sie am nächsten Tag fragte, warum sie nicht gekommen sei, brachte sie verlegen irgendeine Ausrede vor. E. war ein bißchen ärgerlich, weil sie Irmgard doch extra nochmal persönlich eingeladen hatte, und dachte: »Na ja, wenn sie nicht will, kann ich ihr auch nicht helfen.« Und dann gab es auch keine Einladungen bei Müllers mehr.

Im Jahre 1936 waren fast alle Mädchen aus E.s Klasse im Jungmädelbund und einmal, manchmal sogar zweimal in der Woche nachmittags durch den Dienst in Anspruch genommen.

Je mehr der Glaube der Kindheit an Bedeutung verlor gegenüber einem neuen Glauben, der »Glaube an Deutschland« hieß, je mehr kindliche Begeisterungs- und Hingabefähigkeit vom neuen Reich, vom jungen Volk, von Kundgebungen und Feierstunden der Geschlossenheit und Bereitschaft vereinnahmt wurde, je mehr aber auch Erlebnisfreude, Geselligkeitsdrang, Bedürfnis nach jugendbewegten, sportlichen und musischen Aktivitäten auf Wanderfahrten und Radtouren, Sportfesten und Musiktreffen, in Sommerlagern und auf Wochenendfahrten ihren einzig legitimen Platz in der Staatsjugend fanden, desto deutlicher wurde, daß Irmgard auch aus diesem für die meisten der Elf- bis 14jährigen wichtigen Lebensbereich prinzipiell ausgeschlossen war.

Es war jetzt nicht mehr so wichtig, daß die Juden keine Christen waren, sondern vielmehr, daß sie keine Deutschen waren, und es gab keine Formel mehr, die das hätte aus der Welt schaffen können.

1936, in der Quinta, saß E. noch einmal einige Monate mit Irmgard in einer Zweierbank, lieh sich von ihr Buntstifte, ließ sie im Diktat abschreiben und kam niemals auf die Idee, diese Banknachbarschaft »unerträglich« zu finden. Aus diesem Schuljahr ist eine Deutschstunde im Gedächtnis geblieben, in der es um sprachlichen Ursprung und Bedeutung von Vor- und Hausnamen ging. Es stellte sich heraus, daß die meisten Mädchen der Klasse jüdische Vornamen hatten: Ruth, Anna, Eva, Elisabeth, Maria. Andere trugen Namen, die griechischen, römischen, jedenfalls auch »undeutschen« Ursprungs waren: Charlotte, Irene, Barbara, Margarete, Theresia. Fast alle diese Namen waren zwar in gefälligeren Abkürzungen oder Zusammensetzungen im Gebrauch: Gretel, Bärbel, Lotti, Mariethres, Anneliese, Marianne, aber es war doch ein Ärgernis, daß nur drei Mädchen »germanische« Namen hatten: Hildegard, Walburga und – Irmgard. Irmgard, so erklärte die Nonne, sei von dem germanischen Gott Irmin abgeleitet und heiße »die von Irmin geschützte Burg«.

E. wußte, daß auch andere jüdische Kinder aus Paderborn deutsche bzw. germanische Vornamen hatten, und fand das merkwürdig. Viel besser, so dachte sie, hätte zu Irmgard ein Name aus dem Alten Testament gepaßt: Ruth, Esther, Eva, Judith, Rachel, Naomi oder Rebecca, denn Maria, Anna und Elisabeth gehörten schon zum Neuen Testament. Ihre Trägerinnen waren zwar Jüdinnen gewesen, aber als Christinnen in die biblische Geschichte eingegangen. Sie fragte ihre Nachbarin, ob sie das nicht auch komisch fände, daß Juden ihren Kindern deutsche und Deutsche ihren Kindern jüdische Namen gäben. Irmgard meinte lachend: »Von mir aus können wir ja tauschen. Ich hab' mir meinen Namen nicht ausgesucht.« E. zog eine Grimasse und sagte aus tiefstem Herzensgrund: »Ich auch nicht!«, denn der Name Eva wurde ihr mehr und mehr zum Ärgernis wegen der Reaktionen, die er bei Männern auslöste. Die verdrehten plötzlich die Augen und flöteten mit einem ganz bestimmten Grinsen, das E. vor allem in Pubertätsjahren haßte: »Eva, das war doch die, die den Adam verführt hat, damals im Paradies.«

In ihrem Lebensplan war die Verführung von Männern weder jetzt noch später vorgesehen. Ein deutsches Mädchen war stolz und herbe, eine fast uneinnehmbare Festung, die mühsam erobert werden mußte.

Auch die Schöpfungsgeschichte der Bibel mit der »Rippenablegergeburt« der Eva mißfiel ihr zunehmend. Bei den alten Germanen waren die ersten Menschen gleichzeitig und völlig gleichberechtigt aus zwei Bäumen erschaffen worden: Ask, der Mann, aus einer Esche, Embla, die Frau, aus einer Ulme.

Es ging in jener Unterrichtsstunde auch um die Hausnamen, und Mutter Theresia wußte für jeden eine Erklärung, auch für die, die nicht so leicht abzuleiten waren wie Müller oder Peters. E. wunderte sich, daß Irmgard einen so unauffälligen deutschen Namen hatte, und die Nonne meinte, daß einer ihrer Vorfahren wohl ein Müller gewesen sein müsse. Irmgards Vater hatte eine Getreidegroßhandlung. Da war die Familie also in der gleichen Branche geblieben. Wahrscheinlich, so dachte E., hatte einer von Irmgards Ururgroßvätern den Müllerberuf aufgegeben, weil er ihm zu anstrengend gewesen war, denn mit »richtiger Arbeit« hatten Juden es nicht so gern zu tun.

Der Vater von Evchen hatte eine Großhandlung für Lacke und Farben, aber hier kam es ihr nicht in den Sinn, ihm oder einem seiner Vorväter eine Flucht aus dem anstrengenden Handwerk eines Malers oder Anstreichers zu unterstellen. Es paßte auch in ihre Vorstellungen, daß Müller in Märchen meistens reich und geldgierig waren und die armen

Bauern, die bei ihnen das Korn mahlen mußten, gehörig übers Ohr zu hauen pflegten. Das »s« in ihrem eigenen Nachnamen, so erfuhr die Elfjährige, war der abgeschliffene Rest von Peters Sohn, Peterson, Petersen, Peters. E. ärgerte sich, daß ihre Vorfahren nicht bei Petersen mit dem Abschleifen aufgehört hatten, weil das so schön »nordisch« klang. Sie legte sich einen Traumnamen zu, der von dem ihren nicht allzuweit und doch um Welten getrennt war, entwarf dazu in langweiligen Unterrichtsstunden eine eckige, dem germanischen Runenalphabet nachempfundene Schrift und schrieb eine Zeitlang in Bücher und Hefte, die nicht in der Schule abgegeben werden mußten: ELKE PETER-SEN.

Zu Hause berichtete E. das Ergebnis dieser Unterrichtsstunde nicht ohne Vorwurf. Ihren Söhnen hatten die Eltern germanische Namen gegeben: Hermann, Günther und Erwin, dafür aber ihrer Tochter gleich drei jüdische Namen verpaßt: Eva Maria Elisabeth. Die Mutter meinte, sie habe sich nichts dabei gedacht, und schlug lachend vor, daß E. sich in Zukunft ja Embla nennen könne. Der Vater redete sich damit heraus, daß er »so was der Mutter überlassen habe«. Aber weil ihm der unerwartete Vorwurf aus Kindermund peinlich war, unterstützte er das Unbehagen der Tochter über den Gebrauch deutscher Vornamen bei Juden mit der zusätzlichen Information, daß sie ihre Söhne sogar besonders häufig Siegfried nannten. Das fand E. geschmacklos und lächerlich, wo sich nicht einmal die Deutschen trauten, ihren Söhnen einen so stolzen, anspruchsvollen Namen zu geben, und sie stellte sich einen kleinen, mickrigen, schwarzhaarigen, krummbeinigen, plattfüßigen jüdischen Siegfried vor.

Die meisten Juden hatten deutsche, noch dazu besonders klangvolle Hausnamen. In Paderborn gab es zum Beispiel Grünebaum, Herzheim, Silberberg, Sturmthal, Löwenstein, Rosenbaum usw. Woher kam denn das? Warum hießen sie nicht Levy, Cohn, Manasse oder Itzig?

Dafür hatte Bruder Erwin eine Erklärung: Die Juden hätten lange Zeit gar keine Familiennamen gehabt, und weil doch alles seine Ordnung haben mußte, seien sie aufgefordert worden, sich nun endlich Namen zuzulegen. Viele wollten das nicht, oder es war ihnen nichts eingefallen. Da habe man ihnen zwangsweise Namen aufgebrummt. Und dann zählte er mit Wohlgefallen auf: Klosettdeckel, Toilettentieftaucher, Pinkelmann und Armleuchter. Da hätten die Juden sich beeilt und sich dann natürlich besonders hübsche Namen zugelegt. Für E. behielten die schönen, romantischen Namen der deutschen Juden allerdings lange Jahre hindurch einen unangenehmen Beiklang.

Im Sommer des Jahres 1937 brach in der Quarta das Völkerballfieber aus. In jeder Pause spielten fast alle Mädchen der Klasse von der ersten bis zur letzten Minute. Außerdem nahmen zwei jüdische Mädchen aus einer jüngeren Klasse regelmäßig teil. Solche Klassenüberschreitungen waren sonst nicht üblich. Irgendwann mochten sie mal gefragt haben, ob sie mitspielen durften. Keine der aktiven Spielerinnen hatte etwas dagegen, zumal die beiden besonders sportlich waren und die Gewinnchancen der jeweiligen Mannschaft erheblich vermehrten.

Nur Lieselotte – ebenso wie E., Bärbel, Hilde, Elisabeth und Evchen, Jungmädelführerinanwärterin – beteiligte sich nicht an den Völkerballpausen, und als sie deswegen gefragt wurde, erklärte sie, daß sie wegen der Gastspielerinnen nicht mitmache. Wenn es nur Irmgard gewesen wäre, dann ja, aber gleich mit drei Judenmädchen spielen, das sei zuviel.

E. hatte den Verdacht, daß es der unsportlichen, aber geltungssüchtigen Lilo in erster Linie um die Vermeidung sportlicher Niederlagen ging, und fand die Begründung saublöd.

Sie sieht die beiden jüdischen Kinder vor sich, mit vom Spiel geröteten Backen, zersausten Haaren, blanken Augen, lachend, schreiend, laufend, abfangend, abtreffend, und weiß heute, daß sie irgendwann im Kriegswinter 1941/42, zusammen mit ihren Eltern, vom Kleinbahnhof Paderborn-Kasseler Tor aus in den Tod geschickt wurden.

Ostern 1938, mit Beginn der Untertertia, wechselte die 13jährige E. die Schule aufgrund einer Empfehlung für Beamte, ihre Kinder nicht mehr in Privatschulen, sondern in staatliche Schulen zu schicken. Die endgültige Schließung der alten Klosterschule im romantischen Paderquellgebiet hinter dem Dom erfolgte erst zwei Jahre später.

Die Erinnerung an ehemalige Klassenkameradinnen, mit denen E. keine engeren freundschaftlichen Beziehungen aufgenommen hatte, verblaßte schnell, und wenn sie zufällig eines dieser Mädchen traf, wußte man sich kaum noch etwas zu sagen. Auf dem für den plötzlichen Zustrom von Schülerinnen neu ausgebauten staatlichen Mädchenlyzeum gab es keine jüdischen Mädchen und daher auch keinen konkreten Anlaß, über den Erlaß vom 14. November 1938, der die Entlassung jüdischer Kinder aus deutschen Schulen anordnete, zu diskutieren, wohl aber im Elternhaus, denn schließlich war der Vater Studienrat.

Vom Reichserziehungsminister Dr. Bernard Rust hielt er nicht viel, da sich eine gewisse »Führungsschwäche« des ehemaligen Studienrates aus Hannover in einer Flut von Anordnungen niederschlug, von denen die meisten bereits wieder außer Kraft gesetzt worden waren, ehe sie ihre Adressaten erreicht hatten. In Lehrerkreisen sprach man damals scherzhaft von einem »Rust« als der kurzfristigen Zeiteinheit zwischen einem Erlaß und seinem Rückzug. Im Erlaß des Reichserziehungsministers vom 14. November 1938 hieß es:

> »Nach der ruchlosen Mordtat von Paris kann es keinem deutschen Lehrer und keiner deutschen Lehrerin mehr zugemutet werden, an jüdische Kinder Unterricht zu erteilen. Auch versteht es sich von selbst, daß es für deutsche Schüler und Schülerinnen unerträglich ist, mit einem Juden in einem Klassenraum zu sitzen . . .«

Diesmal rechnete niemand mit einer Außerkraftsetzung. Daß die Juden in Deutschland »unerwünscht« waren, durch zahlreiche Gesetze und Verordnungen mehr und mehr in eine Außenseiterposition gedrängt und einem immer stärkeren Auswanderungsdruck ausgesetzt wurden, dem sich inzwischen schon viele jüdische Familien in Paderborn gebeugt hatten, war offensichtlich. Solange es bei diesem planmäßigen Isolierungsprozeß »ordentlich und gesetzmäßig« zuging, konnte die NS-Regierung mit dem Verständnis, zumindest aber mit der widerspruchslosen Duldung der katholischen Bevölkerung von Paderborn rechnen.

Die meisten antisemitischen Gesetze und Verordnungen verbreiteten durch trockenes Amtsdeutsch und detailliert ausgeführte, alle Zweifelsfälle berücksichtigende Anwendungs- und Zuständigkeitsmodi nüchterne Amtlichkeit und Seriosität. Der »Rust-Erlaß« fiel durch die emotionale Begründung aus dem Rahmen und löste den entschiedenen Widerspruch von E.s Mutter aus. Sie vermochte keinerlei Zusammenhang zu erkennen zwischen der »ruchlosen Mordtat von Paris« und der plötzlichen »Unzumutbarkeit« für Lehrer, jüdischen Kindern Unterricht zu erteilen, sowie der ebenso plötzlich behaupteten »Unerträglichkeit« für deutsche Schüler und Schülerinnen, mit Juden in einem Klassenraum zu sitzen.

Der Vater fand die Begründungen des Rust-Erlasses zwar ebenfalls »übertrieben«, sah das Problem aber in größeren Zusammenhängen und stufte diese Maßnahme als Warnung an das »internationale Judentum« ein, seine systematisch betriebene »Greuel- und Kriegshetze« gegen das neue Deutschland einzustellen.

120

E. behagten diese Formulierungen auch nicht, da sie als »deutsche Schülerin« überhaupt nicht gefragt worden war. Sie hielt es aber für möglich, daß die freundliche, gutmütige Irmgard sich wenig als Beispiel für dieses Problem eignete und jüdische Schüler und Schülerinnen in Berlin, Frankfurt und anderen Hochburgen des Judentums sich in einem deutschen Klassenverband vielleicht unangenehmer bemerkbar machten.

Im übrigen wurde der Schulunterricht für jüdische Kinder keineswegs verboten, es wurde vielmehr den jüdischen Gemeinden freigestellt, ja sogar angeraten, eigene jüdische Schulen für jüdische Kinder zu errichten und zu betreiben. Obwohl die meisten Paderborner Juden Kaufleute waren, wußte E. inzwischen, daß Juden bis 1933 auch in der deutschen Wissenschaft und Kunst eine, wie es hieß, viel zu große Rolle gespielt hatten.

Die Juden gehörten keineswegs zu den »ungebildeten Ständen«. Da waren sie wohl in der Lage, ihre eigenen Kinder zu unterrichten.

Eine ebenfalls im November 1938 erfolgte Anordnung des Präsidenten der Reichskulturkammer und Reichspropagandaministers, Dr. Joseph Goebbels, wurde im übrigen mit einer sehr viel geschickteren Begründung eingeleitet als der Rust-Erlaß, nämlich mit der einer getrennten Kultur und Kulturpflege. Sie lautete:

»Nachdem der nationalsozialistische Staat es den Juden bereits seit über fünf Jahren ermöglicht hat, innerhalb besonderer jüdischer Organisationen ein eigenes Kulturleben zu schaffen und zu pflegen, ist es nicht mehr angängig, sie an Darbietungen der deutschen Kultur teilnehmen zu lassen. Juden ist daher der Zutritt zu Theatern, Lichtspielunternehmungen, Konzerten, Vorträgen, artistischen Unternehmungen, Tanzvorführungen und Ausstellungen kultureller Art nicht mehr gestattet . . .«

Das hatte eine gewisse Apartheidslogik, die annehmbar erschien. Da E. kaum eine Vorstellung von der tatsächlichen Bedeutung deutscher Juden für das deutsche Kulturleben hatte, sei es als Wissenschaftler, schaffende und reproduzierende Künstler oder als Sammler und Sachwalter deutschen Kulturerbes und Kulturgutes, verzichtete sie leichten Herzens auf den jüdischen Beitrag und dachte: »Sollen die sich doch anstrengen, ihre eigene Kultur zu schaffen, statt sich in die deutsche hineinzudrängen, in der sie nichts verloren haben.«

Die »Nürnberger Gesetze« aus dem Jahre 1935, die Eheschließungen und außereheliche Liebesbeziehungen zwischen Juden und »Ariern« verboten, ließen sich sogar als »im Sinne des jüdischen Volkes« interpretieren. E.s Vater zum Beispiel rechtfertigte sie – in Übernahme der Thesen des damaligen Rassepapstes Hans F. K. Günther – als Antwort und Konsequenz auf die dem jüdischen Volke seit Jahrtausenden bewußte »Bedeutung des Blutes und der Rasse« im Leben der Völker. Vom »jüdischen Rassebewußtsein« sprach er immer mit großer Hochachtung, ja fast ein bißchen neidisch, und auch davon, daß die Juden nur deswegen die jahrtausendelange Vertreibung und Zerstreuung als Einheit überlebt hätten und das deutsche Volk, zumindest in dieser Beziehung, viel von ihnen lernen könne. Die Juden, so meinte er, könnten froh sein, daß jetzt, wo sie schon anfingen, es nicht mehr so genau zu nehmen mit der eigenen »Rassereinheit«, ihnen der deutsche Staat mit diesen Gesetzen zu Hilfe komme, ihre Rasse, ihr Volkstum zu erhalten und ihre kulturelle Eigenart zu bewahren.

Blutrünstige antisemitische Drohungen, wie das berüchtigte Lied »Ja, wenn das Judenblut vom Messer spritzt, dann geht's noch mal so gut: Soldaten, Kameraden, hängt die Juden, stellt die Bonzen an die Wand«, wurden in jenen Jahren nur von der SA (als angehängter Refrain des Liedes vom Sturmsoldaten) gesungen und als primitive Stammtisch-Sauf-Parole politisch bedeutungsloser Kleinbürger bagatellisiert. Das Wort »Jude«

bzw. »Juda« kam im gedruckten Text von Liederbüchern der Partei und der Hitlerjugend insgesamt nur zweimal vor. So heißt es im sogenannten »Wiener Jungarbeiterlied« aus dem Jahre 1926:

»Es pfeift von allen Dächern: für heut die Arbeit aus,
es ruhen die Maschinen, wir gehen müd nach Haus.
Daheim ist Not und Elend, das ist der Arbeit Lohn,
Geduld, verrat'ne Brüder, schon wanket Judas Thron.«

In der zweiten Strophe des häufig gesungenen Parteiliedes »Siehst du im Osten das Morgenrot« werden antikapitalistische Tendenzen der »Bewegung« in ähnlicher Weise auf Juden abgelenkt:

»Viele Jahre zogen dahin,
geknechtet das Volk und betrogen.
Verräter und Juden hatten Gewinn,
sie forderten Opfer Legionen.«

Im Liederbuch des BDM, »Wir Mädel singen«, fehlt das »Wiener Jungarbeiterlied«, und erst beim Niederschreiben dieses Kapitels stellte E. verblüfft fest, daß die oben verzeichnete Strophe des Morgenrot-Liedes dort in »gereinigter« Fassung zu finden ist:

»Viele Jahre zogen ins Land,
geknechtet das Volk und belogen.
Das Blut unsrer Brüder färbte den Sand,
um heilige Rechte betrogen . . .«

Antisemitismus spielte im Jungmädelbund kaum eine Rolle, vielleicht allerdings nur deshalb nicht, weil er sich von selbst verstand. E. erinnert sich weder an entsprechendes Schulungsmaterial noch daran, die »Judenfrage« als Jungmädelführerin jemals zum Thema eines Heimabends gemacht zu haben. Das mag im BDM anders gewesen sein. Aber auch Jungmädel sangen an lustigen Abenden in Jugendherbergen, auf Fahrt und im Lager gelegentlich antisemitische Spottverse. Im Gedächtnis geblieben ist die hämische Beschreibung einer jüdischen Auswanderung:

»Töff, töff, töff, es kommt ein gelber Wagen,
töff, töff, töff, mit einem Jud' gefahren.
Töff, töff, töff, wo will der Jude hin?
Er will wohl nach Jerusalem, wo alle Juden sind.
Adam zieht den schweren Möbelwagen,
Eva muß Petroleumlampe tragen
Und der Kain die kaputte Gipsfigur
und das kleine Abelchen die alte Eieruhr.«

Die Singenden fanden das damals wohl lustig, wie die Juden mit ihrem alten Plunder endlich abhauten.

Ein anderer Refrain, der zwischen »Bolles Pfingstreise«, »Kolumbus' Amerika-Entdekkung« und dem »Negeraufstand in Kuba« manchmal gesungen wurde, lautete: »Krumme Juden ziehn dahin, daher, / sie ziehn durchs Rote Meer, / die Wellen schlagen zu, / die Welt hat Ruh.«

Diese und andere antisemitische Verse gehörten lange vor 1933 zur Subkultur des traditionellen deutschen Antisemitismus. Wenn die Heranwachsende sich bei diesen Texten überhaupt etwas gedacht hat, dann vielleicht: »Wäre es damals so gekommen, gäbe es heute keine ›Judenfrage‹ in Deutschland.« Da war sie nicht mehr auf der Seite der Kinder Israels.

Im Jahre 1939 wurde E. Jungmädel-Scharführerin und trug ihre Uniform mit der grünen

Führerinnenschnur an vielen Nachmittagen, Abenden und Wochenenden, die von Veranstaltungen der Hitlerjugend in Anspruch genommen wurden. An einem Sommerabend kam sie vom Sport im Inselbadstadion, lenkte ihr Fahrrad quer über die Straße und sprang auf dem Bürgersteig vor ihrem Elternhaus zwei Fußgängerinnen direkt vor die Füße. Es waren Irmgard und Beate Rose aus dem Nachbarhaus.

E. erkannte die frühere Mitschülerin erst, als diese einen Gruß andeutete und um das Hindernis herumgehen wollte, denn Irmgard war etwas fülliger geworden und trug einen dunklen Mantel, der sie älter machte.

Da standen sie sich gegenüber. Zwei 14jährige, die einmal in der gleichen Schulbank gesessen hatten und jetzt durch Welten getrennt waren. Einen Augenblick dachte E.: »Wie dumm, daß ich gerade jetzt die Uniform anhabe«, aber auch »Wie gut. Da ist alles klar.« Sie fragte munter: »Hallo, Irmgard, wie geht es dir?« Irmgard antwortete: »Danke, gut, und dir?« »Danke, mir geht es auch gut.« Damit war das Gespräch eigentlich zu Ende. Dem Mädchen mit der grünen Führerinnenschnur war das etwas peinlich. Schließlich hatte sie angefangen, um zu zeigen, daß sich Freundlichkeit und Höflichkeit auch gegenüber Feinden des neuen Deutschland von selbst verstanden. Zum Glück fiel ihr das kleine Buch »Dieter und Dietlinde« ein, das ihr manchmal beim Aufräumen unter die Finger kam, und froh, doch noch einen Gesprächsstoff gefunden zu haben, sagte sie lebhaft, mit viel zu vielen Worten: »Weißt du, daß ich noch immer ein Buch von dir habe? ›Dieter und Dietlinde‹ heißt das. Du hast es mir mal geliehen, damals im zweiten Schuljahr, als ich mir mal nacheinander alle deine Bücher ausgeliehen habe.« Irmgard lächelte etwas wehmütig, fast wie eine alte Frau, die sich ihrer Kindheit erinnert, und sagte: »Das brauche ich wirklich nicht mehr. Das kannst du behalten.«

PS:

In der 1964 von der Stadt Paderborn herausgegebenen Schrift »Baun wir doch aufs neue das alte Haus – Jüdisches Schicksal in Paderborn« findet sich über die Familie Müller folgende Eintragung:

»Calmon Müller war Getreidegroßkaufmann und Besitzer der Firma Müller & Schild in der Bahnhofstraße. Er war Mitglied der Handelskammer und vieler örtlicher Organisationen. In der Stadtsparkasse war er Vorstandsmitglied. Er starb 1929. Seine Ehefrau Paula setzte sich im Roten Kreuz und anderen mildtätigen Organisationen beispielhaft ein. Der Sohn Ernst wurde Rechtsanwalt. Er zog von Paderborn nach Hannover und lebt jetzt in London. Der Sohn Fritz, der auch Getreidegroßkaufmann war, war im Schützenverein und in verschiedenen öffentlichen Ämtern aktiv. Er war Mitbegründer der Paderborner Getreidebörse. Auch er ist ausgewandert. Der Sohn Georg, der im väterlichen Geschäft mitarbeitete, seine Frau Vrony und deren Sohn wurden deportiert und sind im Osten umgekommen.«

Irmgard und Rudi, die Kinder von Fritz Müller, und auch seine Ehefrau werden in dieser Schrift nicht erwähnt. Wie E. von einer ehemaligen Klassenkameradin erfuhr, soll Irmgards Vater in New York eine Anstellung bei der Polizei gefunden haben, und Irmgard soll inzwischen einmal in Paderborn zu Besuch gewesen sein.

Flüchtig erinnert sie sich an den Vetter Irmgards, den Sohn von Georg Müller, der zu Beginn des Dritten Reiches so gerne in das deutsche Jungvolk eingetreten wäre und sogar einige Male – ohne Wissen seiner Eltern, aber mit freundlicher Duldung des Jungzugführers – am Dienst teilgenommen haben soll. Wie sollte der Elfjährige auch verstehen, warum er plötzlich nicht mehr dazugehörte?

Und wie sollte er wenige Jahre später verstehen, warum er nicht einmal mehr leben durfte?

Aasgeier

Irgendwann in den frühen dreißiger Jahren ging E.s Mutter der »innere Halt« einer Küchenmaschine verloren, die zum Durchdrehen von Fleischresten und Spinat unersetzlich war. Sie fügte die massiven Einzelteile des schweren, gußeisernen Modells provisorisch zusammen, wickelte sie in ein sauberes, blauweiß kariertes Küchentuch und suchte zusammen mit der Tochter das große Eisenwaren-, Spielwaren-, Porzellan- und Hausratgeschäft Steinheim am Rathausplatz auf. Der Verkäufer sah sich mitleidig das auf dem Ladentisch zerfallende Modell an, sprach von nicht mehr erhältlichen Ersatzteilen und pries die Vielseitigkeit einer modernen Fleischhack- und Durchdrehmaschine. Aber E. wußte schon, daß das Haushaltsgeld für eine solche Anschaffung nicht reichte. Neue, arbeitssparende Geräte fanden nur als Erfüllung eines mütterlichen Weihnachtswunsches ihren Weg in den elterlichen Haushalt.

Rettung aus der unerquicklichen Situation nahte in der Person des Geschäftsführers, eines freundlichen Herrn mit goldener Uhrkette über der Weste. Er dirigierte den Verkäufer in den Hintergrund, begrüßte E.s Mutter mit »gnädige Frau«, lobte die solide Qualität des aus der Aussteuer stammenden Vorkriegsmodells und bestätigte ihre Ansicht, »daß man das nur wegen einer fehlenden Schraube ja nicht einfach wegschmeißen könne«. Dann zog er – Optimismus verbreitend – viele Schubladen auf, schob sie wieder zu, verglich, probierte, schraubte, schlug in Katalogen nach, verschwand vorübergehend im Lager und kam schließlich triumphierend wieder zurück, die passende Schraube wie ein kostbares Schmuckstück in hocherhobener Hand. Der zu zahlende Pfennigbetrag stand in keinem Verhältnis zum verursachten Aufwand an Zeit und Mühe, und so bedankte sich E.s Mutter fast ein wenig beschämt. Der Ladenbesitzer meinte: »Aber das ist doch selbstverständlich, gnädige Frau«, geleitete sie zur Tür und verabschiedete sich auch von E. mit Handschlag.

Zu Hause imitierte die Mutter mit komischer Übertreibung die Herablassung des Verkäufers und die Zuvorkommenheit des Geschäftsmannes und meinte nachdenklich: »Das muß man ihnen lassen. Gute Geschäftsleute sind sie, die Juden. Da ist der Kunde König, auch wenn man nur ein Schräubchen kauft.« Der Vater stellte fest: »Das ist eben ein raffinierter Geschäftsmann. Der weiß, daß sich Gefälligkeit auszahlt. Der weiß, daß du wiederkommst«, und E., die bis dahin gar nicht gewußt hatte, daß der Geschäftsinhaber ein Jude war, dachte: »Das war nicht nur, damit Mutter wiederkommt. Der hat sich wirklich gefreut, als er das Schräubchen gefunden hatte.«

Sie lernte aber bald, daß Geschäfts- und Kaufleute, ob Juden oder Nichtjuden, generell von den Eltern nicht besonders geschätzt wurden. Ware einkaufen und mit Gewinn wieder verkaufen galt in der Tradition des preußischen Beamten und Studienrates als eine nicht ganz seriöse Beschäftigung, war jedenfalls mit richtiger Hand- oder Kopfarbeit nicht zu vergleichen. Diese Ressentiments trösteten E. zeitweise über die Tatsache hinweg, daß in Geschäftshaushalten, wie z. B. im Elternhaus ihrer Freundin Evchen, Geld sehr viel großzügiger zur Verfügung stand als in ihrer Familie.

Freundlichkeit wurde von den Eltern als eine auch bei Männern durchaus wünschenswerte Eigenschaft angesehen, Gefälligkeit und Zuvorkommenheit, die Tugenden eines guten Kaufmannes, galten hingegen eher als unmännlich, obwohl sie sie »vor Ort« durchaus zu schätzen wußten. Das Fremdwort »raffiniert« samt seinen deutschen Synonymen (durchtrieben, gerissen, schlau, abgefeimt, mit allen Wassern gewaschen usw.) geriet mehr und mehr in die Nähe jenes unsympathischen Komplexes, der »undeutsch«, »artfremd« bzw. »typisch jüdisch« genannt wurde.

Eine echter deutscher Mann war freundlich und hilfsbereit, aber nicht »gefällig« und schon gar nicht »raffiniert«, sondern bestenfalls klug. Auch eine gewisse geistige Unbeweglichkeit (»Geradlinigkeit«) und die Vertrauensseligkeit eines »tumben Tors« standen ihm wohl an.

Kleidung kaufte die Mutter in den zwanziger und frühen dreißiger Jahren bei Steinberg und Grünebaum, einem renommierten, ebenfalls am Rathausplatz gelegenen jüdischen Textilkaufhaus, wo ihr, in berechtigtem Vertrauen auf die Zahlungsmoral einer preußischen Beamtenfrau, großzügig Kredit gewährt wurde. Er erfolgte nicht in Form eines Ratenkaufvertrages mit festgelegten monatlichen Rückzahlbeträgen und entsprechendem Zinsaufschlag, wie das heute üblich ist, sondern auf Treu und Glauben und ohne Mehrkosten: »Zahlen Sie, wie es Ihnen beliebt!« Ein ungeschriebenes Gesetz im elterlichen Haushalt lautete aber, daß Neues nur dann gekauft werden durfte, wenn »alles abbezahlt« war, was nur selten vorkam.

Die Arisierung dieses bis dahin »ersten Hauses« am Platze erfolgte bereits zwei Jahre vor der endgültigen Ausschaltung der Juden aus dem deutschen Wirtschaftsleben.

E.s Mutter kaufte weiterhin im gleichen Hause, zumal die meisten Angestellten übernommen worden und die Geschäftsbedingungen die gleichen geblieben waren. Vor der »Arisierung« galt es jedoch, eine gewisse Zeitspanne zu überbrücken, in der es für Beamte immer existenzbedrohender wurde, bei Juden einzukaufen. So erfreute sich das dritte, sich nunmehr wegen seines jüdisch klingenden Namens Klingenthal ausdrücklich als »rein arisch« empfehlende Textilkaufhaus der Stadt zeitweilig eines zusätzlichen Kundenkreises, der ihm bei normalen Konkurrenzbedingungen kaum zugefallen wäre. Zum Ärger der Mutter bestand dieses Kaufhaus auf sofortiger Zahlung. Ihr erster Versuch, sich »regierungskonform« zu verhalten, endete mit einem Fiasko. Der Scheck, mit dem sie bezahlte – gleichzeitig jedoch dringend darum bat, ihn erst in 14 Tagen, d. h. zum kommenden Ersten, einzulösen –, wurde, trotz Zusicherung des Geschäftsinhabers, noch am gleichen Tag bei der Kreissparkasse vorgelegt, was die Familie für den Rest des Monats in erhebliche Schwierigkeiten brachte.

E.s Mutter kehrt noch einmal reumütig, ohne ihren Ehemann davon in Kenntnis zu setzen, zu Grünebaum zurück.

Im September 1935 wurde ein Beamter in Paderborn entlassen, weil seine Frau in einem jüdischen Geschäft gekauft hatte. Die plötzliche Amtsenthebung des geachteten Stadtverordneten und Baurats erfolgte unter spektakulären Umständen. Mehrere hundert von der Partei zusammengetrommelte Protestdemonstranten versammelten sich auf dem Marktplatz. E.s Mutter, die zu diesem Zeitpunkt bei Grünebaum noch nicht »alles abbezahlt« hatte, traute sich danach nicht mehr, das jüdische Kaufhaus zu betreten, sondern schickte ihre zehnjährige, gerade in den Jungmädelbund eingetretene Tochter mit dem gesamten Restbetrag während der Dämmerung durch den Hintereingang zur Hauptkasse. Unabhängige Käuferschichten, Geschäftsleute, Ärzte, Rechtsanwälte, Handwerker, Arbeiter, vor allem aber die Bauern des Umlandes nutzten noch einige Jahre die guten Kaufbedingungen jüdischer Geschäftsleute in Paderborn, aber der Käuferstrom versiegte mehr und mehr.

1936 traf E.s Mutter die Direktrice der Konfektionsabteilung von Grünebaum in der Promenade und berichtete, diese Dame habe zwar volles Verständnis dafür gezeigt, daß sie als Beamtenfrau nicht mehr in »ihrem« Hause einkaufen könne. Sie empörte sich aber über einige angesehene und gutsituierte Paderborner Familien, die größere Einkäufe auf Kredit tätigten, erhebliche Preisnachlässe verlangten und offenbar damit rechneten, daß ein jüdischer Geschäftsmann sich zur Eintreibung von Außenständen kaum noch des

Rechtsweges bedienen würde. »Wie die Aasgeier, hat sie gesagt«, erzählte die Mutter, weigerte sich allerdings, die Namen der Betreffenden im Familienkreis zu nennen und rückte erst in den Nachkriegsjahren damit heraus, als sich einige der »Aasgeier« allzu laut damit brüsteten, Juden unterstützt zu haben, solange das noch möglich gewesen sei.

In der bereits erwähnten Schrift über das Schicksal der Paderborner Juden aus dem Jahre 1964 wird behauptet, daß »bei der Grundeinstellung des weitaus größten Teils der Paderborner Bevölkerung in der Stadt von einem Antisemitismus wenig zu spüren« gewesen sei; weiter heißt es, daß »die jüdischen Mitbürger geachtet und angesehen« waren und »ohne Anfeindungen ihrer Arbeit nachgehen« konnten.

War das wirklich zutreffend, oder versteckte sich ein latenter Antisemitismus nur, solange die gesellschaftliche Stellung und staatsbürgerliche Gleichberechtigung der Juden unangefochten war?

Als die Zurückdrängung und Ausschaltung der Juden zum Regierungsprogramm wurde, nahmen auch geachtete und angesehene Bürger Paderborns Vorteile verschiedenster Art wahr: Katholische Geschäftsleute übernahmen Warenhäuser, Betriebe und Läden ihrer bisherigen Konkurrenten zu günstigen Bedingungen, Ärzte und Rechtsanwälte die Patienten und Klienten ihrer ehemaligen Kollegen, Wohnungssuchende freiwerdende Häuser und Wohnungen der in ihrem Wohn- und Eigentumsrecht immer mehr einge-schränkten jüdischen Familien.

Manche angesehene Paderborner Bürger verstanden die Zeichen der Zeit und leisteten der Ausschaltung der Juden Vorschub, noch ehe ihr Vorgehen durch entsprechende Verordnungen legitimiert wurde. So wurde nach geheimer Abstimmung im Stadtrat der Paderborner jüdischen Bevölkerung der Besuch des Kaiser-Karls-Bades bereits am 15. August 1933 verboten, obwohl entsprechende Anordnungen der NS-Regierung erst nach dem 9. November 1938 in Kraft traten. So wurden die an der Paderborner Getreidebörse zugelassenen jüdischen Händler bereits im September 1935 vollkommen isoliert. »Sie fanden weder Käufer noch Verkäufer und standen nachher in einer Ecke zusammen und weinten«, heißt es in einem Polizeibericht.

So wurde im Januar 1935 allen Abteilungsleitern der Stadtverwaltung und den Betriebs-führern der städtischen Versorgungsunternehmen der »private Einkauf in nichtarischen Geschäften unter Androhung eines Beförderungsausschlusses« untersagt. Die Inhaberin des Storch-Basars, Frau Frieda Storch, reagierte daraufhin mit einem Aushang im Schaufenster ihres Geschäftes: »Auch mein Sohn starb für das deutsche Vaterland.«

So protestierte die Paderborner Putzmacherinnung im Februar 1935 bei der Gewerbe-polizei gegen die Zulassung jüdischer Verkaufsstände mit Damenhüten auf dem Liborimarkt, noch ehe es für ein solches Verbot die entsprechende gesetzliche Grund-lage gab.

So profitierte E.s Familie von der wachsenden Verunsicherung der jüdischen Bevölke-rung, als sie im Jahre 1936 eine Wohnung in bevorzugter Lage bezog. Nach langer, vergeblicher Suche war sie ihr von den Hausbesitzern, einer Erbengemeinschaft, ange-boten worden. E. wußte, daß Sturmthals, die Vormieter, nicht gern und keineswegs freiwillig ihre Wohnung aufgaben. Einige Wochen vor dem Umzug besuchte die Mutter mit ihrer elfjährigen Tochter das alte Ehepaar, um mit ihm zwecks Übernahme von Gardinenstangen, Öfen etc. zu verhandeln, und stimmte den zögernd genannten, ohnehin sehr maßvollen Preisvorstellungen sofort zu, weil ihr die Situation peinlich war. Nachher sagte sie: »Das ist nun mal so. Wenn wir nicht einziehen, ziehen andere ein«, und: »Sie ziehen zu ihrem Sohn nach Berlin. Das ist vielleicht auch besser so. Da sind sie im Alter nicht allein.«

Inzwischen weiß E., daß der Mieterschutz für Juden erst im Jahre 1938 aufgehoben wurde, daß es also für jene Kündigung, die der Familie zu einer Wohnung und den Hausbesitzern zu »arischen« Mietern verhalf, noch gar keine gesetzliche Grundlage gab. Der Umzug wurde von einer Paderborner Speditionsfirma durchgeführt, der an diesem Tage zufällig ein Anhänger zur Verfügung stand, auf dessen gelben Seitenflächen mit roten Buchstaben ein fremder Firmenname und als Standort »Marienburg in Ostpreußen« aufgemalt war. Das aufregende Ereignis begann mit dem Verladen schwerer Möbelstükke, während Topfpflanzen, Stehlampen und Hausrat, für deren Transport auch E.s Hilfe gebraucht wurde, erst am Schluß drankamen. Daher entzog sich die Elfjährige am Morgen des 1. April 1936 dem Umzugstrubel und setzte sich mit der »Dies und das«-Seite des »Westfälischen Volksblattes« auf eine luftige Holzbank an der Vorderfront des Anhängers, um in der warmen Frühlingssonne ungestört Witze, Anekdoten, Kuriositäten aus aller Welt sowie den Fortsetzungsroman »Ein Mädel, ein Auto und ein Hund« zu lesen.

Plötzlich wurde sie durch einen Radfahrer aus ihrer Lektüre aufgeschreckt, der sie fragte, ob sie vielleicht aus Marienburg in Ostpreußen komme. E. verneinte erstaunt, worauf der Fragende etwas verlegen und eigentümlich bewegt erklärte, daß er aus Marienburg in Ostpreußen stamme, aber seit vielen Jahren nicht mehr dort gewesen sei. Während er noch sprach, versuchte E. sich zu erinnern, wo sie ihn schon einmal gesehen hatte. Er kam ihr merkwürdig bekannt vor. Seine Nase sah so aus wie die ihre, wenn sie ihr Gesicht in einer blanken, gebogenen Metallfläche, so z. B. der Lampe an ihrem Fahrrad, spiegelte, seine Lippen waren voll, die Haare dunkel und dicht gelockt. Plötzlich fiel es ihr ein: In einem der rassekundlichen Bücher ihres Vaters war ein erstaunlich ähnlicher junger Mann abgebildet, mit dem gleichen verlegen-schüchternen Lächeln und der Unterschrift: »Ostjude, vorwiegend vorderasiatische Rasse«. E. starrte den Radfahrer mit so wacher Aufmerksamkeit an, daß es ihn zu irritieren schien, und dann kam der Augenblick, in dem sie wußte, daß er wußte, daß sie ihn als Juden erkannt hatte. Er murmelte noch etwas wie »Ich dachte, . . . weil das doch an dem Wagen steht, . . . hätte ja sein können . . .« und bestieg hastig sein Fahrrad. Da seine Hosenbeine am unteren Ende mit Fahrradklammern gesichert waren und sich darüber zu beiden Seiten aufplusterten und abspreizten, sah er ganz krummbeinig aus. Nach etwa 20 Metern drehte er sich noch einmal um, wandte den Kopf aber schnell und wie ertappt wieder in Fahrtrichtung, als er dem wachsamen Blick der Elfjährigen begegnete, trat energischer in die Pedale und verschwand hinter der Krümmung der Neuhäuser Straße bei Isenbort. »Komisch, als ob ich den ›bösen Blick‹ hätte. Der hat doch nicht etwa Angst?« dachte E. Gleichzeitig war sie stolz auf ihre »Menschenkenntnis«.

Die neue Wohnung erwies sich als zwiespältige Verbesserung. Zwar hatte E. nun ein eigenes Zimmer, dafür fehlten ihr die Wiesen und Äcker des Stadtrandes, der Garten, vor allem aber die alte Nachbarschaft. Während sie am Ort ihrer Kindheit die Familien der umliegenden Häuser gekannt hatte und wußte, welcher Mann, welche Frau, welches Kind in welches Haus gehörte, wie viele Geschwister es gab usw., war die neue Umgebung viel anonymer. Die andere Seite der Straße lag jenseits der breiten Promenade des alten Stadtwalles und so weit entfernt, daß sie nicht einmal den gleichen Namen trug. In einem der beiden Nachbarhäuser befand sich eine Krankenkasse, und nur das andere, eine freistehende Villa, wurde von Privatleuten bewohnt, einer älteren, verwitweten Geschäftsfrau im Parterre und der Familie des Hausbesitzers, eines jüdischen Rechtsanwaltes, im ersten Stock und im Obergeschoß. Im darauffolgenden Haus der Straßenzeile war die Dienststelle der SA-Standarte Paderborn.

Mit den vier Kindern des Rechtsanwaltes verbanden weder E. noch ihre Brüder Spielkameradschaften aus Vorschul- und Grundschuljahren, weil die Nachbarschaft sich erst später ergeben hatte. Daher kann sie sich nur an drei von ihnen erinnern – einen halbwüchsigen Jungen, der schon Knickerbocker trug, »auf Reismann« (ein Realgymnasium) ging und mit dem Fahrrad zur Schule fuhr, und zwei Mädchen, die »auf die Nonnen«, aber nicht in die gleiche Schulklasse gingen.

Inge war wesentlich älter als E. Man sah sich zum ersten Mal auf einem Hausmusikfest der Schule. Inge Rose sang in einem schlichten, schwarzen Kleid das »Ave Maria« von Mozart, verbeugte sich lächelnd vor und nach ihrem Auftritt und strich sich anschließend einige Fransen ihrer kurzgeschnittenen Haare aus der Stirn.

E. fand es befremdlich, daß ein jüdisches Mädchen zum Lob der Madonna sang, und die ungewohnt geschulte Stimme der 17jährigen ging ihr auf die Nerven.

Beate, genannt »Puppa«, ein kleines, lebhaftes, dunkelhaariges Mädchen, war zwei Jahre jünger als E. und ihr schon in der Grundschulzeit aufgefallen, wenn sie beim winterlichen Schlittschuhlaufen auf den »Fischteichen« schnell und gewandt über das Eis flitzte.

Im Jahre 1936, dem Jahr, in dem die Familie die Wohnung am Stadtwall bezog, war bereits die Zeit gekommen, in der deutsche Juden sich so unauffällig wie möglich benahmen und längst auch von sich aus alle Kontakte zu früheren Kollegen und Bekannten abgebrochen hatten, um diese nicht in ihrem beruflichen und gesellschaftlichen Fortkommen zu gefährden. Manchmal hörte man aber den Gesang Inges über die Hofmauer herüberschallen. E.s Mutter fand die Stimme des jungen Mädchens viel zu »schrill«, fand es überhaupt unangebracht, so laut zu singen, in diesem Falle besonders, »wo die doch lieber still sein sollten«.

In den Jahren der Nachbarschaft mit der Familie Rose sah man Puppa und andere jüdische Kinder nicht mehr beim Eislaufen auf den Fischteichen, traf sie auch nicht mehr beim Rodeln im Stadtgraben oder im Haxtergrund und im Sommer nicht mehr im Inselbad oder Rolandsbad, aber die beiden Mädchen grüßten sich, wenn sie sich zufällig vor dem Hause oder auf dem Schulweg trafen.

Manchmal sah man Frau Rose am Küchenfenster. Einmal beobachtete die Mutter zufällig, wie sie beim Abwaschen den Rest irgendeines Breies oder Puddings lässig von der Untertasse in einen kleinen halboffenen Binnenhof zwischen den Häusern herunterschrabbte, und meinte, nicht empört, sondern eher amüsiert: »Ja, ja, die Juden kommen eben aus dem Orient. Da schmeißt man auch alles auf die Straße.

An nationalen Feiertagen hängte die im Parterre wohnende »arische« Geschäftsfrau zwei mittelgroße Hakenkreuzfahnen aus ihrem Erker, während die oberen Stockwerke bei solchen Gelegenheiten mit geschlossenen Fenstern und zugezogenen Gardinen abweisend und unbewohnt wirkten. Einige Jahre hindurch wartete E. vergeblich auf das Erscheinen »jüdischer Farben« an den Fenstern der Roseschen Wohnung, wenn auch nicht am 30. Januar oder 9. November, so doch an jüdischen Festtagen, wie z. B. dem »Laubhüttenfest«, das ihr aus der Bibel bekannt war. Im Paragraphen 4 der »Nürnberger Gesetze« hieß es nämlich: »1. Juden ist das Hissen der Reichs- und Nationalflagge und das Zeigen der Reichsfarben verboten. 2. Dagegen ist ihnen das Zeigen der jüdischen Farben gestattet. Die Ausübung dieser Befugnis steht unter staatlichem Schutz.«

Dieser Paragraph schien Respekt vor der Identität der ungeliebten jüdischen Minderheit zu bezeugen. Er fügte sich als Mosaikstein in jenes »annehmbare« Apartheidsmuster ein, nach der die zwangsweise Desintegration der Juden aus dem deutschen Kulturleben auch eine positive Seite zu haben schien, nämlich die Aufforderung und Ermutigung, sich »unter staatlichem Schutz« der Pflege der eigenen Kultur und Tradition zu widmen.

Auf welche Farben hat E. gewartet? Sicher nicht auf Blau und Weiß, eher schon auf eine Farbkombination, die bereits vor Einführung des Judensterns auf antisemitischen Plakaten überwog: ein stumpfes Schwarz, ein grelles Gelb, ein schmutziges Grau.

Tatsächlich gab es in jüdischen Gemeinden, vor allem in Berlin, Frankfurt, Breslau und anderen Großstädten, teilweise bis in das Jahr 1941 hinein ein reges Kulturleben, das »blühend« genannt werden könnte, wenn das spätere Schicksal vieler der daran Beteiligten diese Bezeichnung nicht als makaber ausschließen würde. Erst vor einigen Jahren sah E. mit Erstaunen Bilder, auf denen jüdische Sportvereine und Jugendgruppen mit Fahnen und Musikkapellen in repräsentative deutsche Sportstadien einmarschierten, um dort friedliche Wettkämpfe auszutragen. Jüdische Sportfeste wie auch Theateraufführungen, Konzerte, Dichterlesungen und andere kulturelle Veranstaltungen fanden allerdings vorwiegend in Großstädten und auch dort nur unter Ausschluß der Öffentlichkeit statt. »Ariern« waren Zutritt und Mitwirkung verboten. Die Zeitungen des Reiches, außer der »Jüdischen Rundschau«, berichteten mit keiner Zeile darüber.

Es ist anzunehmen, daß die Paderborner Juden nach 1938 nicht nur die Schulbildung ihrer Kinder, sondern auch kulturelle Veranstaltungen organisierten. Der Versuch, eine jüdische Turngruppe zu gründen, scheiterte indes bereits 1934. Von diesem Vorgang erfuhr E. erst 1983 durch die von der Stadt Paderborn herausgegebene Schrift »Eine Zentrumshochburg wird gleichgeschaltet«. Der diesbezügliche Antrag »des Juden Fritz Müller«, Vater der Klassenkameradin Irmgard und erster Vorsitzender der Ortsgruppe Paderborn des Reichsbundes Jüdischer Frontsoldaten, wurde – trotz Genehmigung durch den Reichssportführer von Tschammer und Osten – vom 26jährigen Kreisleiter der NSDAP, Meyer, abgelehnt, da »die völkisch eingestellte Einwohnerschaft wohl den Anblick einzelner Juden ertragen, gegen eine Masse aber sofort rebellieren würde«.

In das E. vermittelte Bild der jüdischen Menschen paßten sportliche Aktivitäten nicht. Daher wunderte sie sich, als eines Tages ein Turnhemd ungeklärter Herkunft über die Mauer des Hofes flatterte, das aufgrund zahlreicher Stoffabzeichen jüdischer Sportvereine nur von Roses Wäscheleine stammen konnte. Die Mutter zeigte von Küchenfenster zu Küchenfenster den Irrläufer an, aber das Hemd wurde erst zwei Wochen später von Beate Rose in Begleitung eines älteren, sehr hübschen und erstaunlicherweise hellblonden Mädchens, noch dazu mit dicken, um den Kopf gelegten Flechten, abgeholt. »Das kann doch keine Jüdin sein«, dachte E. »Wie kam die denn in das Judenhaus?« Später erfuhr die Mutter von der Nachbarin, ihre Tochter sei viel zu schüchtern, um allein in ein fremdes Haus zu gehen. Deshalb habe man erst Besuch aus Berlin abwarten müssen. »Die ist doch nicht schüchtern«, widersprach E. der Mutter, aber diese meinte, daß sie es vielleicht inzwischen geworden sei »wegen der SA«. Der Paderborner SA-Sturm pflegte regelmäßig vor der Krankenkasse das Lied vom Sturmsoldaten anzustimmen, wenn die Marschkolonne bei Dienstschluß ihre Standarte heimbrachte. So mußte E.s Familie viele Male den auf die jüdischen Nachbarn gemünzten Refrain mit anhören und ebensooft das ärgerliche Zischen der Mutter: »Ach, das heißt ja nichts«, wenn es von draußen klar und überdeutlich hereinschallte: »Ja, wenn das Judenblut vom Messer spritzt, dann geht's noch mal so gut. Soldaten, Kameraden, hängt die Juden, stellt die Bonzen an die Wand.«

In der Nacht vom 9. zum 10. November 1938 wurden 42 Juden aus Paderborn und 20 Juden aus Salzkotten verhaftet und mit zwei Sonderbussen der PESAG, der Paderborner Elektrizitäts- und Straßenbahn-Aktiengesellschaft, nach Bielefeld transportiert, ehe man sie in das Lager Buchenwald einlieferte. Während die 13jährige, kaum 20 Meter vom Ort des Geschehens entfernt, so ruhig und fest wie immer schlief, spielte sich im

Nebenhaus eine Szene ab, die Rechtsanwalt Rose im Jahre 1962 in einer eidesstattlichen Erklärung wie folgt beschrieb:

> »In der Kristallnacht, am 9. 11. 1938, wurden ich und meine Familie bald nach Mitternacht von bewaffneten, uniformierten Mitgliedern der NSDAP, soweit ich mich erinnere, waren es SA-Leute, die gewaltsam in unsere Wohnung und unsere Schlafzimmer eingedrungen sind, aus dem Schlaf geweckt. Unter Vorhaltung von gezogenen Revolvern wurden wir, d. h. meine Ehefrau und die damals elfjährige Beate, aufgefordert, uns anzukleiden und mitzugehen, ohne daß mir erklärt wurde, warum dies geschah. Wir wurden unter Bewachung zum Polizeigefängnis gebracht, wo ich getrennt von meiner Frau und meinem Kind mehrere Tage zubrachte, bis ich nach dem Konzentrationslager Buchenwald zusammen mit vielen anderen deportiert wurde. Meine Frau wurde später nach Warschau deportiert, wo sie umgekommen ist.«

E. hörte von diesen Verhaftungen und vom Schicksal der Frau Rose erst im Jahre 1964. Damals hat sie nur wahrgenommen, daß Herr Rose mit seinen Kindern irgendwann im Jahre 1939 nach England auswanderte, seine Frau ihm in wenigen Wochen folgen wollte, aber durch den Kriegsausbruch daran gehindert wurde und einige Zeit später in das Haus eines jüdischen Arztes in der Grunigerstraße zog, während die Nachbarvilla für den Rest des Krieges zur Kreisleitung der NSDAP »arisiert« wurde.

Ein Beispiel für die »Arisierung der Wissenschaft«, die nicht nur die Gegenwart, sondern auch die Vergangenheit betraf, ist aus dem Winter 1942/43 im Gedächtnis geblieben. Damals unterrichtete Dr. B., Kollege und Freund des Vaters, Parteigenosse, Ortsgruppenleiter und Direktor des Paderborner Realgymnasiums, vertretungsweise in der Abiturientinnenklasse der benachbarten Mädchenoberschule. E. erinnert sich noch heute gern an seine interessanten Chemiestunden, weniger gern an eine bestimmte, in der sie zum Gespött der Klasse wurde.

Vorausgegangen war das Unterrichtsthema »Stickstoffanalyse aus der Luft«, an dem Dr. B. die Bedeutung der chemischen Forschung für die »Autarkiebestrebungen« des rohstoffarmen Deutschland erläutert hatte. Bei der Darstellung des »Haber-Bosch-Verfahrens« erlaubte er sich, den chemischen Prozeß durch Hinweise auf die Forscherpersönlichkeiten auch emotional im Gedächtnis der Schülerinnen zu verankern. Die Klasse erfuhr, daß der eine der beiden Chemiker der eigentlich geniale, von echtem wissenschaftlichen Erkenntnisdrang geleitete und an Profit völlig uninteressierte Erfinder gewesen sei, der zu Recht »für Deutschland« den Nobelpreis bekommen habe, während der andere diese Entdeckung in fabrikmäßige Produktion umgesetzt habe und durch Gründung einer Weltfirma steinreich geworden sei. Am Schluß dieser Schilderung, bei der die Sympathien des Chemielehrers eindeutig dem »reinen« Wissenschaftler galten, bemerkte er beiläufig: »Der eine der beiden war ein Jude.« E. zweifelte nicht daran, daß es sich bei dem an Profit uninteressierten Chemiker mit dem schlichten deutschen Namen Haber um den Arier handelte. Es fiel ihr zu spät auf, daß im Chemielehrbuch nur vom sogenannten »Bosch-Verfahren« die Rede war.

Als sie in der nächsten Stunde aufgefordert wurde, den chemischen Prozeß darzustellen, erwähnte sie beiläufig, daß Bosch ein Jude gewesen sei, und Dr. B. verbesserte sie ebenso beiläufig mit einem kaum angedeuteten ironischen Lächeln: »Sie irren sich. Haber war der Jude.«

Falsche Toleranz

Obwohl in der Märzwahl des Jahres 1933 nur 22 Prozent der Paderborner Wähler ihre Stimmen für die NSDAP abgaben (gegenüber 44 Prozent im gesamten Reichsgebiet), trafen Rassenpolitik und antisemitische Propaganda auf einen wohlvorbereiteten Acker. Das bestätigen zahlreiche antisemitische Publikationen der alteingesessenen katholischen Bonifatius-Verlags-Druckerei, die noch heute als Sprachrohr der katholischen Bevölkerung und in der modernen Antisemitismusforschung als eine der aktivsten Giftküchen der Judenfeindschaft gilt. Ihre Botschaften vermittelten sich auf vielerlei Wegen und verknüpften sich mit Legenden, Märchen, abergläubischen Vorstellungen und traditionellen »antijüdischen Instinkten der Volksmeinung«. Bereits im vorigen Jahrhundert veröffentlichte der Bonifatius-Verlag nicht nur die Schmähschrift des in E.s Heimatstadt hochgeehrten Bischofs Konrad Martin: »Blicke ins talmudische Judentum«, sondern er publizierte seit dem Jahre 1872 in ständig wachsenden Auflagen das antisemitische Pamphlet »Der Mauscheljude – von einem deutschen Advokaten. Ein Volksbüchlein für deutsche Christen aller Bekenntnisse.« Es entsprach in der Aufmachung den religiösen Erbauungsschriften dieses Verlages und konnte für wenige Pfennige an den Kirchentüren erworben werden.

Die Emanzipation der Juden gilt dem anonymen Verfasser als verhängnisvoller Fehler staatlicher Gesetzgebung, gegen den er zur »Selbsthilfe« aufruft: »Deutsches Volk, rette Dich und laß das Ende Deutschlands nicht gekommen sein!« Er rät dazu, keinen »Mauschel« zu wählen, keine »Mauschel-Zeitungen« zu lesen, nicht bei »Mauschel« einzukaufen, mit »Mauschel« keine Geschäfte zu machen, von »Mauschel« kein Geld zu leihen und im übrigen »Mauschel«, wo immer möglich, zu »ducken«.

In den zwanziger Jahren dieses Jahrhunderts folgten mit Dr. Jakob Eckers »Judenspiegel im Lichte der Wahrheit« und Dr. Eberles »Großmacht Presse« Schriften namhafter katholischer Publizisten, in denen die »Entfernung der Juden aus unserem politischen und bürgerlichen Leben«, aus »Presse, Theater und Literatur«, die »Aberkennung des Wahlrechts«, die »Stellung unter Sondergesetzgebung« und die »Konfiskation von Judenvermögen über eine gewisse Höhe hinaus« energisch und unmißverständlich gefordert werden.

An eine während des Dritten Reiches in katholischen Akademikerkreisen verbreitete Flugschrift mit dem Titel »Katholizismus und Judenfrage« erinnert E. sich dunkel. Sie las diese Schrift erstmalig, als es schon keine Juden mehr in ihrer Heimatstadt gab, fand sie im Berliner Institut für Antisemitismusforschung wieder und wunderte sich nicht, daß die erste Auflage 1923 im Verlag Franz Eher Nachfolger, dem späteren Zentralverlag der NSDAP, veröffentlicht wurde. Es handelt sich dabei um eine Rassenhaßpredigt, wie sie von den entschiedensten Rassefanatikern des Reichspropagandaministeriums oder des Reichssicherheitshauptamtes der SS kaum übertroffen wurde.

Der Verfasser dieser Schrift, der katholische Kaplan Joseph Roth aus Indersdorf bei München, gedenkt darin mit Wehmut der Zeiten, in denen »der Liberalismus, die falsche Toleranz, die sogenannten ›Menschenrechte‹ noch nicht gefunden waren« und die Kirche »mit glücklichem Erfolg gesetzlich gegen die Juden vorgehen konnte«, und preist die Inquisition als »kürzeste und beste Methode in der Behandlung der Juden«, die »ganze und harte Arbeit tat«.

Da inzwischen der Staat an die Stelle der äußeren Machtbefugnis getreten sei, verlangt er von diesem: »Ausschaltung der Juden vom Genuß des Bürgerrechts, ... Ausschluß von allen staatlichen Ämtern, ... Verweigerung der Konzession zu irgendwelchem

Handel und Gewerbe, . . . Verbot jeglicher literarischer und Propagandatätigkeit von Staats wegen und durch Selbsthilfe« und stellt (1923) resigniert fest: »Das oben geforderte energische und konzentrierte Vorgehen in der Judenfrage wird aber wohl in parlamentarisch regierten Staaten niemals in den Bereich der Möglichkeit gerückt werden.«

Als gewissenhafter Seelsorger versäumt er indes nicht, katholische Gläubige vorsorglich – und hellsichtig – auf das von ihm ersehnte »energische und konzentrierte Vorgehen in der Judenfrage« durch einen nicht parlamentarisch regierten Staat vorzubereiten, um mögliche Gewissenskonflikte von vornherein auszuschließen. Rücksicht und Mitleid gegenüber den Juden als »Elementen der Zersetzung und Entartung« scheinen ihm nicht nur unangemessen, sondern geradezu unchristlich. »Antisemitismus«, so folgert er, »ist für einen Christen nicht nur erlaubt, sondern sogar pflichtgemäß«, denn »die jüdische Rasse (!) muß als solche irgendwie an ihren unmoralischen Einflüssen auf Volksbildung, Volkserziehung und Volkswirtschaft gehindert werden«.

Der anonyme Verfasser des »Mauscheljuden« läßt »ehrenwerte, durch körperliche oder geistige Arbeit sich und ihre Familie ehrenhaft ernährende Juden oder Semiten« zumindest als Ausnahme gelten. Die Oberhirten der Diözesen Deutschlands warnen in ihrem gemeinsamen Hirtenbrief vom 8. Juni 1933 vor möglichen Ungerechtigkeiten durch die »ausschließende Betonung der Rasse und des Blutes . . . die das christliche Gewissen belasten, vor allem, wenn sie Mitmenschen treffen, die in Christus durch das heilige Sakrament der Taufe wiedergeboren und ein neues Geschöpf in ihm wurden (2. Kor. 5, 17)«, und protestierten auch späterhin entschieden, wenn auch erfolglos, gegen die Anwendung der Rassengesetze auf getaufte Juden bzw. »nichtarische Katholiken«.

Kaplan Roth kennt weder Ausnahmen noch Gnade, sondern ermutigt katholische Gläubige, die sich durch »das Schlagwort, Antisemitismus sei unvereinbar mit christlicher Nächstenliebe« verunsichern lassen, zu schonungslosem Vorgehen gegen die Juden als Rasse und stellte den daran Beteiligten eine Generalamnestie in Aussicht, die sogar als Rechtfertigung der »Endlösung« ausgelegt werden kann. Da heißt es:

> »Es ist ganz falsche christliche Nächstenliebe, wenn man Einzelleben schont und auf Einzelexistenzen Rücksicht nimmt aus Mitleid und Menschenfurcht und daher die christliche Weltanschauung als reale Macht im öffentlichen Leben allmählich und unmerklich, aber sicher zugrundehen läßt. Wenn bei einem Vorgehen gegen die Juden als Rasse auch einzelne gute und harmlose Juden, bei denen die Unmoral infolge der Vererbung latent ist, mit den Schuldigen leiden müssen, so ist das kein Verstoß gegen die christliche Nächstenliebe.«

Kaplan Roth trat später ganz in den Dienst der NSDAP und avancierte im Kirchenministerium des Dritten Reiches zum Ministerialdirigenten. Die katholische Kirche ist nicht für jedes aus ihren Reihen hervorgegangene schwarze Schaf verantwortlich. Sie distanzierte sich aber niemals von diesem spezifisch katholischen, d. h. gezielt an katholische Gläubige gerichteten Aufruf zur mitleids- und rücksichtslosen Verfolgung der Juden. Der ehemalige Priester der Erzdiözese München-Freysing wurde weder exkommuniziert, noch wurde seine Schrift auf den Index der für Katholiken verbotenen Bücher gesetzt.

Fremde im eigenen Land

Juden waren ab 1933 keine Deutschen mehr, sondern galten als Ausländer. Folgerichtig wurde in den ersten Jahren des Dritten Reiches für die seit Jahrhunderten in Deutschland ansässige jüdische Minderheit eine Ausländergesetzgebung geschaffen. Die Aberkennung der Staatsbürgerschaft, mitsamt den sich daraus für die deutschen Juden ergebenden Konsequenzen, hatte das Parteiprogramm der NSDAP aus dem Jahre 1920 unmißverständlich angekündigt:

»Staatsbürger kann nur sein, wer Volksgenosse ist. Volksgenosse kann nur sein, wer deutschen Blutes ist, ohne Rücksicht auf Konfession. Kein Jude kann daher Volksgenosse sein.« (Punkt 4)

»Wer nicht Staatsbürger ist, soll nur als Gast in Deutschland leben können und muß unter Fremdengesetzgebung stehen.« (Punkt 5)

»Das Recht, über Führung und Gesetze des Staates zu bestimmen, darf nur dem Staatsbürger zustehen. Daher fordern wir, daß jedes öffentliche Amt, gleich ob im Reich, Land oder Gemeinde, nur durch Staatsbürger bekleidet werden darf.« (Punkt 6)

»Wir fordern, daß sich der Staat verpflichtet, in erster Linie für die Erwerbs- und Lebensmöglichkeiten der Staatsbürger zu sorgen. Wenn es nicht möglich ist, die Gesamtbevölkerung zu ernähren, so sind Angehörige fremder Nationen (Nicht-Staatsbürger) aus dem Reich auszuweisen.« (Punkt 7)

»Jede weitere Einwanderung Nicht-Deutscher ist zu verhindern. Wir fordern, daß alle Nicht-Deutschen, die seit dem 1. August 1914 in Deutschland eingewandert sind, sofort zum Verlassen des Reiches gezwungen werden.« (Punkt 8)

Juden gehörten einer rassischen, völkischen und nationalen Minderheit an, deren Blut nicht artverwandt (arisch) sei – so verkündete es die Propaganda des Dritten Reiches. National gesinnte Kleinbürger, aber auch viele Proletarier ließen sich geschmeichelt zu »Ariern« ernennen und richteten ihre antikapitalistischen Aggressionen und Ängste NS-programmgemäß auf das »jüdische Großkapital«.

Punkt 6 des Parteiprogramms der NSDAP wurde – im Vorgriff auf das zwei Jahre später verabschiedete »Reichsbürgergesetz« – im April 1933 mit dem »Gesetz zur Wiederherstellung des nationalen Berufsbeamtentums« realisiert. Dieses erlaubte nicht nur die Entlassung politisch mißliebiger Beamter, sondern enthielt auch den sogenannten »Arierparagraphen«, der automatisch zur Versetzung jüdischer Beamter in den Ruhestand führte. Auf Intervention Hindenburgs wurden davon zunächst jene ausgenommen, die sich im »nationalen Sinn«, d. h. vor allem durch Kriegseinsatz, verdient gemacht hatten. Diese »Ausnahmebestimmung« war bei dem betreffenden Personenkreis aber eher die Regel. Daher übten viele jüdische Beamte ihre bisherigen Tätigkeiten, zumindest bis zum Tode Hindenburgs im Jahre 1934, teilweise auch noch bis 1935 aus, obwohl sie durch Zurücksetzungen am Arbeitsplatz sowie mehr oder weniger offenen Terror behindert und eingeschränkt wurden.

Ab 1935 galten keine »nationalen Verdienste« mehr, und das infame Hitlerwort ging um, daß Juden sich ihre Tapferkeitsauszeichnungen aus dem Ersten Weltkrieg »sicher erschlichen« hätten. Mit der Wiedereinführung der allgemeinen Wehrpflicht und dem Wehrgesetz wurde der »Arierparagraph« auch auf das Militär ausgedehnt und »Nichtarier« vom Wehrdienst ausgeschlossen.

Punkt 8 des Parteiprogramms richtete sich unter anderem gegen die während und nach dem Ersten Weltkrieg aus Polen bzw. den im Versailler Vertrag an Polen abgetretenen

Gebieten eingewanderten 20 000 Ostjuden und wurde im Juli 1933 mit dem »Gesetz über Widerruf von Einbürgerungen und Aberkennung der deutschen Staatsbürgerschaft« rechtlich verankert.

Die Ausweisung dieses Personenkreises erfolgte allerdings erst fünf Jahre später, im Oktober 1938, und bildete den Anlaß für das Attentat auf einen deutschen Diplomaten in Paris und die sogenannte »Reichskristallnacht«.

Der antisemitische »Kahlschlag« im Pressewesen sowie im kulturellen Bereich fand mit dem »Reichskulturkammergesetz« und dem »Schriftleitergesetz« vom September bzw. Oktober 1933 seinen Abschluß.

Alle Mitglieder der neu gegründeten Reichskulturkammer, in der unter dem Reichsminister für Volksaufklärung und Propaganda, Joseph Goebbels, Reichsschrifttumskammer, Reichspressekammer, Reichsrundfunkkammer, Reichstheaterkammer, Reichsmusikkammer und Reichskammer der bildenden Künste zusammengefaßt wurden, mußten ihre arische Abstammung nachweisen. Da auch die NS-Rassekundler vor der Aufgabe versagten, eindeutige körperliche Unterscheidungsmerkmale zwischen Ariern und Nichtariern, geschweige denn »Halb-« und »Vierteljuden« (jüdischen Mischlingen ersten und zweiten Grades) aufzustellen, hielt man sich an die Religionszugehörigkeit der Vorfahren. Katholische und evangelische Pfarrämter lieferten in der Folgezeit millionenfach die gewünschten, weil für immer mehr gesellschaftliche Positionen erforderlichen Unterlagen zum »Ariernachweis«.

Die »Säuberung« des Kultur- und Pressebereichs von »nichtdeutschen« Elementen beantworteten die jüdischen Gemeinden im Juni 1933, also noch vor der Gründung der Reichskulturkammer, mit der Schaffung des »Kulturbundes deutscher Juden«. Er zählte im Sommer 1937 etwa 180 000 Mitglieder und führte bis zum Jahre 1941 zahlreiche kulturelle Veranstaltungen durch.

Die brutalen Methoden bei der Ausschaltung der Juden aus Beamtenschaft, aus dem Kultur- und Pressebereich und die Herabwürdigungen, Mißhandlungen und Verfolgungen, von denen viele der 37 000 Emigranten der ersten Stunde im Ausland berichteten, führten zu scharfen Angriffen der internationalen Presse gegen das neue Regime in Deutschland.

Darauf folgte, als »Abwehrmaßnahme gegen die Greuelhetze des internationalen Judentums«, wie es in der Propaganda hieß, der eintägige Boykott jüdischer Geschäfte am 1. April 1933: »Die Juden aller Welt wollen Deutschland vernichten! Deutsches Volk! Kauf nicht beim Juden!« Gleichzeitig wurde »die Beschäftigung der Juden in allen Berufen entsprechend ihrer Beteiligung an der deutschen Volkszahl« gefordert.

Der Boykott blieb in E.s Heimatstadt relativ wirkungslos und wurde bald vergessen. Die »Entjudung« von Beamtenschaft, Presse, Verlagswesen und kulturellen Institutionen spielte sich vorwiegend in Großstädten ab und betraf die jüdischen Einwohner Paderborns kaum, denn in der westfälischen Kleinstadt hatte es keine jüdischen Beamten, Künstler, Journalisten, Verleger, Kritiker, Schauspieler oder Schriftsteller gegeben.

Die Zeitungen des Reiches brachten Vollzugsmeldungen über nunmehr »judenfreie« kulturelle Institutionen, aber keine Einzelheiten über die Methoden der Säuberung oder gar anteilnehmende Reportagen über das Schicksal der Ausgestoßenen. Außer jenem bereits erwähnten Telefongespräch aus Kassel am Abend des 31. Januar 1933 erfuhr E. erst lange nach dem Krieg Einzelheiten über diesen frühen Terror.

Ausländer konnten keine deutschen Beamten sein. Jüdische Dichter, Schriftsteller, Musiker, Künstler und Wissenschaftler waren keine Vertreter Deutschlands, selbst wenn sie in deutscher Sprache schrieben, in deutschen Orchestern musizierten, in deutschen

Filmen und Theatern spielten, in deutschen Galerien und Museen ausstellten und an deutschen Universitäten lehrten. Das war für die Heranwachsende selbstverständlich und betraf auch die Vergangenheit. Als sie eines Tages zufällig in Meyers Konversationslexikon auf eine ganzseitige Porträtzeichnung stieß mit der Unterschrift: »Heinrich Heine – Vertreter des jungen Deutschlands«, erregte diese Behauptung ihren Unwillen, weil sie sich inzwischen mit jenem »jungen Deutschland« identifizierte, in dem Juden nichts verloren hatten. Sie wandte sich um Auskunft an den Vater, der ihr erklärte, das »junge Deutschland« sei eine Art Dichterverein aus dem vorigen Jahrhundert gewesen, was ihre Empörung keineswegs minderte.

Da die Universitäten angeblich überfüllt waren, schien es ihr gerecht, Juden den Zugang zum Hochschulstudium, insbesondere zur juristischen und medizinischen Fakultät, mit dem »Gesetz gegen die Überfüllung der Hochschulen« zu erschweren, um ihren überproportionalen (»ungesunden«) Anteil in den entsprechenden Berufen einzuschränken.

Die deutsche Wehrmacht war kein Söldnerheer, sondern die Armee des deutschen Volkes und ein Symbol des wiedererstandenen deutschen Nationalbewußtseins. Ausländer hatten darin nichts verloren, schon gar nicht, wenn sie, wie die Juden, verstreut unter allen Völkern der Erde lebten. Daher fand es E. sogar rücksichtsvoll, ihnen den Konflikt zu ersparen, gegebenenfalls auf eigene Landsleute schießen zu müssen.

In den von der Propaganda vermittelten Vorstellungen waren die Juden bereits zu einer Nation verschmolzen, ehe die gnadenlose Verfolgung jenes Zusammengehörigkeitsgefühl beschleunigte, das zur Gründung des Staates Israel führte.

Nicht die Täter, die Opfer sind schuld

Im Dritten Reich gab es keinen »Antisemitismus«. Dieser Begriff wurde 1939, mit Rücksicht auf die arabischen Freunde des neuen Deutschlands, sogar offiziell verboten. E. kann sich an niemanden erinnern, der sich als Antisemit bezeichnet hätte oder als solcher hätte gelten wollen.

Die katholischen Bauern des Umlandes und die wenig klassenbewußte Arbeiterschaft von Paderborn bedurften keines Fremdwortes für ihren traditionell und religiös tief verwurzelten Bodensatz an »Unlustgefühlen« gegenüber »den Juden«. Das konservative Bürgertum distanzierte sich vom »Antisemitismus« als einer subjektiven, rein emotionalen Einstellung. Antisemitismus galt als vorwissenschaftlich. Akademiker, Wissenschaftler und Intellektuelle verstanden sich mehrheitlich als Experten der »Judenfrage«. Dieser Begriff unterstellte die Existenz eines solchen Problems und schob jedem, der es leugnete oder für unerheblich hielt, die Rolle eines Ignoranten zu. Man konnte für oder gegen den Antisemitismus sein, aber nicht für oder gegen die »Judenfrage«, da diese mit der Autorität einer Wissenschaft und dem Anspruch objektiver Sachkenntnis »gestellt« wurde.

Jeder, der über die »Grundfragen der Nation« mitreden wollte, mußte über die historischen, soziologischen und biologischen Aspekte der »Judenfrage« informiert sein und sich – selbstverständlich vorurteilsfrei – mit ihr auseinandersetzen. Und da E. über die »Grundfragen der Nation« Bescheid wissen wollte, informierte sie sich historisch, soziologisch und biologisch aus allen ihr zugänglichen Quellen, in denen das Ansehen der jüdischen Minderheit lange vor ihrer physischen Vernichtung mehr oder weniger grundsätzlich zerstört wurde.

Die Judenfrage, so erfuhr sie, war keine Erfindung der Nationalsozialisten, sondern bereits von Luther, Kant, Fichte, Herder, Achim von Arnim, Clemens von Brentano, Schopenhauer, Richard Wagner und vielen anderen großen Deutschen ahnend vorweggenommen worden. Nationalökonomen (Eugen Dühring), Wiener Politiker (Lueger, von Schönerer), Theologen (Hofprediger Stöcker, Professor Rohling), Kulturphilosophen (Paul de Lagarde, Julius Langbehn, der »Rembrandtdeutsche«, Houston Stewart Chamberlain, der Wahldeutsche und Schwiegersohn Richard Wagners) sowie Rassekundler (Hans F. K. Günther, Ludwig Ferdinand Clauß) und Psychologen (Erich Jaensch) hatten sie in allen Dimensionen bearbeitet. Mehr als hundert Jahre war sie in national gesinnten Kreisen leidenschaftlich diskutiert worden, ehe sie nun, im nationalsozialistischen Deutschland, die Regierungsebene erreicht hatte. Damit war das Diskussionsstadium überwunden und erstmalig die Möglichkeit gegeben, kühl und sachlich, mit politischen und gesellschaftlichen Konsequenzen auf die »Judenfrage« zu antworten.

Eine solche Antwort war nach Ansicht der Experten dringend geboten, ja überfällig. Die »Judenfrage« hatte sich, so wurde behauptet, durch Fahrlässigkeit und falsch verstandene Liberalität vergangener Generationen zu einer tödlichen Gefahr, nämlich zu einer Bedrohung der kulturellen und rassischen Identität bzw. Existenz des deutschen Volkes entwickelt. Die Integration der deutschen Juden in deutsche Kultur, deutsche Lebensformen, deutsche Traditionen und ihre rege Tätigkeit im kulturellen Bereich wurde als eine Art »schleichender Landnahme« interpretiert und nicht nur als Unterwanderung und Überfremdung, sondern als Vergiftung, Verseuchung und Zersetzung deutscher Wesensart durch undeutsche, artfremde Elemente und Einflüsse bezeichnet.

Also bedurfte es einer rigorosen Umkehr, um von der angeblich bereits weitgehend »verjudeten« deutschen Kultur zu retten, was zu retten war. Alle die jüdische Minderheit betreffenden Gesetze, Verordnungen und Boykottaufrufe der NS-Regierung trugen den Stempel der Abwehr eines gefährlichen, unheimlichen und dazu übermächtigen Gegners. Als Gegengewalt, Rückschlag oder zu Recht auferlegte Sühne für unerträgliche Herausforderungen, Greuelhetze und Kriegstreiberei des »internationalen Judentums«, so hieß es in der Begleitpropaganda, waren sie zum »Schutz« und zur »Sicherung« des deutschen Volkes entweder unumgänglich oder wurden als Maßnahmen vorbeugender Gesundheitsfürsorge, notwendiger Hygiene, Desinfektion und Therapie eines bereits infizierten Volkskörpers gerechtfertigt.

Nicht die Juden wurden angegriffen, sondern das deutsche Volk wehrte sich reaktiv gegen einen Angreifer, dessen Macht im Laufe des Krieges immer groteskere, phantastischere Züge annahm. (»Weltfeind Nr. 1«, »Weltverschwörung Judas« usw.)

So wurde aus dem unritterlichen Kampf gegen eine Minderheit, die nicht einmal ein Prozent der Bevölkerung ausmachte, der ehrenhafte Kampf gegen eine Übermacht.

In E.s Umgebung zweifelte niemand daran, daß die »Judenfrage« einer Lösung bedurfte. Sie erinnert sich an endlose Gespräche ihres Vaters mit Kollegen, Verwandten und Bekannten, Anhängern und Gegnern der NS-Regierung, die meist darauf hinausliefen, daß es das beste sei, wenn die Juden in einem eigenen Staat leben würden. Da war von Madagaskar, Uganda und Palästina die Rede, obwohl sich niemand vorstellen konnte, wie dieses Volk in einem organischen Staatsgebilde die notwendige Anzahl von Arbeitern, Bauern und Soldaten hervorbringen würde, da es sich ja um ein »Händlervolk« handele.

Tatsächlich hatte es nach der den Juden im Jahre 1812 nur halbherzig von der Obrigkeit gewährten, aber erst in der Verfassung des Norddeutschen Bundes im Jahre 1869 endgültig zugesprochenen bürgerlichen Gleichberechtigung eine objektive »Judenfrage« gegeben, als die bis dahin streng abgesonderte, von wenigen Ausnahmen abgesehen, nach mittelalterlichen Gesetzen lebende jüdische Minderheit die Ghettos der Großstädte und die Judengassen der Kleinstädte und Landgemeinden verlassen durfte. Mit der Emanzipation der Juden verlagerte sich das Problem von der juristischen auf die gesellschaftliche Ebene. Im 20. Jahrhundert waren von einer »echten Judenfrage« nur noch Restbestände übriggeblieben, wie beispielsweise eine gewisse Einseitigkeit der Berufsstruktur und der Ansiedlungsverteilung.

Die Kenntnis dieser Besonderheiten gehörte zum Grundlagenwissen über die »Judenfrage«. E. erfuhr, daß etwa 50 Prozent der erwerbstätigen Juden Deutschlands im Groß- und Kleinhandel sowie im Bankgewerbe tätig waren, wobei jüdische Unternehmer die »unmännliche« Textil- und Konfektionsbranche der Schwerindustrie oder dem Baugewerbe vorzogen. Juden studierten besonders häufig Jura und Medizin und ließen sich danach als Rechtsanwälte und Ärzte nieder.

Unter Journalisten, Kritikern, Filmschaffenden, Theaterintendanten, Künstlern der heiteren und ernsten Muse und in anderen freien Berufen waren Juden weit häufiger, in der Beamtenschaft, unter Berufssoldaten, Handwerkern, Arbeitern und Bauern hingegen wesentlich seltener vertreten, als es ihrem Bevölkerungsanteil von 1933 (etwa 500 000, d. i. 0,7 Prozent der Gesamtbevölkerung) entsprach.

Ein gutes Drittel der deutschen Juden, nämlich 170 000, lebte in Berlin, und auch die übrigen bevorzugten es, in Städten oder größeren Gemeinden zu wohnen.

Über die Hintergründe von Berufsstruktur und Wohnverteilung der jüdischen Minderheit in Deutschland erfuhr E. nichts. Sie waren Spätfolgen jahrhundertelanger Berufsverbote und Niederlassungsbeschränkungen. In Deutschland durften Juden bis in die Neuzeit hinein weder Grundbesitz erwerben, noch stand ihnen der Zugang zu Handwerkerzünften offen. Einzig und allein Handels- und Geldgeschäfte waren ihnen erlaubt gewesen. Nach der Emanzipation, die mit dem Zeitalter der Aufklärung, beginnender Industrialisierung und frühkapitalistischen Wirtschaftsformen zusammenfiel, erwiesen sich die in jüdischen Familien seit vielen Generationen tradierten Erwerbsformen als günstige Ausgangsbasis und Aufstiegschance im aufblühenden wirtschaftlichen Sektor. Aus der verachteten Minderheit wurde plötzlich eine ernst zu nehmende Konkurrenz.

Andererseits stießen Juden bei Versuchen, die ihnen gewährte bürgerliche Gleichberechtigung auch in den übrigen Bereichen der Gesellschaft wahrzunehmen, auf vielfältige Schranken und Diskriminierungen. So z. B. verhielten sich Offizierskorps, Beamten- und Hochschullehrerschaft außerordentlich reserviert gegenüber der Aufnahme eines jüdischen Anwärters in ihre Reihen, woran auch der Übertritt des Betreffenden zum Christentum wenig änderte.

Die E. zugängliche Literatur betrieb mit Hilfe dieser Berufsstruktur und durch Weglassen der Ursachen wirksame antisemitische Demagogie. So wurden z. B. die historischen Berufsbeschränkungen als mehr oder weniger frei gewählt hingestellt, laufbahnhemmende Vorurteile im vergangenen und gegenwärtigen Jahrhundert unterschlagen oder bagatellisiert, objektive Auswirkungen bis in die Gegenwart geleugnet. Die Juden – so hieß es – hatten mehr als hundert Jahre Zeit gehabt, sich der »normalen« Berufs- und Ansiedlungsverteilung des Gastvolkes anzupassen. Wenn sie diese Chance nicht oder nur sehr unzulänglich wahrgenommen hatten, so deshalb, weil die von ihnen bevorzugten Erwerbsformen »jüdischer Wesensart« entsprachen. Das Fazit: Die Juden waren ein parasitäres, unproduktives »Händlervolk«. Sie bedurften zu ihrer Existenz eines Gastvolkes, in dem sie ihren Geschäften nachgehen konnten, blieben in diesem aber prinzipiell ein Fremdkörper.

Mit dem Begriff »Händlervolk« hatte E. zunächst einige Schwierigkeiten, da ihre Vorstellungen von Händlern mit dem Anbieten von Kurzwaren, Bürsten und Teppichen, durch Bauchladenhausierer oder Zigeuner besetzt waren und auch mit Straßenhändlern, die hinter provisorischen Verkaufsständen oder in Jahrmarktbuden »auf Libori« mit viel Geschrei Massenware anboten.

Händler scheuten vor Täuschung und Betrug nicht zurück, appellierten an Mitleid, machten falsche Komplimente oder nutzten mangelnde Sachkenntnis und Gutgläubigkeit der Kunden aus, die ihrerseits häufig gezwungen waren, sich auf das gleiche unsympathische Niveau des »Handelns, Feilschens und Schacherns« einzulassen, um nicht übers Ohr gehauen zu werden. In großer Anzahl und in reiner Form kamen Händler nur auf exotischen Basaren des Balkans oder im Orient vor.

Jüdische Geschäftsleute in Paderborn hatten damit nicht das geringste zu tun, denn sie ließen nicht mit sich handeln. Die Preise ihrer Waren standen ebenso wie die in nichtjüdischen Geschäften fest. Nur Sommer- und Winterschlußverkauf ließen etwas von der Gewinnspanne ahnen.

Im übrigen verbot es schon die Existenz nichtjüdischer Geschäfte und Warenhäuser, den Kaufmannsstand moralisch allzusehr zu stigmatisieren. Trotz gewisser Ressentiments im Elternhaus gegenüber gut verdienenden Geschäftsleuten wurden Fleiß und Tüchtigkeit jüdischer Kaufleute ausdrücklich anerkannt. Die Mutter wußte als Beispiel für jüdischen Aufstiegswillen und Geschäftssinn von der unaufhaltsamen Karriere eines »kleinen« polnisch-jüdischen Flickschneiders zu berichten, der als »Moische Pischer« nach Berlin kommt, dort nach wenigen Jahren unter dem Namen »Moritz Wasserstrahl« einen gutbürgerlichen Herrenschneiderbetrieb eröffnet, ehe er als »Maurice de la Fontaine« in die Pariser »Haute Couture« einsteigt. Auch folgender Versgeschichte der Mutter vermag E. keine antisemitische Bösartigkeit zu entnehmen:

»Aronleben geht auf Reisen, / denn er reist in Bügeleisen. / Eben wechselt er die Wäsche(!), / da erhält er die Depesche: / ›Aron, komm sofort nach Haus.‹ / Aron ist ein Ehemann, / wie man ihn nur wünschen kann. / Ohne Rast und ohne Ruh / teckelt er der Heimat zu. / ›Sara, sag, was ist geschehen? / Welch ein Unglück ist passiert, / daß du mir hast depeschiert?‹ / ›Aronleben, sießer Mann, / unser Glick ist kaum zu tragen: / Isaak-chen kann Papa sagen.‹«

In der Familie gab es weder kleine noch große Geschäftsleute, die sich durch jüdische Konkurrenz hätten bedroht fühlen können. E.s preisbewußte Mutter zog die günstigeren Einkaufsmöglichkeiten in Warenhäusern (jüdischen oder nichtjüdischen) zeit ihres Lebens denen in teureren Spezialgeschäften auch deshalb vor, »weil man da besser wieder weggehen kann«. Die antisemitische Propaganda hinsichtlich der assimilierten gutbürgerlichen jüdischen Geschäftsleute blieb in weiten Kreisen der Bevölkerung ohne die beabsichtigte Wirkung, obwohl die Mutter – wie bereits erwähnt – als »Beamtenfrau« seit 1935 nicht mehr in jüdischen Geschäften einkaufte.

In drei Filmen des Jahres 1933, die die »Kampfzeit der NSDAP« verherrlichen (»Horst Westmar – einer von vielen«, »SA-Mann Brandt« und »Hitlerjunge Quex«), kamen Juden als bolschewistische Agenten im Auftrag Moskaus vor, die ehrliche deutsche Arbeiter verführten und verhetzten. Danach hatte die Filmindustrie des Dritten Reiches sechs Jahre lang Sendepause in Sachen Antisemitismus. Als im Jahre 1939 der Film »Leinen aus Irland« in den Lichtspieltheatern des Reiches anlief, war die »Ausschaltung der (deutschen) Juden aus dem Wirtschaftsleben« bereits abgeschlossen, und die Zuschauer konnten sich damit beruhigen, daß die skrupellosen, angeblich nur jüdischen Kapitalisten eigenen Geschäftspraktiken des von Siegfried Breuer gespielten Dr. Kuhn endgültig der Vergangenheit angehörten, zumal der Film in der »verrotteten und verschlampten« k. u. k. Donaumonarchie vor dem Ersten Weltkrieg spielte.

Die Karriere des Dr. Kuhn enthielt Parallelen zu der erstaunlichen Metamorphose des »Moische Pischer«, entbehrte aber versöhnlicher und humorvoller Züge. Der unsympathische »Judenbengel« und Lumpensammler Levi Cohn aus Krotoschin wird in drei Jahrzehnten zum eleganten zynischen Generalsekretär eines Textilkonzerns in Prag, der sich so erfolgreich gute Manieren und die Maske eines Biedermanns aneignet, daß seine »arischen« Geschäftspartner ihm zunächst mehr oder weniger gutgläubig auf den Leim gehen. Erst als er sich nicht scheut, durch Einfuhr billigen Leinens aus Irland Hunderttausende böhmischer Heimweber ins Elend zu stürzen, erwächst ihm ein Widersacher in Gestalt eines korrekten und redlichen, Gemeinnutz vor Eigennutz stellenden (und daher: »arischen«) Webereibesitzers. Hier wie auch in anderen antisemitischen Filmen ist es übrigens eine Frau (die Tochter des Präsidenten jenes Textilkonzerns), die sich als »Antisemitin aus Instinkt« erweist und in dem eleganten Weltmann als erste den Juden »wittert«. Als er um sie wirbt, weil er mit dieser Ehe seine Karriere krönen möchte, weist die kühle, stolze und schöne Irene von Meyendorf seine schmierig-sentimentalen Annäherungsversuche mit eisiger Ironie zurück.

E. sah diesen Film mit 14 Jahren und war fest davon überzeugt, daß sie einen Juden ebenso instinktiv erkennen würde, auch wenn er sich noch so raffiniert getarnt hätte. Es verstand sich von selbst, daß sie ihm (gegebenenfalls) ebenso kühl und vornehm die kalte Schulter zeigen würde wie die schöne Irene von Meyendorf in ihrem schulterfreien Abendkleid. Damit die Zuschauer auch ja nicht vergaßen, woher der weltmännische Geschäftsmann tatsächlich stammte, gab es in diesem wie auch in anderen antisemitischen Filmen, in denen assimilierten Juden »die Maske vom Gesicht gerissen« werden sollte, einen gerade aus dem Ghetto aussteigenden Verwandten, der »mauschelt« und sich durch das Fehlen jeglicher Manieren auszeichnet. Diese kommen allerdings auch dem eleganten Dr. Kuhn abhanden, als er seine Sache verloren geben muß.

Paula Wessely hatte es im 1941 gedrehten Film »Heimkehr«, der kurz vor Ausbruch des Krieges in Polen spielte, leichter. Der jüdische Händler, der der volksdeutschen Lehrerin Marie auf dem Jahrmarkt einer verwahrlosten polnischen Kleinstadt Spitze verkaufen will, ist als solcher durch Hakennase, Bart und Kaftan eindeutig zu erkennen und ihr überdies bekannt. Sie wehrt seine aufdringlichen Bemühungen kühl ab: »Nee, Salomonsson, Sie wissen ja, wir kaufen nicht bei Juden« und spricht damit angeblich für die gesamte volksdeutsche Minderheit in Polen. E. erinnert sich noch heute fast an den Wortlaut der auf Jiddisch vorgebrachten »schleimigen« Anbiederungsversuche und heuchlerischen Komplimente des jüdischen Händlers: »Wie kennen Se reden so harte Wörter, Fräulein Doktor, wo gerade ich gerne mache Geschäft mit den Deitschen. Und warum? Weil Se sin ehrlich! Deutsches Volk, e großes Volk, e stolzes Volk, na und der Fihrer, der Hitler, ein genialer Mann, ein großer Mann. Nur schade, daß er nichts will wissen von uns arme Jidden!« Marie antwortet mit der verächtlichen Bemerkung: »Ich werd's ihm schreiben, Salomonsson«, worauf dieser hinter ihr herschreit und flucht: »Wie kennen Se machen so einen Spaß mit den armen Jidden, wo ich doch freundlich zu Ihne bin und nichts will machen als mein Geschäft! . . . Die Erde soll sich auftun und Sie vertilgen wie Korah und seine Rotte!«

Der Fluch des komischen Alten wird bald darauf schreckliche Wahrheit, als die volksdeutschen Dorfbewohner vor polnischen »Untermenschen«, die von noch unmenschlicheren jüdischen »Untermenschen« angeführt werden, nur durch rechtzeitig herannahende deutsche Soldaten vor der Ermordung gerettet werden.

Paula Wessely trug in jenem Film ein schwarzweißes Pepitakostüm und eine strahlend weiße Bluse, mit der sie sich wohltuend von der jüdisch-polnischen Schlamperei ringsum abhob.

E., die ihr Lebtag Mühe hatte, so ordentlich und adrett auszusehen, identifizierte sich damals wie wohl Millionen anderer deutscher Frauen und Mädchen mit der sympathischen Lehrerin, die ihr Volkstum so tapfer verteidigt und ihren verzweifelten Landsleuten Mut und Hoffnung zuspricht.

Eine besonders perfide Diskriminierung jüdischen »Händlergeistes« fand sich in dem Film »Der ewige Jude«, in dem Männer, Frauen und Kinder in den Straßen des Ghettos von Lodz ihre Hungerrationen durch Tauschhandel aufzubessern versuchten, was im zynischen Kommentar von Dr. Eberhard Tauber, einem späteren Berater des bayerischen Ministerpräsidenten Franz Josef Strauß, als Beweis für unausrottbare »Schacherleidenschaft« des jüdischen Volkes ausgelegt wird. Und damit auch hier der beabsichtigte Bogen zu den Juden in Deutschland gespannt wird, heißt es darin: »Die zivilisierten Juden, welche wir aus Deutschland kennen, geben nur ein unvollkommenes Bild ihrer rassischen Eigenart. Dieser Film zeigt Originalaufnahmen aus den polnischen Ghettos, er zeigt uns die Juden, wie sie in Wirklichkeit aussehen, bevor sie sich hinter der Maske des zivilisierten Europäers verstecken . . .«

Jüdische und nichtjüdische Geschäftsleute, ja selbst Hausierer, Lumpenhändler und Trödler hatten es mit konkreter Ware zu tun. Der Umgang damit erforderte Tätigkeiten wie Lagerhaltung, Einkauf, Transport der Waren zum Verkaufsplatz usw., von denen E. sich gewisse Vorstellungen machen konnte. Der so gewonnene Erlös konnte nicht ohne weiteres mit jenem im Parteiprogramm der NSDAP verurteilten »arbeits- und mühelosen Einkommen« gleichgesetzt werden. Das »Bankgewerbe« hingegen, in dem es um rein finanzielle, noch dazu internationale Transaktionen ging, um Börsengeschäfte, Ausnutzen von Kursschwankungen, Spekulation, Aktienerwerb und -verkauf usw., schien dem perfekt zu entsprechen und begegnete auch im Elternhaus tiefstem Mißtrauen. Und da es in E.s Verwandtschaft und Bekanntschaft an arischen Bankdirektoren und Börsenmaklern fehlte, hatte sie keine Schwierigkeiten, den Text der zweiten Strophe des Liedes: »Brüder in Zechen und Gruben«, das auf die Melodie »Brüder, zur Sonne, zur Freiheit« gesungen wurde, einzig und allein auf Juden zu beziehen: »Börsengauner und Schieber knechten das Vaterland, / wir wollen ehrlich verdienen, fleißig mit schaffender Hand.«

In der antisemitischen Literatur von Gustav Freytag und Wilhelm von Polenz, von Gustav Frenssen, Artur Dinter und Hans Zöberlein gab es genügend Beispiele für hemmungslose jüdische Profitgier auf Kosten ehrlich arbeitender Handwerker, Arbeiter und Bauern sowie in Zahlungsschwierigkeiten geratener »arischer« Fabrikbesitzer. Auch an Offizieren und Gutsherren, die durch jüdische (niemals arische) Kapitalisten ihrer Existenz beraubt und dem sozialen Abstieg oder gar Elend preisgegeben wurden, fehlte es nicht.

Im Film »Die Rothschilds« aus dem Jahre 1941 wurde in raffinierter Verquickung historischer Fakten und antisemitischer Geschichtsfälschungen verkündet, daß das Vermögen des Bankhauses einzig und allein mit dem Blut ehrlich kämpfender Soldaten erworben worden sei, und diese Botschaft verfehlte ihre Wirkung nicht in den Jahren, in denen sich die Gefallenenanzeigen in den Lokalzeitungen häuften.

Da auch das Wirtschaftsleben des Dritten Reiches nicht ohne kapitalistische Transaktionen funktionierte, erfand Alfred Rosenberg die Formel vom »raffenden« (jüdischen) und »schaffenden« (arischen) Kapital. Während arische Kapitalisten – so hieß es – ihr Kapital zugunsten der Volksgemeinschaft einsetzten und arbeiten ließen, betrieben die jüdischen den Ausverkauf Deutschlands. Sie fühlten sich allenfalls dem Wohlergehen ihres eigenen

Volkes verpflichtet (obwohl auch das von manchen Judenfragenexperten angezweifelt wurde), nicht aber dem des Gastvolkes, weil sie »international« waren. Die Propaganda benutzte zur Charakterisierung des jüdischen Volkes vorwiegend Begriffe aus der Ungezieferlehre: Maden, Parasiten, Schmarotzer, Drohnen, Ratten, Bazillenträger, Spaltpilze, Vampire, Blutegel usw.

Da hatte auch E. keine Schwierigkeiten mehr mit dem jüdischen »Händlervolk«.

Für den Beginn dieses Jahrhunderts läßt sich eine auffällige Vorliebe jüdischer Akademiker für die Berufe eines Arztes oder Rechtsanwaltes nachweisen. Da Juden in der Justizbehörde, im öffentlichen Gesundheitswesen, in Verwaltung, Militär sowie Lehrer- und Hochschullehrerschaft noch immer erheblichen Vorurteilen begegneten, zogen sie eine freie akademische Existenz vor, die allein auf der eigenen Leistung und der Fähigkeit, Vertrauen zu erwecken, beruhte. Die Literatur der Zeit verschwieg solche einleuchtenden Gründe ebenso wie den jüdischen Kassenarzt, der seine Patienten nachts oder an Sonn- und Feiertagen am Krankenbett besuchte, oder den jüdischen Rechtsanwalt, der Klienten auch dann vertrat, wenn keine Gewinne zu erwarten waren. In der antisemitischen Propaganda wählten Juden den Arztberuf nur um des Profites willen, ließen sich als »Modeärzte« oder gar als medizinische Scharlatane nieder, nutzten »arischen« Patientinnen gegenüber ihre Machtstellung schamlos aus und schädigten durch Abtreibungen die Lebenskraft des deutschen Volkes. Juden studierten Rechtswissenschaft nicht, um dem Recht zu dienen, sondern um es »verdrehen« zu können.

In Paderborn gab es in den dreißiger Jahren nur wenige jüdische Akademiker. Ein Tierarzt wanderte schon in den ersten Jahren des Dritten Reiches mit seiner Familie nach Palästina aus, zwei jüdische Rechtsanwälte waren, wie E.s Eltern, Mitglieder im Musikverein und in der exklusiven Kulturvereinigung »Harmonie«, aber die Hilfe eines Rechtsanwaltes benötigte der Studienrat und Parteigenosse Peters zum ersten und letzten Mal in seinem Leben im Entnazifizierungsverfahren nach dem Krieg.

Der Staat von Weimar hieß in der NS-Geschichtsschreibung »Systemzeit« oder »Judenrepublik«. Juden in einflußreichen politischen Positionen waren als »Erfüllungspolitiker« (»Novemberverbrecher«) für den »Ausverkauf Deutschlands« verantwortlich – so stand es in den Schulbüchern. Das volksschädliche Wirken jüdischer Parlamentarier bereits in der Bismarck-Ära wurde von Hans Albers in dem ebenso antisemitischen wie antidemokratischen Film »Carl Peters« unters Volk gebracht. Der blonde Hans und Superarier, der soeben die Kolonie Deutsch-Ostafrika für sein Vaterland erobert hat, erntet dafür nur Undank und muß sich vor einer Meute disziplinlos durcheinanderschreiender und keifender Parlamentarier rechtfertigen. Als auf seine Frage »Für wen sprechen Sie eigentlich, meine Herren?« ein besonders jüdisch aussehender Abgeordneter der SPD mit sich überschlagender Stimme kräht: »Ich spreche im Namen des deutschen Volkes«, antwortet Hans Albers in der ihm eigenen, abgehackt-schnoddrigen Diktion und mit schneidender Ironie: »So, Sie sprechen im Namen des deutschen Volkes? Tschuldigen Sie, das konnte ich natürlich nicht ahnen.«

In einer Zeit, in der die staatliche Propaganda sich alle Mühe gab, das deutsche Volk auf seine germanisch-bäuerlichen Ursprünge zu verweisen, ließ sich aus der Ansiedlungsverteilung der jüdischen Minderheit ebenfalls wirkungsvolles antisemitisches Kapital schlagen. Während jedem »arischen« Großstädter der Wunsch nach einem bäuerlichen Leben auf eigener Scholle als heimliche, unerfüllte Sehnsucht unterstellt wurde, sahen die Judenfragenexperten im Stadtleben der jüdischen Minderheit einen weiteren Ausdruck »jüdischer Wesensart«, nämlich mangelnde Bodenverbundenheit und »Wurzellosigkeit« eines Nomadenvolkes.

Tatsächlich gab es, abgesehen von jüdischen Bewohnern ländlicher Gemeinden, die neben Handel und Handwerk oft ein kleines bäuerliches Anwesen betrieben, nur vereinzelt jüdische Bauern in Deutschland, obwohl sie doch »mehr als hundert Jahre Zeit gehabt hatten«, diesem »Makel« abzuhelfen. Da der Bauernstand während des Dritten Reiches zum mythischen Ursprung jedes Kulturvolkes, insbesondere aber des deutschen, erhoben wurde, lag darin ein weiterer Beweis dafür, daß die Juden keine Deutschen sein konnten.

Am Rande des Ruhrgebietes aufgewachsen, wußte E., daß nicht nur Gelsenkirchen, die Heimatstadt des Vaters, sondern auch Essen, Dortmund, Recklinghausen, Oberhausen, Bottrop und andere Städte im »Kohlenpott« unbedeutende Bauerndörfer und Marktflekken gewesen waren, ehe sie – im Jahrhundert der Landflucht – durch Einwanderer aus den umliegenden Agrargebieten Westfalens und des Rheinlandes, aber auch aus Oberschlesien und Polen in oft nur wenigen Jahrzehnten zu Großstädten anschwollen. Trotzdem ging ihr die Absurdität einer der jüdischen Minderheit abverlangten »Stadtflucht gegen den Strom« nicht auf, denn entsprechende Denkanstöße, die die Propaganda hätten in Frage stellen können, fanden sich in ihren Büchern nicht. Dafür gab es in den zwanziger und dreißiger Jahren eine reichhaltige Siedlungsliteratur über Aussteiger aus allen Klassen und Gesellschaftsschichten. E. las damals die Romane »Achtsiedel« von Josef Martin Bauer, in dem eine Frontkameradschaft aus dem Ersten Weltkrieg eine bäuerliche Landkommune gründet, und das »Riesenspielzeug« von Emil Strauß, in dem eine Gruppe Intellektueller aus dem Universitätsleben aussteigt, sie las »Segen der Erde«, für das Knut Hamsun den Literaturnobelpreis erhielt, und seine deutsche Nachdichtung »Brot« von Karl Heinrich Waggerl, las »Das einfache Leben« von Ernst Wiechert und »Volk ohne Raum« von Hans Grimm, in dem das Siedlungsheil in Übersee gesucht wird. Es gab auch militante Jugendverbände, die die Erweiterung des deutschen Lebensraums mit Pflug und Schwert durch Landnahme im Osten auf ihre Fahnen geheftet hatten, wie die »Artamanen« und später der »Landdienst der Hitlerjugend«, aber als die Besiedlung der nach dem Polenfeldzug angegliederten Ostgebiete anstand, mußten »Beutegermanen« aus Wolhynien und Galizien, der Ukraine und dem Baltikum herhalten, da die urbane Bevölkerung des Westens für bäuerliche Siedlungsexperimente kaum zu begeistern war.

Einige Jahre nach seiner Verabschiedung nahm E. das »Reichserbhofgesetz« aus dem Jahre 1933 zur Kenntnis, in dem es heißt: »Bauer kann nur sein, wer deutscher Staatsbürger, deutschen oder stammesgleichen Blutes und ehrbar ist.« Obwohl in diesem wie in anderen antisemitischen Gesetzen das Wort Jude vermieden wurde, verstand damals jeder, was gemeint war, nämlich: Juden durften keine deutschen Bauern sein. Die Heranwachsende fand diese Bestimmung überflüssig. Die Vorstellung, daß es jemals einen Juden gelüsten würde, freiwillig in der heiligen deutschen oder auch in irgendeiner anderen, weniger heiligen Scholle herumzuwühlen, erschien ihr so absurd, daß es dazu keines Gesetzes bedurfte. Lange Jahre nach dem Krieg hörte sie zum erstenmal von jüdischen Jugendlichen aus zumeist gutbürgerlichen Elternhäusern, die sich – als Vorbereitung für ein späteres Leben in Palästina – in den zwanziger und frühen dreißiger Jahren landwirtschaftliche Kenntnisse erwarben oder ein Handwerk erlernten. Sie erfuhr, daß in der Umgebung der alten Weserstadt Hameln, auf den Höfen rund um den Bückeberg, in Tündern und Emmerthal, Grießen und Aerzen Angehörige einer sozialistisch-zionistischen Jugendgruppe gelebt und gearbeitet hatten, als E. dort herrliche Kinderferien erlebte.

Zu dieser Landkommune gehörte ein junger Mann aus Hamburg mit blauen Augen und einem Kopf voller schwarzer Locken, dem E. 25 Jahre später begegnen sollte. Er hatte sich das Bild eines würdigen Herrn mit Rauschebart und üppiger Haarpracht in seiner Kammer über dem Pferdestall an die Wand gehängt und, als der Bauer seinen Großvater darin vermutete, nicht widersprochen. Die Gruppe sei, so berichtete er, mit der harten Tagesarbeit und der Klärung der eigenen politischen Situation an den Abenden und Wochenenden so ausgelastet gewesen, daß für eine marxistisch-sozialistische Agitation unter der lippischen Landbevölkerung keine Energie mehr übriggeblieben sei.

Als in Europa der Krieg tobte, arbeitete Walter Sternheim aus Hamburg in einem von deutschen Emigranten gegründeten Kibbuz im Mandatsgebiet Palästina.

Mit der Diskriminierung der Juden als wurzelloses Nomadenvolk ging die allgemeine Diffamierung des Stadtlebens als »Asphaltkultur« einher.

Die NSDAP hatte allen Grund, die klassenbewußte, politisch geschulte Arbeiterschaft der Industriezentren und das aufgeklärte, liberal-demokratische Bürgertum der Groß-städte zu fürchten. Das kulturelle Leben, insbesondere der Reichshauptstadt, war ihr zutiefst suspekt und galt als Sumpf von Unmoral, Perversion und Sittenlosigkeit, bestenfalls als Scharlatanerie. Berlin war aber nicht nur für die Nazis, sondern auch für das konservative katholische Bürgertum ein »Sündenbabel«, das es mit einer Art »Furor teutonicus« auszumisten galt. Der »Asphaltkultur« wurde das noch nicht verjudete »gesunde deutsche Volksempfinden« der Provinz gegenübergestellt.

Unter dem Motto »Wider den undeutschen Geist« brannten im Mai 1933 nicht nur Bücher jüdischer Autoren, sondern auch »arischer« Schriftsteller, die als jüdisch beeinflußte, jüdisch versippte, undeutsche »Gesinnungsjuden« oder »Schmutz- und Schundliteraten« diskriminiert wurden. E. hörte von jener Bücherverbrennung erstmalig nach dem Krieg, obwohl Bücher in ihrer Umwelt prinzipiell hoch geachtet wurden.

Einzig die Diskussion um Thomas Mann und seine »Buddenbrooks« ist im Gedächtnis geblieben. Sie nimmt an, daß Werke der verfemten Dichter während der Weimarer Republik wohl nur in Ausnahmefällen den Weg in die katholische Provinz gefunden hatten.

Viele der verbrannten Werke standen im übrigen sowieso auf dem Index der katholischen Kirche (Marx, Freud u. a.) oder galten auch in katholischen Kreisen als »Schmutz- und Schundliteratur«.

Das Wort »undeutsch« hieß damals weit mehr als »nicht deutsch«, war ein vernichtendes Werturteil und wurde synonym mit jüdisch bzw. entartet verwendet. E. liest heute mit Beklommenheit, wie freigebig und selbstverständlich dieses unselige Wort damals auch in katholischen Hirtenbriefen, Aufrufen usw. verwendet wurde, so z. B. in einem Tagungsbericht einer Kundgebung des katholischen Lehrerverbandes aus dem Jahre 1933, in dem der »Durchbruch durch den undeutschen Geist der Revolution 1918« begrüßt und der Hoffnung Ausdruck gegeben wird: »Möge es vereinter Kraft aller in unserem Volke gelingen, möglichst bald die Spuren alles Undeutschen . . . aus unserem öffentlichen und staatlichen Leben zu verbannen.«

Aufklärung

Juden waren in der NS-Propaganda nicht nur verantwortlich für Kapitalismus und Bolschewismus, Ausbeutung und Massenelend, Kriege und Verbrechen – sie zersetzten nicht nur mit teuflischer List alle Kulturwerte des Abendlandes, insbesondere die deutsche Innerlichkeit und das deutsche Gemüt –, sie strebten auch unablässig danach, blonde deutsche, unschuldige Mädchen zu verführen, zu verderben, zu »schänden«, manchmal auch »sexualzumorden«, und dabei ging es ihnen nicht etwa nur um private Lust, sondern um eine besonders perfide Rache des »ewigen Juden« an der ihm sittlich und moralisch überlegenen arischen Rasse – »blutsmäßige« Vernichtung durch »Rassenschande«.

Zum Urbild des von einem Juden geschändeten deutschen Mädchen wurde für Millionen Kinobesucher die junge schwedische Schauspielerin Kristina Söderbaum in dem Film »Jud Süß«, von der es in Filmkritiken aus dem Jahre 1940 hieß: »Wieder ist sie rührend in ihrer jungmädchenhaften Blüte, die, kaum zur Entfaltung gekommen, so jäh zerbrochen wird«, und ». . . dieses schwäbische Mädchen, eine der schönsten Töchter des Landes, muß ein Schicksal erleiden, vor dem menschliche Worte verstummen müssen«. E. sah diesen Film mit 15 – und erbrach sich, nach Schluß der Vorstellung, mit Tränen des Ekels, des Abscheus und der Angst auf offener Straße.

Im übrigen wurde sie über diesen speziellen Aspekt »jüdischer Wesensart« durch antisemitische Romane »aufgeklärt«, in denen das perverse Liebesleben der jüdischen Rasse viele Seiten füllte. Diese unsäglichen Machwerke blieben unvergeßlich, weil sie zahlreiche Stellen enthielten, die den Pubertätsphantasien der Halbwüchsigen reichlich Nahrung und Anregung boten. Die folgende Szene aus dem »Befehl des Gewissens – Ein Roman aus den Wirren der Nachkriegszeit und der ersten Erhebung« des Politpornographen Hans Zöberlein ging besonders unter die Haut:

An einem heißen Sommertag besucht ein junges deutsches Liebespaar ein deutsches Freibad. Während Hans weit in den See hinausschwimmt, sieht sich Berta plötzlich den geilen Blicken einer Horde schwarzgebräunter, hinter Hornbrillen satanisch grinsender Judenbengel ausgeliefert, die sie vor Ekel erschauern lassen. Als sie sich ihrer schmierigeindeutigen Annäherungsversuche kaum noch erwehren kann, verhindert der blonde Hans – »atemlos und triefnaß« – Schlimmeres und schlägt einige der feige zurückweichenden Belästiger zusammen, woraufhin nicht etwa »die frechen Juden«, sondern Berta und ihr Freund das deutsche Freibad wegen »Beleidigung von Badegästen« verlassen müssen.

Dem Roman »Sturmgeschlecht – Zweimal 9. November« von Ekkehardt verdankt E. eine besonders differenzierte Darstellung arischer und jüdischer Erotik. Im Mittelpunkt der Liebesgeschichte steht ein ebenso reines und keusches wie stolzes, edles, herbes und unnahbares deutsches Mädchen mit üppiger goldblonder Flechtenkrone und blauen Augen. Dieses engelhaft schöne Wesen wird gleichzeitig von zwei Männern verehrt und umworben, dem geradlinigen ehemaligen Front- und Freikorpsoffizier Warttemberg sowie einem innerlich gespaltenen, weil halbjüdischen Bankier, dessen Bemühungen um die schöne Elisabeth nicht ganz ohne Wirkung bleiben, da es ihm gelingt, seine hemmungslose jüdische Triebhaftigkeit und seine geheimen Vergewaltigungs- und Schändungstriebe mit seiner edlen arischen Hälfte einigermaßen in Schach zu halten.

Die wahre Natur dieser »tragischen Gestalt« wird symbolisiert durch eine von ihm in Auftrag gegebene und als gerahmtes Bild seinen Schreibtisch zierende Fotomontage: das edle Madonnenantlitz Elisabeths auf dem »lüsternen Leib einer Hetäre«. So jedenfalls diagnostiziert der arische Rivale die Fälschung. E. zerbrach sich vergeblich den Kopf, wie ein nackter Frauenkörper so schnell und zweifelsfrei als »lüsterner Leib einer Hetäre« zu erkennen war, und erinnert sich, ihren eigenen Jungmädchenkörper, der sich nach Zärtlichkeiten sehnte und auch danach, begehrt zu werden, nachdenklich vor dem Spiegel auf seinen Ausdrucksgehalt hin betrachtet zu haben.

Aus dem gleichen Roman sind nach mehr als 40 Jahren drei jüdische Frauengestalten im Gedächtnis geblieben: Salome, Yssy und Ruth. Salome ist ein kommunistisches Flintenweib, das bei Straßenkämpfen des Jahres 1919 in einem Proletarierviertel Berlins den Helden Warttemberg und seine Kameraden in einen Hinterhalt lockt. Mit nackten Armen, ein schmales, glitzerndes Band um Stirn und Haar, steht sie in einer grauen Straßenschlucht hoch oben an der Außenfront einer Mietskaserne, klammert sich an den Rahmen eines geöffneten Fensters und schreit gellend um Hilfe, da sie offenbar aus dem Inneren des Hauses bedrängt wird. Warttemberg erkennt die verblüffende Ähnlichkeit des »hinreißend schönen Weibes« mit Holzschnitten alttestamentarischer Frauengestalten in der großen Familienbibel des Elternhauses – »Ruth, Esther und die, die den Kopf des Johannes fordert, Salome«. Von unbestimmter Angst erfüllt, versucht er vergeblich, seine Kameraden aufzuhalten, die zur Rettung der Bedrängten eilen, ehe er ihnen folgt. Als einziger Überlebender tritt er verwundet, den toten Freund (und Bruder der schönen Elisabeth) auf den Schultern, den Rückzug an, während »Salome« mit knapp geschürztem Rock, die eine Hand in die Hüfte gestützt, in der anderen die Pistole, höhnisch lachend über ihm auf dem Treppenabsatz steht.

Einige Jahre später bringt ihn auf einem ländlichen Gartenfest Yssy von Herzfelde mit blond gefärbten Haaren, tiefrot geschminktem Herzmündchen und verführerischem Dirndl-Décolleté in Verwirrung. Da es der aufgenordeten Schönheit aber nur um ein Spiel geht, stößt sie ihn im entscheidenden Moment mit koketter Kindlichkeit zurück: »Tleine Tinder darf man nicht verwöhnen.« Blitzartig ernüchtert, erkennt der zutiefst gedemütigte Mann gerade noch rechtzeitig den dunklen Ansatz der blonden Haarpracht und wird so von seinem rassischen Gefühlsirrtum geheilt.

Abgerundet werden diese »undeutschen« Zerrbilder junger Mädchenblüten durch eine dritte Variante jüdischer Weiblichkeit. Ruth von Rencken stammt aus einer hochangesehenen jüdischen Bankiersfamilie, die ihren Adel wegen besonderer Verdienste um die Staatsfinanzen vom Kaiser verliehen bekommen hatte. Sie wurde zusammen mit den Töchtern des preußischen Hochadels in einem exklusiven Mädchenpensionat erzogen. Ein Kamerad des Helden Warttemberg heiratet das schöne, dunkelhaarige, vornehme Mädchen und wird von seinen Freunden beneidet, da sie auch noch ein beachtliches Vermögen mit in die Ehe bringt. Eines Abends gesteht er ihnen jedoch unter Alkoholeinfluß verzweifelt, daß die wohlerzogene Ruth schon wenige Wochen nach der Hochzeit die Maske der Wohlanständigkeit fallengelassen habe und zu seinem namenlosen Entsetzen gelegentlich schlüpfrige »Zoten der allerschlimmsten Sorte« erzähle, die er mit dem »Gestank aufplatzender Pestbeulen« vergleicht.

Eine weitere Quelle sexueller Aufklärung bot die Lektüre des vom »Frankenführer« Julius Streicher herausgegebenen pornographischen Wochenblattes »Der Stürmer«. Dieses antisemitische Hetzblatt der allerschlimmsten Sorte galt auch unter Parteigenossen als eine Zeitung, die anständige Leute nicht lasen, und seine Verwendung im Dienstgebrauch der Hitlerjugend war untersagt, aber man fand es in Schaukästen an verschiedenen Stellen der Stadt ausgehängt. Im »Stürmer« wurden regelmäßig »Sex-Skandale« breit ausgewalzt, an denen Juden sowohl als Akteure wie auch als Manager und Drahtzieher der Sittenverderbnis und Unmoral maßgeblich beteiligt waren.

An einen dieser Berichte erinnert E. sich noch heute. Da hatte es irgendwo – vermutlich in Amerika – eine von Juden initiierte »Wohltätigkeitsveranstaltung« gegeben, auf der eine nackte, nur mit glitzernden Sternchen »bekleidete« Frau eines nach dem andern gegen Entgelt von »lüsternen« Männerhänden beraubt werden durfte. Der Preis, den die Sternenklauber zu entrichten hatten, wurde in einer Art Auktionsverfahren mehr und mehr in die Höhe geschraubt, je mehr sie intime Körperstellen entblößten, die auch die Halbwüchsige inzwischen als aufregende Zonen kannte. Ihre Gefühle beim Lesen von Stürmer-Texten und beim Ansehen der schon wegen des schlechten Drucks dieser Zeitung schmutzig und unappetitlich wirkenden Schwarzweißfotos waren Ekel, Abscheu und moralische Entrüstung, gleichzeitig jedoch geheime Lust und erregte Spannung.

Nicht nur Wörter wie Prostitution, Mädchenhandel, Zuhälterei, Perversion, Striptease, Homosexualität, Masochismus, Sadismus, Abtreibung, Vergewaltigung usw. gerieten so in engen Zusammenhang mit dem diffusen, unheimlichen Komplex des »typisch Jüdischen«, sondern auch der Begriff der Sexualität an sich, der mit wahrer, edler und inniger deutscher Liebe nicht das geringste zu tun hatte.

Nach 1945 wollte sich niemand mehr an das abstoßende Stereotyp der jüdischen Wesensart erinnern. Angesichts der schrecklichen Nachrichten aus den Vernichtungslagern des Ostens unterlag bereits jede Erwähnung der infamen Klischees über den jüdischen Volkscharakter einer unausgesprochenen Zensur. Wenn die Rede trotzdem darauf kam, wurden sie zu unerheblichen Besonderheiten oder gar liebenswerten Kuriositäten umgemünzt.

Niemand wagte es sich einzugestehen, daß der eigene »harmlose«, jede Gewalt verabscheuende Antisemitismus, die eigene »verantwortungsbewußte« Erörterung der »Judenfrage«, die eigene Zustimmung zur Verdrängung deutscher Juden aus Presse, Theater und Literatur, Beamtentum und Militär, Wirtschaft und Wissenschaft den Weg für den fabrikmäßigen Massenmord an jüdischen Männern, Frauen und Kindern freigegeben hatte. Millionen in Deutschland behaupteten (zu Recht): »Das haben wir nicht gewollt« und verleugneten (zu Unrecht) den eigenen Beitrag am Nichtgewollten. Die antisemitischen Vorurteile blieben unbearbeitet oder schlugen um in einen ebenso ungerechten Philosemitismus, der nun von jedem Juden Außerordentliches erwartete.

Inzwischen vollzog sich im Staate Israel die erstaunliche Metamorphose eines »jahrtausendealten Händlervolkes« in ein Volk von Bauern und Soldaten, ein Experiment, das alle Bücher über die »Rassenseele« der Völker, alle Theorien über unabänderliche, für alle Zeiten festgelegte Volkscharaktere in nur einer Generation ad absurdum führte.

E. beschloß damals, alles zu bezweifeln, was man sie über das jüdische Volk gelehrt hatte, und entwickelte statt dessen eine ungeheure Neugier, die aber nicht gestillt werden konnte, weil es in Deutschland keine Juden mehr gab. An die prinzipielle Andersartigkeit der jüdischen Rasse glaubte sie nach wie vor und auch daran, daß sie einen ihr unbekannten Juden »instinktiv« als solchen erkennen würde.

Im Jahre 1947 nahm die 22jährige an einem Lehrgang in Wadersloh bei Lippstadt teil. Es handelte sich um eine der vielen »Reedukation«-Veranstaltungen, auf denen eine internationale Dozentenschaft dem deutschen Volk Nachhilfeunterricht in Demokratie erteilen sollte. E. hatte sich dort nicht nur aus Informationsgründen angemeldet, sondern auch in der nicht unbegründeten Hoffnung, sich einige Tage satt essen zu können.

Unter den Vertretern der Siegermächte befand sich ein gleichaltriger Franzose, von dem niemand ahnte, daß er 30 Jahre später den Friedenspreis des deutschen Buchhandels erhalten würde. Es fiel zwar auf, daß er die deutsche Sprache perfekt und akzentfrei beherrschte, aber erst nach einigen Tagen sprach es sich herum, daß er Jude war. E., die davon nichts gemerkt hatte, wunderte sich über das Schweigen der für untrüglich gehaltenen »Stimme des Blutes«. So ging ihr auch dieses (letzte?) Hirngespinst antisemitischer Verblendung verloren.

So geht es ja nun nicht

Am 7. November 1938 wurde in der deutschen Botschaft von Paris der deutsche Gesandtschaftsrat Ernst vom Rath von einem 17jährigen jüdischen Oberschüler niedergeschossen. Der von der französischen Polizei verhaftete Herschel Grynszpan gab bei seiner Vernehmung an, daß er die deutschen Juden, insbesondere aber seine aus Deutschland an die polnische Grenze deportierten Eltern, habe rächen wollen. Von dieser Aussage wie auch von den Hintergründen jener Verzweiflungstat erfuhr E. erst lange Jahre nach dem Krieg. Etwa 15 000 bis 18 000 nach dem Ersten Weltkrieg aus Polen eingewanderte Juden wurden an die polnische Grenze deportiert und mußten Ende Oktober 1938 bei kühlem Wetter tagelang ohne Unterkunft und Verpflegung im Niemandsland zubringen, ehe ihnen der polnische Staat die Einreise gestattete.

Der deutsche Diplomat Ernst vom Rath erlag am 9. November 1938 seinen schweren Verletzungen. Dieses Todesdatum brachte ihm die zweifelhafte Ehre ein, als »Märtyrer der Bewegung« in die NS-Geschichtsschreibung einzugehen, denn an diesem »nationalen Gedenktag« wurde alljährlich in Feierstunden der Partei und ihrer Organisationen, in Schulen und Hitlerjugendeinheiten mit düsterem Pathos der »Blutzeugen« des mißglückten Putschversuchs vom 9. November 1923 in München gedacht.

Reichspropagandaminister Goebbels schlachtete die Verzweiflungstat eines Einzelgängers in infamster Weise aus, um die von SA und SS organisierten Pogrome gegen die deutschen Juden als »Ausbruch des spontanen Volkszorns« zu rechtfertigen. Herschel Grynszpan wurde zum »Werkzeug des internationalen Judentums«, zum »ausführenden Organ der jüdischen Weltverschwörung gegen das deutsche Volk« abgestempelt und, als der zu einer Haftstrafe Verurteilte nach der Besetzung Frankreichs in die Hände der Gestapo fiel, kurzerhand ermordet.

Die damals 13jährige erinnert sich noch heute an ein Foto des Diplomaten im »Westfälischen Volksblatt«. Ein ernster, sympathisch und sehr »deutsch« aussehender Mann, von dem Goebbels erklärt hatte: »Der Deutsche vom Rath war Vertreter des deutschen Volkes, der Jude Grynszpan war Vertreter des Judentums. Das Judentum hat also in Paris auf das deutsche Volk geschossen.«

Von dem »frechen Judenbengel« und »feigen Meuchelmörder« veröffentlichte die gleichgeschaltete deutsche Presse wohlweislich kein Foto, sondern nur hämisch grinsende Karikaturen. In einer Nummer des »Spiegels« fand E. lange nach dem Krieg ein Bild des jugendlichen Attentäters, das kurz nach seiner Verhaftung aufgenommen worden war: ein schmächtiger, blasser Junge in zerknittertem Trenchcoat mit wirren Haaren und erschrockenen Kinderaugen. Angesichts dieses wenig überzeugenden »Meuchelmörders« drängte sich ihr der Gedanke auf: »Wenn ich das damals gesehen hätte!«

So aber blieb Herschel Grynszpan für viele Jahre eine Unperson, nämlich der »feige, jüdische Mordbube« mit dem lächerlichen und unmännlich klingenden Vornamen und dem unangenehmen, an Zersetzungsprozesse blanken Metalls erinnernden Familiennamen (noch dazu in »falscher«, da polnischer Schreibweise), dessen Wortbedeutung in folgendem Witz verwendet wurde: »Wer ist der größte Alchimist? Goebbels! Denn er kann aus Grünspan eine Milliarde Goldmark machen.« (Eine der zahlreichen »Sühnemaßnahmen« für die »feige Mordtat von Paris« bestand darin, den noch im Reichsgebiet lebenden Juden die Zahlung einer »Buße« als Kontribution in Höhe von 1 000 000 000 Goldmark aufzuerlegen.)

Den aus dem Russischen stammenden Begriff »Pogrom« (Ausschreitung gegen nationale, religiöse oder rassische Gruppen) lernte E. erst nach dem Krieg.

Die Bezeichnung »Reichskristallnacht« tauchte Ende der fünfziger Jahre zum erstenmal in der Literatur auf.

Sie bezweifelt, daß es sich dabei um eine »Original-Drittes-Reich-Wortschöpfung« handelt. Die sprachliche Subkultur der Nazizeit war in der Regel eine Gegenkultur, in der Abstand, Skepsis, Hohn bis hin zum politischen Widerstand ihren Ausdruck fanden. Man machte sich lustig über die Paladine, aber nicht über die Opfer des Systems. Das blieb den Karikaturisten des »Stürmers« und des »Völkischen Beobachters« vorbehalten. Ironisierende Zusammensetzungen mit »Reich« waren allerdings weiter verbreitet. Die Führerin der NS-Frauenschaft, Gertrud Scholz-Klink, war die »Reichsobermutter«; die Schauspielerin Kristina Söderbaum, die in Nazi-Propagandafilmen des öfteren von einem »rassisch Minderwertigen« (»Die goldene Stadt«) oder einem »Artfremden« (»Jud Süß«) verführt bzw. geschändet wurde und daraufhin ihr Leben durch einen eindrucksvollen Wasserfreitod zu beenden pflegte, war die »Reichswasserleiche«; der Führer der SS, Heinrich Himmler, wurde als »Reichsheini« auf platte Borniertheit reduziert; die Pianistin Elly Ney als »Reichsklaviertante« abgestempelt usw. Der Begriff »Reichskristallnacht« hingegen bagatellisiert die Ereignisse jenes Novemberpogroms und verhöhnt die Opfer. Wann immer er geprägt wurde, er entsprach nicht der damaligen Stimmung.

Jene Nacht hatte sowohl während der Nazizeit als auch noch viele Jahre danach keinen Namen, konnte daher auch in keiner sprachlichen Kurzfassung erinnert werden. E. hätte nur von »dem Tag, an dem die Synagoge brannte, nachdem der Ernst vom Rath in Paris ermordet worden war«, sprechen können. Aber es wurde nicht sehr lange darüber gesprochen.

Am Morgen des 10. November 1938 erfuhr die 13jährige in der Schule, daß in der vorangegangenen Nacht bei Juden die Fenster eingeschlagen worden seien. Der Unterricht begann später, weil die Lehrer erst 20 Minuten nach dem Klingeln in den Klassenräumen erschienen und auch in den Pausen mit ernsten, bedrückten Gesichtern zusammenstanden. E., die auf ihrem Schulweg nichts von den Ereignissen der Nacht gesehen hatte, fuhr am Mittag mit dem Fahrrad zur Bahnhofstraße, da eine Klassenkameradin erzählt hatte, in dem großen Hausrat- und Spielwarengeschäft Storch an der Ecke Bahnhofstraße/Borchener Straße seien alle Schaufensterscheiben eingeschlagen worden. Diese Firma war wegen ihrer Spezialabteilung für Kinderwagen bekannt. Sie pflegte nämlich lange Jahre hindurch die jeweils neuesten Modelle unter werbewirksamer Ausnutzung des Firmennamens »Storch« im »Westfälischen Volksblatt« anzupreisen. Auch der Puppenwagen, den die Schulanfängerin am Weihnachtsfest 1931 geschenkt bekommen hatte, trug als Markenzeichen eine Storchenplakette.

Am Mittag des 10. November waren die Schaufenster des Geschäftes mit Brettern vernagelt, und auf der Straße stapelten sich einige zerschlagene Büromöbel. Nur in einem der Fenster sah man unter dem Bretterverschlag Glas- und Porzellanscherben, von denen E. bis heute einige kaputte Puddingschälchen aus gelbem Bleikristall in Erinnerung sind. Obwohl das ganz billige Massenware war, ärgerte sie sich über die sinnlose Zerstörung, weil man die noch gut hätte brauchen können. Etwas Ähnliches sagten auch viele Leute, die kopfschüttelnd und schimpfend davorstanden. An andere demolierte jüdische Geschäfte erinnert E. sich nicht, nimmt an, daß die beiden großen jüdischen Warenhäuser »Steinberg & Grünbaum« am Rathausplatz und »Herzheim« am Marienplatz damals bereits »arisiert« waren. Der »Storch-Basar« wurde nach jenem Tage nicht wieder eröffnet, sondern in ein »arisches« Bekleidungsgeschäft umgewandelt.

Am Spätnachmittag, als es schon fast dunkel war, fuhr E. zum »Bogen«, weil sie gehört hatte, daß die Synagoge brannte. Einige hundert Leute hatten sich dort versammelt und beobachteten den Brand, aber keiner sagte ein Wort. Dicker schwarzer Rauch zog über die Kasseler Straße, und einige kleine Flammen züngelten aus dem gelben Mauerwerk, während das dicht daneben stehende Fachwerkhaus und das Vinzenzkrankenhaus von der Feuerwehr mit Wasser berieselt wurden, um ein Übergreifen des Feuers zu verhindern.

Seit Vorschulzeiten war E. der burgartige, achteckige Backsteinbau mit den Türmchen und Zinnen als unheimlicher Fremdkörper erschienen, da er weder mit einem Wohnhaus, einer Kirche oder Schule noch mit einem öffentlichen Gebäude, am ehesten noch mit dem Bahnhof Ähnlichkeit hatte. Klassenkameradinnen der Grundschuljahre munkelten von merkwürdigen und seltsamen Kulthandlungen, die sich hinter den dicken Mauern der Synagoge abspielen sollten, und im Religionsunterricht lernte sie, daß die Juden sich dem Licht der christlichen Verkündigung verweigert hatten. »Und das Licht leuchtete in der Finsternis, aber die Finsternis hat es nicht begriffen«, so stand es in der Bibel.

Unlängst kam E. eine Predigt des mutigen Berliner Propstes Bernhard Lichtenberg vor Augen, der in jenen Novembertagen die Inbrandsetzung jüdischer Synagogen öffentlich als »Zerstörung von Gotteshäusern« anprangerte. Diese Formulierung eines katholischen Geistlichen klingt für sie noch heute ungewohnt, da in ihrem katholischen Umkreis eine jüdische Synagoge niemals als »Gotteshaus« bezeichnet wurde.

Nur katholische Kirchen, so hatte Mutter Fidelis gelehrt, seien wahre Gotteshäuser, weil Gott tatsächlich in ihnen wohne. Das »ewige Licht« vor dem Tabernakel zeige seine ständige Anwesenheit in Form einer geweihten Hostie an. Evangelische Kirchen könnten daher allenfalls als Bethäuser gelten, jüdische Synagogen waren aus bereits angeführten Gründen ein Ärgernis, alle anderen religiösen Kultstätten trugen den Makel heidnischen Götzendienstes. Toleranz und Respekt gegenüber den religiösen Überzeugungen von Irrgläubigen, Andersgläubigen, Heiden und Juden waren im Lehrplan nicht vorgesehen. Ungläubige, Freidenker und Gottlose wurden als Anhänger Satans verteufelt.

Obwohl die 13jährige sich dem Glauben ihrer Kindheit schon nicht mehr zugehörig fühlte, empfand sie beim Anblick der brennenden Synagoge keinerlei Empörung über die Entweihung und Zerstörung einer heiligen Stätte.

Bei der Einweihung der neuen Synagoge im Jahre 1959 berichtete ein Generalvikar, der damalige Erzbischof von Paderborn, Kaspar Klein, habe seinerzeit der jüdischen Gemeinde gegenüber schriftlich sein Beileid und sein Bedauern über die Zerstörung der Synagoge ausgesprochen, aber ein offener Brief war das nicht. Worte, für die jener Propst Lichtenberg mit dem Leben bezahlt hat, waren damals in Paderborn nicht zu hören. Die »Reichskristallnacht« wurde in den Predigten der darauffolgenden Sonntage nicht einmal »durch die Blume« erwähnt.

Am Abend des gleichen Tages ging die JM-Schaftsführerin zum Führerinnendienst ins HJ-Heim. Vor einem schönen alten Bürgerhaus in der Bachstraße stand eine Menschenmenge und sah zu, wie einige halbwüchsige Jungen johlend und lachend die vielen kleinen Scheiben der zahlreichen Sprossenfenster mit Steinen einwarfen. Die Vorderfront des schmalen hohen Giebelhauses war durch eine Straßenlaterne hell beleuchtet, aber drinnen, hinter den Fenstern, brannte kein einziges Licht. Nur das zersplitterte Glas an den Bruchstellen der zackigen, schwarzen Löcher glitzerte manchmal im Schein der schwankenden Straßenbeleuchtung auf, als wandere ein Irrlicht durch die dunklen Räume. E., die bis dahin gar nicht gewußt hatte, daß in jenem Haus Juden wohnten, dachte an die ihr unbekannten Leute darin, stellte sich vor, wie sie in irgendeinem dunklen Flur oder Hinterzimmer dem Gejohle und Geschrei von der Straße lauschten, und dieser

Gedanke war ihr unangenehm. Hatte sie die kaputten, gelben Puddingschälchen mit Ärger, den Brand der Synagoge gleichgültig angesehen, so war das hier etwas ganz anderes. In jenem Warenhaus und auch in der Synagoge wohnten schließlich keine Menschen. Hat sie Mitleid gehabt? Sie erinnert sich nur noch vage an ungeheure Aufregung, an einen Gefühlssturm, der am ehesten mit Fassungslosigkeit zu bezeichnen ist, Fassungslosigkeit darüber, daß keine Polizei kam, um für Ruhe und Ordnung zu sorgen, vor allem aber, daß so viele Erwachsene diesem Treiben nur ein unheimliches Schweigen entgegensetzten und es zuließen, wie die Jungen jeden geglückten Treffer mit Beifall und Gegröle: »Jude, komm raus!« u. ä. begleiteten.

Plötzlich aber fing ein Mann aus der Menge mit hochrotem Kopf und sich überschlagender Stimme an zu schimpfen und schrie: »Das ist Volksgut! Das ist Volksgut!«, worauf die Steinewerfer johlend antworteten: »Das ist Judengut! Das ist Judengut!«

Nach dem Krieg hielt E. lange Jahre hindurch jenen Unbekannten für eine Art Widerstandskämpfer, zumindest aber für jemanden, der die Ehre der Paderborner Bürger rettete, weil er Unrecht und Gewalt gegen Juden nicht widerspruchslos hinnahm. Heute ist sie nicht sicher, ob es mehr war als die Empörung eines Kleinbürgers über die Zerstörung von Sachwerten. Sie bezweifelt, daß es ihm wirklich um die Erhaltung und Respektierung jüdischen Eigentums ging, und hält es sogar für möglich, daß er ein »Nazi« war, der mit dem Naziwort »Volksgut« nur dafür plädierte, den Juden ihr Eigentum abzunehmen, statt es zu zerstören, denn die Juden waren ja keine »Volksgenossen«. Vielleicht tut sie ihm aber unrecht, und er benutzte jenen Begriff, um ehrenwerte Absichten zu tarnen, oder auch, weil ihm in der Aufregung kein besseres Argument einfiel. Und vielleicht war von allem etwas dabei.

Aus dem für diesen Abend vorgesehenen Führerinnendienst wurde nichts. Alle erzählten, was sie gesehen und gehört hatten. Es war nicht viel mehr als das, was E. gesehen und gehört hatte. Alle waren sich darüber einig, daß es keineswegs »Ausbruch spontanen Volkszorns«, sondern die SA gewesen war, die die sogenannten »Vergeltungsaktionen« durchgeführt hatte. Von der SA hielt man in der Führerschaft der Hitlerjugend nicht viel, hielt sie für einen Verein primitiver Spießbürger, die auf ihren Gruppenabenden ungeheuer viel Bier tranken und nicht einmal »alte Kämpfer« gewesen waren. Eine Führerin erzählte, daß einige besoffene SA-Männer in der vergangenen Nacht einen Juden mit Namen Kosse »fürchterlich verprügelt« hätten, was besonders empörend sei, weil es sich dabei um einen Kriegsblinden gehandelt habe. Darüber war auch E. zutiefst empört, aber sie war absolut sicher, daß man die Betreffenden – falls es wirklich so gewesen war – zur Rechenschaft ziehen und hart bestrafen würde. Diese Überzeugung stützte sich u. a. darauf, daß wenige Jahre zuvor die Schändung des jüdischen Friedhofs von Paderborn gerichtlich geahndet worden war. Die drei Täter, ein auswärtiger Frisör sowie ein Schlosser und ein Verkäufer aus Paderborn, hatten 34 Grabsteine umgeworfen bzw. beschädigt und erhielten dafür vier, sechs und zwölf Monate Gefängnis. Behörden und Presse verurteilten einhellig die Tat. Die Bevölkerung wurde zur Mitarbeit bei der Verhinderung solcher Ausschreitungen aufgerufen und gleichzeitig vor der Behauptung gewarnt, die Führung der SA sei in irgendeiner Weise daran beteiligt gewesen.

Der Führerinnendienst am Abend des 10. November 1938 endete mit der Bekanntgabe eines Schnellbefehls des Reichsjugendführers, der Angehörigen der Hitlerjugend und ihrer Gliederungen jede Beteiligung an den sogenannten »Vergeltungsaktionen« untersagte, und am folgenden Morgen stand ein Aufruf von Goebbels in der Zeitung, der dem »Spuk« ein Ende bereitete und die kurzfristige Anarchie durch die in fünf Jahren bewährte und unwidersprochene Bürokratie ersetzte. Er lautete:

150

»Die berechtigte und verständliche Empörung des deutschen Volkes über den feigen jüdischen Meuchelmord an einem deutschen Diplomaten in Paris hat sich in der vergangenen Nacht in umfangreichem Maße Luft gemacht. In zahlreichen Städten und Orten des Reiches wurden Vergeltungsaktionen gegen jüdische Gebäude und Geschäfte vorgenommen. Es ergeht nunmehr an die gesamte Bevölkerung die strenge *Aufforderung*, von allen *weiteren* Demonstrationen und Aktionen gegen das Judentum, gleichgültig welcher Art, sofort abzusehen. Die endgültige Antwort auf das jüdische Attentat in Paris wird auf dem Wege der *Gesetzgebung* bzw. der Verordnung dem Judentum erteilt werden.«

Da war die Welt wieder in Ordnung, aber doch nicht ganz. Über jene Ereignisse wurde noch einige Tage aufgeregt gesprochen, und die allgemeine Stimmung gipfelte in der Formel: »So geht es ja nun nicht.« Das sagten alle – Eltern und Lehrer, Verwandte und Bekannte, Regimeanhänger und -gegner, Katholiken und Protestanten, Freundinnen und Klassenkameradinnen, Jungvolkführer und Jungmädelführerinnen. Sie sagten es (und auch E. sagte es) in einem entschiedenen Ein-für-allemal-Tonfall, den sie noch heute im Ohr hat: »So geht es ja nun nicht.«

Aber diese so eindeutig klingende Formel hatte es in sich. Sie war kaum mehr als eine Methodenkritik, die das Ziel nicht in Frage stellte. »So geht es ja nun nicht.« Die allgemeine Empörung nach dem Novemberpogrom des Jahres 1938 galt in erster Linie dem anarchischen Moment, der Unordnung, der Sachzerstörung und der fehlenden gesetzlichen Grundlage, weit weniger der Ausschaltung und Entfernung der Juden aus dem »deutschen Volkskörper«. Nur ordentlich und korrekt mußte es dabei zugehen, »auf dem Wege der Gesetzgebung bzw. der Verordnung«. Und auch möglichst unauffällig und heimlich, damit die Gemüter nicht allzusehr strapaziert wurden.

Der Pogrom des Jahres 1938 blieb der einzige (mißlungene) Versuch der Nazis, die Traditionen mittelalterlicher Judenverfolgungen wiederzubeleben. Ihre Rechnung ging nicht auf. Kaum ein Funke von »berechtigter und verständlicher Empörung des deutschen Volkes« sprang damals von den Horden der SA und SS über. Nur in Wien soll es hier und da zu der gewünschten und erwarteten Beteiligung breiterer Bevölkerungsschichten gekommen sein, während andernorts allenfalls Halbwüchsige die Lust am straffreien Demolieren genossen, andere deutsche Volksgenossen auch die Gelegenheit zu Plünderungen wahrnahmen, die streng geahndet werden sollten. Nicht zuletzt aus diesen Erfahrungen lernte die NS-Regierung, was sie dem deutschen Volk zumuten konnte und was nicht. Über die tatsächlichen Ereignisse der »Reichskristallnacht« gab es in den Zeitungen, in Illustrierten und in der Wochenschau zwar Bildberichte über brennende Synagogen und zerstörte jüdische Warenhäuser, aber keine Reportagen und Augenzeugenberichte aus der Sicht der Opfer.

In einer Zeit, in der eine freie Presse, ein freies Fernsehen die Probleme auch kleinerer Randgruppen unserer Gesellschaft aufgreift, in der engagierte Reporter, Journalisten und Filmemacher hautnah über jeden Fall angenommener oder tatsächlicher staatlicher Willkür, Gewalt und Unrecht berichten, fällt es schwer, sich vorzustellen, welche Phantasieleistungen damals notwendig waren, um sich aus wenigen, zufällig gehörten Gesprächen ein Bild vom Ausmaß des Novemberpogroms zu machen, das nur in internen Parteiberichten und geheimen Parteiakten vermerkt wurde und erst heute einigermaßen sicher erfaßt ist. Für E. blieben die Ereignisse jener Nacht viele Jahre auf dem bereits geschilderten Stand eingefroren: ein sorgfältig von der Feuerwehr kontrollierter Brand der Synagoge, eingeschlagene Wohnhaus- und Schaufensterscheiben in zwei Fällen sowie das unbestätigte Gerücht über die Mißhandlung eines kriegsblinden Juden.

Nach den noch immer vorläufigen staatlichen Ermittlungen gab es damals im Reichsgebiet nicht nur 190 in Brand gesteckte Synagogen, 7500 demolierte und geplünderte jüdische Geschäfte und Sachbeschädigungen von mehreren hundert Millionen Mark, sondern auch zahlreiche schwere Mißhandlungen und etwa 91 Morde, über die die Zeitungen damals nichts berichteten. 26 000 männliche Juden wurden in der Nacht vom 9. zum 10. November 1938 verhaftet und in die Konzentrationslager Dachau, Buchenwald und Sachsenhausen eingeliefert. Mehrere hundert der Inhaftierten starben dort oder kurz nach ihrer Entlassung an den Folgen der unmenschlichen Behandlung.

Auch über die Vorgänge in ihrer Heimatstadt weiß E. heute mehr: 13 Geschäfte und Wohnungen wurden in der Nacht vom 9. zum 10. November demoliert. Begleitet wurde der nächtliche Vandalenzug von Bürgermeister und Landrat, die ihre Funktion darin sahen, Plünderungen zu verhindern. Die Synagoge wurde aus Brandschutzgründen erst am Freitag, dem 10. November, gegen 14.00 Uhr »sachgerecht«, d. h. unter Mitwirkung der Feuerwehr, in Brand gesteckt und wieder gelöscht, als die Sicherheit der benachbarten Gebäude garantiert war; ihre Trümmer wurden Wochen später mit der Spitzhacke beseitigt.

Über Mißhandlungen in Paderborn gibt es keine amtlichen Überlieferungen. Die Täter schweigen. Viele Opfer, wie beispielsweise der von Geburt an blinde Herr Kosse und seine ganze Familie, auch Frau Storch und die Familie Rosenbaum, die in dem schönen alten Giebelhaus gewohnt hatte, wurden deportiert und ermordet.

Nur der Tochter Jenny Rosenbaum gelang 1939 die Flucht nach Israel, wo sie heute als Schriftstellerin lebt. Sie schreibt in ihrer Muttersprache, schreibt, daß sie, »ob sie es nun wahrhaben wollte oder nicht, ihrem Fühlen und Empfinden nach eine Deutsche geblieben war, geprägt von der westfälischen Landschaft und von der Kette der Ahnen, die ein halbes Jahrhundert in ihr gelebt hatten, in Dörfern, die kein Ghetto kannten«.

E. muß der um acht Jahre Älteren unter den Linden auf dem Schulhof des St.-Michaelis-Klosters begegnet sein, wenn die Primanerinnen eingehakt, lachend und schwatzend zwischen den kreisspielenden, strickspringenden, ballwerfenden, laufenden und hüpfenden Grundschülerinnen auf und ab wanderten. Sie liest ihre Gedichte, in denen der Schmerz um die verlorene Heimat als »unerlöste Kinderklage« durch »dichtgeflochtene Wälder irrt«, liest »von Tagen, lang verschollenen, nie vergessenen«, vom »bitteren Trunk der Quellen, deren Wasser ihr einst so mild dünkten«, liest von Sehnsucht nach »dem Wind, dem Sturm, der mich zu trösten wußte«, sieht das Haus mit den zerbrochenen Scheiben, hört das gellende Johlen: »Das ist Judengut! Das ist Judengut!«

Auch in der Kreisstadt Büren, 30 km südlich von Paderborn, brannte in der Nacht vom 9. zum 10. November 1938 die Synagoge, wurden Wohnungen jüdischer Bürger demoliert. Bruder Günther war dort im Internat und kam am darauffolgenden Samstag zu Besuch. Wenige Wochen zuvor hatte der 17jährige seine Jungvolkführertätigkeit aufgegeben und war in die SS eingetreten.

Die SS hatte damals noch keineswegs jenes unmenschliche, eiskalte Herrenrassenimage, sondern galt, im Gegensatz zur SA, die ihren Rabaukenruf aus der Kampfzeit nie hatte ganz ablegen können, als vornehme, niveauvolle Eliteorganisation.

E. liebte diesen Bruder besonders. Obwohl es bereits Mitternacht war, stand sie auf, um ihn zu begrüßen. Sie fand ihn in der Küche vor der geöffneten Speisekammer, in der er sich nach irgend etwas Eßbarem umsah. Die Mutter stand im Nachthemd mit aufgelösten Haaren in der Küchentür – ein Anblick, den sie der Familie nur in Ausnahmesituationen zumutete – und fragte mit böser Vorahnung: »Du bist doch nicht etwa dabeigewesen?« Günther antwortete kauend: »Doch, ich war dabei!« und fügte mit etwas unsicherem

Grinsen hinzu: »Da war so'n altes Judenweib. Die kam im Nachthemd aus dem Schlafzimmer. Mein lieber Mann, hat die gezetert, als wir ihr den Küchenschrank umgeworfen haben.« Die Mutter brachte daraufhin entsetzt und vorwurfsvoll nichts als seinen Namen heraus: »Günther!!!« Er schluckte kurz, sagte aber nichts und verschwand im Jungenschlafzimmer.

Diese nächtliche Begebenheit wurde niemals wieder erwähnt, aber in E.s Vorstellung hatte sich die Szene blitzschnell und unlöslich mit der eigenen Küche verbunden. Das »alte Judenweib« stand genau an der Stelle, an der ihre Mutter im Nachthemd gestanden hatte, und verschmolz mit ihrer Person. Nur der umgeworfene Küchenschrank mußte hinzuphantasiert werden.

Als sie sich im März 1945, nach dem Bombenangriff, dem die Stadt Paderborn und auch die eigene Wohnung zum Opfer fiel, noch wenige Augenblicke in der halbzerstörten, vom sich ausbreitenden Feuer bedrohten Wohnung aufhielt, sah sie in der Küche den umgestürzten Küchenschrank, und dieses Bild war in all dem Chaos merkwürdig vertraut.

Sterne in der Bachstraße und anderswo

Im September 1941 wurde in Deutschland der Judenstern eingeführt. Alle jüdischen Männer, Frauen und Kinder mußten an ihrer Kleidung einen gelben, sechszackigen Judenstern tragen, auf dem in einer den hebräischen Schriftzeichen nachempfundenen Flammenschrift das Wort »Jude« eingestickt war. Diese Bestimmung betraf im gesamten Altreich nur noch etwa 200 000 Juden. Von den 500 000 deutschen Juden des Jahres 1933 hatten sich bis 1941 etwa 300 000 dem ständig wachsenden Auswanderungsdruck gefügt und ihre deutsche Heimat verlassen.

Die Zahl der aus Deutschland deportierten und ermordeten Juden wird auf etwa 175 000 geschätzt. Dazu kamen viele, die in den umliegenden Ländern Holland, Belgien, Frankreich, Polen, Österreich und der Tschechoslowakei (vergeblich) Schutz gesucht hatten, wie E.s jüdischer Onkel Ernst Berg und die Familie der Anne Frank.

Von der gnadenlosen Jagd auf Juden im besetzten Europa hörte E. niemals etwas und von der Existenz vieler Millionen Juden in ost- und südosteuropäischen Ländern erst, als sie schon nicht mehr existierten.

Ein einziges Mal in jenen Jahren erfuhr allerdings auch E. von furchtbaren Grausamkeiten und Morden an Juden, aber sie waren nicht von Deutschen verübt worden. Das war im Sommer 1941, als sie ihre inzwischen nach Karlsruhe verzogene Freundin Evchen besuchte. Evchens Bruder Wolfgang, Fliegeroffizier und zufällig gerade auf Urlaub aus Rumänien, berichtete, die Rumänen hätten »schreckliche Rache« an ihren Juden genommen, viele totgeschlagen, in ihren Häusern verbrannt oder aus den Fenstern auf die Straße geworfen. Die Juden hätten daraufhin bei den deutschen Soldaten Schutz gesucht und gefunden, so z. B. ein jüdischer Professor, in dessen Haus sie untergebracht worden seien. Der habe ihnen vor lauter Dankbarkeit die Stiefel geputzt. E. war entsetzt über Menschen, die auf die »Judenfrage« so primitiv und grausam »antworteten«. Die Rumänen waren zwar Bundesgenossen, aber anscheinend ein sehr viel tiefer stehendes und kulturloseres Volk als die Deutschen. Sie war sicher, daß deutsche Soldaten und überhaupt alle Angehörigen des deutschen Volkes, wo immer sie solchen Verbrechen begegneten, diese sofort und energisch abstellen würden.

Als der Judenstern in Deutschland eingeführt wurde,
besuchten jüdische Kinder schon lange keine öffentlichen Schulen mehr,

wohnten jüdische Familien schon lange nicht mehr mit »arischen« Nachbarn unter einem Dach,

waren jüdische Geschäfte, Banken und Warenhäuser, Fabriken und Handwerksbetriebe längst »arisiert«,

jüdische Ärzte längst ihrer Approbation beraubt,

jüdische Rechtsanwälte längst nicht mehr zugelassen.

Als der Judenstern in Deutschland eingeführt wurde,

durften Juden schon seit Jahren keine Theater, Kinos, Konzertveranstaltungen, Restaurants und Parkanlagen mehr besuchen,

durften Juden nur noch mit Sondergenehmigung öffentliche Verkehrsmittel benutzen, nur noch zu bestimmten Stunden außerhalb der generellen Öffnungszeiten Lebensmittel einkaufen,

nicht einmal mehr einen Hund spazierenführen, da ihnen auch das Halten von Haustieren untersagt worden war.

Als der Judenstern in Deutschland eingeführt wurde,

waren nachbarschaftliche Beziehungen längst zerstört,

Kinderfreundschaften längst zerbrochen,

lebten die Juden Deutschlands schon auf einem anderen Stern.

Als der Judenstern in Deutschland eingeführt wurde,

waren alle Sternträger – Männer, Frauen und Kinder – schon zum Tode verurteilt.

Die meisten Sternträger trugen ihren Stern nur wenige Monate, denn im dritten Kriegswinter, unmittelbar nach der Einführung des Judensterns, setzten die Transporte in die Ghettos und Vernichtungslager des Ostens ein.

Als der Judenstern in Deutschland eingeführt wurde, wunderte sich E., daß es noch Juden in Paderborn gab. Alle Juden, die sie – wenn auch meist nur dem Namen nach – gekannt hatte – Geschäftsleute, Unternehmer, Warenhausbesitzer –, waren längst ausgewandert. Jetzt erfuhr sie, daß in drei Häusern der Stadt noch immer Juden wohnten – in der Bachstraße, in der Grunigerstraße, am Liboriberg.

Es gibt vage Erinnerungen an unauffällige Gestalten, die, ohne jemanden anzusehen, vorübergingen und meist schnell in einem der Häuser verschwanden, hinter deren gestrichenen Schaufenster- oder Wohnungsscheiben ein gelbes Pappschild mit der schwarzen Aufschrift »Jude« angebracht war. Der Eindruck, den diese Vorübergehenden hinterließen, war fast ein Denkanstoß. E. fiel auf, daß sie mit jenen fetten, pelz- und brilliantenbehangenen unverschämten »Judenweibern« und jenen beleibten jüdischen »Börsenmaklern« mit Melone, fleischiger Hakennase und goldener Uhrkette, die sie aus antisemitischen Karikaturen zu Genüge kannte, nicht das geringste zu tun hatten. Sie sahen nicht nur unauffällig, sondern sogar ärmlich aus.

Genau zu diesem Zeitpunkt und in teuflischer Absicht auf diese Eindrücke zugeschnitten, lief der Film »Der ewige Jude« in den Lichtspielhäusern des »Reiches« mit Aufnahmen aus den Abrißhäusern des Ghettos von Lodz und dem zynischen Kommentar: ». . . durch jahrzehntelangen Handel haben sie genug Geld angehäuft, um sich und ihren Familien ein sauberes, behagliches Heim schaffen zu können. Aber sie wohnen Generationen hindurch in denselben schmutzigen und verwanzten Wohnlöchern . . .«

E. erinnert sich, einer dieser unauffälligen Gestalten in den dunklen Hauseingang eines ärmlichen, heruntergekommenen Häuschens in der Bachstraße mit geheimem Grauen und Ekel nachgestarrt und sich vorgestellt zu haben, daß dort »in dunklen, schmutzigen Hinterzimmern dunkle schmutzige Geschäfte« abgewickelt würden, die das Licht des Tages scheuen müßten.

154

Vier Begegnungen mit Sternträgern sind deutlicher im Gedächtnis geblieben: Wenige Tage, nachdem der Judenstern in Deutschland eingeführt worden war, kam die 16jährige in der Bachstraße auf dem Weg zum Jungmädelführerinnendienst an einer Gruppe von Kindern und Jugendlichen vorbei, zu der auch zwei Mädchen gehörten, die einen gelben Stern trugen. Weil es die erste Begegnung mit »Sternträgern« war, blieb sie einen Augenblick stehen, erfuhr, daß die beiden Hilde und Lieselotte Kosses hießen, und hörte mit an, wie einer der beiden Jungen dem älteren Mädchen lachend und ein wenig boshaft zurief, sie sei eine »Schickse«, was diese mit einem schwer zu deutenden Lächeln beantwortete (vielleicht, weil dieser Ausdruck eine jiddische und keineswegs freundliche Bezeichnung für ein nichtjüdisches Mädchen ist?). Hilde war etwa gleichaltrig, hatte einen schwarzen, glatten Bubikopf, ein volles Gesicht, rote Backen und schon ziemlich entwickelte weibliche Formen, die sich in dem engen Rock und Pullover deutlich abzeichneten. Sie kamen E. »unanständig« vor und schienen der gelegentlich geäußerten Meinung ihrer Mutter recht zu geben, jüdische Mädchen seien »frühreif«.

Die kleine Schwester, ein niedliches, dunkellockiges Kind, war erheblich jünger, mußte aber mindestens sechs Jahre alt sein, weil der Judenstern ab diesem Alter getragen werden mußte. E. fand das damals »übertrieben«, besonders bei Frauen und Kindern. Schließlich lebte man nicht mehr im Mittelalter, in dem es Kennzeichnungen der Juden gegeben hatte. Später gewöhnte sie sich an den Anblick von »Gezeichneten«. Polnische Kriegsgefangene trugen ein großes aufgemaltes »P« an ihrer Uniform, Arbeiter und Arbeiterinnen aus der Ukraine ein blauweißes, rechteckiges »Ost«, viele Deutsche, wenn sie nicht uniformiert waren, Abzeichen irgendeiner NS-Organisation.

Die Kinder in der Bachstraße spielten »Hallihallihallo«. Auch die beiden Mädchen mit dem gelben Stern spielten mit. Die kleine Lieselotte hielt in Erwartung des Balles beide Arme mit verschränkten Händen weit geöffnet, um ihn durchfallen zu lassen. Leuchtete der Stern in der Dämmerung wirklich so hell auf dem dunklen Kindermantel? Dachte E. wirklich an das Mädchen aus dem Märchen vom Sterntaler, dem vom Himmel herab goldene Sterne in den Schoß fielen? Vor Augen ist ihr noch heute die rührende Gebärde des Empfangens, des Bereitseins. Sie ahnte nicht, daß dieses Kind mit seinen Geschwistern und Eltern längst zum Tode verurteilt war.

Einmal begegnete E. zusammen mit der Mutter der ehemaligen Nachbarin, Frau Rose. Das muß im Winter 1941/42 gewesen sein, denn inzwischen las sie in jener Schrift über das Schicksal der Juden Paderborns, daß Frau Rose am 30. März 1942 »nach Warschau deportiert und im Osten umgekommen« ist, las dort auch: »Mutig, ja beinahe trotzig trug diese stattliche und hochgeachtete Dame seit 1941 den Judenstern, und immer vertrat sie nach außen hin ihr Judentum. Freunde der Familie, insbesondere der damalige Weihbischof Hillebrand, der ein Conabiturient ihres Mannes im Theodorianum war, versuchte leider vergeblich, die Deportation von Frau Rose zu verhindern.«

Die beiden Frauen, die einige Jahre Nachbarinnen gewesen waren, grüßten sich, d. h., es war Frau Rose, die ganz laut und betont »Guten Tag, Frau Peters« sagte, obwohl sie die ältere war und der Mutter dabei gerade und fast ein wenig spöttisch in die Augen sah. E.s Mutter fragte in einem besorgten, anteilnehmenden Ton: »Wie geht es Ihnen denn?«, weil sie wußte, daß Frau Rose, vom Kriegsausbruch überrascht, ihrer Familie vorläufig nicht nach England folgen konnte und auch nicht mehr in ihrer Villa wohnte. Frau Rose antwortete in einem Ton, den die Mutter später »pikiert« nannte: »Danke, mir geht es sehr gut!« E. merkte, daß das glatter Hohn war, und dachte: »Die hat's gerade nötig. Was bildet die sich eigentlich ein!« Auch die Mutter war ärgerlich, sie hatte es gut gemeint und war sogar stehengeblieben, obwohl das schon seit langem nicht mehr gern gesehen wurde.

Ein anderes Mal sah E. einen »Sternträger« in den städtischen Anlagen. Es war ein junger Mann in schäbigem Zivil, der mit einem langen Stock welke Blätter aufpiekte. Er machte das langsam und lustlos, wie ihr schien, und lächelte dabei etwas schief, weil er sich beobachtet fühlte. Sie dachte: »Wahrscheinlich das erstemal, daß der eine anständige, ehrliche Arbeit tut. Das hat noch keinem geschadet!«

Heute weiß sie, daß er zu einem sogenannten »Umschulungslager« gehörte, das 1939 in vier Baracken auf einem abgelegenen Industriegelände hinter der Bahn errichtet worden war. Etwa hundert junge jüdische Männer und Frauen aus allen Teilen Deutschlands sollten hier angeblich für eine spätere Auswanderung »umgeschult« werden. Sie wurden als Arbeitskräfte an umliegende Fabriken und an den städtischen Fuhrpark »ausgeliehen«, ehe sie am 1. März 1943 nach Auschwitz deportiert und dort, bis auf zehn Überlebende, ermordet wurden. E. wußte damals nichts von diesem Lager, hat von den Insassen, außer jenem jungen Mann, nie jemanden gesehen. Man mag es glauben oder nicht.

Im Frühjahr 1943 fuhr E. mit der Eisenbahn in den Kreis Büren, um eine Jungmädelgruppe zu besuchen. Unterwegs in einem der Dörfer stieg ein älterer Herr mit einem Judenstern zu. Diese Begegnung war ganz ungewöhnlich, nicht nur, weil E. schon lange keinen »Sternträger« mehr gesehen hatte, sondern auch, weil Juden seit 1938 die Benutzung öffentlicher Verkehrsmittel nur in Ausnahmefällen gestattet wurde. Sie dachte: »Er muß wohl besondere Verdienste um Deutschland erworben haben.« (Dekorierten Kriegsteilnehmern oder Juden, die in einer »bevorzugten Mischehe« lebten, wurde damals noch eine gewisse Schonfrist eingeräumt, ehe auch sie das Todesurteil erreichte.) Die 18jährige konnte nicht umhin, sich einzugestehen, daß jener Herr vornehm, imponierend, ja sogar bedeutend aussah, wie ein Gelehrter, ein Künstler oder ein Prophet.

Die Plätze der dritten Klasse – ein Abteil mit quer zur Fahrtrichtung stehenden Holzbänken und Türen an jeder Seite – waren alle besetzt. E. war die jüngste unter den Reisenden, hätte also eigentlich für den weißhaarigen Herrn mit dem Stock aufstehen müssen. Aber weil die Begegnung so überraschend kam und sie nicht sofort und spontan aufgestanden war , »konnte« sie es nicht mehr, obwohl (oder auch weil) die anderen Fahrgäste sie (mißbilligend?) ansahen. Sie erinnert sich genau, daß ihr die Situation unendlich peinlich war und sie brennend gerne aufgestanden wäre, schon deshalb, weil Deutsche ja »gerecht und großzügig« sind. Einen Augenblick rechtfertigte sie ihr Verhalten vor sich mit der Ausrede, daß sie eine Uniform trage und wegen dieser Uniform nicht vor einem Juden aufstehen könne, verwarf diese »Begründung« allerdings im gleichen Augenblick als lächerlich, billig und absurd. Da auch sonst niemand dem alten Herrn einen Platz anbot, stand dieser schwankend im Gang zwischen den Knien der Reisenden, hielt sich mühsam an einer von der Decke baumelnden Lederschlaufe fest und sah keinen an. Auch E. sah ihn nicht an, sah nur den gelben Stern ganz nahe vor sich mit der schwarzen Flammenschrift, die viele Jahre lang Angst und Ekel erzeugte, weil sie gezielt im »Stürmer« und in dem Film »Der ewige Jude« verwendet wurde.

Seit ihrer Kindheit wußte E. von der Existenz eines jüdischen Waisenhauses in Paderborn, weil es im Stadtplan rot eingezeichnet war. Es lag, von kirchlichen Gebäuden und Klöstern umgeben, am Kasseler Tor. Für die Bewohner, den Tageslauf und das Leben in dieser Einrichtung interessierte sich das Kind ebensowenig wie für Bewohner, Leben und Vorgänge in anderen öffentlichen Gebäuden: Klöster und Kasernen, Krankenhäuser und Altenheime, die Blindenanstalt, die theologische Akademie, das Knabenseminar. Sie kann sich auch aus früher Kindheit nicht daran erinnern, die jüdischen Waisenkinder

jemals in der Öffentlichkeit, auf einem Kinderspielplatz, auf der Rodelbahn, auf »Libori«
oder dem Schützenfest gesehen zu haben. Es ist anzunehmen, daß sie in den späten
dreißiger Jahren das Grundstück des Waisenhauses kaum noch verließen. In jener Schrift
über das Schicksal der Juden Paderborns hat E. inzwischen gelesen: »Das Heim für arme,
elternlose, jüdische Kinder beherbergte seit seiner Gründung im Jahre 1856 ständig 80
bis 100 Waisenkinder . . . Es wurde im Zuge der teuflischen sogenannten Endlösung der
Judenfrage aufgelöst . . . Die Kinder wurden nach einer Kindersammelstelle im Raum
Hannover verschickt und gingen von da aus ihrem furchtbaren Schicksal entgegen.«
Weder die Anzahl der Kinder, noch Namen und Alter sind vermerkt, weder der Tag, der
Monat oder das Jahr ihrer »Verschickung in den Raum Hannover«. Inzwischen weiß E.,
daß 21 Kinder des jüdischen Waisenhauses im Alter von sieben bis 17 Jahren, zusammen
mit der letzten Vorsteherin, einer Kindergärtnerin und einem Lehrerehepaar, im Mai 1942
zunächst in die jüdische Gartenbauschule Ahlem bei Hannover verlegt, von dort nach
Auschwitz oder Theresienstadt deportiert wurden und ausnahmslos als »verschollen«
registriert sind.
Hat sie jemand gesehen? Vielleicht haben sie fröhlich gesungen und gelacht und sich im
»Senne-Expreß« um die Fensterplätze gestritten. Eine Eisenbahnfahrt war damals für
Kinder ein aufregendes Ereignis. Vielleicht haben die Erwachsenen und die Jugendlichen
mitgesungen und mitgelacht, um die Kleineren nicht zu beunruhigen? Vielleicht hofften
sie, daß es am Ziel der Reise ins Ungewisse schon nicht so schlimm sein würde, weil man
Kindern doch nichts Böses antun kann?
Das jüdische Waisenhaus diente im Winter 1941/42 als Sammelstelle für die Deporta-
tionen der Juden aus dem Paderborner Raum und in den letzten Jahren des Dritten Reiches
als Dienststelle der Paderborner Hitlerjugend. Im Frühjahr 1943 ist E. einige Wochen dort
ein und aus gegangen. Die Außenmauer des zurückliegenden Gebäudes mit der breiten
Frontseite und den vorspringenden Seitenflügeln war inzwischen hell verputzt, die
Innenräume waren von Grund auf renoviert. Mit den vielen Rundbogenfenstern und der
Freitreppe sah es stattlich und einladend aus, und die holzgetäfelten, großzügig geschnit-
tenen Zimmer ließen keinen Vergleich zu mit den beengten Räumlichkeiten der bisherigen Bann-Dienststelle. Außer den Resten einer Sandkiste und einer Schaukel im Garten
erinnerte nichts mehr an die früheren Bewohner. So hat auch E. keinen Augenblick an
sie gedacht, sich nicht gefragt, wo sie wohl geblieben sein mochten, sich niemals
vorgestellt, daß hier Kinder gelacht und geweint, gelernt und gespielt hatten, jüdische
Kinder, deren Namen keiner mehr kennt, an die keine Gedenktafel erinnert.
Wer hat den letzten Juden von Paderborn die »Gestellungsbefehle« ins Haus gebracht?
Der Postbote? Der Blockwart? Ein Polizist? Ein Mitglied der jüdischen Gemeinde?
Ahnten die Überbringer, daß es Todesurteile waren, oder haben sie sich damit beruhigt,
daß das vorgeschriebene Gepäck – Marschverpflegung, Eßgeschirr, namentlich gezeich-
nete Koffer und Handwerkszeug – Überlebenschancen vorspiegelte?
Im Dezember 1941, als der Vormarsch der deutschen Truppen vor Moskau und
Leningrad zum Stillstand kam, als Tausende deutscher Soldaten in Schnee und grimmiger Kälte erfroren, als die »Heimatfront« Socken und Pullover, Wolldecken und Pelzreste
sammelte, da die Pläne der Heeresleitung keinen Winterfeldzug vorgesehen hatten,
machten sich 17 der insgesamt 72 aus Paderborn deportierten jüdischen Bürger auf den
Weg zur Sammelstelle am Kleinbahnhof Kasseler Tor.
Sternträger – in frühen dunklen Wintermorgenstunden – in kleinen Gruppen – familien-
weise oder auch einzeln – mit spärlichem Gepäck – von niemandem begleitet – von
niemandem verabschiedet.

Bis zum Frühsommer 1942 folgten weitere vier Transporte, die auf ihrer Fahrt nach Bielefeld, um Aufsehen zu vermeiden, von Polizeibeamten in Zivil begleitet wurden. E. hat sie nicht gesehen, nicht einmal gerüchteweise davon erfahren. Man mag es glauben oder nicht.

Auch E. mochte es nicht glauben und fragte nach dem Krieg Altersgenossinnen und Klassenkameradinnen,

solche, die schon immer »dagegen« gewesen waren,

solche, die die NS-Regierung ständig kritisiert hatten,

solche, die immer für ein Gerücht über Korruption und Skandale von NS-Funktionären gut gewesen waren,

solche, die sich regelmäßig in einer Mädchengruppe der katholischen Kirche zusammengefunden hatten –

aber auch ihnen war das allmähliche Verschwinden der Sternträger aus dem Straßenbild der Stadt nicht aufgefallen,

auch in kirchlichen Organisationen war über dieses Thema nicht gesprochen worden, und E. hat keinen Anlaß, daran zu zweifeln.

Was wäre gewesen, wenn die katholischen Geistlichen, die Ordensschwestern und Ordensbrüder, an denen es in Paderborn, weiß Gott, nicht mangelt, sich 1941 einen Judenstern an die Soutane, das Ordenshabit, die Schwesterntracht gesteckt hätten? Wenn in den Kirchen offen und unverhüllt für die Juden gebetet und gegen ihren Abtransport gepredigt worden wäre – nicht von einzelnen, sondern von allen –, nicht nur für die »katholischen Nichtarier«, sondern auch für die Ungetauften, die Unbußfertigen, die Talmudjuden? Man hätte die katholischen Sternträger nicht alle verhaften können, ohne das Risiko eines Volksaufstandes in Paderborn einzugehen.

Aber die Kirche hatte alle Hände voll zu tun mit der Verteidigung ihrer eigenen Belange und auch damit, katholische Soldaten eindringlich und bis zum letzten Tag des Krieges an ihre Christenpflicht zu erinnern, das Leben im Kampf gegen den gottlosen Kommunismus einzusetzen. Sie hat sich wohl auch mit den amtlichen Bezeichnungen für die Deportationen beruhigt: »Evakuierung«, »Verschickung«, »Umsiedlung«, »Abschiebung«, die anzudeuten schienen, daß der Weg, auf den die Juden geschickt wurden, möglicherweise entbehrungsreich und beschwerlich, aber keineswegs lebensbedrohlich war.

In den ersten Nachkriegsjahren wurde die Tatsache, nicht nach dem Schicksal der Juden gefragt zu haben, noch kaum mit den heute üblichen Ausreden entschuldigt: »Wir durften ja nicht fragen«, »Wir hatten Angst« usw.

Die Zeitgenossen wußten es besser. Sie wußten, daß die meisten Deutschen während des Dritten Reiches keineswegs Angst vor ihrer Regierung gehabt hatten, wohl aber in den Kriegsjahren Angst vor dem Fronteinsatz, dem Bombenterror, dem ständig drohenden Tod von Angehörigen, der Roten Armee. Sie wußten überdies, daß die NS-Propaganda es gar nicht nötig gehabt hatte, Fragen nach den Juden offiziell und unmißverständlich zu verbieten, da sich kaum jemand dafür interessierte, wo sie geblieben waren.

Millionen Deutsche mußten sich eingestehen, daß sie aus Gleichgültigkeit, Fahrlässigkeit, Vertrauensseligkeit, Egoismus und mangelnder Nächstenliebe weder in der Familie noch im Freundeskreis, nicht einmal sich selbst »im stillen Kämmerlein« danach gefragt hatten, und formulierten ihr Versagen damals – in den ersten Nachkriegsjahren – unter dem Schock der ungeheuerlichen Schreckensmeldungen aus dem Osten als »Parzival-Schuld«:

»Wir haben nicht gefragt, wo wir hätten fragen müssen!«

Umgekommen

Seit 1948 wird in der Bundesrepublik Deutschland einmal jährlich die »Woche der Brüderlichkeit« veranstaltet. Die 1964 vom Rat der Stadt Paderborn zur »Woche der Brüderlichkeit« veröffentlichte Schrift »Baun wir doch aufs neue das alte Haus« erinnert an das Leben und das Schicksal von insgesamt 75 ehemaligen jüdischen Familien der Stadt. Mit dieser Chronik soll bewiesen werden, »wie sehr die jüdischen Mitbürger im Leben der städtischen Gemeinschaft standen, wie sehr sie sich für ihre Heimatstadt einsetzten und wie hochgeachtet und beliebt sie bei den Paderbornern waren«.
In den Nachrufen zeichneten sich »hochgeachtete« Geschäftsleute durch »außergewöhnliche« Wohltätigkeit aus, sei es, daß sie »immer im stillen Gutes taten« und »vielen Menschen in Not halfen«, sei es, daß sie »jedes Jahr zur Erstkommunion bedürftige katholische Kinder unentgeltlich einkleideten«,
erwarben sich »hochangesehene« Stadtverordnete für ihre Heimatstadt »außerordentliche« Verdienste,
verteidigten »allseits geschätzte« Juristen auch unbemittelte Klienten,
besuchten »tüchtige und beliebte« Ärzte ihre Patienten »Tag und Nacht, bei Wind und Wetter«, wenn ihre Hilfe erforderlich war,
schenkten »vorbildliche« Ehefrauen ihren Männern nicht nur zahlreiche Kinder, sondern setzten sich überdies im Roten Kreuz und in anderen mildtätigen Organisationen »beispielhaft« ein,
betreuten »liebevolle« Erzieherinnen die Kinder des jüdischen Waisenhauses,
lebten »hilfsbereite«, manchmal auch »schöngeistige« Fräulein und »bescheidene« Witwen mit ihren Kindern »still und zurückgezogen in unserer Mitte«, bis sie »ihr Schicksal ereilte«.
Da werden Mitgliedschaften im Musikverein, in der »Harmonie« und in der Jagdgesellschaft, Ämter und Funktionen im Turn- und Schützenverein, in der Sanitätskolonne des Roten Kreuzes und in der freiwilligen Feuerwehr aufgezählt, und auch der Einsatz für das Vaterland wird entsprechend gewürdigt. Die Liste nationaler Verdienste beginnt mit der »edlen Handlungsweise« des Schuhfabrikanten Levy Auerbach, der den am 14. August 1914 ausrückenden Sanitätern das Schuhwerk gratis stellte, verzeichnet Teilnahme am Weltkrieg, Dienstränge, Tapferkeitsauszeichnungen und Heldentod.
Eine Ehrentafel mit den Namen von acht für ihr deutsches Vaterland in der Zeit von 1914 bis 1918 gefallenen jüdischen Mitbürgern Paderborns – darunter vier Kriegsfreiwillige, ein Leutnant der Reserve, ein Unteroffizier und zwei Gefreite – wird mit folgender Bemerkung eingeleitet: »Es kann festgestellt werden, daß der Prozentsatz der im ersten Weltkrieg gefallenen Juden im Vergleich zur jüdischen Bevölkerung zumindest so hoch ist, wie der Prozentsatz der christlichen deutschen Mitbürger.«
Der letzte Abschnitt dieses Kapitels lautet: »Man hat der jüdischen Bevölkerung in der damaligen Zeit immer wieder den Vorwurf mangelnder Vaterlandsliebe und fehlenden Nationalbewußtseins gemacht. Glänzend wird dieser Vorwurf widerlegt durch das Beispiel, das Walter Wolff gegeben hat. Das zeigt ein Entlassungsschein vom Husarenregiment 8. Hiernach wurde Walter Wolff am 15. April 1919 nach Paderborn entlassen. Er war geboren am 27.01.1901 in Rietberg. Bekanntlich war der Jahrgang 1900 der letzte, der im ersten Weltkrieg eingezogen wurde. Als Angehöriger des Jahrganges 1901 ist daher Walter Wolff noch im letzten Kriegsjahr Kriegsfreiwilliger geworden. Diese Angaben sind dem Entlassungsschein entnommen, der durch einen glücklichen Zufall bei seinem Paderborner Rechtsanwalt erhalten blieb . . .«

Wie schön für Walter Wolff, daß er – wenn auch nur durch einen glücklichen Zufall sowie eine bemühte Datenauswertung – 30 Jahre nach seiner Emigration so glänzend zur Ehrenrettung seiner jüdischen Mitbürger hat beitragen können.

E. bezweifelt weder die Verdienste ehemaliger jüdischer Bürger Paderborns noch die gute Absicht des Chronisten, der den jüdischen Familien »Außerordentliches« und »Beispielschaffendes« in »den Osten«, in die Emigration oder auch in das erschreckend häufig ungeklärte Schicksal nachruft. Warum erscheinen ihr Eintragungen, die sich auf dürre, oft ungenaue, lückenhafte Angaben beschränken, dem Geschehen angemessener?

»Fräulein Frieda Hammerschlag war Teilhaberin des Korsettgeschäftes Anhäuser und Hammerschlag. Sie wurde deportiert und ist im Osten umgekommen.«

»Louis Katz wohnte mit seiner Frau, seinem Sohn und seiner Tochter in der Rembertstraße. Die ganze Familie wurde deportiert und ist im Osten umgekommen.«

»Albert Silberberg, geb. 27. 9. 1895, starb am 26. 12. 1938 an den Folgen der KZ-Haft. Er war im Konzentrationslager Buchenwald gewesen.«

Genügt es nicht, daß Männer, Frauen und Kinder, normale, gewöhnliche, durchschnittliche Paderborner Bürger, aus keinem anderen Grund als dem ihrer Zugehörigkeit zum jüdischen Volk vertrieben und ermordet wurden? Bedürfen sie nachträglicher Lobpreisungen, Rechtfertigungen und Ehrenrettungen?

In Paderborn sei von einem Antisemitismus wenig zu spüren (gewesen), heißt es im einleitenden Text. Der Chronist weiß es besser. Er rechnet mit den antisemitischen Vorurteilen seiner Umgebung, denn seine ehrenwerte Absicht, sie durch Gegenbeispiele aus der Welt zu schaffen, ist unverkennbar.

Ein Antisemit läßt sich aber durch Gegenbeispiele nicht erschüttern. Da handelt es sich dann um die berühmte Ausnahme, die die Regel bestätigt, oder um ein bewußtes Täuschungsmanöver, hinter dem unlautere Absichten raffiniert verborgen werden.

Der Dichter Jakob Wassermann schrieb in seinem 1921 erschienenen Buch »Mein Weg als Deutscher und Jude«:

>»Es ist vergeblich, das Volk der Dichter und Denker im Namen seiner Dichter und Denker zu beschwören. Jedes Vorurteil, das man abgetan glaubt, bringt, wie Aas die Würmer, tausend neue zutage.
>
>Es ist vergeblich, die rechte Wange hinzuhalten, wenn die linke geschlagen worden ist. Es macht sie nicht im mindesten bedenklich, es rührt sie nicht, es entwaffnet sie nicht: sie schlagen auch die rechte.
>
>Es ist vergeblich, in das tobsüchtige Geschrei Worte der Vernunft zu werfen. Sie sagen: was, er wagt aufzumucken? Stopft ihm das Maul.
>
>Es ist vergeblich, beispielschaffend zu wirken. Sie sagen: wir wissen nichts, wir haben nichts gesehen, wir haben nichts gehört.
>
>Es ist vergeblich, die Verborgenheit zu suchen. Sie sagen: der Feigling, er verkriecht sich, sein schlechtes Gewissen treibt ihn dazu.
>
>Es ist vergeblich, unter sie zu gehen und ihnen die Hand zu bieten. Sie sagen: was nimmt er sich heraus mit seiner jüdischen Aufdringlichkeit?
>
>Es ist vergeblich, ihnen die Treue zu halten, sei es als Mitkämpfer, sei es als Mitbürger. Sie sagen: er ist der Proteus, er kann eben alles.
>
>Es ist vergeblich, ihnen zu helfen, Sklavenketten von den Gliedern zu streifen. Sie sagen: er wird seinen Profit schon dabei gemacht haben.
>
>Es ist vergeblich, das Gift zu entgiften. Sie brauen frisches.
>
>Es ist vergeblich, für sie zu leben und für sie zu sterben. Sie sagen: er ist ein Jude.«

Von Paderbornern ist in der Paderborner Chronik selten und meist nur indirekt die Rede. So sollen gelegentliche Besucher aus Übersee, die früh genug »auswanderten«, aber noch immer »mit allen Fasern an ihrer alten Heimat hängen«, ihren ehemaligen Nachbarn eine »anständige Haltung« bestätigt haben, und es wird behauptet: »Einige Paderborner Firmen, die vom jüdischen Umschulungslager nach Bedarf Arbeitskräfte anfordern konnten, verbesserten durch ihr humanes Verhalten den Wert der Gemeinschaftsverpflegung«, und auch: »Viele Paderborner Bürger zeigten den Lagerinsassen gegenüber eine tolerante Haltung, indem sie ihnen in versteckter Weise Nahrungsmittel zukommen ließen.« E., die nicht einmal von der Existenz dieses Lagers gewußt hat, will das gerne glauben, obwohl einer der wenigen Überlebenden, den es nach dem Krieg nach Paderborn verschlagen hat, anderes erzählt haben soll. »Unmenschliches Verhalten« zeigte einzig und allein der ehemalige Fuhrparkdirektor und SS-Hauptsturmführer, dem das Lager »arbeitsmäßig« unterstand. Er war weder katholisch, noch stammte er aus Paderborn, wohl aber der Arzt, dem die gesundheitliche Betreuung der Lagerinsassen oblag. Über ihn heißt es: »Er versuchte, gesundheitliche Schäden weitgehend abzuwenden. Oft trat er als Gegenspieler des Lagerleiters auf.«

Dr. S. war langjähriger Hausarzt der Familie, und E.s Kindheitserinnerungen an Masern und Diphtherie, Mandelentzündungen und Keuchhusten sind unlösbar mit diesem freundlichen Onkel Doktor verknüpft. Ihre letzte Begegnung mit ihm fand im Frühjahr 1943 anläßlich einer Routineuntersuchung statt, als die ärztliche Betreuung des Umschulungslagers bereits gegenstandslos geworden war.

Das sich bei dieser Gelegenheit ergebende Gespräch hatte nicht den üblichen, beiläufigen Charakter. Dr. S. sprach mit ungewohnter Erregung von der Hinrichtung einiger Münchener Studenten, über die es eine kurze Zeitungsnotiz gegeben hatte, und prangerte das Urteil in aller Deutlichkeit als unmenschlich und ungerecht an. War er der einzige Paderborner, der den Juden gegenüber mehr als eine »tolerante Haltung« gezeigt hat? War er der einzige Gerechte von Paderborn?

Begriffe wie Mord, Massenmord oder Völkermord werden in der Chronik vermieden. Die jüdischen Waisenkinder wurden verschleppt, bis »ein grausamer Tod sie von ihren Leiden erlöste«, einige jüdische Bürger wurden »von ihrem Schicksal ereilt«, die meisten »deportiert« und »sind im Osten umgekommen«. Zu dieser Wortwahl heißt es: »Obwohl möglicherweise in dem einen oder anderen Fall eine Endstation hätte angegeben werden können, entschied man sich für die bewußt monotone Formulierung ›deportiert und im Osten umgekommen‹, die für ein Mosaik . . . an Leid und Tränen, an Schmerzen und Grausamkeiten, an zertretener Menschenwürde und blindem Haß stehen soll.«

Schwierigkeiten, das Geschehene in Worte zu fassen, sind verständlich. Trotzdem verspürt E. Unbehagen bei dieser Formulierung. Sie spiegelt nicht nur Hilflosigkeit wider, sondern eine Mystifizierung, die sich inzwischen für Brüderlichkeitswochen, deutsch-jüdische Kulturtage oder Gedenkveranstaltungen für die Opfer des Nationalsozialismus eingespielt hat.

Das Fremdwort »deportiert« löst zwar ein unbestimmtes Grauen, aber wenig Vorstellungen und Bilder aus. Der Weg der jüdischen Bürger endet nicht in Auschwitz oder Treblinka, sondern verliert sich in einem fernen, unendlichen Raum. Dort »im Osten« wurden sie nicht vergast, nicht durch Arbeit, Hunger und Seuchen vernichtet, sondern sie sind »umgekommen«. Das verschleiert die Umstände ihres Todes und hebt ihn auf eine düster-romantische Ebene des schicksalhaft Unvermeidlichen.

Auch die Mahnung »Wir wollen aus all dem, was war, lernen, daß blinder Haß ein Teufelswerk ist und letztendlich wieder den Hassenden selber trifft« spricht die Paderborner Bevölkerung von Verantwortung und Schuld frei, denn »blinder Haß« gegenüber der jüdischen Minderheit spielte im hausgemachten, alteingesessenen Antisemitismus kaum eine Rolle, wohl aber all das, was Jakob Wassermann in seinem »Sie sagen, er ist ein Jude« verzweifeln ließ: latenter Argwohn, willig geglaubte üble Nachrede, hämische Unterstellungen, jederzeit abrufbares Mißtrauen.

So bleibt denn auch das Strafgericht Gottes den »blinden Hassern« vorbehalten: »Sie werden es einmal, auch wenn sie den irdischen Richtern entkommen konnten, verantworten müssen.«

Ein Paderborner zumindest konnte sich den irdischen Richtern nicht entziehen. Als die Schrift »Baun wir doch aufs neue das Haus« vom Rat der Stadt herausgegeben wurde, stand im Frankfurter Auschwitz-Prozeß ein Mann vor Gericht, dem ein einmaliger Rekord in der Geschichte der Menschenvernichtung nachgewiesen werden konnte. Der in Paderborn aufgewachsene Anton Kleer tötete eigenhändig, von Angesicht zu Angesicht, zirka 20 000 Menschen mit einer Phenolspritze. Er gehörte nicht zu den Ideologen und Planern der »Endlösung«, vielleicht nicht einmal zu den »blinden Hassern«. Er war ein kleiner, unbedeutender, gehorsamer Befehlsempfänger. Auch er ein Sohn der Stadt Paderborn.

Tatsache ist, daß bis 1945 in E.s Heimatstadt und wohl auch in vielen anderen Städten und Dörfern des Dritten Reiches kaum ein Unrechtsbewußtsein gegenüber den Juden vorhanden war, zumal die katholische Kirche zu den antisemitischen Gesetzen, dem Boykott jüdischer Geschäfte, der Arisierung und den Ausschreitungen der »Reichskristallnacht« geschwiegen und die Juden (expressis verbis) niemals der christlichen Nächstenliebe empfohlen hatte. So trafen die ungeheuerlichen Schreckensmeldungen aus dem Osten die Bürger von Paderborn und Millionen im Nachkriegsdeutschland völlig unvorbereitet. Jetzt erst versuchte man sich zu erinnern, was denn »damals« eigentlich mit den Juden geschehen war – jetzt erst verbreitete sich langsam und zögernd die Einsicht, daß ihnen bereits seit Beginn des Dritten Reiches bitteres Unrecht geschehen war.

Das große Schweigen

Erste Wiedersehen nach dem Krieg:
In den Trümmern der Städte, in Dörfern und Marktflecken, auf staubigen Landstraßen, in Kellern, Ruinen und Behelfsheimen, überfüllten Wohnungen und auf Dachböden. Nach Reisen auf Dächern und Kohleladungen von Güterwaggons, auf Trittbrettern und Puffern von Personenzügen, auf Pferdefuhrwerken, mit dem Fahrrad, meist zu Fuß. Wiedersehen mit Verwandten, Bekannten, Nachbarn und Hausgenossen, Freundinnen und Klassenkameradinnen, die aus dem Arbeits- oder Kriegshilfsdienst heimkehrten, Soldaten, die aus der Gefangenschaft entlassen worden waren.
Erste Bestandsaufnahmen:
Austausch neuer Adressen, Weitergabe letzter Nachrichten von Angehörigen, die der Krieg verschlagen hatte: gefallen, verwundet, vermißt, in Gefangenschaft, im Lazarett, ausgebombt, evakuiert, kinderlandverschickt, von Tieffliegern erschossen, von Granatsplittern getroffen, von herabstürzenden Trümmern erschlagen, im Luftschutzkeller verschüttet, und dann – nach einer Pause – mit gesenktem Blick, halblaut, tonlos gestammelt, das Entsetzen nur mühsam verbergend: Hast du das gehört? – Millionen? Millionen Juden? – Die hat es doch überhaupt nicht gegeben! In Polen! – Ja, in Polen,

da gab es viele Juden, aber doch keine Millionen! Die sollen da irgendwo in einem Ort, ich hab' vergessen, wie der heißt, einfach umgebracht worden sein – in so einer Art Duschräume, in die Giftgas eingeleitet worden ist, aber man hat ihnen gesagt, das sei zur Desinfektion – Männer, Frauen und Kinder – *alle!* Kannst du dir vorstellen, daß *Deutsche* so was getan haben? – Das ist doch ganz *unmöglich.* – Jetzt, wo wir uns nicht mehr wehren können, wollen sie uns millionenfachen Mord an Juden anhängen. Was müssen das für Menschen sein, die sich solche Greuelmärchen ausdenken?

Erste Berichte von Flüchtlingen, Vertriebenen, Davongejagten aus Schlesien und Pommern, Ostpreußen und dem Sudetenland, aus Rumänien, Jugoslawien und Ungarn, Polen und Danzig, aus dem Warthegau, dem Baltikum und dem Memelland, aus Königsberg und Allenstein, Memel und Tilsit, Prag und Brünn, Eger und Aussig, Warschau und Lodz, Belgrad und Laibach.

Berichte, die von der »Dokumentation der Vertreibung der Deutschen aus Ostmitteleuropa« des »Bundesministeriums für Vertriebene« hunderttausendfach bestätigt wurden: auf der Flucht verhungert, erfroren, von Panzern überrollt, im Frischen Haff »mit Mann und Roß und Wagen« ertrunken, in der Ostsee mit der »Wilhelm Gustloff«, der »Steuben«, der »Goya« torpediert und untergegangen, im Granaten- und Bombenhagel auf Flüchtlingstrecks getötet und:

in Häusern und Gebäuden – auf Straßen und Plätzen – Brücken und Bahnhöfen – vor aller Augen – willkürlich und unprofessionell – unter dem johlenden Beifall von Zuschauern – auf jede nur denkbare Weise zu Tode gequält: erschlagen, erstochen, erhängt, aus Fenstern gestürzt, zertrampelt, ertränkt, lebendig verbrannt, vergewaltigt, nach Sibirien verschleppt – weil sie Deutsche waren. Für einige Monate, für einen langen, entsetzlichen Augenblick der Weltgeschichte gab es keine Verbrechen gegen Deutsche, denn Deutsche waren vogelfrei.

Diese Berichte waren konkret, ließen sich nicht verdrängen, denn die Zeugen waren überall, strömten in das zerstörte Deutschland, von niemandem erwartet, von niemandem begrüßt, in Turnhallen, Tanzsälen, Lagerbaracken und Scheunen notdürftig untergebracht, mit Zwang in Wohnungen und Bauernhäuser einquartiert, gnadenlos weitergeschickt. Verstörte, Verzweifelte, Heimatlose. Frauen, die ihre Kinder, Kinder, die ihre Mütter, alte Leute, die ihre Familien verloren hatten. Überlebende der größten und schrecklichsten Vertreibung aller Zeiten, die in Art. 8 des Potsdamer Abkommens als »humane Überführung deutscher Bevölkerungsanteile« verzeichnet ist und 2,5 Millionen Deutschen das Leben kostete.

Eine Kinovorführung in einem notdürftig wiederhergestellten Wirtshaussaal. Eine Wochenschau mit Bildern aus Bergen-Belsen. Leichenberge, die von Bulldozern zusammengeschoben und in riesige Gruben gekippt, skelettartige Knochengestalten, die von Männern und Frauen hinabgeworfen werden. Totenstille im Saal. Plötzlich brüllt ein Zuschauer in höchster Erregung: »Das ist eine Unverschämtheit, uns hier Hungertote aus Indien vorzuführen!«, springt auf, rennt zum Ausgang, schlägt die Tür krachend hinter sich zu. Zwei, drei Besucher folgen ihm. Eine hysterisch schluchzende Frau, die sich die Hände vors Gesicht schlägt. Die anderen bleiben. Auch E. bleibt, starrt gebannt auf die Leinwand. Die Landschaft ist deutsch. Die Männer und Frauen, die die Toten tragen, sind Deutsche, tragen deutsche Uniformen. Wer waren die Toten? Wo lag Bergen-Belsen? Bergen-Belsen lag mitten in Deutschland.

Informationen über die Vernichtungslager im Osten erfolgten langsam, in Schüben, einzig und allein durch Medien vermittelt. Sie blieben lange Zeit hindurch unwirklich, unvorstellbar, abstrakt. Nur wenige Deutsche, nur die vor Ort tätigen Mörder und ihre

Helfershelfer konnten eigene Anschauungen damit verbinden. Den Film »Nacht und Nebel« sah E. erstmalig im Jahre 1956 in einer geschlossenen Vorstellung der Hamburger Universität. Niemand in E.s Umwelt – und sie hat Hunderte gefragt – hatte sich »so etwas« vorstellen können, »so etwas« geahnt, geschweige denn gewußt.

Man mag es glauben oder nicht.

Da war nichts zu verdrängen, da war Unerträgliches zu lernen:

Ortsnamen: Auschwitz, Treblinka, Majdanek, Sobibor, Chelmno, Belzec –

Vernichtungsarrangements: Deportationen, Rampe, Selektion, Gaskammer, Krematorium –

Vernichtungskapazitäten der einzelnen Todesfabriken –

Vernehmungsprotokolle der Lagerkommandanten, Wachmannschaften, Kapos –

Tätigkeitsprotokolle der Einsatzgruppen über Massenerschießungen –

und schließlich –

als Ergebnis der Endlösung –

nach dem derzeitigen, letzten Stand der Forschung: eine Endzahl zwischen 5,3 und 6,2 Millionen.

Die selbsterlebten Schrecken des Krieges, die Berichte der Flüchtlinge und Vertriebenen gehörten zum gemeinsamen Schicksal des deutschen Volkes, hatten den eigenen Körper, die eigene Existenz verwundet. Nach zivilen und militärischen Verlusten von mehr als acht Millionen Deutschen gab es unendliche Trauer, unendliches Leid, aber keine Anklagen, keine Vergeltungsschwüre, keinen Haß. Niemand konnte sich der Einsicht verschließen, daß Verbrechen der Sieger Folge von Verbrechen des eigenen Volkes waren und also – wenn überhaupt – von den Siegern aufgearbeitet werden müssen, obwohl die Weltgeschichte lehrt, daß Sieger wenig Anlaß haben und viel mehr Zeit brauchen, eigene Kriegs- und Kriegsfolgeverbrechen zur Kenntnis zu nehmen. Der zum Jahrestag der Zerstörung über Dresden abgeworfene Kranz britischer Kampfflieger, die Entschuldigung des tschechoslowakischen Ministerpräsidenten für die Schrecken der Vertreibung im Sudetenland, das Zeugnis des Lew Kopelew, der wegen »Mitleid mit dem Feind« viele Jahre Gulag ertragen mußte, sind Anzeichen dafür, daß eine solche Aufarbeitung langsam einsetzt.

Der Mord am jüdischen Volk und an den Sinti und Roma, die in E.s Kindheit Zigeuner hießen, hat mit Kriegshandlungen und Kriegsfolgen nicht das geringste zu tun, gehört einer völlig anderen Dimension an, ließ sich zwar vorübergehend aus dem Bewußtsein verdrängen, mit der leidenschaftlich verzweifelten Abwehr, »davon« nichts gewußt zu haben, vorübergehend beschwichtigen, blieb aber als tiefe Verstörung, als unauslöschlicher Makel zurück, hatte die Seele, die Selbstachtung, die Identität verwundet. Von der stolzen Fluchtburg der »gekränkten Unschuld«, die E.s kindliches und jugendliches Nationalgefühl bestimmt hatte, stand kein Stein mehr auf dem anderen – die Rolle der edlen Dulderin war von der Besetzungsliste des deutschen Theaters gestrichen, ein vom eigenen Volk bis zum Überlaufen gefüllter Kelch von Schmach und Schande mußte ausgetrunken werden.

Als der Schleier endgültig weggezogen war, als das unvorstellbare Verbrechen nackt und gnadenlos vor der Weltgeschichte offenlag, nicht mehr bezweifelt werden konnte, folgte ein hilfloses, verzweifeltes Schweigen. Was hätte denn auch gesagt werden können, nun, da es geschehen, nichts mehr daran zu ändern war. Hätte man, wenn schon nicht eigene Schuld, aber doch die Scham, die Schande, das Entsetzen laut herausschreien müssen? Vielleicht sich umbringen sollen, wie der Bürgermeister von Weimar, nachdem man ihn gezwungen hatte, das vor den Toren der Stadt gelegene KZ Buchenwald zu besichtigen?

Aber ein ganzes Volk bringt sich nicht um. Und da nach dem Krieg Arbeit, harte Arbeit zum physischen und psychischen Überleben dringend erforderlich war, stürzte man sich in die Arbeit: ein Dach über dem Kopf, ein Strohsack, eine Wolldecke, ein Kochtopf, Kartoffeln, Kohl, Rüben, Falläpfel, Bucheckern, ein Stückchen Speck, Milch für die Kinder, Schuhe aus Holz oder Stroh, Pullover aus aufgeräufelten Zuckersäcken. Heute ist heut. Wir leben noch. Arbeit lenkt ab.

Nach Jahren, oft erst nach Jahrzehnten, meldeten sich Stimmen von Überlebenden der Vernichtungslager, zufällig Davongekommenen, zu Wort. Sie meldeten sich leise und zögernd, fast überfordert bei dem Versuch, unvorstellbares Grauen in eine menschliche Sprache zu fassen, Zeugnis abzulegen für millionenfache, professionell organisierte Massenvernichtung von Menschen, oft von hartnäckigen Dokumentaristen, um der Wahrheit willen, abgepreßt und damit die dem mühsam verdrängten Erinnern abgetrotzte Normalität eines Lebens nach Auschwitz in Frage stellend. E. liest Tagebücher und Berichte, sieht sich Fernsehdokumentationen und Ausstellungen an über die »Shoa«, den »Holocaust«, den »Genocid« und was für andere Begriffe dafür gefunden wurden, und die Zeit heilt gar nichts. Viele aus ihrer Generation wollen »es« nicht so genau wissen, verweigern das Lernen von Details, die immer wieder erneute Konfrontation, da sie das Unerträgliche nicht ertragen können. Sie sagen gequält: »Laßt uns doch endlich in Ruhe mit den toten Juden«, denn die toten Juden sind für sie zu einer lebenslänglichen Fessel geworden, die ihnen den aufrechten Gang auch dann verbietet, wenn sie »davon« nichts gewußt haben.

Auch über die Leiden des eigenen Volkes wollten viele Zeitgenossen nichts Genaueres wissen. Geschichten von Flucht und Vertreibung, von Bombenterror, Vergewaltigungen, Massakern an Deutschen, auch sie waren unter Zeitgenossen tabu. Es gab da eine merkwürdige Berührungsangst. Niemand wagte, an die Erlebnisse des anderen zu rühren, weil man nach all den Schrecken des Krieges nicht mehr aufnahmefähig war und auch, weil man sich fröhliche, unbefangene Ferientage in östlichen und südöstlichen Nachbarländern nicht durch das Gedenken an Deutsche verderben wollte, die hier sterben mußten, weil sie Deutsche waren, und an die keine Gedenktafel erinnert.

Meine Eltern, meine Großeltern »erzählen nichts«, gar nichts, klagen die Nachgeborenen. Was soll sie denn auch erzählen, diese »verstockte« Generation, mit der »hartnäckig aufrechterhaltenen, wohlorganisierten Abwehr von Erinnerungen«, der »Verleugnung, Verdrängung und Verharmlosung von Vorgängen der Vergangenheit«, der »Unfähigkeit zu trauern«, die eine ganze Generation von Psychoanalytikern in Lohn und Brot gebracht hat und zu immer neuen, immer phantastischeren Theorien anregt.

Was soll sie erzählen, diese Generation, die es seit nunmehr 30 Jahren mit Nachgeborenen zu tun hat, die ohnehin viel besser als ihre Eltern und Großeltern wissen, was diese damals gewußt haben, die auch viel besser wissen, was damals gedacht, gefühlt, gehofft, geträumt, gewollt worden ist, und überdies auch noch, was man hätte wissen können, wenn man hätte wissen wollen, was man sich hätte denken müssen, wenn man hätte denken können. Was sollen sie erzählen?

Das Nichtgewußte wird ihnen als Lüge ausgelegt, die selbsterlebten Schrecken des Krieges als »Aufrechnung« angekreidet.

Die Hoffnungen und Träume ihrer Jugend, die Aufbruchsstimmungen, die Liebe zu Volk und Heimat, Freude und Frohsinn in Kindertagen, Glück und Zufriedenheit in Vorkriegsjahren werden – da unlösbar mit der NS-Zeit verbunden – nur zugelassen, wenn ihnen im gleichen Atemzug abgeschworen wird.

All das, was wichtig und wertvoll in ihrem Leben gewesen war, wird ihnen als dumpfer

Hordeninstinkt stumpfsinniger Mitmarschierer und feiger Opportunisten, bestenfalls als Verstrickung, Verblendung und Manipulation willenloser, gefügiger, autoritätshöriger Untertanen um die Ohren geschlagen.

All das, was in die holzschnittartigen Raster der Nachgeborenen nicht hineinpaßt – das Lebendige, das Menschliche, die Wärme und die Vielfalt –, wird an den Rändern abgeschnitten, als unerheblicher, nutzloser Abfall auf den Müllhaufen der Geschichte geworfen.

Also schweigen sie.

Aber die Trauer?

Trauer ist eine sehr persönliche Reaktion auf einen Verlust. Sie läßt sich nicht verordnen, nicht durch öffentliche Pflichtübungen erzwingen. Unverbindliche Bekenntnisse des Abscheus, ölige Betroffenheitsrhetorik erreichen eher das Gegenteil.

E. hat ihre jüdische Schwiegermutter nicht gekannt, von ihrer Existenz erst lange Jahre nach dem Krieg erfahren. Sie wurde im Alter von 65 Jahren im Dezember 1941 von einer Einsatzgruppe der SS, zusammen mit vielen tausend Juden aus vielen europäischen Ländern, vor einem Massengrab bei Riga erschossen. E. versucht sich ein Bild von dieser Frau zu machen, anhand weniger Fotos und sparsamer Andeutungen ihres Mannes, der über seine Mutter nicht sprechen kann, weil er nicht darüber hinwegkommt, daß er ihr nicht hat helfen können. Was mag sie gedacht und gefühlt haben, diese Frau, die, schon auf dem Transport von Berlin aus, auf einer »Rot-Kreuz-Karte« ihrem Sohn nach Palästina schrieb, er solle nicht traurig sein, sie sei gesund und mutig auf der Wanderschaft. Was mag sie gedacht und gefühlt haben in jenem Augenblick des Todes, nackt vor einer Grube, angefüllt mit blutüberströmten Toten und Sterbenden – wenn man in einem solchen Augenblick überhaupt noch etwas denken und fühlen kann außer Todesangst und Panik. Manchmal hofft E., sie habe in diesen letzten Minuten einen Trost, vielleicht gar einen gewissen Triumph bei dem Gedanken verspürt: Meinen Sohn, meinen einzigen Sohn, den kriegt ihr nicht. Sie starb, weil sie eine Jüdin war. Ist es Trauer, die E. um sie empfindet, oder eher blankes, hilfloses Entsetzen über das Schicksal einer Unbekannten?

Ihre »arische« Großmutter hat E. gut gekannt und geliebt. Sie wußte den Enkeln mit unermüdlicher Geduld »kölsche« Sagen und Legenden zu erzählen und die »Heinzelmännchen von Köln« (»Noch mal! Noch mal!«) aufzusagen, daß E. diese Ballade noch heute auswendig weiß. Sie fand im Alter von 84 Jahren, zusammen mit einer unbekannten Anzahl anderer Deutscher, im Januar 1945 auf den Straßen von Lodz einen schrecklichen Tod, weil sie eine Deutsche war. Aber die Trauer um sie, die E. gekannt und geliebt hat und der sie nicht hat helfen können – die Trauer um sie darf doch erlaubt sein?

Es sind viel zu viele

In der Bundesrepublik gibt es keine Judenfrage mehr, aber seit einigen Jahren – bezeichnenderweise erst seit der Wirtschaftsflaute – die »Ausländerfrage«. Die mit diesem Begriff geweckten Assoziationen sind – trotz aller Unterschiede zwischen der deutsch-jüdischen Minderheit im Dritten Reich und den Gastarbeitern, Flüchtlingen und Asylbewerbern in der Bundesrepublik – denen der »Judenfrage« erschreckend ähnlich: »Es sind viel zu viele! Sie leben auf unsere Kosten! Sie drohen uns zu ›überfremden‹! Wie werden wir sie los?«

Die »Ausländerfrage« betrifft keineswegs alle Ausländer. Angehörige ehemaliger Siegermächte werden stets beim Namen genannt: Engländer, Franzosen, Amerikaner. Die übrigen Ausländer sind um so weniger Ausländer, je nördlicher, und um so mehr, je südlicher ihr Heimatland liegt, und mit den zur »Frage« gewordenen Ausländern sind in erster Linie Völker und Rassen gemeint, die in der NS-Diktion »artfremd« genannt worden wären: Türken und Asylbewerber aus der dritten Welt.

Politiker, die es weit von sich weisen, als ausländerfeindlich zu gelten, appellieren mit dem heuchlerischen Begriff »Ausländerfrage« an jenes barbarische »gesunde deutsche Volksempfinden«, das 1933 an die Macht gelangte und das Klima vorbereitete, in dem die »Endlösung« möglich wurde.

Experten der »Judenfrage« charakterisierten die angeblich vom Judentum ausgehende tödliche Gefahr für die deutsche Kultur als Vergiftung, Zersetzung und Verseuchung. Sachverständige der »Ausländerfrage« argumentieren quantitativ und erzeugen damit eine ähnliche Hysterie. Sie besuchen demonstrativ Asylbewerberheime, verschränken ihre weißen Politikerhände medienwirksam mit schwarzen Kinderfingerchen und halten anschließend »So-geht-es-ja-nun-nicht-Reden« gegen die Gewalt; aber im gleichen Atemzug warnen sie in der üblichen »Deichgrafensprache« vor Überschwemmungskatastrophen ungeheuren Ausmaßes und prophezeien den Untergang der deutschen Kulturnation in Sturmfluten, reißenden Strömen und brechenden Dämmen, weil sie die nächste Wahl nicht verlieren wollen.

Die Judenfrage wurde in den Vernichtungslagern des Ostens »beantwortet«. Eine vom deutschen Volk organisierte »Endlösung der Ausländerfrage« ist auszuschließen, aber die »Zwischenlösungen« einer immer restriktiver gehandhabten Abschiebe- und Asylverweigerungspraxis erfreuen sich der Zustimmung breiter Bevölkerungsschichten. Rüde Parolen an Häuserwänden, Türkenwitze, Terroraktionen gegen Asylbewerberheime und Ausländerwohnungen, nicht mehr anonyme Drohbriefe, verbale und tätliche Angriffe gegenüber Menschen anderer Hautfarbe und offene Beschimpfungen deutscher Frauen, die mit »Ausländern« verheiratet sind, häufen sich in erschreckendem Maße. Das Schicksal von Abgeschobenen, die in ihren Heimatländern zu Tode gefoltert werden oder einfach verschwinden, interessiert kaum jemanden. Niemand fühlt sich dafür verantwortlich.

Wird man jene Nachkriegsgenerationen, die sich so empört von ihren Eltern und Großeltern distanzieren, einmal fragen: Wie viele Ausländer wurden in den letzten 20 Jahren aus der Bundesrepublik abgeschoben? Tausende? Zehntausende? Vielleicht sogar Hunderttausende? Sie wissen es nicht? Sie hätten es wissen müssen, wenn sie es hätten wissen wollen. Waren das alles Drogenhändler? Nur in Länder, in denen keine politische Verfolgung droht? Warum dann die strenge Überwachung von Abschiebehäftlingen, um Selbstmorde zu verhindern? Wird man sie einmal fragen, was mit jenen in den Libanon abgeschobenen palästinensischen Familien, den zwangsweise nach Sri Lanka abgeflogenen Tamilen, den wegen eines fehlenden Visums bereits in der ehemaligen DDR aufgehaltenen Familien aus dem Iran geschehen ist? Den Sinti und Roma, die vor Pogromen in Rumänien geflohen sind und seit Monaten zu Tausenden im Niemandsland hinter der Oder vegetieren? Den Kurden, die das NATO-Land Türkei angeblich nicht zu verlassen brauchen, da sie ja nach Istanbul flüchten können, um den Bombenangriffen mit deutschen Waffen auf ihre Städte und Dörfer zu entgehen? Den Somalis, die gnadenlos abgeschoben wurden, weil sich ihr Präsident Siad Barre bei der Flugzeugentführungszwischenlandung in Mogadischu kooperativ verhielt und erst nach seinem Sturz von bundesdeutschen Zeitungen als »einer der schlimmsten Diktatoren Afrikas« bezeichnet wurde? Wird man sie fragen: »Warum habt ihr das zugelassen?«

Vor einigen Jahren hat E., zusammen mit türkischen und deutschen Berlinern, den 23jährigen C. Kemal Altun zu Grabe getragen, der es vorzog, sich der Auslieferung an einen Folterstaat durch Selbstmord zu entziehen, und sie hat mit deutschen und türkischen Männern, Frauen und Kindern geweint – aus Trauer und Zorn, aber auch aus Scham.

Hitlerjugend

Vorspiel

Aus einem Jugendkalender des Jahres 1933 sind E. Namen und Symbole folgender Jugendorganisationen im Gedächtnis geblieben:

»Quickborn«: Der war katholisch. Da war ihre Patentante drin oder dringewesen. Tante Liesel, Diplom-Handelslehrerin, jüngste Schwester des Vaters, hatte sich von allen bürgerlichen Bewegungen, die den Anfang unsers Jahrhunderts prägten, mitbewegen lassen – Jugendbewegung, Frauenbewegung, Reformbewegung, Abstinenzbewegung, Friedensbewegung –, ehe sie sich nach 1933 einer Bewegung verschrieb, die nur noch *die* Bewegung hieß.

Zwischen Mutter und Schwägerin schwelte ein ständiger Kleinkrieg, von dem das Patenkind nicht unberührt blieb. So ging es beispielsweise um E.s dritten Taufnamen (Elisabeth), der nach dem Willen der Tante (als »Lieselchen«) Rufname sein sollte. In dieser Form, so behauptete sie, sei der ursprünglich jüdische Name zu einem richtigen deutschen Namen geworden.

Der Familienkonflikt verschärfte sich bei Schuleintritt des Patenkindes, bis dahin »Mausi« genannt, und so schrieb E. einige Jahre hindurch in Sütterlinschrift den mühsam ausgehandelten Kompromiß »Evalies« auf Schulhefte und Kinderzeichnungen.

Andere Auseinandersetzungen entzündeten sich an arglos angebotenen Gaumenfreuden auf Familienfesten, die Tante Liesel angewidert zurückwies, weil sie sich gerade am vegetarischen Gedanken emporrankte oder der Wackelpudding aus Apfelwein, Zucker und roter Gelatine dem strengen Abstinenzgelöbnis der »Meißner-Formel« widersprach. Hinter solchen Verweigerungen stand immer eine Weltanschauung, die in verblüffend einfacher Weise alles Unheil in der Welt auf eine einzige, vermeidbare Ursache zurückführte. Wenn E. sich in diesen Loyalitätskonflikten zwischen Mutter und Patentante auch für Fleisch und Wein entschied, blieben solche Denkmodelle nicht ohne Wirkung.

So war sie nicht unvorbereitet, als es eines Tages – keineswegs nur für Tante Liesel – die Juden gewesen sein sollten, die »an allem schuld waren«. Es gab Einschränkungen und Mäßigungen, aber keine entschiedene Gegenposition. »Die sind doch nicht alle so« und »Es gibt auch weiße Juden«, sagte die Mutter. Verwandte, Studienfreunde und Kriegskameraden wurden vom Vater ausgenommen. Die Kirche empfahl christliches Mitleid mit den von Gott Verfluchten, aber der Fluch wurde nicht aufgehoben.

E. verdankt ihrer vielseitig bewegten Patentante nicht nur die erste Blockflöte und einige besonders hübsche selbstgenähte oder -gestrickte Kleider, sondern auch zu jedem Weihnachtsfest ein liebevoll ausgesuchtes Buch, in dem starke Mädchen oder starke Frauen Taten vollbringen, die in der Regel nur Jungen oder Männern zugetraut werden:

169

»Deutsche Frau in Südwest«, »Schoner Johanna« und »In der Südsee verschollen«. Wenn es sich dabei auch nicht um freiwillig unternommene Abenteuer handelte, sondern um unvorhersehbare Bewährungsproben durch Tod der Eltern, des Ehemannes oder einen Schiffbruch, so enthielten diese Bücher doch die Bestätigung: Wenn es darauf ankommt – wenn es sein muß –, können Frauen genausoviel wie Männer.

Im Jahre 1932 verbrachte E. einige Tage mit ihrer Tante in der Jugendherberge »Burg Altena« auf einem Treffen ehemaliger und noch immer Jugendbewegter. Die Siebenjährige fühlte sich unter den »alten« Frauen in Dirndlkleidern – Tante Liesel war damals 41 – etwas verloren, obwohl alle riesig nett zu ihr waren, und bei den Liedern aus einem Buch mit vielen Scherenschnitten, das »Zupfgeigenhansl« hieß, war ihr zuviel Trallala und Liebe dabei. Aber es waren auch einige Jugendgruppen in der Jugendherberge. Sie hatten Gitarren mitgebracht und sangen am Abend im Burghof: »Wilde Gesellen, vom Sturmwind durchweht – uns geht die Sonne nicht unter«. Noch besser gefiel der Siebenjährigen: »Du Volk aus der Tiefe, du Volk aus der Nacht / vergiß nicht das Feuer, bleib auf der Wacht.«

Seit den Tagen auf der Jugendburg Altena sehnte das Kind sich danach, zur Jugend zu gehören, auf weißen Straßen im Sommerwind zu wandern und am Lagerfeuer abends vom »Volk aus der Tiefe« zu singen.

»Neudeutschland«: Das war ein katholischer Oberschülerbund, dem ihre Brüder Günther und Erwin und auch Evchens Brüder Seppl und Wölfchen angehörten. Die Jungen vom »ND« trugen grüne Hemden und kurze graue Hosen und hatten sich in den Tallewiesen an der Lippe ein eigenes Heim gebaut, das »Meinolfus-Klause« hieß. Einmal, in einem sonntäglichen Hochamt des Paderborner Domes, klapperten zwei große Jungen in ND-Kluft mit ihren Nagelschuhen über die Steinfliesen des Mittelganges zur Kommunionbank. Sie waren schon 17 oder 18, trugen aber ganz kurze Hosen. Ihre Kniestrümpfe hatten sie heruntergerollt, so daß alle ihre langen, braungebrannten, behaarten Beine sahen. Die Mutter fand diese Aufmachung nicht ganz passend in der Kirche, wegen der vielen Haare an den Beinen (»igittigitt«), aber auf E. machte das Eindruck. Das ging also zusammen, Kirche und Jugend. Günther trat aber schon vor 1933 aus dem ND aus, weil sein bester Freund nicht aufgenommen wurde, da er evangelisch war und nicht zur Oberschule ging. Außerdem waren dem Bruder im ND zu viele »Pfaffen« dabei. Das sagte er aber nur heimlich, weil »Pfaffen« ein ganz schlimmes Wort für katholische Geistliche war. Von da an fand E. es auch etwas komisch, daß bei den Jungen vom ND immer ein erwachsener Priester oder Pater mit langem, schwarzem Gewand dabei war, das die Mutter wenig respektvoll »Schlackadarius« nannte. Erwin gehörte dem Bund »Neudeutschland« länger an und fuhr im Jahr 1935 mit vielen hundert Jungen und vielen »Pfaffen« in ein Sommerlager auf die Nordseeinsel Baltrum. Dieses Lager wurde aber schon nach einer Woche aufgelöst, weil den katholischen Jugendgruppen inzwischen alle »jugendbewegten« Aktivitäten wie Fahrten, Lager, Übernachtungen in Jugendherbergen usw. sowie das Tragen der Kluft verboten war. Das alles war nun der Hitlerjugend vorbehalten, während die ND sich auf gemeinsame Andachten, Bibelstunden, Wallfahrten, Exerzitien, Prozessionen und andere religiöse Unternehmungen beschränken sollte. Die Jungen vom ND beantworteten diese Auflagen mit einem zähen Kleinkrieg, aber viele von ihnen und auch Bruder Erwin traten ins Deutsche Jungvolk ein, weil sie sich für die »Extrawurst« des ND nicht mehr erwärmen konnten.

Auch E. brachte dem ND keine freundlichen Gefühle mehr entgegen und dachte: »Wieso nennen die sich eigentlich »Neudeutschland«, wenn zu ihrem neuen Deutschland nur

Katholiken, nur Oberschüler und nur Jungen gehören? Sind Evangelische, Volksschüler und Mädchen keine Deutschen?«

»Scharnhorst-Jugend«: Nach seinem Austritt aus dem ND ging Günther 1932 in die Jugendgruppe des Frontkämpferverbandes »Stahlhelm«. Die Jungen von der Scharnhorst-Jugend trugen graue Hemden, graue Hosen und Schirmmützen, bei feierlichen Anlässen sogar einen richtigen Stahlhelm. Manchmal sangen sie auf die Melodie des Liedes der Brigade Erhardt: »Hakenkreuz am Stahlhelm, schwarz-weiß-rotes Band, deutsche Scharnhorst-Jugend werden wir genannt«, aber in die Hitlerjugend wollte Günther 1933 nicht, »weil die so blöde Führer hatten und immer nur marschierten«. Da machten sie doch ganz andere Sachen: Geländeübungen und Zielwerfen mit Handgranaten. Unteroffiziere, manchmal sogar richtige Offiziere brachten ihnen bei, wie man »vorm Feind« in Deckung geht.
Die Scharnhorst-Jugend, die anderen nationalen Jugendverbände und die evangelischen Jugendgruppen traten im Juli 1933 geschlossen in die Hitlerjugend über. An einem warmen Sommerabend marschierten sie sternförmig in Fackelzügen vom Kamp, durch den Schildern, von der Westernstraße und der Marienstraße zum Rathausplatz, wo sie von der Paderborner Hitlerjugend und den Pimpfen vom deutschen Jungvolk mit Fahnen, hellen Fanfarenklängen und dumpfem Gedröhn der Landsknechttrommeln erwartet wurden. Die Scharnhorst-Jugend hörte man schon von weitem, weil sie von einer Kapelle der Reichswehr begleitet wurde, die mit schrillen Pfeifen und scheppernden Blechtrommeln den Hohenfriedberger Marsch spielte.
E. stand mit der Mutter am Straßenrand und versuchte im zuckenden Feuerschein der Fackeln den Bruder herauszufinden. Das war nicht einfach, weil die Jungen mit ihren grauen Uniformen alle gleich aussahen. Schließlich erkannte sie ihn – den Blick ernst und entschlossen in die Ferne gerichtet, einen Stahlhelm über dem 13jährigen Kindergesicht.

»Blau-Weiß«: Im Gedächtnis geblieben sind auch die Namen einiger jüdischer Jugendgruppen, die ganz unten auf der Seite mit den konfessionellen Jugendverbänden im Kalender verzeichnet waren. Wahrscheinlich deshalb, weil E. sich wunderte, daß es »so was« auch bei Juden gab.
Eine dieser Gruppen hieß »Blau-Weiß« und hatte einen Stern als Zeichen, den man leicht aus zwei Dreiecken nachzeichnen konnte. »Na ja, wohl so eine Art Tennisklub«, dachte die Achtjährige. Tennis spielten die Juden nämlich. Das wußte sie von ihrem jüdischen Onkel.

»Kameraden«: Eine andere jüdische Jugendgruppe nannte sich »Kameraden« – einfach nur »Kameraden«. Das Wort Kameradschaft hatte für E. einen hohen Klang, ähnlich wie Ehre, Treue und Tapferkeit. Obwohl sie nicht genau wußte, was damit gemeint war, so »wußte« sie doch, daß dieses Wort einfach nicht zu Juden paßte. »Jüdische Kameraden?«

»Jungfrauenkongregation«: Das war ein katholischer Verein für junge Mädchen, hauptsächlich für die zahlreichen Dienstmädchen vom Lande, um sie vor schlechter Gesellschaft zu bewahren. Er stand nicht in jenem Jugendkalender, aber E.s Mutter war beruhigt, wenn unsr Lieschen, unser Anna, unser Maria oder unser Kathrina am Abend zu einer Veranstaltung der Jungfrauenkongregation gingen, weil sie sich den Eltern gegenüber für den moralischen Lebenswandel der Töchter verantwortlich fühlte.

»Königin-Luise-Bund«: Dieser deutsch-nationale Frauenverein wurde in Paderborn vorwiegend von evangelischen Lehrerinnen und Lehrersfrauen getragen. Im Königin-Luise-Bund gab es Mädchengruppen und auch eine »Kükengruppe« für Sechs- bis Zehnjährige. Leiterin der Kükengruppe war eine evangelische Lehrersfrau, eine Bekannte von Evchens Mutter, die »Tante Wilke« genannt wurde. So gerieten die beiden Freundinnen in ihrem siebten Lebensjahr in den Königin-Luise-Bund, obwohl ihnen dieser Verein nicht sonderlich gefiel, weil es kein »richtiger« Jugendbund war. Die Gruppen wurden nämlich nicht von jungen Führerinnen geleitet, sondern von »Tanten«, die mindestens 20 Jahre oder noch viel älter waren. Alle Angehörigen des Königin-Luise-Bundes, auch die ganz alten, dicken Lehrerinnen, trugen blaue, hochgeschlossene Leinenkleider mit weißem Bubikragen. Das war doch keine Uniform.

Die Kükengruppe hieß offiziell »Kornblümchenverein«, und wenn die »Kornblümchen« auf einem Fest Gedichte aufsagten oder Singetänze aufführten, flüsterte es im Saal: »Ach, die lieben Kleinen, wie süß!«

Küken, Kornblümchen oder gar liebe Kleine zu sein war nicht gerade das, wonach sich die beiden Freundinnen gesehnt hatten, und so sprachen sie in Elternhaus und Schule von der »Spatzengruppe« oder vom »Klatschmohnverein«, besuchten die Veranstaltungen des Königin-Luise-Bundes nur sehr unregelmäßig und wünschten sich zu Weihnachten keine blauen Leinenkleider.

Im Juli 1933 feierte der Königin-Luise-Bund den Geburtstag der Königin Luise auf dem Schützenplatz. Es war seine letzte Veranstaltung.

Das viele Blau auf dem grünen Rasen war hübsch anzusehen, und E. freute sich, wenn sie bei einem der Lieder mitsingen konnte, und langweilte sich bei den Reden über die Königin Luise – ein leuchtender Stern in Deutschlands dunkelster Zeit – und den Königin-Luise-Bund, der schon hundert oder noch viel mehr Jahre alt sein sollte. Plötzlich horchte sie auf, weil die Stimme der Rednerin sich merkwürdig verändert hatte. Sie wurde schärfer und schriller, sprach von Verbot und daß der Königin-Luise-Bund sich das nicht so einfach gefallen lassen und auf jeden Fall heimlich weiter bestehen wolle. Das faszinierte E., die gerade für Geheimsprachen, Geheimschriften, Geheimtinte und Geheimnisse aller Art schwärmte. Und verbieten lassen wollte sie sich auch nichts – schon gar nicht »vom Staat«.

Ein leiser Hauch von Anarchie streifte die Achtjährige an jenem Sommertag, und so sang sie statt des langweiligen Bundesliedes »Ich hab' mich ergeben mit Herz und mit Hand«, was sie sich sonst nicht so laut und vernehmlich getraut hätte: »Ich hab' mich übergeben mit'm Teller in der Hand, der Lehrer stand daneben, mit'm Rohrstock vor der Bank.« Die revolutionäre Euphorie verpuffte bereits auf dem Heimweg vom Schützenplatz. Die beiden Freundinnen beschlossen, auf ein Leben im Untergrund zu verzichten, weil ein Geheimbund mit Tanten und Lehrerinnen, Küken und Kornblümchen kein »richtiger« Geheimbund sein konnte.

Einige Jahre später stellte E. erleichtert fest, daß sie nichts versäumt hatte. Viele Mädchen aus den Jugendgruppen des Königin-Luise-Bundes und des Kornblümchenvereins waren Jungmädelführerinnen geworden, einige der Frauen von der Rednertribüne auf dem Schützenplatz nahmen in der NS-Frauenschaft, im Frauenwerk und in der NSV leitende Funktionen ein.

»BDM«: Vom BDM (Bund Deutscher Mädel in der Hitlerjugend) und seiner Untergliederung JM (Jungmädel) hörte E. im Sommer 1933 zum erstenmal. Da die Jugenddienstpflicht in der Hitlerjugend erst 1936 eingeführt und erst 1939 rechtskräftig wurde,

organisierten sich in Paderborn zunächst nur die Töchter der nicht sehr zahlreichen »alten Kämpfer« im BDM. Zwei Jahre später waren es schon sehr viel mehr.

Am 1. Mai 1935 tanzten Mädchen von BDM und Jungmädelbund in weißen Volkstanzkleidern mit roten und blauen Miedern auf dem Domplatz einen Bändertanz um den Maibaum. Obwohl sie ganz ernste Gesichter machten, weil es offenbar sehr schwierig war, das kunstvoll geschlungene Geflecht der breiten bunten Seidenbänder wieder aufzulösen, sah es wunderschön aus. Nach dem Tanz sang eine Mädchengruppe alte Mailieder, die heute kaum noch jemand kennt: »Der Mai, der Mai, der lustige Mai«, »Grüß Gott, du schöner Maien«, »Im Maien, im Maien die Vöglein singen«, »Maienzeit bannet Leid« und am Schluß, mit Oberstimme, ganz hell und klar »Der Winter ist vergangen, ich seh des Maien Schein«. Als die Zehnjährige an diesem 1. Mai durch die grauen, baumlosen Straßen des Riemekeviertels nach Hause ging, war heller Sonnenschein. Vor allen Häusern standen frische grüne Birken, und aus vielen Fenstern wehten leuchtend rote Fahnen. Vor einer Wäscherei blieb sie stehen, betrachtete aufmerksam ihr Spiegelbild in der Schaufensterscheibe und dachte – mit dieser fast schmerzhaften und zugleich berauschenden Intensität vielleicht zum erstenmal in ihrem Leben: »Ich bin ich!«

Dann brach sie sich einen Birkenzweig ab und steckte ihn an ihren braunen Lodenmantel, rollte die Kniestrümpfe herunter, bohrte die Hände in die Taschen und schlenderte pfeifend nach Hause.

Sie war glücklich, daß Frühling war – Frühling als Jahreszeit, Frühling in ihrem Leben und Frühling für Deutschland.

»Deutsches Jungvolk«: Im Jahre 1935 und auch noch einige Jahre länger wäre E. am liebsten in das »Deutsche Jungvolk« eingetreten. Wenn die Paderborner Jungvolkfähnlein mit Fanfaren, Landsknechttrommeln und schwarzen Fahnen mit weißer Siegrune durch die Straßen marschierten, versetzte ihr das jedesmal einen schmerzlichen Stich, weil sie »nur ein Mädchen« war.

In den Pfingstferien dieses Jahres fuhr die Zehnjährige mit »Tante Wilke« und einigen anderen Kindern in ein Jugendheim bei Stukenbrock, schlief zum erstenmal mit Schlafsack und Wolldecke in einem doppelstöckigen Jugendherbergsbett und aß den Pudding vom gleichen (saubergekratzten) Teller wie zuvor die Erbsensuppe. Nahebei, mitten in der Heide, war ein Zeltlager des Paderborner Jungvolks, an dem Günther und Evchens Bruder Wölfchen als Jungenschaftsführer teilnahmen. Manchmal schlichen sich die beiden Freundinnen so nahe wie möglich an das Lager und beobachteten die Jungen, wie sie am Morgen die Fahne hißten, am Mittag aus ihren Kochgeschirren ungeheure Mengen Suppe löffelten und am Abend in die mit Stroh aufgeschütteten Zelte krochen.

Günther und Wölfchen waren stets von einer Traube lachender, durcheinanderschreiender, sich balgender Pimpfe umgeben, aber wenn einer von ihnen auf der Trillerpfeife pfiff und ein Kommando brüllte, waren die Pimpfe plötzlich still, stellten sich in gerader Reihe auf, zählten durch, und der Jungenschaftsführer machte eine zackige Meldung. Wenn die Brüder ihre Schwestern zufällig von weitem sahen, winkten sie zwar kurz herüber, aber es war mehr ein Abwinken, so als ob sie sich schämten, überhaupt eine Schwester zu haben. Es war klar, daß sie keinen Besuch im Lager wünschten.

Einen der Pimpfe, einen kleinen, rotblonden, sommersprossigen Jungen, kannte E. vom Schulweg, weil er immer noch komische kindliche Kittelblusen trug. An seinem Elternhaus stand der Name seines Vaters, eines Elektromeisters, und so wußte sie, daß er mit Nachnamen »Marx« hieß. Hier im Zeltlager erkannte sie ihn kaum wieder. Das war ein ganz anderer Junge mit seinem braunen Hemd und der kurzen, schwarzen Cordhose, mit Schulterriemen, Halstuch und Lederknoten, das Fahrtenmesser am Koppel. Deshalb wunderte sie sich auch nicht, daß er eines Tages den Jungbannführer Peter in blinder Wut ansprang und zu Boden riß, weil der scherzhaft bemerkt hatte, Marx, das sei ja wohl ein jüdischer Name. Die andern Pimpfe nahmen diesen Witz begeistert auf und schrien »Jude, Jude« – nur so aus Spaß, nicht weil sie das wirklich glaubten –, und der »kleine Marx« schlug sich in wildem Zorn mit allen zugleich herum. Dann griff der Jungbannführer ein mit dem strengen Verbot, so was noch mal zu sagen, weil man »damit« keine Scherze mache, und er entschuldigte sich ganz feierlich vor allen Jungen bei dem kleinen Marx.

Manchmal sangen die Pimpfe ein Lied, von dem sie behaupteten, es sei ein richtiges Kommunistenlied. Das hieß »Blut muß fließen, Blut muß fließen, Blut muß fließen einen Finger dick. Wetzt die Messer, daß sie nur so flutschen in den Leib«, und dann fingen sie wieder von vorne an.

Am letzten Abend entzündeten die Jungen des Zeltlagers ein Lagerfeuer. Die Zehnjährige hatte sich bis zu den letzten Bäumen herangeschlichen, starrte mit brennenden Augen in die Flammen, deren flackernder Schein über die hellen, jetzt ganz ernsten, trotzig-entschlossenen Jungengesichter hin und her zuckte, und sang die Lieder leise mit, obwohl das keine Mädchenlieder waren:

>»Schwarze Fahne, halte stand,
>Sturmgewitter ziehn durchs Land« –
>»Wer sich unserer Fahne verschreibt,
>muß ihr folgen, wohin sie auch treibt« –
>»Heute sind wir rot, morgen sind wir tot« –
>»Aus ist der Traum, jetzt heißt's marschieren,
>heißt sein junges Leben zu verlieren.
>Liebe Kameraden, also muß es sein.«

Da begriff E. – endgültig und schmerzhaft –, daß sie niemals zu diesem magischen Feuerkreis gehören würde. Das war'eine harte, männliche Romantik, in der Mädchen nichts verloren hatten.

»Jugendgruppe des Deutschen Alpenvereins«: In Paderborn gab es eine Sektion des Deutschen Alpenvereins, der viele Bürger der Stadt und auch E.s Eltern angehörten. Ihre Mitgliedschaft hatte weniger mit alpinen Erfahrungen als mit der Möglichkeit zu tun, eine nahe gelegene Alpenvereinshütte mitbenutzen zu dürfen. Sie lag am Fuße eines stillgelegten, wildromantischen Steinbruchs im Eggegebirge und war von Ortskundigen nur zu Fuß oder mit dem Fahrrad zu erreichen.

Im Jahre 1940 wurde in Paderborn eine »Jugendgruppe des Deutschen Alpenvereins« gegründet, von der jeder wußte, daß es sich um eine getarnte Gruppe der katholischen Jugendbewegung handelte. Führer der »Jugendgruppe des Deutschen Alpenvereins« war ein junger, begeisterter Bergsteiger, der seine Jungen an Wochenenden auf der Hütte versammelte und ihnen unter anderem beibrachte, wie man die steile Felsenwand mit Seil und Pickel herauf- und herunterklettert. E.s Bruder Erwin kletterte mit, bis ihm im Jahre 1941 das »Notabitur« zugesprochen und er zur Wehrmacht eingezogen wurde.

Karl Loven, der junge Bergsteiger, studierte am Paderborner Priesterseminar, trug aber keinen »Schlackadarius«, sondern jugendliche Zivilkleidung – ein in jenen Jahren seltener Anblick, da Männer seines Alters in der Öffentlichkeit nur noch in Arbeitsdienst- oder Wehrmachtuniform zu sehen waren. Das Privileg, ein Zivilist zu sein, verdankte er seiner belgischen Nationalität und flämischen Volkszugehörigkeit. Der von E.s Mutter scherzhaft »Karl Loven von Flandern« Genannte war häufiger und gern gesehener Gast in der Familie, weil er außerordentlich spannend von abenteuerlichen Bergtouren berichten konnte und dazu wunderschöne Farbdias auf ein Bettlaken projizierte. Mit seiner Gruppe unternahm er Fahrten ins Sauerland und in die Alpen, mit Übernachtungen nicht nur in Hütten des Alpenvereins, sondern auch in Jugendherbergen, was für eine katholische Jugendgruppe längst verboten war.

E. sind nur einige Lieder im Gedächtnis geblieben, die der Bruder von dort mitbrachte: Berglieder und Lieder der bündischen Jugend, in denen Fahnen und Feuer, Kampf, Sieg und Tod noch häufiger vorkamen als in den Liedern der Hitlerjugend, während »Volk und Vaterland«, »Freiheit und Brot«, »Glauben an Deutschland«, »Treue zum Führer« und andere Versatzstücke des HJ-Liedgutes fehlten. Statt dessen vermittelten sie traumverlorene Stimmungen, Lagerfeuerromantik und Romantik des »verlorenen Haufens«, von der Mädchen prinzipiell ausgeschlossen waren. Politische Gegenwartsbezüge enthielten sie nicht.

Auch brachte er einige exotische Lieder mit fremden, abgehackten Rhythmen mit. Eines handelte von einer finnischen Reiterschar, die es – wann und warum auch immer – auf den Balkan verschlagen hatte und das mit einem echt finnischen und daher unverständlichen Refrain endete, ein anderes von Dschingis-Khan, dem lahmen Reiter und seiner goldenen Horde:

>»Kameraden, faßt die Lanzen, hej und laßt die Rosse tanzen,
>mit uns reitet nur der Tod ...
>Hinter uns bleibt Not und Elend, rauch'ge Dörfer und Verzweiflung
>steht den Menschen im Gesicht!«

War das eine Alternative?

Zwei Jahre später, in seinem letzten Urlaub, sagte der Parteigenosse und Fallschirmjäger Erwin zu seiner Schwester:»Wenn es – nach dem Krieg – mal zu einer Auseinandersetzung wegen der Kirche kommt, werde ich wohl auf der anderen Seite stehen.«

Der Ruf

Ostern 1935 kam E. in die Oberschule. Neben vielen neuen Fächern – Biologie, Mathematik, Französisch und Geschichte – gab es am Samstag »nationalpolitischen Unterricht« sowie eine zusätzliche Stunde Turnen und Singen, denn samstags war »Staatsjugendtag«. Wer in der »Staatsjugend« war, brauchte an diesem Tag nicht in die Schule, sondern ging zum Jungmädel- oder Jungvolkdienst.

Das war schon ein erhebendes Gefühl, als sich die Zehnjährige nach den Sommerferien für den letzten Tag der Woche in der Schule abmeldete, weil sie sich inzwischen zusammen mit ihrer Freundin Evchen bei den Jungmädeln angemeldet hatte. Ganz allein und auch ganz von alleine hatte sie sich in der Heiersburg ein Anmeldeformular geholt, es ausgefüllt, unterschrieben und von den Eltern unterschreiben lassen. Die Hitlerjugend hatte nämlich weder mit der Familie noch mit der Schule und auch nichts mit der Kirche zu tun. Eltern und Erwachsene, Lehrer und Lehrerinnen, Priester und Nonnen hatten darin nichts verloren. In der Hitlerjugend war die deutsche Jugend unter sich.

Da war es egal, ob man katholisch, evangelisch oder überhaupt nicht getauft war, auf eine katholische oder evangelische Schule, zur Oberschule oder zur Volksschule ging, arme oder reiche Eltern hatte, in einer Villa oder in einer Mietskaserne wohnte. Nur zwei

Aufnahmebedingungen gab es: jung und deutsch mußte man sein. In der Hitlerjugend waren auch Zehnjährige keine Kinder mehr, sondern Jungvolkjungen und Jungmädel. Juden waren nicht dabei, weil die ja keine »richtigen« Deutschen waren.

Die Hitlerjugend war eine politische Jugend. Da wurde nicht nach Müllerslust gewandert, sondern marschiert. Die Jungen und Mädchen der Hitlerjugend trugen keine Lumpen und Loden, sondern Uniformen. Die Hitlerjugend suchte nicht die blaue Blume der Romantik – in der Hitlerjugend ging es um Leben oder Tod.

Die Hitlerjugend war die Jugend des neuen Deutschland, des Dritten Reiches, der nationalsozialistischen Bewegung, war die Jugend des Führers, denn wer für Deutschland war, war für den Führer, und der Führer war Deutschland. Daran ließen die Lieder keinen Zweifel:

»Wir marschieren für Hitler durch Nacht und durch Not
mit der Fahne der Jugend für Freiheit und Brot« –
»Deutschland, du sollst leuchtend stehen,
mögen wir auch untergehn« –
»Ein junges Volk steht auf, zum Sturm bereit,
reißt die Fahnen höher, Kameraden.«

Andere Lieder wandten sich an die Müßigen, die Zweifelnden und Hadernden:

»Was fragt ihr dumm, was fragt ihr klein, warum wir wohl marschieren« –
»Warum jetzt noch zweifeln, hört auf mit dem Hadern,
noch fließet uns deutsches Blut in den Adern« –
»Auf, hebt unsre Fahnen in den frischen Morgenwind,
laßt sie wehn und mahnen, die, die müßig sind . . .« –
»Aber keiner wagt zu hadern: Mit uns zieht die neue Zeit! Mit uns zieht die neue Zeit!«

Und dieser Ruf ging nicht nur an die Jungen, sondern auch an die Mädchen. Auch E. war gemeint, angesprochen, aufgerufen, ihr Leben in den Dienst von etwas ganz Großem, Überwältigendem zu stellen, das Deutschland hieß. Auch von ihr wurde jetzt mehr, Neues und anderes erwartet als gutes Benehmen, Fleiß, Aufmerksamkeit und ein Gott wohlgefälliges Leben. Jetzt ging es um Deutschland. Auch bei den Mädchen waren keine Erwachsenen dabei, sondern junge Führerinnen, nur wenige Jahre älter. Auch die Mädchen trugen Uniformen, hatten Fahnen und Wimpel, gehörten mit zum jungen Volk, zur jungen Nation, zur nationalsozialistischen Bewegung.

»Nationalsozialismus« war für die Zehnjährige kein Fremdwort mehr. »National« bedeutete nicht nur Liebe zu Deutschland, sondern auch Stolz, denn nur ein stolzes Volk war eine »Nation«. »Sozial« hieß auf deutsch »gut sein«, und wenn das vom Staat richtig organisiert wurde, nannte man das »Sozialismus«. E. zweifelte nicht daran, in einem »sozialistischen« Staat zu leben, da es der neuen Regierung gelungen war, Hunger, Armut und Arbeitslosigkeit abzuschaffen.

Bisher – so erklärte der Vater – hatte es keine Zusammenarbeit zwischen Nationalisten und Sozialisten gegeben. Die Nationalisten hatten sich für die Nation stark gemacht und die Armen vergessen. Bei den Sozialisten war es umgekehrt gewesen. Er fand es großartig, daß dem »Führer« nicht nur der Nationalstolz, sondern auch das Wohlergehen des Volkes am Herzen lag. E. wunderte sich, daß nicht schon längst einer der klugen Politiker auf die naheliegende Idee gekommen war, nationale und soziale Bedürfnisse des deutschen Volkes gemeinsam zu befriedigen.

Woher aber die unbedingte Bereitschaft der Zehnjährigen, dem Ruf der Hitlerjugend zu folgen? Woher die grenzenlose Begeisterung, die kritiklose Gläubigkeit, das arglose Vertrauen? War sie vielleicht das Opfer einer autoritären Erziehung?

Die einfache Gleichung, autoritäre Erziehung führt zu autoritären Charakterstrukturen, autoritäre Charakterstrukturen führen zum Faschismus, erklärt vieles: Mitläufer, Befehlsempfänger, Radfahrer, Opportunisten. Sie erklärt das Getriebe, den reibungslosen Ablauf, die mechanische Ausführung, nicht aber den Antrieb, nicht den lebendigen Impuls. E. ist so wenig autoritär erzogen worden, wie es der Tradition des Bildungsbürgertums entsprach, das seine Kinder liberal erzieht, Begabungen liebevoll fördert, Selbstachtung nicht zerstört, Entscheidungsfreiheit und Verantwortungsbewußtsein unterstützt.

Weder sie noch ihre Brüder wurden jemals geschlagen. Vorübergehende Verstimmungen zwischen Eltern und Kindern erschütterten niemals die Gewißheit, bedingungslos geliebt zu werden, und der vor allem von der Mutter ausgehende Humor sorgte für eine entspannte, heitere Familienatmosphäre.

War es vielleicht gerade die so beglückend erlebte Freiheit in der Geborgenheit, die empfänglich machte für die Vision eines Neuanfangs, einer Zeitenwende, einer strahlend aufgehenden Sonne, deren Glanz noch heute über ihren Erinnerungen an die dreißiger Jahre liegt?

Sie ist jedenfalls nicht stumpfsinnig als »Mitläuferin« den roten Fahnen mit dem Hakenkreuz nachgetrottet, sondern weil sie beim Aufbau des neuen, des dritten, des tausendjährigen Reiches mithelfen und Verantwortung tragen wollte. Viele Jahre ihrer Kindheit war sie unendlich glücklich, viele der Jugend unendlich stolz, in einer Zeit leben zu dürfen, die der jungen Generation so große Aufgaben zu stellen schien. Davon kündeten die Lieder sieges- und sendungsbewußt:

»Wir Jungen schreiten gläubig, der Sonne zugewandt.
Wir sind ein heil'ger Frühling ins deutsche Land« –
»Wo Mauern fallen, baun sich andere vor uns auf,
doch sie weichen alle unserem Siegeslauf« –
»Und die Morgenfrühe, das ist unsere Zeit,
wenn die Winde um die Berge singen.
Die Sonne macht dann die Täler weit,
und das Leben, das Leben, das wird sie uns bringen.«

Als die Zehnjährige dieses Lied einmal lauthals zu Hause sang, seufzte die Mutter: »Ja, ja, das Leben, das Leben, was wird es euch bringen?«, und die Tochter verbesserte sie unwillig: »Neinn, so heißt das doch gaanich! Das heißt: Das wird sie uns bringen!«

Letzten Endes

Mit unendlich hoch gespannten Erwartungen ging die Zehnjährige nach den Sommerferien des Jahres 1935 zum ersten Jungmädeldienst. Die Enttäuschung war um so tiefer. Die meisten Mädchen der Jungmädelschar, der sie zugeteilt worden war, kannten sich schon lange. Alle lachten, kicherten und unterhielten sich über »albernen Mädchenkram«. Niemand nahm Notiz von ihr, niemand drückte ihr kameradschaftlich die Hand. E. dachte: Das ist überhaupt keine »verschworene Gemeinschaft«, das ist ein »dämlicher Mädchenklub«. Geahnt hatte sie es, ja gefürchtet, im Grunde immer gewußt: Mädchen waren für große Aufgaben einfach nicht geeignet.

Die Führerin hieß Klara und war viel zu alt, vielleicht schon 17 oder 18, und außerdem viel zu dick. Sie las aus einem Buch vor, das von einer deutschen Gräfin geschrieben worden war und von einer schwedischen Gräfin handelte, der schon vor Jahren verstorbenen Gattin des jetzigen Reichsministers und ehemaligen Kommandeurs des Jagdgeschwaders Richthofen, Hermann Göring. Der hatte um ihren Tod so sehr getrauert, daß er ihr zu Ehren eine Gedenkstätte mit dem Namen »Karinhall« hatte erbauen lassen. Sicher, sie hatte ihm liebevoll Zuflucht und Hilfe geboten nach der schweren Verwundung am 9. November 1923 vor der Feldherrnhalle in München, aber einen Heldentod war sie nicht gestorben.

In der Schule erzählte E. jedoch, daß es ganz toll sei bei den Jungmädeln und sie überhaupt nicht verstehe, wie noch jemand am Samstag in die Schule gehen könne. Immerhin durfte sie jetzt Uniform tragen, wenn auch leider nur zum Dienst. Einmal in jenem Herbst allerdings auch eine Woche lang zur Schule. Und als die Klassenschwester nach dem Grund fragte, antwortete sie: »Aus Propaganda«. Viele Jahre ihres Lebens trug E. gern Uniform. Als Jungmädel aus Stolz, jetzt zur »deutschen Jugend« zu gehören, aber auch, weil Röcke und Blusen damals nur bei den älteren Mädchen üblich waren. Am Samstagnachmittag machte sie deshalb oft einen großen Umweg durch die ganze Stadt und ließ den Lodenmantel offen, damit alle die weiße Bluse, den angeknöpften dunkelblauen Rock und das schwarze Halstuch mit dem Lederknoten sehen konnten, denn eine braune Kletterweste bekam sie erst zu Weihnachten. Auch später trug sie gerne Uniform, denn ihre eigene Zivilkleidung spiegelte allzu deutlich die Sparsamkeit eines Beamtenhaushalts wider, in dem für Kultur (Bücher, Schulgeld, Klavierstunden, Theater- und Konzertbesuche) relativ viel ausgegeben wurde, für Kleidung hingegen so gut wie nichts übrigblieb.

E. kann nicht bestätigen, daß Menschen, die Uniform tragen, sich ähnlicher oder gar gleicher werden. Beim Betrachten alter Gruppenfotos treten Sprechweise, Temperament, Mienenspiel, Vorlieben und Begabungen, Sprüche und Redewendungen der einzelnen Kameradinnen – selbst solcher, die sie nur von kürzeren Lagern oder Lehrgängen kannte – auch deshalb lebendig hervor, weil gleiche Kleidung die Wahrnehmung persönlicher Eigenheiten und Besonderheiten eher schärft als ablenkt.

Das Jungmädelsportzeug (weißes, eng anliegendes Baumwollträgerhemd mit HJ-Abzeichen, schwarze, knappe Satinhose) durfte nicht in der Schule getragen werden, weil es den Nonnen zu unanständig war. Im Schulunterricht war ein schwarzer, schlackeriger, hochgeschlossener Turnanzug mit Ärmeln, einer aufknöpfbaren Popoklappe und nicht zu kurzen Hosenbeinen mit Gummizug vorgeschrieben. Dazu gehörte noch ein »Turnröckchen«, das nur bei Geräteübungen vorübergehend abgelegt werden durfte.

Wenige Wochen nach E.s Eintritt in den Jungmädelbund verschwand Klara und mit ihr die schwedische Gräfin Karin Göring. Die neue Führerin hieß Elfriede und war schon besser. Ein sportliches, derbes, lustiges Mädchen von etwa 14 oder 15 Jahren mit schwarzem Bubikopf, die mit ihrer Jungmädelschar vorwiegend Geländespiele machte. Einmal, an einem frostigen Samstagvormittag, waren sie dabei durch sumpfige Wiesen und nasse, von Fuhrwerken aufgebrochene Waldwege gestapft, und Elfriede schlug vor, sich bei ihr zu Hause die Lehmkluten von den Schuhen zu kratzen. Elfriede wohnte in einer von drei oder vier großen, ziemlich häßlichen Mietskasernen am südlichen Stadtrand, unterhalb des Flughafens, in denen viele Familien mit vielen Kindern wohnten. Im Paderborner Volksmund hieß die Siedlung »Port Arthur«, und dieser Name hatte in E.s Umwelt keinen guten Klang. Aber Elfriede genierte sich überhaupt nicht, da zu wohnen, und auch die anderen Mädchen wunderten sich nicht darüber. Das »Bürgerkind« sah sich verstohlen um, sah schmutzige, abgeblätterte Wände im Treppenhaus und nahm einen undefinierbaren, penetranten Geruch nach Bohnerwachs, Reinigungsmitteln und den Klos auf der halben Treppe wahr. Die Wohnung hatte überhaupt keine Diele, nicht einmal einen Flur. Man stand gleich in der Küche. Am Spülstein rasierte sich ein junger Mann im Unterhemd. An das Bord mit den Dosen für Ata, Imi und Salmiak hatte er sich einen Handspiegel gehängt. Als die ganze Jungmädelschar in die Küche drängte, nahm er den Spiegel ab und verzog sich in den hinteren Teil der Wohnung. Alle kratzten sich die Schuhe ab, und eines der größeren Mädchen fegte den Dreck zusammen. E. merkte, daß sie das nicht zum erstenmal machte. Elfriedes Mutter schenkte aus einer großen Blechkanne Malzkaffee ein, und weil alle ziemlich durchgefroren waren, schmeckte er unwahrscheinlich gut, obwohl kein Zucker drin war, nur Milch. Die Mädchen tranken zu zweien und zu dreien aus großen Henkelbechern, und E. lernte, daß man zum Trinken keine Untertasse braucht.

Zum Abschied sangen sie das Lied »Ein junges Volk steht auf, zum Sturm bereit«, alle drei Strophen. Auch der Mann im Unterhemd tauchte wieder auf und sang mit. Jetzt verstand die Zehnjährige die zweite Strophe richtig: »Wir sind nicht Bauer, Bürger, Arbeitsmann, haut die Schranken doch zusammen, Kameraden.« Sie nahm sich vor, nicht nur beim Singen »die Schranken zusammenzuhauen«, und verehrte Elfriede von da an, weil sie ein Arbeitermädchen war und in »Port Arthur« wohnte.

Vielhundertmal hat E. während des Dritten Reiches das Lied vom jungen Volk gesungen und – ohne sich etwas dabei zu denken – die Aufhebung der Klassenschranken drei Strophen lang in der Frontkameradschaft des Schützengrabens enden lassen:

»Ein junges Volk steht auf, zum Sturm bereit!
Reißt die Fahnen höher, Kameraden!
Wir fühlen nahen unsere Zeit, die Zeit der jungen Soldaten.
Wir sind nicht Bürger, Bauer, Arbeitsmann,
haut die Schranken doch zusammen, Kameraden!
Uns weht nur eine Fahne voran, die Fahne der jungen Soldaten!
Und welcher Feind auch kommt mit Macht und List,
seid nur ewig treue Kameraden!
Der Herrgott, der im Himmel ist,
liebt die Treue und die jungen Soldaten.«

Ostern 1936 wurde der Staatsjugendtag abgeschafft. Der Jungmädeldienst fand nun am Mittwoch- oder Samstagnachmittag statt, von Mittwoch auf Donnerstag durften keine Schularbeiten aufgegeben werden und am Wochenende sowieso nicht. Weil jetzt die ganze deutsche Jugend in der Hitlerjugend sein sollte, traten die meisten Klassenkameradinnen in den Jungmädelbund ein, und es gab eine große Umorganisation. Die neue Führerin hieß Margot und war Oberschülerin. Margot war ein ernstes Mädchen, das gut und frei sprechen konnte. Von ihr lernte E. viele Sprüche und Gedichte über Deutschland, Volk und Vaterland, von der Kameradschaft und der Treue.

»Wenn einer von uns müde wird,
der andre für ihn wacht!
Wenn einer von uns zweifeln soll,
der andre gläubig lacht!
Wenn einer von uns fallen sollt,
der andre steht für zwei.
Denn jedem Kämpfer gibt ein Gott
den Kameraden bei!«

Margot machte Heimabende über die Helden der »Bewegung«, über das Deutschtum im Ausland und den Volkstumskampf an den blutenden Grenzen. Bei Margot lernte sie auch die sogenannten »Geleitworte für den Jungmädelbund«:

»Jungmädel, sei tapfer!
Jungmädel, sei treu!
Jungmädel, sei verschwiegen!
Jungmädel, sei Kamerad!
Jungmädel, wahre deine Ehre!«

E. erinnert sich noch heute an ein gewisses Unbehagen bei diesen Formulierungen. Nicht etwa, daß sie die »ewigen Werte« Tapferkeit, Treue, Verschwiegenheit, Kameradschaft und Ehre in Frage gestellt oder als ergänzungsbedürftig angesehen hätte – das Unbehagen kam von dem Vergleich mit den »Schwertworten für das Deutsche Jungvolk«. Die lauteten sehr ähnlich und doch ganz anders:

»Jungvolkjungen sind hart, schweigsam und treu!
Jungvolkjungen sind Kameraden!
Des Jungvolkjungen Höchstes ist die Ehre!«

Da werden Tatsachen festgestellt. Und weil sie so selbstverständlich waren, gleich in der Mehrzahl: Jungvolkjungen sind . . . Die Jungmädel hingegen werden einzeln, noch dazu mit erhobenem Zeigefinger angesprochen: Jungmädel, sei bitte so, als mißtraue man ihnen, weil Mädchen angeblich das Gegenteil davon sind: feige, falsch, geschwätzig, unkameradschaftlich, ohne Ehrgefühl.

Natürlich konnten die Worte für die Mädchen nicht »Schwertworte« genannt werden, aber mußten sie dann gleich »Geleitworte« heißen? Das erinnerte an Religionsunterricht, an Schutzengel und Heilige. Und warum hieß es: »Jungmädel, sei Kamerad« und nicht: »Jungmädel, sei Kameradin«?

Im Herbst des Jahres 1936 versammelten sich alle Jungmädelgruppen der Stadt in einer großen Turnhalle zur Begrüßung der neuen Untergauführerin. Das waren damals schon viele hundert Mädchen. Weil die neue Führerin auf sich warten ließ, gab es eine große Unruhe, und die Schafts-, Schar- und Gruppenführerinnen flehten, baten und brüllten mit mäßigem Erfolg um Ruhe.

Als Frieda, die neue Führerin des JM-Untergaues 281, hereinkam, war alles totenstill. Frieda trug einen grauen Kleppermantel über der Uniform, weil es draußen regnete. Ihr schmales, herbes Gesicht war blank und frisch, ihre hellblonden Haare vom Sturm zerzaust. Sie war ein schönes Mädchen, 18 Jahre alt, mit leuchtenden blauen Augen. Frieda hielt eine Ansprache, von der E. nur der häufige Gebrauch der Worte »letzten Endes« in Erinnerung ist. Aber es waren genau die Worte, auf die sie gewartet, und die Führerin, nach der sie sich gesehnt hatte. Am Schluß sangen alle das Lied:

»Die roten Fahnen brennen im Wind / und mit ihnen brennt unser Herz. / Und alle, die mit uns gezogen sind, / kommen nie mehr zurück.«

Da brannte auch das Herz der Elfjährigen. Da zog sie mit – zumindest für die nächsten fünf Jahre. Familie und Schule waren nur noch Unterbrechung des eigentlichen Lebens, das im Dienst, auf Fahrt und im Lager stattfand. Jugend unter Jugend, von Jugend geführt. In den fünfziger Jahren verschlug es E. als Lehrerin und die (kriegs)verwitwete Frieda als Leiterin eines Kinderhortes nach Hamburg. Der Altersunterschied von acht Jahren war nicht mehr so wichtig. Der noch immer verehrten Frieda fiel die Rolle einer verständnisvollen, mütterlich-besorgten älteren Freundin zu. Manchmal sprachen sie von alten Zeiten, und E. erfuhr, daß die damalige Jungmädel-Untergauführerin zunächst 80 RM, später 100 RM im Monat verdient hatte. Dieser Betrag entsprach dem Durchschnittseinkommen junger weiblicher Büroangestellter, die damals selbstverständlich im Elternhaus wohnen blieben und nur bei einer eventuellen Heirat einen eigenen Hausstand gründeten. Für ein selbständiges Leben außerhalb des Elternhauses, noch dazu in einer

Stellung, die ständiges Auftreten in der Öffentlichkeit verlangte, war er völlig unzureichend.

Frieda berichtete, sie habe zunächst in einem dunklen, unheizbaren Hinterzimmer ohne Küchenbenutzung gewohnt und ihr Brot des Morgens oft nur in gefrorenem Zustand essen können. Mit Dankbarkeit erinnerte sie sich an die Eltern einer Paderborner Jungmädelführerin, die sie ab und zu zu einer warmen Mahlzeit eingeladen hätten. Später wohnten die fünf hauptamtlichen Führerinnen des Untergaues (BDM-Untergauführerin, JM-Untergauführerin, Sportwartin, Geschäftsstellenleiterin, Ringführerin) in drei Klassenräumen einer heruntergekommenen, zum Abriß leerstehenden Schule. Eine Küche oder gar ein Badezimmer gab es auch dort nicht, und die Zentralheizung war längst eingestellt worden.

Einmal durfte E. als 13jährige Jungmädelschaftsführerin Frieda zum Dienst abholen und war tief beeindruckt von der »Frauenwohngemeinschaft«, deren Einrichtung sich wesentlich von der ihr bekannten bürgerlichen Wohnkultur unterschied. Keine mit massiven Möbelstücken vollgestellten Räume, keine (unechten) Perserteppiche, keine gemusterten Tapeten, keine schweren, dunklen Übergardinen und auch keine »Stores«, sondern lichte Vorhänge, die bei Tage den Blick durch die unverhängten Fenster auf Bäume und Himmel freigaben. An den weiß getünchten Wänden hingen Farbdrucke und Ausstellungsplakate, von denen eine Abbildung der »Tänzerin« von Georg Kolbe aus dem Jahre 1912 im Gedächtnis geblieben ist: ein schmalhüftiges, anmutiges Mädchen mit kurzen, locker fallenden Haaren, in selbstbewußter, gelöster Hingabe an die Bewegung. Niedrige Bettgestelle mit bunten Decken dienten als Sitzgelegenheiten, einige Wäschetruhen und -körbe, Büchergestelle aus hellem Holz, leichte Schreibtische und viele Blumen und Pflanzen vermittelten der Besucherin ein völlig neues Raumgefühl. Unvergeßlich blieb eine mit blühenden Zweigen gefüllte dickbauchige grüne Ballonflasche, die auf dem hell gestrichenen Fußboden stand und fast die Hälfte des »Wohnzimmers« füllte. E. war begeistert und nahm sich vor, später einmal, während des Studiums, mit anderen Mädchen in ähnlicher Weise zusammenzuleben.

Manchmal erzählte Frieda von ihrer damaligen Tätigkeit. Ständig sei sie im ausgedehnten Landkreis Paderborn mit dem Fahrrad unterwegs gewesen, um in Kleinstädten und Dörfern Jungmädelgruppen zu besuchen und in ihrer Arbeit zu ermutigen. Dabei habe sie bei Wind und Wetter, an heißen Sommer- wie an kalten Wintertagen, oft 80 bis 100 Kilometer am Tag abgefahren. Und dann sagte sie kopfschüttelnd: »Wenn ich so darüber nachdenke, wieviel Idealismus wir damals gehabt haben. Und für eine so schlechte Sache!«

Die Auslese

1936 wurde das »Gesetz über die Hitlerjugend« erlassen. Die nunmehr staatliche Organisation bekam neben Elternhaus und Schule einen gleichwertigen Erziehungsauftrag für die gesamte deutsche Jugend. Beginnend mit dem Jahrgang 1926, wurden die jeweils zehnjährigen Jungen und Mädchen nahezu vollständig in das Deutsche Jungvolk und den Jungmädelbund eingegliedert. Nach offiziellen Angaben betrug die Zahl der im Jungmädelbund erfaßten zehn- bis 14jährigen Mädchen 2,4 Millionen. Im JM-Untergau 281, Gebiet 9 (Westfalen), der die Kreise Paderborn, Büren, Höxter und Warburg umfaßte, mögen es damals etwa 3000 Jungmädel, allein in der Stadt Paderborn rund 1000 gewesen sein, und entsprechend diesem Zuwachs stieg der Bedarf an Führerinnen.

Zur Führerinnenschaft einer JM-Gruppe (ca. 150 bis 200 Jungmädel) gehörten außer der 15- bis 17jährigen Gruppenführerin vier Scharführerinnen und acht bis zwölf Schaftsführerinnen. Die JM-Scharen waren in der Regel jahrgangsweise gegliedert (Schar IV Zehnjährige, Schar III Elfjährige, Schar II Zwölfjährige, Schar I Dreizehnjährige), und jede Schar war wiederum aufgeteilt in zwei bis vier Jungmädelschaften zu je zehn bis 15 Mädchen. Der Altersabstand der Führerinnen zu den Geführten betrug etwa zwei bis drei Jahre, bei den hohen Rängen eher weniger. Zwischen 1935 und 1942, der Zeit, in der E. in der Hitlerjugend war, wurden die besoldeten Dienstgrade in Paderborn von 18- bis 20jährigen wahrgenommen.

Der eigentliche Dienst lag fast ausschließlich in den Händen ehrenamtlicher Führerinnen, die kaum dem Kindesalter entwachsen waren. Das Prinzip der Jugendbewegung, »Jugend soll von Jugend geführt werden«, wurde in einem extrem Ausmaß realisiert und schloß die mit dem Alter zunehmende Kritikfähigkeit an Organisationsmustern und politischen Inhalten aus. Abgesehen davon hätte wohl auch kaum eine genügende Anzahl älterer Mädchen für den immensen Führerinnenbedarf einer Massenorganisation gewonnen werden können.

Die meisten (ehrenamtlichen) Führerinnen beendeten ihre Tätigkeit nach einem bis zwei, höchstens drei Jahren wegen beruflicher Anforderungen, häuslicher Verpflichtungen, Schulschwierigkeiten oder einfach, weil sie keine Lust mehr hatten. Nach vorsichtigen Schätzungen muß es zwischen 1933 und 1945 allein in Paderborn etwa 400 bis 500 Mädchen gegeben haben, die für kürzere oder längere Zeit Führungspositionen im JM-Bund innehatten. Zusammen mit den Führerinnen des BDM und des BDM-Werkes »Glaube und Schönheit« mögen es mehr als 800 gewesen sein, von denen die meisten allerdings nicht über den Rang einer Schaftsführerin hinauskamen.

Der Führerinnennachwuchs für den Jungmädelbund wurde ein Jahr lang in einer JMFA-Sondergruppe (JMFA = Jungmädelführerinnenanwärterin) auf die späteren Aufgaben vorbereitet und bei »Bewährung« am 20. April (»Führers Geburtstag«) mit der Führung einer Jungmädelschaft neu aufgenommener Zehnjähriger beauftragt. Die Führungsaufgaben einer Schaftsführerin reichten kaum hinaus über Beitrageinsammeln, Listenführung, Antreten- und Durchzählenlassen, der Scharführerin Meldung machen und ihr bei der Durchführung des Dienstes diszipliniert und tatkräftig zur Seite zu stehen. Alle JM-Führerinnen trafen sich einmal wöchentlich zu einem Schulungsabend, nahmen an Wochenend- und Großfahrten, als Jugenddelegation an Parteiveranstaltungen teil und waren jederzeit und kurzfristig für Sonderaufgaben zu mobilisieren. Die Auslese erfolgte innerhalb der Einheiten, die für ihren Führerinnennachwuchs selbst sorgen mußten. Wo es einen inneren Zusammenhalt in jener Organisation gab, beruhte er nicht auf Amtsautorität (»Ich als deine Führerin, befehle dir . . .«), sondern auf Wärme, Sympathie und Verehrung für nur wenig ältere Geschlechtsgenossinnen, die manchmal in pubertäre Schwärmerei ausartete. Eine Führerin, die bei ihrer Schaft, Schar oder Gruppe nicht »ankam«, nicht irgendein »Charisma« ausstrahlte (worin das auch immer bestanden haben mag), hatte kaum Chancen, den von ihr geplanten Dienst einigermaßen »ordnungsgemäß« durchzuführen. Wenn er langweilig war und den Bedürfnissen der Jungmädel allzuwenig entgegenkam, blieben viele einfach weg.

Die äußere Erscheinung einer Führerin spielte eine nicht unwesentliche Rolle. Kriterien der Jungmädel für gutes Aussehen waren ziemlich unabhängig vom propagierten NS-Ideal (im Jargon der Hitlerjugend »B^3« – blond, blauäugig, blöd) und von den allgemeinen (männlichen) Normen für weibliche Schönheit. Eine ideale Führerin mußte stolz, selbstbewußt und herbe aussehen. Freundliches Lächeln, Lob und Zuwendung machten dann sehr viel mehr Eindruck. Eine markante Nase oder andere Disproportionen des klassischen Schönheitsideals störten dabei ebensowenig wie (rassige) dunkle Haar- und Augenfarbe. Gespielte oder echte »Waffen einer Frau« (Ängstlichkeit, Hilflosigkeit, Unterwürfigkeit oder gar Koketterie) verpufften in einer reinen Mädchenorganisation ohnehin völlig wirkungslos.

Die Auswahl für die JMFA-Sondergruppe traf die JM-Gruppenführerin zusammen mit ihren Schar- und Schaftsführerinnen. E., die in den Jahren 1941 und 1942 als Führerin einer JM-Gruppe Anwärterinnen für den Führungsnachwuchs ausgewählt hat, erinnert sich an Besprechungen mit »ihren« Scharführerinnen, wen man denn nun melden solle, aber nicht an diesbezügliche Richtlinien. Ein Jungmädel, das regelmäßig und in »vorschriftsmäßiger Dienstkleidung« zum Dienst kam, sich eifrig an Sport und Spiel, Musik und Tanz beteiligte, Interesse zeigte für Sagen und Märchen, Lieder und Sprüche, die nähere und weitere Heimat, das sich freiwillig zu Sonderaufgaben meldete (Sammeln für das Winterhilfswerk z. B.), nicht allzu schüchtern war und sich auf Fahrten, im Lager und bei Geländespielen durch Unternehmungslust und Kameradschaft auszeichnete, hatte gute Chancen, zur »FA« vorgeschlagen zu werden. Manchmal genügte es auch, einfach nur lustig, schlagfertig, originell und selbstbewußt zu sein, vorausgesetzt, daß diese Eigenschaften sich nicht allzu störend in der Gruppengemeinschaft bemerkbar machten. Außerdem gab es den Trick, aus »störenden Elementen« durch die Übertragung von Führungsaufgaben eifrige und begeisterte Mitglieder des JM-Bundes zu machen.

E. sang gut und sicher auch Ober- und Unterstimmen, spielte einige Instrumente und erwarb sich später auf Lehrgängen Chorleiterqualifikationen. Sie entwickelte das Talent, frei zu sprechen und spannend zu erzählen. Einige Jahre hindurch bewährte sie sich auch bei »Stegreifspielen« in den Rollen von Zwergen, Kobolden, Hofnarren, Teufeln und anderen Zwitterwesen, später als Spielleiterin bei der Umgestaltung von Märchentexten in szenische Folgen und der Andeutung zauberhafter Verwandlungen mit phantasievollen Bühnentricks. Sie war auch erstaunlich leistungsfähig auf Wanderungen, Radtouren und bei sonstigen körperlichen Dauerbelastungen, im Leistungssport jedoch eine totale Niete. Da aber in einer JM-Gruppe mindestens 15 Führerinnen zusammenarbeiteten, ergab sich ganz von selbst eine den jeweiligen Talenten und Vorlieben entsprechende Arbeitsteilung.

Als zwölfjährige JMFA ließ E. diese in ständigem Kampf gegen Schüchternheit und Lampenfieber mühsam erworbenen »Führungsqualitäten« nicht im entferntesten ahnen. Sie wurde auch nur deshalb JMFA, weil ihre Freundin Evchen so »nordisch« aussah. Evchen verkörperte mit ihren dicken, hellblonden Zöpfen, den blauen Augen und dem schmalen Gesicht in geradezu idealer Weise den Typ des »echten deutschen Mädchens«, wie er auf Plakaten, in Werbebroschüren der Hitlerjugend sowie in Zeitungen und Wochenschauen abgebildet war. Ein solches Aussehen wurde in der Hitlerjugend keineswegs kritiklos mit »Führungsqualitäten« gleichgesetzt, wirkte aber doch wie eine Art Bonus. Und weil Evchen darüber hinaus musikalisch, phantasievoll, mutig, selbstbewußt, auch geltungsbedürftig war und außerdem bei den alljährlich stattfindenden Reichsjugendsportwettkämpfen außergewöhnlich hohe Punktzahlen erreichte, war ihre Meldung zur JMFA-Sondergruppe unausweichlich.

Evchens Mutter war mit der »Berufung« ihrer Tochter nicht einverstanden. Sie fürchtete, daß die Schulleistungen Evchens durch diese Sonderbeanspruchung absinken könnten, und auch, daß die Freundschaft der beiden seit Vorschulzeiten Unzertrennlichen darunter leiden würde. Daher stellte sie die Bedingung: »Entweder beide oder keine.« Und weil man auf das vielversprechende Evchen nicht verzichten wollte und gegen ihren weit unauffälligeren Schatten nichts anderes einzuwenden hatte, als daß man E. zu still, zu schüchtern und »verschlossen« für eine Führerinnenlaufbahn fand, wurden beide am 20. April 1937 in die FA-Sondergruppe aufgenommen.

Damals ärgerte sich »Evchens Schatten« darüber, daß sie nicht die blauen Augen der mütterlichen Familie geerbt hatte. Aber weil die Zwölfjährige seit früher Kindheit von Onkeln und Tanten, Verwandten und Bekannten gelegentlich Bemerkungen über den angeblich reizvollen Gegensatz zwischen blonden Haaren und dunklen »Rehaugen« gehört hatte und bereits wußte, daß bei Mädchen später einmal das Äußere wichtiger war als bei Jungen, siegte sehr bald die »natürliche weibliche Eitelkeit« über den »Nordfimmel«. Die häufigen Kamillespülungen, mit denen das junge Mädchen den natürlichen Nachdunkelungsprozeß ihrer Haare aufzuhalten versuchte, galten aber nicht nur der Aufrechterhaltung jenes reizvollen Gegensatzes, sondern waren auch Zugeständnisse an einen Zeitgeist, der Begriffe wie »Aufnordung«, »Wiedervernordung«, Kampf gegen die »Entnordung« etc. zum Programm erhoben hatte.

Mit ihren eher weichen, wenig profilierten Gesichtszügen fand sie sich erst später ab, da sie nur geringe Ausdrucksmöglichkeiten für Kühnheit, Entschlossenheit und Willensstärke boten. Während das Kind, das junge Mädchen auf Schnappschüssen fröhlich oder versonnen, ausgelassen oder nachdenklich aussieht, blickte die Zwölf-, die 14-, die 16jährige »stolz und kühn« in die Kamera, wenn es um ein Paßbild für den Jungmädel-, den Führerinnen- oder den Jugendherbergsausweis ging. Die flehentlichen Bitten des Fotografen um etwas mehr Freundlichkeit empfand sie als lächerliche Zumutung eines Menschen, der überhaupt keine Ahnung hatte, »um was es ging« – und war jedesmal tief enttäuscht, auf den entwickelten Bildern keineswegs stolz und kühn, nicht einmal »herbe«, sondern brummig, verdrossen und beleidigt auszusehen.

Mit Politik hatte jene Auswahl zur JMFA-Sondergruppe wenig zu tun. Liebe zu Volk und Vaterland, Glaube an Deutschland und an den Führer wurden ungeprüft vorausgesetzt. Später kontrollierte niemand, ob die vorgeschriebenen Themen aus den Schulungsheften auf Heimnachmittagen behandelt oder ob die Nachmittage von der JM-Führerin ausschließlich mit Gesellschaftsspielen, Liedern oder dem Vorlesen aus spannenden Kinderbüchern (»Wolga-Kinder« von Erika Müller-Hennig, »Emil und die Detektive« von Erich Kästner, »Die Langerudkinder« von Marie Hamsun u. a.) ausgefüllt wurden.

Die politische Einstellung des Elternhauses interessierte in der Hitlerjugend niemanden und war auch für viele Mädchen kein Grund, sich Führungsaufgaben im JM-Bund zu verweigern. So war Elisabeth, Tochter des 1935 seines Amtes enthobenen Stadtbaurates, ebenso begeistert dabei wie Fränze, Tochter eines 1933 zwangspensionierten Studienrates, und Waltraud, deren Onkel, ein katholischer Politiker und offener Gegner der nationalsozialistischen Kirchen- und Rassenpolitik, anläßlich des »Röhm-Putsches« im Jahre 1934 ermordet worden war. Die in Bürgerkreisen zunächst bestehende Furcht vor antikirchlicher Beeinflussung in der Hitlerjugend ließ nach, als die ehrenamtlichen Führungspositionen im Deutschen Jungvolk und im Jungmädelbund von Paderborn fest in der Hand von Söhnen und Töchtern angesehener katholischer und evangelischer Bürger lag (Ärzte, Apotheker, Rechtsanwälte, Kaufleute, Unternehmer, Studienräte und Lehrer) und katholische Jungmädelführerinnen auf Fahrt und im Lager zusammen mit den katholischen Jungmädeln an Sonntagen den Gottesdienst besuchten.

Da die Auswahl für die JMFA-Sondergruppe einzig und allein in der Verantwortung der 15- bis 17jährigen Gruppenführerin lag, hatten Töchter von Parteifunktionären keineswegs bessere Startchancen für eine Führerinnenkarriere, schon gar nicht, wenn sie allzu selbstverständlich glaubten, eine solche beanspruchen zu können, denn weder Staat noch

Partei hatten Mitspracherecht. Ähnliche Entscheidungen fanden bei jeder Beförderung in einen Dienstgrad mit höherer Verantwortung statt und bewiesen zumeist Unbestechlichkeit und einen erstaunlich sicheren Instinkt für menschliche Qualitäten. Die Geschwister Scholl – Hans und Inge, Sophie, Werner und Liesel, zeitweise begeisterte Führer und Führerinnen der Hitlerjugend – waren nicht die Ausnahme, sondern die Regel.

Das Jahr in der FA-Sondergruppe erlebte E. als schönste Zeit in der Hitlerjugend, noch ohne Führungsverantwortung, als Gleiche unter Gleichen, bei einer geliebten Führerin, die den Dienst spannend und interessant zu gestalten wußte. Hier traf sie, nach langen Jahren konfessionell getrennter Schulzeit, ihre Vorschulfreundin Margot wieder und kam zum erstenmal mit Mädchen aus der evangelischen Mittelschule zusammen. Hier lernte sie viele originelle und vitale Volksschülerinnen aus allen Vierteln der Stadt kennen.

Volksschülerinnen waren allerdings nur zu etwa einem Drittel, höchstens der Hälfte in der JMFA-Gruppe vertreten. Sie beendeten ihre Führerinnentätigkeit früher als Oberschülerinnen und stiegen seltener zu höheren Dienstgraden auf. Schulentlassene Jungmädelführerinnen mußten zwar am Mittwochnachmittag aus dem »Pflichtjahr«, der Lehre oder dem Betrieb freigestellt werden und konnten zur Teilnahme an Schulungslagern über die regulären Urlaubstage hinaus eine Art »Bildungsurlaub« beanspruchen, aber die Betriebe gewährten solche Freistellungen nur ungern, ganz zu schweigen vom Unmut der Kolleginnen und Kollegen. Außerdem wurden die Volksschülerinnen mit dem Berufseintritt schneller dem Erwachsenenleben eingegliedert und verloren das Interesse an einer JM-Führerinnentätigkeit.

Führungsfunktionen im BDM wurden in Paderborn vorwiegend von jungen Angestellten sowie ab 1941 von Studentinnen der Lehrerbildungsanstalt wahrgenommen, die im Schulgebäude des St.-Michaels-Klosters eingerichtet worden war. Zwischen JM- und BDM-Führerinnen gab es zumindest in den Jahren, in denen E. »aktiv« war, kaum Kontakte, noch weniger mit den HJ- und DJ-Führern.

Die JMFA-Gruppe traf sich mittwochs zum Heimnachmittag, samstags zum Sport und einmal im Monat auf einer Wochenendfahrt oder Wochenendschulung mit Mädchen aus den drei Kreisstädten Büren, Warburg und Höxter, aus den Dörfern an Alme und Lippe, Diemel und Nethe, vom Sintfeld, aus der Senne, von den Hängen des Eggegebirges und des Teutoburger Waldes. Zum Abschluß wurde ein einwöchiges Lager in der Jugendherberge zu Oerlinghausen veranstaltet.

Die für eine Führerinnenlaufbahn vorgesehenen Zwölfjährigen des Jahrganges 1925 führte eine 16jährige Oberschülerin, die nicht nur von den beiden unzertrennlichen Freundinnen verehrt, geliebt und angeschwärmt wurde. Ilse, eine Offizierstochter, hatte warme, freundliche dunkle Augen und hellbraune, lockige Haare. Eine Strähne, die ihr immer wieder ins Gesicht fiel, pflegte sie mit unnachahmlichem Schwung zurückzuwerfen oder mit vorgeschobener Unterlippe aus der Stirn zu pusten. Zur Zivilkleidung trug sie den ganzen Winter hindurch Kniestrümpfe.

In einer Zeit, in der lange Hosen als selbstverständliche Mädchenkleidung unbekannt waren und lange Strümpfe als zimperlich galten, erhöhten nackte, blaugefrorene Knie nicht nur das Körpergefühl, sondern auch die soziale Rangordnung.

In lebhafter Erinnerung ist ein Heimabend, auf dem Ilse von Mädchenorganisationen aus anderen Ländern berichtete. Dazu hatte sie viele Fotos aus der Zeitschrift »Das deutsche Mädel« ausgeschnitten und aufgeklebt. Noch heute, nach mehr als 40 Jahren, stehen E. diese Bilder vor Augen: »Girl scouts« aus England am Lagerfeuer, eine zierliche französische Pfadfinderin beim Abkochen, die ihren Hut mit einer Kordel unter dem Kinn festgebunden hatte, finnische »Lottas« mit roten Backen und weißblonden Haaren, ein schönes blondes »Sokol«-Mädchen mit gestickter Bluse, kurzem Rock und unwahrscheinlich langen Beinen aus der Tschechoslowakei, Mädchen der spanischen Falange, zu deren Uniformen Baskenmützen und richtige Schlipse gehörten und die wie Soldaten in tadellos ausgerichteter Formation mit dem Falange-Gruß aufmarschierten, rumänische, italienische, norwegische, holländische, österreichische und dänische Mädchengruppen auf Fahrt und im Lager, bei Sport, Spiel und Tanz, denn das Jahr 1938 war für die gesamte Hitlerjugend zum »Jahr der Verständigung mit der ausländischen Jugend« erklärt worden. E. freute sich darauf, einmal mit Mädchen aus aller Welt zusammenzukommen, mit ihnen zu singen, zu spielen und zu tanzen.

Die Kunstfigur

> »Ich gelobe . . .
> in der Hitlerjugend . . .
> allezeit meine Pflicht zu tun . . .
> in Liebe und Treue zum Führer . . .«

So gelobte es die 13jährige an einem stürmischen Frühlingstag des Jahres 1938. Das war am Ehrenmal für die Gefallenen des Ersten Weltkrieges, hoch oben auf dem Tönsberg bei Oerlinghausen im Lipperland – und das war keine leere Formel. E. liebte diesen Mann – besser gesagt, die Legende dieses Mannes – viele Jahre ihrer Kindheit und Jugend hindurch. Und mit dieser Liebe stand sie nicht allein.

In den Vorkriegsjahren, als Not, Hunger und Massenelend endgültig der Vergangenheit anzugehören schienen, als das Saarland und Österreich, Sudeten- und Memelland »heim ins Reich« kehrten und der Jubel der »Blumenkriege« beim Einmarsch deutscher Soldaten in Wien und Linz, Eger und Aussig, Memel und Tilsit durch Volksempfänger und Wochenschauen bis in die letzte Hütte drang, hatte die Führergläubigkeit des Volkes ihren Höhepunkt erreicht. Führergläubigkeit bedeutete nicht bedingungslose Zustimmung zum NS-Regime, aber Hitler-Anhänger war damals die Mehrheit des deutschen Volkes, und die Kritik zog sich auf die Formel zurück: »Wenn das der Führer wüßte!«

Es wäre unrealistisch, den veröffentlichten – zwischen 95 und 99 Prozent Zustimmung schwankenden – Ergebnissen der insgesamt fünf Volksentscheidungen (Plebiszite) jegliche Beweiskraft abzusprechen.

Vier Wochen nach dem Einmarsch deutscher Truppen in Österreich durften die deutschen Wähler sowohl zu Hitlers Politik im allgemeinen wie auch zum Anschluß Österreichs mit Ja oder Nein Stellung nehmen: »Bist du mit der am 13. März vollzogenen Wiedervereinigung Österreichs mit dem Deutschen Reich einverstanden und stimmst du für die Liste unseres Führers Adolf Hitler?« Nach jenem Wahlsonntag berichtete »unser Kathrina«, daß es in Boke, ihrem katholischen Heimatort, unter den dreihundertsoundsoviel Stimmen nur eine einzige Neinstimme gegeben habe. Sie bezweifelte dieses Ergebnis keineswegs, sondern meinte, daß man sich im Dorf schon denken könnte, wer diese Neinstimme abgegeben habe – der sei nämlich nicht ganz zurechnungsfähig.

Die veröffentlichten Wahlergebnisse hatten zudem eine gewisse Wahrscheinlichkeit für sich, da die Zustimmung der Großstädte Berlin und Hamburg in der Regel »nur« bei 95 Prozent, in einzelnen, ehemals »roten« Stadtvierteln sogar unter 90 Prozent lag.

Aber auch das ist die Wahrheit: Jene Millionen Führergläubigen und Hitler-Anhänger stimmten nicht für ihn, weil sie für Krieg und Massenmord waren.

Der von Hitler selbst, seinem Stellvertreter Rudolf Heß und dem Propagandaminister Goebbels konstruierte »Führermythos« wurde E. von angesehenen, glaubwürdigen Menschen vermittelt: Eltern und Lehrern, Verwandten und Bekannten, Führerinnen und Nonnen, solchen, die mehr »dafür«, und solchen, die mehr »dagegen« waren:

Der Führer –

der Deutschland vorm Kommunismus gerettet,

die Fesseln des »Schanddiktats von Versailles« zerrissen und

das deutsche Volk aus Not und Elend, Schmach und Schande befreit hatte,

der die seit Jahrhunderten unerfüllte Sehnsucht des deutschen Volkes nach einem starken und stolzen, freien und friedlichen deutschen Reich eingelöst und alle Deutschen in seinen Grenzen vereinigt hatte,

der »unbekannte Soldat aus dem Ersten Weltkrieg«, der beschloß, Politiker zu werden, als alle anderen versagten,

der einfache Mann aus dem Volke, der Tag und Nacht hinter dem erleuchteten Fenster der Reichskanzlei alle seine Kräfte für Deutschland einsetzte,

der große Einsame, der aus Liebe zu Deutschland auf jegliches Privatleben verzichtete und sich nur ab und zu neue Kraft in den geliebten Bergen seiner Heimat holte,

der unbeschränktes Vertrauen und bedingungslose Treue verdiente, dem man das eigene Schicksal und das Schicksal des deutschen Volkes getrost überlassen konnte,

selbstlos, bescheiden, anspruchslos, unbestechlich, dabei von tiefer Herzensgüte,

mit klarem Verstand, unerhörtem Überblick, voll Kühnheit, Besonnenheit und Willenskraft zugleich.

Ungezählt sind die Lieder, Gedichte und Hymnen, die den Führer, als einen von Gott Gesandten, aus der Masse der gewöhnlichen Sterblichen heraushoben »und er doch Mensch blieb, so wie du und ich« (Baldur von Schirach). Die Herkunft des Führers aus dem namenlosen Nichts wurde als urgermanische Tradition ausgegeben: »Nun gelte wieder Urväter Sitte, es steigt der Führer aus Volkes Mitte« (Will Vesper), und als wunderbare Fügung besungen und bedichtet: »Im Volk uns geboren, entstand uns ein Führer, gab Glauben und Hoffnung an Deutschland uns wieder« (Otto Pardun), »Himmlische Gnade uns den Führer gab, wir geloben Hitler Treue bis ins Grab« (Heinrich Spitta). Die allzu christliche »himmlische Gnade« des ehemaligen Kirchenmusikers Heinrich Spitta wurde zwar später durch ein »ewiges Walten« ersetzt, der übrige Text des vom Nachfolger Fritz Jödes im Amt für Kirchen- und Schulmusik 1933 geschriebenen und vertonten Liedes entsprach mit seiner Blut-und-Boden-Mystik voll und ganz den Bedürfnissen der Zeit:

»Erde schafft das Neue, Erde nimmt das Alte;

deutsche heil'ge Erde, uns allein (!) erhalte!

Sie hat uns geboren, ihr gehören wir;

Treue, ew'ge Treue kündet das Panier.

Wir Jungen schreiten gläubig, der Sonne zugewandt,

wir sind ein heil'ger Frühling, ins deutsche Land!

. . .

Himmlische Gnade (ewiges Walten) uns den Führer gab;

wir geloben Hitler Treue bis ins Grab.

Wir Jungen . . .«

Andere Gedichte und Hymnen bemühten den alten Mythos des nach jahrhundertelangem Schlaf erwachten großen Volksführers, und im Unterricht der Schulen wurde die gesamte Geschichte des Deutschen Reiches (von Karl dem Großen über Heinrich I., Friedrich den

Großen und Bismarck) als Stückwerk dargestellt, das immer wieder an der »unseligen deutschen Zwietracht« gescheitert sei. Der Führer, als Begründer des letzten, des Dritten, des Tausendjährigen Reiches, erschien so als »Vollender der Geschichte«.

Nicht nur »Dichter der Bewegung« beteiligten sich an den Lobeshymnen für den Führer, sondern auch viele schon in der Weimarer und später in der Bundesrepublik hoch angesehene Schriftsteller wie Agnes Miegel, Hans Carossa, Rudolf Alexander Schröder, Hermann Claudius und andere, in deren gesammelten Werken diese Erzeugnisse schamhaft unterschlagen werden, wie z. B. die folgenden Zeilen des Rudolf Alexander Schröder:

»Das Banner fliegt, die Trommel ruft,
vom Schritt der Heere dröhnt die Luft,
sie stäubt von Rossehufen.
Ihr Kind und Weiber helf Euch Gott,
wir Männer sind da vorne not:
Der Führer, der Führer hat gerufen.
Sie haben uns schon kleingeglaubt!
Nun komme zehnfach auf ihr Haupt
die Not, die sie uns schufen!
Die Zeit ist reif und die Saat.
Ihr deutschen Schnitter auf zur Mahd:
Der Führer, der Führer hat gerufen.
Und zieht das dreiste Lumpenpack
die alten Lügen aus dem Sack,
drauf sie sich stets berufen,
wir gerben ihm sein lüstern Fell,
wir kommen wie Gewitter schnell:
Der Führer, der Führer hat gerufen.«

Gemessen an diesem aggressiven Text des damals schon über 50jährigen Rudolf Alexander Schröder erscheint das zum Stammrepertoire nationalsozialistischer Feierstunden gehörende »Heilig Vaterland« aus dem Jahre 1914 vergleichsweise zahm: »Eh der Fremde dir deine Kronen raubt, Deutschland, fallen wir, Haupt bei Haupt!«

Die liebevollen Nachrufe auf den vor einigen Jahren im gesegneten Alter von 102 Jahren verstorbenen Hermann Claudius erwähnen ausnahmslos sein »Wann wir schreiten Seit' an Seit'«, weil dieses Lied vor 1933 gern von der sozialistischen Arbeiterjugend gesungen wurde, ehe es HJ und NSDAP als »Lied der neuen Zeit« für sich vereinnahmten. Ebenso ausnahmslos verschweigen sie sein »Gebet für den Führer«, das damals als »besonders geeignet für Morgenfeiern der Hitlerjugend« empfohlen wurde:

»Herrgott, steh dem Führer bei,
daß sein Werk das Deine sei,
Daß Dein Werk das seine sei,
Herrgott, steh dem Führer bei!«

Das Gebet endete mit der kaum ironisch gemeinten Zeile:

»Herrgott, steh uns allen bei.«

E. lernte das »Gebet für den Führer« als 15jährige auf einem Singeleiterlehrgang der Obergauführerinnenschule und auch, daß der Text von Hermann Claudius, dem Urenkel des »Wandsbeker Boten«, stammte. Matthias Claudius galt mit seinem »Der Mond ist aufgegangen« als ein Vertreter der deutschen Innerlichkeit und des deutschen Gemütes. Daß sein Urenkel sich nun »zum Führer bekannte«, erschien der Heranwachsenden ein weiterer Beweis dafür, daß die deutsche Kultur bei der NS-Regierung in besten Händen war.

Jahrelang war das Kind ebenso wie das junge Mädchen stolz darauf, einer »politischen« Jugendorganisation anzugehören, obwohl sich das »Politische« in der Hitlerjugend auf kritiklose Gläubigkeit und Gefolgschaftstreue zum Führer beschränkte.

Führergläubigkeit, das war vor allem eins: ungeheuer bequem und verlockend einfach. Vielleicht schätzte das deutsche Volk, ermüdet und enttäuscht vom Streit der mehr als 35 Parteien in der Weimarer Republik, von den ständigen Wahlen, den ständig wechselnden Regierungen und Koalitionen, den Wirtschaftskrisen, Putschversuchen, Notverordnungen, am Führer und Führerstaat vor allem eins, daß es mit der Politik in Ruhe gelassen wurde und trotzdem das Gefühl hatte, an ihr teilzunehmen.

»Ein Volk, ein Reich, ein Führer«, »Führer befiehl, wir folgen« und »Der Führer hat immer recht«, so hießen die Sprüche, von denen der letzte E. doch etwas übertrieben vorkam. Schließlich war »er« kein Gott, sondern nur ein »unerhörter Glücksfall der Geschichte«.

Die »Treue zum Führer« muß wirksam und tief in unbewußten Seelenschichten verankert gewesen sein. Als E. dieses Kapitel niederschrieb, erwachte sie plötzlich, mitten in der Nacht, mit wild klopfendem Herzen und einem ganz elenden Gefühl, dessen Inhalt sie noch gerade am letzten Zipfel ins Bewußtsein zurückholen konnte. Das Gefühl hieß: »Verrat«, es hieß: »Du hast die Treue gebrochen.« Am darauffolgenden Tag drängte sich ihr immer wieder die Melodie des »Prager Studentenliedes« auf (»Nach Süden nun sich lenken die Vöglein allzumal«), das damals, mit dem Text des Max von Schenkendorf, als »Treuelied der SS« gesungen wurde:

> »Wenn alle untreu werden, so bleiben wir doch treu . . .
> Ihr Sterne seid uns Zeugen, die ruhig niederschaun:
> Wenn alle Brüder schweigen und falschen Götzen traun,
> wir wolln das Wort nicht brechen, nicht Buben werden gleich,
> wolln predigen und sprechen vom heil' gen deutschen Reich.«

Aber auch das ist die Wahrheit: Schon die Achtjährige litt schmerzlich darunter, daß der Führer so durchschnittlich, ja eigentlich dämlich aussah. Seine äußere Erscheinung hatte gar nichts von einem Helden an sich, geschweige denn von einem Übermenschen. Und dann trug er immerzu diese dämliche Mütze mit dem steifen Schirm, die keinem Vergleich mit den salopp zerknitterten Kopfbedeckungen ehemaliger Freikorpskämpfer standhielt. Obendrein setzte er sie so peinlich gerade auf.

Zahlreiche Ölgemälde von »Künstlern der Bewegung« spiegeln zwar den Versuch wider, den banalen Zügen Hitlers Bedeutung und »Größe« beizulegen (so z. B. durch Blick in die Ferne oder einen aufgestellten Kragen), aber sie vermochten diesen Eindruck nicht zu verwischen. Ganz lächerlich fand E. das Bild des Führers in heroischer Pose mit Ritterrüstung, Helm und Schwert. Erträglicher waren Führerbüsten, weil er da keine Mütze trug und das Material eine gewisse metallische Überzeugungskraft ausstrahlte. Natürlich vertraute sie niemandem an, daß der Führer eigentlich dämlich aussah. Nicht aus Angst! Sie schämte sich dieses Eindrucks. Liebe und Verehrung durften sich doch nicht an Äußerlichkeiten stören! Es kam schließlich auf den Wert des Menschen an. Die Größe dieses Mannes darzustellen, reichten die Mittel der Kunst eben nicht hin.

Ein gewisser Trost waren Bilder aus Wochenschauen und Propagandafilmen, auf denen der Führer, wenn schon nicht bedeutend, so doch wenigstens sympathisch wirkte: bei der Olympiade 1936, als er sich beim dramatischen Staffellauf der deutschen Mädchen aufgeregt mit der Hand aufs Knie schlug, in Linz 1938, als er sich in der jubelnden,

lachenden Menschenmenge aus dem Auto zu seinem alten Geschichtslehrer hinunter-
beugte, oder wenn er Kindern, die ihm Blumen brachten, freundlich die Wangen
tätschelte. Allerdings fiel auf, daß sein Blick bei solchen »Pflichtübungen« oft merkwürdig abwesend über die kleinen Menschen hinwegging. Aber schließlich hatte er Wichtigeres zu tun, als mit Kindern zu schäkern. Sein »albernes Getue« bei der Taufe des
schreienden Säuglings Edda, Görings einziger Tochter, ging E. ziemlich auf die Nerven,
als sie es in der Wochenschau sah.

Später fand sie sich mehr oder weniger damit ab, daß der Führer so aussah, wie er nun
einmal aussah. Das Gesicht des »Führers« hatte einen solchen Vertrautheitscharakter
angenommen, daß es ihr schwerfiel, sein Aussehen aus kritischer Distanz zu beurteilen.
Zweimal hat E. den Führer leibhaftig gesehen. Das erste Mal im Jahre 1937 beim
Erntedankfest auf dem Bückeberg bei Hameln. Zum Fest der deutschen Bauern fuhren
in den Vorkriegsjahren verbilligte Sonderzüge aus der Umgebung. Weil man bei dieser
Gelegenheit Onkel Anton und Tante Klare verbilligt mit besuchen konnte, kam es dabei
zu kleinen Familientreffen.

Der Sonderzug erreichte Hameln frühmorgens in tiefer Dunkelheit, aber die schöne alte
Stadt an der Weser war hell erleuchtet. Das barocke Rathaus und das Rattenfängerhaus
waren von Scheinwerfern angestrahlt.

Auf dem Bahnhofsvorplatz und auf allen größeren Plätzen standen riesige buntbebän-
derte Erntekronen aus goldgelbem Stroh mit rotem Mohn, blauen Kornblumen und
weißen Margeriten. Die Schaufenster der Geschäfte waren mit den dicksten Kürbissen,
den rotbackigsten Äpfeln, den goldensten Ähren und dem appetitlichsten Brot dekoriert.
Die Schaufensterpuppen der Modegeschäfte vereinigten sich mit Sensen und Sicheln in
farbenfroher Bückeburger Tracht um echte Korngarben. Volkstanz- und Trachtengrup-
pen aus allen deutschen Gauen tanzten und sangen auf den Straßen bis hinab zu den
Anlagen am Weserufer. Bruder Günther war schon am Abend zuvor mit dem Fahrrad
die 75 Kilometer lange Strecke vorausgefahren, um sich um Mitternacht am Mittelgang
anzustellen. Die übrige Familie, vermehrt um die Hamelner Verwandten, wanderte in
kühler Oktober-Morgenfrische über taufeuchte Wiesen und Stoppelfelder zum fahnengeschmückten Bückeberg. Ein ganzer Berg voller fröhlicher Menschen in Festtagsstim-
mung. Wie viele mögen es gewesen sein? Tausende? Zehntausende? Vielleicht gar
Hunderttausende? Gedränge gab es jedenfalls nicht auf jenem Teil des Berges, wo sich
die Familie aufhielt, eher ein ständiges Kommen und Gehen. Jeder sprach mit jedem.
Witzbolde gaben ihre Kommentare zu Goebbels' frecher Schnauze und Görings dickem
Bauch, und alle lachten. E. trank – wenn auch mit leichtem Ekel – aus freigebig
angebotenen Flaschen Limonade und Kaffee, und die Männer genehmigten sich reihum
einen Schnaps, um einer Erkältung zu entgehen, die offenbar männliche Wesen besonders bedrohte. Als die Beine das lange Stehen nicht mehr aushielten, setzte man sich auf
Wolldecken und Mäntel, eigene und fremde, und es war eine richtige »Volksgemeinschaft«.

Gegen Mittag, als es fast sommerlich heiß wurde und die Oktobersonne auch die letzten
Tautropfen aufgesogen hatte, kam der Führer. Mit dem Fernglas konnte man die winzige
Gestalt erkennen, die in wirkungsvoller Einsamkeit vor dem blauen, wolkenlosen
Himmel auf der riesigen Rednerbühne stand. Die unvermeidliche Schirmmütze, der
schwarze Schnurrbart, von dem Tante Lina meinte, damit sähe er aus wie »Tscharlie
Tschäplin«.

Die sonore, heisere Stimme des Führers war durch die vielen, über den ganzen Berg
verteilten Lautsprecher allgegenwärtig, und die Zwölfjährige versuchte zuzuhören und

den langen Sätzen zu folgen. Sie glaubt sich noch an den für alle Führerreden typischen, verhältnismäßig ruhigen Stakkato-Anfang zu erinnern: »Nationalsozialisten und Nationalsozialistinnen, deutsche Volksgenossen und deutsche Volksgenossinnen! Als wir vor vier Jahren die Macht ergriffen ... da hat niemand vorausgesehen ...« Es kann aber auch geheißen haben: »Als ich im November 1918 als unbekannter Soldat aus dem Ersten Weltkrieg beschloß, Politiker zu werden ...« Als dann seine Stimme umschlug, lauter, leidenschaftlicher, gellender, metallischer, fanatischer – wie auch immer – wurde, ein Wechsel, den die Mutter mit »Warum schreit der bloß immer so?« kommentierte, schaltete die Zwölfjährige ab. Als es losging mit der »uuunbändigen Entschlossenheit«, dem »uuunerschütterlichen Willen« und der »uuunauslöschlichen, uuunbeirrbaren Liebe zu Deutschland«, hörte sie nicht mehr zu. Sie wußte ohnehin, daß der Führer auf dem rechten Weg war und das deutsche Volk sich auf ihn verlassen konnte.

Während der Rede versammelten sich viele dicht um die Lautsprecher. Nur dort konnte man jedes Wort richtig verstehen. Die meisten blieben auf ihrem Platz und klatschten in den Redepausen trotzdem. Die Mutter unterhielt sich mit ihren Schwestern Lina und Käthe über abwesende Familienmitglieder. Mit zwölf Geschwistern aufgewachsen, gab es Stoff genug auch für die längste Führerrede. Einmal prusteten sie laut in eine Redepause des Führers hinein. Einige Leute sahen sich mißbilligend um, und Onkel Anton schimpfte, weil er sich genierte. Da waren sie still, aber nicht für lange. Den »unbeschreiblichen Jubel«, als der Führer dann irgendwo in weiter Ferne den Mittelgang hinauf- und wieder herunterschritt, hörte man nur in den Lautsprechern. Dort, wo das Kind sich mit seiner Familie aufhielt, war es ruhig und friedlich, das Beifallklatschen war freundlich, aber mäßig. Niemand schrie »Heil«, und die Zwölfjährige war etwas enttäuscht, weil sie sich einen ganzen jubelnden Berg vorgestellt hatte. Sie traute sich aber nicht, so einfach von weitem »Heil« zu schreien.

Nach der Führerrede gab es auf dem gegenüberliegenden Berg ein Manöver. Die »Blauen« kämpften gegen die »Roten«. Panzer fuhren hin und her. Flugzeuge machten erstaunliche Kehren und Schleifen in der Luft. Ein bißchen wurde geknallt, und ein hübsches buntes Bilderbuchdörfchen aus Holz und Pappe wurde in Brand geschossen und fiel in sich zusammen. Im hellen Sonnenschein sah man keine Flammen, nur ein wenig Qualm.

E. fand das Manöver langweilig, Bruder Erwin spannend, Mutter und Tanten nicht ganz passend für ein Erntedankfest, Onkel Anton, Onkel Valentin und einige andere Weltkriegsoffiziere fingen an, militärisch zu fachsimpeln, und der Vater hörte höflich zu, weil er davon nichts verstand.

In der Dämmerung verloren sich die Massen, von Musikkapellen begleitet, auf den Wegen zu den festlich geschmückten Kleinbahnhöfen Tündern und Emmerthal, zu den Anlegeplätzen der Raddampfer, den Haltestellen der Sonderbusse, den Autoparkplätzen und Fahrradhallen. Im Wesertal zog eine kilometerlange Schlange in die Stadt Hameln. E. spielte auf ihrer Mundharmonika Wanderlieder. Viele Leute sangen mit.

Das zweite Mal sah E. den Führer im Sommer 1938 auf der Nordmarkfahrt der Jungmädelführerinnengruppe des Untergaus Paderborn mit dem Fahrrad durch die Lüneburger Heide nach Schleswig-Holstein. Die Fahrradroute war wegen der Anmeldungen in den Jugendherbergen monatelang vorher festgelegt. Es war Zufall – damals natürlich ein unerhörter Glücksfall –, daß der Aufenthalt in Kiel mit dem Staatsbesuch des ungarischen »Reichsverwesers« Nikolaus von Horty zusammenfiel, der dort zusammen mit dem Führer am Stapellauf des Panzerkreuzers »Prinz Eugen« teilnahm. Ein festliches Spektakel mit Fahnen, Musikkapellen und vielen Marineeinheiten, deren

Mützenbänder im Wind flatterten. Die »Prinz Eugen« rutschte bei strahlendem Sonnenschein ins Hafenbecken und sah, trotz der vielen bunten Wimpel, wie eine rostige Badewanne aus. Anschließend fuhr der Führer mit seinem Gast im offenen Wagen durch die Stadt. Die Gruppe am Straßenrand rief im Sprechchor »Westfalen grüßt den Führer«, und die 13jährige sah die Gestalt des Führers wirklich und leibhaftig in etwa zwei Meter Entfernung vorbeirollen, aufrechtstehend, lachend, mit gestrecktem Arm grüßend. Er sah genauso aus wie in den Wochenschauen. Viele Menschen standen winkend, klatschend und fähnchenschwingend am Straßenrand. Jungmädel und Pimpfe aus Kiel schrien »Heil« und versuchten, sich zwischen den freundlichen, schwitzenden, sich in Form einer Kette gegen den Druck der Menschenmenge stemmenden SA-Männern und Polizisten durchzuwinden, einige sogar mit Erfolg. Von »ungeheurem Jubel« war auch in Kiel nicht die Rede. Das lag wohl an den s-teifen Norddeutschen.

Das winzige Männlein auf dem Bückeberg war seltsam unwirklich geblieben. Jetzt hatte E. den Führer »wirklich« gesehen. Natürlich war das ein großes Erlebnis, weil es ein großes Erlebnis sein mußte. Aber gegen die Nacht im Hamburger Hafen auf der schwimmenden Jugendherberge »Hein Godenwind«, als nebenan der KDF-Dampfer »Wilhelm Gustloff« mit deutschen Arbeitertouristen nach Madeira auslief, als die Bordkapelle »Muß i denn, muß i denn zum Städtele hinaus« spielte und die Lichter sich im dunklen Wasser widerspiegelten, kamen jene Minuten in Kiel nicht an.

E. erinnert sich noch an Wochenschauen aus den letzten Monaten des Krieges. Ein vorzeitig gealterter Mann mit schleppendem Schritt und versteinerter Miene, dem bei der Auszeichnung von Hitlerjungen kaum noch ein müdes, bitteres Lächeln abzugewinnen war, und die 20jährige verspürte unendliches Mitleid mit diesem Mann, »auf dessen Schultern eine ungeheure Last, nämlich das Schicksal des ganzen deutschen Volkes, ruhte«.

Die Pflicht

E. war von 1938 bis 1942 JM-Führerin. Bei ihrer Ernennung zur Schaftsführerin empfand die 13jährige Freude und Stolz, wenn auch nicht für lange. Die Beförderung der 14jährigen zur Schar- und der 15jährigen zur Gruppenführerin erlebte sie als Übertragung einer verantwortungsvollen Pflicht, der sie sich nicht entziehen konnte. Zur Befriedigung von persönlichem Ehrgeiz, Geltungsdrang oder gar Machthunger eignete sich die fast die gesamte Freizeit beanspruchende Tätigkeit einer Führerin kaum, da solche »Gewinne« in keinem Verhältnis zum erwarteten Einsatz standen. Als JM-Schar- und -Gruppenführerin entwickelte sie zwar einen gewissen Ehrgeiz und freute sich, wenn »ihre« Schar, »ihre« Gruppe bei Wettbewerben und Wettstreiten in Musik, Sport und Stegreifspiel den ersten Preis erhielt und bei Sammlungen für das Winterhilfswerk, bei der Durchführung von Lazarettnachmittagen, dem Basteln von Spielzeug, dem Abschicken von Päckchen an »unbekannte Soldaten« usw. besondere Erfolge verbuchen konnte, aber letztlich war sie erleichtert, als ihr Ostern 1942 mit der drohenden Nichtzulassung zum Abitur wegen einer Fünf in Englisch ein Vorwand geliefert wurde, ihre aktive Laufbahn zu beenden.

Im ersten Jahr ihrer Führerinnentätigkeit spürte die 13jährige schon am Wochenanfang einen dumpfen Druck des Unbehagens, ja der Angst in der Magengegend. Kurz vor Dienstbeginn am Mittwochnachmittag brach regelmäßig eine Panik aus, weil das grüne Heftchen mit dem Namensverzeichnis »ihrer« Jungmädel oder das schwarze, mit

Druckknöpfen auf dem Blusenärmel aufzuknöpfende Gebietsärmeldreieck (West-West-falen) nicht aufzufinden waren. Wenn sie in letzter Minute aber in »vorschriftsmäßiger Dienstkleidung« durch die Bachstraße rannte, standen meist schon alle Jungmädel und Führerinnen in kleinen Gruppen lachend und schwatzend vor dem HJ-Heim an der Pader, einem alten, zu diesem Zweck stilvoll renovierten Fachwerkhaus, und der unausweichliche Augenblick rückte näher, in dem sie gelassen vor »ihre« Schaft hintreten, den rechten Arm ausstrecken und mit lauter Stimme rufen mußte: »Jungmädel-Schaft 1, in Linie angetreten, marsch, marsch!«

Eine Trillerpfeife erleichterte das Auf-sich-aufmerksam-Machen und wirkte auf die Pfeifende zurück, weil dem Pfiff das Kommando folgen mußte. Zeitweilig hörte man beim Antretenlassen viele schrille Pfiffe, bis mal wieder von oben die Anordnung kam, daß Trillerpfeifen nur im Notfall benutzt werden dürften. Die Ordnungsformen der Mädchen sollten zuchtvoll und diszipliniert, aber nicht zackig sein. Sie sollten keinem militärischen Drill gleichen, sondern dem weiblichen Wesen entsprechen. Aber die 13jährige und noch die 16jährige gab der Zackigkeit eindeutig den Vorzug vor der Weiblichkeit.

Nach dem Antretenlassen und dem »Richt euch!« kam das Durchzählen und die Anwesenheitskontrolle mit Namenaufrufen und Kreuzchenmachen. Dann war die Meldung fällig. Da mußte E., ohne sich zu versprechen oder gar steckenzubleiben, der Scharführerin laut und deutlich kundtun: »Jungmädel-Schar-Führerin! Ich melde dir: 17 Jungmädel der Jungmädel-Schaft 1 zum Dienst angetreten!«

Anneliese, die 14jährige Scharführerin, ein gutmütiges Mädchen, nahm jede mehr oder weniger gelungene Meldung freundlich entgegen. So schwand die Angst nach und nach, das Unbehagen blieb. Ihre Freundin Evchen hatte es am Anfang ihrer Führerinnenlaufbahn leichter. Sie brauchte nur den scharfen Kommandoton nachzuahmen, den ihre Mutter Kindern und Dienstmädchen gegenüber anschlug. Wenn »ihre« Schaft nicht schnell genug spurte, drehte sie sich um 180 Grad und brüllte das Kommando zum Antreten noch mal. E. brachte das erst erheblich später ungerührt fertig.

Obwohl der eigentliche Dienst von der Scharführerin oder der Gruppenführerin durchgeführt wurde, dachte die 13jährige mit Wehmut an die schöne Zeit zurück, in der sie einfach nur zugehört, mitgesungen, mitgespielt hatte, als Gleiche unter Gleichen, bei einer geliebten Führerin. Im ersten Jahr war sie oft ärgerlich, ja wütend über sich selbst und verfluchte den Tag, an dem sie sich darauf eingelassen hatte, Führerin zu werden. Ihr Bedürfnis nach Geborgenheit in der Gemeinschaft wurde in der Führerinnentätigkeit eher frustriert als erfüllt, weil sie »Verantwortung« trug, »vorne« stand, »Vorbild« sein mußte.

Auf die Dauer hätte sie das kaum ausgehalten. Zum Trost gab es viele Veranstaltungen der Führerinnen unter sich (Fahrten, Lager, Feierstunden), die von der verehrten und geliebten Untergauführerin geleitet wurden und bei denen sich die Situation der einfachen Mitgliedschaft wiederholte, nun aber sozusagen auf höherer Ebene und unter sehr viel erfreulicheren Umständen, nämlich in einer Gruppe, in der es keine »Lauen« und »Gleichgültigen« gab und mit der sie sich voll identifizieren konnte.

Die »Führungsqualität« einer JM-Schafts-Führerin erwies sich auch darin, daß ihre JM-Schaft vollzählig und in »vorschriftsmäßiger Dienstkleidung« zu den wöchentlichen Veranstaltungen erschien. Obwohl damals fast alle Eltern ihren Kindern irgendwann eine Uniform kauften oder die Mütter, so gut es ging, eine aus vorhandenen Sachen nähten, schon um sie nicht zu Außenseitern werden zu lassen, bedeutete der Uniformzwang eine erhebliche Belastung. Die Jungmädel mußten früh genug darauf drängen oder selbst dafür sorgen, daß die Bluse gewaschen und gebügelt wurde, Knöpfe angenäht waren und das »Zubehör« (Gebietsärmeldreieck, HJ-Abzeichen, Halstuch und Lederknoten) bereitlag. Eine JM-Schafts-Führerin mußte in dieser Hinsicht absolutes Vorbild sein.

E. wurde mit zwölf Jahren von der Mutter für das Waschen und Bügeln ihrer JM-Bluse verantwortlich gemacht, was damals erheblich mehr Arbeitsaufwand und Geschicklichkeit erforderte als heute. Weiße Blusen mußten gekocht und gestärkt werden. Nur bei einem bestimmten Feuchtigkeitsgrad gelang es, sie knitterfrei zu bügeln, nur bei einem bestimmten Stärkegrad erhielten sie die nötige Festigkeit. Wenn man zuviel Stärke genommen hatte, blieb der Stoff am Bügeleisen kleben, und wenn man ihn nicht sofort abriß, gab es braune Flecken oder ein Loch. Jungmädel aus bessergestellten Kreisen hatten es leichter, in vorschriftsmäßiger Dienstkleidung zum Dienst zu erscheinen. So brauchte in Evchens Elternhaus weder mit Waschpulver noch mit Strom gespart zu werden. Außerdem besaß sie zwei oder sogar drei JM-Blusen, und das Dienstmädchen übernahm das Waschen und Bügeln. Die Einzelteile der »Kluft« genannten Uniform und auch das Zubehör waren verhältnismäßig teuer und nur in Geschäften mit besonderer Lizenz zu erhalten. Abgesehen davon waren sie in vieler Hinsicht ausgesprochen unpraktisch. So gab es ständigen Ärger mit den Plastikknöpfen der Bluse, die das Kochen nicht ohne erhebliche Einbußen an Qualität überstanden. Sie verloren zunächst ihren Glanz, dann die Prägung (»JM im BDM«), ehe sie unaufhaltsam an den Rändern abbröckelten, bis zuletzt nur noch ein von Zwirnsfäden gehaltener Torso übrigblieb. Andererseits setzte aber jenes strahlende Weiß, das auf gleichermaßen strahlend sauberes Inneres schließen ließ, einen »Kochwaschgang« (natürlich ohne Waschmaschine) unbedingt voraus. Die acht großen Knöpfe, mit denen der Rock an die Bluse angeknöpft werden mußte, rissen zudem ständig aus, so daß ein gegengenähtes Verstärkerband erforderlich war. Wurden sie auf einem gesonderten Taillengummiband angenäht, mußten acht Knopflöcher in die Bluse eingeschnitten und versäubert werden. Blind auf den Rock genähte Knöpfe galten als »Vortäuschung falscher Tatsachen«. Der dicke, dunkelblaue Rock aus schwerem, flusigem Wollstoff, dessen Quetschfalte nach jedem Regen neu eingebügelt werden mußte, war im Sommer zu warm, im Winter zu kalt. Es gab nämlich keine Uniformmäntel, sondern nur braune Velvetjacken, die aus unerfindlichen Gründen »Kletterweste« genannt wurden. Darunter durfte eine Strickjacke getragen werden, halboffiziell eine schwarze, sogenannte Berchtesgadener Jacke, mit grün-roten Streifen am Hals. E. erinnert sich, an vielen Wintertagen »untenrum« erbärmlich gefroren zu haben.

Vom 1. Oktober bis zum 1. Mai waren lange braune Strümpfe vorgeschrieben, in den Sommermonaten weiße Söckchen. Dem Verbot, zur Uniform sportliche Kniestrümpfe tragen zu dürfen, fügte E. sich vor allem an warmen Herbst- und Frühlingstagen nur zähneknirschend. Ständigen Ärger gab es zudem mit Ohrringen. Außer Ring und Armbanduhr war keinerlei Schmuck zugelassen. Viele Mädchen in Paderborn, vor allem aus einfacheren Kreisen, trugen damals Herzchen, Korallen oder Perlen in den Ohren und weigerten sich, sie herauszunehmen, weil sie angeblich (oder auch tatsächlich) eingewachsen waren. Manche behaupteten auch, daß Ohrstecker die Sehkraft der Augen positiv beeinflußten, und beriefen sich dabei auf die Autorität der Eltern und sogar von Augenärzten. E. fand solch herzigen Ohrschmuck kitschig und zur Uniform unmöglich. Sie erinnert sich aber daran, bei diesbezüglichen Nörgeleien in manchen Fällen auf Granit gebissen zu haben. Jungmädel mit Ohrringen mußten es sich bei öffentlichen Veranstaltungen gefallen lassen, ins zweite Glied gestellt zu werden.

Gelegentlich gab es rührende Versuche von Müttern, ihren Töchtern aus vorhandenen

Sachen eine zumindest uniformähnliche Kleidung zu schaffen. Ein Jungmädel, das in der Kleppergasse in einem windschiefen, schon fast zusammengefallenen Häuschen wohnte und (vor Aufhebung der Beitragspflicht) nur fünf Pfennig statt der 35 zu zahlen brauchte, kam einmal mit einem schäbigen schwarzen Samtrock und einer lappigen »dunkelweißen« Seidenbluse, aber mit Halstuch, Lederknoten und »West-Westfalen« auf dem Ärmel zum Dienst. Einige Jungmädel machten sich darüber lustig. Die 13jährige Schaftsführerin würdigte das Bemühen ausdrücklich. Schließlich besaß sie in den ersten Jahren ihrer JM- und Führerinnenzeit auch keinen »vorschriftsmäßigen« Rock, sondern nur einen von der Hausschneiderin genähten aus einer alten Herrenhose ihres jüdischen Onkels. Einmal gab sie diese Herkunft im Kreis der JM-Führerinnen als eine Art Gag zum besten und erntete ein leicht hysterisches Gelächter: »Iiiiih, den ziehst du an!« Sie verteidigte sich damit, daß die Hose ja schließlich gewaschen und gewendet worden sei. Eine weiße Bluse, die sie bei weniger wichtigen Anlässen oder im Winter unter der Jacke trug, war das Erbstück einer Cousine und entbehrte der »vorschriftsmäßigen« Brust-taschen. E.s Uniformappelle fielen denn auch hinsichtlich der Bekleidungsstücke milde, hinsichtlich fehlender Abzeichen und überflüssiger Ohrringe weniger wohlwollend aus.

Zuwendungsbedürfnisse von Mädchen zu einer nur wenige Jahre älteren Geschlechts-genossin spielen wohl in jeder Kindheit und Jugend eine Rolle. Die Führerinnen des Jungmädelbundes waren verpflichtet, sich um Jüngere zu kümmern und einen großen Teil ihrer Freizeit mit ihnen zu verbringen. Sie trafen dabei oft auf eine erstaunliche Bereitschaft, sie als Autorität anzuerkennen und zu verehren, sei es wegen besonderer sportlicher oder musischer Begabungen, sei es wegen einer freundlichen und herzlichen Art oder aber, weil sie durch Witz und Schlagfertigkeit gute Laune verbreiteten, weil sie es verstanden, gut und spannend zu erzählen oder in Feierstunden »große Gefühle« zu erwecken. Ihre Autorität war zwar von anderer Art als die von Lehrern und Eltern, aber keineswegs geringer.

E. verehrte nach Abberufung jener Frieda auch ihre Nachfolgerin als Autorität, obwohl diese weniger »Charisma« ausstrahlte. »Ette« war ein lustiges, temperamentvolles, ja quirliges Mädchen mit schwarzem Bubikopf, blauen Augen und auffallend roten Backen, die mit 17 Jahren, ein Jahr vor dem Abitur, ihre Schullaufbahn abbrach, um den Platz der inzwischen zur Leiterin der Obergauführerinnenschule von Westfalen berufenen Vorgängerin einzunehmen. Wenige Jahre später bereute sie diesen Entschluß. Damals begegnete sie dem Widerstand ihrer Familie mit dem leidenschaftlich vorgebrachten Argument, daß die Übernahme dieses Amtes »wichtig für Deutschland« sei.

Nicht nur bei dieser »Berufung«, sondern auch bei E.s Beförderung und der vieler anderer ehemaliger Führerinnen spielte weniger die Pflicht als abstraktes Prinzip eine Rolle als die eindringliche, persönliche Überredung durch eine verehrte und geliebte Vorgängerin: »Du kannst das. Ich brauche dich! Deutschland braucht dich!« So war die gelernte Kindergärtnerin Frieda, wiewohl bis zu ihrem Amtsantritt als JM-Untergauführerin »politisch völlig unbedarft«, wie sie rückblickend feststellt, von einer nur wenige Jahre älteren Schulkameradin, der späteren Obergauführerin Käthe, überredet worden: »Das ist eine große Sache. Mach das! Du kannst das! Wir brauchen dich!«

Jegliches »Make-up« war im BDM ebenso verpönt wie beispielsweise das Rauchen, das in Paderborn aber auch sonst nicht üblich war. Bis weit in die Kriegsjahre hinein machte sich in der katholischen Kleinstadt eine Frau, die sich schminkte oder die Haare färbte, eines unsittlichen Lebenswandels verdächtig. Plötzlich (mit Hilfe von Wasserstoffsu-peroxyd) zu »nordischen« Schönheiten erblondeten Frauen sangen Kinder auf der Straße die Spottverse nach: »Mädel mit dem blonden Haar, Wasserstoff färbt wunderbar. Als ich gestern abend bei dir war, hattest du noch schwarzes Haar!«

So war es verständlich, daß Ette ärgerlich wurde, wenn die unverfälschte Natur ihrer roten Apfelbäckchen in Frage gestellt wurde. E. verteidigte sie auf einer Fahrt einmal empört und leidenschaftlich gegen eine diesbezügliche Unterstellung, die von einer anderen Fahrtengruppe geäußert worden war.

Ein anderes Mal wurde während eines Jugendkonzertes im Paderborner Rathaussaal der ungeheuerliche Verdacht geäußert, die von allen, auch den kleinsten Jungmädeln zärtlich »Immelein« genannte Gruppenführerin habe sich die Augenbrauen nicht nur in Form gezupft, sondern sogar nachgezogen. Und das zur Uniform! Auch diese Vermutung bestritt die Scharführerin E. energisch, aber ein leises Mißtrauen blieb.

Im Herbst des Jahres 1943 begegnete die inzwischen 18jährige nicht mehr aktive Jungmädelführerin auf einer Reise nach Berlin in der U-Bahn einer braungeschminkten Frau mit blond gefärbten Haaren und rot angemalten Lippen. Sie schloß zwar nicht mehr automatisch auf einen unsittlichen Lebenswandel, fand aber diese Aufmachung nicht nur ordinär, sondern auch unhygienisch. Die Vorstellung, sich den eigenen Mund »mit Farbe auszuschmieren«, löste ähnliche Ekelgefühle aus, wie aus einer fremden Tasse zu trinken. Ihre damalige Reaktion ist am ehesten mit dem Unbehagen zu vergleichen, das ein geschminkter Mann noch heute bei ihr auslöst. Ein Jahr später benutzte sie dann selbst gelegentlich, wenn auch sehr diskret, einen Lippenstift.

Ist E. als Führerin verehrt, geliebt und angeschwärmt worden? Sie erinnert sich an Jubel, wenn sie als Gruppenführerin in einer Schar den Dienst übernahm, an Eifersucht und Tränenausbrüche, weil sie angeblich in einem von ihr geleiteten Sommerlager einigen Jungmädeln beim Gutenachtsagen länger die Hand gedrückt und bedeutungsvoller in die Augen geblickt habe als anderen. Die 16jährige bemühte sich daraufhin, allen in der gleichen herzlichen Weise die Hand zu drücken und gleich lang und tief in die Augen zu blicken, niemanden vorzuziehen und allen ihr anvertrauten Mädchen gerecht zu werden, obwohl die Halbwüchsige damit überfordert war.

Der Anblick eines Jungmädels in vorschriftsmäßiger Dienstkleidung, das beim Marschieren ordentlich Schritt hielt, Heimabend und Feierstunden nicht durch albernes Gekicher und Interesselosigkeit störte und sich an Lied, Spiel und Tanz freudig beteiligte, erfreute ihr Herz in besonderer Weise und ließ sie zeitweise am Sinn einer Organisation zweifeln, deren Prinzip die restlose Erfassung aller Kinder und Jugendlichen war. Ein Prinzip, das einen Vergleich zwischen Hitlerjugend und bündischer Jugend nicht zuläßt, da diese aus zahlreichen kleinen und kleinsten Gruppierungen von Jungen (zumeist Oberschülern) bestand, die sich als Elite von Individualisten fühlte und neuen Mitgliedern gegenüber zumeist abweisend auftraten.

Daher entschloß sich die JM-Gruppenführerin, besonders nette Mädchen in einer »Sondergruppe« zusammenzufassen, deren Mitglieder von E. persönlich mit einem formlosen »Hast du Lust, zur Sondergruppe zu kommen?« gekeilt wurden, obwohl die Bildung von Gruppen nach anderen als verbandsmäßig vorgegebenen Mustern in der HJ verboten war. Auf den Dienst mit den Mädchen der Sondergruppe bereitete sich »Pitter« (so ihr langjähriger Spitzname als JM-Führerin) besonders sorgfältig vor, und die »Auserwählten« nahmen an den zusätzlichen (selbstverständlich freiwilligen) Veranstaltungen und Wochenendfahrten begeistert und regelmäßig teil.

Wenn E. an ihre Führerinnenzeit zurückdenkt, so wundert sie sich noch heute, was damals 14-, 15- und 16jährige in eigener Regie organisierten, verantworteten und durchführten. So übertrug man der 15jährigen nach der Rückkehr von einem Singeleiterlehrgang die

Leitung des alljährlichen Frühlingssingens der Paderborner Hitlerjugend auf dem Rathausplatz: »Mach das! Du kannst das! Wir haben sonst niemand!« Da blieb ihr nichts anderes übrig, als ein Programm zu entwerfen, Rundschreiben an die Jungmädelgruppen und Jungvolkfähnlein, Mädelgruppen und HJ-Gefolgschaften mit den vorgesehenen Liedern durchzugeben und dann, auf dem Rand des Rathauskumpes stehend, vor etwa 3000 bis 4000 Paderborner Jungmädeln und BDM-Mädeln, Pimpfen und Hitlerjungen die Lieder anzusagen beziehungsweise anzuschreien, da es kein Mikrophon gab, Anfangstöne zumindest den direkt vor ihr Stehenden zu übermitteln und Liedeinsätze, Kanonanfänge und gegenläufige Stimmen mit den gerade erst gelernten Dirigierbewegungen anzugeben.

Im Sommer 1941 wurde der 16jährigen die Leitung eines JM-Lagers mit etwa 35 Teilnehmerinnen anvertraut, das in einem recht primitiven, notdürftig als Jugendheim eingerichteten Bauernhaus des Landkreises stattfand. Die Gruppe war dort ganz unter sich. Es gab keine Herbergseltern, keinen Hauswart, überhaupt keine Erwachsenen, außer einer Frau aus dem Dorf, die täglich einige Stunden beim Kartoffelschälen half. Obwohl E. sich auf zwei 14jährige Scharführerinnen »stützen« konnte, lag die alleinige Verantwortung bei ihr. Wenn am späten Abend in den Schlafräumen endlich Ruhe eingekehrt war, die letzte Heimwehkranke getröstet, die letzte Husterin mit Tabletten versorgt, das Mittagessen für den folgenden Tag vorbereitet und das Programm durchgesprochen worden war, blieben oft nur wenige Stunden unruhigen Schlafes.

Im Herbst des Jahres 1941 führte die 16jährige mit ihrer Gruppe einen Elternabend durch. Die Angehörigen der etwa 250 Jungmädel der Ortsgruppe Spieringstor füllten den Bürgervereinssaal an der Kasseler Straße bis zum letzten Platz. Das Programm bestand aus vielen Einzelnummern im ersten und einem Stegreifspiel im zweiten Teil. Die gerade nicht beteiligten Jungmädel saßen in vorschriftsmäßiger Dienstkleidung auf Schwebebänken im Hintergrund der Bühne. Nach dem Begrüßungslied: »Guten Abend, guten Abend, euch allen hier beisamm'« gab es in bunter Folge Volkslieder und Kanons, Bodenturnen und Laufschule, Singetänze der kleineren und Volkstänze der größeren Mädchen sowie eine Flötengruppe, die mit ohrenzerreißendem Schrillen kleine Stücke von Mozart, Bach oder Telemann spielte. Zum Abschluß des ersten Teiles drei »Bekenntnislieder«: »Wir tragen das Vaterland in unsern Herzen«, »Nichts kann uns rauben Liebe und Glauben zu unserm Land« und »Nur der Freiheit gehört unser Leben«. Nach der Pause, als Krönung des Abends, das Stegreifspiel. Damals war es Rumpelstilzchen. In Stegreifspielen wurde einzig und allein die Szenenfolge von der Spielführerin festgelegt, die Worte jedoch wurden den Spielerinnen überlassen. Bei den Proben schliffen sich zwar gewisse Redewendungen ein, vieles aber entwickelte sich im spontanen Spiel. Der so entstehende Text war einfach, wurde aber ohne jenen unerträglichen Leierton gesprochen, der fast allen Kinderaufführungen mit festgelegtem Text anhaftet. Der goldgierige König, der prahlerische Müller, die arme Müllerstochter und das boshafte Rumpelstilzchen spielten denn auch, vom Publikum angespornt, sehr natürlich. Als die Müllerstochter auf der abgedunkelten Bühne an ihrem Spinnrad versuchte, das Stroh (aus einer Weinhandlung besorgte alte Flaschenhülsen) zu Gold zu spinnen und dabei mit leiser, glockenheller Stimme ein altes Spinnerinnenlied sang, während der Chor Ober- und Unterstimme dazu summte, konnte man die berühmte Stecknadel zu Boden fallen hören. Obwohl die 16jährige Gruppenführerin von ihren Schar- und Schaftsführerinnen tatkräftig unterstützt wurde, lagen Regie und Verantwortung für den reibungslosen Ablauf des Abends einzig und allein bei ihr. Sie begrüßte die Gäste, spielte bei den Volkstänzen Akkordeon, leitete den Chor und veranlaßte, daß sich die jeweils an Sport, Spiel, Tanz und Märchen beteiligten Jungmädel früh genug zum Umziehen hinter die Bühne zurückzogen. Eine Scharführerin hatte sich für diesen Abend mit der Beleuchtungstechnik vertraut gemacht, verwandelte im richtigen Augenblick den Strohhaufen in Gold und ließ rote und gelbe Lichter aufflackern, als das Rumpelstilzchen, seinen magischen Vers krähend, um das Feuer im Walde herumsprang. Hinter der Bühne lieferten einige Jungmädel mit Phantasie und allerlei Hilfsmitteln Knistern und Knattern dazu. Eine geschlechtsspezifische Arbeitsleitung, bei der solche Effekte gewöhnlich Jungen überlassen bleiben, gab es in der »reinen« Mädchenorganisation des Jungmädelbundes nicht. Am Schluß des »gelungenen« Elternabends ereignete sich fast ein Skandal. E. hatte den zuständigen Ortsgruppenleiter eingeladen, weil seine Tochter, ein liebes, bescheidenes Mädchen, eine ihrer Scharführerinnen war. Er erschien »in vollem Ornat« und kündigte der JM-Gruppenführerin bei der Begrüßung an, er wolle zum Abschluß ein paar Worte sprechen. Das konnte aus Höflichkeit, aber auch aus »Parteidisziplin« nicht abgelehnt werden. Nach dem Stegreifspiel schritt er zum Rednerpult, holte ein Manuskript hervor und setzte zu einer längeren Rede an. Die Zuschauer, vor allem die zahlreichen Kinder unter ihnen, wurden unruhig. Einige Eltern begannen, ohne Rücksicht auf den »Hoheitsträger der Partei«, aufzubrechen. Die ganze schöne Stimmung drohte zu verläppern. Als der Redner nach einleitenden Sätzen ankündigte, er wolle nun »über den Schicksalskampf der deutschen Jugend in den letzten 50 Jahren« sprechen, und danach eine Kunstpause machte, damit die Leute sich darauf einstellen konnten, war es mit E.s »Parteidisziplin« vorbei. Sie scheuchte ihre Jungmädel mit dem unmißverständlichen Kommando »Auf« von den Schwebebänken, rief mit lauter Stimme: »Wir singen jetzt das Lied der Hitlerjugend«, eilte mit zwei Schritten zum Klavier und hämmerte die ersten Takte von »Vorwärts, vorwärts« in die Tasten, so daß bei den »schmetternden Fanfaren« schon alle Jungmädel kräftig mitsangen, einige sogar mit unverschämtem Grinsen. Dann kam die Schlußformel aller politischen Veranstaltungen: »Unserm Führer Adolf Hitler ein dreifaches Sieg Heil, Sieg Heil, Sieg Heil«. Beim allgemeinen Aufbruch ging sie dem Ortsgruppenleiter allerdings aus dem Weg.

E.s letzte offizielle Amtshandlung fand im März des Jahres 1942 statt, als im Rathaussaal die Anmeldungen von Jungen und Mädchen des Jahrgangs 1932 in das Deutsche Jungvolk und den Jungmädelbund entgegengenommen wurden. Der holzgetäfelte Saal war mit rot-weiß-rot gestreiften HJ- und schwarzen Jungvolkfahnen, einer Führerbüste und grünen Kübelpflanzen festlich geschmückt. Die Vertreter der JM-Gruppen und der Jungvolkfähnlein saßen hinter Tischen, die im Karree aufgestellt waren, und hatten ihren Bereich noch zusätzlich mit Fotos von Spiel, Sport und fröhlichem Lagerleben, zum Teil auch mit Blumen ausgestattet. Hinter E. standen drei besonders nett aussehende Jungmädelschaftsführerinnen mit dem Gruppenwimpel. Da standen sie, mit ernsten Kindergesichtern, blonden und dunklen Zöpfen, und blickten schweigend und bedeutungsvoll – ja, wohin eigentlich? – in die Ferne? – in die Zukunft? – ins Leere?

Die Zehnjährigen hatten in der Schule Anmeldebögen bekommen, deren zweite Seite in der Regel mit einem diagonalen Strich als »unzutreffend« gekennzeichnet werden konnte. Manche kamen mit ihren Müttern, viele auch allein, alle schienen stolz und verlegen zugleich, neugierig und der »Bedeutung der Stunde« bewußt. Die Mütter hielten sich bei der Abgabe der Bögen und der Eintragung in die Listen meist im Hintergrund oder zogen sich auf die freundliche Bemerkung, daß man ja eigentlich nicht sie, sondern ihre Tochter aufnehmen wolle, lachend zurück – eine Wendung, auf die E. damals besonders stolz war. Eine Mutter schickte indes ihre Tochter zurück, begehrte die JM-Gruppenführerin allein zu sprechen und deutete auf eine Eintragung der zweiten Seite hin, die das betreffende Kind als »jüdischen Mischling« auswies. Die 16jährige JM-Gruppenführerin las die Bestimmungen erstmalig genau durch und nahm zur Kenntnis, daß ein »Mischling« nicht in den JM-Bund aufgenommen werden durfte. Währenddessen sprach die Frau hastig und halblaut auf sie ein. Sie sei gar nicht die »richtige« Mutter. Das Kind sei »nur« eine Pflegetochter aus der entfernteren Familie. Sie schilderte wortreich verworrene Verwandtschaftsverhältnisse und daß ihre Pflegetochter doch so gern auch zu den Jungmädeln gehören wolle, weil alle ihre Klassenkameradinnen und Freundinnen ja nun dabei seien. Zum Schluß meinte sie fast beschwörend: »Das kann man so einem Kind doch nicht antun.«

Das Kind, das ein »Mischling« war, stand verschüchtert ein paar Schritte hinter der Frau mitten im Saal. E. erinnert sich, einen Augenblick lang in zwei dunkle Kinderaugen gesehen zu haben. Das kleine Mädchen tat ihr leid, und sie antwortete, daß es ihr persönlich überhaupt nichts ausmachen würde, die Zehnjährige aufzunehmen, daß aber »die Gesetze« das leider nicht zuließen. Sie war erleichtert, als die Frau resigniert murmelte: »Ja, ja, ich weiß schon« und so schnell dem Ausgang zustrebte, daß die kleine, dunkelhaarige Pflegetochter ein paar Laufschritte machen mußte, um an ihrer Seite zu bleiben. Natürlich hätte E. das Kind in ihre Liste einschreiben und sich mit Übersehen der Eintragung oder Unkenntnis der Bestimmungen herausreden können (»Wer denkt denn auch an so was?«). Bei der laschen, schlampigen Akten- und Karteiführung des JM-Bundes hätte das einige Jahre gutgehen können, zumindest die Jahre, in denen es jenem kleinen Mädchen vielleicht wichtig gewesen wäre, dabeizusein. Aber da die 16jährige nicht gelernt hatte, den tieferen Sinn von Gesetzen anzuzweifeln, kam eine Gesetzesübertretung für sie nicht in Frage. Und weil Gesetze dazu da sind, eingehalten zu werden, fühlte sie sich sogar, wenn auch mit Bedauern, ein bißchen als »Vertreterin des Gesetzes«.

Der Schein in den Hütten

>»Alle kleinen Sorgen sind nun ausgemacht,
>in die Hütten ist der Schein gedrungen.
>Nun ist gefallen das Tor der Nacht
>vor der Freude, der Freude, da ist es zersprungen.«

Nach Erlaß des Gesetzes über die Hitlerjugend vom Dezember 1936 glichen sich die Mitgliederzahlen von HJ und BDM mehr und mehr dem Geschlechterverhältnis an. Ende 1939 betrug die Zahl der in Jungmädelbund, BDM und BDM-Werk »Glaube und Schönheit« erfaßten zehn- bis 21jährigen Mädchen 4,2 Millionen, die der ebenfalls diesen Jahrgängen angehörenden Führerinnen etwa 400 000.

Die »größte deutsche Mädchenorganisation aller Zeiten« erreichte Bevölkerungskreise, deren Töchter niemals zuvor von »jugendbewegten« Aktivitäten erfaßt worden waren. Heute kann sich kaum noch jemand vorstellen, welch ein revolutionäres Ereignis beispielsweise ein von der Untergausportwartin im Landkreis Paderborn angesetzter Sportnachmittag für die Mädchen eines abgelegenen katholischen Dorfes bedeutete, denen niemals zuvor Vergleichbares angeboten worden war.

Die um die Jahrhundertwende entstehende Wandervogelbewegung war eine reine Jungenbewegung. Nach endlosen Auseinandersetzungen über die »Mädchenfrage« (und die »Judenfrage«) spaltete sich der Wandervogel in zahlreiche Untergruppen auf. Mädchengruppen und Jugendbünde, in denen auch Mädchen aufgenommen wurden, gab es fast nur in größeren Städten.

Selbst in der Blütezeit organisierten Jugendlebens – Ende der zwanziger, Anfang der dreißiger Jahre – bildeten Mädchen in politischen, konfessionellen und autonomen Jugendbünden und Jugendgruppen eine zahlenmäßig unbedeutende Minderheit, die meist in Mädchengruppen zusammengefaßt war. Nur in sozialistisch-proletarischen Jugendorganisationen gab es prinzipiell gemischtgeschlechtliche Gruppen.

Viele Bünde, wie z. B. die von Eberhard Köbel (tusk) am 1. November 1927 gegründete »Deutsche Jungenschaft (d. j. l. ll.)« oder der katholische Oberschülerbund »Neudeutschland«, nahmen prinzipiell keine Mädchen auf. Eine Gruppe des katholischen Oberschülerinnenbundes »Heliand« wurde in E.s Heimatstadt erst einige Jahre nach dem Untergang des Dritten Reiches gegründet.

Im »Zeitalter der Volksgemeinschaft« hätte eine Mädchenorganisation, deren oberste Instanz die katholische Kirche, d. h. die männliche Geistlichkeit, bildete, E. auch kaum zum Eintritt bewogen. Ging es doch um die Aufhebung der Klassenschranken und die Überwindung der konfessionellen Spaltung.

Der BDM, die »größte deutsche Mädchenorganisation aller Zeiten«, verdankte seine Entstehung nicht spontan und autonom angemeldeten Bedürfnissen einer »Mädchenbewegung« für Freiheit und Unabhängigkeit, sondern war das Ergebnis staatlicher Planung. 1939 wurde die für Jungen und Mädchen in gleicher Weise geltende »Jugenddienstpflicht« gesetzlich verankert. Ihre Wirksamkeit, insbesondere auf schulentlassene Mädchen, wird heute allerdings weit überschätzt.

Während zehn- bis 14jährige Jungmädel den einmal wöchentlich stattfindenden Jungmädeldienst meist regelmäßig besuchten, ließ die »Dienstfreudigkeit« im BDM nach. Viele Mädchen älterer Jahrgänge verschwanden irgendwann (so z. B. nach einem Umzug oder einer Umorganisation im BDM) aus den Mitgliederlisten der für sie zuständigen Einheit, so daß der Verstoß gegen die »Jugenddienstpflicht« niemandem auffiel. Andere begrüßten es, sich unter Hinweis auf die Jugenddienstpflicht am Abend aus dem Elternhaus entfernen zu können, und nahmen die im BDM gebotenen Sport- und Spielmöglichkeiten freudig wahr – oder gingen mit ihrem Freund ins Kino. Die »Jugenddienstpflicht« wurde im übrigen auch von JM- und BDM-Führerinnen unterlaufen, die wenig Interesse an lustlos zum Dienst erscheinenden Mädchen hatten. E. erinnert sich, Bemühungen um ein Jungmädel aus Verhältnissen, die man heute »Randgruppe« nennen würde, enttäuscht aufgegeben zu haben. Zwar fehlte es in Führerinnenbriefen und Schulungsmaterial nicht an Berichten, in denen die gelungene Integration von Mädchen aus »schwierigen« Familienverhältnissen in die Gemeinschaft einer JM- oder BDM-Einheit geschildert wurde, aber im Prinzip waren in der Hitlerjugend nur Kinder und Jugendliche aus »ordentlichen deutschen Familien« erwünscht. Einige Kinder aus der »Ükern-Akademie« genannten Paderborner Hilfsschule am Ükern wurden auf Empfehlung ihrer Lehrer versuchsweise in das Jungvolk oder den Jungmädelbund aufgenommen und blieben dort, wenn sie sich in die Gruppe einfügen konnten. Außerdem gab es deutschlandweite Reichsbanne nicht nur für Kinder und Jugendliche der See- und Binnenschiffer, sondern auch für Blinde und Gehörlose.

Nach ihrem Ausscheiden aus dem Amt einer JM-Gruppenführerin besuchte E. einmal wöchentlich den gemischten Chor der Hitlerjugend – nicht um ihrer noch für ein weiteres Jahr geltenden Jugenddienstpflicht zu genügen, sondern aus persönlichem Interesse. Zwei oder drei Klassenkameradinnen nahmen an musischen oder sportlichen Arbeitsgemeinschaften des BDM-Werkes teil. Die übrigen hatten jeglichen Kontakt zur Hitlerjugend längst verloren, ohne daß es auch nur zu einer Verwarnung gekommen wäre. Im Gesetz über die Hitlerjugend war seit 1939 für solche Fälle zwar »Strafverfolgung«

vorgesehen. Diese konnte aber nur »auf Antrag des Reichsjugendführers« eingeleitet werden, blieb also praktisch bedeutungslos. Der Rahmen war festgelegt, die Erfassung staatlich verordnet, politische Ziele vorgegeben.

Leitbilder für Mädchenfreundschaft, Mädchenkameradschaft und Mädchensolidarität, kulturelle Muster und Traditionen für weibliche Gemeinschafts- und Führungsformen sowie für die positive Identifizierung von Mädchen mit dem eigenen Geschlecht waren indes in der bürgerlich-patriarchalischen Gesellschaft kaum vorgeprägt.

Die wissenschaftliche wie volkstümliche Psychologie sprach Mädchen sowohl das Bedürfnis wie auch die Fähigkeit zu echter Freundschaft, Kameradschaft und Gemeinschaft ab. (Mädchenfreundschaften zerbrechen unweigerlich in einer Konkurrenzsituation, die »beste« Freundin der Witzblätter ist eher das Gegenteil, Kameradschaft ist eine zutiefst männliche Angelegenheit.)

In der gehobenen wie in der profanen Literatur, in Filmen und Theaterstücken wimmelte es von »männerbündlerischen«, latent homosexuellen Paradebeispielen für Männerfreundschaft, Männerkameradschaft und Männersolidarität in allen nur denkbaren Lebenslagen. Frauen glänzten in diesen Erzeugnissen durch Abwesenheit bzw. dramaturgische Bedeutungslosigkeit, oder sie erwiesen sich als gefährliche Bedrohung männlicher Lebensformen.

Weder die Frontkameradschaften des Ersten Weltkrieges noch Karl Mays Freundespaar Old Shatterhand und Winnetou, weder Schillers »Bürgschaft« noch Hölderlins »Hyperion« ließen sich auf weibliche Wesen übertragen.

Die Anknüpfung an den Kampf von Frauen in der Französischen Revolution und der Pariser Kommune, die Solidarität proletarischer Frauen in Streiks und Arbeitskämpfen sowie die bürgerlich-emanzipatorische Frauenbewegung, die die ihnen zugewiesene Geschlechtsrolle in Frage stellte, waren als Vorbilder für den BDM selbstverständlich ausgeschlossen.

Wenn sich im JM-Bund, im BDM und im weiblichen Arbeitsdienst Formen von Mädchenkameradschaft und weiblicher Gemeinschaftsdisziplin, weiblichen Selbstführungs- und Organisationsmustern herausbildeten, so entstanden sie autonom, ohne Vorbilder und ohne emanzipatorisches Bewußtsein, als natürliche und notwendige Folge des Zusammenlebens und Aufeinanderangewiesenseins.

Mädchen machten die Erfahrung, daß bei vielen als »unweiblich« geltenden Tätigkeiten, wie z. B. beim Aufbau von Zelten, Flicken von Fahrradreifen, Kartenstudium, Schleppen von Gepäck, Renovierung von Unterkünften, männliche Hilfe entbehrt werden konnte, denn in den »reinen« NS-Mädchenorganisationen gab es keine geschlechtsspezifische Arbeitsteilung.

Das betraf ebenso die Jungengruppen des Deutschen Jungvolks und der Hitlerjugend. E.s Brüder versuchten in Lagern des Deutschen Jungvolks zum erstenmal, Kartoffeln zu schälen oder einen Knopf anzunähen, und erzählten stolz von selbstgekochten und erfolgreich vor dem Anbrennen geretteten abenteuerlichen Gerichten wie »Negerschlamm mit warmem Eiter« (Schokoladenpudding mit Vanillesauce) oder »Zement mit Fliegen« (Griesbrei mit Rosinen).

Die Existenz von Mädchengruppen, die ohne männliche Begleitung Sport und Spiel, Lager und Fahrten durchführten und dabei auch noch Spaß hatten, wurde von männlicher Seite vielfach als Ärgernis, vielleicht sogar als Bedrohung empfunden. Interpretationen der Abkürzung BDM wie »Bubi drück mich – Brauch deutsche Mädel – Bedarfsartikel deutscher Männer« spiegelten männliches Unbehagen wider angesichts eines weiblichen Gemeinschaftslebens, das ihrer nicht zu bedürfen schien.

Der Dienst in der Hitlerjugend bot kaum Gelegenheit zu Kontakten mit dem anderen Geschlecht. Offiziell galt das jugendbewegte Ideal einer »klaren und sauberen Kameradschaft« zwischen den Geschlechtern. Auf Fahrten und in Lagern des BDM, der Organisation der 14- bis 17jährigen, mag dieses Ideal vor allem im Kriegseinsatz der letzten Jahre des Dritten Reiches schwieriger aufrechtzuerhalten gewesen sein. Für Führerinnen galt die Stellungnahme der Reichsreferentin für die Mädchenführung, Dr. Jutta Rüdiger, »daß jede Jugendführerin, die ein uneheliches Kind erwartet, ihr Amt niederlegen müsse, weil die persönlich vorbildliche Lebensführung unerläßliche Voraussetzung für jeden Führungsanspruch sei«.

Als sie sich nach dem Krieg vor der Spruchkammer zu verantworten hatte, wurde die Diplompsychologin ausdrücklich von der Anklage freigesprochen, sie habe die bevölkerungspolitische Parole der Regierung, »dem Führer ein Kind zu schenken«, für den BDM propagiert. Dieser Slogan richtete sich an bereits schwanger gewordene Mädchen und Frauen, die mit dem Angebot diskreter Entbindungsmöglichkeiten und einer Abnahmegarantie bei Freigabe des Neugeborenen zur Adoption von Abtreibungen abgehalten werden sollten, deren Dunkelziffer trotz des Verbotes während des Krieges steil anstieg.

Ein in hoher Auflage (700 000 in einem Jahr) verbreitetes Büchlein von Rudolf Kinau, dem Bruder von Gorch Fock, mit Texten aus den Morgenfeiern der Hitlerjugend im deutschen Rundfunk hieß »Kamerad und Kameradin« und enthielt neben dem Spruch »Des Mannes bester Kamerad ist die Kameradin« den von E. gelegentlich als Glückwunsch zu Eheschließungen verwendeten Vers: »Eins geb Euch Gott in Gnaden, daß Ihr werdet Kameraden. Wer den Kameraden fand, griff die Sonne mit der Hand.« Die erste Reichsreferentin für die Mädelführung, Trude Mohr, beschrieb 1934 im »Völkischen Beobachter« die Ziele der NS-Mädchenerziehung: ». . . eine Mädelgeneration, die stolz und selbstverständlich ihren Weg geht, die prüfend und kühl im Alltagsleben steht, die frei ist von allem Sentimentalen und Verschwärmten und die gerade deshalb in herber Fraulichkeit dem Mann Kamerad sein wird, weil sie in ihm nicht irgendein Idol sieht, sondern den Gefährten . . .«

Im BDM sollte ein »an Leib und Seele gesundes, körperlich leistungsstarkes, stolzes und selbstbewußtes Frauengeschlecht« herangebildet werden, das als »Gefährtin und Kameradin des Mannes freudig und tatkräftig den gemeinsamen Schicksalskampf des Lebens« zu bestehen hatte. Mythische Vorbilder des »stolzen Frauengeschlechts« waren die vorchristlichen Frauengestalten der germanischen Heldensagen und der isländischen Sagas, deren Leben und Wirken im Schulungsmaterial des BDM, in der »NS-Frauenwarte«, in der völkischen Literatur und in den Lesebüchern der Mädchenschulen breiten Raum einnahmen:

Brunhild, die ihren schwachen Ehemann Gunther in der Hochzeitsnacht an Händen und Füßen fesselt und an einem Nagel an der Wand aufhängt – Kriemhild, die dem Mörder Siegfrieds eigenhändig den Kopf abschlägt – Gudrun, die es sich (im Gegensatz zur schönen Helena der griechischen Sage) nicht im Bett des Entführers wohl sein läßt, sondern 13 Jahre hindurch schlimmste Demütigungen und härteste Fronarbeit ungebrochen erträgt – vor allem aber die Frauen der isländischen Sagas, die Höfe bauen und Geschlechter begründen wie »Unn, die Tiefweise«, oder sich allein männlichen Angreifern im Kampf stellen wie »Thorbjörg, die Starke«. Beherrschte, sachlich denkende Frauen mit tiefem Ehrbewußtsein und Stolz, die nach den gleichen Maßstäben und Werturteilen wie Männer die Welt erleben.

Nach der NS-Ideologie eigneten sich Mädchen und Frauen in besonderem Maße als

Trägerinnen und Bewahrerinnen der Kultur. Daher forderte der Reichsjugendführer bereits 1933 »die Erziehung der Mädchen zur kulturellen Haltung« und übertrug dem BDM die Aufgabe, sich »mit dem ganzen Problem einer kulturellen Gestaltung der nationalsozialistischen Idee zu befassen«. Frauen und Mädchen sollten Dichtung und Musik, Volksbräuche und Traditionen, aber auch deutsches Gemüt, deutsche Innigkeit sowie Liebe zur deutschen Heimat pflegen, bewahren und an kommende Generationen weitergeben. Das galt verstärkt in »harten Kriegszeiten«.

Liebe zur deutschen Kultur konnte man nicht von Mädchen erwarten, denen kein Zugang zum reichen Schatz des kulturellen Erbes eröffnet worden war – Liebe zu Deutschland nicht von Mädchen verlangen, die dieses schöne Land gar nicht kannten. Daher bemühte sich E. als JM-Führerin mit großem Optimismus, Kultur unters Volk zu bringen. Sie lernte Volkslieder und Volkstänze, Märchen und Sagen, um sie im Sommerlager an ihre Jungmädel weiterzugeben – Gedichte und Balladen von Goethe und Schiller, Mörike und Eichendorff, Annette von Droste-Hülshoff, Theodor Storm, Börries von Münchhausen und Agnes Miegel, um sie an Heimabenden auswendig aufzusagen. Sie interessierte sich für Bäume und Sträucher, Pflanzen und Kräuter, Waldtiere, Zugvögel und Fährten im Schnee, um ihren Jungmädeln auf Wanderungen die Natur nahezubringen, suchte mit ihnen Zeugnisse geschichtlicher und vorgeschichtlicher Vergangenheit in der Umgebung auf, um die Heimat zum ewigen und unverlierbaren Besitz zu machen.

»Kulturverbreitung« gehörte zum Programm der Hitlerjugend. Auch nach der »Säuberung« des deutschen Musik-, Theater- und Kunstlebens von »artfremden, undeutschen Elementen« blieb einiges an kulturellem Erbe übrig, vorwiegend allerdings aus vergangenen Jahrhunderten.

Niemals zuvor und wohl auch danach nahmen so viele Jungen und Mädchen aus allen Bevölkerungsschichten an Jugendkonzerten teil. E. erinnert sich an außerordentlich geschickte und ambitionierte Bemühungen bekannter Dirigenten, Jugendlichen die Werke von Mozart, Bach, Beethoven, Haydn, Schumann, Schubert, Bruckner und anderen großen deutschen Komponisten nahezubringen.

In ungezählten Feierstunden der Hitlerjugend wurden Dichter von Rang (Goethe, Schiller, Hölderlin, Eichendorff) zitiert, um die ungebrochene Tradition deutscher Kultur und Kulturpflege im Dritten Reich zu beweisen.

Da es in Paderborn kein Theater, geschweige denn eine Oper gab, organisierte die Hitlerjugend, zusammen mit der DAF bzw. dem Kulturwerk KdF, Gastspiele auswärtiger Theater sowie Fahrten nach Bielefeld oder Detmold zu Aufführungen des »Freischütz«, der »Zauberflöte«, des »Fliegenden Holländers«, von Goethes »Faust«, Lessings »Minna von Barnhelm«, Kleists »Prinz von Homburg«, Schillers »Don Carlos« usw. Bei der Grabbe-Festwoche in Detmold 1941 erlebte E. die erste Schauspielergarnitur des Dritten Reiches (Heinrich George, Will Quadflieg, Horst Caspar u. a.).

Mit dieser »Kulturrevolution« sollten patriotische Gefühle im Volk verankert werden, die für den Krieg unverzichtbar waren. Jeder deutsche Soldat sollte von der Einzigartigkeit und Überlegenheit des nunmehr vom militärischen Gegner bedrohten Kulturerbes überzeugt werden und zu seiner Verteidigung sein Leben einsetzen.

Viele Verlage druckten Feldpostausgaben mit erlesenen Beiträgen deutscher Dichter aus vielen Jahrhunderten. Eines dieser Bändchen mit dem Titel »Deutsches Bekenntnis« schickte E. gelegentlich an befreundete Soldaten. Es enthielt gut ausgewählte, leicht verständliche Gedichte und Prosastücke von Goethe, Schiller, Hölderlin, Eichendorff, Mörike, Nietzsche, Storm, Geibel, Hölty, Opitz, Stefan George, Simon Dach u. a. Im Vorwort hieß es:

»Alle verschütteten Kräfte unseres Volkscharakters und die fast vergessenen Reichtümer der deutschen Volksseele blühten zu reichster Wirksamkeit auf, und wir sahen uns schon an der Schwelle eines Goldenen Zeitalters höchster Kulturblüte, sozialer Entfaltung und der Gesundung aller Lebenserscheinungen kultureller, wirtschaftlicher und politischer Art, als wir den nicht zu bändigenden Willen unserer alten Feinde und unseres großen rassischen Weltwidersachers erkennen mußten, das unvollendete Werk des Weltkrieges wieder aufzunehmen und bis zur völligen Vernichtung des deutschen Volkes durchzuführen ... Indem der Feind die deutsche Vernichtung verkündete, rief er gleichzeitig das gesamte deutsche Kulturerbe auf, nun seine Lebenswirklichkeit zu beweisen.«

Ein militaristischer und imperialistischer Staat hat allen Grund, Frauen zu fürchten. Gefahr droht ihm von politisch denkenden, aktiv gegen Krieg und Militarismus kämpfenden Frauen der Gegenwart und Vergangenheit. Ihre Werke wurden im Dritten Reich aus den öffentlichen Bibliotheken entfernt, ihre Traditionen verleugnet, ihre Verbände aufgelöst, ihre Wirkungsmöglichkeiten mit den brutalen Mitteln der Diktatur unterdrückt. Name und Werk von Käthe Kollwitz, Berta von Suttner u. a. lernte E. erst nach dem Krieg kennen.

Gefahr droht ihm aber auch von Millionen unpolitischer Mädchen, Hausfrauen und Mütter, da er das Leben von Ehemännern, Vätern, Brüdern und Söhnen fordert. Außerdem konnten sich »die kleinen Sorgen der Frauen in den Hütten« als Sand im Getriebe der Kriegswirtschaft auswirken, wenn es nicht gelang, Opfer- und Leidensbereitschaft von Frauen bis ins Unermeßliche zu steigern.

Daher bemühte sich die NS-Propaganda in besonderem Maße um die Zustimmung von Frauen und belegte ihre angeblichen Erfolge gern und häufig mit Aufnahmen winkender, lachender, offensichtlich begeisterter Frauen und Mädchen in Zeitschriften, Wochenschauen und Propagandafilmen. Diese Aufnahmen sind nicht gestellt, aber sie beweisen alles andere als die massenhafte Identifizierung deutscher Frauen mit den lebensfeindlichen Zielen des NS-Regimes. In den ersten Jahren des Dritten Reiches war es der Propaganda gelungen, dem »Führer« und seiner »Bewegung« eine tiefe und innige Lebens- und Familienfreundlichkeit zu unterstellen, so daß viele Frauen glaubten, dieser Staat meine es mit Frauen und Kindern besonders gut.

Geplagte und überlastete Hausfrauen und Mütter fühlten sich und ihre Arbeit anerkannt, wenn ihre sparsame Haushaltsführung und ihr selbstloses Wirken für die Familie in unzähligen Führerreden mit einer Gloriole versehen wurden. Sie fühlten sich geschmeichelt, wenn die Einzigartigkeit, Verehrungswürdigkeit, ja Heiligkeit der deutschen Frau und Mutter in unzähligen Feierstunden beschworen wurde. Sie reagierten mit Dankbarkeit auf bevölkerungspolitische Maßnahmen der Regierung wie Ehestandsdarlehen, Kinderbeihilfen, Fürsorge für Mutter und Kind und ahnten nicht, daß sie ihre Söhne »für den Graben« aufzogen.

Dieser Irrtum betraf nicht nur die Masse der unorganisierten Frauen, sondern auch viele Tausende, die die »Familienfreundlichkeit« in der NS-Frauenschaft, der NSV und dem Hilfswerk »Mutter und Kind« organisierten und verwalteten. Auch E. – wiewohl an »Frauen- und Kinderkram« noch nicht sonderlich interessiert – glaubte, ihrem zukünftigen »weiblichen Schicksal« in diesem Staat optimistisch entgegensehen zu können.

Sie hat jene, immer wieder reproduzierten, da verhältnismäßig spärlichen Aufnahmen zustimmender Frauen und Mädchen im Dritten Reich nachdenklich geprüft und echte, tiefe, ehrliche Begeisterung herausgelesen, aber nichts von jener »Brünstigkeit«, die heute in sie hineininterpretiert wird.

Eine Bestätigung dafür fand sie bei Ernst Bloch, der 1937 in der Emigration über die Frau im Dritten Reich schrieb:

>So einfach ist die Sache nicht, weder sind alle Frauen triebhaft und ohne verständige Prüfung, noch reicht die Bürste unter der Nase zur Lockung aus . . . Es hieße die Frauen nach Weise der Nazis verachten, wollte man den Fang so schlicht begreifen . . . Es ist echter, tiefer, ehrlicher Überdruß an dem elenden Dasein, das der verfaulende Kapitalismus den Frauen gebracht hat. Als Paradies mußte hier das Dritte Reich erscheinen . . . Befreiung von der erbärmlich schlecht entlohnten oder völlig uninteressanten Tätigkeit, Heimkehr zum natürlichen Glück des Weibes.«

Die Zustimmung von »Heimchen am Herde« reichte in Friedenszeiten, war aber den Belastungen eines Krieges kaum gewachsen. Es galt, Frauen in die »große Idee von Volk und Vaterland« einzubeziehen. Stolz, Selbstbewußtsein und das Gefühl der Gleichberechtigung – wenn nicht sogar des Vorrangs gegenüber der Männerwelt – sollten Frauen durch Identifizierung mit der Gemeinschaft des Volkes erleben, da sie es waren, die mit ihrer lebensspendenden Kraft Bestand und Zukunft des Volkes sicherten. Frauen sollten nicht mehr schwach und ängstlich sein, sondern Opfer und Leiden im Dienste dieser »höheren Moral« stark und tapfer, freiwillig und freudig auf sich nehmen.

Dieses neue Frauenideal schien E. damals ungeheuer progressiv. Es brachte »Schein in die Hütten« und reduzierte die »kleinen Sorgen« von »Nur«-Hausfrauen auf ein lächerliches, unerhebliches Maß. Solche Inhalte ließen sich am ehesten an Kinder und junge Mädchen weitergeben, denen die biblische »demütige Magd des Herrn« nicht mehr ausreichte. Und da das »tausendjährige Reich« mit vielen Generationen rechnete, fiel den Führerinnen von Jungmädelbund und BDM die Aufgabe zu, diese neue »höhere« Moral in Kinderherzen zu verpflanzen. Das war nicht einfach. E. erlebte, daß zehn- bis 14jährige Jungmädel aus Arbeiterkreisen und dem Kleinbürgertum für »nationale Gefühle« nur in Ausnahmesituationen zu begeistern waren. Im Gegensatz zu Offizierstöchtern und Töchtern des Bildungsbürgertums fehlte es ihnen an preußischen Traditionen von Dienstbereitschaft und Pflichterfüllung dem Staat gegenüber. Entsprechenden Beeinflussungen setzten sie in der Regel eine zähe Schwunglosigkeit und Begeisterungsunfähigkeit entgegen, die die wenige Jahre ältere Führerin manchmal zutiefst deprimierten. Es war offenkundig: Frauen und Mädchen aus dem »Volke« hatten keinen »Idealismus«, keine »höhere Moral«. Sie lebten dumpf »in grauer Städte Mauern«. Ihr Horizont reichte über »kleinliche Sorgen« nicht hinaus, reichte allenfalls zu »schlichter Menschlichkeit«. Für »hohe, edle, hehre« Gefühle, die ihr damals übergeordnet erschienen, waren sie noch nicht reif. Sie mußten dazu erzogen werden. Rückblickend kann sie nur mit einiger Erleichterung feststellen, daß der Erfolg ihrer Bemühungen von der Geschichte überholt wurde.

Auch ihre persönlichen Erinnerungen belegen keine »massenhafte« Zustimmung von Frauen zum NS-Regime, sondern eher das Gegenteil. Sowohl in der eigenen Familie wie in der von Bekannten, Verwandten, Freundinnen und Klassenkameradinnen bildeten Frauen in der Regel ein retardierendes Moment bei Gesprächen über Politik. Sie gossen Wasser in den Wein von Stammtischstrategen, äußerten Furcht und Besorgnis über das Schicksal ihrer Ehemänner oder Söhne, machten Einwände, Vorbehalte, »Ja-aber-Bemerkungen«, in denen das »große Ganze« auf – wie ihr damals erschien – Unwichtiges und Persönliches reduziert wurde. Selbst zwei Frauenschaftsleiterinnen, die ihr während des Dritten Reiches bekannt wurden, entsprachen keineswegs jenen hysterisch-fanatischen »Nazi-Walküren«, die frauenverachtende NS-Funktionäre wie Hermann Rauschning und Gregor Strasser als typisch für die sogenannte Kampfzeit beschrieben und manchen männlichen Faschismusforscher der Gegenwart zu masochistisch-orgastischen Nachempfindungen und Nachdichtungen anregten, wie z. B. Joachim Fest in folgender grandios-grotesker Vision einer »Super-Peep-Show«:

>»Hitler wurde zusehends zum Triebobjekt, vor dem sich neurotische Kleinbürge-
>rinnen zu kollektiver Ausschweifung zusammenfanden, begierig auf den Augen-
>blick der Enthemmung, der großen Auslösung, der im überschwappenden Auf-
>schrei der Masse den Lustcharakter dieser Veranstaltungen und ihre fatale Überein-
>stimmung mit den öffentlichen Beischlafhandlungen primitiver Völkerstämme
>schlagend enthüllte.«

Da fragt sich E., die mit vergleichbaren Erlebnissen während der Zeit des Dritten Reiches nicht aufwarten kann, ob nicht wenigstens auch ein paar vereinzelte neurotische Klein-bürger einen kläglichen Rest Lust von der großen, überschwappenden Auslösung mitbekommen haben.

Garanten der Zukunft

Das politische, wirtschaftliche und kulturelle Leben der Bundesrepublik wird noch immer von Jahrgängen geprägt, deren Kindheits- und Jugenderinnerungen unlösbar mit dem Dritten Reich verknüpft sind. Zwar trifft sie keine Verantwortung für das Herauf-kommen des Nationalsozialismus, aber sie gehören einer Generation an, die dazu erzogen wurde, die Kontinuität des Dritten Reiches zu gewährleisten und es im Sinne seiner Gründer und Ideologen zu erhalten und zu gestalten.

Die Frage, was wäre aus ihnen geworden, wenn wir den Krieg gewonnen hätten, wurde von der Geschichte überholt. Den Jahrgängen 1918 bis 1928 fiel noch die Rolle des Fußvolkes im Kampfe oder des Rädchens im Getriebe der Kriegswirtschaft zu, den darauffolgenden eine Kindheit, die mit Siegesfanfaren begann und in Bombenhagel, Flucht, Vertreibung und Hungerjahren endete. Das politische Klima des nationalsozia-listischen Deutschland prägte ihrem »ersten Bildungsweg« ein Siegel auf, dessen Spuren als politische Grunderfahrungen, einprägsame Schlagworte oder vage Gefühlserinnerun-gen vorhanden sind. Rationale Aufarbeitung vermag diese Eindrücke zu analysieren, um-, ab- oder aufzuwerten, kann sie aber nicht vom Individuum abtrennen, ohne dessen Identität zu gefährden. Das gilt insbesondere für komplexe, eindrucksstarke, ichbezogene Kindheits- und Jugenderlebnisse, die ab 1933 von folgenden politischen Tendenzen bestimmt wurden:

– antiliberaler und antidemokratischer »Führer-Gefolgschafts-Kult« anstelle der glanzlosen Nüchternheit einer parlamentarischen Demokratie;
– Lebensraum-Ideologie und völkisch-rassistische Geschichtsauffassung statt wissen-schaftlich-rationaler Weltsicht;
– Absage an humanistische Traditionen der Aufklärung zugunsten einer barbarisch-stählernen Romantik vom Recht des Stärkeren;
– nationalistische Übersteigerung der Gefühlskomponenten von Volk und Vaterland auf Kosten angeblich minderwertiger Völker und Rassen;
– irrationale »große« Gefühle anstelle sachlicher Bestandsaufnahme;
– Glaube und Gesinnung anstelle politischer Meinungs- und Willensbildung;
– Mythos statt Intellekt.

Aber auch:
– Überwindung von Klassenschranken durch Volkstum, Volksgemeinschaft und völ-kische Revolution;

– Einlösung der Sehnsucht nach Einfachheit, Echtheit und Natürlichkeit durch eine anachronistische Blut-und-Boden-Romantik.

Dieses Deutschland – und kein anderes – war gemeint, auf das die heute staatstragende Generation in einprägsamen Kindheits- und Jugendjahren mit dem Zauber von Feierstunden und Kundgebungen, Liedern, Gedichten und Fahnensprüchen vereidigt wurde.

Die zwischen 1918 und 1928 Geborenen traf der Glanz jener Jahre auch dann relativ ungeschützt, wenn vom Elternhaus Wasser in den Wein jugendlicher Begeisterung geschüttet wurde. Ihre individuelle Entwicklung verlief synchron mit symbolträchtigem, romantisch-revolutionärem Aufbruchspathos, das die NS-Propaganda unter geschickter Ausnutzung generationsbedingter Konflikte verbreitete.

»Wir horchten begeistert auf, als die Worte Vaterland, Kameradschaft, Volksgemeinschaft und Heimatliebe groß und leuchtend an den Himmel geschrieben wurden«, erinnert sich Inge Scholl, die ältere Schwester von Hans und Sophie Scholl. »Wir fanden das gut, und was immer wir dazu beitragen konnten, wollten wir tun . . . Wir waren mit Leib und Seele dabei und konnten es nicht verstehen, daß unser Vater nicht glücklich und stolz ja dazu sagte . . . Sein Versuch, uns zurückzuhalten, scheiterte an unserer jugendhaften Begeisterung . . . So wurden die Scholl-Kinder bald zu Jugendführern.«

E. hatte keinen Vater, der die jugendliche Begeisterung gebremst hätte, und ihre Mutter beruhigte am Engagement der Tochter das vor sittlichen Gefährdungen abschirmende Klima einer reinen Mädchenorganisation. So war denn auch sie mit Leib und Seele dabei und vermittelte als JM-Führerin Lieder und Sprüche mit magischen Zauberworten: Ehre, Treue, Tapferkeit, Kameradschaft, Freiheit, Gemeinschaft, Heimat, Kampf, Tod, Fahne, Heldentum, Blut, Erde, Glaube, Pflicht, Volk, Vaterland, Führer und Gefolgschaft.

Für Heimabende und Feierstunden suchte sie sich aus Schulungsheften, Zeitschriften, Lesebüchern und völkischen Romanen Beispiele zusammen, die diese Begriffe erläutern sollten. Meist handelte es sich in diesen Geschichten um historische Ausnahmesituationen, seltener um solche aus dem Alltagsleben. Allzu viele Erklärungen oder gar der Versuch einer nüchternen, exakten Begriffsbestimmung so faszinierender Worte wie Freiheit oder Ehre schienen ihr nicht nur überflüssig, sondern auch verdächtig. Im kalten Licht des Verstandes konnte das »Eigentliche«, das »Wesentliche« nur verlorengehen. Bestärkt wurde sie durch ein Lied von Werner Altendorf, von dem es im Liederbuch der Hitlerjugend heißt: »Entstanden nach der Machtübernahme an die Ewiggestrigen«.

»Was fragt ihr dumm, was fragt ihr klein, warum wir wohl marschiern!

Setzt nicht vergebens Mühe drein, ihr werdet's doch nicht spürn.

Ja, hört doch unsere Hörner schreien, hört doch unsere Trommeln grolln!

Ja, dann wißt ihr, wer wir seien, ja, dann wißt ihr, was wir wolln.

Denn nach dem Teufel fragen wir nicht, und unser Herrgott zürne uns nicht,

daß wir wolln Freie sein,

daß wir wolln Freie sein.«

Wer jetzt immer noch fragte, dem war sowieso nicht zu helfen.

Vorbehalte und Nichtübereinstimmungen des katholischen Bürgertums mit einzelnen Aspekten der NS-Ideologie wurden nur selten auf die Hitlerjugend übertragen. Insbesondere die Organisationen für die zehn- bis 14jährigen, das Deutsche Jungvolk und der Jungmädelbund, galten als harmlos und unpolitisch. Dabei wird übersehen, daß die Prägung von Vorurteilen in der Regel bereits mit dem elften Lebensjahr abgeschlossen ist, politische Grundeinstellungen sich in der Vorpubertät kaum durch systematische Schulung, um so wirkungsvoller und nachhaltiger durch gefühlsmäßige Stimmungen verankern lassen.

Selbst eine entschieden antifaschistische Einstellung des Elternhauses spielte bei Jungen und Mädchen oft nur dann eine maßgebliche Rolle, wenn sich die Menschenfeindlichkeit des Systems durch Verfolgung von Familienmitgliedern eindeutig zu erkennen gab. Fehlten solche Erfahrungen, war es für viele Kinder und Jugendliche schwer, sich zeitweise den Verführungen der Hitlerjugend zu entziehen, zumal sie dadurch zu Außenseitern der Gesellschaft wurden.

Von der NS-Propaganda wurde die Jugend unentwegt als die Kraft bezeichnet, von der die »Vollendung der völkischen Revolution« und die »nationale Wiedergeburt« erwartet wurden. Die Vision der unmittelbar bevorstehenden Machtübernahme steigerte das Selbstbewußtsein der jungen Generation ungemein. Lieder besangen den »Sturm der Jugend« und vermittelten das rauschhafte Lebensgefühl von Stärke und Macht:

»Wenn wir auch heut noch warten, bald hebt sich uns're Zeit.
Schon rauschen die Standarten: Ihr Jungen, seid bereit.« –
»Wir Jungen tragen die Fahne zum Sturm der Jugend vor . . .« –
»Ein junges Volk steht auf, zum Sturm bereit . . .« –
»Wir sind wie ein junger Tag in uns'res Volkes Jahr
und unserer Adern Schlag macht Deutschland einmal wahr . . .«

Unaufhaltsam stürmt Jugend in diesen Liedern über alles »Morsche« und »Schwache« hinweg. Heute erschrickt E. über die latente Barbarei der Texte:

»Jugend! Jugend! Träger der kommenden Taten.
Ja, durch unsre Fäuste fällt, was sich uns entgegenstellt!« –
»Fort mit allen, die noch klagen, die mit uns den Weg nicht wagen,
fort mit jedem schwachen Knecht: Nur wer stürmt, hat Lebensrecht!«

Sie erinnert sich fast ein wenig erleichtert an das in Mädchengruppen häufig und ausgelassen gesungene Volkslied »Laßt doch der Jugend, der Jugend, der Jugend ihren Lauf . . .«

Manchmal, auf einsamen Autofahrten, singt E. die seit 40 Jahren ungesungenen Lieder, um Gefühle von damals aus unbewußten Seelenschichten heraufzuholen. Mit Verwunderung bemerkt sie dann, wie viele Strophen noch immer im Gedächtnis sind. Der nur scheinbare »Schwachsinn« der Texte hatte Methode. Sie transportierten zusammen mit den Melodien politische Zurichtung und Hingabe, die dem Mißbrauch einer zunächst ziellosen Begeisterung Tür und Tor öffnete.

E. will nicht verschweigen, daß die alte Faszination beim Singen für Augenblicke über ihr zusammenschlägt, wenn es gelingt, den Verstand auszuschalten und all das zu vergessen, was sie heute weiß.

Nach einer solchen Fahrt begegnete sie im Traum Hans Baumann, dem ehemaligen Volksschullehrer aus dem Bayerischen Wald. Etwa ein Drittel der Fahnen-, Feier- und Bekenntnislieder, die als »Pflichtlieder« in den Schulungsheften und Liederblättern der Hitlerjugend standen, sind von ihm gedichtet und vertont worden, außerdem eine Unzahl mehr oder weniger unpolitischer Morgen- und Wanderlieder, die noch heute viel gesungen werden. Inzwischen hat er sich, wie es heißt, »entschieden von seiner Vergangenheit distanziert«. E. schrie ihn an: »Du machst es dir verdammt einfach! Du distanzierst dich von deiner Vergangenheit? Aber die Vergangenheit distanziert sich nicht von dir. Hunderttausende sind mit deinen Liedern im Herzen elend verreckt! Schläfst du gut, Kamerad Baumann?« So hat sie ihn angeschrien – im Traum!

Viele Lieder und Sprüche der Hitlerjugend ließen keinen Zweifel daran, daß die »Ewiggestrigen«, die »Zweifelnden« und »Hadernden« der älteren Generation angehörten.

»Und mögen die Alten auch schelten, wir lassen sie toben und schreien, und stemmen sich gegen uns Welten, wir werden doch Sieger sein«, heißt es in der dritten Strophe der »morschen Knochen«. In Herybert Menzels »Die Welt gehört den Führenden, sie gehn der Sonne Lauf« lautet der Refrain: »Das Alte wankt, das Morsche fällt. Wir sind der junge Sturm, wir sind der Sieg! Sprung auf, marsch, marsch, die Fahne auf den Turm.« In Wolfram Brockmeiers »Stehn wir auch erst im Morgengrauen, so wissen wir, der Tag bricht an!« wird den Alten immerhin die Vorläuferfunktion zugebilligt: »Was unserer Väter Hand entglitten, wir greifen es im Falle auf. Zum großen Ziel, das sie erstritten, beginnen wir erneut den Lauf . . .«

Oft geht es gegen Mauern: »Wo Mauern fallen, baun sich andre vor uns auf, doch sie weichen alle unserm Siegeslauf«, oder gegen den »alten Wall«, wie in den »rufenden Fanfaren« von Hans Baumann, die E. besonders liebte: »Und ihr rufenden Fanfaren findet die Jungen all, die sich das Stürmen bewahren, gegen den alten Wall, gegen den alten Wall.«

Bei der zweiten Strophe dieses Liedes dachte sie an ihre Heimatstadt, in der es viel zu viele gab, die »dumm« und »klein« fragten und »das Lied nicht begreifen« wollten: »Und ihr rufenden Fanfaren findet die alte Stadt, die in all den Jahren Junge geboren hat.«

Sie hoffte, daß mit dem Generationswechsel auch in der »alten Stadt« die Jugend über Klassenschranken und Standesdünkel, konfessionelle Intoleranz und spießbürgerliche Moral siegen und die in vielen Liedern sieghaft vorweggenommene »Volkwerdung« vollenden würde.

Der Jugend im Dritten Reich wurde die geheimnisvolle Fähigkeit eines instinktiven Zugangs zur Wahrheit »Jugend hat immer recht« und zu den Lebensfragen der Nation suggeriert. E. hielt es daher für völlig überflüssig, ihre »nationalsozialistische Gesinnung« als »politische Überzeugung« sachlich zu begründen, da sie sich, wie sie glaubte, »kraft ihres Jungseins« ohnehin im Besitz der Wahrheit befand.

Diese Arroganz erlaubte es vielen in der Hitlerjugend engagierten Jungen und Mädchen, Gegenargumente von Eltern, Lehrern, »Abseitsstehenden« und »Ewiggestrigen« als fehlenden Wagemut, mangelnde Kompetenz, Schwäche oder gar fortschreitende Gehirnverkalkung abzutun. In vielen Familien mag es damals Szenen gegeben haben, wie die von Inge Scholl beschriebene:

> »Es war bei uns das Alter, wo man sozusagen gegen den Vater rebelliert. Hans hatte einen ziemlich chauvinistischen Geschichtslehrer. Wenn er von der Schule kam und berichtete, wie begeistert der Lehrer vom ›Führer‹, von Deutschland und den Deutschen gesprochen und wie er sie den dekadenten Franzosen leuchtend gegenübergestellt hatte, kam es meist zu einem heftigen Wortwechsel. Einmal sagte mein Vater, glaub doch dieses Zeug nicht. Da ist mein Bruder aufgestanden, hat den Stuhl zurückgestoßen und eine fürchterliche Szene gemacht, hat gesagt: Wer muß es besser wissen, ein Fachmann oder du? Mein Vater warnte immer wieder davor, alles kritiklos hinzunehmen, was der Lehrer sagte. Aber gerade das wollte Hans nicht hören.«

Andererseits warb die Hitlerjugend öffentlich um »das Vertrauen der Elternschaft als Grundlage für die erfolgreiche, harmonische Arbeit der nationalsozialistischen Jugendbewegung« (Baldur von Schirach). Die Behauptung, sie habe Kinder und Jugendliche angeregt, ihre Eltern zu »bespitzeln«, läßt sich durch nichts belegen und gehört zu den zahlreichen Legenden der Geschichtsschreibung über das Dritte Reich.

Generationskonflikte schwelten auch zwischen Hitlerjugend und Parteihierarchie. In Paderborn gab es z. B. ständige Auseinandersetzungen zwischen dem Kulturreferenten der Hitlerjugend und örtlichen Parteibonzen. E. erinnert sich, sprachliche Schnitzer und Stilblüten lokaler Parteigrößen gesammelt und in der Führerinnenschaft des Jungmädelbundes zum allgemeinen Gaudi imitiert zu haben.

Die Parteikritik der Hitlerjugend hatte nichts (oder doch – hie und da – andeutungsweise) mit antifaschistischem Widerstand zu tun. Sie beruhte auf Enttäuschung und Ärger über unwürdige und unzulängliche Vertreter der »reinen« Lehre. Man distanzierte sich von Korruption und Opportunismus lamettageschmückter »Goldfasane« und war davon überzeugt, daß der neue Staat erst nach der Wachablösung durch die junge Generation ihren Idealen entsprechen würde, denn die Jugend war sauber, unbestechlich, diszipliniert.

Der Mythos der »alten Kämpfer« erhielt für E. bereits im Jahre 1938 einen Bruch, als die »alte Garde« in Sonderbussen mit dem Führer der Deutschen Arbeitsfront durch Deutschland gefahren wurde. Es handelte sich dabei um Saalschlachtrabauken aus der »Kampfzeit«, die sich nur schwer in Partei- oder Verwaltungshierarchien hatten unterbringen lassen und deren Unzufriedenheit durch diese Fahrt beschwichtigt werden sollte. Vor dem Rathaus von Paderborn hatten sich örtliche Parteiorganisationen und eine Abordnung der Hitlerjugend versammelt, um ihnen einen herzlichen Empfang zu bereiten. Die 13jährige dachte an die hochgewachsenen jungen Männer mit den asketischen, »kampfgestählten« Gesichtern, die sie von den (mit »Mjölnir« gezeichneten) Plakaten kannte, und war entsetzt, als aus den Bussen wohlbeleibte Spießbürger mit roten, gedunsenen Gesichtern heraustorkelten und der als »Reichstrunkenbold« bekannte Robert Ley nur noch zu lallenden Begrüßungsworten in der Lage war.

Jugend und Jungsein wurden im Dritten Reich als »Wert an sich« so wirksam und eindringlich propagiert, daß es bereits ein leises Verachtungsgefälle zwischen Deutschem Jungvolk und Hitlerjugend bzw. Jungmädelbund und BDM gab. Das BDM-Werk »Glaube und Schönheit« hieß auch bei den Jungmädelführerinnen »Mehr Glaube als Schönheit«, und die NS-Frauenschaft wurde ohne jede geschlechtsspezifische Solidarität »NS-Krampfadergeschwader« genannt. Dieser leisen Verachtung älterer weiblicher Jahrgänge lag wohl unbewußt der Wunsch zugrunde, sich dem gewöhnlichen Frauenschicksal möglichst lange zu entziehen, und dazu bot der BDM ausreichend Gelegenheit. In Anlehnung an Forderungen der Jugendbewegung wurden die dem männlichen Geschlecht seit Jahrhunderten eingeräumten Lehr- und Wanderjahre einer eigenständigen, von der Erwachsenenwelt unabhängigen Jugendzeit in der Hitlerjugend ausdrücklich auch für Mädchen reklamiert. Darauf zielten folgende Ausführungen des Reichsjugendführers über den Bund Deutscher Mädel:

> « Es ist aber nichts gefährlicher für einen Mädelbund als die Menschen, die in der Maske des Erziehers kommen und mit fetter Stimme von der Bestimmung des Weibes reden . . . Sie reden von späterer Mutterschaft, aber sie meinen anderes . . . Jeder Junge will ein Mann werden und jedes Mädchen eine Mutter, aber zunächst ist das Mädel im BDM und der Junge in der HJ, und beide leben ihr eigenes Jugendleben, den wunderbaren Abschnitt, der genau wie die Kindheit ein in sich Abgeschlossenes und Ganzes ist und mit Reife und Alter den ewigen Rhythmus bildet, den wir Leben nennen . . .«

Ein Ideologe der Jugenderziehung in der Hitlerjugend – Georg Usadel – formulierte: »Jugend ist keine Vorbereitungszeit, sondern ein Teil des Lebens, der sich nach eigenem Gesetz erfüllen will und soll. Das gilt für Jungen und Mädchen gleichermaßen.«

Die Mädelführung in der Reichsjugendführung distanzierte sich wiederholt vom »Kochtopf als Erziehungsziel« und den »drei K« (Küche, Kirche, Kinder). Statt dessen propagierte der BDM die Notwendigkeit einer soliden Berufsausbildung sowie einer berufstätigen Jugendzeit für Mädchen, und die Reichsjugendführung stellte für die Schulabgängerinnen des JM-Bundes ausführliches Schulungsmaterial bereit, um ihnen die Berufswahl zu erleichtern. »Ein Mädchen heiratet ja doch«, diese Entschuldigung für mangelnde oder unqualifizierte Berufsausbildung galt als kurzsichtig und verantwortungslos, war aber in Paderborn damals noch weit verbreitet.

Von einer gezielten Vorbereitung auf Hausfrauendasein und Mutterschaft, wie sie dem BDM häufig unterstellt wird, bemerkte E. trotz langjähriger Mitgliedschaft niemals etwas. War vielleicht die Gymnastik der Medau-Schule eine Art Schwangerschaftsgymnastik? Der Wunsch nach späterer Heirat und Familiengründung, wie ihn der Reichsjugendführer mit seinem »Jedes Mädchen will eine Mutter werden« behauptete, galt auch in bürgerlich-katholischen Kreisen als selbstverständliche Lebensperspektive eines Mädchens, sofern es nicht in ein Kloster eintrat oder aber, als bedauernswerte alte Jungfer, lebenslänglich berufstätig bleiben mußte.

E. schätzte den Reichsjugendführer nicht sonderlich, fand seinen Namen (für den er nichts konnte) unangenehm bombastisch, seine leicht verfetteten, jugendlich-unreifen Gesichtszüge wenig überzeugend und seine Gedichte – von wenigen Zeilen abgesehen – unter aller Kritik.

Irgendwann in den ersten Kriegsjahren fand ein nächtliches Treffen westfälischer Führerinnen und Führer der Hitlerjugend am Hermannsdenkmal im Teutoburger Wald statt. Viele Jungen waren schon Soldaten, marschierten aber noch einmal in ihren HJ-Uniformen, die mit Frontauszeichnungen – Eisernen Kreuzen und sogar einigen Ritterkreuzen – dekoriert waren. Der Abend war stürmisch und regnerisch, aber als bekanntgegeben wurde, daß der Reichsjugendführer seine Rede in einem Saal halten wollte, brach ein gellendes Pfeifkonzert aus.

Nicht als Reichsjugendführer, sondern als späterer Reichsstatthalter von Wien wurde er vom Nürnberger Gerichtshof verurteilt wegen seiner Verantwortung für die Deportation der Wiener Juden. Seinem Schuldbekenntnis vom 24. Mai 1946, formuliert unter dem Eindruck von Filmen, Dokumenten und den Aussagen von Rudolf Höß, dem ehemaligen Lagerleiter von Auschwitz, kann E. eine gewisse Achtung nicht versagen:

»Das ist der größte und satanischste Massenmord der Weltgeschichte . . . für immer ein Schandfleck unserer Geschichte . . . Die deutsche Jugend aber ist unschuldig an dem, was Hitler dem deutschen und dem jüdischen Volk angetan hat. Sie wußte nichts von der Vernichtung der Juden, und sie wollte dieses Verbrechen nicht. Es ist meine Schuld, die ich vor Gott und unserer Nation trage, daß ich die deutsche Jugend im Glauben an Hitler erzog, einen Mann, den ich für unantastbar hielt und der ein millionenfacher Mörder war. Hitler ist tot. Ich habe ihn nicht verraten, ich habe nicht gegen ihn geputscht, ich habe meinen Eid ihm gegenüber als Jugendführer, als Offizier und als Beamter gehalten. Ich war Nationalsozialist aus Überzeugung von Jugend auf und damit auch Antisemit. Ich habe an Hitler geglaubt, das ist alles, was ich zu meiner Entschuldigung sagen kann. Ich allein trage diese Schuld, die deutsche Jugend ist schuldlos; denn sie wuchs in einem antisemitischen Staat auf, in dem die Rassenpolitik Gesetz war. Wenn aber ein Auschwitz möglich war, dann muß das das Ende der Rassenpolitik und das Ende des Antisemitismus sein. Wer nach Auschwitz noch immer daran festhält, der macht sich schuldig.«

Der für das Selbstbewußtsein schmeichelhafte Glaube an die Unfehlbarkeit der Jugend in Gesinnungsfragen bedeutete nicht, daß die in der Hitlerjugend engagierten Jungen und Mädchen auf erwachsene Vorbilder hätten verzichten können. Sie fanden sie unter

Zeitgenossen, die sich nicht in das heutige undifferenzierte Raster »typischer Nazis« (primitive Rabauken, charakterlose Radfahrer, obrigkeitshörige Duckmäuser und eiskalte Herrenmenschen) einordnen ließen, sich aber subjektiv oft als besonders echte Vertreter der nationalsozialistischen Weltanschauung fühlten. »Untypische Nazis« gab es in allen Bevölkerungsschichten. Sie waren nicht so selten, daß man sie unter den Tisch fallen lassen könnte, zumal ihre Alibiwirkung weit über ihren prozentualen Anteil hinausreichte. Gerade sie stützten die Glaubwürdigkeit des Systems wirksam und versöhnten mit Korruption und Borniertheit mancher Parteifunktionäre. Jeder und jede von ihnen übte eine verhängnisvolle Sogwirkung aus: »Wenn der/die dafür ist, muß es sich ja um eine gute Sache handeln.« Harmlose, erdverbundene Heimatdichter fühlten sich durch Preisverleihungen oder die Aufnahme in die preußische Dichterakademie geehrt. Versponnene, deutschtümelnde Germanisten glaubten, daß eine nationale Kulturrevolution die Wesenskräfte deutschen Geisteslebens freilegen würde. Lehrstuhlinhaber für germanische Vor- und Frühgeschichte und Amateurheimatforscher begrüßten die staatliche Finanzierung bei der Ausgrabung und Rekonstruktion germanischer Dörfer und Kultstätten, Architekten den Wiederaufbau zerfallener Burgen und Schlösser und ihre Einrichtung als Jugendherbergen, Müttererholungsheime oder »Schulungsburgen« für Partei und Hitlerjugend. Sport-, Heimatkunde-, Geschichts- und Biologielehrer nahmen mit Befriedigung zur Kenntnis, daß »ihren« Fächern endlich die ihnen gebührende Bedeutung zugesprochen wurde. Professoren und Volksschullehrer, die sich mit Volkskunde, d. h. mit der Sammlung und Pflege von Volkskunst, Volksmusik, Volkstanz, Volkstrachten, Sitten und Gebräuchen, Sagen und Märchen, Heimat- und Mundartdichtung befaßten, sowie Heimatpfleger und Handwerksmeister, die Ausdrucks- und Werkformen vorindustrieller Lebensgestaltung (Weberei, Töpferei, Instrumentenbau usw.) zu erhalten und wiederzubeleben suchten, sahen im neuen Staat den ureigensten Vertreter ihrer Interessen.

Auch Professor Kurt Huber, der sich mit Musikästhetik, Volkstanz und Volksliedkunde befaßte, war Mitglied der NSDAP. Als geistiger Vater der Widerstandsbewegung »Die weiße Rose« wurde er am 13. Juli 1943 hingerichtet. Einen Spruch von Johann Gottlieb Fichte aus dem Schlußwort des Angeklagten, das E. nach 1945 bekannt wurde, hat sie viele Male als Fahnenspruch der Hitlerjugend zitiert:

> »Und handeln sollst du so, als hinge
> Von dir und deinem Tun allein
> Das Schicksal ab der deutschen Dinge
> Und die Verantwortung wär' dein.«

Andere Zeitgenossen waren auf schlichteren Wegen dazu gekommen, mit ihren bescheidenen Möglichkeiten zur Unterstützung des Systems beizutragen, sei es, daß sie dem neuen Staat die damals fast wundersam erscheinende Erlösung aus bedrückender Arbeitslosigkeit oder die während der Weltwirtschaftskrise aufgeschobene Heirat und Familiengründung dankten, sei es, weil sie den Eindruck hatten, daß dieser Staat es mit seiner sozialen Verantwortung besonders ernst meine.

Gläubig ließen sie sich für ehrenamtliche Tätigkeiten einspannen und ermöglichten der NS-Regierung, sozialen Problemen mit Aktionen wie »Winterhilfswerk«, »Eintopfsonntag«, »Pfundspende« usw. zu begegnen und Engpässe der Kriegswirtschaft mit freiwilligem Ernteeinsatz, Lazarettdienst, Luftschutz, Betreuung von Ausgebombten und Flüchtlingen, Rettungs- und Aufräumungsaktionen nach Bombenangriffen zu beheben. Jede freiwillig übernommene Tätigkeit »im Dienste der Volksgemeinschaft« wurde nach dem Krieg zur politischen Belastung, da sie im Rahmen von NS-Organisationen geleistet worden war. Im Gegensatz dazu erfuhren freiwillige Meldungen von Soldaten der deutschen Wehrmacht zu Fronteinsätzen und »Himmelfahrtskommandos« keinerlei Diskriminierung, denn das Militär galt als unpolitische Institution.

Laut Fragebogen der Militärregierung wurden berufliche oder ehrenamtliche soziale Aktivitäten nicht nur in der NSV, der DAF, der NS-Frauenschaft, dem Deutschen Frauenwerk und der Hitlerjugend, sondern auch im Reichsluftschutzbund, im Deutschen Roten Kreuz und anderen Organisationen der »Heimatfront« nun zu Minuspunkten bei der Einstufung in eine der fünf Entnazifizierungsgruppen, was nicht wenig zur Korrumpierung der politischen und gesellschaftlichen Moral im Nachkriegsdeutschland beitrug. E. schwor sich damals, nie wieder auch nur einen Finger »zum Wohle der Allgemeinheit« zu rühren. Wie sollte sie – und mit ihr Hunderttausende deutscher Mädchen und Frauen – auch begreifen, daß gleiches oder ähnliches Handeln bis zu einem bestimmten Stichtag, nämlich dem der Kapitulation, verwerflich gewesen, nun aber unter der Militärregierung wünschens- und lobenswert war.

Persönliche Erfahrungen mit Nationalsozialisten in der Führerschaft der Hitlerjugend, in pädagogischen und sozialen Berufen, vor allem aber in der eigenen Familie, in Verwandtschaft und Bekanntschaft überzeugten viele Kinder und Jugendliche mehr und nachhaltiger als große Worte und politisches Spektakel, denn trotz jugendlicher Arroganz und Omnipotenzgefühlen suchte auch die Jugend des Dritten Reiches nach Bestätigung durch die ältere Generation.

Besonders vertrauenerweckend wirkte sich das öffentliche Eintreten anerkannter Künstler und Wissenschaftler, Dichter und Komponisten, Schauspieler und Musiker für die NS-Regierung aus. Von jenem auch im Ausland vielbeachteten »Treuebekenntnis deutscher Professoren für den Führer« aus dem Jahre 1933 erfuhr E. erst nach dem Krieg, aber daß der international anerkannte, während des Dritten Reiches mit öffentlichen Ehrungen großzügig bedachte Chirurg Ferdinand Sauerbruch ebenso wie der erste unter den deutschen Philosophen der Gegenwart, der weise Martin Heidegger aus Freiburg, der berühmte Kunsthistoriker Wilhelm Pinder und viele andere auf der Seite der neuen Regierung standen, sprach sich auch bis in die Provinz herum und bestätigte den Heranwachsenden nicht nur die Vertrauenswürdigkeit, sondern auch die hohe geistige Qualität der nationalsozialistischen Weltanschauung.

Gottfried Benns »Antwort an die literarischen Emigranten« und seine Rundfunkrede »Der neue Staat und die Intellektuellen« sowie die an Romain Rolland gerichteten »Sechs Bekenntnisse zum neuen Deutschland« von Rudolf G. Binding, Erwin Guido Kolbenheyer, Ernst Bertram und anderen, ebenfalls aus dem Jahr der »Machtergreifung«, blieben E. während des Dritten Reiches unbekannt. Wenn ihr diese intellektuellen und literarischen Zeugnisse merkwürdig vertraut erschienen, als sie ihr lange nach dem Krieg bekannt wurden, so deshalb, weil viele Gespräche des Vaters mit Kollegen, Freunden und Verwandten von gleichen oder ähnlichen Hoffnungen und Zukunftsperspektiven getragen wurden. Häufig wurden dabei auch die Namen katholischer Politiker und Theologen genannt: Franz von Papen, Michael Schmaus, Joseph Pieper, die zur Mitarbeit im neuen Staat aufgefordert hatten. Besonders in Erinnerung geblieben ist die Übernahme der Präsidentschaft einer von Goebbels initiierten »Europäischen Schriftstellervereinigung« durch Hans Carossa, weil dieses Ereignis in der Wochenschau übertragen wurde. E. zweifelte nicht daran, daß dieser von ihr hochverehrte »Dichter der deutschen Innerlichkeit« ebenso »dafür« war wie der Nobelpreisträger Knut Hamsun.

Weitere Bestätigungen lieferten die bereits erwähnten Oden und Gedichte zur Verherrlichung des Führers von Wilhelm von Scholz, Hermann Claudius, Agnes Miegel, Börries von Münchhausen, Rudolf Alexander Schröder, Ina Seidel, Lulu von Strauß und Torney, Hans Carossa, Joseph Weinheber und anderen namhaften Dichtern, die sich durch ihre literarische Qualität von denen der NS-Barden Heinrich Anacker, Gerhard Schumann und Hans Zöberlein wohltuend abhoben. Auch die einer größeren Leserschaft erst nach dem Krieg bekannt gewordene Luise Rinser schrieb in jungen Jahren ein emphatisches Gedicht auf den Führer.

Niemand wurde im Dritten Reich gezwungen, den Führer literarisch zu verherrlichen. Waren alle diese Dichter Opportunisten? Und wenn nicht, was waren sie dann?

Auch im Musikleben mangelte es nicht an bekannten Komponisten, Dirigenten und Solisten, die der nach Vorbildern suchenden Jugend des Dritten Reiches die Gewißheit vermittelten, daß die deutsche Kultur von der NS-Regierung in ganz außerordentlicher, bisher nie dagewesener Weise gefördert wurde. Wie hätte E. auf den Gedanken kommen können, in einem Unrechtsstaat zu leben, wenn Richard Strauß, Wolfgang Fortner, Werner Egk, Carl Orff, Hans Pfitzner, Cesar Bresgen und viele andere zeitgenössische Komponisten Kantaten und Festmusiken für nationalsozialistische Morgenfeiern, Heldengedenktage und Staatsakte schufen, wenn Wilhelm Furtwängler, Karl Böhm, Herbert von Karajan, Wilhelm Kempff, Elly Ney, Ludwig Hölscher, Edwin Fischer, Georg Kulenkampff, Detlev Kraus, Wolfgang Schneiderhan und andere Dirigenten und Solisten auf zahlreichen Tourneen mit ausgezeichneten Orchestern Musik bis in die entlegensten Gebiete des Reiches brachten? Wenn sich für die Musikerziehung der Hitlerjugend die Vertreter der Jugendmusikbewegung Heinrich Spitta, Walter Rein, Armin Knab, Werner Hensel, Ernst-Lothar von Knorr, Wolfgang Twittenhoff, Gerhard Schwarz, Felix Oberborbeck, Hans Bergese, Gottfried Wolters und viele andere zur Verfügung stellten und die ihnen gebotenen Arbeitsmöglichkeiten dankbar wahrnahmen?

Bekannte Schauspieler wie Gustaf Gründgens, Hans Albers, Paula Wessely, Attila Hörbiger, Carl Raddatz, Emil Jannings, Brigitte Horney, Heinrich George, Gisela Uhlen, Will Quadflieg, Werner Hinz u. a. wirkten mit in antidemokratischen, antisemitischen, antiamerikanischen, antibritischen, antislawischen, nationalistischen und militaristischen »Filmen der Nation«. Vertreter und Vertreterinnen der leichten Muse wie Zarah Leander, Marika Rökk, Ilse Werner und Heinz Rühmann ließen mit »Durchhalteschlagern« und der Mitwirkung in UFA-Komödien und Revuefilmen Grauen und Schrecken des Krieges für einige Stunden vergessen.

Manche der Genannten hatten damals Schwierigkeiten mit dem NS-Kulturbetrieb, andere rückten von anfänglicher Begeisterung ab, einige wurden sogar offiziell gemaßregelt, aber solche Auseinandersetzungen blieben hinter den Kulissen der offiziellen Propaganda. Millionen im Lande hatten den Eindruck, daß diese bekannten Persönlichkeiten der ernsten und heiteren Muse »dafür« waren und ihre Kunst selbstverständlich in den Dienst der nationalsozialistischen Weltanschauung stellten.

Viele, die während des Dritten Reiches im Scheinwerferlicht der Öffentlichkeit gestanden hatten, versuchten nach dem Krieg die Wirkung ihres Auftretens mit der Behauptung herunterzuspielen, daß »jeder« damals gewußt habe, wie ihre wirkliche Einstellung gewesen sei – aber jeder wußte das keineswegs, und oft wußte es auch niemand.

Heinrich Böll behauptet in seinem Roman »Ansichten eines Clowns«: »Die Emigranten wissen auch nicht, daß nur wenige Nazis an die Front geschickt wurden, gefallen sind fast nur die anderen.« E.s Erfahrungen widersprechen dieser Behauptung. Nur drei der insgesamt 16 Paderborner Jungvolk- und Hitlerjugendführer, an die sie sich erinnert, überlebten den Krieg. Unter den Gefallenen waren zwei Bannführer, Peter, der Medizinstudent, und Kurt, der Studienrat und Dr. phil. Auch der mit 38 Jahren gefallene Paderborner Kreisleiter Meier gehört wohl kaum zu den »anderen«.

Zu Beginn des Krieges wurden 98 Prozent aller wehrfähigen hauptamtlichen HJ-Führer einberufen oder meldeten sich freiwillig. Der Dienstbetrieb der Hitlerjugend mußte von immer jüngeren Führern übernommen und die Organisation durch Zusammenlegung der Dienststellen von HJ und BDM weitgehend von Mädchen aufrechterhalten werden. Es fielen zwei Obergebietsführer, vier Gebietsführer, acht Hauptbeauftragte, 28 Oberbannführer und 153 Bannführer.

Die Soldaten der Waffen-SS betrachteten sich als nationalsozialistische Elitegruppe. Ihre Verlustrate lag weit über der der Wehrmacht. In den letzten beiden Kriegsjahren wurde die SS-Division »Leibstandarte« siebenmal zwischen Ost- und Westfront verlegt, um – unter schwersten Verlusten – jeweils eine neue Offensive zu beginnen, Rückzüge zu decken oder Niederlagen zu verhindern. Die aus deutschen, niederländischen und flämischen Freiwilligen gebildete SS-Division »Wiking« verlor im März 1944 beim Entsatz der im Kessel von Tscherkassy eingeschlossenen Wehrmachtseinheiten die Hälfte ihres Mannschaftsbestandes. Die Gefechtsstärke der SS-Division »Hitlerjugend« betrug im September 1944 nach ihrem Einsatz in der Normandie weniger als 600 Mann, d. h. nur noch 20 Prozent. Die 36 gefallenen Generäle der Waffen-SS (je Division ein General) brachten die Statistik über das Durchschnittslebensalter dieser Berufsgruppe (90 Jahre) erheblich ins Wanken. Waren das alles »andere«?

Für Überlebende jener Generation, der man als den »Garanten der Zukunft« ein glückliches, strahlendes Leben vorausgesagt hatte, gab es nach dem Krieg ein schreckliches, brutales Erwachen. Es glich dem schmerzlichen Prozeß, den Inge Scholl für sich und ihre Geschwister so beschrieben hat:

>»In uns begann eine gläubige, reine Welt zu zerbrechen . . . Stück um Stück . . . In uns erwachte ein Gefühl, als lebten wir in einem schönen und reinen Haus, in dessen Keller hinter verschlossenen Türen furchtbare, böse, unheimliche Dinge geschehen.«

Späte Zurichtung

Die Jugenddienstpflicht der Hitlerjugend endete mit 18 Jahren. Es folgte der freiwillige Eintritt in eine NS-Männergemeinschaft (SA, SS, NSKK usw.) und seit 1935 die Einberufung zum Reichsarbeitsdienst und zum zweijährigen Wehrdienst. Mädchen wurde eine längere Reifezeit zugebilligt, galt es doch, sie nach sieben Jahren der Erziehung »in der Gemeinschaft für die Gemeinschaft« (von Mädchen) auf den fraulichen Wirkungskreis, d. h. die Vereinzelung der Hausfrau und Mutter, vorzubereiten. Allzuviel Gemeinschaft mit Geschlechtsgenossinnen konnte dabei nur hinderlich sein. Im Januar 1938 wurde für 17- bis 21jährige Mädchen das BDM-Werk »Glaube und Schönheit« gegründet, seine Leitung der bisherigen Obergauführerin von Nürnberg, Clementine zu Castell, übertragen. Die Mitgliedschaft in dieser Organisation war freiwillig. Statt der hierarchisch aufgebauten, nach Wohnbezirken gegliederten JM- und BDM-Gruppen bot das BDM-Werk Arbeitsgemeinschaften nach freier Wahl an, die allerdings nach einem Jahr gewechselt werden und mindestens einmal einen Gymnastikkurs betreffen mußten. Sie sollten jungen Mädchen »in den für die Entwicklung der Frau wichtigsten Jahren« die Gelegenheit bieten, »einige Jahre hindurch ihren individuellen Veranlagungen und Neigungen frei und unbeschwert nachgehen zu können«. Bemerkenswert am BDM-Werk war die Betonung der Individualität. Dem bedingungslosen

»Du bist nichts, dein Volk ist alles!« wurde nun die Pflicht zur Entwicklung einer »gemeinschaftsgebundenen Persönlichkeit« gegenübergestellt, die sich durch Glauben (an die Sendung des Volkes) und Schönheit (Harmonie von Körper, Geist und Seele) auszeichnen sollte.

Natürliche Schönheit – so hieß es – war durch gesunde Lebensführung, zweckmäßige Körperpflege, sportliche Betätigung, geschmackvolle Kleidung usw. von jedem Mädchen zu erreichen. Und wenn es nicht zur Schönheit reichte, dann doch wenigstens zur Anmut, denn: »Natürliche Anmut ist eine Veranlagung, die jedes Mädel besitzt. Diese Anlage muß aber geweckt, geübt und entfaltet werden.« So formulierte es Heinrich Medau, Begründer einer seit den frühen zwanziger Jahren international anerkannten Gymnastikschule, der für die Entfaltung der Anmut bei den 17- bis 21jährigen jungen Frauen des BDM-Werkes verantwortlich war. Die Organisation »Glaube und Schönheit« trat denn auch vorwiegend mit Tanz und tänzerischer Gymnastik an die Öffentlichkeit, so z. B. auf dem Parteitag des Jahres 1938. Tausende von jungen Frauen waren daran mit musisch-gymnastischen Darbietungen beteiligt, und in der Presse hieß es, »das Fluidum der anmutigen Mädchenhaftigkeit« habe alle Teilnehmer ergriffen.

Die von Fachkräften geleiteten sportlichen, musischen und hauswirtschaftlichen Arbeitsgemeinschaften des BDM-Werkes sprachen viele junge Frauen an, für die der BDM seine Anziehungskraft verloren hatte. Sie begrüßten die unpolitische Atmosphäre. Statt der Uniform wurde Zivilkleidung getragen, und das Abzeichen (zwei leuchtende Sterne auf blauem Grund) entbehrte des für alle übrigen NS-Organisationen obligatorischen Hakenkreuzes.

Das deutsche Modeinstitut gab Richtlinien und Anleitungen zum Selbernähen sportlicheleganter Kleidung heraus, die anschließend auf Modeschauen gezeigt wurden. Es gab Einführungen in alte Kunsthandwerkstechniken wie Töpfern, Weben und Schnitzen. Andere Arbeitsgemeinschaften befaßten sich mit Haus- und Heimgestaltung, vermittelten Kriterien für »formschöne«, »werkgerechte« Möbel, Lampen und Geschirr, Materialkenntnisse über Stoffe und Tapeten, führten ein in die Kunst des Tischdeckens, des häuslichen Blumenschmucks, der Wiederbelebung alten Brauchtums und geselliger Kultur bei der Gestaltung häuslicher Feste.

Vor kritikloser Übernahme von Moderströmungen wurde ebenso gewarnt wie vor der Gefahr des Abgleitens ins »Handgewebte«: »Wir begünstigen keineswegs eine überspannte Sucht, in härenen Kleidern, mit geflochtenen Taschen und groben Schuhen einherzugehen.«

Abgesehen von der tänzerischen Gymnastik, vernachlässigte das BDM-Werk auch den Leistungssport nicht. Es gab Kurse für Schwimmen und Leichtathletik, Tennis, Skilaufen, Reiten und andere anspruchsvolle Sportarten sowie zahlreiche musikalische Arbeitsgemeinschaften.

Jedes deutsche Mädchen konnte und sollte (mit Hilfe des BDM-Werks) »die ihm von der Natur gegebenen Anlagen bis zur höchsten, ihm erreichbaren Stufe harmonisch weiterentwickeln«. Das Ziel, »die gemeinschaftsgebundene Persönlichkeit«, war eine sportlich-elegante, selbstbewußte, bis zur Hochzeit selbstverständlich berufstätige und außerdem zur Führung eines kultivierten Haushalts fähige junge Frau, die durch geschmackvolle und stilsichere Haus- und Heimgestaltung dem kulturellen Wirkungskreis der Familie eine persönliche, unverwechselbare Note zu verleihen wußte. Jeder deutsche Mann sollte die Chance erhalten, statt eines »Heimchens am Herd« eine »Hüterin des Feuers«, d. h. eine stolze, schöne, anmutige Gefährtin und würdige Vertreterin eines großen Kulturvolkes zu erringen.

Dieses Leitbild suggerierte die Möglichkeit, gesellschaftlich aufzusteigen. Das BDM-Werk fand denn auch in anspruchsvollen Frauenzeitschriften jener Jahre (»Die Dame« und »Die elegante Welt«), die dem BDM keine Zeile gewidmet hatten, Beachtung und Wohlwollen.

Ab 1943 verengte sich das Angebot dieser Organisation aufs Praktische (Gesundheitsdienst, Erste Hilfe, Koch- und Säuglingspflegekurse), diese Programmeinschränkungen wurden aber ausdrücklich als vorübergehende Konzessionen an die Kriegszeit dargestellt.

E. begegnete den Sirenenklängen von »Glaube und Schönheit« mit Skepsis, ja Unbehagen. Es glich jenem, das sie heute empfindet, wenn sie beim Frisör oder im Wartezimmer eines Arztes die Frauenzeitschrift »Brigitte« liest.

Obwohl das Konzept des BDM-Werkes als reiner Selbstzweck (»Selbstfindungsprozeß«) propagiert wurde, war der Zurichtungscharakter der »Erziehung zur gemeinschaftsgebundenen Persönlichkeit« unverkennbar: einem Mann zu gefallen und ihm das Leben als perfekte Hausfrau so angenehm wie möglich zu gestalten. Wo blieb da die starke und stolze Gefährtin im Schicksalskampf des Volkes, wenn das Leben einer Frau letztlich doch auf den häuslichen Wirkungskreis reduziert wurde? E. gedachte, sich dieser im Programm des BDM-Werkes unverhüllt zutage tretenden Geschlechtsrollenzuweisung keineswegs zu beugen und klammerte daher diese Organisation aus der Reihe der für sie verbindlichen politischen Leitbilder aus. Obwohl es in ihrer Umwelt kein Beispiel für eine berufstätige Hausfrau und Mutter gab, plante die Heranwachsende, im späteren Studium erworbene Fähigkeiten bei einer Eheschließung keineswegs brachliegen zu lassen. Vage Zukunftsvorstellungen zielten, nach dem Vorbild der Madame Curie, auf eine wissenschaftliche Partnerschaft mit dem Lebensgefährten, zumindest jedoch auf kompetente Mitarbeit und Unterstützung seiner beruflichen Ambitionen. »Geschmackvoller Haus- und Heimgestaltung« fiel dabei nur eine nebensächliche Rolle zu. Zur Aneignung entsprechender Fähigkeiten Zeit und Energie aufzuwenden, erschien ihr völlig überflüssig. Das mütterliche Vorbild genügte ihr.

Trotz aller Gemeinschaftserlebnisse in BDM und Volksgemeinschaft hielt sich die Heranwachsende für einmalig und unverwechselbar, pubertäre Einsamkeits- und Isolationsgefühle für Anzeichen einer besonders »tief« veranlagten Persönlichkeit. Zeitweise fühlte sie sich – mit einer sorgsam verborgenen, gleichwohl erheblichen inneren Arroganz – gleichaltrigen Klassenkameradinnen an Tiefe der Gefühle und Gedanken weit überlegen. Schmerzlichen Trost und Bestätigung fand sie in Hesses »Seltsam im Nebel zu wandern«, Nietzsches »Weh dem, der keine Heimat hat«, Rilkes »Wer jetzt kein Haus hat, baut sich keines mehr« und fühlte sich mit Hölderlin »von Klippe zu Klippe geworfen«.

Die Angebote des BDM-Werkes mit Hilfe zur Selbstfindung gleichzusetzen, erschien ihr banal. Individualität und Persönlichkeit waren nicht mit oberflächlichen Mätzchen und geschmackvoller Tünche zu erreichen. Dazu bedurfte es dramatischer, schicksalhafter innerer Kämpfe und Auseinandersetzungen über den Sinn des Lebens, die selbstgewählte Aufgabe in dieser Welt, die jeder für sich allein bestehen mußte und die von den Aktivitäten des BDM-Werkes nicht einmal tangiert wurden.

An der Gymnastikwelle jener Jahre, die auch die Führerinnenschaft des Jungmädelbundes, den BDM und den Sportunterricht der Schulen erreichte, nahm sie zwar freudig teil, Mädchen des BDM-Werkes, die selbstgeschneiderte Kleidung, hochhackige Schuhe und sorgfältig gedrehte Locken als Beweis für »Persönlichkeit« zur Schau trugen, verachtete sie.

Es blus ein Jäger wohl in sein Horn

In E.s Erinnerungen an Jungmädelbund und BDM überwiegen glückliche Gefühlszustände. Sie spürt noch »den Wind in den Haaren, den Wind von den Bergen und Seen« aus der Zeit, in der sie mit dem Jungmädelbund durch Deutschland gefahren ist: 1938 mit dem Fahrrad in die »Nordmark«, 1939 zu Fuß durch den Thüringer Wald, 1941 auf »Grenzlandfahrt« in das »nun wieder deutsche« Elsaß, erinnert sich an Sommer-, Ski-, Sport- und Zeltlager, an Frühlingssingen, Weihnachts- und Sonnenwendfeiern, Lagerfeuer und Nachtwanderungen, Sportfeste und Elternabende, Jugendkonzerte und Freilichtaufführungen, auch an Sammelaktionen, Erntehilfen, Lazarettnachmittage, aber nur noch schwach an enttäuschenden Dienstbetrieb, langweilige Kundgebungen, stumpfsinnige Ordnungsübungen.

Große, unvergeßliche Erlebnisse der Heranwachsenden sind nicht von der Hitlerjugend zu trennen: der Isenheimer Altar des Matthias Grünewald in Colmar, das Straßburger Münster, die Wartburg bei Eisenach, das Goethe-Haus in Weimar, der Schleswiger Dom, der Hamburger Hafen, die Brunnen im Oberelsaß und die bunten Fachwerkdörfer des Thüringer Waldes, der Gletscherfirn der bayrischen Alpen und die rotglühend vor den kiefernbewachsenen Kreidefelsen der Ostsee im Meer versinkende Sonne.

Auch andere Zeitgenossinnen berichten von tief empfundenen Gemeinschaftserlebnissen, Naturerfahrungen und Kunstbegegnungen, Freude an gemeinsamem Spiel und Tanz, Wandern und Musizieren im Zusammenhang mit jener Organisation, denn Jungmädelbund und BDM in der Hitlerjugend waren die einzig zugelassenen Mädchenbünde, in denen solche Erlebnisse möglich waren. Vitales jugendliches Gemeinschaftsstreben, musische Begabungen, Abenteuerlust und Lebensfreude einer ganzen Generation wurden von der Hitlerjugend vereinnahmt.

Heute haben diese Erlebnisse ihre Unschuld verloren. Eine schreckliche Flut ist über sie hinweggegangen, hat sie in einem Strudel lähmenden Entsetzens vermischt, verkettet, verklammert mit Ortsnamen wie Auschwitz, Treblinka, Majdanek, mit der unvorstellbaren Zahl von sechs Millionen.

Es gibt Augenblicke, Tage, Monate, in denen jene Jugendeindrücke klar und schön, groß und unbefleckt in der Erinnerung auftauchen, ehe ein düsteres Zwielicht sie überschattet. Versuche, das »Unpolitische« vom »Politischen« zu trennen, mißlingen. Alles ist verdächtig: junge Birken und blaue Hügel, helle Flöten und bunte Fahnen, schwarze schweigende Wälder und weißer Nebel über den Wiesen, Blumen am Wegesrand, klare Sterne in der Nacht und leuchtendes Korn im Sommerwind, der würzige Duft frisch aufgebrochener Ackererde, der jubilierende Gesang der Lerchen über brauner Heide und vor allem die Morgenfrühe, der frische Morgenwind, das große Morgenrot im Osten und die Morgensonne, die über das Land lächelt.

Ortsnamen wie Buchenwald, Ravensbrück, Großrosen, Birkenau, Stutthof, Bergen-Belsen, Dachau, Börgermoor, Neuengamme, Natzweiler, Flossenburg, Sachsenhausen – romantische deutsche Ortsnamen, die ihren Ursprung von Bergen und Burgen, Wald und Flur, Moor und Heide, Haus und Hof herleiten, standen nicht auf den Straßenschildern, an denen E. im Morgenwind, in staubiger Mittagsglut oder unter grau verhängtem Abendhimmel vorbeigewandert ist. Und wenn sie ihr begegnet wären, so wäre ihr nur die vertraute, anheimelnde Ähnlichkeit mit Namen von Marktflecken und Bauerschaften, Dörfern und Kleinstädten der engeren Heimat aufgefallen.

Nach langen Jahren des Verstummens gibt es heute wieder junge Leute, Gruppen und Liedersänger, die sich um die werkgetreue Wiedergabe von Volksliedern und Volksweisen aus vergangenen Jahrhunderten bemühen: alte Madrigale, Spiel- und Tanzlieder, Lieder von Liebe und Leid, Abschied und Wiederkehr, Lieder wandernder Handwerksburschen und Lieder, die Arbeit und Feierabend, harte Mühsal und frohe Feste von Bauern, Jägern und Hirten, Schäfern und Webern, Schneidern, Fischern, Bergleuten und Holzfällern, Besenbindern und Hopfenpflückern besingen.

E. kennt sie alle: Volkslieder aus dem Riesengebirge und aus Masuren, aus dem Odenwald und von der Waterkant, aus dem Bergischen Land und dem Schönhengstgau, aus Kärnten und der Steiermark, aus dem Westerwald und vom Niederrhein, aus der Lüneburger Heide, dem Erzgebirge und dem Memelland, kennt Lieder deutscher Volksgruppen aus dem Banat, der Batschka und Siebenbürgen, aus dem Buchenland, aus Böhmen und Mähren, verklingende Weisen aus dem Elsaß und Lieder der Wolgadeutschen – kennt sie aus den Liederblättern der Hitlerjugend, aus der »Geselligen Zeit« des Bärenreiter-Verlages und dem Liederbuch des BDM »Wir Mädel singen«.

Manchmal, wenn im Radio »die alten Lieder klingen«, versucht E. mitzusingen, aber irgend etwas schnürt ihr den Atem ab, steigt in der Kehle hoch. Die Stimmbänder lassen sich nicht freiräuspern, und das kommt nicht vom Rauchen. Wenn es ihr nicht gleich einfällt, das dumpfe Gefühl ist schneller, ist immer da, ein Gefühl von »das geht doch nicht mehr – da war doch was«.

Sie hat diese Lieder gesungen, als die Gaskammern und Krematorien der Todesfabriken im Osten schon geplant waren, als die Einsatzgruppen hinter der Front ihre Vernichtungswerk schon begonnen hatten, als schon Transporte quer durch Deutschland rollten, als die 65jährige Frau Frieda »Sarah« Sternheim von Berlin aus noch eine »Rote-Kreuz-Karte« mit der Höchstzahl von 25 Worten an ihren Sohn in Palästina schreiben durfte. Genau 25 Worte schrieb die jüdische Mutter als letztes Lebenszeichen auf jene Karte vom 12. Dezember 1941: »Mein Walter! Im Begriff zu wandern sende innigste Grüße. Bin gesund und mutig. Sei nicht traurig. Bin ohne Post von Dir. Antworte Onkel Max. Mutter.« Zusammen mit 747 Männern, Frauen und Kindern jeder Altersstufe kam sie mit dem vierten von insgesamt 17 Transporten Hamburger Bürger Ende Dezember auf dem Nebengleis eines Bahnhofs von Riga an, mußte sich am gleichen Tag oder wenige Tage später nackt in ein Massengrab legen, in dem auch sie von Männern hinter Maschinengewehren und mit Handgranaten getötet wurde. 27 000 Juden fanden dort in einer bis ins letzte Detail vorgeplanten und in zwei Tagen absolvierten Massenerschießung den Tod.

Seither blüht der roterote Mohn nicht mehr so wie früher – auf die zarten Blaublümelein ist ein Reif gefallen – das klein wild Vögelein will nimmer singen – keine Morgensonne lächelt mehr auf das Land – eine dunkle Wolke ist aufgezogen – den Weizen hat der böhm'sche Wind verweht – Pommerland ist abgebrannt – die wilden Schwäne sind über die Memel geflogen, sing, sing, was geschah, keiner kehrt zurück, denn der Tod ist ein Jäger aus Deutschland, und alles, was er blus, das war verlorn. Vielhundertmal hat E. das Lied vom »blusenden« Jäger gesungen, aber die Botschaft hat sie nicht verstanden:

»Es blus ein Jäger wohl in sein Horn, wohl in sein Horn,
und alles, was er blus, das war verlorn, das war verlorn.
Heidi hussassa, tirallala
und alles, was er blus, das war verlorn.
Soll denn mein Blasen verloren sein?
Viel lieber wollte ich kein Jäger sein!
Er warf sein Netz wohl übern Strauch,
da sprang ein schwarzbraunes Mädel raus.

Ach, schwarzbraunes Mädel, entspring mir nicht,
ich habe große Hunde, die holen dich.
Deine großen Hunde, die fürcht' ich nicht,
sie kennen meine hohen weiten Sprünge nicht.
Deine hohen weiten Sprünge, die kennen sie wohl,
sie wissen, daß du heute noch sterben sollst.
Und sterb' ich heute, so bin ich tot, so bin ich tot,
begräbt man mich unter Rosen rot, unter Rosen rot.
Heidi hussassa, tirallala,
begräbt man mich unter Rosen rot.«

Sie sind nicht unter Rosen rot begraben, die schwarzbraunen Mägdelein, die man in ganz Europa jagte, damals, als die Jäger aus Deutschland in ihre Hörner bliesen und ihre Netze über jede Stadt, jedes Dorf, jedes Haus warfen, gründlich und maschenfest – in Österreich, in Böhmen und Mähren, Polen und Frankreich, Belgien und Holland, Norwegen und Dänemark, Kroatien, Slowenien und Serbien, in der Ukraine und in Weißrußland, im Baltikum, in Ungarn, Griechenland und Rumänien, überall dort, wo die vorwärts marschierenden Kolonnen der Wehrmacht ein neues Jagdgebiet erschlossen hatten. Jüdinnen, Zigeunerinnen, Polinnen, Russinnen, alte und junge, schwarzbraune, rothaarige und blonde. Die hohen weiten Sprünge haben ihnen nichts genützt. Hunde haben sie eingeholt, gestellt, zerrissen. Keine Schonzeit für Schulkinder, Kleinkinder, Säuglinge. Auch sie waren zum Abschuß freigegeben, denn das Revier sollte frei sein: Judenfrei! Zigeunerfrei! Gesindelfrei! Untermenschenfrei! Für das deutsche Herrenvolk. Untermenschen haben kein Recht auf Leben, nicht einmal auf einen würdigen Tod. Sie wurden in Gaskammern erstickt, in Kellern zu Tode gefoltert, durch Arbeit vernichtet. Man hat sie an Hunger und Kälte, Typhus und Ruhr elend verrecken lassen, ihnen nicht einmal ein Grab gegönnt. Sie wurden verscharrt, verbrannt, als schwarzer Rauch durch die Schornsteine der Krematorien gejagt. »Dann habt ihr ein Grab in den Lüften, da liegt man nicht eng«, sagte der Tod, denn: »Der Tod ist ein Meister aus Deutschland.«
Bertolt Brecht schrieb »An die Nachgeborenen«:
»Wirklich, ich lebe in finsteren Zeiten!
Das arglose Wort ist töricht. Eine glatte Stirn
Deutet auf Unempfindlichkeit hin. Der Lachende
Hat die furchtbare Nachricht
Nur noch nicht empfangen.
Was sind das für Zeiten, wo
Ein Gespräch über Bäume fast ein Verbrechen ist
Weil es ein Schweigen über so viele Untaten einschließt!«
Es hilft wenig, daß das arglose Wort nur töricht war. Es hilft wenig, daß die glatte Stirn nicht auf Unempfindlichkeit hindeutete. Es hilft wenig, daß die Lachenden die furchtbare Nachricht noch nicht empfangen hatten. Es hilft wenig, daß Gesprächen über Bäume kein gleichgültiges Verschweigen von Untaten zugrunde lag. Es hilft wenig, daß die Wahrheit in den finsteren Zeiten nur als Gerücht verbreitet werden konnte, nur wenigen zugetragen, leicht abzutun.
Es hilft wenig . . .
Es hilft nichts . . .
Es ist geschehen,
im Namen des deutschen Volkes.
Es ist geschehen,

im Auftrag des Mannes, den E. verehrt und geliebt hat.
Es ist geschehen,
im Namen einer Weltanschauung, mit der sie sich alle Jahre ihrer Kindheit und
Jugend im Einklang fühlte.
Es ist geschehen
in ihrem Namen.

Nicht betroffen

Als die Nazis die Kommunisten holten, habe ich geschwiegen,
ich war ja kein Kommunist.
Als sie die Sozialdemokraten einsperrten, habe ich geschwiegen,
ich war ja kein Sozialdemokrat.
Als sie die Katholiken holten, habe ich nicht protestiert,
ich war ja kein Katholik.
Als sie mich holten, gab es keinen mehr, der protestieren konnte.
(Martin Niemöller)

Vor dem Entzifferungseifer der Schulanfängerin war nichts Gedrucktes sicher. Das führte manchmal zu Mißverständnissen, die sich erst Jahre später auflösten. Da war z. B. der berühmte Philosoph »Als Ob«, von dem ein dicker Wälzer zwischen Werken von Kant (Kritik der reinen Vernunft), Schopenhauer (Die Welt als Wille und Vorstellung) und Oswald Spengler (Der Untergang des Abendlandes) im väterlichen Bücherschrank stand: »Die Philosophie des ›Als Ob‹«. Den Namen des Verfassers, des jüdischen (?) Philosophen Hans Vaihinger, fand E. erst unlängst heraus.

Vom Hörensagen bekannte Fremdwörter erwiesen sich in gedrucktem Zustand als vieldeutig. So dauerte es einige Zeit, bis ihr die Übereinstimmung des geschriebenen Versailles mit dem zunächst nur im Wortklang bekannten »Werßaije« aufging. Einer solchen Vieldeutigkeit verdankte die Sechsjährige auch ihre erste Begegnung mit einem Kommunisten, noch dazu in der eigenen Familie. Ein Künstlerprospekt mit der Aufschrift »Der Komponist und Pianist Rudolf Peters« lieferte – wenn auch nur für kurze Zeit – eine Erklärung für das Unbehagen, das die mitunter recht absonderlichen Verhaltensweisen dieses Onkels dem Kind einflößten, denn der »Komponist« wurde mit einem seit früher Kindheit angstbesetzten »Kommunisten« verwechselt.

Die zweite, wenn auch nur indirekte Begegnung des Kindes mit einem Kommunisten war eindeutiger. Der bei der Reichspräsidentenwahl 1932 als Kandidat aufgestellte Reichstagsabgeordnete und Vorsitzende der KPD war und blieb ein Kommunist. Die Vorstellungen der Siebenjährigen von Politikern waren geprägt von würdigen, älteren Herren mit Frack und Zylinder. Die Kandidatur des stämmigen Hamburger Hafenarbeiters mit Schirmmütze und offenem Hemdkragen konnte nur ein Witz sein. Ernst Thälmann blieb eine vage Kindheitserinnerung. Von seiner Ermordung im Konzentrationslager Buchenwald erfuhr E. erst lange Jahre nach dem Krieg, obwohl sie sich zum gleichen Zeitpunkt als Studentin im benachbarten Jena aufhielt.

Die dritte und letzte Person der Zeitgeschichte, die E. bis 1945 – abgesehen von Lenin,

Stalin, Molotow und einigen anderen sowjetischen Politikern – als Kommunist namentlich bekannt wurde, war Marinus van der Lubbe. Vom Reichstagsbrand am 27. Februar 1933 blieb das Foto eines prächtigen Gebäudes in Erinnerung, aus dessen Fenstern heller Feuerschein ins Dunkel der Nacht leuchtete, sowie ein Foto des Brandstifters: ein junger Mann mit Ballonmütze, zerknittertem, kragenlosem Hemd und kindlich-trotzigem Gesichtsausdruck. Der tat ihr leid. Er tat auch der Mutter leid, die nicht glauben konnte, daß sich der »arme Junge« eine so ungeheuerliche Tat allein ausgedacht hatte. Sie schimpfte auf »ganz andere Leute«, die »auf die Anklagebank gehörten«, weil sie ihn angestiftet hätten. Tatsächlich verhaftete »ganz andere Leute« mußten aber ein halbes Jahr später im Reichstagsbrandprozeß freigesprochen werden, da ihnen keine Tatbeteiligung nachgewiesen werden konnte. Der Verdacht, die Nazis hätten selber ihre Hände im Spiel gehabt, weil der Reichstagsbrand ihnen allzugut ins Programm paßte – ein Verdacht, der sich inzwischen als unzutreffend erwiesen hat –, wurde in E.s Umwelt nicht geäußert. Die berühmte Verteidigungsrede des bulgarischen KP-Führers Dimitroff, die dieser zu einer flammenden Anklage gegen den Reichsminister Hermann Göring umfunktionierte, stand nicht im »Westfälischen Volksblatt«, wohl aber, daß der neue Reichsminister des Innern dem jungen Angeklagten während der Verhandlung sein eigenes Taschentuch borgte, damit er sich die laufende Nase putzen konnte. E. kannte diese Verlegenheit gut und fand das riesig nett von dem Göring. Daß der arme Marinus van der Lubbe im Dezember 1933 zum Tode verurteilt wurde, konnte er wohl nicht verhindern. Es mußte auch sein, damit die Kommunisten merkten, daß das deutsche Volk sich nicht einfach seinen Reichstag anstecken ließ. Aber traurig war es doch, weil gerade Weihnachten war.

Am 28. Februar 1933, einen Tag nach dem Reichstagsbrand, wurden in der Notverordnung des Reichspräsidenten »zum Schutz von Volk und Staat und zur Abwehr kommunistischer, staatsgefährdender Gewaltakte« »Beschränkungen der persönlichen Freiheit, des Rechts zur freien Meinungsäußerung, einschließlich der Pressefreiheit, des Vereins- und Versammlungsrechts, Eingriffe in das Brief-, Post-, Telegraphen- und Fernsprechgeheimnis, Anordnungen von Hausdurchsuchungen und von Beschlagnahmen sowie Beschränkungen des Eigentums auch außerhalb der sonst hierfür bestimmten Grenzen« für zulässig erklärt, unter Berufung auf Artikel 48 der Reichsverfassung vom 11. August 1919. Dieser Artikel erlaubte die vorübergehende Außerkraftsetzung von Grundrechten durch den Reichspräsidenten, »wenn im Deutschen Reiche die öffentliche Sicherheit und Ordnung erheblich gestört oder gefährdet wird«.

Die Notverordnung vom 28. Februar 1933 wurde bis zum Ende des Dritten Reiches nicht wieder aufgehoben. Daß sie sich wenige Wochen später auch gegen Sozialdemokraten und Gewerkschafter richtete, blieb E. verborgen, da ihr weder der Name dieser Partei noch die organisierte Arbeiterbewegung in Form von Gewerkschaften bekannt war. Dies mag an der bürgerlichen Optik ihrer Umwelt gelegen haben, für die alle Arbeiterparteien und Interessenvertretungen von Arbeitern mehr oder weniger als »rot« galten (und in Paderborn heute noch gelten).

Dem Ansehen Hermann Görings schadete es in der katholischen Provinz nicht, daß er sich in den ersten Wochen des Dritten Reiches als brutaler »Machtergreifer« entlarvte, der die ihm unterstellte Polizei und SA aufforderte, »der Linken gegenüber, wenn nötig, rücksichtslos von der Waffe Gebrauch zu machen«. Am 3. März 1933 rechtfertigte er sein Vorgehen in einer öffentlichen Rede: »Meine Maßnahmen werden nicht angekränkelt sein durch irgendwelche juristischen Bedenken . . . Hier habe ich keine Gerechtigkeit zu üben, hier habe ich zu vernichten und auszurotten.«

Von solchen Reden und Taten des »zweiten Mannes im Staat« hörte E. nichts, da niemand in ihrer Umwelt von Beschränkungen der persönlichen Freiheit und des Vereins- und Versammlungsrechts, von Hausdurchsuchungen, Beschlagnahmungen, Beschränkungen des Eigentums usw. betroffen wurde. »Hermann« galt als vitaler, leutseliger, humorvoller, noch dazu mit der Aura des hochdekorierten Kampffliegers ausgestatteter Biedermann, über dessen offensichtliche Schwächen (Prunk-, Ordens-, Titel- und auch Fettsucht) man ungestraft Witze machen durfte, weil sie seiner Popularität keinen Abbruch taten. Als er im Jahre 1935 die Schauspielerin Emmy Sonnemann heiratete, fand E.s Mutter das besonders »anständig« von ihm, weil, wie sie bemerkte, »hohe Herren« ihre Beziehungen zu Schauspielerinnen in der Regel nicht durch eine Eheschließung zu legitimieren pflegten.

In den Märztagen des Jahres 1933 war die Angst vor der (tatsächlich gar nicht vorhandenen) Bereitschaft der KPD zu »kommunistischen, staatsgefährdenden Gewaltakten« so wirksam zu einer Massenhysterie gesteigert worden, daß man sich in E.s katholischer Umwelt voll und ganz mit jener Notverordnung identifizierte. Sogar unter Kindern kursierten wilde Gerüchte über »Mordlisten« und riesige Waffenlager, die man angeblich in kommunistischen Häusern gefunden habe, und über Raub- und Terrorbanden, die nur noch auf das Kommando zum Losschlagen gewartet hätten. Bruder Erwin malte der kleinen Schwester »die Nacht der langen Messer« besonders genüßlich, nämlich bereits in Vergangenheitsform, aus: »Ja, ja, mit Kinderköpfen haben sie gekegelt, und das Blut haben sie in Drahtkörben weggetragen!« Auch wenn das mit den Drahtkörben nicht stimmen konnte, prägte sich dem Kind das Bewußtsein einer schrecklichen Gefahr ein, der man gerade noch entronnen war. Die litaneiähnliche Formel, die Mutter Fidelis dem morgendlichen Schulgebet hinzufügte, wurde von E. und ihren Klassenkameradinnen nicht gedankenlos nachgeplappert: »Lieber Gott, steh dem Führer bei, der uns vorm bösen Kommunismus gerettet hat!«

Die »Rettung vorm bösen Kommunismus«, der nun Deutschland nicht mehr an Moskau ausliefern konnte und nur noch fern im Osten, weit hinter Polen, im eigenen Saft schmorte, wurde nicht nur von Kindern und der katholischen Kirche mit ungeheurer Erleichterung aufgenommen. Es war, als ob das deutsche Volk aus einem bösen Traum erwacht sei und nun nicht mehr angsterfüllt wie das Kaninchen auf die Schlange starrte, die »Weltrevolution« hieß und den »Untergang des Abendlandes« bedeutete. Eine Stimmung breitete sich aus, die nur mit der »Gorbimanie« der jüngsten Vergangenheit zu vergleichen ist, nämlich der Begeisterung für einen Mann, der mit seiner Person dafür zu bürgen schien, daß die kommunistische Gefahr jetzt und für alle Zeiten gebannt war.

Wenige Jahre später brachte der Zerfall des Ostblocks die Gewißheit, daß die »Freiheit« der Marktwirtschaft kampflos und friedlich über den Sozialismus gesiegt hatte.

Ein um die Jahreswende 1932/33 von dem damals 18jährigen Volksschullehrer aus dem Bayerischen Wald für eine Exerzitienwoche der katholischen Jugend geschriebenes und komponiertes Lied verbreitete sich in Windeseile durch ganz Deutschland und wurde zum Schlager des Jahres 1933. Es besang den friedlichen Sieg der Jugend und verspottete »die Alten« mit ihren morschen Knochen, die, gelähmt vor Angst, den Kampf gar nicht erst begonnen hatten:

> »Es zittern die morschen Knochen der Welt vor dem roten Krieg, / wir haben den Schrecken gebrochen, für uns war's ein großer Sieg.«

Andere Völker hatten ihre Länder noch nicht vor dem Kommunismus gerettet, daher lautete der Refrain:

»Wir werden weitermarschieren, wenn alles in Scherben fällt,
denn heute, da hört uns Deutschland und morgen die ganze Welt.«
Heute sind es Nachgeborene, die nur eine einzige Zeile des Liedes kennen und auch diese zumeist falsch zitieren. Damals waren es »die Alten«, die das Lied »nicht begreifen« konnten.
»Und mögen die Alten auch schelten, und mögen sie toben und schrein,
und stemmen sich gegen uns Welten, wir werden doch Sieger sein.«
Wer an dem friedlichen Charakter des Liedes aus dem Jahre 1933 noch immer zweifelt, für den sei noch die letzte Strophe zitiert:
»Sie wollen das Lied nicht begreifen, sie sprechen von Knechtschaft und Krieg,
derweil uns're Äcker reifen. Du Fahne der Freiheit, flieg.
Wir werden weitermarschieren, wenn alles in Scherben fällt.
Die Freiheit stand auf in Deutschland, und morgen gehört ihr die Welt.«
Daß es nicht die Freiheit war, steht auf einem anderen Blatt und auch, daß das Lied häufig mit dem Text gesungen wurde: »Denn heute gehört uns Deutschland und morgen die ganze Welt.« Die Reichsjugendführung untersagte diese Version mehrmals, mit mäßigem Erfolg. E. stellte als JM-Führerin fest, daß der feine kleine Unterschied in Westfalen gar nicht verstanden wurde, da hören und gehören im Sprachgebrauch alternierend verwendet werden. (»Wem hört das?« – »Das hört mir.«)
Nach Kriegsbeginn wurde das Lied, das im übrigen weder in das 1936 herausgegebene Liederbuch der Hitlerjugend und schon gar nicht in das des BDM aufgenommen wurde, vom Londoner Rundfunk als Beweis für den imperialistischen Charakter der deutschen Jugend angeprangert und daraufhin von der Reichsjugendführung verboten. E. fand diese Unterstellung absurd, zumal ein übermütiges »Der Jugend gehört die Welt« auch in zahlreichen anderen Liedern noch heute von Jugendgruppen gesungen wird. Jahrelang war es auf Deutschlands Straßen nicht mehr zu hören. In den letzten Monaten des Krieges, als die Fronten die Reichsgrenzen schon überschritten hatten und Deutschland nur noch ein Trümmerfeld war, sangen es marschierende Kolonnen gelegentlich mit einer Art Galgenhumor, denn die zweite Strophe hatte inzwischen eine unheimliche Realität gewonnen, die sich der 18jährige Hans Baumann kaum vorgestellt haben mag, als er die Zeilen schrieb:
»Und liegt vom Kampfe in Trümmern die ganze Welt zuhauf,
das soll uns den Teufel kümmern, wir bauen sie wieder auf.
Wir werden weitermarschieren, wenn alles in Scherben fällt,
denn heute gehört uns Deutschland und morgen die ganze Welt.«
Alle Erwachsenen in E.s Umgebung fanden es richtig, daß die nationalsozialistische Regierung Kommunisten aus dem öffentlichen Dienst entfernte, alle waren erleichtert, daß die Kommunistische Partei verboten wurde, ihre Führer in Schutzhaft genommen wurden, denn Kommunisten waren auch die schlimmsten Feinde der katholischen Kirche. Der Bischof von Osnabrück und preußische Staatsrat Wilhelm Berning erbot sich, »zur inneren Umkehr und Besserung der Gefangenen mitzuhelfen«, der Bischof von Paderborn forderte die katholischen Jungmänner der Stadt auf, in die SA einzutreten, und Mutter Fidelis berichtete ihrer Klasse mit tiefer Befriedigung, daß kommunistischen Lehrern, die es allerdings Gott sei Dank in Paderborn gar nicht gegeben habe, das Handwerk gelegt worden sei und sie nicht mehr unschuldige Kinder verführen und verderben könnten.
Die katholische Kirche begrüßte nicht nur die Entlassung von Kommunisten, sondern auch von Sozialdemokraten, Liberalen, Gewerkschaftern, Freidenkern, Freimaurern und

Freisinnigen aus dem öffentlichen Dienst, sowie das Verbot ihrer Parteien und Verbände, Presseerzeugnisse und Weltanschauungsgemeinschaften, weil dieser Personenkreis auch ihrem Feindbild entsprach und die von ihr leidenschaftlich geforderte Toleranz nur Respekt und Duldung der eigenen Weltanschauung betraf. In den ersten Wochen und Monaten des Dritten Reiches vollzog die katholische Kirche eine absolute Kehrtwendung. Hatte sie vor der »Machtergreifung« die Mitgliedschaft in der NSDAP mit Exkommunikation bedroht, so rückte die Fuldaer Bischofskonferenz bereits am 28. März 1933 von der Verurteilung der NS-Bewegung ab. Im gemeinsamen Hirtenbrief der Oberhirten der Diözesen Deutschlands vom 8. Juni 1933 überwiegen die Übereinstimmungen gegenüber spärlichen Mahnungen und Vorbehalten – verfaßt im Vorgriff auf das einen Monat später unterzeichnete Reichskonkordat zwischen Deutschland und dem Vatikan sowie im Vertrauen auf den Punkt 24 des Parteiprogramms der NSDAP: »Die Partei als solche vertritt den Standpunkt eines positiven Christentums, ohne sich konfessionell zu binden.«

Da werden die Ziele der neuen Regierung bejaht: »Nach Jahren der Unfreiheit unserer Nation und der Mißachtung und schmachvollen Verkürzung unserer völkischen Rechte muß unser deutsches Volk jene Freiheit und jenen Ehrenplatz in der Völkerfamilie wieder erhalten, die ihm auf Grund seiner zahlenmäßigen Größe und seiner kulturellen Veranlagung und Leistung gebühren.«

Da wird die »überraschend starke Betonung der Autorität« begrüßt, deren »Wert und Sinn in unserer heiligen katholischen Kirche ganz besonders zur Geltung kommen und zu jener lückenlosen Geschlossenheit und sieghaften Widerstandskraft geführt haben, die selbst unsere Gegner bewundern . . .«

Da wird mit Befriedigung festgestellt: »Nicht mehr soll also der Unglaube und die von ihm entfesselte Unsittlichkeit das Mark des deutschen Volkes vergiften, nicht mehr der mörderische Bolschewismus mit seinem Gotteshaß die deutsche Volksseele bedrohen und verwüsten.«

Zwischen Kommunisten und Verbrechern gab es in E.s kindlichem Weltbild keine klaren Grenzen. Die Kommunistische Partei galt darin als Sammelbecken für Räuber, Mörder und Gewalttäter jeglicher Art. Es gab zwar kommunistische Arbeiter mit einem guten Kern, aber auch sie waren gefährlich, weil »aufgehetzt«. Die Führer der Kommunistischen Partei suchten ihr Heil in Moskau, wo – wie doch jeder wußte – alles drunter und drüber ging und man aus den Kirchen Pferdeställe gemacht hatte. Sie waren gar keine Arbeiter, oft nicht einmal Deutsche, sondern Russen oder Juden, und deutsche Arbeiter waren nur aus Not und Verzweiflung auf sie hereingefallen. »Verhetzte« und »verführte« Kommunisten, die nicht begreifen wollten, daß »der Tag für Freiheit und für Brot« ja nun angebrochen war, erschienen E. wie die Juden, die nicht hatten begreifen wollen, daß Jesus Christus der lang erwartete Messias war.

Das Horst-Wessel-Lied mit der mißverständlichen Zeile »Kam'raden, die Rotfront und Reaktion erschossen« lernte die Achtjährige als neue, dem Deutschlandlied nunmehr für zwölf Jahre angehängte Nationalhymne. Die Frage, wer hier denn nun eigentlich wen erschossen hatte, wurde in Feierstunden und Jugendfilmstunden der Hitlerjugend eindeutig beantwortet. Mörder und Totschläger hatte es nur in den Reihen der kommunistischen »Rotfront« gegeben, während die »alten Kämpfer der Bewegung« ausnahmslos junge, idealistisch gesonnene Arbeiter und Studenten gewesen waren, die von sich aus keiner Fliege etwas zuleide taten.

Die »Reaktion« blieb hingegen merkwürdig blaß. Sie hatte nur im November 1923 vor der Feldherrnhalle in München, dann allerdings gleich 16 Helden auf einmal erschossen, wurde aber von der Propaganda kaum noch erwähnt. So hielt E. die »Reaktion«, was immer das auch sein mochte, lange Zeit für eine auf Bayern begrenzte Angelegenheit.

Die Straßenkämpfe zwischen Kommunisten und Nationalsozialisten aus den letzten Jahren der Weimarer Republik wurden von beiden Seiten mit brutaler Härte geführt, aber von Opfern der »anderen Seite« war nach 1933 niemals die Rede. Mörder und Totschläger aus den eigenen Reihen, wie z. B. die fünf uniformierten SA-Männer, die 1932 in Potempa (Oberschlesien) einen kommunistischen Arbeiter in seiner Wohnung zu Tode geprügelt hatten, wurden nach 1933 amnestiert, ihre Verbrechen aus den Strafregistern gelöscht, während Kommunisten, die sich ähnlicher Straftaten schuldig gemacht hatten, zum Tode oder zu langjährigen Zuchthausstrafen verurteilt wurden. Die Akten von Prozessen, die seinerzeit in Abwesenheit der Angeklagten geführt worden waren, überdauerten das Dritte Reich und das zweigeteilte Deutschland und ermöglichen heute, nach mehr als 60 Jahren, die Wiederaufnahme der Verfahren.

Drei »dem Heroismus in Partei und Bewegung gewidmete« Propagandafilme, »SA-Mann Brandt«, »Horst Westmar« und »Hitlerjunge Quex«, sah E. einige Jahre später in Jugendfilmstunden. Auf der Suche nach den Helden ihrer Kindheit fand sie drei Versionen über den Tod des 23jährigen Studenten und SA-Sturmführers Horst Wessel, die seine Ermordung im Jahr 1930 als angebliches Opfer politischer Auseinandersetzungen fragwürdig erscheinen lassen. So wurde dem Pfarrerssohn aus Bielefeld nach dem Krieg eine Zuhälterkarriere nachgesagt und seine Ermordung durch den insgesamt 14mal wegen Raub und Zuhälterei vorbestraften Ali Höhler als Ganovenfehde zwischen Konkurrenten dargestellt. Nach einer zweiten Version handelte es sich um ein privates Eifersuchtsdrama um die Gunst der ehemaligen Prostituierten Erna J., mit der Horst Wessel zeitweise zusammenlebte und sich zum Entsetzen seiner Familie und auch seiner SA-Kameraden sogar offiziell verlobte. Eine dritte Version macht ihn zum Opfer seiner Wirtin, der er die Miete schuldig geblieben war. Sie soll seinen Mörder gebeten haben, dem säumigen Untermieter eine »proletarische Abreibung« zu verpassen.

Die Tatsache, daß Ali Höhler zeitweilig Mitglied des kommunistischen Rotfrontkämpferbundes war und Horst Wessel sich den besonderen Zorn der Kommunisten zugezogen hatte, weil es ihm gelungen war, seinen SA-Sturm überwiegend aus abgeworbenen ehemaligen Kommunisten zusammenzustellen, erlaubte es Dr. Goebbels, dem Gauleiter von Berlin, ihn als »Märtyrer der Bewegung«, ja als »Christussozialisten« zu bezeichnen, der andere »durch sein Opfer erlöst« habe.

E. sind von dem Propagandafilm »Hans Westmar« nur wenige Szenen in Erinnerung geblieben: eine Negerkapelle, die deutsche Vaterlandslieder mit Jazzrhythmen »in den Schmutz zieht«, ein Kabarett, in dem nur französisch gesprochen wird, ein verzweifeltes Mädchen mit Baskenmütze und Bubikopf, das bei dem edlen bürgerlichen Helden Trost und Hilfe findet, feige und brutale Kommunisten, aber auch irregeleitete, anständige Arbeiter, deren geballte Fäuste sich langsam zum deutschen Gruß öffnen, während der heimtückisch Gemeuchelte mit der Fahne in der Hand vor Sturmwolken »aufersteht« und mit seinen edlen und mutigen SA-Männern »im Geiste mitmarschiert«.

Differenzierter war der Jugendfilm »Hitlerjunge Quex«, der die Ermordung des 15jährigen Hitlerjungen Herbert Norkus am 24. Januar 1932 behandelt. Herbert Norkus wurde nach einer Flugblattaktion im »roten Wedding« von politischen Gegnern (»kommunistischen Messerstechern«) verfolgt und sterbend im Hausflur der Zwinglistraße 4 aufgefunden. Der Autopsiebericht des Moabiter Krankenhauses vermerkte sieben Messerstiche, ein bis zur Unkenntlichkeit zertretenes Gesicht und eine abgerissene Oberlippe.

Herbert Norkus wurde – zusammen mit elf anderen Hitlerjungen, die bei Straßenkämpfen ums Leben gekommen waren – zum »Märtyrer der Hitlerjugend« heroisiert. Viele Jungvolkfähnlein und viele HJ-Heime trugen seinen Namen. E. verdankt dem Film »Hitlerjunge Quex« unvergeßliche Eindrücke aus der Großstadt Berlin in der Weltwirtschaftskrise. Eine Atmosphäre, die ihr nach dem Krieg bei der Wiederaufführung von Filmen linker Filmemacher aus den letzten Jahren der Weimarer Republik: »Kuhle Wampe«, »Berlin Alexanderplatz«, »Mutter Krausen's Fahrt ins Glück« und anderen begegnete. Triste graue Arbeiterviertel, düstere Plätze, dunkle, feuchte Hinterhauswohnungen, Kneipen, in denen verzweifelte, demoralisierte Arbeitslose sich betrinken, kleine Volksfeste mit Leierkastenmusik und Tanz im Hinterhof, dazu Namen wie Wedding, Beusselkietz, Moabit.

Der Film verschweigt nicht die vorherige Mitgliedschaft des Berliner Arbeiterjungen in einem kommunistischen Jugendverband, in dem ihn sein Vater, ein klassenbewußter kommunistischer Arbeiter, angemeldet hatte. Dieser wurde von Heinrich George gespielt, einem außerordentlich populären Schauspieler, der vor allem durch seine Rolle als Werkführer in dem 1926 gedrehten Film »Metropolis« von Fritz Lang und als Franz Biberkopf in der ersten Verfilmung des Döblinschen »Berlin Alexanderplatz« aus dem Jahre 1932 bekannt geworden war und besonders überzeugend vitale, proletarische Charaktere zu verkörpern wußte.

E. erfuhr erst unlängst, daß Heinrich George in den zwanziger Jahren Mitglied der KPD war, aber sie erinnert sich noch gut an seine überzeugende schauspielerische Leistung in diesem NS-Propagandafilm: die langsame, widerwillige und deshalb außerordentlich glaubwürdige Wandlung eines internationalen Klassenkämpfers zu einem nationalbewußten deutschen Arbeiter.

Herbert Norkus heißt im Film Heini Völker, wird aber Quex genannt, weil er so quirlig und quecksilbrig ist und sich auch von gefährlichen Aktionen nicht abschrecken läßt. Im kommunistischen Jugendverband fühlt er sich von den lockeren, ausgelassenen Umgangsformen zwischen Jungen und Mädchen abgestoßen, die Zigaretten rauchen, Akkordeon spielen und Schlager und Internationale durcheinandersingen – mittenmang die kesse Berliner Göre Rotraut Richter als Kommunistenmädel Ulla –, während die Hitlerjungen Zucht und Ordnung halten, für Deutschland früh aufstehen, eine kalte Dusche nehmen und die Fahne hissen. Heini Völker ist fasziniert und möchte auch ein Hitlerjunge werden, aber in der HJ traut man ihm erst, nachdem er einen geplanten kommunistischen Angriff auf ein SA-Lokal der Polizei gemeldet hat.

Die Ermordung findet im Film nicht in einem halbdunklen Hausflur statt, sondern in hellem Tageslicht auf einem leeren Rummelplatz. Heini wird von seinen kommunistischen Mördern, die sich mit schrillen Pfiffen untereinander verständigen, gnadenlos eingekreist. Verzweifelt versucht er, sich zwischen geschlossenen Buden und hinter losen Zeltplanen zu verstecken. Seine Kameraden finden ihn schließlich blutüberströmt und sterbend auf dem abgetretenen Pflaster des leeren Platzes neben einem verhangenen Karussell. Während er mit zitternden Lippen das eigens für diesen Film komponierte Lied der Hitlerjugend mehr stammelt als singt, wird es in seiner Phantasie von unzähligen singenden Marschkolonnen unter flatternden Fahnen aufgenommen und verkündet zwingend den strahlenden Beginn des neuen, des Dritten Reiches:

»Uns're Fahne flattert uns voran.
In die Zukunft ziehn wir Mann für Mann.
Wir marschieren für Hitler durch Nacht und durch Not
mit der Fahne der Jugend für Freiheit und Brot.«

Da blieb bei den zehn- bis 14jährigen Jungmädeln und Jungvolkjungen im Paderborner Residenz-Theater kaum ein Auge trocken, und allen war klar: Vor Kommunisten, die einen so netten und so tapfer für Deutschland kämpfenden Jungen heimtückisch ermordeten, mußte sich die Gesellschaft schützen. Sie konnten in einem Konzentrationslager über ihre Untaten nachdenken und ihrer unmenschlichen Lehre abschwören.

Im Jahre 1950, fünf Jahre nach dem Ende des Dritten Reiches, wurden in der Bundesrepublik durch den sogenannten Adenauer-Erlaß Mitglieder der KPD und der VVN (Vereinigung der Verfolgten des Naziregimes) aus dem öffentlichen Dienst entfernt. Widerstand gegen den Faschismus beschränkte sich in geschichtlichen Werken und Aufklärungsbroschüren für Schulabgänger auf die Männer und Frauen des 20. Juli, die Mitglieder der »Weißen Rose« und die Kirchen.

Im Jahre 1956 erfolgte das Verbot der Kommunistischen Partei Deutschlands. Den 15 frei gewählten Abgeordneten der KPD im ersten Deutschen Bundestag wurde nachträglich (!) für ihre parlamentarische Mitarbeit der Prozeß gemacht. Kommunistischen Widerstandskämpfern der ersten Stunde, die ihrer politischen Überzeugung noch immer nicht abgeschworen hatten, sprach die Regierung der Bundesrepublik Wiedergutmachungsleistungen und Invalidenrenten für erlittene KZ-Haft und gesundheitliche Schäden ab.

Viele ehemalige Schutzhäftlinge des Dritten Reiches füllten – in bewährter Vermischung mit Kriminellen – bundesdeutsche Gefängnisse und Zuchthäuser, verurteilt zu insgesamt vielen hundert Jahren Haft, oft von denselben Richtern, die schon während des Dritten Reiches Kommunisten und andere Linke verurteilt hatten.

Im Jahre 1968 wurde wieder eine kommunistische Partei zugelassen. Jedem Bundesbürger steht es frei, in diese Partei einzutreten, sofern er nicht zufällig Lehrer, Lokführer, Briefträger oder Friedhofsgärtner ist. Dafür gibt es den Radikalenerlaß.

> *beispielsweise*
> *wird eine partei zugelassen*
> *damit man*
> *die existenz*
> *ihrer mitglieder*
> *zerstören kann*
> *eigentlich waren*
> *die nazis*
> *ehrlicher*
> *zugegeben*
> *die neue methode ist*
> *cleverer*
> *(Alfred Andersch, Artikel 3 [3], 1976)*

Lager

Seit dem Ende des Dritten Reiches ist das Wort Lager auf die Bedeutung Konzentrationslager zusammengeschrumpft, steht für Hunger, Zwangsarbeit, namenloses Grauen, millionenfaches Sterben. Für E. hatte dieses Wort bis Kriegsende nichts Bedrohliches. Für das Kind, die Heranwachsende war es sogar lange Zeit fast ausschließlich mit fröhlichem Lagerleben in Zelten und Jugendherbergen, mit Sommerlagern, Skilagern und Singelagern, mit Lagerzirkus und Lagerfeuerromantik verknüpft.

Im Dritten Reich gab es außer den Lagern der Hitlerjugend viele Lager: Arbeitsdienstlager, Landjahrlager, Schulungslager, Erholungslager, Ernteeinsatzlager usw. Während des Krieges kamen Flüchtlingslager, Umsiedlerlager, Kinderlandverschickungslager, Wehrertüchtigungslager, Kriegshilfsdienstlager, Flakhelferlager, Kriegsgefangenenlager, Fremdarbeiterlager, Schanzeinsatzlager hinzu. Das bislang so erfreulich besetzte Wort erhielt nun auch für E. einen nüchternen, grauen Beiklang. Ein Lager wurde zu einer zweckgebundenen, vorübergehenden, auch primitiven, vielleicht sogar entbehrungsreichen, aber auf keinen Fall lebensbedrohlichen Einrichtung. Im Gegenteil: Wer in einem Lager war, brauchte sich um seine Existenz keine Sorgen zu machen.

E.s unbegrenzte Hochachtung nicht nur vor der moralischen Integrität des deutschen Volkes, sondern auch vor seinem Organisations- und Verwaltungstalent garantierte in einem von Deutschen errichteten Lager mit einer deutschen Lagerleitung korrekte Behandlung, ausreichende Verpflegung, heizbare Unterkünfte, ärztliche Versorgung, Ordnung und Sauberkeit, garantierte – von einzelnen, dem normalen Durchschnitt der Bevölkerung entsprechenden Todesfällen abgesehen – als kleinstem gemeinsamen Nenner aller Lager das Überleben.

Hätte sie sich vorstellen können, vorstellen müssen, daß es Lager gab, deutsche Lager, in denen nicht das Leben, sondern der Tod geplant, organisiert und verwaltet wurde? Hätte sie sich in ihrer Phantasie ein Inferno ausmalen müssen, das es in der Geschichte der Menschheit noch niemals gegeben hatte? Ein Inferno, von dessen Existenz sie bis Kriegsende nicht das leiseste Gerücht erreichte?

Seit 1933 wußte E., daß es Lager gab, die Konzentrationslager hießen. Das wußten damals alle in Deutschland, und alle wußten, daß das keine Erholungslager waren. Über diese Einrichtungen sprach man in E.s Umwelt einige Wochen lang mit einer gewissen Beunruhigung, obwohl niemand mit dem für diese Lager in Frage kommenden Personenkreis die geringsten Berührungspunkte zu haben schien, denn, so hieß es, Konzentrationslager waren eine Art Sicherheitsverwahrung für Mörder, Räuber, Sittlichkeitsverbrecher, Gewohnheitsdiebe und Betrüger, bei denen keine Hoffnung auf Besserung bestand, weil sie aufgrund ihres schlechten Erbgutes »geborene Verbrecher« waren. Außerdem dienten sie zur Umerziehung unverbesserlicher Kommunisten.

In Konzentrationslagern wurde gearbeitet. Auch das sprach sich 1933 herum, trug aber eher zur Verharmlosung der Lagerwirklichkeit bei, denn, so hieß es, anständige Arbeit an der frischen Luft war erträglicher als Nichtstun und hatte noch niemandem geschadet. Sie konnte vielleicht sogar den einen oder anderen doch noch bessern. Warum hätte das arme Deutschland arbeitsfähige Verbrecher und Kommunisten auch einfach so durchfüttern sollen? Wer arbeitet, muß kräftig und ausreichend essen. Wer krank ist, muß behandelt werden. Und Folter gab es schon seit dem Mittelalter nicht mehr. Warum hätte es in einem Konzentrationslager anders sein sollen?

Die Konzentrationslager des Dritten Reiches wurden zunächst für Deutsche errichtet. Ihr Ziel war in erster Linie die Zerschlagung der 100jährigen Arbeiterbewegung. Bei den politischen Häftlingen der Jahre 1933 bis 1939 handelte es sich so gut wie ausschließlich um deutsche (und österreichische) Kommunisten, Sozialdemokraten, Gewerkschafter sowie Angehörige anderer Organisationen der Linken, von denen E. erst nach dem Krieg einige Namen und Schicksale bekannt wurden, denn auch mit diesem Personenkreis hatte ihre Familie, hatten Freunde und Bekannte, Mitschülerinnen und Kameradinnen aus der Hitlerjugend nicht die geringsten Berührungspunkte. Konzentrationslager wurden im Volksmund bald verharmlosend »Konzertlager« genannt und immer seltener erwähnt. Der Name Dachau, als Standort eines Konzentrationslagers, prägte sich der Achtjährigen ein, weil ihr Bruder Erwin ihn eine Zeitlang benutzte, um die Zurechnungsfähigkeit von Spielgefährten in Frage zu stellen. Da hieß es dann nicht mehr: »Du gehörst nach Marsberg!« – in Marsberg befand sich die nächstgelegene »Irrenanstalt« –, sondern: »Du gehörst nach Dachau!«

Im Jahre 1936 besuchte die Elfjährige mit der Mutter Verwandte in Papenburg. Sie hatten ein Auto, mit dem eine Spazierfahrt unternommen wurde, die an einem Absperrschild im Moor endete. Es war ein schöner Sommertag. Hitze flimmerte über dem graugrünen Torfmoos, Vögel jagten sich über den dunklen Moorkanälen, Bienen summten im blühenden Heidekraut, und irgendwo in der Ferne schichteten Männer in graugestreifter Arbeitskleidung aus Gräben abgestochene Torfballen hoch. Andere Männer in Uniform standen daneben und hatten Gewehre umgehängt. Schäferhunde rannten aufgeregt kläffend umher, steckten ihre Nasen in Kaninchen- und Mauselöcher, wühlten Erdklumpen hoch, schnappten nach Mücken und Fliegen und platschten in die Wassergräben. Tante Liny sagte zur Mutter: »Guck, da ist das Lager!« Die Elfjährige hatte Mitleid mit den Männern, obwohl sie ja Verbrecher sein mußten, und dachte: Gefangensein, Bewachtwerden, die Freiheit verloren haben – das ist traurig, aber auch irgendwie romantisch.

Das Lager bei Papenburg hieß offiziell »Arbeitslager« und wurde von E. auch nicht als »Konzentrationslager« registriert. Einige Monate später heiratete eine Cousine aus Papenburg einen Zahnarzt, der im Lager arbeitete. Da dachte sie: »Die haben sogar einen Zahnarzt.« Es ist möglich, daß unter jenen »Moorsoldaten«, die sie bei der Arbeit sah, auch der Friedensnobelpreisträger Carl von Ossietzky war, der 1937 an den Folgen der erlittenen KZ-Haft starb. Aber diesen Namen hörte E. erst lange nach dem Krieg zum erstenmal.

Im Jahre 1937 drehte Detlev Sierk mit einer bis dahin fast unbekannten schwedischen Schauspielerin den UFA-Film »Zu neuen Ufern«, der mit außerordentlichem Erfolg in den Kinos des Reiches lief. Er spielte im Australien des vorigen Jahrhunderts, als das Land von den Engländern noch als Strafkolonie genutzt wurde. Die zwölfjährige schmuggelte sich in diesen erst ab 14 zugelassenen Film hinein und war tief bewegt vom Schicksal der schönen, unschuldig verhafteten und in das Frauenstraflager Paramatta bei Sydney eingelieferten Sängerin Gloria (Zarah Leander). Der Film schilderte die Verhältnisse in jener Strafkolonie sehr realistisch. In der Rückschau lassen sich bedrückende Parallelen zu einem deutschen Konzentrationslager herstellen: Sträflingskleidung, Zwangsarbeit, primitive Unterkünfte, Arreststrafen bei Wasser und Brot, Reduzierung der Insassinnen auf Nummern und unmenschliche Behandlung durch brutale Wärterinnen.

Der Gedanke, es könne in Deutschland ähnliche Einrichtungen für Frauen geben, war für E. völlig ausgeschlossen. Sie erinnert sich auch nicht daran, daß während des Dritten Reiches irgend jemand eine solche Vermutung geäußert hätte. Konzentrationslager galten in ihrer Umwelt als reine Männerinstitutionen.

Bei politischen Meinungsverschiedenheiten zwischen den Eltern bemerkte der Vater gelegentlich, wenn er sich über seine Frau ärgerte: »Du gehörst ins KZ.« Eine solche Bemerkung mag Nachgeborenen als düsteres Zeichen einer von gegenseitigem Mißtrauen und Angst vergifteten Familienatmosphäre erscheinen. Tatsächlich entbehrte sie jeglicher realer Bedrohung, denn erstens hatte er keine Ahnung, wie es in einem »Konzertlager« wirklich zuging, und zweitens gab es auch für ihn keine Frauen in KZs. Diese Äußerung bedeutete nicht mehr und nicht weniger, als daß er seine Frau für politisch unbedarft hielt. Erst nach dem Krieg erfuhr E., daß es in Ravensbrück ein Frauen-Konzentrationslager gegeben hatte.

Irgendwann zwischen 1934 und 1938 erreichte allerdings auch sie ein konkretes Gerücht über deutsche Konzentrationslager. In diesen Jahren wurden viele der 1933 verhafteten politischen Gegner entlassen. Die Anzahl der KZ-Häftlinge, inklusive der Kriminellen, betrug im Jahre 1937 nur etwa 10 000. Über irgendeinen dieser Entlassenen wurde E. von irgendeiner Person, an die sie sich nicht mehr erinnern kann, zugetragen, er habe sich verpflichten müssen, nichts über die Zeit seiner Haft zu berichten. Das klang beunruhigend, deutete zumindest an, daß es dort nicht »korrekt« zugegangen war, aber da dieses Gerücht keine Angaben über gesundheitliche Schäden des Betreffenden enthielt und er, wer immer es gewesen sein mag, ja schließlich entlassen worden war, legte sie ihm keine besondere Bedeutung bei.

Im Jahre 1941 wurden hungernde und sterbende Frauen und Kinder in einem Konzentrationslager einem Millionenpublikum in Deutschland auf die Kinoleinwand projiziert. Natürlich handelte es sich nicht um ein deutsches Konzentrationslager der damaligen Gegenwart, sondern um ein düsteres Kapitel britischer Kolonialgeschichte. Der Film »Ohm Krüger« mit der ersten Schauspielergarnitur des Dritten Reiches (Emil Jannings, Werner Hinz, Gisela Uhlen, Ferdinand Marian, Gustaf Gründgens, Elisabeth Flickenschildt u. a.) bildete den Höhepunkt einer antibritischen Serie, die die eher englandfreundlichen Erzeugnisse der Vorkriegszeit inzwischen abgelöst hatte. Er schilderte die Unmenschlichkeit des im Burenkrieg (1899–1902) von den Engländern erstmalig erprobten Systems von Konzentrationslagern für burische Frauen und Kinder, um den Kampfeswillen der burischen Freiheitskämpfer zu brechen. In historischen Quellen schwankt die Zahl der Opfer britischer Konzentrationslager während des Burenkrieges in Südafrika zwischen 18 000 und 28 000.

Waren es in dem Film »Zu neuen Ufern«, mit Ausnahme von Zarah Leander, Frauen, die nicht ohne Grund inhaftiert worden waren, so bestand die einzige Schuld der burischen Farmersfrauen und -kinder darin, einem Feindvolke anzugehören. Abgesehen davon gab es auch weitere bestürzende Parallelen zu einem deutschen Konzentrationslager. So füttert der feiste, brutale Lagerkommandant, angesichts einer Hungerrevolte verzweifelter Frauen, seinen Hund mit Schinkenstückchen, läßt den Sohn des Burenpräsidenten vor den versammelten Lagerinsassen aufhängen und das Feuer auf Frauen und Kinder eröffnen.

Im Jahre 1939 wurde bei der Wewelsburg, 20 Kilometer südwestlich von Paderborn, ein KZ-Außenlager errichtet, in dem im Winter 1942 / 43, als E. sich auf das Abitur vorbereitete, 1280 Zeugen Jehovas den Tod durch Hunger, unmenschliches Arbeitstempo und willkürliche Grausamkeit der Bewachungsmannschaften und Vorarbeiter fanden. Im darauffolgenden Frühsommer besuchte E. die JM-Schar von Wewelsburg anläßlich eines Sportfestes. Als die Mädchengruppe singend an einem etwas außerhalb des Ortes gelegenen Barackenlager vorbeizog, sagte die Wewelsburger Scharführerin: »Das ist ein Arbeitslager für Gefangene, die die Burg für die SS umbauen.« E. fragte nicht: »Was sind das denn für Gefangene?«, da sie sich keine Inhaftierung ohne Grund vorstellen konnte, und sah im übrigen ihre Vorstellungen von Lagern bestätigt. Die hinter gepflegten Blumenbeeten an der Straßenseite liegenden Holzbaracken waren frisch gestrichen, hatten blankgeputzte Fensterscheiben und weiße Gardinen. Einige junge SS-Männer der Wachmannschaft grüßten freundlich. Von den übrigen Lagerbewohnern war niemand zu sehen, da sie noch nicht von ihren Arbeitsstellen zurückgekehrt waren.

E. dachte an ihre Brüder, von denen der älteste schon gefallen war, und an viele Verwandte und Bekannte, die irgendwo in Europa an den Fronten kämpften, und dachte: »Die haben es gut.«

In den letzten Kriegsjahren spürte auch E., daß das politische Klima in Deutschland härter wurde. Es sprach sich herum, daß nicht nur Verbrecher und Kommunisten, sondern vereinzelt auch Angehörige des Bürgertums (so z. B. der Dichter Ernst Wiechert) in ein Konzentrationslager eingewiesen werden konnten. Einige JM-Führerinnen regten sich über die Inhaftierung eines evangelischen Pfarrers auf, dessen Name sich E. damals nur sehr ungenau (als Niemann oder Neumeyer) einprägte. Daß die Lebens- und Arbeitsbedingungen in einem Konzentrationslager zu diesem Zeitpunkt hart und entbehrungsreich sein könnten, hielt auch sie für möglich, aber in ihren Vorstellungen waren es Lebensbedingungen, die ein Überleben garantierten. Gemessen an der ständigen Lebensbedrohung der Soldaten an der Front und der Frauen und Kinder im Bombenhagel, erschien ihr der Aufenthalt in einem Konzentrationslager fast als Privileg.

Im Sommer 1944, als E. in Jena studierte, hörte sie nach einem schweren Luftangriff auf Weimar von einem Lager mit dem Namen »Buchenwald«, aus dem einige gefährliche Verbrecher entflohen seien.

Im März 1945, wenige Tage vor dem Einmarsch der Amerikaner, erhielt die Familie einen Brief von E.s Vetter Antek aus Warschau, der sich nach dem Verbleib seiner Eltern erkundigte. Es war ein Brief mit begrenzter Wortzahl und dem Absenderstempel: Konzentrationslager Hamburg-Neuengamme. Andere deutsche Ortsnamen, die als Konzentrationslager eine traurige Berühmtheit erlangten, blieben ihr bis 1945 unbekannt. Antek war der einzige Sohn von Onkel Fritz, einem Bruder des Vaters, der nach dem Ersten Weltkrieg einige Jahre in Frankreich als Speditionskaufmann der internationalen Firma Schenker lebte und arbeitete. Nach der Scheidung von seiner französischen Frau heiratete er eine polnische Jüdin, die viele deutsche Romane, unter anderem das von E. heißgeliebte Buch »Abel mit der Mundharmonika« von Manfred Hausmann, ins Polnische übersetzte. Während des Krieges arbeitete Onkel Fritz als Proviantbeschaffer für die Waffen-SS im »Generalgouvernement« und erhielt in einem Prozeß, in dem auch viele höhere SS-Offiziere angeklagt und teilweise zum Tode verurteilt wurden, als angeblich »größter Schieber von Warschau« eine Zuchthausstrafe von acht Jahren. Er starb bei einem Fluchtversuch aus dem KZ-Außenlager Görlitz im Frühjahr 1945. Tante Soscha wurde in das Warschauer Ghetto eingewiesen, dem sie irgendwann entfliehen konnte. Sie überlebte noch einige Jahre nach dem Krieg. Antek beteiligte sich am Warschauer Aufstand, geriet in deutsche Gefangenschaft und wanderte nach dem Krieg nach Amerika aus. E. hat niemanden aus dieser Familie persönlich kennengelernt, kann daher nur diese dürren, teilweise widersprüchlichen Daten mitteilen.

Auch du, Brutus!

Zweimal wurde E.s Generation eine Verdammung der gerade erst zurückliegenden Geschichtsepoche abverlangt.

Nach 1933 galt die Weimarer Republik im Geschichtsunterricht als krisengeschüttelte Übergangsperiode mit Inflation und Arbeitslosigkeit, Not und Elend, Parteienwirrwarr und Parteienhader, Unordnung und Chaos – in der NS-Propaganda als Zeit der Schmach und Schande, der Ehrlosigkeit, Unfreiheit und kulturellen Entartung, als Republik der »Novemberverbrecher«, die den Ausverkauf deutscher Interessen betrieben hatten. Nach 1945 mußte E.s Jahrgang erkennen, daß die Zeit der Kindheit und Jugend eine Diktatur der Barbarei gewesen war.

Während des Dritten Reiches lernte E., daß es vor 1933 deutsche Männer und Frauen gab, die der »Judenrepublik« Widerstand geleistet hatten und nun, in der Rückschau, »alte Kämpfer« genannt wurden. Nach 1945 lernten nachgeborene Jahrgänge und mit ihnen E., daß es im Dritten Reich Männer und Frauen gegeben hatte, die gegen die Herrschaft der Barbarei Widerstand geleistet hatten und nun, in der Rückschau, »Widerstandskämpfer« genannt wurden.

Viele Kinder und Jugendliche waren in der Zeit des Dritten Reiches enttäuscht, daß ihre Väter nicht schon vor 1933 auf der »richtigen Seite« für die »nationale Revolution« gekämpft hatten. Das war ein Makel, der in dem Kind E. erste Zweifel an der Unfehlbarkeit des Vaters weckte. Später, nachdem sie sich durch die gesamte Freikorpsliteratur hindurchgelesen hatte, fragte sie ihn einmal, warum er – wenn schon kein »alter Kämpfer« – nicht wenigstens bei der Verteidigung des Baltikums oder des Annaberges in Oberschlesien dabeigewesen sei. Die Entschuldigung des »nicht einmal Gefreiten« aus dem Ersten Weltkrieg, er habe damals ja schon eine Familie zu ernähren gehabt, überzeugte die Heranwachsende nicht, sondern brachte sie zu der – die eigene Existenz großzügig verleugnenden – Einsicht: Richtige Männer belasten sich nicht mit einer Familie, die sie an großen Taten hindert. Nachkriegsjahrgänge werfen ihren Eltern vor, daß sie nicht während der Nazizeit Widerstandskämpfer gewesen seien, und lassen keine Erklärung gelten.

1933 lernte die Achtjährige das Wort »Revolution«. Die SA sang manchmal beim Marschieren:

> »Hört ihr es grollen auf Straßen und Gassen?
> Seht ihr die Männer die Sturmfahne fassen?
> Hört ihr den klirrenden, gellenden Ton:
> Revolution! Revolution!«

Die Erwachsenen sprachen erleichtert von einer gerade erst überstandenen, die Gott sei Dank unblutig verlaufen sei. Dafür müsse man dem Führer dankbar sein. Das meinten nicht nur die Eltern, sondern auch die Klassenschwester Mutter Fidelis, und so war denn auch E. dankbar und erleichtert über die unblutige Revolution, obwohl eine leise Enttäuschung blieb.

Was auch immer eine Revolution sein mochte, so wußte sie immerhin, daß sie so ungefähr das Gegenteil eines langweiligen, aufregungs- und ereignislosen Alltags war. Eine unblutige Revolution – nun ja –, aber eine Revolution, in der nicht einmal für einen einzigen Tag die Schule ausgefallen war? Merkwürdig!

E. wäre damals gern ein paar Jahre älter gewesen. Sie war absolut sicher, daß sie in der »Kampfzeit der Bewegung« auf der richtigen Seite gestanden und für die »nationale Revolution« gekämpft hätte.

Im Frühjahr 1934 vertraute Bruder Günther – inzwischen Jungvolkführer – seinen jüngeren Geschwistern an, daß die »Revolution« noch gar nicht richtig beendet sei, was aber vorläufig ebenso geheim bleiben müsse wie ein neuer Text auf die Melodie des »Wiener Jungarbeiterliedes«:

> »Wir sind noch nicht zu Ende, der Kampf ist noch nicht aus,
> zu Fäusten ballt die Hände, wir gehn noch nicht nach Haus.
> Die erste Schlacht gewonnen, die zweite steht bevor,
> kämpft weiter, Sturmkolonnen, in Hitlers braunem Corps.«

Die Neunjährige, die immer noch für »Geheimsprachen«, »Geheimschriften« und »geheime Parolen« schwärmte, versprach, nichts zu verraten und freute sich insgeheim auf eine Neuauflage der Revolution, die sie bestimmt nicht verpassen wollte. Kurze Zeit danach sprachen auch die Erwachsenen wieder von Revolution, nämlich nach jener

Mordorgie, die als »Niederschlagung des Röhm-Putsches« in die NS-Geschichtsschreibung einging. Da hatte die angeblich unblutigste Revolution der Weltgeschichte noch einmal zugeschlagen, diesmal allerdings nicht gegen die Kommunisten, sondern gegen die eigenen Leute. Etwa 100 hohe SA-Führer, mit ihnen der ehemalige Reichswehrhauptmann und Duzfreund Hitlers, Ernst Röhm, wurden nicht ins Gefängnis eingewiesen, sondern kurzerhand erschossen, erschlagen oder abgeschlachtet. Darüber äußerten sich die Erwachsenen mit Beunruhigung wegen der »Gesetzlosigkeit« – weniger wegen der Betroffenen, die in bürgerlichen Kreisen als primitive Rabauken und Haudegen gegolten hatten. Das wenige Tage später nachgelieferte »Gesetz«, das nur aus einem einzigen Satz bestand – »Die zur Niederschlagung hoch- und landesverräterischer Angriffe vom 30. Juni, 1. und 2. Juli 1934 vollzogenen Maßnahmen sind als Staatsnotstand rechtens« –, vermochte die Bedenken zunächst nicht zu zerstreuen. Das anfängliche Erschrecken über das brutale Vorgehen der Regierung machte aber sehr bald einer allgemeinen Erleichterung Platz. Die als »Staatsnotstand« gerechtfertigten Maßnahmen hatten nämlich, so hieß es, keine Unschuldigen getroffen, sondern »Berufsrevoluzzer«, die sich nach der »Kampfzeit« nicht mehr an ein friedliches, normales Leben hatten gewöhnen können und noch mal eine Revolution machen wollten.

Auch und gerade durch den »Röhm-Putsch« wurden die Nazis salonfähig und konnten sich der zunehmenden Loyalität staatstragender Schichten in Verwaltung, Justiz, Schulwesen und Militär erfreuen. Die Gefahr, zugunsten von »alten Kämpfern« ausgewechselt zu werden, schien ein für allemal gebannt. Besonders die zahlenmäßig weit geringere Reichswehr begrüßte die Entmachtung und Entwaffnung des rebellischen und selbstbewußten Massenheeres der SA, die nach dem »Röhm-Putsch« in die Bedeutungslosigkeit eines Sammelbüchsen schwingenden Kleinbürgervereins absank. Ein Reichswehroffizier aus dem Nebenhaus und Vater von E.s Schulfreundin Marianne sprach sogar mit kaum verhohlener Genugtuung von der »Niederschlagung der braunen Horden«.

Die pathetische Formel des Führers, mit der er die »Zerschlagung des Röhm-Putsches« rechtfertigte, ist fast wortgetreu im Gedächtnis geblieben: »In dieser Stunde war ich verantwortlich für das Schicksal der deutschen Nation und damit des deutschen Volkes oberster Gerichtsherr!« E.s Vater war inzwischen von der Unfehlbarkeit des Führers überzeugt. Es imponierte ihm, daß Hitler den Mut gehabt hatte, sich von seinen alten Kampfgefährten zu trennen, die zwar für die Revolution, nicht aber für den Aufbau des neuen Staates geeignet gewesen seien.

Beim »Röhm-Putsch« hatten auch Fakten eine Rolle gespielt, über die im Beisein der Kinder nur in dunklen Andeutungen gesprochen wurde. Da war von »Unzucht« die Rede und von einer Art »Pestbeule«, die die ganze SA anzustecken gedroht hatte. Dieser schrecklichen Gefahr, zusammen mit den (keineswegs vorhandenen) Umsturzplänen Röhms, habe man sich nur durch eine harte, entschiedene »Operation« erwehren können. E. gewann dem »Röhm-Putsch« noch eine andere, heroisch-antike Note ab. Zusammen mit den Brüdern hatte sie gerade Gallien erobert und vom tragischen Schicksal des großen römischen Feldherrn und Staatsmannes Julius Cäsar gehört. Sein bester Freund Brutus hatte ihn verraten und ermordet. Auch Ernst Röhm, »der beste Freund des Führers«, hatte ihn verraten und vielleicht sogar ermorden wollen. Wie schwer mußte es dem Führer gefallen sein, mit dieser Enttäuschung fertig zu werden und seinen besten Freund »aus Verantwortung für das Schicksal der deutschen Nation« zu opfern.

Der plumpe, vierschrötige Röhm mit dem merkwürdig zerhackten Gesicht war dem Kind zwar nicht besonders sympathisch gewesen, aber vielleicht mußten »alte Kämpfer« so aussehen. Sein Nachfolger gefiel ihr besser. Er stammte aus dem Münsterland, war ein

Lehrerssohn und hatte außerdem, zusammen mit der Mutter, die gleiche Volksschule besucht – ein Lebenslauf, der Verrat und »abartige Verirrungen« eindeutig ausschloß. Überdies brachte er der Familie eine vage, von E. schmerzlich vermißte Verbindung zu jenen Kreisen, die schon vor 1933 auf der »richtigen Seite« gestanden hatten.

Onkel Job, jüngster Bruder der Mutter, Jagdflieger im Ersten Weltkrieg, Kämpfer im Freikorps Oberland und somit geradezu prädestiniert für eine rechte Bilderbuchkarriere, hatte sich als große Enttäuschung erwiesen. Zwar war er irgendwann in den zwanziger Jahren mal in die NSDAP eingetreten, aber (leider!) lange vor der Machtergreifung wieder ausgetreten.

Dafür ergaben beharrliche Nachfragen noch eine zweite, ebenfalls über die Mutter führende Spur nicht nur zu den Anfängen der NSDAP, sondern sogar zu einem der 16 im November 1923 vor der Feldherrnhalle in München gefallenen Helden. Der bei dem Hitler-Putsch von der »Reaktion« erschossene Rittmeister Johannes Rickmers von der Rickmers-Werft in Emden war ihr zehn Jahre zuvor auf einer Hochzeit im Emsland vorgestellt worden und hatte einige Male mit ihr getanzt.

Kontrolle ist gut, Vertrauen ist besser

Das politische Geschehen der frühen dreißiger Jahre überforderte das Vorstellungsvermögen der Schulanfängerin. Das sich nach dem 30. Januar 1933 etablierende Einparteiensystem kam dem kindlichen Weltbild als einfache, durchschaubare Staatsform entgegen.

E. wuchs in die faschistische Diktatur hinein und hielt sie nicht nur für eine völlig normale staatliche Organisation, sondern für einen unerhörten Glücksfall der Geschichte, da sie dem deutschen Volk »Freiheit und Brot« gebracht hatte, nämlich: Freiheit – aus den Fesseln des Versailler Vertrages, Brot – durch Abbau millionenfacher Arbeitslosigkeit. Im Ersten Weltkrieg hatte das deutsche Volk Einigkeit und Recht und Freiheit verloren. Recht und Freiheit wiederzuerringen gehörte zu den Aufgaben der Außenpolitik – um die Einigkeit mußte sich das deutsche Volk selber kümmern. Für bürgerliche Rechte und Freiheiten, deren verfassungsmäßige Sicherung auf dem Mißtrauen gegenüber der Staatsgewalt beruht, fehlte dem Kind jedes Verständnis. Später hielt E. sie für längst erstrittene Selbstverständlichkeiten, da sie sich während des Dritten Reiches nicht in ihren Rechten und Freiheiten eingeschränkt fühlte. Während der Kriegsjahre schien ihr ein allzu starkes Pochen auf »private Interessen« egoistisch und unangebracht.

Von der Notverordnung des Reichspräsidenten »zum Schutz von Volk und Staat« und zur »Abwehr kommunistischer staatsgefährdender Gewaltakte«, die den Ausnahmezustand bis zum Ende des Dritten Reiches festschrieb, ist ihr nur die ungeheure Erleichterung ihrer katholischen Umwelt über die Ausschaltung der kommunistischen Gefahr im Gedächtnis geblieben. Konkreter sind ihre Erinnerungen an das vier Wochen später verabschiedete sogenannte »Ermächtigungsgesetz«.

Die Wahl vom 5. März hatte der NSDAP zwar 44 Prozent der Stimmen, nicht aber die absolute Mehrheit eingebracht. Am 24. März stimmten die Abgeordneten der Zentrumspartei, der Deutschnationalen Volkspartei, der Bayerischen Volkspartei, der Deutschen Staatspartei (mit ihnen der erste Bundespräsident der Bundesrepublik Deutschland, Dr. Theodor Heuss) und anderer bürgerlicher Parteien dem »Gesetz zur Behebung der Not von Volk und Staat« und damit ihrer eigenen Entmachtung zu. Die Kommunistische Partei war bereits verboten, ihre Abgeordneten verhaftet, untergetaucht oder aus

Deutschland geflohen, die der Sozialdemokratischen Partei stimmten mit »Nein«. Das sogenannte »Ermächtigungsgesetz« wurde mit 444 gegen 94 Stimmen angenommen. Es schaltete den Reichstag aus und gewährte der Regierung (wenn auch zunächst nur für vier Jahre) unbegrenzte Aktionsfreiheit.

Die Verlängerung des »Gesetzes zur Behebung der Not von Volk und Staat« am 30. 1. 1937, die weitere am 30. 1. 1939 und die – durch Führererlaß – unbegrenzte am 10. 5. 1943 wurden von der Öffentlichkeit kaum zur Kenntnis genommen.

Die propagandistische Vorbereitung des Ermächtigungsgesetzes erreichte auch E. Auf ihrem Schulweg begegnete sie im März 1933 zahlreichen Plakaten mit der pathetischen Formel: »Gebt mir vier Jahre Zeit!« und dem Bild des neuen Reichskanzlers, der Hitler hieß, aber Führer genannt werden wollte und jeden Vorübergehenden, auch E., ernst und beschwörend ansah. Das war klar und einfach. Die Achtjährige verstand zum erstenmal etwas vom politischen Geschehen. Mit dem »Gebt mir . . .« war das deutsche Volk gemeint, das vom Führer darum gebeten wurde, ihm sein Vertrauen zu schenken und ihn vier Jahre lang nach seinen eigenen Vorstellungen schalten und walten zu lassen, ohne daß ihm alle möglichen Leute dreinreden durften. Es ging jetzt darum, die Bitte des Führers zu erfüllen oder abzulehnen, ihm zu vertrauen oder nicht zu vertrauen.

E. hatte bis dahin wenig Anlaß gehabt, Erwachsenen zu mißtrauen oder an ihrem guten Willen zu zweifeln, obwohl es bei einem Politiker darauf allein nicht ankam. Dr. Brüning vom Zentrum hatte den besten Willen gehabt und war trotzdem nicht in der Lage gewesen, die millionenfache Arbeitslosigkeit zu beseitigen, weil ihm zuviel andere Leute dreingeredet hatten.

Dabei konnte nichts Vernünftiges rauskommen. Das wußte E. nicht nur von dem Sprichwort »Viele Köche verderben den Brei!«, sondern auch von einer Bildergeschichte im Lesebuch, in der Vater, Sohn und Esel eine Landpartie unternehmen. Der Vater fügt sich allzu bereitwillig den jeweiligen Vorschlägen und Vorwürfen aller ihm begegnenden Leute und trifft ständig wechselnde Arrangements. Mal reitet der Sohn auf dem Esel, mal der Vater, mal beide zusammen, mal keiner von ihnen, und am Schluß tragen Vater und Sohn den Esel.

Es gehörte allerdings Mut dazu – so die Meinung in E.s Umwelt –, dem neuen Reichskanzler vier Jahre freie Hand zu lassen. Er hatte nicht studiert und auch sonst keinen anständigen Beruf. Außerdem kannte ihn niemand so recht, und man wußte von ihm eigentlich nicht viel mehr, als daß er ein guter Redner war, der die Leute begeistern konnte. Manche ältere Herrschaften meinten auch, daß er mit seinen 44 Jahren viel zu »jung« sei, was E. verwunderte, da für die Achtjährige Jugend und Jungsein bereits jenseits des 25. Lebensjahres aufhörten. Tatsächlich war die NSDAP des Jahres 1933 fast eine Jugendbewegung. 70 Prozent ihrer Mitglieder waren unter 40 Jahre alt, 43 Prozent sogar unter 30. Im Reichstag waren 60 Prozent ihrer Abgeordneten unter 40 Jahren, bei der SPD hingegen nur zehn Prozent.

Andererseits standen ihm Mitarbeiter zur Seite, denen man vertrauen konnte, weil sie studiert hatten: Doktoren wie Dr. Goebbels, Dr. Schacht, Dr. Ley, Dr. Frick, Dr. Gürtner, Dr. Rust. Außerdem gab es in der neuen Regierung Offiziere wie Hermann Göring, der letzte Kommandeur des Jagdgeschwaders Richthofen, einen Ritter, nämlich den Oberst und Freikorpsführer Franz Ritter von Epp, und Adelige wie Konstantin von Neurath, Joachim von Ribbentrop, Baldur von Schirach, Graf Schwerin von Krosigk. Sogar Prinz »Auwi« von Hohenzollern gehörte zu den Nazis. Und da es in Deutschland gar nicht schlimmer werden konnte, schien das Risiko so groß nun auch wieder nicht. Einer der engsten Mitarbeiter des Führers war sogar vom Zentrum und selbst Reichskanzler gewesen, ehe er ihm seinen Platz angeboten hatte. E.s Eltern mochten ihn nicht besonders, und so baute sich die Achtjährige mit Hilfe eines in jenen Wochen ebenfalls herumschwirrenden Namens die Kunstfigur vom »Schleicher Papen« zusammen. Erst beim »Röhm-Putsch« im Jahre 1934 löste sich die Gestalt eines Generals Schleicher davon ab, der, so hieß es, am Hochverrat Röhms beteiligt gewesen und zusammen mit seiner Frau erschossen worden sei, weil er sich nicht verhaften lassen wollte.

E. erfuhr, daß sich in Berlin alle anständigen Politiker darauf geeinigt hatten, die Bitte des Führers zu erfüllen. Die Ablehnung des »Ermächtigungsgesetzes« durch die Sozialdemokratie, ja die Existenz einer Sozialdemokratischen Partei, ist in E.s geschichtlichem Gedächtnis nicht vermerkt.

Zuletzt waren alle Erwachsenen in ihrer Umwelt der Meinung, daß man dem Führer eine Chance geben solle, und so gab ihm auch E. die vier Jahre, um die er sie auf jenem Plakat so dringend gebeten hatte, und identifizierte sich hinfort in Kindheits- und Jugendjahren mit jener unerhört bequemen Staatsform, die auf dem unbegrenzten Vertrauen zu einer einsamen, durch alleinige Verantwortung von seiner Umgebung abgehobenen Herrschergestalt beruhte. Das war klar und einfach wie im Märchen. Es gab zwar keinen König mehr, aber dafür einen »Führer«, der sein Volk weise und gütig regierte.

Ab Juli 1933 gab es in Deutschland nur noch eine politische Partei, die im Sprachgebrauch jener Jahre bald *die* Partei hieß und die »Volksgenossen« einteilte in solche, die »in der Partei«, und solche, die »nicht in der Partei« waren. E. vermißte den »Parteienwirrwarr« und »Parteienhader« der Vergangenheit nicht. Im Gegenteil. Das Einparteiensystem, so verkündete es die Propaganda, hatte die »unselige deutsche Zwietracht« überwunden und die lang ersehnte, in der Nationalhymne beschworene »Einigkeit« hergestellt. Das entsprach dem kindlichen Weltbild: Alle guten Deutschen mußten doch die gleichen Interessen haben, weil sie alle dem gleichen Volk angehörten und das Beste für Deutschland wollten. Wozu brauchte man da mehrere Parteien?

Parteimitglieder hießen Parteigenossen. Parteigenossen waren deutsche Männer und Frauen, die sich schon vor 1933 für die Einigkeit Deutschlands eingesetzt hatten. Nach der Märzwahl traten allerdings viele nur deshalb in die Partei ein, weil sie sich Vorteile davon versprachen. Über diese »Märzveilchen« wurde allgemein abfällig gesprochen. E.s Vater gehörte nicht zu ihnen, sei es, weil er noch nicht genügend überzeugt war, sei es, weil er sich genierte, Früchte zu ernten, für deren Reifung er nicht gearbeitet hatte, sei es, weil ihm der Gedanke, um der Karriere willen in eine Partei einzutreten, völlig fern lag. Und weil der Opportunismus der »Märzveilchen« allzu offenbar war und viele »alte Kämpfer« erboste, verhängte die Partei eine Mitgliedersperre bis zum Jahre 1937, in dem E.s Vater aus Überzeugung einen Antrag auf Parteimitgliedschaft stellte.

Am 2. August 1934 starb der Reichspräsident Paul von Hindenburg. Sein Amt wurde im »Gesetz über das Staatsoberhaupt« mit dem des Führers und Reichskanzlers vereinigt. Das veröffentlichte amtliche Ergebnis der Volksabstimmung zu dieser Frage lag bei 86,4 Prozent, in einigen Großstädten weit unter 70 Prozent. Beim Tode des greisen Reichspräsidenten und seiner feierlichen Beisetzung im Hof des Denkmals von Tannenberg in Ostpreußen empfand E. ehrliche Trauer, denn Hindenburg war nicht nur der »getreue Eckart« und ein »Symbol nationaler Verbundenheit« gewesen, wie es in den nationalen Feierstunden hieß, sondern auch der »Übergroßvater« des deutschen Volkes. Er hinterließ bei dem Kind, das seine eigenen Großväter nicht mehr gekannt hatte, eine Lücke, die auch der Führer nicht ausfüllen konnte, weil er dafür nun wirklich zu jung war.

Die Ämterverschmelzung von Reichskanzler und Reichspräsident befremdete E. weniger aus Mißtrauen gegenüber dem Führer oder weil ihr die verfassungsmäßige Bedeutung

238

des Präsidentenamtes bewußt war, sondern eher aus Gründen der Pietät und Logik. Ein Vater konnte sich nicht zu seinem eigenen Großvater machen.

Und wie lebte es sich in einem Staat mit permanentem Ausnahmezustand? Was E. betrifft, jedenfalls anders und besser, als es viele Nachkriegsfilme und Romane über die Zeit des Dritten Reiches nahelegen. Sie schildern zumeist den bedrückenden Dauerzustand von Angst, Hoffnungslosigkeit und Verzweiflung des Alltags jüdischer Familien und politisch mißliebiger Kreise sowie Haussuchungen, Verhaftungen, Folter und Mord. Solche Darstellungen sind wichtig und notwendig, werden aber von nachgeborenen Generationen allzusehr verallgemeinert. Viele Millionen – nach E.s Einschätzung die überwiegende Mehrheit des Volkes – fühlten sich während des Dritten Reiches keineswegs vom Terror bedroht. Sie dachten eher an den Milchmann, den Zeitungsboten oder – in Kriegszeiten – an einen Fronturlauber als an die Gestapo, wenn es morgens um fünf Uhr klingelte. E., die zu jenen von der Gestapo verfolgten Minderheiten kaum eine Verbindung hatte, drängt sich als Antwort auf die Frage nach dem Leben im Ausnahmezustand die saloppe Formulierung auf: »Das merkte doch keiner!«

Die zwei Herren, die wenige Tage vor Kriegsbeginn nach E.s Vater fragten, klingelten nicht um fünf Uhr morgens, sondern um 14.30 Uhr mittags, was im Elternhaus ebenfalls als ungehörige Besuchszeit galt. Die 14jährige – in Uniform und gewohnheitsmäßig mit »Heil Hitler« grüßend – war gehalten worden, den Mittagsschlaf des Studienrates nur in Ausnahmefällen zu stören, und es gelang ihr tatsächlich, die Besucher abzuwimmeln. Niemand konnte sich vorstellen, wer sie gewesen waren, da niemand erwartet wurde, aber der Vater sah nicht den geringsten Grund, über den Besuch zweier Unbekannter besorgt zu sein, nur die Mutter zeigte eine gewisse Beunruhigung.

Als es am darauffolgenden Tag wieder um die gleiche Zeit klingelte, ging sie zur Tür und berichtete später, die Herren seien auf ihre Auskunft hin, ihr Ehemann sei jetzt nicht zu sprechen, »ziemlich unangenehm« geworden und hätten energisch darauf bestanden, ihn zu wecken. Nach etwa 20 Minuten verabschiedete sie der Vater freundschaftlich und nahm diesen Besuch als Kuriosum.

Anlaß für die »Gesinnungsprüfung« – um etwas Derartiges muß es sich wohl gehandelt haben – war der Bezug der französischen satirischen Zeitschrift »Le Gringoire«, die per Streifband jede Woche aus Paris an den Vater geliefert und, nachdem er und auch die Mutter sie gelesen hatten, an seinen Bruder Fritz nach Warschau weitergeschickt wurde. Wie E. inzwischen herausgebracht hat, handelte es sich dabei keineswegs um ein besonders NS-feindliches Blatt. Allerdings sind einige respektlose Karikaturen deutscher Politiker und auch des Führers in Erinnerung geblieben, so z. B. Hitler mit triefender Knollnase und Stalin mit mongolischen Schlitzaugen, die sich anläßlich des Nichtangriffspaktes zwischen Deutschland und der Sowjetunion vom August 1939 – mit geballter bzw. gestreckter Hand – verschwörerisch ins Fäustchen lachen.

Respektlose und sogar »böswillige« Darstellungen des Führers waren E. aber schon aus der 1935 in Deutschland veröffentlichten Schrift »Hitler in der Karikatur« bekannt, auf dessen Einband ein überlebensgroßer Führer lachend mit verschränkten Armen den Attacken eines winzigen »Schreiberlings« mit »Judennase« und tintenklecksender Feder zuschaut. Darin stand auch das Plakat zum »Ermächtigungsgesetz«. Der Aufschrift »Gebt mir vier Jahre Zeit!« war die Zeile hinzugefügt: »Und das Volk schaut in den Mond!«, der Kopf des Führers zu einem Mondgesicht aufgeblasen. Diese Behauptung erschien ihr absurd, denn inzwischen hatte sich jene Vertrauensvorgabe des Jahres 1933 in kaum vorhersehbarer, die kühnsten Hoffnungen übertreffender, ja geradezu märchenhafter Weise ausgezahlt – davon war nicht nur E. überzeugt.

Verwandte und Bekannte, die der neuen Regierung kaum mehr als vier Wochen »gegeben« hatten, honorierten den Abbau der Arbeitslosigkeit, den wirtschaftlichen Aufschwung, die Wiederherstellung der Wehrhoheit, das völkerversöhnende Fest der Olympiade usw. als geniale politische Leistungen des Führers. Die Zustimmung von Onkel Anton und Onkel Hubert, die noch immer der Zentrumspartei nachtrauerten, hatte zwar lange einen zögernden, widerwilligen Beiklang von »Das muß man ihm lassen . . . Das kann man nicht bestreiten . . .«, aber auch sie dachten nicht daran, die für vier Jahre gewährten Vollmachten in Frage zu stellen, als diese Zeitspanne abgelaufen war. Die Schrift »Hitler in der Karikatur« enthielt auch ein mit bluttriefenden Messern rotierendes Hakenkreuz, das Tod und Verderben hinter sich zurückläßt. Über diese Darstellung war E. nicht einmal empört, sondern rechnete sie jener seit dem Ersten Weltkrieg bekannten »Greuelhetze« zu, nach der die in Belgien einmarschierten deutschen »Hunnen« belgischen Kindern die Hände abgehackt und belgischen Frauen die Brüste abgeschnitten haben sollten.

Diese unselige und ungeschickte Propaganda der »Entente« zeigte noch im Zweiten Weltkrieg Wirkungen. Sie erlaubte es der NS-Regierung, Meldungen feindlicher Sender über barbarische und völkerrechtswidrige Maßnahmen und Aktionen im Reichsgebiet oder in den von Deutschland besetzten Ländern als Ausgeburten der bereits im Ersten Weltkrieg als psychologische Waffe angewendeten »Greuelhetze« zurückzuweisen. Sie führte bei den Gegnern NS-Deutschlands zu einer verhängnisvollen Skepsis gegenüber den Augenzeugenberichten entflohener KZ-Häftlinge, da man sich nicht noch einmal dem Vorwurf der Verbreitung unglaubwürdiger und leicht zu widerlegender »Greuelpropaganda« aussetzen wollte.

Nur ein einziges Mal begegnete E. in den Jahren des Dritten Reiches einer grundsätzlichen Kritik an den formalen Aspekten der faschistischen Diktatur. Sie kam von einer uralten, verwitweten Dame aus Berlin, die es durch Eheschließung nach Paderborn verschlagen hatte und die Nachhilfestunden in Französisch und Englisch erteilte. Einige Monate vor dem Abitur waren solche auch für E. unvermeidlich geworden. Frau Bergmann, eine große, imponierende, immer schwarz gekleidete Dame, war aber leider so »ausgebucht«, daß nur selten zu Beginn oder gegen Ende der Unterrichtsstunde einige Minuten für Gespräche übrigblieben.

Tief beeindruckt war E. von ihrer Schilderung des »Dreyfus-Prozesses«, den Frau Bergmann als junge Studentin 1884 in Paris miterlebt hatte, und fand es großartig, daß viele Franzosen nicht damit einverstanden gewesen waren, einen offenbar Unschuldigen zu verurteilen, nur weil er Jude war. Es stand für E. allerdings fest, daß deutsche Richter »ohne Ansehen der Person«, d. h. unbefangen und nur dem Recht verpflichtet, ihre Urteile fällten und sich davon auch bei der Beurteilung eines Juden nicht abbringen ließen.

Ein anderes Mal machte jene Dame eine Bemerkung über das Zustandekommen von Gesetzen früher und heute. E. horchte auf und ließ sich jenen langwierigen Prozeß erklären, in dem Gesetzentwürfe in Ausschüssen vorbereitet, in Lesungen zur Debatte gestellt, begründet, abgeändert und zuletzt zur Abstimmung gestellt wurden, und dachte, daß eine allgemeine Diskussion über Gesetze nichts schaden könne. Die geschilderte Verfahrensweise schien ihr allerdings in Kriegszeiten, in denen schnelles Handeln erforderlich war, zu umständlich und zeitraubend. So was konnte man sich, ihrer Ansicht nach, nur im Frieden erlauben.

Nicht zuletzt durch den Besuch der beiden Gestapobeamten wurde es E. bewußt, daß die NS-Regierung die Bevölkerung des Reiches vom freien, unzensierten Informationsfluß aus dem Ausland mehr oder weniger dicht abschirmte und auch, daß die Zeitungen des

Reiches nicht alles schreiben durften. Sie bezog diese »Einschränkung der Pressefreiheit« allerdings weniger auf Fakten als auf Meinungen, die das deutsche Volk verwirren, sowie auf unwahre oder gröblich entstellte böswillige Behauptungen, die das Vertrauen zur politischen Führung untergraben könnten, vor allem aber auf die Verbreitung von »Schmutz und Schund«.

Die eigene Person betreffend, hielt E. eine politische und moralische Zensur zwar für ebenso überflüssig wie die Reinigung der Schulausgaben klassischer Dramen von allzu »freien« Stellen, für die weniger weltanschaulich und sittlich gefestigte – und auch weniger intelligente – breite Masse jedoch aus pädagogischen Gründen erforderlich.

Da sie keinerlei Vorstellungen davon hatte, was ihr bzw. dem deutschen Volk vorenthalten wurde, und außerdem davon überzeugt war, daß sich wirklich wichtige Fakten gar nicht verheimlichen ließen, fühlte sie sich durch die Einschränkung der Pressefreiheit nicht sonderlich benachteiligt.

Nachgeborenen Generationen, die in einer Demokratie mit weitreichenden Informationsmöglichkeiten aufgewachsen sind, fällt es schwer, sich Methoden und Wirkungen eines »Ministeriums für Volksaufklärung und Propaganda« vorzustellen, das eigens dazu geschaffen worden war, das Zeitgeschehen zu filtern, tendenziös aufzubereiten und so zu interpretieren, daß die jeweiligen Maßnahmen der Regierung vernünftig und sinnvoll erschienen und mit dem in raffinierter Weise manipulierten »gesunden Volksempfinden« übereinstimmten.

Da keine Gegendarstellungen, keine von der offiziellen Meinung abweichenden Argumentationen zugelassen waren, blieb skeptischen Zeitungslesern, Rundfunkhörern und Wochenschaubetrachtern nur die Möglichkeit, »die Hälfte abzuziehen«, wobei noch immer genügend von der beabsichtigten Wirkung hängenblieb.

Wer 1933 keine klaren liberalen und demokratischen Vorstellungen über politische Strukturen und politisches Geschehen in einem Staatswesen hatte, konnte sich der alles durchdringenden Propaganda kaum entziehen, zumal diese den Erwartungen und Bedürfnissen breitester Bevölkerungsschichten entgegenkam.

Niemand wurde gezwungen, das wüste antisemitische Pornoblatt »Der Stürmer« zu lesen, in dem der »Jud« jede Woche neu diffamiert wurde. Die für das gehobene Bürgertum konzipierte Wochenzeitung »Das Reich« verbreitete die gleiche antisemitische Propaganda über die »Juden«, »das jüdische Volk« oder »die jüdische Rasse«, aber dort ließ man sich auf hohem literarischen Niveau kulturhistorisch, anthropologisch und soziologisch über »die Judenfrage« aus.

Obwohl in E.s Gedächtnis die Bücherverbrennung des Jahres 1933 nicht aufgezeichnet ist, wußte sie, daß im Dritten Reich nicht alle Bücher veröffentlicht werden durften. Da ihr Kurt Tucholsky, Erich Mühsam, Oskar Maria Graf und Anna Seghers nicht einmal als Namen bekannt waren – Erich Kästner nur als Kinderbuchautor –, vermißte sie Bücher dieser Schriftsteller nicht. Werke von Thomas Mann, Jakob Wassermann und Stefan Zweig standen im elterlichen Bücherschrank und wurden teilweise noch bis 1936 in Buchhandlungen des Reiches verkauft.

Eine Zeitlang bezog E.s Vater die von Alfred Rosenberg herausgegebenen »Nationalsozialistischen Monatshefte«, in denen gelegentlich Literaturfehden ausgetragen wurden. Sie betrafen Dichter, über deren Beurteilung es unter den damaligen Literaturpäpsten (Alfred Rosenberg, Will Vesper, Hellmuth Langenbucher u. a.) Meinungsverschiedenheiten gab. In Erinnerung geblieben ist eine Auseinandersetzung über Eve Curie, eine Tochter der zweifachen polnischen Nobelpreisträgerin Marie Curie, die ein Buch über das Leben ihrer Mutter veröffentlicht hatte. Die deutsche Übersetzung dieses Buches erreichte während des Dritten Reiches Millionenauflagen und ging in E.s Schulklasse von Hand zu Hand.

Will Vesper, dem Präsidenten der Reichsschrifttumskammer, paßte die »Verherrlichung einer Polin« nicht. Er bezeichnete es verärgert als »Modebuch des deutschen Volkes« und versuchte vergeblich, es wegen angeblich deutschfeindlicher Passagen in der französischen Originalausgabe zu verbieten. Die betreffenden Stellen – so wußte E.s Chemielehrerin eines Tages schadenfroh zu berichten – hätten sich allerdings als Mißverständnisse aufgrund mangelnder Sprachkenntnisse des Beurteilers erwiesen.

Eine andere Auseinandersetzung betraf Werner Bergengruen. Während sein von der ganzen Familie mit Spannung gelesener »Kriminalroman«: »Der Großtyrann und das Gericht« im »Völkischen Beobachter« als »Führerroman der Renaissance« – und nach 1945 von den Amerikanern als eines der besten Werke mit demokratischer und antimilitaristischer Tendenz – hoch gelobt wurde, änderte sich die Meinung der braunen Literaturkritiker über den historischen Roman »Im Himmel wie auf Erden« bereits kurz nach seinem Erscheinen im Jahre 1940. Er wurde nämlich nicht, wie erwartet, als Schilderung der »Größe und Verantwortung eines Herrscheramtes« aufgefaßt, sondern von vielen Lesern als indirekter Protest gegen einen gewissenlosen Herrscher verstanden. Daher wurde das Buch zunächst mit einem Besprechungsverbot belegt und eine weitere Auflage nach 60 000 verkauften Exemplaren verboten. E. hörte damals nur, daß dieser Roman »umstritten« sei, und besorgte ihn sich daraufhin in der Stadtbibliothek, in der er noch im Jahre 1942 anstandslos ausgeliehen wurde. Sie las ihn mit großer Aufmerksamkeit, ohne die Gründe für seine »Umstrittenheit« herauszufinden. Ein Vergleich des Führers mit einem gewissenlosen Herrscher lag ihr so fern, daß ein solcher Gedanke nicht einmal auftauchte.

Im Jahr 1942 wurde Ernst Wiecherts Novelle »Der Todeskandidat« im Deutschunterricht der Schule gelesen, und eine Klassenkameradin wußte zu berichten, daß Wiechert 1938 einige Monate in einem KZ-Lager zugebracht habe. E. liebte die Romane und Novellen dieses Dichters besonders. Bei dem lange zurückliegenden Aufenthalt in einem KZ-Lager konnte es sich, ihrer Ansicht nach, nur um ein bedauerliches Mißverständnis gehandelt haben, eine Art Untersuchungshaft, die sofort beendet worden war, nachdem sich seine Unschuld herausgestellt hatte. Ein Lager, auch ein KZ-Lager, war zudem für sie weniger bedrohlich als ein Gefängnis oder Zuchthaus, in das man nur nach einer offiziellen Verurteilung eingewiesen werden konnte. So maß sie dem vorübergehenden Aufenthalt Ernst Wiecherts in einem Konzentrationslager keine besondere Bedeutung bei.

E. nahm die bis zu ihr in die Provinz dringenden schwachen Ausläufer einer »gleichgeschalteten« Kulturpolitik eher als Zeichen eines freien Literaturlebens denn als Beweise für Zensur und mangelnde Gedankenfreiheit, da die betreffenden Werke ja zugänglich waren und öffentlich diskutiert wurden. Nach dem Ende des Dritten Reiches erfuhr sie, daß auch viele andere Schriftsteller offiziell als »umstritten«, »unerwünscht«, manche sogar als »absolut unerwünscht« gegolten hatten, einige aus der Reichsschrifttumskammer ausgeschlossen worden waren, deren Bücher in Buchhandlungen erworben und in Leihbüchereien ausgeliehen werden konnten, deren Gedichte in Lesebüchern standen und deren Novellen als Schullektüre dienten.

E. hat viele Werke von Dichtern gelesen, die nach dem Krieg der »inneren Emigration« zugerechnet wurden, wie z. B. Ernst Wiechert, Werner Bergengruen, Jochen Klepper, Ricarda Huch, Walter von Molo, Karl-Benno von Mechow, Paul Alverdes, Hans Carossa, Gertrud von le Fort, Stefan Andres, Ehm Welk, Reinhold Schneider, Frank

242

Thieß, Hans Fallada, Manfred Hausmann, Ernst Jünger (mit seinen »Marmorklippen«) und viele andere mehr, ohne sie als Zeugnisse geistiger Opposition oder gar heimlichen Widerstandes zu interpretieren, da sie nicht gelernt hatte, zwischen den Zeilen zu lesen. Diesbezügliche Hinweise waren – wenn überhaupt vorhanden – so verschlüsselt, daß sie nur von Eingeweihten verstanden werden konnten, die ohnehin Bescheid wußten. Überzeugte Nationalsozialisten ließen sich durch historische Vergleiche, auf die der Leser selbst kommen mußte, nicht erreichen oder gar aufklären, wie die »Fehlurteile« der braunen Literaturkritik beweisen.

Zu Kriegsbeginn wurde in Paderborn in dem ehemals jüdischen Bürgerhaus der Familie Rosenbaum eine Stadtbibliothek eingerichtet, in der die Ausleihe erheblich weniger kostete als in den Leihbüchereien. Außerdem waren ihre Bücher, im Gegensatz zu den oft zerfledderten, unappetitlichen Exemplaren der privaten Ausleihbetriebe, sauberer und mit durchsichtigen Schutzeinbänden versehen. Das Sortiment umfaßte nicht nur »schöne Literatur«, sondern auch Bildbände, Zeitschriften und Fachbücher aller Art. Leiter der neuen Stadtbücherei war ein kleiner, körperbehinderter Bibliothekar, der seine körperlichen Mängel durch besonders aufdringliche »Hundertfünfzigprozentigkeit« kompensierte und vorwiegend drittklassige »Blut-und-Boden-Romane« empfahl.

E., die auf seine volkserzieherische Beratung keinen Wert legte, unterlief diesbezügliche Ansätze mit kühl und präzise geäußerten Buchwünschen und hatte auch Ersatztitel parat für den Fall, daß das betreffende Werk ausgeliehen war.

E.s Mutter hingegen geriet eines Tages in eine peinliche Situation. Auf Empfehlung eines Bekannten verlangte sie arglos das Buch von Hans Fallada »Bei uns daheim«, da die Bücher von Fallada (»Kleiner Mann, was nun?«, »Wer einmal aus dem Blechnapf frißt«, »Wolf unter Wölfen«, »Wir hatten einmal ein Kind« u. a.) damals in jeder Buchhandlung oder Leihbücherei erhältlich waren und die Riesenauflagen seiner Romane während des Dritten Reiches nur von denen Hermann Hesses und Ernst Wiecherts übertroffen wurden.

Der Bibliothekar wies ihren Wunsch mit vor Empörung zitternder Stimme zurück, bezeichnete den Dichter einige Male lautstark als »Schmutzfink« und ließ sich auch durch ihre verlegene Bitte: »Dann geben Sie mir eben was anderes!« nur schwer beruhigen.

Die Mutter befriedigte ihren Lesehunger hinfort in einem kleinen Schreibwarenladen, deren Inhaber schon durch ihre Herkunft ein wenig aus dem provinziellen Rahmen fielen. Der Ehemann, ein blonder, etwas farbloser Holländer, wurde »interessant«, als er nach dem Einmarsch deutscher Truppen in Holland – als nunmehr Angehöriger einer feindlichen Macht – einige Tage im gegenüberliegenden Gefängnis interniert wurde und nach seiner Entlassung »launig« darüber zu berichten wußte. Seine schöne dunkelhaarige Frau stammte aus Lothringen und betrieb nebenbei eine Leihbücherei, in deren gehobener Abteilung vorwiegend Übersetzungen geführt wurden. E. las die von der Mutter ausgeliehenen Bücher zusammen mit ihr – oder auch heimlich, wenn diese sie nicht für »jugendfrei« hielt –, und so erweiterte sich der literarische Horizont der Heranwachsenden durch viele amerikanische Bücher von Thomas Woolfe, Margret Mitchell, Nora Waln, Pearl S. Buck, William Faulkner, Sinclair Lewis, englische von Howard Springs, Warwick Deeping, John Galsworthy, G. Bernard Shaw, Archibald J. Cronin und französische von Tyde Monnier, Jean Giono, Charles Morgan, Antoine de Saint-Exupéry, Marcel Pagnol.

Besonders gefördert wurden damals Übersetzungen skandinavischer Dichter wie Knut Hamsun, Sven Hedin, Gunnar Gunnarsson, Sigrid Undset, Selma Lagerlöf, Verner van Heidenstam, Jens Peter Jakobson, Trygve Gulbransson, Halldór Laxness, Tanja Blixen,

Mika Waltari und Alexis Kiwi. E. erfuhr erst nach dem Krieg, daß die von ihr verehrte Sigrid Undset wie auch Selma Lagerlöf und andere »nordische« Dichter – im Gegensatz zu Knut Hamsun – dem NS-Regime gegenüber keineswegs Zustimmung geäußert hatten und daher nicht als besonders »erwünscht« galten.

Flämische und holländische Dichtung galt als besonders »artverwandt«, und Felix Timmermanns, Charles de Coster, Stijn Streuwels und Bengt Berg erfreuten sich während des Dritten Reiches hoher Auflagen. Erste emanzipatorische Anstöße verdankt E. der holländischen feministischen Schriftstellerin Jo van Ammers-Küller und ihrer Triologie »Die Frauen der Coornveldts«, und sie vernahm irgendwann mit Befriedigung, daß diese Autorin in verschiedenen deutschen Städten, wenn auch leider nicht in Paderborn, während des Dritten Reiches Lesungen veranstaltete.

Und da sie nicht wußte, welche Werke der Weltliteratur ihr vorenthalten wurden, fühlte sie sich bei der Wahrnehmung literarischer Interessen keineswegs benachteiligt.

Der Maulkorb

Unmittelbar nach der »Machtergreifung« wurde die »Verordnung zur Abwehr heimtük-kischer Angriffe gegen die Regierung der nationalen Erhebung« erlassen und im Dezember 1934 dem Einparteiensystem angepaßt. Die Neuauflage hieß jetzt: »Gesetz gegen heimtückische Angriffe auf Staat und Partei und zum Schutz der Parteiuniform«. Paragraph 2 des sogenannten »Heimtücke- oder Maulkorbgesetzes« lautete:

»Wer öffentlich gehässige, hetzerische oder von niederer Gesinnung zeugende Äußerungen über leitende Persönlichkeiten des Staates oder der NSDAP, über ihre Anordnungen oder die von ihnen geschaffenen Einrichtungen macht, die geeignet sind, das Vertrauen des Volkes zur politischen Führung zu untergraben, wird mit Gefängnis bestraft. Den öffentlichen Äußerungen stehen nichtöffentliche böswil-lige Äußerungen gleich, wenn der Täter damit rechnet oder damit rechnen muß, daß die Äußerung in die Öffentlichkeit dringen werde.«

Das Kind, die Heranwachsende von damals interessierte sich nicht für Gesetzestexte. Den genauen Wortlaut dieses Gesetzes und den vieler anderer besorgte sie sich erst bei der Niederschrift ihrer Erinnerungen an die Zeit des Dritten Reiches – und wunderte sich, daß sogar die Parteiuniform »gesetzlich geschützt« gewesen war.

Ein Echo des »Heimtückegesetzes« begegnete der Achtjährigen in Form von scherzhaf-ten Zurechtweisungen. Mutter und Tanten pflegten sich in den ersten Jahren des Dritten Reiches bei entsprechenden Verstößen lachend ein »Das darfste nich sagen« an den Kopf zu werfen und bestätigten Bruder Erwin, der die Farbe der SA-Uniformen gern und häufig mit »kackbraun« bezeichnete, daß er zwar recht habe, daß man so was aber nicht sagen dürfe. Das konnte sich – im kindlichen Weltbild – nur auf die Kacke beziehen. Später hörte E. dieses »Das darf man nicht sagen« kaum noch, weil das ohnehin jeder wußte. Von Beginn des Dritten Reiches an meldete sich gegen die Maulkorbgesetze eine blühende Subkultur zu Wort mit politischen Witzen, verballhornten Nazi-Parolen, umgedichteten Schlagertexten usw. Diese Gesetze wurden während der gesamten Nazizeit so häufig übertreten, daß bei ihrer konsequenten Anwendung mindestens die Hälfte des deutschen Volkes – E. inbegriffen – ins Gefängnis hätte wandern müssen.

Das Weitererzählen politischer Witze gehörte in E.s Elternhaus zur geselligen Kultur, wobei die Strafandrohung nicht ernst genommen wurde, sondern allenfalls diesem Gesellschaftsspiel eine zusätzlich-prickelnde Note verlieh. Die jeweils neuesten und schärfsten politischen Witze wußte Cousine Cilly. Sie arbeitete bei einer Bielefelder Zeitung, die als ausgesprochenes »Naziblatt« galt. Andere hörte E. von Verwandten und Bekannten der Familie, von Mitschülerinnen und Jungmädelführerinnen.

Nach dem Krieg erfuhr sie, daß deutsche »Volksgenossen« einzig und allein wegen der Weitergabe eines politischen Witzes in ein Gefängnis oder ein KZ-Lager eingeliefert, in einigen Fällen sogar zum Tode verurteilt und hingerichtet worden seien. Es handelte sich dabei allerdings zumeist um Männer und Frauen, deren antifaschistische Vergangenheit bzw. Einstellung der Gestapo bekannt war und bei denen ein solcher Verstoß nur den endlich gefundenen Anlaß zur Verhaftung bot.

Gegen Ende des Krieges gab es Präzedenzurteile auch gegen »politisch unbescholtene« Arbeiter, aber nur selten gegen Angehörige bürgerlicher Kreise. Ihnen wurde ein sehr viel loseres Mundwerk zugestanden, sofern sie sich in ihrer beruflichen Position (z. B. als Offiziere der großdeutschen Wehrmacht) regierungsloyal verhielten und im nationalen, antikommunistischen und antidemokratischen Sinne genügend Übereinstimmungen mit dem NS-Regime vorhanden waren. So nahm gegen Ende des Krieges der wachsende Ärger über »u.k.« (unabkömmlich) gestellte höhere »Parteibonzen« kaum noch Rücksicht auf den »Schutz der Parteiuniform«, denn ihre Träger (»Hoheitsträger«) wurden von der Wehrmacht und auch von der Hitlerjugend respektlos »Goldfasane« genannt.

E.s erste Verstöße gegen das »Heimtückegesetz« sind untrennbar verknüpft mit einem Tag, den sie lange Jahre ihrer Kindheit und Jugend als glücklichsten ihres Lebens bezeichnete. An diesem Tag wurde von Paderborner Jungmädeln eines Sommerlagers ein bunter Nachmittag für die Dorfbevölkerung von Oerlinghausen im Lipperland veranstaltet, zu dessen Gelingen die 13jährige als eine Art »Stimmungskanone« wesentlich beitragen konnte. Außer der Begrüßung, verbindenden Zwischentexten, Akkordeonspiel und Anführung einer Polonaise war ihr die Rolle des Hofnarren im Märchenspiel zugefallen, und sie war stolz und glücklich, am darauffolgenden Tag in der »Lippischen Landeszeitung« zu lesen: »Ein kleines Jungmädel im Kostüm eines Hofnarren begrüßte die Anwesenden mit humorvollen Worten. Die Kleine löste ihre Aufgabe auch weiterhin sehr gut und eroberte sich im Fluge die Herzen der Zuschauer . . .«

Nur die Bezeichnungen »kleines Jungmädel« und »Kleine« erregten ihren Ärger, weil sie bereits 13 Jahre und JM-Schafts-Führerin war. In der Rolle des Hofnarren fühlte sie sich zu respektlosen Äußerungen gegenüber der Obrigkeit geradezu verpflichtet. Daher erlaubte sie sich bei der Einführung in das Märchenspiel, den »König«, ein ziemlich rundliches Mädchen, ohne Namensnennung, aber für jedermann verständlich, mit Göring zu vergleichen, der immer dicker würde, außerdem eitel und prachtliebend sei und sich besonders gerne mit Orden, Sternen und anderem »Lametta« behänge. Damit diese Charakterisierung auch zutraf, bestand sie auf zusätzlicher »Ausstopfung«, versah die von der Herbergsmutter ausgeliehene rote Plüschdecke mit Orden aus Blechdeckeln, Kreppapier, Knöpfen und allerhand Flitterkram und klebte sogar einen Stern auf das königliche Hinterteil.

Da zu einem ordentlichen politischen Witz nur selten der Führer, um so häufiger jedoch der Reichspropagandaminister Goebbels gehörte, charakterisierte sie den Zeremonienmeister (unter wohlweislicher Vermeidung des Wortes »lügen«) als einen Mann mit »Köpfchen«, der so gut und so viel rede, daß er schon selbst nicht mehr wisse, was davon richtig und falsch sei, und eroberte sich tatsächlich – nicht zuletzt mit solchen Bemerkungen – »im Fluge die Herzen der Zuschauer«.

Die meisten politischen Witze befaßten sich mit Göring und Goebbels, wie z. B. der folgende: »Göring besucht Westfalen und steht plötzlich vor dem Denkmal Hermann des

Cheruskers im Teutoburger Wald. Die Auskunft, das sei das Hermannsdenkmal, kommentiert er geschmeichelt: ›Das war aber wirklich nicht nötig.‹«

»Nach siegreich beendetem Krieg läßt er sich zum ›Weltminister‹ ausrufen, worauf der leer ausgegangene Goebbels dann wenigstens zum ›Halbweltminister‹ ernannt werden will«, usw., usw.

Begrüßungsformeln wie »Heil Hitler! Ich komme direkt von der Partei. Ich wollte die Gesinnung prüfen«, sowie die Aufwertung banaler, aber erfreulicher Ereignisse mit der Floskel »Es ist mir ein innerer Reichsparteitag« waren in der Hitlerjugend üblich. Nachdem die NSV beauftragt worden war, mit Küchenabfällen Schweine durchzufüttern, erzielte E. gelegentlich mit folgender Begrüßung einen Lacherfolg: »Heil Hitler! Ich komme von der NSV. Ich wollte Äppelschalen abholen für die Schweine von der Partei.« Diese und andere politische Zweideutigkeiten waren von E. keineswegs so gemeint, wie sie heute klingen, sondern beruhten auf Geltungsdrang sowie Freude an gut ausgedachten Pointen, wenngleich eine in der HJ verbreitete Verachtung von »Parteibonzen« dabei auch mitgespielt haben mag.

Der Hitlergruß wurde im offiziellen Schriftverkehr, auf Ämtern und in Parteiorganisationen verlangt, war in Familie und Bekanntenkreis hingegen unangebracht und wurde bei privaten Begrüßungen unter JM-Führerinnen meist durch ein »Heil Inge« oder »Heil Anneliese« ersetzt. Paderborner Geschäftsleute und Verkäuferinnen warteten den Gruß der Kunden ab und antworteten entsprechend, in der Regel »Guten Tag«, selten »Heil Hitler«. Manche Lehrer verstanden es, den ihnen zu Beginn des Unterrichtes abverlangten Hitlergruß durch besondere Betonung zu ironisieren oder auch mit direkt folgenden beiläufigen Bemerkungen wie unabsichtlich zu entwerten (Heil Hitler, wo waren wir stehengeblieben?), so daß jeder merkte, ob sie »dafür« oder »dagegen« waren.

Nach 1945 mußte E. sich bei Bewerbungsschreiben und in amtlichen Briefwechseln mit ihr völlig ungewohnten und zutiefst unsympathischen Floskeln wie »Hochachtungsvoll«, »Mit vorzüglicher Hochachtung«, »Ihre sehr ergebene« usw. auseinandersetzen. Sie vermißte eine Zeitlang den Hitlergruß – oder doch wenigstens seine während des Dritten Reiches häufig angewandte elegante Vermeidung »Mit deutschem Gruß« –, wenn auch nur, weil er so einfach und immer richtig gewesen war.

Von einer Atmosphäre des gegenseitigen Mißtrauens, der Angst vor Denunzianten, der Ungewißheit, welche Witze und Slogans man sich vor wessen Ohren erlauben durfte oder besser verschwieg, merkte E. wenig. Es gab zwar so eine vage Warnung, sich vor völlig Unbekannten allzu freizügig zu äußern, aber sie blieb gegenstandslos, da es damals ebenso wie heute unüblich war, im Wartezimmer eines Arztes oder in der Straßenbahn völlig fremden Leuten Witze zu erzählen oder seine politische Meinung zu verkünden. Im Verwandten- und Bekanntenkreis, in der Führerinnengruppe des Jungmädelbundes, im BDM und natürlich in der Schulklasse galt diese Warnung nicht, und so hatte E. keine Bedenken, in einer »Witzeerzählstunde«, die sich kurz vor dem Abitur ergab, folgende politische Witze zu erzählen, die sogar vor der Person des Führers nicht haltmachten: »Hitler, Göring und Goebbels beschließen, dem Herrgott ein Telegramm zu schicken, und beraten über die Anrede. Vorschläge wie ›Die Hohen – dem Allerhöchsten‹ oder ›Die Mächtigen – dem Allermächtigsten‹ werden als zu devot verworfen. Schließlich einigt man sich auf ›Wir – Dir‹ und erhält die Antwort ›Ihr – Mich‹.«

»Ein Junge fragt in der Straßenbahn seine Mutter: ›Mami, was ist das da vorne für ein Mann?‹ ›Das ist der Führer.‹ ›Ach, ist das der Mann, wo Papa immer so auf schimpft?‹ Betretenes Schweigen. Darauf sagt ein anderer Junge zu seiner Mutter: ›Mami, ist der Junge aber dumm. Der weiß noch nich mal, daß man das nich sagen darf!‹«

»Hitler, Göring und Goebbels fahren auf der Landstraße einen Hund tot. Das ist ihnen peinlich, und sie schicken Goebbels los, den Bauern zu beruhigen, weil der sich am besten auf Propaganda versteht. Goebbels kommt schon nach kurzer Zeit mit Würsten und Schinken beladen und in freundschaftlichster Weise verabschiedet aus dem Bauernhaus zu den hinter einer Straßenecke Wartenden zurück. Fragen Hitler und Göring: ›Wie hast du es ihm denn gesagt?‹ Meint Goebbels: ›Das war ganz einfach. Ich habe nur gesagt: Heil Hitler, der Hund ist tot!‹«

Auch dieser Witz war damals von E. keineswegs so gemeint, wie er heute klingt. Ein tatsächlicher Vergleich des verehrten und geliebten Führers mit einer gemeinen, charakterlosen Kreatur lag ihr völlig fern. Sie schlug die Pointe voll und ganz dem raffinierten Goebbels zu, dem es mit einer bewußten Zweideutigkeit gelingt, selbst einen entschiedenen Regimegegner zur Unterstützung seiner Führungsmannschaft zu veranlassen.

Der Klassenlehrer mit dem Parteiabzeichen sah das wohl anders. Offensichtlich irritiert über das allgemeine Gelächter, beendete er nach diesem Witz die Erzählstunde, um zur Tagesordnung überzugehen.

Insgesamt wurden E. während der Zeit des Dritten Reiches vier Personen bekannt, die wegen eines Verstoßes gegen die Maulkorbgesetze bestraft wurden.

Die erste war Tante Lina, die älteste Schwester der Mutter, eine unverheiratete Hauswirtschaftsleiterin und in der Familie gefürchtet, weil sie gewohnheitsmäßig über abwesende Verwandte und Bekannte herzuziehen pflegte. E.s Mutter nannte sie insgeheim nur »das Schandmaul«. Tante Lina vertrat eine rigorose Moral und einen ausgesprochenen Standesdünkel. An der Spitze des Staates einen Mann zu wissen, der »von nichts« herkam und nicht einmal studiert hatte, war ihr unerträglich, und so bezeichnete sie den ersten Reichspräsidenten der Weimarer Republik, Friedrich Ebert, zeit ihres Lebens verachtungsvoll als »den Sattler« und – im Familienkreis – den Reichskanzler und Reichspräsidenten des Dritten Reiches, Adolf Hitler, ausschließlich als »Anstreicher«, »Emporkömmling« oder »Parvenu«.

Die Begriffe »Volksgenosse« und »Volksgemeinschaft« wußte sie auf eine unnachahmlich-verachtungsvolle Weise »auszuspucken«. Als ihr auf einem Betriebsfest der von ihr geleiteten Volksküche an einem 1. Mai eine Tischgemeinschaft mit ihren Küchenhilfen nahegelegt wurde, platzte ihr der Kragen über diese Zumutung in so beleidigender Weise, daß sie mit der im »Gesetz zur Ordnung der nationalen Arbeit« vom 20. Januar 1934 eingeführten »sozialen Ehrengerichtsbarkeit« in Konflikt geriet. Darin hieß es in Paragraph 36: »Gröbliche Verletzungen der durch die Betriebsgemeinschaft begründeten sozialen Pflichten werden als Verstöße gegen die soziale Ehre von den Ehrengerichten gesühnt. Derartige Verstöße liegen vor, wenn Unternehmer, Führer des Betriebes oder sonstige Aufsichtspersonen unter Mißbrauch ihrer Machtstellung im Betrieb böswillig die Arbeitskraft der Angehörigen der Gefolgschaft ausnutzen oder ihre Ehre kränken.« Nachdem sich Tante Lina bei den Beleidigten öffentlich – wenn auch zähneknirschend – entschuldigt und Besserung gelobt hatte, endete das Verfahren mit einer Verwarnung. Ihr zweiter Konflikt mit dem NS-Staat verlief weniger glimpflich und brachte ihr eine empfindliche Geldstrafe von 500 RM ein, an der sie lange zu bezahlen hatte. Hintergrund dieses Konfliktes waren gewisse Liberalisierungstendenzen im Ehe- und Familienrecht, die von der NS-Regierung eingeführt wurden und das Mißfallen der katholischen Kirche erregten. Hatte diese die Verschärfung des Paragraphen 218, die propagandistische Aufwertung der Mutterschaft, die Ächtung des Gebrauchs von Verhütungsmitteln usw. als »Kampf gegen die Unmoral« honoriert, weil die Unterdrückung weiblicher Sexualität voll und ganz katholischen Moralvorstellungen entsprach, so mißbilligte sie – und mit ihr Tante Lina – die Einführung des Zerrüttungsprinzips im Scheidungsrecht, die Gleichstellung des unehelichen Kindes und die offiziell vorgeschriebene Anrede »Frau« für eine ledige Mutter.

Tante Lina, die für ihre Person zeitlebens auf der Anrede »Fräulein« bestand, weigerte sich, eine ledige Mutter als Frau zu bezeichnen, und wenn sich das nicht vermeiden ließ, benutzte sie diese Anrede mit eindeutig diskriminierender Betonung – eine Praxis, mit der man auch im katholischen Paderborn auf die »unmoralische Aufwertung unehelicher Mutterschaft« zu reagieren pflegte.

Während des Krieges gab es die Möglichkeit einer standesamtlichen (von der Kirche nicht anerkannten) Kriegstrauung mit einem bereits gefallenen Soldaten, sofern dessen Vaterschaft an einem erwarteten oder bereits geborenen Kind glaubhaft gemacht oder gar eine Verlobung nachgewiesen werden konnte. Eine Regelung, nach der es ein »Fräulein« durch einen unmoralischen Lebenswandel nicht nur zur »Frau«, sondern sogar zum geachteten Stand einer »Kriegerwitwe« bringen konnte, empörte Tante Lina zutiefst.

Irgendwann begegnete ihr eine Kriegerwitwe der beschriebenen Kategorie, die nicht einmal den zurückgezogenen, ehrbaren Lebenswandel einer »einmalig Gefallenen« führte – wie sie voller Entrüstung der Schwester berichtete. Sie bezeichnete die Betreffende als »Hure«, wurde von der selbstbewußten jungen Frau angezeigt und verurteilt, weil sie »die Ehre einer Kriegerwitwe in den Schmutz gezogen habe«. Dieses Urteil berechtigte die Tante, sich nach dem Krieg als Opfer einer politischen Denunziation zu bezeichnen. Die erste CDU-Regierung der Bundesrepublik machte die »sittenwidrigen« Bestimmungen des NS-Familienrechts im übrigen sofort rückgängig.

Als sich Tante Lina nach dem Krieg aber mit Devisenschmuggel zugunsten ihrer nach Belgien emigrierten Schwester Ine brüstete und zu einer Art Widerstandskämpferin hochstilisierte, bestritt Tante Ine ihre Mitwirkung bei solchen Transaktionen energisch und vehement. Sie hatte nicht vergessen, daß die sittenstrenge Hauswirtschaftsleiterin 1933 den Zeitpunkt für richtig gehalten hatte, die Schwester zur Scheidung von »dem Juden« aufzufordern.

Für E. entlarvte sich die rigorose, gleichwohl doppelte Moral der Tante Lina endgültig in den fünfziger Jahren, als eine ledige Cousine ein Kind erwartete und dieses tapfer zur Welt brachte, obwohl das damals noch ein ziemlicher Skandal war. Der kurze und knappe Kommentar der streng katholischen Tante lautete: »Warum hat sie es sich nicht wegmachen lassen?«

Die zweite E. bekannte Person, die wegen eines Verstoßes gegen die Maulkorbgesetze bestraft wurde, war ein ehemaliger Spielkamerad, der als junger Soldat wegen abfälliger Äußerungen über den Führer »in den Bau« gekommen war, wie seine Mutter eines Tages verstört und verzweifelt berichtete, nicht ohne gleichzeitig entschieden zu bestreiten, daß ihr Sohn »so« wäre. Er habe nur irgendwas nachgequatscht, weil er besoffen gewesen sei. E.s Mutter, die zu diesem Zeitpunkt bereits ihre Söhne verloren hatte, versuchte sie zu trösten und meinte seufzend, daß er aus dem Bau ja auch wieder rauskommen würde. Im Sommer 1945, als noch kaum ein deutscher Soldat aus der Kriegsgefangenschaft entlassen worden war, traf E. ihn in den Trümmern der Stadt Paderborn. Sie fragte ihn nicht, wie lange er denn »im Bau« gesessen habe, weil sie nicht sicher war, ob er diesen Aufenthalt als ehrenvoll oder als eine Schande ansah, über die man lieber nicht sprechen sollte.

Der dritte Fall betraf einen der Mutter bekannten katholischen Geistlichen, der – nach ihren Aussagen – »den Mund immer sehr voll genommen habe«. Eines Tages begegnete er ihr auf der Straße in Begleitung zweier Herren, zwischen denen er – wie sie berichtete – »ganz klein und bescheiden« einhergegangen sei. Sie sagte das keineswegs beunruhigt, eher ein wenig amüsiert, weil sie sicher war, daß ihm nichts passieren und er nach wenigen Tagen Haft seine geistliche Tätigkeit wiederaufnehmen würde. Mit dieser Vermutung hatte sie sich nicht getäuscht.

Die vierte E. bekannte Person, die wegen eines Verstoßes gegen die Maulkorbgesetze in Schwierigkeiten geriet, war eine ehemalige Klassenkameradin, die im letzten Kriegsjahr verhaftet wurde und einige Monate im Bielefelder Gefängnis zubringen mußte. Dieser Fall schockierte E. einigermaßen, weil sie es bis dahin für völlig ausgeschlossen gehalten hatte, daß ein junges Mädchen aus guter Familie einfach verhaftet werden konnte.

Ilda hatte schon als Kind in der Schule und im Jungmädelbund mit Erfolg das »Enfant terrible« gespielt und manche Lehrer, Lehrerinnen und JM-Führerinnen zur Verzweiflung gebracht. Als Zwölfjährige wurde sie aus einem Sommerlager der Hitlerjugend nach Hause geschickt, weil sie Zigaretten geraucht und auch andere Mädchen zum Rauchen verführt hatte, was im Paderborn jener Jahre allgemein als Zeichen »sittlicher Verwahrlosung« galt. Als Oberschülerin fiel sie durch den Gebrauch von Lippenstift und (blutrotem) Nagellack aus dem Rahmen, ließ es – gespielt oder echt – an Ehrfurcht vor »ewigen Werten« jeglicher Art fehlen und wußte mit frivolen Sprüchen eine Aura »früher Verworfenheit« um sich zu verbreiten, so daß man ihr »Erfahrungen« zutraute, die für eine Oberschülerin aus gutbürgerlichen Kreisen damals nicht üblich waren.

Auch die politischen Verhältnisse blieben nicht von ihrem losen Mundwerk verschont: E. erinnert sich aus der gemeinsamen Schulzeit an zahlreiche, fast gewohnheitsmäßige »Verstöße« Ildas gegen die »Heimtückegesetze«. Ihre Abneigung gegenüber dem NS-Staat beruhte wohl weniger auf dezidiert politischen Überzeugungen als auf ihrer Persönlichkeit, die sich jeglicher »Gleichschaltung« verweigerte. Trotzdem oder auch gerade deswegen war sie in der Klasse beliebt, da sie immer für Stimmung sorgte und mit einem prickelnden Hauch amoralischer Aufsässigkeit Leben und Spannung in die provinzielle Atmosphäre brachte.

Ilda wurde im letzten Kriegsjahr verhaftet, als die Klasse längst in alle Winde zerstreut war. Obwohl E. keinen Augenblick für Leib und Leben der ehemaligen Mitschülerin fürchtete, stellte sie sich einen Aufenthalt in einem Gefängnis nicht besonders angenehm vor und bedauerte sie aufrichtig. Wahrscheinlich – so dachte sie – hatte Ilda jene Warnung, vor fremden Leuten die Zunge zu hüten, allzu leichtfertig außer acht gelassen und es wirklich »zu weit getrieben«.

Das Gerücht

In einer Diktatur wird die Opposition in den Untergrund verbannt. Widerstandsformen aus dem Untergrund müssen das Licht scheuen. Die Propaganda der Herrschenden hat es leicht, sie in Verruf zu bringen: Erzwungene Heimlichkeit wird als Heimtücke und Bosheit ausgelegt, Wahrheit als üble Nachrede und Greuelhetze abgetan. Die NS-Propaganda verstand es meisterhaft, jeglicher Opposition eine Atmosphäre anzuhängen, die im folgenden bildhaft beschrieben werden soll:

Das Dritte Reich ist die Verkörperung der jahrhundertelangen Sehnsucht nach »Einigkeit und Recht und Freiheit für das deutsche Vaterland«. Darum braucht das Dritte Reich nur eine Partei, einen Führer, eine Gesinnung. Wer nicht dieser Gesinnung ist, ist gesinnungslos. Wer seine gesinnungslose Gesinnung äußert, ist ein »Meckerer« und »Miesmacher«.

Meckerer und Miesmacher schließen Türen und Festerläden vor dem Sturm der Geschichte, kochen ihr Süppchen auf kleiner Flamme, klammern sich an das Glück im Winkel. Unfähig, ihre Herzen und Hirne der mythischen Volksgemeinschaft zu öffnen, bleiben sie Gefangene des eigenen, kleinen Ich. Sie blinzeln mit geschwärzten Gläsern in die Sonne und bemerken nur die Sonnenflecken. Sie sehen die Bäume, aber nicht den Wald, erkennen die Teile, aber nicht das Ganze, verstehen die Worte, aber nicht den Sinn. Ihre Gefühle sind schwach und kleinmütig, ihre Sorgen kläglich und kleinbürgerlich. Zur Treue fehlt ihnen die Selbstachtung, zum Vertrauen die Reinheit des Herzens, zum Glauben die Kraft, zur Hoffnung die Kühnheit, zur Liebe die Ehrfurcht und die Opferbereitschaft. Sie sprechen mit gesenkter Stimme und heiserem Flüstern, scheuen den offenen Blick, den aufrechten Gang. Sie vermeiden die breiten Straßen, das geöffnete Portal, die Plätze im Sonnenlicht und bevorzugen statt dessen die Hintertreppe, den Dienstboteneingang, die Feuerleiter.

Meckerer und Miesmacher sind nicht ungefährlich: Sie gleichen stumpfen Sandkörnern, die das Getriebe aufhalten, sickernden Wassertropfen, die feste Mauern zerstören, blinden Maulwürfen, die Deiche unterwühlen, farblosen Termiten, die himmelstürmende Bauwerke zum Einsturz bringen. Sie verstehen sich auf Tarnung, führen Böses im harmlosen Schilde, schießen Pfeile aus dem Hinterhalt, träufeln heimlich Gift in offene Wunden. Sie säen Mißtrauen und Zwietracht, böswillig und hinterlistig, weil sie alles das hassen, was ihre kläglichen, kleinmütigen, schwachen Gefühle übersteigt.

Das meiste von dem, was E. während des Dritten Reiches an Kritik zu Ohren kam, ließ sich relativ leicht als »Meckern« und Miesmachen« abtun, da es kaum über politischen Klatsch und Tratsch hinausging. Es betraf so gut wie ausschließlich Korruptionsfälle und unmoralischen Lebenswandel hoher Parteifunktionäre sowie Drückebergerei vor Wehrdienst und Fronteinsatz. Außerdem nahmen Stilwidrigkeiten und Geschmacklosigkeiten exponierter Kulturträger einen breiten Raum ein.

E. bezweifelte solche Informationen nicht, vermochte ihnen jedoch keine grundsätzliche Kritik am NS-Staat zu entnehmen. Unzulängliche Vertreter der NSDAP konnte man nicht mit der reinen Lehre der nationalsozialistischen Weltanschauung gleichsetzen. Die (»hämische«) Weitergabe solcher Klatschgeschichten zeugte – ihrer Ansicht nach – von »niedriger Gesinnung«.

Der zäh und unablässig geführte Kampf der katholischen Kirche um katholische Vereine und Jugendgruppen erschien ihr als Sabotage der vom NS-Programm erhobenen »Überwindung der konfessionellen Spaltung«; den Widerstand gegen den staatlich geforderten gemeinsamen Unterricht von evangelischen und katholischen Kindern, von der Kirche als »Ideal des freisinnigen Liberalismus und gottlosen Marxismus« verteufelt, hielt sie für schlichtweg reaktionär.

Im übrigen ließ sie sich auch nicht sonderlich durch die öffentliche Diffamierungskampagne gegen angeblich devisenschiebende katholische Geistliche und der Homosexualität verfallene Klosterbrüder beeinflussen, die man ebenfalls nicht mit der Kirche gleichsetzen konnte.

Eine weitere, bis Kriegsende unerschöpfliche Quelle für die »subversive« Tätigkeit von Meckerern und Miesmachern waren Unmut und Ärger über kriegsbedingte Entbehrungen. Da wurde geschimpft über die Rationierung von Lebensmitteln, Textilwaren und Benzin, über Versorgungsschwierigkeiten und Engpässe sowie nachlassende Qualität bei Konsumgütern, lästige Sammelaktionen, Ausfall von Dienstboten, Beschlagnahmungen von Möbeln und Wohnraum zugunsten von Ausgebombten und Evakuierten, Dienstverpflichtungen usw.

In E.s Elternhaus wurden solche Beeinträchtigungen des Lebensstandards klaglos und selbstverständlich hingenommen. Wer sich darüber empörte, ließ sich unschwer jener kläglichen und kleinbürgerlichen Gegenwelt zuordnen, die ihr »Glück im Winkel« über alles stellte. Gegen die »Ausschaltung der Juden aus der deutschen Gesellschaft« und gegen die offizielle Version des »dem deutschen Volk von internationalen Kriegstreibern aufgezwungenen Krieges« hörte E. bis 1945 kein Sterbenswörtchen.

In Kriegszeiten wurde der Kampf um die »Einheit von Volk und Führung« mit härterer Gangart geführt. Die eher harmlosen »Meckerer und Miesmacher« und auch die »Querulanten«, »Störenfriede« und »Ewiggestrigen« verschwanden mehr und mehr aus dem Vokabular der Propaganda zugunsten von »Gesinnungslumpen«, »Volksschädlingen«, »Volksfeinden« und »Vaterlandsverrätern«. Die Anklagen lauteten: »Feindbegünstigung«, »Hoch- und Landesverrat«, »Wehrkraftzersetzung« und »Gerüchteverbreitung«.

Straftatbestände wie Feindbegünstigung und Hoch- und Landesverrat überstiegen E.s Vorstellungsvermögen. Eine Übertretung des Verbotes der Wehrkraftzersetzung war zumindest denkbar, konnte versehentlich oder fahrlässig geschehen, so z. B., wenn man in Briefen an die Front die Folgen des Bombenterrors allzu drastisch schilderte oder Zweifel am Endsieg äußerte, auch wenn man ihn mit allen Fasern des Herzens herbeisehnte.

Das Wort »Gerücht« bekam für E. nicht erst durch die NS-Propaganda einen Beiklang von Hintertreppe und Heimtücke. Äußerstes Mißtrauen gegenüber »Gerüchten« war ihr bereits seit Kindertagen durch folgende mütterliche Spruchweisheit vermittelt worden, deren Aussage keineswegs dadurch verlorenging, daß das Kind aus eigener Erfahrung die Schmackhaftigkeit eines Hasenbratens sehr wohl zu schätzen wußte: »Hasenbraten ist ein gutes Essen! Ich habe zwar selbst noch keinen gegessen, aber ich hab' mal einen gekannt, der war mit einem verwandt, der hat mal neben einem gesessen, der hat mal einen sehen Hasenbraten essen.«

E.s Vater verkörperte so sehr den Typ des »weltfremden Gelehrten«, daß er weitgehend von Gerüchten verschont blieb. Nur manchmal beklagte er sich fast verzweifelt über Kollegen, die »an *allem* etwas auszusetzen hatten«. Die Mutter begegnete Gerüchten kühl und unterlag niemals der Versuchung, sie weiterzugeben, da ihr »Klatsch und Tratsch« zuwider waren. Von unvorstellbaren Greueln, die nur durch Gerüchte bekannt und verbreitet werden konnten, ahnten sie nichts, und so hielt auch E. Gerüchte für eine fragwürdige und unseriöse Informationsquelle.

Bis zum September 1939 gab es kein Verbot, ausländische Sender zu hören. Die Radiomodelle des Dritten Reiches verzeichneten – mit Ausnahme der nur mit einer Nummernskala versehenen Volksempfänger – auf ihren erleuchteten Wählscheiben die Namen aller erreichbaren Sendestationen, einschließlich Moskau, die Rundfunkzeitschriften enthielten neben dem Programm der elf deutschen Sender die von etwa 30 Rundfunksendern jenseits der Grenzen des Deutschen Reiches. E.s Vater pflegte klassische Musik quer durch alle Wellenlängen zu hören und ließ sich auch während der Kriegsjahre nicht davon abbringen.

Mit dem Beginn der Kampfhandlungen in Polen wurde das »Abhören von Feindsendern« unter Strafe gestellt. Die Propaganda bekämpfte wütend die »Gerüchteküche« des Londoner Rundfunks, dessen Aufgabe es sei, Zwietracht zwischen Volk und Führung zu säen, die Wehrkraft der Front und die Moral der Heimatfront zu untergraben und jenen »Dolchstoß« noch einmal herbeizuführen, der schon im Ersten Weltkrieg die deutschen Soldaten um den verdienten Sieg gebracht habe. Auch E. war davon überzeugt, daß das

»Sprachrohr der englischen Kriegstreiber« ausschließlich böswillige Feindpropaganda und »Greuelhetze« verbreitete, fühlte sich jedoch, als überzeugte Nationalsozialistin, nicht von jenem Verbot betroffen. Wenn sie trotzdem nur selten den Nachrichten des Londoner Rundfunks lauschte, so lag es an diesen Nachrichten selber, die sich nur an Gegner des NS-Staates richteten.

E. fühlte sich bereits durch den als »gehässig« empfundenen Tonfall abgestoßen, mehr noch, daß ihre an den Fronten kämpfenden Brüder, Freunde und Kameraden niemals »deutsche Soldaten«, sondern »Barbaren«, »Hunnen«, bestenfalls »Nazis« genannt wurden. Abgesehen davon, daß der Begriff »Nazi« im Dritten Reich als böswillige Abkürzung galt, schien ihr die Gleichsetzung deutscher Soldaten mit der NSDAP unzutreffend. Deutsche Soldaten kämpften für Deutschland. Daß es sich bei diesem Deutschland um ein nationalsozialistisches Deutschland handelte, wurde im Laufe des Krieges immer unwichtiger.

Andere Sendungen versuchten Ärger über kriegsbedingte Versorgungsschwierigkeiten des deutschen Volkes zu schüren und kündigten weitere, schwerwiegendere an. Das konnte E. nicht erschüttern, da die Soldaten an der Front weit schlimmere Entbehrungen auf sich nehmen mußten. Triumphierende Meldungen über erfolgreiche Bombenangriffe gegen die Zivilbevölkerung erschienen ihr zynisch und widerlich.

Natürlich wußte E., daß der deutsche Wehrmachtsbericht die Lage an den Fronten beschönigte, und es wunderte sie nicht, daß Meldungen von den Kriegsschauplätzen im Londoner Rundfunk ungünstiger klangen. Das war Propaganda, die sie von beiden Seiten für berechtigt hielt und die sich im übrigen gegenseitig aufhob.

Daß gegen Ende des Krieges die sich häufenden »geordneten Rückzüge in vorbereitete Auffangstellungen« und die »aus strategischen Gründen notwendigen Frontbegradigungen« des deutschen Wehrmachtsberichtes nur mühsam verzweifelte Situationen kaschierten, verstand auch E., und sie wunderte sich nicht, wenn der Londoner Rundfunk von »vernichtenden Niederlagen« sprach und verlorengegangene Gebiete und aufgegebene Festungen und Brückenköpfe jeweils Stunden oder auch Tage vorher bekanntgab, ehe sie im Wehrmachtsbericht zugegeben wurden. Das bestätigte ihre Ansicht, daß sich wirklich wichtige Ereignisse und Vorgänge allenfalls vorübergehend verheimlichen ließen.

An Berichte des Londoner Rundfunks aus deutschen Konzentrationslagern und Vernichtungslagern erinnert E. sich nicht, hätte sie damals wohl auch empört als »Greuelhetze« abgetan. Da sie sich nur sehr sporadisch des »Abhörens von Feindsendern« schuldig gemacht hat, kann sie nicht beurteilen, ob solche Meldungen jemals ausgestrahlt worden sind. (Nach ihr heute vorliegenden Informationen gab es sie nicht.)

Das Pausenzeichen des Londoner Rundfunks – ein dumpfes »Pum-pum-pum-pummm« – wurde von der NS-Propaganda wirkungsvoll mit einer Grafik von A. Paul Weber illustriert: Vor einem Mikrofon hockt ein Gerippe auf einer riesigen Pauke und bearbeitet diese mit einem Knochenschlegel.

Nach dem Krieg erfuhr E., daß diese Zeichnung dem 1932 erschienenen Pamphlet von Ernst Niekisch »Hitler – ein deutsches Verhängnis« entstammte, das sie in einem Antiquariat fand.

Niekisch bestreitet in dieser zutiefst antidemokratischen Schrift die Eignung Hitlers zur Einigung der in vielen Gruppen und Grüppchen zersplitterten deutsch-völkischen Bewegung. Seine Argumente: dem katholischen Bohemien aus Österreich fehle es an der dazu erforderlichen preußisch-protestantischen Zucht und Ordnung. Außerdem sei er dem »Demokratismus« verfallen, da er sich bei den Massen anbiedere und um ihre Gunst buhle. Die sich als elitär verstehenden Kreise um die von Niekisch herausgegebene Zeitschrift »Widerstand« (= Widerstand gegen die Demokratie), zu denen auch Alexander Mitscherlich gehörte, hielten das für überflüssig. Massen hatten zu schweigen und zu gehorchen.

Immerhin trifft auf diese Verwendung einer Weberschen Grafik die Behauptung zu, Weber sei von der NS-Propaganda mißbraucht worden, nicht aber trifft sie zu für seine ebenso rüden wie unmißverständlichen antisemitischen Karikaturen, von denen E. eine Illustration aus einem Buch ihrer »völkischen« Patentante seit Kindheitstagen unvergeßlich geblieben ist: Ein nur mit einem Stahlhelm bekleideter, ansonsten jugendstilnackter nordischer Edelmensch steht an einem Waldrand und liest versunken ein (wahrscheinlich völkisches) Buch, nicht ahnend, daß ein behaarter, geschwänzter, hämisch grinsender jüdischer Literaturkritiker ihn hinterrücks mit einem Dreizack zu durchbohren droht.

Wie E. inzwischen herausgefunden hat, handelte es sich um eine Illustration aus dem 1927 erschienenen Buch »Der Zeitgenosse« von Hjalmar Kutzleb. Tante Liesel schätzte und verehrte diesen jugendbewegten hannoverschen Studienrat vor allem als den Verfasser eines noch heute oft gesungenen Liedes: »Wir wollen zu Land ausfahren, wohl über die Fluren weit.«

Im Jahre 1943 schuf A. Paul Weber seine wohl bekannteste Grafik: »Das Gerücht«: Ein widerliches, schlangenartiges Gebilde wälzt sich durch eine finstere Straßenschlucht. Unaufhaltsam bohrt sich der weit vorgestreckte Kopf mit langer, spitzer Nase in die Dunkelheit. Riesige Augen funkeln kalt hinter kreisrunden Brillengläsern, zahlreiche weitere glotzen aus der durchlöcherten Haut des Körpers. Aufgestellte Segelohren laufen in teuflische Hörner aus. Der bis hinter die Ohrmuscheln reichende schmallippige Mund streckt eine gespaltene Zunge (!) heraus. An den langen Hals fügt sich ein wurmartiger Leib mit schwabbeligen Pseudopodien. Am hinteren Ende erweitert er sich trichterförmig und reißt in einem gespenstischen Wirbel unzählige kleine lemurenhafte Lebewesen sogartig mit sich fort, die ihm gierig – mit übergroßen Augen und Ohren der Botschaft des Gerüchtes verfallen – aus den geöffneten Fenstern der Häuserfronten entgegenhängen, zufliegen und nachtaumeln.

Die Aussage: Gerüchte sind bösartige Umweltverschmutzer, die die Atmosphäre vergiften. Der einzig wirksame Schutz gegenüber Gerüchten ist: nichts sehen, nichts hören, nichts riechen von dem, was in Form von Gerüchten verbreitet wird. Nur offizielle Informationen sind seriös.

Im Jahre 1943 wurde die sechste Armee in Stalingrad dem menschenverachtenden Größenwahn Hitlers geopfert – starben die Mitglieder der Widerstandsgruppe »Die weiße Rose« für ein besseres Deutschland – arbeiteten die Todesfabriken in den Vernichtungslagern Tag und Nacht – waren Gerüchte die einzige Hoffnung der in den Konzentrationslagern Geschundenen und Gefolterten. Im Jahre 1943 konnte das Todesröcheln im Gas erstickter jüdischer Männer, Frauen und Kinder – der Verwesungsgestank sinnlos geopferter Kämpfer für das Großdeutsche Reich – die Gebete und Flüche der in Luftschutzkellern Verschütteten und Verbrannten nur durch Gerüchte bekannt werden. Im Jahre 1943 hatten die Nazis allen Grund, Gerüchte zu fürchten.

»Das Gerücht« von A. Paul Weber erschien genau zum richtigen Zeitpunkt und wurde in Zeitungen und Zeitschriften des Reiches, in NS-Schulungsbriefen und Propagandabroschüren veröffentlicht (mißbraucht?). Die im gleichen Jahr entstandene Grafik »Der Spitzel« – ein Männlein mit spitzer Nase und riesigem Ohr, das vor einer geschlossenen Tür lauscht – fügte sich (zufällig?) nahtlos in die offizielle Warnungskampagne ein: »Achtung! Feind hört mit!«

Weber wurde im Jahre 1937 wegen seiner früheren Verbindung zu Ernst Niekisch für einige Wochen inhaftiert. Genügt das, ihn als antifaschistischen Widerstandskünstler zu bezeichnen und mit George Grosz, Otto Dix, Hans und Lea Grundig, Käthe Kollwitz und anderen auf eine Stufe zu stellen?

Obwohl diese These von der ansonsten verdienstvollen Berliner Elefanten-Press vehement vertreten wird, vermag E. dem Gerücht vom antifaschistischen Widerstandskünstler A. Paul Weber keinen Glauben zu schenken.

Hemmschwellen

Bis Kriegsende war E. der Begriff »Widerstand« nur als Größe in der Elektrizitätslehre oder im Zusammenhang mit militärischen Kampfhandlungen geläufig. Der innere Widerstand gegen das NS-Regime wurde niemals so bezeichnet und in Presse und Rundfunk nur erwähnt, wenn das durch eine Widerstandshandlung erregte öffentliche Aufsehen es verlangte, so z. B. 1938 nach dem mißglückten Attentat des Georg Elser im Münchener Bürgerbräukeller auf den Führer und nach dem Aufstand der Offiziere am 20. Juli 1944.

Die Formulierungen »Widerstand leisten« bzw. »im Widerstand sein« sowie die Begriffe »Widerstandskämpfer«, »Widerstandsgruppe« und »Widerstandsbewegung« gehören zum Nachkriegsvokabular und wurden von dem betreffenden Personenkreis während der Zeit des Dritten Reiches kaum verwendet.

Die Frage »Warum warst du nicht im Widerstand?« spiegelt die Ansicht Nachgeborener wider, daß damals jeder anständige Mensch Widerstand hätte leisten müssen. Sie provoziert in der Regel Rechtfertigungsversuche wie etwa »Man konnte als einzelner doch nichts machen! – Man lebte doch dauernd in Angst! – Sollte ich mich etwa abknallen lassen?« Solche Antworten treffen die damalige Realität kaum. Sie verschleiern die unbezweifelbare Tatsache, daß nur eine Minderheit des deutschen Volkes über die Grundvoraussetzung für Widerstand verfügte, nämlich: Einsicht in die Unmenschlichkeit des Systems.

E. leistete keinen Widerstand, weil ihr dazu bis 1945 jeglicher Anlaß zu fehlen schien, ihr Bewußtseinsstand vielmehr die bedingungslose Unterstützung der NS-Regierung verlangte. Sie kann daher auch keine menschlichen Schwächen wie Angst oder das Gefühl der Ohnmacht geltend machen.

Die Frage, ob es ihr bei entsprechenden Informationen an Mut gefehlt hätte, sich beispielsweise an Aktionen wie denen der »Weißen Rose« zu beteiligen, beschäftigt sie seit 1945. Als die ersten Prozesse gegen KZ-Wärterinnen geführt wurden, stellte sie sich lange Zeit die Frage nach dem eigenen Verhalten, sofern das Schicksal sie in ähnlicher Funktion in ein KZ-Lager verschlagen hätte.

Wie sie heute weiß, wäre eine solche Dienstverpflichtung sehr unwahrscheinlich gewesen. Das weibliche Wachpersonal der Konzentrationslager bestand fast ausschließlich aus jungen, ledigen Arbeiterinnen, die man aus den Fabrikhallen für leichte Wachtätigkeit bei gutem Verdienst und der Bereitschaft zu einem Einsatz fern der Heimat angeworben hatte. Überlebende Frauen aus Konzentrationslagern berichten, daß viele der Neuangeworbenen sehr bald wieder aus dem Lager verschwunden seien, weil sie sich nicht an die Methoden und den rüden Umgangston gewöhnen konnten und die Häftlinge zunächst ganz normal mit »bitte« und »Sie« angesprochen hätten.

E. schnitt sich damals ein Foto der 23jährigen Irma Greese aus der Zeitung, die im

Dezember 1945 im Zuchthaus von Hameln wegen grausamer Mißhandlung von Häftlingen im KZ-Lager Bergen-Belsen aufgehängt wurde: ein schönes blondes Mädchen mit ordentlichem weißen Kragen über dem hochgeschlossenen Pullover, das mit angstverdunkelten Augen kindlich-trotzig in die Kamera blickt.

Der Standardvorwurf »Warum habt ihr keinen Widerstand geleistet?« überspringt allzu unbekümmert die ungeheure Hemmschwelle, die der deutsche Widerstand vor allem in den Kriegsjahren zu überwinden hatte. Während Widerstands- und Partisanenbewegungen in den von deutschen Soldaten eroberten Ländern gegen eine verhaßte Besatzungsmacht kämpften und sich dabei der moralischen Unterstützung ihrer Landsleute sicher sein konnten, schien sich der Widerstand im Dritten Reich gegen das eigene Volk und Vaterland zu richten, nämlich gegen jene Millionen, die glaubten, in einem gerechten Krieg ihre vaterländische Pflicht zu erfüllen. Die letzte Konsequenz antifaschistischen Widerstandes in Deutschland, nämlich: »Wir müssen diesen Krieg verlieren, um die Freiheit zu gewinnen!«, bedeutete ein bewußtes Aufsichnehmen des Odiums von Verrat, Heimtücke, Dolchstoß in den Rücken der Soldaten an der Front. Sie mußte zudem vor dem Hintergrund jener bis vor einigen Jahren noch so ungemein massenwirksamen Angst vor dem Bolschewismus getroffen werden, dessen Ansturm sich das kriegführende Deutschland, stellvertretend für ganz Europa und die vom Untergang bedrohte Kultur des christlichen Abendlandes, entgegenstemmte – so jedenfalls verkündeten es Zeitungen, Rundfunk und Wochenschau, so wurde es von den Kanzeln beider christlicher Kirchen gepredigt.

Das Ziel einer militärischen Niederlage Deutschlands wurde nur von international, d. h. über die Landesgrenzen hinausdenkenden, sozialistischen und kommunistischen Widerstandskämpfern – und auch von den Mitgliedern der Münchener Studentengruppe »Die weiße Rose« – bewußt akzeptiert, während die Kirchen die Notwendigkeit eines Endsieges über den »gottlosen Kommunismus« niemals in Frage stellten.

Die Offiziere des »20. Juli«, die dazu beigetragen hatten, die Wehrmacht zu einem schlagkräftigen Instrument auszubauen, identifizierten sich weitgehend mit den imperialistischen Zielen der NS-Regierung und traten erst in Aktion, als der Krieg verlorenzugehen drohte, um durch Beseitigung des Führers zu retten, was zu retten war. Stauffenberg widersetzte sich den Attentatsplänen lange mit der Begründung: »Erst müssen wir den Krieg gewinnen.«

Der nationale Konflikt des deutschen Widerstandes mag den Fragenden heute unerheblich erscheinen; damals hemmte er das vorhandene Widerstandspotential bürgerlicher und kirchlicher Kreise entscheidend und führte bei vielen zu einer bewußten Verschiebung innenpolitischer Detailkritik auf die Zeit nach dem (siegreich beendeten) Krieg.

Außerdem war die Entschlossenheit der Westmächte, den Krieg nur mit der bedingungslosen Kapitulation Deutschlands zu beenden, seit der mißglückten Friedensintervention von Rudolf Heß im Jahre 1941, vor allem aber seit der Konferenz von Casablanca im Januar 1943 – d. h. vor jener berühmten Goebbels-Rede im Berliner Sportpalast: »Wollt ihr den totalen Krieg?« –, allgemein bekannt. Den amerikanische »Morgenthauplan« von 1944, der vorsah, das Deutsche Reich auf den Status eines unterentwickelten Agrarlandes zurückzustufen und der dabei von 10 bis 20 Millionen Toten ausging, setzte die NS-Propaganda bewußt als Schreckensperspektive ein. Die Meldungen und Wochenschau-Bildberichte aus dem vorübergehend von der Roten Armee besetzten und zurückeroberten Nemmersdorf in Ostpreußen taten ein übriges, um den Durchhaltewillen bis zum letzten Tag des Krieges aufrechtzuerhalten und bei Millionen jeden Gedanken an Widerstand im Keim zu ersticken.

Außer einer hektographierten Predigt des Bischofs von Münster, Clemens-August Graf von Galen, gegen das »Euthanasieprogramm«, d. h. die Vernichtung von »unwertem Leben«, ist E. niemals ein Flugblatt, eine illegale Schrift, ein Aufruf »aus dem Widerstand« vor Augen gekommen.

Außer kurzen Zeitungsmeldungen vom Jahre 1943 über die Hinrichtung einiger Studenten in München, außer der Berichterstattung über die Offiziere des 20. Juli 1944 ist ihr kein Hinweis auf die Existenz von Widerstandsgruppen, geschweige denn einer Widerstandsbewegung zugegangen.

Zwar mehrten sich im letzten Halbjahr des Krieges auch in E.s Umgebung die Stimmen derer, die nicht mehr an einen Endsieg glauben konnten, aber es gab niemanden, der die Niederlage gewünscht, der die drohende bedingungslose Kapitulation nicht gefürchtet und als schreckliche Katastrophe für das deutsche Volk angesehen hätte.

Gegen Ende des Krieges standen gelegentlich kurze Vollstreckungsmeldungen von Todesurteilen gegen »Volksfeinde« und »Vaterlandsverräter« (zumeist »verantwortungslose Einzelgänger«) in den Zeitungen, die sich durch »Feindbegünstigung« oder »Wehrkraftzersetzung« selbst aus der »kämpfenden Volksgemeinschaft ausgeschlossen hatten«.

Daß auf jede dieser gemeldeten Hinrichtungen ein Vielfaches an Verhaftungen der Gestapo und vollstreckten Todesurteilen in den KZ-Lagern kam, erfuhren – wenn überhaupt – nur die nächsten Angehörigen der Opfer.

Das Gros der aus politischen Gründen inhaftierten deutschen KZ-Häftlinge wurde bis Kriegsende noch immer von der klassenbewußten Arbeiterschaft und der politischen Linken gestellt. Daher verblieben solche Informationen in einem zahlenmäßig begrenzten, vorwiegend in industriellen Ballungsgebieten ansässigen Kreis von Sympathisanten, zu dem E. bis zum Ende des Dritten Reiches keinerlei Verbindungen hatte.

Meldungen über vollstreckte Todesurteile gegen »Volksfeinde« standen zudem vor dem Hintergrund des tagtäglichen »Blutzolls« der kämpfenden Truppe. Obwohl keine offiziellen Verlustmeldungen herausgegeben wurden, zeigte er sich sinnfällig auch jenen Zeitgenossen, deren eigene Familie keine Opfer zu beklagen hatte. Die privaten Todesanzeigen von gefallenen Soldaten füllten manchmal eine ganze Seite in den Lokalzeitungen. Schwarz gekleidete Mütter und junge Frauen mit dem Witwenschleier, schwarze Krawatten der Väter, Trauerflore an Kindermänteln und Uniformen waren im Straßenbild der Städte und Dörfer nicht zu übersehen.

E. kann sich an Meldungen über vollstreckte Todesurteile kaum erinnern. Nur die mit dem Fallbeil vollzogene Hinrichtung der Geschwister Scholl ist im Gedächtnis geblieben, weil auch ein Mädchen dabei war, nur wenige Jahre älter als sie.

In den letzten Jahren des Krieges reagierten wohl auch viele Männer, Frauen und Kinder, die tagtäglich mit dem Tod von Söhnen, Brüdern, Ehemännern und Vätern rechnen mußten, viele Soldaten, die glaubten, das Vaterland verteidigen zu müssen, mit Gleichgültigkeit oder sogar mit Genugtuung auf Todesurteile gegen »Volksfeinde« und »Vaterlandsverräter«, sofern sie solche Meldungen im totalen Kriegseinsatz und bei zunehmender Gefährdung des eigenen Lebens durch den Bombenterror und die näherrückende Front überhaupt zur Kenntnis nahmen.

Der Anblick knüppelschwingender Polizisten blieb E. bis 1953 erspart, als eine Hamburger Studentendemonstration gegen Fahrpreiserhöhungen durch brutalen Schlagstockeinsatz beendet wurde. Ihre Kindheits- und Jugenderinnerungen an Polizei, SA und SS beschränken sich auf singende Marschkolonnen, verkehrsregelnde Polizisten, vereinzelte Streifenbeamte, SA-Männer mit Sammelbüchsen sowie freundliche, schwitzende

Absperrungsketten bildende Uniformträger, die sich einer fähnchenschwingenden und jubelnden Masse entgegenstemmten. Niemals während des Dritten Reiches wurde in ihrer Gegenwart ein Mensch gedemütigt, geschweige denn mißhandelt – weder ein Jude noch ein deutscher »Volksgenosse«, weder ein Kriegsgefangener noch ein »Fremdarbeiter« – mit Ausnahme eines polnischen Mädchens, das – gegen ihren Einspruch – ungerecht beschimpft wurde.

E. hat in einer Gesellschaft gelebt, in der es staatlich organisierte Kundgebungen der Einigkeit, aber keine Protestdemonstrationen gab, Arbeitsfrieden, aber keine Streiks und Arbeitskämpfe, staatliche Entscheidungen, aber keine Bürgerinitiativen, die diese lautstark in Frage stellten – eine Gesellschaft, in der jene Ruhe und Ordnung herrschten, der manche ihrer Zeitgenossen noch immer mit der Bemerkung nachtrauern: »Bei Hitler hätte es das nicht gegeben!«

Phönix aus der Asche

Wenige Wochen nach dem Krieg verbreitete sich der Begriff »Widerstand« in Windeseile durch alle vier Besatzungszonen, obwohl Zeitungen und Massenmedien, Post und Bahn ihren Betrieb noch kaum wiederaufgenommen hatten.

Hunderttausende behaupteten plötzlich, während des Dritten Reiches Widerstand geleistet und ständig mit einem Beim im KZ gestanden zu haben, obwohl ihnen mit dem anderen bemerkenswerte Karrieren gelungen waren.

Gewitzte Zeitgenossen entwickelten eine geradezu erstaunliche Phantasie bei der nachträglichen antifaschistischen Sinngebung vorheriger Handlungen und Unterlassungen. Schwarzschlachtungen und Schiebungen für den eigenen Bedarf galten nun als Sabotage der Kriegswirtschaft. Der Verzehr eines Bratens am Eintopfsonntag, das Zurückweisen einer Sammelbüchse zum Winterhilfswerk, die Nichtablieferung von Küchenabfällen für die NSV und vieles andere mehr wurden als antifaschistische Heldentaten, jedes Umgehen einer lästigen Dienstverpflichtung als politisch motivierte Verweigerung ausgegeben.

Das Sich-ferngehalten-Haben von freiwilligen Hilfsdiensten, sei es nach Bombenangriffen, sei es bei der Betreuung von Verwundeten, Evakuierten und Ausgebombten, sei es im Sozialbereich, interpretierten nun auch jene als Widerstandshaltung, die entsprechende Hilfeleistungen nach dem Untergang des Dritten Reiches ebenso selbstverständlich verweigerten. Die sogenannte »Stunde Null« erwies sich zudem als einmalige Gelegenheit, berufliches und schulisches Versagen der Konkursmasse des NS-Regimes zuzuschlagen und als Folge mangelnder politischer Anpassung darzustellen, sofern nicht die Gefahr bestand, daß solche Behauptungen durch ehemalige Arbeitskollegen oder Mitschüler in Frage gestellt werden konnten.

Ähnliche Lebenslügen, allerdings mit nationalsozialistischen Vorzeichen, kennt E. aus der Zeit des Dritten Reiches. So erinnert sie sich an einen ehemaligen Handlungsgehilfen, der nach 1933 seine Stellung in einem jüdischen Warenhaus aufgrund seiner »völkischen Gesinnung« verloren haben wollte, obwohl er wegen Unterschlagung entlassen worden war.

Private Fehden mit Nachbarn, Kollegen und Verwandten ließen sich nun – sofern der Gegner zufällig Parteimitglied gewesen war – als politischer Protest interpretieren. Die im Dritten Reich recht häufigen Kompetenzstreitigkeiten zwischen verschiedenen NS-

Organisationen wurden zum Widerstand hochstilisiert, und die staunende Umwelt vernahm, wie tapfer und unerschrocken sich der Geist des Widerstandes in hohen und höchsten Gremien nicht nur umgetrieben, sondern so perfekt getarnt hatte, daß der reibungslose Ablauf gewährleistet blieb.

Die friedliche Koexistenz von loyaler Amtswahrnehmung und klammheimlichem Widerstand erhob sich 1945 strahlend wie ein Phönix aus der Asche des Dritten Reiches. Die selbsternannten Widerstandskämpfer der »Stunde Null« wußten sich so eindrucksvoll darzustellen, daß sie im öffentlichen Bewußtsein den Widerstand jener weit in den Schatten stellten, die lange »weg vom Fenster« gewesen waren und erst bei Kriegsende aus dem KZ, aus der Emigration oder aus dem Untergrund auftauchten. So konnte der Mitverfasser und Kommentator der Nürnberger Rassegesetze, Dr. Hans Maria Globke, nach Gründung der Bundesrepublik Staatssekretär Adenauers im Bundeskanzleramt, bereits in den fünfziger Jahren in Kriegsverbrecherprozessen als »Sachverständiger in Widerstandsfragen« auftreten. Auf breiter Front bestätigten »Nazis« »Nazis«, keine »Nazis« gewesen zu sein. »Nazis« denunzierten ehemalige Mitarbeiter, um von der eigenen Verstrickung abzulenken, und die Kirche verteilte großzügig Persilscheine an kleine und große irrende Schäfchen, die zum wahren Glauben zurückgefunden hatten: Da war der Rhetorikprofessor, den es in den Paderborner Raum verschlagen hatte und der lange Jahre hindurch für die Schulung von Parteirednern verantwortlich gewesen war; obwohl seine Vergangenheit bekannt war, nahmen die nach dem Krieg in das ehemalige Jesuitenkolleg der Kreisstadt Büren zurückgekehrten Patres seine Dienste vorurteilslos in Anspruch, da er sich nunmehr durch rege Teilnahme am Gottesdienst auszeichnete. Da war der Arzt, von dem es hieß, er habe die Totenscheine für die beim Umbau der nahegelegenen Wewelsburg durch Arbeit vernichteten oder nach Mißhandlungen verstorbenen Zeugen Jehovas ausgestellt. E. erinnert sich noch gut an den würdigen älteren Herrn, der durch besonders »verinnerlichten« Empfang der heiligen Kommunion im sonntäglichen, gutbesuchten Hochamt der Jesuitenkirche auffiel. Da war der ehemalige Kollege des Vaters, der es in den Vorkriegsjahren zutiefst bedauert hatte, sich »nicht früh genug umgestellt« und an der 1933er Eintrittswelle in die NSDAP beteiligt zu haben. Jahrelang bemühte er sich vergeblich um Aufnahme in die Partei, da sein Opportunismus allzu offenkundig war; und als ihm die Mitgliedschaft endlich gewährt wurde, war die mit ihrer Hilfe angestrebte Karriere schon durch einen auswärtigen Konkurrenten verstopft. Diesen Fehler wollte er wohl nicht noch einmal machen. E. sah ihn bei Fronleichnamsprozessionen der Nachkriegsjahre demonstrativ und an exponierter Stelle des Zuges das Kreuz tragen.

Geschichten aus dem klammheimlichen Widerstand ließen sich um so weniger nachprüfen, je weiter sich die Betreffenden von ihrem bisherigen Wirkungskreis entfernt hatten. So gab es unter den Millionen aus den ehemaligen Ostgebieten Vertriebenen zunächst überhaupt keine Parteigenossen, sondern ausschließlich Männer und Frauen, die immer schon »dagegen« gewesen waren. Mörder und Handlanger von Mördern sowie höhere Funktionäre hatten sich wohlweislich Entlassungspapiere besorgt, die auf andere Namen lauteten, und bekannten sich zu ihrer wahren Identität erst, als die »Entnazifizierung« lange vorbei war und schon wieder die Mitgliedschaft in der KPD und nicht die in der NSDAP zu Berufsverboten führte.

Die zeitliche Distanz schuf ein günstiges Klima für eine geradezu wundersame Widerstandsvermehrung, da eine zunehmende Mobilität und Umstrukturierung die bisherige Lebensumwelt zerstört hatte und damit auch ihre Kontrollfunktion gegenüber allzu blühenden Widerstandsgeschichten.

Seit einigen Jahren etabliert sich vor allem in der Frauenforschung die Methode der sogenannten »Oral history«. E. wundert sich nicht, daß sie vorwiegend Widerstandsprotokolle ergibt, auch wenn sich die Überzeugung der Fragenden, damals habe jeder anständige Mensch, insbesondere jede Frau, in irgendeiner Weise gegen das NS (Männer-)Regime protestiert, nicht immer so naiv in Suggestionsfragen ausdrückt wie: »In welcher Form haben Sie Widerstand geleistet?« Wenn der so Befragten dann immer noch nichts einfällt, ist sie keineswegs selber schuld. Es folgt ein breites Angebot von Widerstandsformen, die selbst für E. hoffnungsvolle Perspektiven eröffnen, vielleicht doch klammheimlich dem klammheimlichen Widerstand angehört zu haben. So wird z. B. das normale Interesse jeden Arbeitnehmers bzw. jeder Arbeitnehmerin, die eigene Arbeitskraft so weit wie möglich zu erhalten und es sich bei fremdbestimmter Arbeit so bequem wie möglich zu machen, für die Nazizeit zur Sabotage der Friedens- bzw. Kriegswirtschaft erklärt. Arbeitsbummelei, unberechtigtes Krankfeiern, Gleichgültigkeit gegenüber dem Produzieren von Ausschuß, Abzweigungen von Material und Lebensmitteln für den Bedarf der Familie, Unpünktlichkeit usw. erhalten nachträglich eine Widerstandsgloriole und erweitern den Kreis der heimlichen Widerstandskämpferinnen ins unermeßliche.

Protokolle der »Oral history« zeichnen sich häufig durch erhebliche historische Fehler aus, die von den Fragenden nicht korrigiert werden, weil es ihnen an Detailkenntnissen über die Zeit des Dritten Reiches fehlt. Von vielen sich Erinnernden wird beispielsweise die erst 1941 erfolgte Einführung des Judensterns in Deutschland wesentlich, oft sogar bis in das Jahr 1933, zurückverlegt, ein Irrtum, der – ebenso wie andere historische Irrtümer – keineswegs eine bewußte Lüge zu sein braucht. E. »erinnerte« sich lange Jahre daran, ihre ehemalige jüdische Mitschülerin mit Judenstern gesehen zu haben, obwohl diese, wie sie heute weiß, bereits 1939 mit ihrer Familie ausgewandert ist. Auch andere innen- und außenpolitische Ereignisse bzw. die dazugehörigen eigenen Erlebnisse datieren die Befragten oft ungenau, was nach so langen Jahren verständlich ist, aber zu falschen Schlüssen führt, die zumindest in einem Kommentar berichtigt werden müßten.

Manchmal ist E. es leid, damals ganz allein gejubelt zu haben, und entwirft auch für sich eine Widerstandsakte:

Vor 1933 versuchte die Siebenjährige, die drohende Machtergreifung der Nazis durch Vernichtung von NS-Propagandamaterial zu verhindern.

Als Grundschülerin teilte sie die Bank mit einer jüdischen Mitschülerin und pflegte außerschulisch geselligen Verkehr mit ihr. Als andere das schon nicht mehr taten, lud sie sie noch zum Namenstag ein.

Als 13jährige äußerte sie sich auf einem Dorfnachmittag in abfälliger Weise über führende Mitglieder der nationalsozialistischen Bewegung.

Als 14jährige schützte sie den Mittagsschlaf des Vaters mutig und unerschrocken vor dem Zugriff der Gestapo.

Als 16jährige verhinderte sie die Hetzrede eines Ortsgruppenleiters und gab ihn der Lächerlichkeit preis.

Als Jugendliche lieh sie Bücher von Jakob Wassermann, Stefan Zweig und Thomas Mann aus dem väterlichen Bücherschrank (!) an Klassenkameradinnen aus, obwohl sie wußte, daß es sich um Werke jüdischer bzw. jüdisch versippter Autoren handelte.

Als Abiturientin verbreitete sie politische Witze, in denen die Schwächen führender Männer des Naziregimes schonungslos gegeißelt wurden, und trug so dazu bei, das Vertrauen des Volkes in die politische Führung zu untergraben.

»Bekenntnislieder« der Hitlerjugend durchsetzte sie mit »Niggerjazzrhythmen« und protestierte durch aufreizendes Singen und Pfeifen von aus Feindsendern bekannter »entarteter Musik« gegen die offizielle Kulturpolitik.

Seit dem 16. Lebensjahr im gebärfähigen Alter, widersetzte sie sich standhaft dem schamlosen Ansinnen der Regierung, dem Führer ein Kind zu schenken.

Als 18jährige ging sie an einer Universität individuellen Bildungsbedürfnissen nach, statt sich dem Regime als Flakhelferin, Hilfslehrerin oder Rüstungsarbeiterin zur Verfügung zu stellen – entzog sich als 19jährige der drohenden Verpflichtung zum Kriegshilfsdienst in einer Munitionsfabrik durch freiwillige Meldung als Straßenbahnschaffnerin – beschleunigte als 20jährige die Befreiung Deutschlands vom Faschismus durch Zurückweisung einer Panzerfaust – und wenn sie sich Mühe gibt, fällt ihr noch viel mehr dazu ein.

Der mißglückte Dialog

Fast 60 Jahre sind seit der »Machtergreifung« vergangen. Die Überlebenden der Zuchthäuser und Konzentrationslager des Dritten Reiches haben ihre schreckliche Wahrheit verkündet. Flugblätter, Manifeste und Revolutionen des Widerstandes sind gesammelt und archiviert. Filme, Fernsehberichte, Dokumentationen und Ausstellungen haben die im Namen des deutschen Volkes begangenen Verbrechen jedermann vor Augen geführt.

Sieht man einmal ab von rechtsradikalen Kreisen, so sind die Nachgeborenen fest davon überzeugt, daß sie niemals auf den Nationalsozialismus hereingefallen wären.

Politisch engagierte Jugendliche und junge Erwachsene identifizieren sich selbstverständlich mit dem Widerstand im Dritten Reich.

Sie haben gut reden! Ihre Überzeugung, daß damals jeder habe sehen können, wissen müssen, »worauf das hinauslief«, wurde ihnen von Nachkriegshistorikern in verdaulichen Bissen aufbereitet und vorgekaut:

Hitlers »Mein Kampf« – nach Zielvorstellungen durchforstet. Programmatische Reden des »Führers« – auf einprägsame Zitate reduziert. Ansprachen vor maßgebenden Kreisen der Wirtschaft, des Militärs und der höheren Beamtenschaft des Staatsapparates – nach innen- und außenpolitischen Konzepten abgeklopft. Vertrauliche Denkschriften und Rundschreiben führender Industriellenverbände – interne Richtlinien und Leitsätze höchster Parteigremien – geheime Stimmungs- und Lageberichte der Gestapo und militärisch abgeschirmte Lagebesprechungen der Wehrmacht – im Hinblick auf die Bilanz des Dritten Reiches interpretiert.

Keine Türschließer verwehren mehr den Zugang zu den Chefetagen der Chemie- und Stahlindustrie, kein Wachposten den Zutritt zu den Befehlszentralen der obersten Heeresleitung, jeder kann im Führerhauptquartier den Tischgesprächen lauschen. Die Akten der Geheimen Staatspolizei und des Sicherheitsdienstes sind zur Einsicht freigegeben, Geheimdokumente und Protokolle von Geheimsitzungen stehen in den Schulbüchern.

Den Nachkriegsgeborenen ist ein Logenplatz zugefallen. Das aufgeschlagene Drehbuch auf den Knien, mit freiem Blick hinter die Kulissen jenes Welttheaters, für das erst ab 1945 Dreherlaubnis zu erhalten war, verfolgen sie die vertraulichen Absprachen und Regiehinweise der Drahtzieher und Nutznießer, die geheimen Anordnungen und Arbeitsanweisungen der Ausbeuter und Massenmörder, die Tricks der Bühnentechnik und die Täuschungsmanöver aus dem Souffleurkasten der Propagandamaschinerie.

Selbstgerecht und gnadenlos sitzen sie über ihre Elterngeneration zu Gericht. Jedes ehemalige »Dafürgewesensein« wird mit Zustimmung zu Krieg und Völkermord, jedes »Keinen-Widerstand-geleistet-Haben« mit Untertanenmentalität, Opportunismus oder Schwachsinn gleichgesetzt.

Ihre Frage »Warum habt ihr keinen Widerstand geleistet?« ist ein unverhüllter Vorwurf. Als Antworten sind nur Eingeständnisse von Angst und Feigheit zugelassen. Die hilflos-empörte Gegenrede »Du kannst das gar nicht beurteilen, weil du die Zeit nicht miterlebt hast«, wird als »faule Ausrede« verworfen.

Sich auf die Perspektive jener einzulassen, die mit gutem Gewissen keinen Widerstand leisteten und von denen Millionen »dran glauben mußten«, weil sie »dran geglaubt haben«, gilt als unzumutbares Ansinnen.

Die Abwehr der Nachgeborenen ist verständlich, trägt aber nichts zum Verständnis der Vergangenheit bei, gibt keine Antwort auf die Frage, warum dem Widerstand im Dritten Reich die Massenbasis fehlte, warum die Faschisten in der ersten Hälfte unseres Jahrhunderts Geschichte machen und einer ganzen Generation die Überzeugung vermitteln konnten, auf der »richtigen«, moralisch gerechtfertigten Seite zu stehen.

Bei dem Versuch, die vielfältigen, verwirrenden und widerspruchsvollen Bewegungen auf dem Konto der Überzeugungen und Entscheidungen damaliger Zeitgenossen nachzuvollziehen, erweist sich die schreckliche Bilanz des Dritten Reiches als schwer zu überbrückendes Hindernis. Das betrifft auch und gerade die Befragten. Die späte, erdrückende Einsicht, »worauf das hinauslief«, hindert sie daran, sich an damals investierte Gefühle und Gedanken unbefangen zu erinnern und zumindest vorübergehend provisorisch all das zu vergessen, was sie heute wissen. Wenn es ihnen aber für Augenblicke gelingt, so begegnen sie empörtem Unverständnis, wie beispielsweise jene Mutter, die es wagte, der Tochter gegenüber von den »schönen Erlebnissen im BDM« zu schwärmen, und von dieser mit einem vorwurfsvoll-entsetzten »Wie konntest du . . .« endgültig zum Schweigen gebracht wurde.

E. hat an der Freien Universität Berlin einige Seminare über die Zeit des Faschismus durchgeführt, in denen Studentinnen und Studenten auch den politischen Werdegang ihrer Eltern und Großeltern und den Dialog mit ihnen schilderten. Selbstgerechtigkeit und pauschale Verurteilung von Zeitgenossen des Dritten Reiches wiesen in ihren Berichten bezeichnende Schwachstellen auf, sobald es um nahe Angehörige ging, die sich offenbar – trotz aller generationsbedingten Konflikte – nicht problemlos als menschliche Ungeheuer, feige Opportunisten oder Vollidioten abstempeln ließen.

Mitgliedschaft in der NSDAP beispielsweise galt bei den Seminarteilnehmern und -teilnehmerinnen generell als Beweis für charakterliche Minderwertigkeit, Familienmitgliedern wurden indes Begründungen abgenommen, die allzu deutlich die vorausgegangene Provokation der Jüngeren widerspiegeln (»Wie konntest du . . .?) und einer kritischen Überprüfung nicht standhalten.

Da hieß es: »Mein Großvater . . ., weil er ja sonst für seine Familie keine Lebensmittelmarken bekommen hätte!«, »Meine Mutter . . ., weil ihr ganzer Jahrgang automatisch vom BDM in die Partei überwiesen wurde«, »Mein Vater . . ., weil er ja sonst aus dem Schuldienst geflogen wäre«, häufig auch ». . . ein Freund . . . ein Vorgesetzter . . . irgend jemand . . . hat ihn/sie ohne sein/ihr Wissen, geschweige denn Zustimmung, in die Mitgliederliste der NSDAP eingeschrieben.«

Von den insgesamt 80 Millionen Einwohnern des »Großdeutschen Reiches« waren 6,5 Millionen Parteimitglieder. Die übrigen »Volksgenossen« und ihre Familien wurden keineswegs ohne Lebensmittelmarken dem Hungertod preisgegeben. Schwer- und

Schwerstarbeiterzulagen kamen ausschließlich »Arbeitern der Faust« ohne Berücksichtigung von Parteimitgliedschaft oder Nichtmitgliedschaft zugute.

Niemals gab es eine zwangsweise Überführung aus der Hitlerjugend in die Partei. Von den wenigen, altersmäßig dafür in Frage kommenden Jahrgängen traten etwa zehn Prozent der männlichen, fünf Prozent der weiblichen Jugendlichen in die NSDAP ein. Nur jeder dritte Lehrer und jeder fünfte Beamte war Parteimitglied. Die übrigen flogen keineswegs aus dem Schuldienst oder aus ihrer beamtenrechtlichen Position, sofern sie nicht unter den »Arierparagraphen« fielen oder durch entschiedene öffentliche Opposition gegen die NS-Regierung »untragbar« geworden waren, und selbst dann bekamen sie zumeist die ihnen zustehende Pension. »Nichtparteimitgliedsbeamte« mußten allerdings auf Beförderungen und Karriere weitgehend verzichten.

Ein einfaches (aber nicht stellvertretendes) Einschreiben in die Mitgliederliste der NSDAP war in der »Kampfzeit der Bewegung« und auch noch bis zum 1. Mai 1933 möglich, ehe ein Aufnahmestopp verhängt wurde, denn die Partei verstand sich als »Elitepartei« und legte keinen Wert auf Mitglieder, bei denen Zweifel an der »Gesinnung« bestanden. Nach Aufhebung der Sperre im Jahre 1937 bedurfte es der eigenhändigen Ausfüllung eines mehrseitigen Antragsformulares, eines handgeschriebenen Lebenslaufes sowie zusätzlicher »Gesinnungsbeweise« durch Referenzen von Kollegen und Vorgesetzten, die bereits Parteigenossen waren, oder aber aktiver Bewährung im Rahmen bestehender NS-Organisationen. Bei Intellektuellen kam die Prüfung eventueller Veröffentlichungen hinzu, die der herrschenden Ideologie zumindest nicht widersprechen durften. Erst nach einem halben bis einem Jahr »Anwartschaft« wurde der »Parteianwärter« – sofern seine Bewerbung nicht abgelehnt worden war – als vollberechtigtes Mitglied in die Partei aufgenommen.

So jedenfalls die Erfahrungen, die E.s Vater, ihre Brüder und sie selbst (nach dem Attentat vom 20. Juli 1944!) mit den Aufnahmebedingungen der NSDAP machten. Daher vermag sie der Legende vom einfachen oder gar stellvertretenden Einschreiben in die Mitgliederlisten der Partei keinen Glauben zu schenken, auch wenn sie von einem ehemaligen, wanderfreudigen Bundespräsidenten in Anspruch genommen wird.

Waren jene 6,5 Millionen, von denen heute so viele auf abenteuerliche Weise in die Partei »hineingeraten« sein wollen, alle Opportunisten? Und wenn sie es nicht waren, was waren sie dann? Und was waren jene Millionen, die nach den Kriterien der »Entnazifizierung« nicht als »belastet« galten, weil sie ihre nationalsozialistische Gesinnung oft mehr oder weniger zufällig nicht mit einer Parteimitgliedschaft »gekrönt« und damit aktenkundig gemacht hatten?

Die NSDAP war ein reiner Beitragsverein, der als solcher keine Veranstaltungen und Versammlungen durchführte und für dessen einfache Mitglieder – im Gegensatz zu den meisten NS-Organisationen – keine Uniformen vorgesehen waren. Ein Parteiabzeichen konnte eine Beamtenkarriere beschleunigen, war jedoch für die Existenz von Bauern und Arbeitern, Handwerkern und Gewerbetreibenden, Kaufleuten und Geschäftsinhabern, Unternehmern und Wirtschaftsbossen relativ unwichtig.

SA- und SS-Mitglieder, hauptamtliche Führer der Hitlerjugend und Führerinnen des BDM, Leiterinnen der NS-Frauenschaft und Funktionäre der NSV und der DAF waren – zumindest in den unteren Rängen der Hierarchie – keineswegs verpflichtet, in die NSDAP einzutreten.

Während des Wehrdienstes »ruhte« eine vorher eingegangene Parteimitgliedschaft, ein Neueintritt war erst nach der Entlassung möglich. Und da die Einberufung zur Wehrmacht in der Regel im 18. Lebensjahr erfolgte, entgingen die Kriegsjahrgänge zumeist dem Schicksal der »Entnazifizierung«. Berufssoldatentum und Offizierskarriere schlossen eine gleichzeitige Parteimitgliedschaft sowieso aus.

Enthält die millionenfache unwahrscheinliche Ableugnung, jemals »dafür« gewesen zu sein, vielleicht doch eine versteckte Wahrheit, nämlich die, mit etwas ganz anderem übereingestimmt zu haben als mit Krieg und Völkermord?

Die überwiegende Mehrheit der Teilnehmerinnen eines Seminars über Frauen im Nationalsozialismus, selbst diejenigen, die die »Erbsünde« einer Parteimitgliedschaft von Angehörigen zu beichten hatten, behaupteten, ihre Eltern und Großeltern seien im Grunde immer schon oder doch sehr bald »dagegen« gewesen, weil sie »die Sache durchschaut« hätten, und nahmen eine Art »innere Emigration« für sie in Anspruch. Ein erstaunlich hoher Prozentsatz verklärte das Elternhaus mit einer Widerstandsgloriole. Manche hielten die schlichte Feststellung »Meine Eltern waren ja katholisch« als ausreichenden Beweis für Widerstand.

Als gegenläufige Tendenz zur pauschalen Verurteilung der Zeitgenossen des Dritten Reiches vertraten einige Studentinnen die ebenso undifferenzierte Vorstellung von einem zwar unterdrückten, aber überwiegend »durchblickenden« Volk, das in vielfältiger Weise Widerstand leistete und sich nach nichts anderem als nach Befreiung von der faschistischen Diktatur sehnte. Hartnäckig verteidigten einige die Legende von der kleinen braunen Mörderclique, die mit Hilfe einer Minderheit von brutalen Schlägern, feigen Karrieristen und stumpfsinnigen Befehlsempfängern ein Schreckensregiment errichtete, das in der schweigenden Mehrheit so gut wie keine Unterstützung fand und außer unendlichem Leid keine weiteren Spuren hinterließ. Aber so kann es nicht gewesen sein. Und so war es auch nicht.

Tatsächlich erfreuten sich das NS-Regime und sein Führer, wenn auch aus sehr unterschiedlichen Gründen, der freiwilligen, freudigen, ja begeisterten Zustimmung breitester Bevölkerungskreise, die zwar im Laufe des Krieges erheblich an Glanz einbüßte, dafür aber durch eine nicht minder stabile, fatalistisch-verzweifelte Entschlossenheit ersetzt wurde.

Der beste Beweis für die weitreichende Übereinstimmung zwischen »Volk und Führung« ist der Zweite Weltkrieg. Sechs Jahre hindurch gab es – von vereinzelten Ausnahmen abgesehen – weder Arbeits- noch Kriegsdienstverweigerungen, weder Streiks noch Meutereien. Selbst die Auflösungserscheinungen der letzten Tage und Wochen hatten keinen das System in Frage stellenden, auflehnenden, sondern einen privat-defensiven Charakter des rechtzeitigen Aussteigens. Der Zweite Weltkrieg wurde, im Gegensatz zum Ersten, nicht durch eine Revolution beendet, sondern durch die völlige Eroberung Deutschlands und die Zerschlagung eines autonomen Staatsgebildes auf deutschem Boden. Der Diktator Hitler konnte bis zu seinem letzten Lebenstag, dem 30. April 1945, mit der Verteidigung seiner Person vor den andrängenden feindlichen Armeen rechnen.

Die Rechnung Churchills und seines Luftmarschalls Harris, die Moral der »Heimatfront« durch Flächenbombardements – »Ausradierung einer deutschen Stadt nach der anderen« – kriegsentscheidend zu schwächen, erwies sich als Fehlspekulation.

Ist es denkbar, daß dieser mörderische Krieg, der auch dem deutschen Volk unendliche Opfer abverlangte, von einer Regierung geführt werden konnte, die sich einzig und allein durch brutalen Terror mühsam im Sattel hielt? Mit einem Volk, das, obwohl durch Angst und Kadavergehorsam gelähmt, nicht nur fast ganz Europa eroberte, sondern auch die militärische Niederlage bis zur letzten Konsequenz durchhielt?

Es erscheint E. müßig, darüber zu spekulieren, ob die Mannschaftsgrade und Offiziere von Heer, Marine und Luftwaffe als überzeugte Nationalsozialisten oder »nur« als Patrioten »ihre Knochen« hingehalten haben. Jeder deutsche Soldat, der bis zur Kapitulation »seine Pflicht erfüllte«, ist ein Beweis für die Übereinstimmung von Volk und Führung in den »Grundfragen der Nation«, ein Beweis für das Gelingen eines der ungeheuerlichsten Täuschungsmanöver der Geschichte: Einer skrupellosen, kriegsentschlossenen Regierung gelang es in sechs Vorkriegsjahren, unter raffinierter Anknüpfung an Ängste und Ressentiments, nationale Traditionen und patriotische Gefühle sowie bewußter Vorenthaltung all jener Informationen, die in der Regel die Grundlagen politischer Meinungsbildung ausmachen, den Krieg so zu interpretieren, daß sein tatsächlicher Charakter weitgehend verborgen blieb.

Kampfbereitschaft und Durchhaltewillen des deutschen Volkes im Zweiten Weltkrieg beruhten auf der Überzeugung, in einem gerechten Krieg zu kämpfen, der dem friedliebenden deutschen Volk und seiner ebenso friedliebenden Führung von mißgünstigen Feinden aufgezwungen worden war.

Deutsche Soldaten zogen mit jenem »guten Gewissen« in den Krieg, mit dem sich – wie die Geschichte an zahlreichen Beispielen beweist – das Böse am wirkungsvollsten durchsetzen läßt.

Der zweite Beweis dafür, daß das NS-Regime von der Mehrheit der Bevölkerung keineswegs als unerträgliche Gewaltherrschaft empfunden wurde, liegt im völligen Ausbleiben jeglicher spontaner Racheaktionen gegen Nazifunktionäre nach Kriegsende. Während im Nachbarland Frankreich in den ersten Nachkriegsmonaten etwa 100 000 »Kollaborateure« (andere Schätzungen sprechen von einer halben bis einer Million), die angeblich oder auch tatsächlich mit der deutschen Besatzungsmacht zusammengearbeitet hatten, in einer Mordwelle ungeheuren Ausmaßes abgeschlachtet wurden, gab es im Nachkriegsdeutschland nicht die Spur vergleichbarer »Abrechnungen«. Millionen auf Anordnung der Besatzungsmächte von Berufsverboten betroffene Lehrer und Beamte sowie die Familien der vielen Tausende kurz- oder längerfristig internierten »kleinen Nazis« konnten eher mit dem Mitgefühl und der Unterstützung als mit der Genugtuung ihrer weniger aktenkundig belasteten Umwelt rechnen, mit der sie durch freundschaftliche, verwandtschaftliche und berufliche Bande verknüpft waren. Das Zusammengehörigkeitsgefühl des »Milieus«, d. h. der Nähe, Bekanntschaft, Verwandtschaft oder Klassenzugehörigkeit, erlaubte allenfalls eine gewisse Schadenfreude.

Die Solidarität des deutschen Volkes mit seinen »Unterdrückern« erstreckte sich sogar – zur Empörung des Auslandes und der Überlebenden der KZ-Lager – auf die »großen« Nazis, auf Kriegsverbrecher, KZ-Kommandanten und Experten der »Endlösung«, deren Untaten Millionen nach Kriegsende zunächst mit Unglauben, dann mit Entsetzen zur Kenntnis nehmen mußten.

Tausende von »Belasteten« tauchten nach Kriegsende für einige Jahre als Landarbeiter oder Holzfäller unter, obwohl ihre Umwelt ahnte, daß weder ihr Name noch ihr Lebenslauf stimmte. Tausende konnten sich in den frühen fünfziger Jahren eine geachtete Existenz in Unternehmungen der freien Wirtschaft, aber auch in öffentlichen Institutionen wie Verwaltung, Justiz und Polizei aufbauen, obwohl den Arbeitgebern ihre vorherigen Funktionen bekannt waren. Viele Hauptbelastete brachten sich nach Kriegsende mit Hilfe der katholischen Kirche nach Übersee in Sicherheit.

Jene Mehrheit, die während der zwölf Jahre Naziherrschaft niemals in der Gefahr gestanden hatte, morgens um fünf Uhr von der Gestapo abgeholt zu werden, neigte auch hinsichtlich dieses Täterkreises eher einer Generalamnestie als einer Anklageerhebung und Verurteilung zu.

Dieses Desinteresse an einer Verfolgung hat weniger mit Billigung oder gar Rechtfertigung unvorstellbarer Grausamkeiten und fabrikmäßigen Massenmords zu tun als mit dem dumpfen Gefühl der eigenen Verstrickung und der mangelnden moralischen Berechtigung, sich über diejenigen zum Richter zu erheben, mit denen man »im gleichen Boot gesessen«, deren Kurs man – auch ohne ihn zu kennen – durch zuverlässiges, ausdauerndes »Rudern« unterstützt hatte. Hinter Parolen wie »Laßt die Vergangenheit endlich ruhen« versteckt sich nicht nur das handfeste Interesse derer, die zu Recht befürchten müssen, für ihr damaliges Wirken zu Verantwortung gezogen zu werden, sondern auch die Solidarität des Schuldgefühls. Niemand, der während des Dritten Reiches auch nur die Hände gerührt und damit zum reibungslosen Funktionieren der Kriegswirtschaft beigetragen hatte, konnte sich der Einsicht verschließen, Handlangerdienste für ein System geleistet zu haben, das mit millionenfachem Massenmord in den Annalen der deutschen Geschichte vermerkt bleiben wird.

Freunde und Feinde  VI

Fast eine Liebesgeschichte

Die Gewißheit, ein »deutsches« Kind zu sein und in einem Land aufzuwachsen, das »Deutschland« hieß, verdankte die Drei- oder Vierjährige dem benachbarten Frankreich, denn die Eltern benutzten bisweilen bei Tisch eine Geheimsprache, die »französisch« hieß und in dem Land »Frankreich« gesprochen wurde.

Frankreich lag im Westen, wo die Sonne unterging. Wenn man die Elsener Straße immer weiterwanderte, kam man nach Köln am Rhein, wo Onkel Franz und Tante Elli wohnten, und dann nach Frankreich. Wenn man noch viel weiter geradeaus ging, kam man von der anderen Seite wieder zurück, weil die Erde eine Kugel war. Das lernte die Schulanfängerin von den Brüdern. Von Unser-Lieschen, langjähriges Dienstmädchen im Elternhaus, erfuhr sie, daß alles, was aus dem Rheinland oder aus Frankreich kam, gefährlich und verführerisch zugleich war.

»An den Rhein, an den Rhein, zieh nicht an den Rhein«, warnte eine Mutter in ihrem Liederheft den Sohn, denn »dort sind die Mädchen so frank und so frei.« Der Ausdruck »frank« war dem Kind unbekannt, so schlug sie ihn Frankreich zu. Zusammen mit dem Wort »frei« bekam er einen Beiklang von »nicht ganz einwandfrei«, denn Tanten und Bekannte der Mutter bezeichneten manchmal Inhalt und Darstellung von Büchern und Filmen oder auch den Lebenswandel einer abwesenden weiblichen (niemals männlichen) Person säuerlich-mißbilligend als »frei« oder gar »sehr frei«.

Minderwertigkeitsgefühle der Westfalen gegenüber den Rheinländern spiegelte das sogenannte »Westfalenlied« wider, das bezeichnenderweise erst einmal mit dem Rhein anfing: »Ihr mögt den Rhein, den stolzen, preisen, der in dem Schoß der Reben liegt . . .« Die Reize des Westfalenlandes – westfälische Eichen, westfälische Schafe und das Eisen in den westfälischen Bergen – fallen demgegenüber etwas dürftig aus, und so reklamiert der Dichter die »inneren Werte« der Westfalen. »Glückselig, wessen Arm umspannt ein Mädchen aus Westfalenland« sang E. mit Unser-Lieschen, denn »die Westfalen waren echter, treuer, ehrlicher und zuverlässiger als die allzu frank und freien Rheinländer«.

Je mehr sich der Horizont des Kindes erweiterte, desto mehr übertrug sich das regionale Gefälle zwischen Rheinländern und Westfalen auf die Länderebene. Jetzt waren es die Franzosen, die ähnliche Unterlegenheitsgefühle, kompensiert durch leise Geringschätzung, erweckten.

E. bewunderte und verachtete sie gleichzeitig wegen ihrer angeblich leichteren Lebensweise. Sie lebten »wie Gott in Frankreich«, machten aus der Liebe ein Spiel, hielten nicht allzuviel vom Arbeiten und huldigten dem »Rentnerideal«, wie der beruflich überforderte Vater einmal mißbilligend und anerkennend zugleich bemerkte.

Das französische Volk – so wurde es dem Schulkind auf vielfältige Weise vermittelt – hatte zweifellos eine beachtliche Kultur; aber diese Kultur war irgendwie nicht ganz »echt«, behielt immer einen Anflug von Leichtsinn und Oberflächlichkeit. Die Franzosen dachten und sprachen schnell und geistreich, aber ihren Gedanken fehlte die »Tiefe«. Sie waren »charmant«, »amüsant« und »elegant«, zugleich aber schlapp und schlaff.

Lange bevor E. in den Jungmädelbund eintrat, wußte sie durch den Schulatlas, daß nicht alle Deutschen in Deutschland wohnten, und durch Feierstunden des VDA (Verein für Deutschtum im Ausland) in der Schule, daß sie es in fremden Ländern manchmal sehr schwer hatten. Die ersten »um ihr Volkstum kämpfenden« Deutschen, von denen sie Genaueres hörte, waren die Saarländer. Zur »Heimkehr« des Saargebietes, nach der im Versailler Vertrag für den März 1935 vorgesehenen Volksabstimmung, gab es eine eindrucksvolle Feierstunde im katholischen Mädchenlyzeum. Dort erfuhr die Zehnjährige, daß die Deutschen im Saarland 15 Jahre lang keine richtigen Deutschen hatten sein dürfen und die Franzosen die ganze Zeit über alle Kohlen nach Frankreich verschleppt und dabei sogar »Raubbau« getrieben hatten, wodurch viele brave deutsche Bergmänner ums Leben gekommen seien. Trotzdem hatten die Franzosen sich eingebildet, die Saarländer würden ihr Deutschtum verraten und für Frankreich stimmen. Da hatten sie sich aber verrechnet! Ein Deutscher gibt sein Deutschtum niemals auf, schon gar nicht, um Franzose zu werden. Das sollten sie sich nur merken!

Besonders gemein fand E., daß die Franzosen deutsche Kinder mit dem Auto abgeholt hatten, um sie in französische Schulen zu bringen. Den Verführungscharakter dieses Angebotes konnte sie gut nachempfinden, weil ihr eigener Schulweg vom ersten Schultag an drei Kilometer ausmachte und die Benutzung der Straßenbahn für die Kinder der sparsamen Beamtenfamilie unerschwinglich war. Aber auch das sollten sich die Franzosen ruhig merken: Ein deutsches Kind – wenn es schon zur Schule gehen muß – stapft eine Dreiviertelstunde lang durch Regen, Schnee und Wind in eine deutsche Schule.

Ein Mädchen aus einer Oberklasse war während der Abstimmung im Saarland dabeigewesen und hatte einen Bleistift mitgebracht, mit dem die Deutschen an der Saar ihre Treue zu Deutschland auf die Wahlzettel geschrieben hatten. Der angespitzte, vielkantige Wahlhelfer wurde auf einem Teller durch die Reihen weitergegeben, und E. betrachtete ihn mit ehrfürchtigem nationalen Schauer.

Am Schluß sang die ganze Schule »Deutsch ist die Saar, deutsch immerdar«, und die Zehnjährige sang die dritte Strophe besonders trotzig und entschlossen:

> »Ihr Himmel, hört, Jung Saarvolk schwört:
> Wir woll'n es in den Himmel schrein,
> wir wollen niemals Knechte sein,
> woll'n Deutsche sei-ei-ein,
> woll'n Deutsche sein!«

Das war eine »Sternstunde nationaler Verbundenheit«, berauschend und von einer gefährlichen Anziehungskraft, die süchtig machte und von denen es in den kommenden zehn Jahren noch viele, allzu viele geben sollte.

Tatsächlich bedeutete das Ergebnis der vom Völkerbund und auch von Frankreich kontrollierten Abstimmung an der Saar einen überwältigenden Erfolg für die seit zwei Jahren amtierende NS-Regierung. 90,5 Prozent der stimmberechtigten Saarländer entschieden sich für den Anschluß an das nationalsozialistische Deutschland und nur 0,4 Prozent für den an Frankreich. Für jene 8,8 Prozent, die in der »nationalen Welle« den Kopf obenbehalten hatten und das Weiterbestehen des Status quo für das kleinere Übel hielten, fehlte es in E.s Umwelt an jeglichem Verständnis. Auch in den katholischen

Kirchen wurde aufgrund einer Verordnung der Bischöfe der Paderborner Kirchenprovinz für den »segensreichen Ausgang der Saarabstimmung« gebetet. Mitglieder der kommunistischen Arbeiterjugend, die vor Ort mit Flugblättern den drohenden Anschluß des überwiegend katholischen Saarlandes zu verhindern suchten – unter ihnen ein damals 20jähriger Dachdecker, der bis vor kurzem die Geschicke des anderen deutschen Staates lenkte –, hatten keine Chance.

Über die »gewaltige Freuden- und Dankeskundgebung der Paderborner Bevölkerung« auf dem Rathausplatz fand E. in einer Paderborner Chronik einen emphatischen Pressebericht. Wie geschickt die NS-Regierung in der ehemaligen Zentrumshochburg »Einigkeit« herstellte, beweisen folgende Auszüge aus der Rede des Landrates:

> »›Die Deutschen an der Saar haben durch ihre Stimmabgabe den Zankapfel zwischen uns und Frankreich für immer beseitigt und den Weg zur Verständigung freigemacht. Sie haben so mitgearbeitet an dem großen Friedenswerk des Führers, und dafür dankt ihnen die ganze Nation . . . Dank vor allem aber auch dem Herrscher aller Heerscharen, Gott dem Allmächtigen, der uns Mut und Kraft zu unsrer Arbeit gab und uns auch in Zukunft seinen Segen nicht vorenthalten wird, wenn wir zusammenstehen und, seinen Grundsätzen getreu, unsere Pflicht erfüllen.‹ Wuchtig erklang dann der Lobgesang ›Großer Gott, wir loben dich‹ über den Platz. In den gemeinsamen Gesang hinein mischten sich die Klänge der Glocken, und so sang es und klang es wie eine wundervolle Symphonie zum Lobe des Allerhöchsten in die dunkle Nacht hinaus . . . Noch ganz im Banne dieses Erlebnisses traten die Teilnehmer den Heimweg an; in aller Herzen aber klang die Freude über den deutschen Sieg an der Saar fort: Deutsch ist die Saar, deutsch immerdar!«

In den folgenden Jahren sah E. eine Reihe von »Filmen der Nation«, die zur Zeit Napoleons und der Freiheitskriege spielten. Die französischen Eroberer kamen darin ziemlich schlecht weg. Sie waren eitel und verweichlicht, trugen Spitzenjabots und affige Lockenfrisuren, besprühten sich mit Parfüm, statt sich zu waschen, und erledigten ihre militärischen Pflichten zwischen Liebesabenteuern mit zweifelhaften Damen. Die edlen deutschen Freiheitshelden von der anderen Seite waren meist Preußen wie »Die Schillschen Offiziere«, die nach einem Aufstand gegen Napoleon im Jahre 1811 hingerichtet wurden, einmal sogar ein preußisches Mädchen, das als »Schwarzer Jäger Johanna« verkleidet gegen die Napoleonischen Truppen zu Felde zieht und erst nach ihrem Heldentod als Mädchen erkannt wird. Die historisch verbürgte, von Marianne Hoppe gespielte preußische Patriotin, mit der E. sich damals glühenden Herzens identifizierte, stammte, wie viele andere Freiwillige der »Lützowschen Freischar«, aus einer preußisch-jüdischen Familie, worauf in jenem 1934 gedrehten Film natürlich jeder Hinweis fehlte. Luis Trenker kämpft in der deutsch-amerikanischen Koproduktion von 1932 »Der Rebell« um die Freiheit seiner Tiroler Berge, gerät dabei in Gefangenschaft und wird von den Franzosen erschossen. Am Schluß des Films erscheint er noch einmal überlebensgroß als unsterblicher Held zwischen wolkenverhangenen Berggipfeln und fordert seine deutschen Landsleute (und seine liebende Braut Luise Ullrich) zum Kampf gegen französische Fremdherrschaft und Unterdrückung auf.

Die Heranwachsende hat den »großen Freiheitskampf der Deutschen« mit tiefen patriotischen Gefühlen nachempfunden und sich über die »gemeinen« Franzosen empört. Aggressionen gegen das französische Volk der Gegenwart erweckten diese Filme nicht. Sie schilderten eine Vergangenheit, die nur wegen der »unseligen – nun aber endgültig überwundenen – deutschen Zwietracht« möglich gewesen war.

Am 3. September 1939 erklärte Frankreich Deutschland den Krieg. Diese Kriegserklärung verlor bald ihre Schockwirkung, da es neun Monate lang »Im Westen nichts Neues« gab. Deutsche und französische Soldaten lagen im ersten Kriegswinter am Westwall und an der Maginotlinie »Gewehr bei Fuß« und brachten sich gegenseitig Ständchen über den Rhein. An der lothringisch-pfälzischen Grenze sollen sie Weihnachten sogar miteinander Brüderschaft getrunken haben. Warum auch nicht? »Wir« hatten Frankreich den Krieg ja nicht erklärt! Wir hatten uns jahrelang um eine Aussöhnung mit dem ›Erbfeind‹ bemüht und sogar auf Elsaß-Lothringen verzichtet! Millionen in Deutschland hofften, der Krieg gegen Frankreich und auch gegen England würde sozusagen im Sande verlaufen, und waren enttäuscht, daß das feierliche Friedensangebot des Führers nach dem Polenfeldzug nicht angenommen wurde. Während der Krieg ein dreiviertel Jahr nur durch Meldungen über versenkte »Bruttoregistertonnen« irgendwo auf den Weltmeeren aufrechterhalten wurde, gab es im NS-Deutschland auch keine besondere Propaganda gegen Frankreich und die Franzosen.

Die militärische und propagandistische Sendepause endete im Frühsommer 1940. Es war sicher kein Zufall, daß wenige Wochen vor Beginn der deutschen Offensive im Westen auf einem Schulungsabend der JM-Führerinnenschaft in Paderborn das Thema »Die schwarze Schmach« behandelt wurde, nämlich die Rheinlandbesetzung nach dem Ersten Weltkrieg durch vorwiegend schwarze französische Besatzungstruppen. Die nun einsetzende antifranzösische Propagandawelle argumentierte vorwiegend biologisch. Sie arbeitete mit Begriffen wie Dekadenz und Degeneration und versuchte zu beweisen, daß »erbbiologischer Wert« und »Lebenskraft« des französischen Volkes sich in den letzten Jahrhunderten entscheidend verschlechtert hätten und es dem Untergang geweiht sei. Von einer engen rassischen Verwandtschaft des deutschen und des französischen Volkes könne daher nicht mehr gesprochen werden. Das sei allerdings nicht immer so gewesen. In einer Kulturzeitschrift fand E. damals einen bebilderten Aufsatz über die Kultur des Mittelalters, in dem – grenzüberschreitend – auf die »Artverwandtschaft des Geistes« hingewiesen wurde, aus der gotische Dome und Kathedralen in Deutschland und Frankreich geschaffen worden waren. Sie hielt darüber im Kunstunterricht der Schule einen Lichtbildvortrag und erinnert sich noch heute an verblüffende Ähnlichkeiten der sakralen Architektur und an französische Bildwerke, die den von den Nazis zu Kultfiguren »nordischen Geistes« erhobenen Plastiken der Uta von Naumburg und des Bamberger Reiters in erstaunlicher Weise glichen.

Das Fazit jenes Aufsatzes, daß es mit der Artverwandtschaft des deutschen und französischen Volkes leider nicht mehr weit her sei, wußte E. – als Tochter eines Biologielehrers – detailliert zu begründen. Die Franzosen hatten mit der Ausrottung der eigenen, vorwiegend nordischen und daher kulturtragenden Oberschicht in der Französischen Revolution und durch die Vertreibung der Hugenotten selbst zur »Entnordung« ihres Volkes beigetragen, eine These, die im 19. Jahrhundert von dem französischen Grafen Gobineau aufgestellt worden war.

Hans F. K. Günther, der »Rassepapst« des Dritten Reiches, behauptete für Frankreich eine Verschiebung zugunsten der ostisch-alpinen Rasse, die in seiner Rassenkunde Europas das Schlußlicht bildete. Er sprach ihr zwar Genügsamkeit und Fleiß, Beschaulichkeit und Biedersinn, Gemüt und Herzlichkeit (im engsten Kreis) zu, dafür aber jeglichen Sinn für Edles, Großartiges und Schöpferisches ab, der angeblich nur von Völkern mit hohem nordischen Blutsanteil zu erwarten war. Typische Vertreter der ostischen Rasse neigten, als »Spießbürger am Stammtisch«, zur Massenbildung und »Vermittelmäßigung«. Mit dieser These ließen sich auch die Ideale der Französischen

Revolution – Freiheit, Gleichheit, Brüderlichkeit – als Anliegen einer Rasse diskriminieren, die die natürlichen Unterschiede der Menschheit einebnen und auf die eigene Durchschnittlichkeit herabziehen wolle.

War der »nordische Aderlaß« aus vergangenen Jahrhunderten schon schlimm genug, so kam in der NS-Propaganda noch die »rassische Instinktlosigkeit« des französischen Volkes in der Gegenwart hinzu. Es sei bereits, so hieß es, in einem gefährlichen, kaum noch rückgängig zu machenden Maße »verjudet« und »vernegert«. Die bedenklich abgesunkene Geburtenrate Frankreichs gehe auf das Konto der französischen Frauen, die angeblich mehr von Chic und Charme als von Mutterfreuden hielten; und so sei das Schicksal dieser ehemals hochstehenden Kulturnation eigentlich schon besiegelt.

Nach Beginn des Westfeldzuges im Sommer 1940 zeigten die Wochenschauen Bilder vom geschlagenen Heer der Franzosen, das in riesigen Gefangenenlagern auf den Abtransport ins »Reich« wartete. Während die französischen Soldaten nur flüchtig und gruppenweise ins Bild gesetzt wurden, verweilten die Kameras der Kriegsberichterstatter mit besonderer Vorliebe auf den Gesichtern französischer Kolonialsoldaten aus Senegal und Marokko, Algerien, Indochina, Somalia und Madagaskar, so daß der Eindruck entstehen mußte, sie bildeten die Mehrheit des französischen Heeres. An einige der scharf belichteten Porträtaufnahmen von »Kolonialfranzosen« in malerischen, abenteuerlichen Uniformen erinnert sich E. beim Ansehen alter Wochenschauen noch heute und ist ziemlich sicher, daß sie sie damals als »brutal«, bestenfalls »voll unergründlicher Wildheit« wahrgenommen hat, nicht nur, weil der Kommentar das nahelegte, sondern auch, weil es im Vorkriegs-Deutschland, zumindest in der Provinz, kaum »fremdrassige« Leute gab. Der Sprecher verhöhnte mit schneidender Ironie den Gegner Frankreich, der versucht habe, seine »angeblich« so hochstehende Kultur und Zivilisation den »angeblich« so primitiven, barbarischen Deutschen durch »Menschen niedrigster Kulturstufe« aufzuzwingen.

Da diese infame Absicht aber nun gescheitert war, leistete man sich nach dem Waffenstillstand mit Frankreich wieder Großzügigkeit. Der Propagandafilm »Sieg im Westen« honorierte ausdrücklich die Tapferkeit des Gegners und bedauerte das sinnlose Blutvergießen, weil die französische Armee gegen die moderne Kampftechnik der unbesiegbaren deutschen Soldaten von vornherein keine Chance gehabt hätte.

E. freute sich über den »Sieg im Westen« nicht nur deshalb, weil in jener symbolischen Wiederholungsszene im Wald von Compiègne die »Schmach von Versailles« endgültig ausgelöscht worden war. Sie freute sich über alle Blitzsiege, weil dann das Sterben aufhörte, nicht nur das Sterben auf deutscher Seite, sondern das Sterben allgemein. Wenn der Krieg schon, trotz des guten Willens auf deutscher Seite, nicht zu verhindern gewesen war, so brachten schnelle Siege das Ende und die friedliche Völkergemeinschaft näher.

Nach Kriegsbeginn wurde der Fahrtenbetrieb der Hitlerjugend stark eingeschränkt. Im Sommer 1941 überschwemmten jedoch viele Gruppen aus dem »Altreich« Elsaß-Lothringen, und auch die JM-Führerinnen-Gruppe des JM-Untergaus Paderborn fuhr ins »nun wieder deutsche« Elsaß. Schließlich hatten die Franzosen uns den Krieg erklärt. Da brauchten »wir« uns auch nicht mehr an den feierlichen Verzicht auf Elsaß-Lothringen zu halten.

Zehn Tage lang wanderte die Gruppe durchs Oberelsaß entlang der Schweizer Grenze bis zur »Burgundischen Pforte«, auf Straßen, über die schon im Altertum römische Heere und germanische Völker gezogen waren. Die Orts- und Gasthausschilder in den Dörfern waren frisch übermalt, aber die alten französischen Namen schimmerten teilweise noch durch: Niedersept – Seppois-le-bas, Mühlhausen – Mulhouse, Zum weißen Kreuz – à la croix blanche, Café des Friedens – Café de la paix. Darüber wunderte sich E. Ein Café des Friedens gab es in Deutschland nicht.

Ziel der Fahrt war es, die »deutschbewußten« Elsässer, vor allem die Mädchen in den neugegründeten BDM- und JM-Gruppen, zu unterstützen und die »noch nicht deutschbewußten« von der Schönheit und Überlegenheit deutscher Kultur zu überzeugen. Jeden Abend sang die Gruppe auf irgendeinem Dorfplatz Volkslieder und tanzte deutsche Volkstänze, die E. auf dem Akkordeon begleitete: Die »Sünnros« und den »Haidjer«, den »Windmöller« und die »Sonderburger Quadrille«. Die Dorfbewohner sahen zu und klatschten Beifall, manche sangen und tanzten mit.

Des Nachts wurden die »Grenzlandfahrerinnen« einzeln oder paarweise in Privatquartieren bei elsässischen Bauern untergebracht, die dafür eine kleine Entschädigung erhielten. Die Gastgeber waren sehr freundlich, obwohl die Verständigung große Schwierigkeiten machte, denn der alemannische Dialekt klang in norddeutschen Ohren sehr ungewohnt. Manchmal fragte E. ihre Wirtsleute am Abend – vorsichtig und diplomatisch –, wie es ihnen denn nun gefalle, jetzt wieder zu Deutschland zu gehören, und die Elsässer lächelten unergründlich und sagten: »Wir sind ja schließlich Deutsche.« Dann kramten sie Familienfotos heraus, auf denen der Bauer oder seine Brüder als Soldaten des deutschen kaiserlichen Heeres im Ersten Weltkrieg trutzig in die Kameras blickten.

Der damals 16jährigen kam nicht der Gedanke, daß man die Elsaß-Lothringer hätte fragen müssen, ob sie zu Frankreich oder Deutschland gehören wollten. Vielleicht deshalb nicht, weil die Bevölkerung Elsaß-Lothringens noch nie gefragt worden war – nicht 1681, als Ludwig XIV. mitten im Frieden Straßburg besetzte, nicht 1871, als das Land dem neugegründeten Kaiserreich Deutschland angeschlossen wurde, und auch nicht 1918, als es wieder zu Frankreich kam. Außerdem hatte sie sich in das schöne Land zwischen dem Schweizer Jura und den Vogesen, die jetzt wieder Wasgenwald hießen, verliebt: in die freundlichen Menschen, die Dörfer mit den vielen Blumen vor den bunten Fachwerkhäusern und die Tag und Nacht plätschernden Brunnen auf den Marktplätzen, in das frische Weißbrot, den roten Landwein und nicht zuletzt in die kleinen, stämmigen, ganz hellen Zugochsen, die so viel hübscher und intelligenter aussahen als die langweiligen, schwarzweißen und braun-weißen Kühe auf westfälischen Wiesen.

Die vorletzte Station der Elsaßfahrt war Colmar. Niemand bezweifelte, daß das schöne alte Rathaus mit seinem buntglasierten Ziegeldach und der Isenheimer Altar des Mathias Grünewald im Unterlinden-Museum deutsche Kulturgüter waren.

In der wunderschönen Stadt Straßburg besichtigte die Gruppe das Straßburger Münster, das schon Goethe bewundert hatte, sah die Bildwerke der deutschen Kaiser des Mittelalters, die berühmte »Ekklesia«, die »Synagoga« und den Engelspfeiler, die prächtigen Fachwerkhäuser im Gerberviertel und die gedeckten Brücken über der Ill und fand es gut und richtig, daß aus »Strasbourg« nun endlich wieder »Straßburg« geworden war, die »freie Reichsstadt«, deren Bannerspruch lautete: »Viel lieber gestritten und ehrlich gestorben als Freyheit verloren und Seele verdorben«.

Am letzten Tag der Elsaßfahrt fuhren die Mädchen aus Westfalen in der Dämmerung bei Kehl über die Rheinbrücke. Eine brennende Sonne versank hinter dem im Ersten Weltkrieg schwer und verlustreich umkämpften Hartmannsweilerkopf. Die weite Oberrheinische Tiefebene mit dem schimmernden Band des Flusses zwischen Schwarzwald und Wasgenwald lag noch einmal vor ihrem Blick, während das zarte Filigran des Münsterturms sich hellgrau im diesigen Abendhimmel verlor. Da machte sich E. das

Wort von Ernst Moritz Arndt zu eigen: »Der Rhein, Deutschlands Strom, nicht Deutschlands Grenze«, und die Gruppe sang zum Abschied leise das Lied: »O Straßburg, o Straßburg, du wunderschöne Stadt, darinnen liegt begraben so manniger Soldat«, sang auch die letzten beiden Strophen, die in keinem Liederbuch stehen: »Sie weinet, sie klaget, sie trauert ja so sehr, / o Straßburg, du mein Straßburg, wir sehn uns nimmermehr. / Du schöne, du stolze, du deutsche Stadt am Rhein, / wenn wir zurück dich holen, wird endlich Friede sein.«

Vier Jahre hindurch zeigten die Kriegswochenschauen ein Frankreich, das sich aus der Hörigkeit Englands befreit hatte und ein Freund des neuen Deutschland geworden war. Man sah deutsche Soldaten und französische Bauern in fröhlichem Miteinander bei Ernte und Umtrunk. Diese Bilder wurden durch Urlauber bestätigt, die mit vielsagendem »Oh, là, là« von Charme und Chic französischer Mädchen schwärmten und Liebesabenteuer andeuteten.

Der greise Marschall Pétain wurde nicht nur als tapferer Gegner aus dem Ersten und Zweiten Weltkrieg geehrt, sondern auch als kluger, weitblickender Politiker, der das unheilvolle Bündnis mit England aufgekündigt und die Zukunft Frankreichs vertrauensvoll mit der des siegreichen Deutschland verbunden hatte. Von der Existenz einer französischen Widerstandsbewegung hörte E. während des Krieges niemals etwas. Nur einmal erzählte ein Urlauber aus Frankreich von Pariser Stadtvierteln, in denen es für einen deutschen Soldaten gefährlich sei, allein durch die Straßen zu gehen.

Als die Zeit der schnellen Siege vorbei war und vom Kriegsschauplatz im Osten nicht nur der Verlust Stalingrads, sondern immer neue Kesselschlachten, Frontbegradigungen, erbitterte Kämpfe um Brückenköpfe usw. gemeldet wurden, während sich die Frontlinie langsam, aber unaufhaltsam nach Westen verlagerte, beschwor die NS-Propaganda eine Schicksalsgemeinschaft freier, selbständiger europäischer Staaten, die sich der abendlandbedrohenden »roten Flut« entgegenwarfen. Diese Propaganda blieb auch in Frankreich nicht ohne Wirkung. 20 000 junge Franzosen und 20 000 französisch sprechende Wallonen aus Belgien meldeten sich 1944 und 1945 freiwillig und kämpften in den SS-Divisionen »Charlemagne« und »Wallonie« an der Ostfront.

Die 19jährige Straßenbahnschaffnerin im Kriegshilfsdienst begegnete im letzten Kriegswinter zwei bemerkenswert gut aussehenden Offizieren der Waffen-SS, die sich in perfektem Französisch unterhielten, und fand des Rätsels Lösung auf ihren Ärmelstreifen. Diese Begegnung ist E. im Gedächtnis geblieben, weil sie ihr die tröstliche Hoffnung vermittelten, daß »die Elite« der europäischen Völker und vielleicht sogar die englischen und amerikanischen Invasionstruppen im Westen doch noch im letzten Moment ihren wahnwitzigen Irrtum erkennen und Deutschland in seinem stellvertretenden Krieg gegen den wahren Feind des christlichen Abendlandes unterstützen würden. Nach 1945 erfuhr sie, daß Soldaten der »Charlemagne« die letzten und – wie es hieß – tapfersten Verteidiger des Führerbunkers in Berlin gewesen waren und dabei offensichtlich den Tod gesucht hätten.

Die Lage der französischen Kriegsgefangenen in Deutschland war vergleichsweise privilegiert. Das beweisen nicht nur die offiziellen Richtlinien für Verpflegung und Unterbringung gefangener Franzosen, sondern auch ihre geringe Sterberate. Diese Behandlung beruhte auf politischer Rücksichtnahme gegenüber einem Land, dessen kulturelle und militärische Potenz, trotz der Niederlage, realistisch eingeschätzt wurde und das daher zur Kollaboration vorgesehen war. Sie beruhte außerdem auf der Rücksicht vor dem »gesunden deutschen Volksempfinden«, das die Franzosen noch immer als »Kulturnation« einschätzte. E. ist ziemlich sicher, daß sich Gerüchte über unmenschliche

272

Behandlung französischer Kriegsgefangener schnell verbreitet und öffentliche Empörung ausgelöst hätten. Der in allen Schichten des Volkes vorhandene Antislawismus, d. h. die Diskriminierung slawischer Völker als primitiv, rückständig und kulturlos, schuf hingegen jene Gleichgültigkeit und Interesselosigkeit an ihrem Schicksal, das die unmenschliche Behandlung polnischer, vor allem aber russischer Kriegsgefangener zumindest atmosphärisch begünstigte.

Viele französische Kriegsgefangene waren in der Landwirtschaft eingesetzt, wo sie sich verpflegungsmäßig in den letzten Kriegsjahren oft besser standen als die deutsche Zivilbevölkerung in den Städten. Viele waren auch gegen französische Arbeiter ausgetauscht worden, die sich zum Arbeitseinsatz im Reich gemeldet hatten.

Bei einem Ernteeinsatz lernte E. einen Maurice kennen, der sich für den Eigenbedarf winzige Kartoffelknollen aus der kalten Erde klaubte und sie – zum Befremden der Bäuerin ungeschält – mit allerlei Gewürzen in einer kleinen Pfanne zubereitete. E. ließ sich gern von ihm einladen und fand die braungebratenen Kartöffelchen delikat. Auf einem anderen Bauernhof arbeitete ein Michel, der sich eines Tages mit dem Fahrrad des Bauern und zwei zur Tarnung darangehängten Milchkannen erfolgreich auf den Weg in die Heimat machte und sich noch während des Krieges mit einer Postkarte aus Marokko für den Fahrraddiebstahl entschuldigte. Darüber amüsierten sich alle im Dorf und gönnten ihm, daß er durchgekommen war.

Im letzten Kriegswinter wurde eine Arbeitskolonne französischer Kriegsgefangener frühmorgens mit der Straßenbahn von Elsen in die Stadt zur Arbeit gefahren. E. hatte nichts dagegen, zur Frühschicht eingeteilt zu werden, weil sie ihnen freundliche Gefühle entgegenbrachte und der Gefangenenstatus für sie schon immer mit einer gewissen tragisch-romantischen Faszination verbunden war. Von Tragik konnte bei den jungen Franzosen allerdings kaum die Rede sein, eher schon von Romantik. Sie waren lustig und aufgekratzt, und einige verdrehten beim Anblick der Schaffnerin regelmäßig die Augen und flöteten was von »Chérie« und »l'amour«. Zwar schaltete diese bei solchen Annäherungsversuchen ebenso »auf stur«, wie sie das bei deutschen Soldaten zu tun pflegte, aber es gab da einen Jean-Claude, der ihr gut gefiel und für den sie sogar einige Verlaine-Gedichte auswendig lernte. Ansonsten erlaubte ihr Schulfranzösisch kaum eine schlichte Unterhaltung, geschweige denn eine über »tiefste Seelentiefen«. Ihren damaligen moralischen Grundsätzen zufolge mußten einer Liebe, ja selbst einem Kuß unbedingt tiefschürfende Gespräche vorausgehen, in denen man sich gegenseitig des absoluten Gleichklangs der Seelen versicherte; und so gab es keine deutsch-französische Liebesgeschichte.

Aber da sie freundlich sein wollte, sang sie den französischen Gefangenen an kalten, dunklen Wintermorgen um 5.30 Uhr französische Volkslieder und Schlager vor. Alle Strophen von »Au clair de la lune« (Bei dem Mondenscheine), obwohl in der Schule nur die erste, jugendfreie gelehrt worden war, »Auprés de ma Blonde, qu'il fait bon fait bon dormir« (Bei meiner Blonden schläft sich's gut), ein Text, den sie auf deutsch kaum so ausgelassen und locker, wahrscheinlich überhaupt nicht über die Lippen gebracht hätte, und jenes sehnsüchtige Wartelied, das zusammen mit der »Lili-Marleen«, der »Böhmischen Polka«, dem englischen »Long way to Tipperary«, der russischen »Katjuscha« und Glenn Millers »American Patrol« zu den frontüberschreitenden Melodien gehörte: »J'attendrai le jour et la nuit j'attendrai toujours ton retour . . .« (Komm zurück, ich warte auf dich, denn du bist für mich all mein Glück . . .).

Wenige Wochen nach dem Einmarsch der Amerikaner in das zerstörte, ausgebrannte Paderborn begegnete E. auf der Landstraße einem gen Westen fahrenden Lastwagen, auf dessen offener Ladefläche übermütige junge Männer eine riesige Trikolore schwenkten und die »Marseillaise« sangen. Sie setzte ihr Bündel ab, bemühte sich vergeblich, Jean-Claude zu erkennen, und dachte: Gott sei Dank, daß es auf dieser Erde noch Menschen gibt, die Grund haben, sich zu freuen. Und obwohl sie das Lachen inzwischen fast verlernt hatte, winkte sie ihnen lachend zu, bis der Wagen hinter einer Straßenbiegung verschwunden war.

Die aus Frankreich heimkehrenden deutschen Kriegsgefangenen berichteten von schrecklichen Massakern an deutschfreundlichen Franzosen, die man jetzt »Kollaborateure« nenne, und auch davon, daß französische Mädchen und Frauen, die einen deutschen Soldaten geliebt hatten, von der sogenannten »Resistance« mit geschorenem Kopf durch die Straßen gejagt, bespuckt, mißhandelt, viele auch ermordet worden seien.

Reichtum aus Tränen

England war eine Insel, die der Nordsee einen buckeligen Rücken zukehrte und mit ausgefransten Armen nach Irland und in den Atlantischen Ozean hineingrapschte. Weil es mitten im Wasser lag, hatte es keine Grenzen, um die man sich hätte streiten können, und es gab dort keine Deutschen, die »um ihr Volkstum kämpften«.

England war ein »Mutterland« für viele Gebiete in anderen Erdteilen, die man Kolonien nannte. In den Kolonien lebten »Eingeborene« aller Hautfarben, die sich nicht selbst regieren konnten. Daran zweifelte in den dreißiger Jahren kaum jemand in E.s Umgebung.

England hatte rosafarbene, Frankreich violette, Italien hellbraune, Spanien grüne, Portugal gelbe, Belgien graue, Holland orangefarbene Kolonien. Auch Deutschland hatte Kolonien besessen, die im Atlas noch immer blau eingezeichnet waren, aber sie gehörten »uns« nicht mehr.

Das Rosa des englischen Mutterlandes färbte auf dem Globus im Herrenzimmer ganze Kontinente und Subkontinente: Australien, Indien und Kanada, sowie in Afrika eine Landverbindung, die von Kairo bis Kapstadt reichte. Darüber hinaus gab es ungezählte große und kleine rosafarbene Inseln: Neuseeland, Jamaika und Ceylon, Malta und Cypern, St. Helena im Atlantischen Ozean, auf der Napoleon seine letzten Lebensjahre verbringen mußte, die Falklandinseln vor der Küste von Feuerland, bei denen der deutsche Admiral Graf Spee im Weltkrieg heldenhaft untergegangen war, und die Antipoden oder Gegenfüßler-Inseln auf der anderen Seite der Erdkugel, auf denen die Menschen trotzdem mit den Füßen auf dem Boden blieben. Wichtige Hafenstädte, Stützpunkte und Wasserstraßen gehörten zu England, mit denen es die Ein- und Ausgänge von Welt- und Binnenmeeren überwachen konnte: Gibraltar und Suez, Aden und Kuweit, Hongkong und Singapur. Dieses weltumspannende rosa Riesenreich hieß nicht einfach nur England, wie das winzige Mutterland, sondern »Großbritannien«.

Eine solche Machtausbreitung über die ganze Welt nannte man »Imperialismus«. Wann immer dieser Begriff E. zur Verfügung gestanden haben mag, so war er verbunden mit Weltmeeren und fremden Kontinenten, mit Seefahrt und Handel, vor allem aber mit dem Besitz von Kolonien. Deutsch-Ost und Deutsch-Südwest, Togo und Kamerun, die Halbinsel Kioutschou, das Kaiser-Wilhelm-Land und der Bismarckarchipel waren nach dem Ersten Weltkrieg von England und Frankreich besetzt worden und hießen jetzt »Mandatsgebiete«. Mit »Imperialismus« hatte Deutschland nicht das geringste zu tun. Das galt bis Kriegsende und noch einige Jahre länger.

Vor den Engländern empfand E. in ihrer Kindheit große Hochachtung. Wie die ihr Weltreich geschaffen hatten – in Zeiten, in denen die Landkarte von Deutschland wegen der »unseligen Kleinstaaterei« noch wie ein bunter Flickenteppich ausgesehen hatte –, das konnte man nur bewundern. Gefühle, die das Kind England und den Engländern gegenüber hegte, waren allerdings von Anfang an kühler, distanzierter und weniger intim als Meinung und Einstellung gegenüber den Franzosen.

In den Vorkriegsjahren wurde ihre Hochachtung vor den Engländern nicht erschüttert. Viele Kriegsfilme beschworen deutsch-englische Männerfreundschaften über die Fronten hinweg: »Die Reiter von Deutsch-Ostafrika«, »Pour le mérite«, »Ein Mann will nach Deutschland«. In dem spannenden Spionagefilm »Verräter« aus dem Jahre 1936 spielte Willy Birgel charmant, schlagfertig und intelligent, dazu unwahrscheinlich elegant, den fairen, tapferen Chef der englischen Spionageorganisation. Mit dunklem, eng anliegendem Seidenhemd und heller Krawatte kämpft er uneigennützig für die Interessen seines Vaterlandes und ist nicht zu vergleichen mit einigen englischen und auch deutschen »Kreaturen«, die die Geheimnisse ihres Landes für Geld verraten. Der Film »Kautschuk« aus dem Jahre 1938, mit sensationellen Aufnahmen einer Expedition in das Amazonasgebiet, war ein großartiger und zugleich außerordentlich englandfreundlicher Film. Obwohl in Schwarzweiß gedreht, stehen E. noch heute phantastische Bilder aus dem Dschungel vor Augen, in dem der tapfere und sympathische junge englische Abenteurer (René Deltgen) unter Lebensgefahr Samenkapseln des Gummibaumes an sich bringt (auf deren Ausfuhr die Todesstrafe stand), um das Gummimonopol Brasiliens für sein Vaterland zu brechen.

Im Adele-Sandrock-Film »Die englische Heirat« und in dem Curt-Götz-Film »Napoleon ist an allem schuld« wurde der englische Adel schrullig, aber liebenswürdig dargestellt, und die »Mädchenjahre einer Königin« mit Jenny Jugo aus dem Jahre 1937 waren geradezu eine Liebeserklärung an England und die Engländer. Er behandelte die romantische Liebesgeschichte der ganz jungen Queen Viktoria mit dem deutschen Prinzen Albert von Sachsen-Coburg, dem späteren Prinzgemahl Albert von Großbritannien. Am Schluß des Films versichert der Prinz seiner Braut, daß es ihm nicht schwerfalle, ein guter Engländer zu werden, weil die beiden Völker doch so nahe verwandt seien.

Vier Jahre später, in dem 1941 gedrehten Film »Ohm Krüger« mit Emil Jannings in der Titelrolle, war aus der liebenswerten jugendlichen Queen eine uralte, goldgierige Hexe geworden. Mit heiserem Krächzen befiehlt sie (Hedwig Wangel) ihrem Kolonialminister Chamberlain (Gustaf Gründgens), den tapferen Buren auch noch das auf der Flucht vor den Briten entdeckte Goldland am Witwaters Rand in Transvaal abzujagen. Seit der Kriegserklärung Englands wurde in der NS-Propaganda aus dem »englischen Bruderland« mehr und mehr das »perfide Albion« und aus den ehemals »kühnen, germanischen Seefahrern, Entdeckern und Eroberern« eine »von jüdischem Händler- und Krämergeist verseuchte kriminelle Bande«.

Unabhängig von der jeweiligen Propagandalinie hatte E.s Mutter schon immer behauptet, daß die Engländer auch »gemein« sein konnten. Sie lastete ihnen den Tod ihres erstgeborenen Sohnes an, den sie im sogenannten Steckrübenwinter 1916/17 »unter dem Herzen getragen hatte«. Da habe es morgens, mittags und abends nur Steckrüben gegeben: Steckrübenbrot, Steckrübenmarmelade, Steckrübenklopse, Steckrübenpuddings, sogar eine Art Kaffee habe man aus getrockneten und gerösteten Steckrübenschnitzeln gekocht, weil englische Kriegsschiffe alle Lebensmitteltransporte für das hungernde Deutschland aufgehalten hatten. Trotz sparsamer Haushaltsführung vermied sie es, dieses preiswerte Gemüse mehr als einmal in jedem Winter auf den Tisch zu bringen, und aß dann selbst etwas anderes, weil ihr bereits der Geruch Übelkeit bereitete.

Die Hungerblockade als Mittel totaler Kriegsführung wurde während des Ersten Weltkrieges erstmalig von Großbritannien gegen die Mittelmächte verhängt und auch nach dem Waffenstillstand fortgesetzt. Die Zahl der an Unterernährung und an der 1918 epidemieartig auftretenden »Kopfgrippe« Verstorbenen wird mit 800 000 angegeben, darunter etwa 500 000 Säuglinge und Kleinkinder.

»Wie fordern Land und Boden (Kolonien) zur Ernährung unseres Volkes und Ansiedlung unseres Bevölkerungsüberschusses« lautete der dritte Punkt des Parteiprogramms der NSDAP aus dem Jahre 1920, und der bereits 1926 erschienene Kolonialroman »Volk ohne Raum« von Hans Grimm wurde in den dreißiger Jahren zum Bestseller. Die NS-Propaganda schätzte an diesem Buch den einprägsamen Titel und die ständig und eindringlich wiederholte Behauptung: Das deutsche Volk ist ein Bauernvolk, dem es an Land und Boden fehlt, weniger die Grimmsche Konsequenz: Siedlung in Übersee! Der Imperialismus des Dritten Reiches zielte auf die Errichtung einer zusammenhängenden Kontinentalsupermacht durch Unterwerfung und Kolonialisierung osteuropäischer Völker. Mit dem Verzicht auf überseeische Kolonien erhoffte man von England eine Art Stillhalteabkommen gegenüber diesen Plänen. So wurde der »Kolonialgedanke« in der Propaganda eher stiefmütterlich behandelt und das Schlagwort »Volk ohne Raum« im Bewußtsein der Zeitgenossen auf »Lebensraum im Osten« umgepolt. Die Forderung nach Rückgabe der ehemaligen deutschen Kolonien verstummte zwar – schon mit Rücksicht auf den noch immer einflußreichen »Deutschen Kolonialverein« – niemals ganz, rangierte aber weit hinter den vom Deutschen Reich abgetrennten Grenzgebieten. Im Schulungsmaterial der Hitlerjugend gab es allerdings Berichte über die heldenhafte Verteidigung der deutschen Kolonien im Ersten Weltkrieg, vor allem über den Kampf der deutschen Schutztruppe in Deutsch-Ostafrika unter General Lettow-Vorbeck. Ohne jegliche Unterstützung durch das Mutterland, dafür aber mit Hilfe ebenso tapferer wie treuer schwarzer »Askaris«, habe sie den Engländern einen zermürbenden Dschungelkrieg geliefert und erst am 14. November 1918, fünf Tage nach dem Waffenstillstand in Europa, »unbezwungen« ihre fast ausschließlich vom Feind erbeuteten Waffen niedergelegt. E. erinnert sich an Reportagen einer Journalistin mit dem romantischen Namen Senta Dingelreiter. Als »Reisende vom Dienst« berichtete sie in der Zeitschrift »Das deutsche Mädel« unter der Überschrift »Wann kommen die Deutschen endlich wieder?« von Begegnungen mit »Eingeborenen« ehemaliger deutscher, jetzt unter britischer oder französischer Verwaltung stehender Kolonien, die sich angeblich noch immer »in kindlicher Liebe und Anhänglichkeit« nach der Rückkehr der »guten deutschen Kolonialherren« sehnten.

Die Heranwachsende las Bücher von Rudyard Kipling, Joseph Conrad, Tanja Blixen, Sven Hedin sowie Dutzende von Erlebnisberichten deutscher und europäischer Forscher, Entdecker und Abenteurer, sah Filme, die in fremden, exotischen Ländern spielten, wie die drei Leander-Filme »Das Lied der Wüste«, »La Habanera« und »Zu neuen Ufern« sowie die grandiosen Ausstattungsfilme »Der Tiger von Eschnapur« und »Das indische Grabmal«. Mit besonderer Anteilnahme las sie die Bücher von Hans Grimm »Südafrikanische Novellen«, »Der Ölsucher von Duala«, »Die Olewagen-Saga«, vor allem aber das umfangreiche, im Stil eines deutschen Bildungsromans geschriebene »Volk ohne Raum«, weil ihr die kleinen Oberweserdörfer zwischen Reinhardswald und Solling gut bekannt waren, in denen jeder und keiner Bauer war, weil niemand von dem seit Jahrhunderten immer wieder aufgeteilten Landbesitz leben konnte.

E. folgte dem proletarisierten Bauernsohn Cornelius Friebott aus Jürgenshagen bei Lippoldsberg an der Weser, der eigentlich Lehrer oder Pfarrer werden wollte, durch alle Höhen und Tiefen seines Lebensweges. Der gelernte Kunsttischler wird zum Steinbruch- und Bergarbeiter und wandert nach einem Gefängnisaufenthalt wegen »sozialdemokratischer Umtriebe« aus »Heimat und Enge« in die britische Kapkolonie und später nach Deutsch-Südwestafrika aus. Im zweiten Band »Fremder Raum und Irregang« arbeitet er als Diamantenschürfer, Farmarbeiter und Bauunternehmer, zuletzt auf eigenem Grund und Boden. Nach dem verlorenen Krieg wird er von der nunmehr britischen Verwaltung für vogelfrei erklärt, steckbrieflich gesucht und muß sich auf abenteuerlichen Wegen in das krisengeschüttelte Nachkriegsdeutschland durchschlagen. Im dritten Band »Volk ohne Raum« wirbt er als eine Art Wanderprediger für den Kolonialgedanken und prangert den britischen Imperialismus als Hauptfeind des deutschen Volkes an. Während die Engländer – so die Grundthese des Buches – ihren Kolonialbesitz aus »kapitalistischer Profitgier« zusammengerafft haben, treibt die Deutschen mangelnder Lebensraum und der Wunsch nach eigenem Grund und Boden in fremde Länder und Kontinente.

Unlängst las sie dieses Buch noch einmal – war noch immer gerührt über die verhaltene, zarte Liebesgeschichte und erschreckt über das beachtliche Ausmaß an Chauvinismus, Rassismus und Antisemitismus, das ihr damals nicht aufgefallen war.

E. war als Heranwachsende keineswegs besonders »landhungrig«. Die Zukunftsperspektive einer »Ansiedlung im Osten« für den angeblichen Bevölkerungsüberschuß Deutschlands wurde von ihr – als JM-Führerin – zwar engagiert weitergegeben, erweckte jedoch insgeheim eher unangenehme Gefühle. Harte, schweißtreibende Arbeit, noch dazu in einem gemäßigten bis ungemütlichen Klima, war mit den exotischen Verlockungen einer »Ansiedlung in Übersee« nicht zu vergleichen. Sie war nicht bereit, die »Fremde-Welten-Romantik« widerspruchslos den Engländern zu überlassen. So verschrieb sie sich zeitweise dem »Kolonialgedanken« und ließ sich im Jahre 1942 Aufnahmebedingungen und Anmeldeformulare der noch aus Kaisers Zeiten stammenden »Reichskolonialschule« in Witzenhausen an der Werra schicken, die bis Kriegsende einen stark reduzierten Unterrichtsbetrieb aufrechterhielt.

Obwohl es nicht der Parteilinie entsprach, vernachlässigte sie den »Kolonialgedanken« auch in ihrer Jungmädelgruppe nicht. Sie bemühte sich, Grundkenntnisse über geographische Lage, Klima, Bodenschätze und landwirtschaftliche Möglichkeiten der ehemaligen deutschen Kolonien zu vermitteln, las aus »Deutsche Flagge über Sand und Meer«, »Deutsche Frau in Südwest« und »Carl Peters erobert Ostafrika« vor, sang mit ihren Jungmädeln das Lied der Schutztruppe: »Wie oft sind wir geschritten / auf schmalem Negerpfad . . . / Wie lauschten wir dem Klange, / dem altvertrauten Sange / der Träger und Askari: / Heia – hei – heia – safari«, das Lied der »Südwester«, das in keinem Liederbuch stand: »Der Dornbusch blüht und die Sonne glüht / und es rauscht das Meer Grüße von Deutschland her«, und: »Kameraden, fremde Welten / hocken nachts bei unsern Zelten, / wenn die Feuer tief gebrannt. / Kameraden, fremde Welten / singen leis von unserm Land«.

Die Kriegserklärung Englands vom 3. September 1939 kam für E. überraschend. Zwar war viel von jüdischen Kriegshetzern in London die Rede gewesen, aber das englische Volk war noch immer ein »germanisches Brudervolk«, das von »Blut und Rasse« her »unser« natürlicher Bundesgenosse hätte sein müssen. So war ein Krieg gegen die Engländer fast eine Art Bruderkrieg, und die 14jährige bedauerte sie, weil sie sich von Churchill und seinen jüdischen Helfershelfern zum Haß gegen das neue Deutschland hatten aufstacheln lassen.

Eine massive antibritische Propaganda setzte auch erst nach Beendigung des Frankreich-feldzuges im Jahre 1940 ein, in dem die bei Dünkirchen eingekesselte britische Armee eine große Niederlage erlitten hatte – eine Niederlage, die sich wenige Wochen später in Form eines Taschentuches auf den Bügeltisch der Mutter verirrte. Befragt nach der Herkunft, antwortete der 19jährige Günther, Soldat der Waffen-SS auf Heimaturlaub, mit etwas aufgesetzter Schnoddrigkeit, er habe es einem toten Engländer aus der Tasche gezogen.

E. gelangte damals in den Besitz eines umfangreichen Sonderschulungsheftes über den britischen Imperialismus und über die Methoden, »wie die ihr Weltreich geschaffen hatten«. Jene Broschüre enthielt zahlreiche Dokumente, Statistiken, Augenzeugenbe-richte, Fotos und zeitgenössische Stiche über britische Kolonialgreuel, versehen mit ausführlichen, meist englischen Quellenangaben, und machte einen seriösen, absolut glaubwürdigen Eindruck. So wurde aus der kindlichen Bewunderung für das viele Rosa auf der Weltkarte Zorn und Abscheu.

Noch heute erinnert sie sich an Bilddokumente brutaler und grausamer Aktionen der Engländer bei der Unterwerfung afrikanischer und asiatischer Völker, so zum Beispiel an dahinvegetierende Opiumsüchtige in den »Opiumhöhlen« Schanghais und Hong-kongs, die als Folgeerscheinungen der von England dem chinesischen Kaiserreich im Opiumkrieg 1840 aus Profitgier aufgezwungenen Einfuhr dieser todbringenden Droge bezeichnet werden; an die Zeichnung eines britischen Berichterstatters vom Sepoy-Aufstand in Indien im Jahre 1857 mit einigen vor Kanonenrohre gebundenen und von abgefeuerten Kugeln zerrissenen indischen Freiheitskämpfern; an Berichte und Bilder über die Wirkungen der Flächenbombardements auf somalische Dörfer und Städte im Jahre 1920 – lange vor Guernica –, mit denen der Widerstand des »Mad Mullah« gebrochen werden sollte; an unvorstellbare Grausamkeiten, gepaart mit Verrat, Heim-tücke, Hinterlist und Wortbruch beim Kampf gegen die Anhänger des Mahdi im Sudan und der Rif-Kabylen Abd el Kaders; an Statistiken über die systematische Zerstörung der hochentwickelten indischen Textilindustrie durch Ausfuhrzölle und Einfuhrzwang bil-liger englischer Manufakturware; an Schilderungen furchtbaren Zwangsarbeiterelends ehemals freier Bauern-, Hirten- und Jägervölker (bis hin zur »Vernichtung durch Arbeit«) in den für den Bedarf des Weltmarktes angelegten Monokulturen oder beim Bau von Straßen und Eisenbahnlinien.

Bei alldem waren die britischen Kolonialherren nicht einmal ehrlich brutal und un-menschlich, sondern versteckten sich hinter der Maske heuchlerischer, puritanischer Frömmigkeit. So verteilten englische Missionare in dem antibritischen Propagandafilm »Ohm Krüger« an Eingeborene, die zum Kampf gegen die Buren eingesetzt werden sollten, gleichzeitig Gewehre und Bibeln.

Und wo blieb das faire und tapfere germanische Brudervolk der Vorkriegsjahre? Jüdischer Krämergeist und jüdische Profitgier – so die Quintessenz jener Propaganda-schrift – waren für den bedauerlichen moralischen Niedergang der Engländer verantwort-lich und hatten aus ihnen einen perfiden, ja geradezu perversen Popanz germanischer Wesensart gemacht, der sich mit dem kaltschnäuzigen »right or wrong, my country« schlimmste Verbrechen gegen die Menschlichkeit erlaubt hatte und noch immer erlaubte. Abgesehen von der absurden Sündenbocktheorie, nach der alles Übel in der Welt jüdischen Ursprungs war, stellt E. rückblickend fest, daß viele Informationen jener Broschüre der Wahrheit recht nahe kamen und sie doch wesentlich verfälschten, da Kulturzerstörung, Ausbeutung und Ausrottung von Kolonialvölkern als »typisch engli-sche« Vorgehensweise beim Erwerb von Kolonien angeprangert wurden. Die Heranwachsende war zwar auch über spanische und portugiesische, französische und belgische Kolonialgreuel einigermaßen orientiert, nicht aber über die der Holländer in Niederländisch-Indien (dem heutigen Indonesien), der Italiener in Abessinien, der Japaner in China und der Mandschurei und schon gar nicht des eigenen Volkes in Deutsch-Südwest- und Deutsch-Ostafrika.

Die deutsche Kolonialgeschichte des Kaiserreiches wurde während des Dritten Reiches in geradezu grotesker Weise verklärt. Danach waren die Deutschen »reinen Herzens«, ohne jede »jüdisch-kapitalistische Profitgier«, ohne jedes »imperialistische Machtstreben« als Freunde, Wohltäter und Erzieher nach Afrika und anderswohin gezogen, um schreckliche Tropenkrankheiten zu bekämpfen, Recht, Sicherheit und Ordnung zum Wohle der »Eingeborenen« herzustellen und sie behutsam zu effektiveren Arbeitsmethoden und moralischeren Lebensformen anzuleiten.

So befreite Hans Albers im Jahre 1941 als deutscher Kolonialpionier Carl Peters in dem gleichnamigen Film verängstigte Negersklaven aus den Händen skrupelloser arabischer Sklavenhändler, die ihrem schmutzigen Gewerbe mit Billigung des »perfiden Albion« nachgingen. So rettete Luis Trenker 1943 in »Germanin« als deutscher Arzt und Forscher Tausende von Schwarzafrikanern vor der Schlafkrankheit, obwohl die Engländer seine segensreiche Tätigkeit sabotierten.

E. war überzeugt, daß nur das deutsche Volk die notwendige weise Mischung von Güte und Strenge aufbringen könne, die zur Lenkung der »großen schwarzen Kinder Afrikas« angeblich erforderlich war. Es hatte zwar auch Widerstand gegen die deutsche Kolonialmacht gegeben, so den Hereroaufstand im Jahre 1904, aber er beruhte auf Verhetzung und Bewaffnung durch die Engländer.

Tatsächlich kämpfte das freie und stolze Hirtenvolk der Hereros in der Schlacht am Waterberge im damaligen Deutsch-Südwest (dem heutigen Namibia) verzweifelt um seine Weidegründe, weil es nicht bereit war, die ihm zugedachte Rolle als besitzlose, abhängige Landarbeiter auf weißen Farmen anzunehmen. Nach der Niederlage wurden sie von General von Trotha in die wasserlose Omaheke-Steppe vertrieben. Von den insgesamt etwa 80 000 Hereros überlebten nur wenige tausend den Todesmarsch durch die Wüste, weil bewaffnete deutsche Kommandos die Wasserstellen besetzt hielten und Befehl hatten, auf jede Person, die sich ihnen näherte, das Feuer zu eröffnen – auch auf Frauen und Kinder.

E. engagierte sich mit vielen anderen Jugendlichen ihrer Generation im NS-Deutschland für den Freiheitskampf unterdrückter Völker gegen den britischen, französischen und auch amerikanischen Imperialismus, solidarisierte sich mit Indern, Algeriern und Indochinesen im heutigen, damals noch unter französischer Kolonialherrschaft stehenden Vietnam, mit Arabern und Indianern, sogar mit Schwarzafrikanern, die zumindest das Recht auf anständige Behandlung hatten – aber nicht mit Polen und Russen, Juden und Zigeunern, weil sie fest daran glaubte, daß Deutsche eine vorübergehende, kriegsbedingte Machtstellung über andere Völker niemals mißbrauchen würden.

Eine »weiße« Herrschaft über die schwarzen Völker Afrikas erschien ihr natürlich und im göttlichen Schöpfungsplan vorgesehen. Zweifel hegte sie indes bei asiatischen und arabischen Völkern, auf die die abwertende Bezeichnung »Eingeborene« nicht recht zu passen schien, weil das Wissen um ihre kulturelle Vergangenheit zum Bildungsgut des christlichen Abendlandes gehörte. Daher erfüllte es sie mit Freude und Genugtuung, daß der indische Freiheitskämpfer und Erste Vorsitzende der von den britischen Kolonialherren verbotenen indischen Kongreßpartei, Subhas Chandra Bose, im NS-Deutschland Unterstützung suchte und daß in einer Wochenschau Bilder von Angehörigen der

Waffen-SS-Division »Freies Indien« gezeigt wurden, die zur Uniform einen weißen Burnus trugen. Sie hatten sich – so der Kommentar – aus britischen Kriegsgefangenenlagern freiwillig zum Kampf gegen den gemeinsamen Feind gemeldet.

Auch Araber zählten zu den Freunden des neuen Deutschland, so z. B. Ibn Saud, der die vielen Emirate der Arabischen Halbinsel zu »Saudi-Arabien« vereint hatte. E. war enttäuscht, als ihr eines Tages das Foto eines alten, fetten Mannes vor Augen kam, denn ihre Vorstellungen von diesem »kühnen und edlen Wüstenscheich« waren bis dahin von Bildern des Rassenkundlers Ludwig Ferdinand Clauß geprägt, der in seinem Werk »Rasse und Seele« vorwiegend Völker des Vorderen Orients behandelte.

Den Bericht des legendären Thomas Edward Lawrence – »Die sieben Säulen der Weisheit« – über den Araberaufstand gegen das Osmanische Reich lieh sie sich aus der Offiziersbibliothek des in Paderborn stationierten Panzerregiments 11 und las ihn mit wachsender Empörung. Entgegen ihren Versprechungen nach nationaler Unabhängigkeit hatten Franzosen und Engländer die arabisch besiedelten Gebiete des Nahen Ostens nach der Zerschlagung des türkischen Reiches unter sich aufgeteilt. So fanden sich die tapferen Waffengefährten des Oberst Lawrence nach dem Ersten Weltkrieg in den französischen Mandatsgebieten Syrien und Libanon sowie den britischen Transjordanien, Irak und Palästina wieder. E. hegte keinen Zweifel daran, daß die Araber die natürlichen Verbündeten des Dritten Reiches waren, da sie mit ihm, außer England, noch einen anderen gemeinsamen Feind hatten: die Juden.

Im Sommersemester 1944 wohnte die 18jährige Studentin E. in Jena bei der Witwe eines deutschen Generals. Die schon recht betagte, aber noch immer rüstige und temperamentvolle Dame war eine Halbaraberin, nämlich das Kind eines deutschen Kaufmanns und einer Tochter des Sultans von Sansibar. In ihrem Hause verkehrten arabische, türkische und japanische Studenten und Akademiker, so u. a. Professor Dr. Johann von Leers, Träger des goldenen Parteiabzeichens, der sich mit allen Gästen in ihren Muttersprachen unterhalten konnte und außerdem bis in die letzten Kriegstage hinein Durchhaltekommentare für den reichsdeutschen Rundfunk lieferte. Nach dem Krieg setzte er sich nach Ägypten ab, trat zum Islam über und setzte an der Universität von Kairo seine Karriere als Professor Dr. Oman Manin von Leers fort.

E. war glücklich, wenn sie sich bei der Bewirtung der Gäste nützlich machen und dabei den Gesprächen lauschen konnte. Wenn Dr. Hussaini dabei war, ging es meist um die »Judenfrage«. Dr. Hussaini war ein Neffe des Großmufti von Jerusalem, Führer der palästinensischen Araber im Kampf gegen die britische Mandatsherrschaft und die jüdische Einwanderung, der in jenem Sommer von Hitler »mit staatsmännischen Ehren« empfangen wurde. Als Vorläufer Arafats vertrat er 1949 die Palästinenser vor der Palästinakommission der Vereinten Nationen.

Die interessierte Zuhörerin der Jenaer Gespräche wußte zwar, daß die meisten europäischen Länder sich weigerten, aus Deutschland emigrierte Juden aufzunehmen, da solche Zurückweisungen von der NS-Propaganda hämisch zur eigenen Rechtfertigung ausgeschlachtet wurden, vernahm aber erst jetzt, daß sie auch in Palästina unerwünscht waren. Da blieb dann also für die »endgültige Lösung der Judenfrage« nur noch Madagaskar oder Uganda übrig.

Auf dem Höhepunkt der anti-englischen Welle entdeckte die NS-Propaganda ihre Sympathie mit dem ersten europäischen Opfer des »perfiden Albion«. Über furchtbares Elend und schreckliche Hungersnöte unter der von englischen Großgrundbesitzern gnadenlos ausgebeuteten irischen Landbevölkerung wußte E. aus jener Propagandabroschüre und auch um die Verödung ganzer Landstriche in Irland um die Mitte des

vergangenen Jahrhunderts, als Hunderttausende irischer Bauern ihre letzte Überlebenschance in einer Auswanderung nach Amerika sahen. Die Geschichte dieses unglücklichen Landes wurde als eine Kette ebenso blutiger wie verzweifelter Aufstände gegen die
britische Herrschaft dargestellt.

Eindrucksvolle Schilderungen über die Unmenschlichkeit englischer Truppen bei der
Niederschlagung des »Osteraufstandes 1916« verdankte sie dem 1938 ins Deutsche
übersetzten Roman »Geliebte Söhne« (O Absalom) des walisischen Arbeiterdichters
Howard Spring, den sie mit 14 Jahren las. Noch einprägsamer waren die beiden
antibritischen Irlandfilme »Der Fuchs von Glenavorn« (1940) und »Mein Leben für
Irland« (1941). In diesen Filmen kämpften und starben für Irland Carl Ludwig Diehl,
Werner Hinz, Will Quadflieg und Heinz Ohlsen. Als tapfere, stolze irische Frauen
standen ihnen Olga Tschechowa und Anna Dammann, im Leben wie im Tode zur Seite.
Paul Wegener, Hans Quest und Ferdinand Marian verkörperten feige, brutale englische
»Kreaturen«.

Im gleichen Jahr spielte Ferdinand Marian die Rolle des »Jud Süß« in dem gleichnamigen
Film, und so stellte sich bei naiven Zuschauern eine Art Personalunion zwischen
antisemitischer und antibritischer Propaganda ein, die es E. beispielsweise nicht erlaubte,
die schauspielerische Leistung dieses »Filmschurken« in der zwei Jahre später großartig
verfilmten Maupassant-Novelle »Romanze in Moll« unbefangen zu würdigen.

Ziel der antibritischen NS-Propaganda war es, moralische Entrüstung zu erzeugen und
von den eigenen imperialistischen Zielen abzulenken. Daher enthielt sie auch keinerlei
Denkanstöße für eine grenzüberschreitende kritische Analyse imperialistischer Machtpolitik, sondern reduzierte britische Kolonialgreuel auf die menschliche Unzulänglichkeit »typisch englischer« Individuen bzw. auf die fortgeschrittene »rassische Entartung«
des englischen Volkes. Wie sehr brutale imperialistische Methoden von den NS-
Machthabern bewundert wurden, beweist nicht nur die durchweg englandfreundliche
Propaganda der Vorkriegsjahre, sondern auch ein Fernseh-Interview mit Albert Speer,
dem »Baumeister des Dritten Reiches« und späteren Rüstungsminister. Seine damalige
Übereinstimmung mit den für die Völker der Sowjetunion nach dem »Endsieg« vorgesehenen gigantischen Versklavungs- und Ausrottungsprogrammen erklärte er damit, er
habe sich seinerzeit die Methoden, mit denen das britische Weltreich geschaffen worden
sei, zum Vorbild genommen und sich sozusagen mit den Engländern identifiziert.

Der Grafiker A. Paul Weber veröffentlichte im Jahre 1941 seine Bildmappe »Reichtum
aus Tränen« mit dem Untertitel »England, der Totengräber der kleinen Nationen«.
Einzelne Blätter dieser Serie wurden während des Dritten Reiches in Zeitschriften,
Kalendern und Schulungsheften reproduziert, die gesamte Bildmappe fand E. in der
Bibliothek der Obergauführerinnenschule des Gaues Westfalen-Nord. Es imponierte ihr,
wie treffend und aktuell der Künstler es verstand, die »Krebsgeschwüre« der Zeit
aufzustechen. Die später auch »Britische Bilder« genannte Serie schilderte düstere
Einzelheiten der an Blut und Tränen reichen britischen Kolonialgeschichte und fügte sich
insofern nahtlos in die offizielle Propaganda ein, als Weber auf einigen Blättern auch die
angeblichen Drahtzieher darstellte: fette jüdische Börsenmakler, die sich im Hintergrund
von Elend und Verzweiflung profitgierig die Hände reiben. In der offiziellen Kunstzeit-
schrift des Dritten Reiches wurde die Bildmappe »Reichtum aus Tränen« enthusiastisch
gelobt und Weber dafür der »Weltrang eines Daumier, Doré und Goya« zugesprochen.
Heute werden die »Britischen Bilder« – als »Imperialismuskritik« – in linken Galerien
ausgestellt, wobei die antisemitischen Blätter – noch – unterschlagen werden. Weber gilt
als Künstler des Widerstandes, dessen Botschaft von Widerstandskämpfern und Antifa-

schisten als verschlüsselte Kritik am Naziregime verstanden worden sei. Welchen Trost brachten fette jüdische Börsenmakler Millionen entrechteten, gedemütigten, längst für die »Endlösung« vorgesehenen jüdischen Männern, Frauen und Kindern? Welche moralische Unterstützung den zehntausend im Lager Bergen-Belsen verhungernden Häftlingen, für die die in der Lüneburger Heide vorrückenden englischen Truppen die letzte Überlebenschance bedeuteten? Welchen Sinn hatte die Anprangerung britischer Kolonialgreuel in Irland und Indien für den antifaschistischen Widerstand in Deutschland – zu einem Zeitpunkt, da England für verfolgte und emigrierte Antifaschisten zu einem Hort der Freiheit und Toleranz geworden war?

Freundschaft mit Webfehlern

Im Oktober 1935 überfiel Italien das niemals von Europäern beherrschte afrikanische Kaiserreich Abessinien (Äthiopien), dessen Eroberung es bereits 40 Jahre zuvor vergeblich versucht hatte. In diesem Jahr dachte zwar noch kaum jemand an eine nationale Unabhängigkeit europäischer Kolonialländer, aber das klassische Zeitalter kolonialer Eroberungen war seit mehr als einem halben Jahrhundert vorbei.

Der Abessinienkrieg wurde in Paderborn keineswegs mit Sympathie für die Italiener verfolgt, denn die Abessinier waren seit mehr als 1000 Jahren Christen, brauchten also nicht mehr missioniert zu werden. Im katholischen Religionsunterricht hatte E. gelernt, daß die Kolonisierung Afrikas in erster Linie dem Ziel gedient habe, ungläubigen Heiden die »Frohe Botschaft« zu bringen. E.s Brüder fanden es »gemein«, mit modernen Waffen, mit Flugzeugen und Panzern ein Volk zu überfallen, das sich – wie sie behaupteten – nur mit Pfeil und Bogen verteidigen könne.

Über die Art der Kriegsführung wurde damals wenig bekannt. Tatsächlich führten die Italiener ihren anachronistischen Kolonialkrieg mit beispielloser Grausamkeit. Weder Feldlazarette mit der Flagge des Roten Kreuzes noch die wehrlose Zivilbevölkerung blieben von Angriffen mit Bomben und Giftgas verschont. Die Söhne Mussolinis, Bruno und Vittorio, brüsteten sich mit fröhlichen Treibjagden auf Menschen, die sie von ihren Kampfflugzeugen aus mit Bordwaffen »erlegten«. Als die Festung Amba Abadan vor den Italienern kapitulierte, wurden 15 000 abessinische Soldaten an Ort und Stelle niedergemetzelt oder durch Senfgas lebendig verbrannt. Nach sieben Monaten brach der letzte Widerstand der sich verzweifelt zur Wehr setzenden kaiserlichen Armee zusammen. 275 000 abessinische Männer, Frauen und Kinder waren den barbarischen Methoden der Aggressoren zum Opfer gefallen.

E.s kindliche Sympathie gehörte dem Kaiser von Äthiopien, der auch »Negus« genannt wurde, obwohl er nicht wie ein Neger aussah. Mehr noch als sein eindrucksvoller Charakterkopf faszinierte die Zehnjährige sein sagenhafter Ursprung. Haile Selassi war nämlich auch »Löwe von Juda«, ein direkter Nachfahre des Königs Salomo und der Königin von Saba.

In der Schulbibel wurde der Besuch der mächtigen Herrscherin aus dem Süden mit deren Wunsch begründet, sich von der Weisheit Salomos zu überzeugen. Auf einer Abbildung saßen sich beide auf niedrigen Polsterbänken gegenüber, tranken Wein aus Bechern und ließen sich mit großen Palmwedeln Luft zufächeln. Aber auch die gereinigte Schulausgabe enthielt Hinweise auf »Sünden und Ausschweifungen« der Könige Israels, und als einmal in der Familie über die Abstammung des »Löwen von Juda« gesprochen wurde, zitierte der Vater mit verschmitztem Lächeln ein frivoles Sprüchlein:

»Der David und der Salomo, das waren arge Sünder.
Sie lebten in dolcissimo und zeugten viele Kinder.
Doch als sie nicht mehr konnten so, von wegen hohen Alters,
schrieb seine Sprüche Salomo, der David seine Psalters.«

Der Abessinienkrieg wurde auch in E.s Heimat ausgetragen, nämlich von Paderborner Pimpfen in einem Zeltlager des deutschen Jungvolks zwischen Stukenbrock und Oerlinghausen. Die afrikanische Partei war in diesem Geländespiel beliebter als die italienische, weil sie phantastische Kriegsbemalung mit Holundersaft, Schuhcreme und Zahnpasta sowie dekorativ um die Hüften geschlungene Röckchen aus Blätterwerk erlaubte. Außerdem verfügte sie über einen echt abessinischen Schlachtgesang, den sie vor Beginn der allgemeinen Balgerei brüllte: »Uälläh, uälläääh, bellibamo!« Das Kriegsgeschrei der »Italiener« bestand aus einer wenig respektvollen Fassung der faschistischen Hymne (Giovinezza), von der nur die ersten zwei Zeilen im Gedächtnis geblieben sind: »Wär der Nordpol italienisch, wäre Mussolini König . . .«

Mussolini war kein König, sondern »Duce«, was auf deutsch »Führer« hieß. Er war schon viel länger »Duce« als der »Führer« »Führer« war, weil er im Jahre 1922 einen »Marsch auf Rom« gemacht hatte. Andererseits war er doch kein ganz richtiger »Duce«, weil über ihm noch der kleine König Viktor Emanuel stand, der 1936 sogar als Nachfolger Haile Selassies »Kaiser von Äthiopien« wurde.

Mussolini feierte im Mai 1936 die wenig ruhmreiche spätkoloniale Eroberung in Afrika als »Wiedererscheinen des römischen Imperiums auf den schicksalhaften Hügeln Roms«. Zwei Monate später brach der spanische Bürgerkrieg aus, der die Völker Europas in weit stärkerem Maße bewegte und zu leidenschaftlichen Stellungnahmen herausforderte.

In den folgenden Jahren wurde die Freundschaft zwischen Italien und Deutschland durch Bündnisse, Abkommen und Staatsbesuche gefestigt. Irgendwann verstand E., daß der »Duce« sich nicht als Italiener, sondern als »Römer« und Nachfolger der römischen Imperatoren fühlte, denn er bemühte sich, in den Wochenschauen eine Atmosphäre von Macht, Willenskraft und Energie auszustrahlen. Die Italiener, »sein« Volk, waren allerdings schon lange keine Römer mehr. Sie sprachen nicht mehr Latein wie Cäsar und Augustus, sondern eine viel weichere Sprache mit vielen »dsch«, wie in Don Giovanni, und waren – ähnlich wie die Griechen, Ägypter und Chinesen – nicht viel mehr als eine Art Nachlaßverwalter und Museumswärter einer vergangenen, ruhmreichen Geschichte, an die Tempel, Triumphbögen und Amphittheater erinnerten.

Die Römer waren nicht nur die schlimmsten Feinde der Christen gewesen, sondern auch der Germanen. Nachdem sie sich alle Länder rund um das Mittelmeer »tributpflichtig« gemacht hatten, versuchten sie das gleiche mit den germanischen Stämmen im Norden. Im Jahre 9 nach Christi Geburt erschien sogar ein römischer Feldherr in E.s Heimat, um die germanischen Stämme in Ostfalen und im Lipperland zu unterwerfen. Da hatte er sich aber verrechnet, und wie! Die Schlacht im Teutoburger Wald wurde E. durch das Viktor-von-Scheffel-Lied überliefert:

»Als die Römer frech geworden, simserimsimsimsimsim,
zogen sie nach Deutschlands Norden, simserimsimsimsimsim.
Vorne mit Trompetenschall, täterätätätä,
zog der Generalfeldmarschall, täterätätätä,
Herr Quintilius Varus, wauwauwauwauwauwauwau,
Herr Quintilius Varus, schnedderengteng, schnedderengteng,
schnedderengtengtengtengteng.«

Dieses Lied gefiel dem Kind nicht nur wegen der lustigen Silben am Schluß der Zeilen, sondern auch, weil es interessante Einzelheiten enthielt, die die Geschichtsbücher gewöhnlich verschwiegen, so etwa, daß der Herr Quintilius Varus im Sumpf steckenblieb und dabei Strumpf und Stiefel verlor. Die Germanen hatten die Römer nicht nur in der Schlacht im Teutoburger Wald besiegt, sie waren in der Völkerwanderung selbst über die Alpen gezogen, um das Römische Reich zu zerschlagen und statt dessen germanische Reiche zu begründen.

E. las viele Bücher von Felix Dahn, Gustav Freytag, Hans Friedrich Blunck, Otto Gmelin und anderen »völkischen« Dichtern über den Vandalenkönig Geiserich und die Gotenkönige Theoderich und Alarich, zog mit germanischen Stämmen von der unteren Weichsel und Oder auf die Krim und den Balkan, nach Griechenland und Kleinasien, nach Frankreich, Italien, Spanien und Afrika und kennt noch heute die Balladen »Das Grab im Busento« von August Graf von Platen und »Die letzten Goten« von Felix Dahn auswendig.

Viele Jahrhunderte lang zogen deutsche Fürsten wie Friedrich Barbarossa und sein Enkel, der Hohenstaufenkaiser Friedrich II., von Sizilien mit ihren Heeren nach Süden, um das »Heilige Römische Reich Deutscher Nation« gegen den Papst zu verteidigen und sich in Rom zum Kaiser krönen zu lassen.

In den Geschichtsbüchern des Dritten Reiches wurden die Völkerwanderungen als verhängnisvoller Aderlaß germanischen Blutes und die Feldzüge der mittelalterlichen Könige und Kaiser als tragische Vergeudung deutscher Lebenskraft bedauert. Hitler proklamierte: »Wir stoppen den ewigen Germanenzug nach dem Süden . . . und weisen den Blick nach Osten.«

E. erinnert sich zwar daran, in ihrem Lebenslauf zum Abitur »Aufbauarbeit im deutschen Osten« als Zukunftsperspektive angegeben zu haben, aber das war mehr Pflichtgefühl als Neigung. Sie ist ganz sicher, daß ihr Herz niemals für »den Osten«, sondern weit mehr für den »ewigen Germanenzug nach dem Süden« geschlagen hat.

Im Mittelalter und in der Renaissance gab es in Italien eine große Kultur mit prächtigen Städten, Kirchen, Palästen, Bildwerken und Statuen von Leonardo da Vinci, Michelangelo, Raffael, Botticelli und anderen Künstlern, deren Abbildungen E. aus Kunstheften, Kalendern und Lexika kannte. Das kleine silberne Engelchen an ihrer Kinderhalskette blinzelte auch vom unteren Bildrand der Sixtinischen Madonna über den Ehebetten der Eltern gedankenvoll nach oben. Wer es sich leisten konnte, der fuhr nach Italien, um sich die Kunst anzusehen und die Tauben auf dem Markusplatz in Venedig zu füttern, wie Onkel Fritz und Tante Soscha auf ihrer Hochzeitsreise im Jahre 1922.

Bruder Erwin lernte Italien im Krieg kennen. In seinem letzten Urlaub versprachen sich die beiden Geschwister, später einmal, wenn »alles vorbei« sein würde, auf den Spuren der Germanen, Konradins, Goethes und des Eichendorffschen Taugenichtses nach Süden zu fahren, aber als der Krieg zu Ende war, hatte man ihn längst auf einem Dorffriedhof in der Toskana begraben.

Das faschistische Italien und das nationalsozialistische Deutschland hatten miteinander Freundschaft geschlossen, weil vieles in ihren Ländern ähnlich war. Beide hatten einen »Führer«, und auch in Italien gab es eine »Bewegung«, die einen neuen Anfang gemacht und mit dem Parteienwirrwarr und Parteienhader, vor allem aber mit dem Kommunismus aufgeräumt hatte.

Das Abzeichen der italienischen Faschisten waren die Fasces, ein Rutenbündel mit einem Beil darin. Es stammte von den römischen Feldherren, die es als Zeichen ihrer Amtsgewalt, nämlich zu züchtigen und die Todesstrafe zu verhängen, vor sich her tragen ließen.

E. gefiel das Liktorenbündel weit weniger als das germanische Hakenkreuz. Die römische Symbolik erschien ihr nicht nur brutal, sondern auch anmaßend, weil die Italiener der Gegenwart keine Römer mehr waren. Sie fragte sich allerdings nicht, was die Deutschen des 20. Jahrhunderts noch mit den alten Germanen zu tun hatten.
Trotz aller Freundschaft waren die Italiener kein »germanisches Brudervolk«. Nachdem der »ewige Germanenzug nach dem Süden« zu Ende gegangen war, hatte sich die »nordische Blutsbeimischung« mehr und mehr zugunsten der »westischen (mediterranen) Rasse« vermindert – so lehrte es die Rassenkunde. Die Menschen der »westischen Rasse« zeichneten sich durch viele liebenswerte Züge aus. Sie waren leidenschaftlich und begeisterungsfähig, musikalisch, künstlerisch, schauspielerisch und rhetorisch begabt, außerdem heiter und herzlich, gesellig und kinderlieb, gastfreundlich und freigebig, aber es fehlte ihnen an Kühnheit und Energie, Härte und Disziplin, Fleiß und Arbeitsamkeit. Allerdings wurden die Italiener in der NS-Propaganda immer »nordischer«, je enger sich die freundschaftlichen Beziehungen zwischen den beiden faschistischen Diktaturen gestalteten. Unter Berufung auf das zweite Mendelsche Gesetz argumentierte der Vater und Biologielehrer, daß die im Erscheinungsbild des italienischen Volkes dominierende dunkle Haar- und Augenfarbe wahrscheinlich noch immer einen beträchtlichen Anteil rezessiv vererbter hellerer Farbgebungen überdecke. Das gleiche Gesetz erlaubte es dem Studienrat, sich mit seinen braunen Augen und schwarzen Haaren als »nordischwestisch« zu bezeichnen. Trotzdem bezweifelte E., daß sich das italienische Volk der Gegenwart für die »Wiederherstellung des Imperiums Romanum auf den schicksalhaften Hügeln Roms« gewinnen lassen würde, und fand das damals bedauerlich – heute vernünftig und sympathisch.
Immerhin war es dem »Duce« gelungen, »seine« Italiener zur Trockenlegung der Pontinischen Sümpfe anzuspornen. E. erinnert sich an eindrucksvolle Aufnahmen und Bildberichte in der Wochenschau über die Einweihung neuer Städte, die Übergabe von Siedlerparzellen an italienische Landarbeiter durch den »Duce« und an schnurgerade Ackerfurchen mit keimender Saat. Die Entwässerung dieser ausgedehnten, malariaverseuchten Lagune südöstlich von Rom und ihre Verwandlung in ein blühendes landwirtschaftliches Anbaugebiet, den heute sogenannten »Pontinischen Acker«, hatten schon Cäsar, Augustus und andere römische Kaiser sowie 18 Päpste vergeblich versucht.
Irgendwann sah die Heranwachsende auch einen Dokumentarfilm über die Neugewinnung von Ackerland in der Cyrenaika, dem nordafrikanischen Kolonialbesitz der Italiener. Tatsächlich wurden damals mit Hilfe moderner Anbaumethoden (Trockenfarmsystem) etwa 120 000 italienische Bauern und ebenso viele Halbnomaden der einheimischen Bevölkerung in Gebieten angesiedelt, die bis dahin niemals landwirtschaftlich genutzt worden waren.
Weitere Informationen über das Italien der Gegenwart erhielt E. von ihrer italienischen Gesanglehrerin, einer sehr lieben alten Dame, die sich in Paderborn, zusammen mit ihrem wenig lebenstüchtigen Bruder, mühsam am Rande bitterer Armut durchschlug. Eine Schülerin aus vermögendem Elternhaus ermöglichte ihr in den ersten Kriegsjahren eine Reise in die Heimat. Als sie zurückkam, war sie voller Begeisterung für den »Duce« und die »kaum glaublichen Veränderungen«, die Mussolini in Italien gelungen seien. Diese bestünden darin, daß nunmehr die Züge ganz pünktlich führen, die Straßen gefegt seien, die Städte sauber und ordentlich aussähen, die Bevölkerung einen ganz neuen Zugang zu regelmäßiger und zuverlässiger Arbeit gefunden hätte und es keine Bettler mehr gäbe. E. dachte: Wenn schon die Herstellung des »Normalzustandes« für die Italiener eine »kaum glaubliche« Leistung darstellt, kann man nicht viel von ihnen erwarten.

Die Freundschaft zwischen Italien und Deutschland zeigte sich auch in der freundschaftlichen Beziehung zwischen Hitler und Mussolini. Für die bei Kriegsende 20jährige waren beide Männer viel zu alt, um »in ihre Träume zu fallen«. Trotzdem spürte die Heranwachsende etwas von jenem brutal-männlichen Charme, den der »Duce« zu verbreiten wußte. Seine unschöne Glatze verbarg er gewöhnlich unter einem flotten Käppi, einem weichkrempigen Hut oder einem Stahlhelm. Verglichen mit der wenig profilierten Physiognomie des Führers, konnte man seinen massigen, aber nicht verfetteten Gesichtszügen durchaus eine gewisse Bedeutung beilegen. Er liebte es, sich bei »männlichen« Betätigungen filmen oder fotografieren zu lassen: als Motorradfahrer, Reiter, Fechter, Jäger und Skiläufer, mit nacktem Oberkörper als Erntehelfer und mit Badehose als Schwimmer. Den Führer des Deutschen Reiches sah man hingegen – abgesehen von jenem ersten Spatenstich im Jahre 1935, mit dem der Bau der Autobahnen eingeleitet wurde – niemals bei körperlicher Arbeit oder sportlichen Betätigungen. Seine Schirmmütze und seine Uniform entbehrten jeglicher Eleganz. Alle wußten, daß er Nichtraucher, Antialkoholiker und Vegetarier war, also alles andere als das, was man in Süddeutschland ein »gestandenes Mannsbild« nennt.

Kurz vor Kriegsende, als die Nachricht kam, Mussolini sei mit seiner Geliebten Clara Petacci erschossen worden, erfuhr E., daß »Benito« seiner langjährigen Ehefrau Rachele keineswegs treu gewesen war. In Italien hingegen war das rege Liebesleben des »Duce« nicht unbekannt geblieben und soll seiner Popularität nicht abträglich gewesen sein. Die Behauptung, Millionen italienischer Frauen hätten sich heimlich danach gesehnt, »mit dem Duce zu pennen«, ist sicher übertrieben, aber Mussolinis häufige und raffiniert inszenierte Auftritte vor italienischen Frauen, Müttern und Kriegerwitwen ließen wohl tatsächlich »manche Frauenherzen höher schlagen«.

Hitler war nicht nur unverheiratet, sondern kam zu Lebzeiten auch niemals mit einer Frau ins Gerede. Wenn er in der Wochenschau bei Staatsbesuchen oder Empfängen mit Damen zu tun hatte, wirkte er altmodisch-höflich, linkisch und ungewandt, ja verklemmt. Von der Existenz einer Geliebten erfuhr die staunende Nachwelt erst nach seinem Tode. Die Heranwachsende wußte aus vielen UFA-Filmen, wie ein »Frauenheld« und »Herzensbrecher« aussah, nämlich attraktiv, sportlich, männlich und draufgängerisch. Sie empfand das Fehlen solcher Eigenschaften beim Führer nicht als unsympathisch. Es entsprach dem Propagandabild: der große Einsame, der sein asketisches Leben selbstlos in den Dienst für Volk und Vaterland stellte und für so profane Dinge wie ein Privatleben keine Zeit hatte.

E. hält es für unwahrscheinlich, daß sich auch nur eine einzige deutsche Frau Hitler als Liebhaber erträumt hat. Schon der Gedanke daran erscheint ihr absurd, ja geradezu pervers. Zustimmung, Verehrung und Begeisterung von Frauen beruhten – ganz im Gegensatz zu Mussolini – kaum auf seiner »männlichen« Ausstrahlung, sondern eher auf seiner bewußt zur Schau gestellten zölibatären Lebensweise. Sie machte ihn zu einem »guten, geschlechtslosen Onkel«, dem man vertrauen konnte.

Bereits im Abessinienkrieg hatte Hitler durch strikte Neutralität eine italienfreundliche Haltung eingenommen. Im spanischen Bürgerkrieg kam es zu einer Waffenbrüderschaft zwischen den offiziell auf seiten Francos kämpfenden italienischen Truppen und der inoffiziell von Deutschland entsandten »Legion Condor«. Im Jahre 1938, beim Anschluß Österreichs, duldete Mussolini die erhebliche Machtsteigerung Deutschlands und die Ausweitung der deutschen Grenzen bis nach Italien.

E. erinnert sich an die Äußerung Hitlers, daß er »das dem Duce nie vergessen werde«, weil sie nicht nachvollziehen konnte, was am Verhalten Mussolinis den »Führer« zu besonderer Dankbarkeit verpflichtete. Wenn ein deutsches Land sich freiwillig dem größeren deutschen Vaterland anschloß, ging das den »Duce« oder irgendeinen anderen europäischen Staatsmann überhaupt nichts an, und wenn Mussolini wirklich ein Freund des neuen Deutschland war, konnte er sich darüber doch nur freuen.

Sie war auch nicht damit einverstanden, daß als Gegenleistung für Mussolinis Stillhalten der »Volkstumskampf der Deutschen in Südtirol« aus dem Repertoire des VDA, der Hitlerjugend und der offiziellen NS-Propaganda verschwand. In den ersten Jahren des Dritten Reiches war das keineswegs der Fall. Südtirol rangierte gleichwertig neben Siebenbürgen und Buchenland, Banat und Batschka, Sudetenland und Oberschlesien, Westpreußen und Memelland. Es gab Bücher, Filme, Gedichte und Lieder, die den Freiheitskampf Südtiroler Bauern gegen die Truppen Napoleons in der Vergangenheit und ihren Volkstumskampf gegen »welsche Überfremdung« in der Gegenwart eindrucksvoll schilderten.

In einem frühen Schulungsheft stand eine Geschichte, in der Südtiroler Kinder in einer italienischen Schule eine Art passiven Widerstand gegen eine »welsche Signorina« mit geschminktem Mund und lackierten »krallenartigen« Fingernägeln leisten. Der Film »Standschütze Bruggler« aus dem Jahre 1936 erhielt sogar das Prädikat »staatspolitisch und künstlerisch wertvoll, volksbildend«. Er spielte im Ersten Weltkrieg, in dem Italien sich trotz des Dreibundes mit dem kaiserlichen Deutschland und der k. u. k. Donaumonarchie nach anfänglicher Neutralität bereits 1915 auf die Seite der Feindmächte gestellt hatte. Den Versuch, Südtirol zu erobern, schlugen damals alte und junge Tiroler »Standschützen« in einer Art Guerillataktik erfolgreich zurück. Trotzdem wurde Südtirol im Vertrag von St. Germain, dem Gegenstück zum Versailler Vertrag für Österreich-Ungarn, ohne Volksabstimmung Italien angeschlossen.

Den offiziellen feierlichen Verzicht Hitlers auf Südtirol bei seinem Italienbesuch im Mai 1938 nahm die Führerschaft der Hitlerjugend mit innerem Widerstand zur Kenntnis, weil er eindeutig gegen den ersten Punkt des Parteiprogrammes verstieß: »Wir fordern den Zusammenschluß aller Deutschen, aufgrund des Selbstbestimmungsrechtes der Völker!«

Auch nach dem Jahre 1938 erreichten E. Informationen über die Italienisierungspolitik der faschistischen Regierung in Rom, obwohl die offiziellen Kontakte zu Vertretern des »völkischen Widerstandes gegen den Faschismus« (!) längst abgebrochen und die Südtiroler von allen Förderungsprogrammen für die Deutschen im Ausland ausgeschlossen worden waren.

Sie vergaß nie, auf Heimabenden über das Deutschtum im Ausland die Südtiroler und ihr tragisches Schicksal zu erwähnen, die der »Führer« aus »staatspolitischen Gründen« habe opfern müssen, weil das neue Deutschland auf die »Freundschaft« Italiens nicht verzichten könne.

Eine Zeitlang galt der in Südtirol geborene Bergsteiger, Architekt, Filmschauspieler, Filmregisseur und Schriftsteller Luis Trenker in der Hitlerjugend als Symbol des Volkstumskampfes in Südtirol. E. sah alle seine »Freiheitsfilme aus den Tiroler Bergen«: »Berge in Flammen«, 1930 als deutsch-französische Gemeinschaftsproduktion gedreht, »Der Rebell«, eine deutsch-amerikanische Gemeinschaftsarbeit aus dem Jahre 1932, und »Der Feuerteufel« von 1939, in dem der Aufstand der Südtiroler Bauern gegen Napoleon nach Kärnten verlegt wurde, weil »Südtirol« offiziell nicht mehr existierte.

1939 hieß es, Trenker sei ein entschiedener Gegner der von Hitler und Mussolini vereinbarten Umsiedlung der Südtiroler ins Reichsgebiet und habe deshalb »Ärger« bekommen. Gleichzeitig gab es Gerüchte, die Luis Trenker als eine Art Verräter darstellten, weil er seinen Wohnsitz nach Rom verlegt und es vorgezogen habe, die italienische Staatsangehörigkeit anzunehmen bzw. beizubehalten und nun italienische Filme drehe. Tatsache ist, daß ihm 1940 auf Anordnung von Goebbels die Tätigkeit im deutschen Film als Autor und Regisseur, wenn auch nicht als Schauspieler untersagt wurde.

Im Jahre 1942 lernte E. in einem Skilager in den bayerischen Alpen zwei junge Soldaten aus Südtirol kennen. Sie waren illegal über die Grenze gegangen und hatten sich freiwillig zur Waffen-SS gemeldet, weil sie nicht im italienischen Heer dienen wollten. Die beiden waren nicht nur großartige Skiläufer, sondern auch entschiedene und leidenschaftliche »Antifaschisten«. Die generalisierende Verwendung des Begriffes »Faschismus« sowohl für die faschistische Bewegung in Italien als auch für den deutschen Nationalsozialismus war bis Kriegsende in Deutschland völlig unbekannt.

Die beiden jungen Südtiroler berichteten voller Bitterkeit, daß die Freundschaft zwischen Hitler und Mussolini der deutschen Bevölkerung Südtirols nicht das geringste eingebracht, sondern ganz im Gegenteil eine rücksichtslose Italienisierungswelle ausgelöst habe. So seien z. B. die Mehrheitsverhältnisse durch die Zusammenlegung von Deutsch-Tirol und Welsch-Tirol in der Provinz Venezia-Tridentina bewußt zugunsten der italienisch sprechenden Bevölkerung verschoben worden. Sie berichteten vom Verbot der deutschen Sprache auf den Ämtern, vor Gericht und in den Schulen des geschlossenen deutschen Siedlungsgebietes, von Verhören, Amtsenthebungen, Geldstrafen, Inhaftierungen und Verbannungen deutscher Lehrer und Schüler, die einen deutschen Hausunterricht organisiert hatten, von Zwangsitalianisierungen deutscher Namen usw. Einwände, daß es sich dabei vielleicht um Maßnahmen untergeordneter Stellen handele, die möglicherweise nicht im Sinne der faschistischen Regierung in Rom seien, beantworteten sie mit so drastischen Beschimpfungen der »damischen« Faschisten und des »damischen« Duce, daß es schon fast peinlich wurde, weil dieses Gespräch halböffentlich, nämlich an einem sogenannten Kameradschaftsabend in einem Wirtshaus stattfand.

Sie berichteten auch von der dumpfen Verzweiflung der Südtiroler nach dem feierlichen Verzicht Hitlers auf ihre Heimat und davon, daß sich bei dem Umsiedlungsaufruf vom Sommer 1939 fast 90 Prozent der Bevölkerung resigniert für eine Aufgabe ihrer oft seit Jahrhunderten im Familienbesitz befindlichen Bergbauernhöfe und Betriebe entschieden hätten, weil andernfalls mit Zwangsumsiedlungen ins Innere Italiens zu rechnen gewesen sei.

Tatsächlich stimmten 89,9 Prozent der zur Umsiedlung aufgerufenen deutschen und ladinischen Bevölkerung Südtirols für die Aufgabe der eigenen Heimat und holten damit, wenn auch in Form eines schmerzlichen Verzichtes, die 1919 versäumte Volksabstimmung nach. Die Umsiedlungsaktionen in die nach dem Anschluß so genannte Ostmark und ins »Altreich« liefen allerdings nur zögernd an und wurden Ende 1941 eingestellt. Nach dem Sturz des Faschismus in Italien im Jahre 1943 stand Südtirol vorübergehend, d. h. bis Kriegsende, unter deutscher Verwaltung.

An jenem Kameradschaftsabend beherrschte zuletzt das Thema Südtirol die ganze Runde. Als E. auf dem Akkordeon das Lied spielte: »Das Schönste auf der Welt ist mein Tirolerland«, sangen alle beim Refrain mit:

»Drum woll'n wir schau'n, schau'n, schau'n,
wohl übern Zaun, Zaun, Zaun,
in das schöne Land Südtirol.
Tirolerland, du bist so schön, so schön,
wer weiß, ob wir uns wiedersehn« –
und das war fast eine »antifaschistische« Kundgebung.

Beim Abschied erhielt sie von dem Bergbauernsohn und Skikameraden aus Brixen in Südtirol ein Edelweiß-Abzeichen der illegalen »Völkischen Kampffront Südtirols gegen den Faschismus«. Sie schrieb sich noch eine Zeitlang mit ihm, weil sie sich vorgenommen hatten, nach dem Krieg in München zusammen Musik zu studieren. Er hat das schöne Südtirol nicht wiedergesehen, sondern starb irgendwann in einem sowjetischen Kriegsgefangenenlager.

Nach Kriegsende bekam das Edelweiß der »Völkischen Kampffront Südtirol« noch einmal eine besondere Bedeutung. Im Sommer 1945 waren alle Uniformen, Rangabzeichen, Fahnen, Symbole und Farben, die auch nur entfernt an Deutschland erinnerten, streng verboten. Statt dessen wehten an Kasernen und öffentlichen Gebäuden, vor Kriegsgefangenen- und »DP«-(displaced person-)Lagern amerikanische, englische, französische, russische, belgische, holländische, polnische Fahnen und solche unbekannter Herkunft.

In diesem Sommer trugen viele junge Deutsche ein Edelweiß am Mantel- oder Jackenaufschlag und nannten sich »Edelweißpiraten«. E., die von der gleichnamigen antifaschistischen Widerstandsgruppe nie etwas gehört hatte, stellte sich darunter eine Geheimorganisation »heimattreuer Jugend« vor, und Begegnungen mit anderen »Nachkriegsedelweißpiraten« bestätigten diese Vermutung. Also steckte auch sie sich das Südtiroler Edelweiß an ihre Straßenbahnerjacke, als Zeichen . . . ja, für was eigentlich? . . . für nicht mehr und nicht weniger, als daß sie noch immer »Deutsche« war.

Im April 1939 besetzten italienische Truppen Albanien und zwangen den albanischen König Zogu zur Abdankung und ins Exil.

Der Kommentar von E.s Mutter zu diesem Ereignis lautete: »Der will auch was abhaben«, denn inzwischen hatte das Dritte Reich seine Grenzen durch die Anschlüsse des Saarlandes, Österreichs, des Sudeten- und Memellandes sowie die Einverleibung des »Reichsprotektorats Böhmen und Mähren« erheblich erweitert. Bei Kriegsbeginn stellte es sich heraus, daß Deutschland in Europa, außer mit einigen Verbündeten auf dem Balkan (Rumänien, Ungarn, Bulgarien), nur mit der Waffenbrüderschaft Italiens rechnen konnte. Da zeigte es sich, daß der Schock über den »Verrat« des italienischen Bundesgenossen im Ersten Weltkrieg noch keineswegs vergessen war. E.s Vater versuchte vergeblich, die Skepsis einiger »Reserveoffiziersschwäger« mit der Behauptung zu zerstreuen, daß es sich jetzt ja doch um »ein ganz anderes Italien« handele.

Zehn Tage vor Beendigung des Frankreich-Feldzuges, im Sommer 1940, erklärte das faschistische Italien Frankreich und Großbritannien den Krieg und eröffnete an der italienisch-französischen Alpengrenze eine zweite Front, die aber nur unerhebliche Gebietsgewinne verzeichnen konnte.

Die daraufhin von Mussolini gestellten Forderungen wurden in Deutschland wohlweislich nicht einmal bekanntgegeben, geschweige denn erfüllt.

Der »Duce« hatte nicht nur Nizza und Korsika, ein Besatzungsgebiet bis zur Rhone und die Auslieferung der französischen Mittelmeerflotte, sondern auch die Herrschaft über die französischen Kolonien Tunis, Syrien und Djibouti, außerdem Stützpunkte in Algerien sowie das damals noch britische Malta verlangt.

Die Italien zugesprochene schmale Besatzungszone im südöstlichen Frankreich erwies sich allerdings als letzte Zuflucht für einige tausend der insgesamt 70 000 bis 80 000 jüdischen Emigranten, die von der mit Nazideutschland kollaborierenden Pétain-Regierung durch »Amtshilfe« ausgeliefert wurden.

Während des Krieges wurden im faschistischen Italien eine Reihe antijüdischer Gesetze erlassen, die aber ebenso viele Ausnahmen zuließen. Kriegsteilnehmer und ihre Familien waren z. B. prinzipiell vor jeder Diskriminierung geschützt. Im übrigen war Antisemitismus im italienischen Volk und auch unter italienischen Faschisten – von Ausnahmen abgesehen – kaum verbreitet.

Im Oktober 1940 scheiterte ein italienischer Angriff auf Griechenland. Die drohende Niederlage konnte erst durch deutsche Militärhilfe aufgefangen werden. Auch für diesen Feldzug gab es keine propagandistische Begründung. Die These, Mussolini habe es nicht ertragen können, untätig zuzusehen, während andere »Geschichte machten«, ist wohl zutreffend. Die italienischen Soldaten waren an dieser Art, Geschichte zu machen, wenig interessiert und vernünftigerweise nicht bereit, ihr Leben aufs Spiel zu setzen, um ein neues »Imperium Romanum auf den schicksalhaften Hügeln Roms« zu errichten.

Anfang 1941 wurde, auf Mussolinis Hilferuf hin, eine deutsche Armee unter General Rommel nach Afrika entsandt, um den Verlust der italienischen Kolonie Libyen zu verhindern, nachdem bereits »Groß-Äthiopien« verlorengegangen war.

Die Tatsache, daß Italiens Eintritt in den Krieg den Gegnern Deutschlands die ersten Siege einbrachte, war nicht gerade geeignet, die Achtung vor dem »schlappen, unzuverlässigen Bundesgenossen im Süden« zu heben. Es gab eine Reihe von Witzen, in denen man sich über die Erfolglosigkeit der Italiener lustig machte. Im Sommer 1942 erntete E. mit einem fiktiven Heeresbericht großes Gelächter, nicht nur bei den Mitschülern ihrer Klasse, sondern auch bei dem Klassenlehrer mit Parteiabzeichen. Vorausgegangen war die Eroberung ganz Südostasiens durch die japanischen Streitkräfte in nur wenigen Monaten, während sich die Heeresberichte des kämpfenden Italiens im wesentlichen auf die Bombardierung der britischen Mittelmeerinsel Malta beschränkten. Der nur wenig vorausdatierte Heeresbericht E.s lautete: »Deutsche und japanische Truppen reichten sich am Panamakanal die Hand – die Italiener bombardierten mit Erfolg La Valetta auf Malta.«

Als im Oktober 1943, nach der Absetzung und Inhaftierung Mussolinis, die neue italienische Regierung des Marschalls Badoglio Deutschland den Krieg erklärte, befanden sich die deutschen Soldaten auch in Italien plötzlich in Feindesland, und Rom wurde von deutschen Truppen besetzt.

Die dem »Imperium Romanum« aus der Konkursmasse Jugoslawiens zugesprochenen Gebiete Dalmatiens und Montenegros sowie Albanien wurden Italien von NS-Deutschland wieder aberkannt, Triest, Istrien, der nördliche Teil Sloweniens und Laibach (Ljubljana) sowie Südtirol dem Deutschen Reich angeschlossen.

Nach der spektakulären Befreiung des »Duce« aus einem unwegsamen Gebirgsgelände durch einen deutschen SS-Offizier und seine Wiedereinsetzung zum Chef der »Italienischen Sozialrepublik« im Norden Italiens (Salo) hatte Mussolini ausgespielt, war nur noch eine müde, kranke Marionette der deutschen Regierung.

Wenige Wochen vor dem Umsturz in Italien lagen in Sennelager bei Paderborn italienische Einheiten, die an der Ostfront eingesetzt werden sollten und einige Wochenenden hindurch Straßen und Plätze, Restaurants und öffentliche Anlagen, Kinos und Kirchen der Stadt überschwemmten. Nach der Kriegserklärung Italiens sah man keine italienischen Soldaten mehr.

Erwin, der zufällig auf Urlaub war und italienische Kameraden besuchen wollte, erzählte, die Kasernen der Italiener seien von deutschen bewaffneten Kommandos umstellt gewesen. Jeglicher Kontakt mit den ehemaligen Bundesgenossen sei verboten.

Das Schicksal der Italiener, die sich nach 1943 in den von deutschen Truppen besetzten Gebieten oder in Deutschland aufhielten, war, wie E. heute weiß, beklagenswert. Sie wurden zum Objekt von Haß und Verachtung, Rache und Enttäuschung über den unzuverlässigen »Bundesgenossen«, der sich, militärisch gesehen, nur als »Belastung« erwiesen hatte.

Italienischen Einheiten, die sich für weitere Waffenbrüderschaft mit Deutschland entschieden, begegnete man mit Spott und Hohn sowie äußerstem Mißtrauen, die übrigen wurden bis Kriegsende unter Bedingungen gefangengehalten, die denen russischer Kriegsgefangener in nichts nachgestanden haben sollen, so daß viele Tausende der »italienischen Militärinternierten« (»IMIs«) in deutschem Gewahrsam verhungerten.

Der gespannte Bogen

E.s Kindheitsvorstellungen über Japan und die Japaner waren geprägt durch die »Drei Japanesen mit dem Kontrabaß«, durch einen »Kimono« aus glänzend grüner Seide mit aufgestickten rot-goldenen Vögeln sowie durch Teedosen, Porzellanteller und Papierschirmchen auf Kuchenteilen. Darauf waren Frauen mit goldenen Spießen in aufgebufften schwarzen Haaren, die auf dem Boden kauerten und Tee einschenkten oder mit Sonnenschirmen auf gebogenen Brücken herumstanden.

Auf vielen Dosen und Tellern sah man einen Berg mit ausgezackter, schneebedeckter, manchmal rauchender Spitze, von dem es im Bücherschrank des Vaters ein ganzes Buch gab. »Die hundert Ansichten des Fujijama« von Hokusai dienten E. in früher Kindheit als eine Art Rätselbilderbuch, denn der Fujijama war oft ganz klein oder nur mit zarten Umrißlinien angedeutet hinter Blumen, Bäumen, menschlichen Figuren, Wasserwogen, Schneegestöber oder Regenwolken verborgen und nur zu finden, weil er ja auf dem Bild sein mußte.

Japanische Männer waren klein und schmächtig. Darum hatten sie eine geheimnisvolle Kampftechnik entwickelt, die »Jiu-Jitsu« hieß und bei der es mehr auf Geschicklichkeit als auf Kraft ankam. Das erfuhr E. von den Brüdern und auch, daß sie sich nicht aufhängten, vergifteten oder erschossen, wenn sie das Leben leid waren, sondern »Harakiri« machten. Diese schreckliche Todesart wußte Bruder Erwin mit Fahrtenmesser und Geröchel drastisch zu demonstrieren.

Die kleinen, gelben, schlitzäugigen, immer lächelnden Japaner blieben für das Kind lange Jahre ein seltsames, fremdes, undurchsichtiges, auch ein wenig lächerliches Volk.

Im November 1936 schlossen Deutschland und Japan zur Abwehr der »Kommunistischen Internationale« (Komintern) den »Antikominternpakt«, dem 1937 Italien, 1939 Ungarn, Spanien und das völkerrechtlich nicht anerkannte Kaiserreich Mandschukuo, 1941 Bulgarien, Dänemark, Finnland, Kroatien, Rumänien, die Slowakei und das von Japan besetzte Nanking-China beitraten.

Im Jahre 1940 wurde der »Dreimächtepakt« zwischen Deutschland, Italien und Japan geschlossen, der in der NS-Propaganda »Achse Berlin – Rom – Tokio« hieß und 1942 durch ein Militärbündnis vertieft wurde. Danach durfte keiner der drei Staaten kapitulieren, Waffenstillstand oder Frieden ohne Einverständnis der Vertragspartner schließen. Aus der Sicht Japans wurde die »Achse« 1943 von Italien und am 8. Mai 1945 von Deutschland gebrochen.

Während der Olympischen Spiele im Sommer 1936, also wenige Monate vor Abschluß des »Antikominternpaktes«, lag die deutsch-japanische Freundschaft »in der Luft«. Die Stimme eines deutschen Sportlers bei der feierlichen Schlußveranstaltung: »Ich rufe die Jugend der Welt nach Tokio« erfüllte die Elfjährige mit Stolz und Befriedigung, weil sie wußte: Japan ist ein Freund des neuen Deutschland. Auch für sie war inzwischen aus

Japan »Nippon« geworden, das Land der aufgehenden Sonne mit dem roten Feuerball auf der weißen Fahne. Auch für sie verbargen sich jetzt hinter der lächelnden Maske der Japaner Energie und Disziplin, Zähigkeit und Ausdauer, Tapferkeit und Vaterlandsliebe. Die Sympathien der Sportberichterstatter gehörten natürlich in erster Linie den deutschen Sportlern, die in dieser Olympiade mit 33 Goldmedaillen, 26 Silbermedaillen und 30 Bronzemedaillen die USA weit in den Schatten stellten (24 Gold, 20 Silber, 12 Bronze), aber auch dem Auftreten und den sportlichen Leistungen der Japaner, die in der Gesamtwertung vor Finnland den dritten Platz belegten. E.s Vater meinte dazu, daß wohl auch im Sport der »Geist« eines Volkes eine wesentliche Rolle spiele. Angesichts der schon rein zahlenmäßig ungeheuren Überlegenheit der USA seien die Erfolge Deutschlands, Japans und auch Finnlands gar nicht anders zu erklären.

So gehörten denn auch E.s Sympathien dem schweigsamen Marathonläufer und Goldmedaillengewinner Kitei Son, ganz besonders aber dem kleinen japanischen Langstreckenläufer, der beim 10 000-Meter-Lauf – Runde um Runde in Führung – buchstäblich auf den letzten Metern der Rennstrecke von drei fahlblonden Finnen mit unverschämt langen Beinen überholt wurde und nicht einmal eine Bronzemedaille gewann.

Im Gedächtnis geblieben ist auch der Stabhochspringer Nishida, dessen einsames Training im Nieselregen Leni Riefenstahl in ihrem Olympiafilm festgehalten hat. Der große schlanke Sportler im menschenleeren Stadion lief immer wieder mit federnden und gleichzeitig verhaltenen Schritten an, schnellte am bebenden Bambusrohr empor und stieß es genau im richtigen Sekundenbruchteil zurück, ehe er seinen Körper über die Stange warf. Sein schmales, verschlossenes Gesicht zeigte weder Ehrgeiz noch Anspannung, strahlte nur eine ungeheure Ruhe und Gelassenheit aus.

Japan hatte sich erst um 1850 – keineswegs freiwillig, sondern durch Waffengewalt der Amerikaner gezwungen – dem europäischen Einfluß geöffnet, dann aber mit erstaunlicher Geschwindigkeit die Errungenschaften der technischen Zivilisation angenommen und machte nunmehr den westlichen Industriestaaten mit seiner perfekten Produktion modernster Industrieerzeugnisse im gesamten südostasiatischen Raum ernsthafte Konkurrenz. E. erinnert sich zwar nur an japanische Fahrräder, die damals bis nach Deutschland gelangten, aber Onkel Ernst, ein Bruder der Mutter, der in Djakarta bei einer holländischen Im- und Exportfirma tätig war, beklagte sich in seinen Briefen wortreich über die Überschwemmung Indonesiens mit billigen japanischen Waren.

In Japan gab es keine »Bewegung« wie in Deutschland und Italien, und der »Tenno« war schon zu alt, um mit dem »Führer« und dem »Duce« verglichen zu werden. Vielleicht – so dachte die Heranwachsende – hatte das erstaunliche japanische Volk so etwas gar nicht nötig. Die Japaner sahen alle gleich aus, da konnte man wohl bei allen den gleichen Grad an Disziplin, Vaterlandsliebe und »Einsatzbereitschaft« voraussetzen. Die faschistische und auch die nationalsozialistische Bewegung mußte solche Eigenschaften mühsam, durch ständige »Volksaufklärung und Propaganda« bei den zähen, wenig begeisterungsfähigen Massen des italienischen und deutschen Volkes erzeugen.

Etwas anderes hingegen war sehr ähnlich: Die Japaner waren – genau wie die Deutschen – ein »Volk ohne Raum«. Dazu kam, daß auf den dichtbesiedelten japanischen Inseln unwirtliche Gebirge und Vulkane den nutzbaren Boden zusätzlich einschränkten und die japanischen Städte überdies ständig durch Erdbeben bedroht wurden. Die japanischen Bauern trotzten ihren terrassenförmig angelegten Äckern zwar durch intensiven, arbeitsaufwendigen Reisbau erstaunliche Beträge ab, und japanische Fischer sorgten mit ihren Fängen für die Ernährung des Volkes, aber auf die Dauer fehlte es den Japanern – genau wie dem deutschen Volk – an »Lebensraum«.

Deshalb hatten sie sich nicht nur die Halbinsel Korea, sondern auch das »Kaiserreich Mandschukuo« unter den Nagel gerissen, wo es genug Boden gab. Außerdem kämpften sie seit 1937 in einem nicht erklärten Krieg gegen die Chinesen, die in E.s Vorstellung zwar ein uraltes Kulturvolk waren, aber schon seit Jahrhunderten unter einer korrupten Oberschicht dumpf und phlegmatisch dahinvegetierten. Japan hingegen war wie Deutschland ein »junges« Volk, das sich mit dem »Recht des Stärkeren« den ihm zustehenden Lebensraum erobert hatte. So einfach war das.

Über die Zustände in Korea, in der Mandschurei und in den von Japan besetzten Gebieten Chinas gab es keinerlei Nachrichten, die E.s Hochachtung vor dem japanischen Volk hätten mindern können. So wußte sie nicht, daß der angeblich japanische Marathonläufer und Goldmedaillengewinner von 1936, »Kitei Son«, nicht unter seinem koreanischen Namen hatte starten dürfen und daß die koreanische Minderheit in Japan – Nachkommen koreanischer Zwangsarbeiter während des Krieges – noch heute unter der rassistischen Arroganz der Japaner und menschenunwürdigen Sondergesetzen zu leiden hat. Ebenso fehlten Berichte über die brutale Kriegsführung der japanischen Armee auf dem chinesischen Festland, so z. B. über das grausame Massaker unter der Zivilbevölkerung von Nanking im Jahre 1938.

Auch in friedlicheren Lebensbereichen wurde das japanische Volk in der NS-Propaganda als vorbildlich dargestellt, so z. B. während der Ernährungskampagne »Eßt mehr Fisch!« in den Vorkriegsjahren. Die Kühltransportmethoden hatten damals große Fortschritte gemacht, und es galt nun, die Bevölkerung des Binnenlandes für den Verzehr von Nordseefisch zu gewinnen. In Paderborn wurde ein Nordseefischgeschäft eröffnet, das wöchentlich zweimal frischen Fisch und einmal frische Krabben und Muscheln anbot. Plakate veranschaulichten den durchschnittlichen Fischverzehr in Japan mit einem Riesenfisch, der den danebenstehenden, freundlich lächelnden kleinen Japaner um Haupteslänge überragte, während der Pro-Kopf-Verbrauch der Deutschen einer kläglichen Kieler Sprotte glich. E. aß gern Fisch und hatte nichts dagegen, es mit den Japanern im Fischessen nun auch dienstags und nicht nur freitags aufzunehmen, zumal die Mutter sich durch kostenlos erhältliche Fischrezepte zu neuen, wohlschmeckenden Fischgerichten anregen ließ.

Die Freundschaft mit Japan hatte allerdings einen Haken: Die Japaner konnten beim besten Willen nicht als »germanisches Brudervolk« gelten, gehörten nicht einmal zur »arischen«, also stammesverwandten Völkerfamilie wie die Romanen, die Slawen und sogar die Inder. Die bereits im 19. Jahrhundert entstandene und von den Nazis übernommene Rassentheorie beharrte indes völlig unflexibel auf der These, daß nur der »nordische Mensch« sich zum Organisator weit angelegter, kühner Entwürfe und tatkräftiger Unternehmungen eigne, daß nur die »Nordrasse« imstande sei, große Staatsmänner hervorzubringen, daß ein Volk nur durch »nordische Blutsbeimischungen« (zumindest in der Oberschicht) Hochkulturen errichten könne.

Diese These ließ sich im Raum der sogenannten »Alten Welt« durch angenommene oder tatsächlich nachweisbare Einwanderungswellen aus dem Norden einigermaßen »belegen«. Sie hatten – nach dieser Theorie – als »Initialzündungen« die Hochkulturen von Ägyptern und Assyrern, Persern, Babyloniern und Indern, Griechen und Römern ausgelöst. Der französische Rassenkundler de Lapouge behauptete das im 19. Jahrhundert sogar für das alte China: »Il n'y a pas de race jaune« – Es gibt keine gelbe Rasse. Über diese Theorie und ihre Schwachpunkte, die Hochkulturen Chinas, Japans und der Inkas in Mittelamerika, wußte E. aus Gesprächen ihres Vaters mit Kollegen und Bekannten, ehe sie ihnen in Geschichtsbüchern begegnete und sich selbst in rassenkundliche Schriften der väterlichen Bibliothek vertiefte. Historische Entwicklungen wurden darin als »Rassenkämpfe« – nicht als »Klassenkämpfe« dargestellt, in denen sich eine »höhergeartete« Rasse – vor allem die nordische – gegen »minderwertige« durchzusetzen versucht. Wenn man dran glaubte, hatte diese Theorie eine gewisse Logik. Im Falle Japans führte sie zu geradezu absurden Konstruktionen. Weil Deutschland mit Japan befreundet war, ließ man sich etwas einfallen, um »nordische Blutsbeimischungen« in das japanische Volk hineinzubekommen; und so sollten es denn die Ainus gewesen sein, die die unerläßliche nordische Spritze geliefert hatten.

E.s Vater verschwieg allerdings nicht, daß es sich bei jenen Ainus – einem tatsächlich weißen, langköpfigen Jäger- und Hirtenvolk, das auf der nördlichen Insel Japans, auf der sibirischen Halbinsel Sachalin und den Kurilen lebt – um den versprengten Überrest einer europäischen Urrasse von altertümlicher Artung handele. Aus eigener schöpferischer Potenz hätten sie es nicht einmal bis zum primitiven Hackbau gebracht. Außerdem zeichneten sie sich durch exzessive Bart- und Körperbehaarung, auch beim sogenannten »schönen Geschlecht«, aus. E. erinnert sich an Abbildungen fetter Ainu-Männer mit wuchernder Haartracht und Rauschebärten und an Ainu-Frauen mit unübersehbaren Bartstoppeln. Da hatten sich also die verborgenen nordischen Führungsqualitäten der Ainus im Schmelztiegel mit mongolischen und malayischen Blutsanteilen des japanischen Volkes in wundersamer Weise herauskristallisiert.

Mit oder ohne Ainus – die Japaner blieben ein Volk, das nicht von arischer Abstammung war. Theoretisch zumindest waren Eheschließungen zwischen Deutschen und Japanern verboten, obwohl man in diesem Punkt aus außenpolitischen Rücksichten flexibel blieb und den Bereich der noch gerade als stammverwandt geltenden Völker zeitweise auf Türken, Perser, Araber und Ägypter ausdehnte. Da die deutsch-japanische Freundschaft praktisch kaum zu engeren Kontakten der beiden Völker führte, wurden Einzelfälle wie z. B. die kinderlose Ehe des Schauspielers Viktor de Kowa mit der Japanerin Michi Tanaka und Eheschließungen einiger in Japan arbeitender deutscher Kaufleute mit japanischen Frauen toleriert und auch nicht verschwiegen.

Die Sterilisierung der sogenannten »Rheinlandbastarde« im Jahre 1936 geschah allerdings nicht nur aus innenpolitischen, sondern auch aus außenpolitischen Gründen mit äußerster Geheimhaltung. Es handelte sich dabei um etwa 600 Mischlingskinder, die als Folge der Rheinlandbesetzung durch französische Kolonialtruppen in den zwanziger Jahren geboren worden waren. Unter diesen Kindern befanden sich auch sogenannte »Eurasier«, deren Väter aus dem damaligen französischen Kolonialbesitz Indochina – dem heutigen Vietnam, Laos und Kambodscha – stammten. Sie wurden ebenso wie die Kinder von Marokkanern, Algeriern, Senegalesen und Somalis zwangsweise sterilisiert, um »das deutsche Blut reinzuhalten«. Die Regierung des Dritten Reiches fürchtete, daß die rassisch verwandten Japaner diese Sterilisierungen als unfreundlichen Akt verstehen, möglicherweise deutsch-japanische Kinder in Japan in gleicher Weise behandeln könnten.

Im Dezember 1941 überfiel Japan ohne Kriegserklärung Pearl Harbour, den Flottenstützpunkt der USA auf Hawaii, und versenkte den größten Teil der dort vor Anker liegenden amerikanischen Pazifikflotte. In den folgenden Monaten eroberten japanische Land-, See- und Luftstreitkräfte das französische Indochina, das britische Burma, Borneo, Neuguinea und Malaya mit der Hafenstadt Singapur, Niederländisch-Indien, die von den USA kolonisierten Philippinen sowie die Inseln des Südpazifiks.

Die militärischen Erfolge der Japaner bestätigten E., daß von dem »tapferen Bundesgenossen in Fernost« Unglaubliches zu erwarten war. Die zahlreichen Verstöße japanischer

Einheiten gegen völkerrechtliche Bestimmungen – vor allem bei der Behandlung von Kriegsgefangenen – wurden ihr erst nach dem Krieg bekannt. Ebenso die vorsorgliche Abgrenzung der Interessensphären zwischen Deutschland und Japan auf den 70. Längengrad, wonach Indien und der Indische Ozean dem japanischen Einflußbereich zugesprochen werden sollten. Je mehr die seit 1943 mit ungeheurer Überlegenheit operierenden US-Streitkräfte an verlorenem Terrain zurückeroberten, desto unglaublicher wurden die Meldungen über die Todesverachtung japanischer Piloten, die sich mit ihrer Bombenlast selbst ins feindliche Ziel stürzten.

Von Kamikaze-Fliegern wurde behauptet, ihre Angst habe sich wie Nebel vor der Sonne verflogen, wenn sie zum »Kamikaze«, zum »göttlichen Sturm«, ansetzten, obwohl es niemanden gibt, der authentisch darüber berichten könnte.

Im Jahre 1941 wurde in E.s Schulklasse die Novelle »Die Pflicht« von Wilhelm von Scholz gelesen. Besonders imponierte der 16jährigen darin der Abschied des Kamikaze-Fliegers von seiner jungen Frau, die ihn ruhig und gefaßt in den sicheren Tod fliegen läßt, weil das Vaterland ihn ruft. Sie mußte sich eingestehen, daß dieser endgültige Abschied nicht zu vergleichen war mit ihren eigenen verzweifelt-optimistischen Hoffnungen auf ein Wiedersehen, wenn Brüder und Freunde zurück an die Front mußten.

Daher nahm sich die Heranwachsende vor, dem »Geheimnis des japanischen Volkes« auf die Spur zu kommen. Der Kamikaze-Mythos, so erfuhr sie, war nichts Außergewöhnliches in einer kulturellen Tradition, in der die Neigung, sich bereits im Leben auf den Tod vorzubereiten, die »Kunst des Sterbens« (Bushido) und die Hochachtung vor dem Selbstmord bzw. Freitod eine wesentliche Rolle spielten. Die von keiner anderen kriegführenden Nation in diesem Ausmaß kultivierte Todesverachtung japanischer Soldaten beruhte auf dem Shintoismus, dem offiziellen Staatskult der Japaner, einer Sonderform des Buddhismus mit Betonung von Ahnenkult und Naturversenkung.

E. beneidete die Japaner um ihre Religion, nach der es Aufgabe des Menschen war, die in der Natur und im menschlichen Herzen verborgene Gottheit aufzufinden und das Göttliche in der eigenen Existenz ständig durch die Einheit von Körper und Geist mit der Natur nachzuvollziehen – in jeder Bewegung, jeder Geste, durch den Atem, durch Konzentration und Meditation. Vor allem imponierte ihr am Shintoismus die untrennbare Einheit von Natur, Vaterland, Nation, Gott und Kaiser, denn der »Tenno«, der japanische »Gottkaiser«, war eine Inkarnation des Göttlichen auf Erden, das japanische Volk war aus den »Kami«, den Himmeln, gekommen, das Göttliche entstammte also dem tiefsten Grunde der Nation. E. nahm den Japanern ihren »göttlichen Tenno« zwar ebensowenig ab, wie sie an die Unfehlbarkeit des Papstes und an die Menschwerdung Gottes in der Person Jesu Christi glaubte, aber der Shintoismus schien ihr, vor allem in Kriegszeiten, dem Christentum weit überlegen, weil für japanische Soldaten der Tod fürs Vaterland gleichzeitig ein Tod für Gott war.

Das galt für das Christentum nur bedingt. Zwar ließen es die katholischen Bischöfe und Priester in ihren Kriegssonntagspredigten nicht an Patriotismus fehlen und forderten die katholischen Soldaten immer wieder zu besonders treuer Pflichterfüllung für Volk und Vaterland auf. Der Bischof von Münster, Clemens August Graf von Galen, versprach noch unmittelbar vor Kriegsende den im »Kreuzzug gegen den gottlosen Kommunismus« Gefallenen eine ähnliche Berücksichtigung ihrer Todesumstände bei der Schlußbilanz des Jüngsten Gerichtes, wie sie den christlichen Märtyrern im alten Rom gewährt worden sei, aber es gab keine prinzipielle Identität zwischen dem Tod fürs Vaterland und dem Tod für Gott.

Im August 1945 war auch der Krieg in Fernost längst entschieden. Alle territorialen

Eroberungen Japans waren verlorengegangen, lediglich auf einigen Inseln im Südpazifik verteidigten sich japanische Kommandos »bis zum letzten Mann«. Ein Kapitulationsangebot Japans vom 26. Juli wurde von den USA als ungenügend zurückgewiesen. Statt dessen veranlaßte der amerikanische Präsident Harry S. Truman den Abwurf einer Atombombe auf Hiroshima am 6. August und einer weiteren auf Nagasaki am 9. August 1945. Diese beiden Städte waren von amerikanischen Atomwissenschaftlern als besonders geeignet für die Erprobung der neuen Waffe ausgesucht worden. 410 000 Männer, Frauen und Kinder starben unmittelbar nach dem Abwurf oder wenige Tage und Wochen später. Die Anzahl der oft nach jahrelangem Siechtum an Strahlenschäden Gestorbenen kann – ebenso wie die Zahl der mit Mißbildungen geborenen Kinder – noch immer nicht abschließend festgestellt werden.

Am 10. August 1945 kapitulierte Japan bedingungslos und wurde zum erstenmal in seiner Geschichte von fremden Truppen besetzt. Der Shintoismus wurde von der amerikanischen Besatzungsmacht verboten, Kaiser Hirohito als Kriegsverbrecher angeklagt, aber freigesprochen, da ihm keine Kriegsbereitschaft nachgewiesen werden konnte.

Die ersten Meldungen aus einer Stadt, die Hiroshima hieß, klangen im zerstörten, aufgeteilten Deutschland ebenso unvorstellbar wie die über einen Ort in Polen mit dem Namen Auschwitz.

Heute spielt Hiroshima bei Versuchen, die Wirkungen des derzeitigen »Abschreckungspotentials« anschaulich zu beschreiben, nur noch die Rolle eines Bruchteils (20mal stärker als Hiroshima, 150mal stärker als Hiroshima, 1000mal stärker als Hiroshima). In den sechziger Jahren las E. ein Interview mit dem amerikanischen Präsidenten Harry S. Truman, dem Nachfolger Roosevelts. In einer offiziellen Würdigung seiner Person heißt es: »Obwohl er über keinerlei außenpolitische Erfahrungen verfügte, gelang es ihm sehr bald durch harte Arbeit und mutige Entscheidungen, eigenes politisches Profil zu gewinnen.« Befragt, ob er irgend etwas in seinem Leben bereue und – falls er die Chance dazu bekäme – anders handeln würde, antwortete Truman, daß er nur eines bereue, nämlich seiner späteren Ehefrau aus Schüchternheit nicht schon eher einen Heiratsantrag gemacht zu haben.

Das Lied der Getreuen

Im Sommer 1936 fuhr E.s Bruder Günther mit Paderborner Jungvolkführern nach Österreich. Die Gruppe mußte sich als Sportverein tarnen, da die austrofaschistische Regierung Deutsch-Österreichs keine Besuche nationalsozialistischer Organisationen duldete. In »Räuberzivil« wanderten die Jungen aus Westfalen 14 Tage durch die Provinz Kärnten. In abgelegenen Dörfern ohne Polizeistation holten sie ihre Uniformen aus dem Tornister, um ihre Verbundenheit mit den Kameraden der illegalen österreichischen Hitlerjugend zu dokumentieren.

Günther erzählte nach seiner Rückkehr mit Begeisterung von mutigen Kärntner Hitlerjungen, die an schroffen, unzugänglichen Felswänden riesige Hakenkreuze ausgemeißelt, mit einer pechartigen Masse ausgefüllt und in Brand gesteckt hätten. Als flammende Symbole der Sehnsucht Deutsch-Österreichs nach einer Wiedervereinigung mit dem Deutschen Reich seien sie in dunkler Nacht hoch über dem Tal der Drau viele Stunden lang zu sehen gewesen. Er erzählte auch von einfachen Kärntner Bergbauern, die die Jungen aus Deutschland mit rührender Hoffnung gefragt hätten: »Wann kimmt denn d'r Hitler und holt uns?«

Zwei Jahre später gab der Reichsjugendführer Baldur von Schirach unter dem Titel »Das Lied der Getreuen« einen schmalen Gedichtband heraus. Es waren Verse von Mitgliedern der österreichischen Hitlerjugend, deren Namen ungenannt bleiben mußten, weil sie in ihrer Heimat um den Sieg des Nationalsozialismus kämpften. E. kaufte sich die Gedichte von ihrem Taschengeld. Folgende Zeilen blieben im Gedächtnis, weil sie sie manchmal auf Heimabenden zitiert hat:

»Wir hörten oftmals deiner Stimme Klang
und lauschten stumm und falteten die Hände,
da jedes Wort in unsre Seelen drang.
Wir wissen alle: Einmal kommt das Ende,
das uns befreien wird aus Not und Zwang.«

Am 13. März 1938 zog Hitler unter Glockengeläut von Schloß Schönbrunn her in Wien ein und erstattete vor Hunderttausenden auf dem Heldenplatz vom Balkon der Hofburg aus die »größte Vollzugsmeldung« seines Lebens: »Als der Führer und Kanzler der deutschen Nation und des Reiches melde ich vor der Geschichte nunmehr den Eintritt meiner Heimat in das Deutsche Reich.«

In diesen Tagen drang der Jubel der »Angeschlossenen« aus allen Lautsprechern. In der Wochenschau sah man blumengeschmückte Dörfer und Städte und in den Straßen von Wien und Linz, Innsbruck und Graz Hunderttausende dichtgedrängt, die mit lachenden, glückstrahlenden Gesichtern – viele auch vor Rührung und Ergriffenheit weinend – die einmarschierenden deutschen Soldaten und den »Führer« in einem wahren Freudentaumel begrüßten.

In der Volksabstimmung danach bestätigten 99,73 Prozent der deutschen und österreichischen Wähler die Wiedervereinigung der »Heimat des Führers« mit dem »Altreich«. E. zweifelte keinen Augenblick an diesem Abstimmungsergebnis, weil sie sich an niemanden erinnern kann, der sich jener »nationalen Vereinigungseuphorie« entzogen hätte. Verwandte und Bekannte, die eigentlich mehr »dagegen« waren, sahen im Anschluß Österreichs nichts anderes als die Erfüllung einer uralten gesamtdeutschen Sehnsucht. Über das Schicksal der Wiener Juden gab es keine Meldungen. Viele verübten in der Nacht des »Anschlusses« Selbstmord, Hunderte waren durch Einheiten der SS und Gestapo schlimmsten Mißhandlungen und Entwürdigungen ausgesetzt, und Tausende flohen, zusammen mit bereits aus Deutschland emigrierten Juden und Antifaschisten, bei Nacht und Nebel über die Grenzen, unter ihnen Sigmund Freud, Carl Zuckmayer, Walter Mehring und Stefan Zweig.

Österreich, der Reststaat der ehemaligen Donaumonarchie Österreich-Ungarn, wurde nach der Vereinigung mit dem Deutschen Reich »Ostmark« genannt. Der neue Name gefiel E. besser, weil er härter, entschlossener und trotziger klang als das weichliche, verwaschene »Österreich« mit seinem degenerierten »k. u. k. Schmalz«. Die vielen UFA-Filme, in denen »Wiener Herz« und »Operettenseligkeit« »ausgewalzert« wurden, sah sich die Heranwachsende jedoch mit Vergnügen an.

Mit dem Namen »Ostmark« oder auch »bayerische Ostmark« sollte jegliche Erinnerung an österreichische Eigenständigkeit und auch an österreichischen Schlendrian ausgelöscht werden. In einem bezeichnenden Witz aus jenen Tagen antwortet ein Wiener, wenige Wochen nach dem »Anschluß« um seine Meinung zu diesem Ereignis befragt, mit einem tiefen Seufzer: »Es ist halt a Strapaz!«

Sowohl die dem »Anschluß« vorausgegangene wie auch die nachfolgende Propaganda stellte denn auch die kernigen, bodenständigen, heimattreuen »ostmärkischen« Bergbauern weit mehr heraus als die Wiener »Schlawiner«. E. lernte viele schöne Volksweisen aus Kärnten, Tirol und der Steiermark, aus dem Zillertal, dem Salzkammergut und dem Burgenland. Besonders gern sang sie den Jodler über dem dreistimmigen Satz des Kärntner Volksliedes »Es wor amoal am Abend spat a wunderscheane Nacht«, von dem es hieß, es sei das Lieblingslied des »Führers«.

Baldur von Schirach dichtete eine »Großdeutsche Hymne«, die Hans Otto Borgmann vertonte, und die Paderborner Hitlerjugend sang auf einer großen Freudenkundgebung:

> »Großdeutschland, früher so fern,
> nun strahlst du hell wie ein Stern.
> Sei gegrüßt von Öst'reichs Alpen
> bis zum großen deutschen Meer«,

denn Deutschland hieß jetzt offiziell »Großdeutschland«. Warum auch nicht? Die Engländer nannten ihr Land »Großbritannien«, obwohl das englische Mutterland lange nicht so groß war wie das Deutsche Reich.

Weizen verweht

Nach dem »Anschluß« der »Ostmark« hatte sich die Landkarte Deutschlands entscheidend verändert. Die 13jährige beurteilte die Form staatlicher Gebilde wohl noch immer kindlich-ausdruckshaft und weniger nach strategischen Gesichtspunkten, aber es ließ sich nicht übersehen, daß sich die »riesige Faust« der Tschechoslowakei nun noch »ärgerlicher« als zuvor zwischen Schlesien und Österreich tief in die »Weichteile« des »deutschen Volkskörpers« hineinbohrte. Der »Kaulquappenkopf« mit dem dürftigen slowakischen »Schwänzchen« ließ sich auch auf der physikalischen Karte ausmachen. Die tschechoslowakische Grenze verlief nämlich entlang der Gebirgskämme von Böhmerwald, Oberpfälzer Wald, Fichtelgebirge, Erzgebirge, Lausitzer Gebirge, Riesengebirge und Glatzer Bergland und versah die zartgelbe bis hellgrüne böhmische Tiefebene mit einer harten, braungepanzerten Schale.

Da hätte man meinen können, es sei eine »natürliche Grenze«, was sie aber nicht war, weil die »Sudetendeutschen« schon vor Jahrhunderten die Gebirge überschritten und sich in den Randgebieten von Böhmen und Mähren angesiedelt hatten, so lernte es E. in der Schule.

Der Name »Sudetenland« begegnete ihr zum erstenmal 1936 in einer Feierstunde des VDA in der Schule. Viele Lehrer und Lehrerinnen, auch solche, die keineswegs Nationalsozialisten waren, gehörten damals dem VDA – dem 1881 gegründeten »Verein für das Deutschtum im Ausland« – an, und die Sorgfalt, mit der die katholischen Ordensschwestern diese Feierstunde gestalteten, läßt E. vermuten, daß auch sie den Zielen des VDA keineswegs fernstanden.

Der »Verein für das Deutschtum im Ausland« errichtete deutsche Schulen und Kulturzentren in auslandsdeutschen Siedlungsgebieten und bemühte sich, über die Probleme der »Volksdeutschen« in fremden Ländern aufzuklären, um möglichst viele Reichsbürger für die »Erhaltung« des Deutschtums im Ausland zu gewinnen. Im Dritten Reich war der VDA sehr populär. Viele Schüler und Schülerinnen erwarben die Mitgliedschaft mit einem monatlichen Beitrag von 20 Pfennig und dem Kauf blauer VDA-Kerzen zu Weihnachten.

Während der VDA-Feierstunde im katholischen Mädchenlyzeum St. Michael zu Paderborn standen im Hintergrund der Bühne Mädchen einer Oberklasse mit Schildern, auf denen die Namen auslandsdeutscher Siedlungsgebiete in klarer Blockschrift zu lesen

waren, die sich der Elfjährigen dauerhaft einprägten: WESTPREUSSEN – POSEN –
DANZIG – MEMELLAND – OBERSCHLESIEN – SUDETENLAND – BANAT –
BATSCHKA – BUCHENLAND – SIEBENBÜRGEN – WOLGADEUTSCHLAND –
SÜDTIROL – EUPEN-MALMEDY – NORDSCHLESWIG u. a.

Die deutsch besiedelten Randgebiete der Tschechoslowakei gehörten nicht zu den im
Versailler Vertrag von Deutschland abgetrennten Gebieten, waren also auch nicht durch
eine »Perlenschnurgrenze« auf der politischen Landkarte auszumachen. Nur auf der
Sprachenkarte lappte das deutsche Blau erheblich über die tschechoslowakische Landes-
grenze. Außerdem gab es inmitten des slawischen Sprachraums blaue Inseln, so die Stadt
Brünn und die Zips in der Slowakei.

In den Zeiten der Donaumonarchie gehörten die Sudetendeutschen, zusammen mit den
Deutsch-Österreichern, den Südtirolern und den übrigen über die ganze Monarchie
verteilten Volksdeutschen, zur staatstragenden Mehrheit. Nach dem Ersten Weltkrieg
fanden sie sich, zusammen mit Slowaken, Polen und Ungarn, im neugeschaffenen
Vielvölkerstaat Tschechoslowakei als Minderheit wieder. Dieser Statuswechsel wurde
als schmerzlicher Identitätsverlust erlebt, das dominierende tschechische Volk als
Fremdherrschaft empfunden. Schon vor 1933 gab es sudetendeutsche Organisationen,
die einen Anschluß an das benachbarte Deutsche Reich wünschten.

Im Sommer 1938 war der Name »Sudetenland« in aller Munde. Hatte die Propaganda
zunächst nur von Unfähigkeit und Übelwollen der Prager Regierung berichtet, durch die
die ehemals blühende Landwirtschaft und Industrie im deutschen Sudetenland fast zum
Erliegen gekommen sei, so meldete sie bald »Übergriffe« und »Grausamkeiten« gegenüber der notleidenden sudetendeutschen Bevölkerung. Da war von »tschechischem
Terror« die Rede und von einer zunehmenden Anzahl »heimtückischer Morde« an
Volksdeutschen.

Für E. bekamen die Worte »tschechisch« und »Tschechen« mit der fremden, ungewohn-
ten Konsonantenhäufung in jenem Sommer einen unheimlichen Beiklang, zumal die
Tschechen auch noch »Slawen« waren und die Slawen in der Rangordnung der drei
europäischen Sprachfamilien sowieso am Ende standen: Germanen – Romanen –
Slawen. Sie zweifelte nicht daran, daß hinter der tschechischen Grenze furchtbares
Unrecht geschah, denn viele Sudetendeutsche flohen mit geringer Habe über die
Gebirgskämme der Sudeten und berichteten vor den Kameras der Wochenschau verstört
und stockend schreckliche Dinge, die sich in ihren Dörfern und Nachbargemeinden
zugetragen hatten.

Und warum waren die Tschechen so »gemein« gegenüber der deutschen Minderheit?
Wahrscheinlich, so dachte E., war ihnen die Herrschaft über die tüchtigeren, fleißigeren
deutschen Bauern, Handwerker und Arbeiter zu Kopf gestiegen und hatte ihre »niedrig-
sten Instinkte« geweckt. Das kam dabei heraus, wenn man die »natürliche Weltordnung«
auf den Kopf stellte und einem »niedriger stehenden« Volk die Chance einräumte, ein
»höherwertiges« zu beherrschen.

Eine Gruppe sudetendeutscher Flüchtlinge – die ersten Vorboten einer Völkerwanderung, die wenige Jahre später Europa überfluten sollte – wurde im Spätsommer des Jahres
1938 auf dem Paderborner Bahnhof feierlich mit Musik, Fahnen und Blumen begrüßt,
ehe sie mit der Straßenbahn nach Bad Lippspringe weiterfuhr, wo sie in Kurheimen und
Pensionen untergebracht wurde. E. half, Kaffee und Tee für die Erwachsenen, Kakao und
Milch für die Kinder einzuschenken und Brote zu verteilen. Eine ältere Frau mit einem
Kopftuch weinte vor Rührung über diesen Empfang. Fast hätte E. auch geweint. Daher
sagte sie ganz burschikos: »Aber das ist doch klar! Deutsche halten doch zusammen!«

Vor der Weiterfahrt der Flüchtlinge sangen die freiwilligen Helferinnen Volkslieder aus dem Sudetenland: »Auf, auf ihr Wandersleut« – »Jetzt kommen die lustigen Tage, Schätzel ade« und »Hab mir mein Weizen am Berg gesät, / hat mir'n der böhmische Wind verweht.«

In den Septembertagen des Jahres 1938 schmeckte die Luft nach Krieg, aber keiner wagte es auszusprechen. Alles ging seinen gewohnten Gang. Die Erwachsenen gingen – wenn auch mit ernsten, bedrückten Gesichtern – ihrer Arbeit nach, die Kinder gingen zur Schule. Aufgaben mußten erledigt werden, Arbeiten wurden geschrieben, und für einen Hausaufsatz wurden wie immer drei Themen zur Auswahl gestellt. E. entschied sich als einzige ihrer Klasse für »Wir hören die Rede des Führers«. Es war die Rede des Führers aus dem Berliner Sportpalast an einem der letzten Septembertage des Jahres 1938. Die 13jährige hörte sie sich – im Gegensatz zu früheren und späteren Führerreden – aufmerksam vom ersten bis zum letzten Wort an, rief sich zur Ordnung, wenn sie den langen, in höchster Erregung gesprochenen Sätzen nicht zu folgen vermochte, und versuchte, soviel wie möglich mitzuschreiben.

In eindringlicher Erinnerung ist ihr der schneidende Hohn, mit dem Hitler die Existenzberechtigung des Vielvölkerstaates Tschechoslowakei bestritt, der mit dem von den ehemaligen Feindmächten aufgestellten »Selbstbestimmungsrecht der Völker« unvereinbar sei. Es folgten maßlos übertriebene Schilderungen des Terrors im Sudetenland: entvölkerte Landstriche, niedergebrannte Ortschaften, mit Gas und Granaten ausgeräucherte deutsche Dörfer und 214 000 Flüchtlinge. Er verschwieg, daß die Flüchtlingsbewegung zum größten Teil durch systematisch erzeugte Panik ausgelöst worden war, nämlich durch demonstrative Manöver deutscher Truppen und des sudetendeutschen Freikorps an der tschechischen Grenze, durch planmäßig geschürte Erwartungshysterie unter der sudetendeutschen Bevölkerung und durch Angst vor der deutschen Bedrohung auf tschechischer Seite.

Hitlers Rede gipfelte in der feierlichen Versicherung: »Und nun steht vor uns das letzte Problem, das gelöst werden muß und gelöst werden wird! Es ist die letzte territoriale Forderung, von der ich nicht abgehe und die ich, so Gott will, erfüllen werde.«

Aus ihrem Aufsatz ist E. nur der Begriff »tschechische Soldateska« in Erinnerung geblieben, der aus der Führerrede stammte oder aus den Nachrichten aufgeschnappt worden war. Eine »Soldateska«, noch dazu eine »tschechische«, hatte mit ehrlichen, anständigen Soldaten nur eine sehr entfernte, eigentlich überhaupt keine Ähnlichkeit, war ein wilder, zügelloser Haufen, dem alles zuzutrauen war.

Bevor jener Aufsatz abgegeben werden mußte, war schon alles vorbei, war das Münchener Abkommen geschlossen worden, waren deutsche Soldaten im »zweiten Blumenkrieg« in das Sudetenland einmarschiert. Der Krieg, der einen Augenblick unvermeidlich schien, fand nicht statt. Nicht nur in Deutschland, sondern in ganz Europa atmete man auf. Die zündende Melodie des »Egerländer Marsches«, die den ganzen Sommer hindurch die Meldungen aus der Tschechoslowakei als »Durchhalteschlager« untermalt hatte: »Egerländer, halt's enk z'samm, Egerländer, 's duuer't nimma lang«, mauserte sich zur übermütigen Siegesmelodie: »Ham' Se schon ein Führerbild, ham' Se schon ein Führerbild? Nein, nein, wir ham' noch keins! Morgen früh bekomm' Se eins!«

Nach dem Anschluß des Sudetenlandes hatte sich die Landkarte Großdeutschlands wieder verändert. Von dem klotzigen, ärgerlichen »Faustkeil« der Tschechoslowakei war nur noch ein von allen Seiten angeknabbertes, ungepanzertes »Fäustchen« übriggeblieben. Als das slowakische »Schwänzchen« seine Selbständigkeit (von Nazi-Deutschlands Gnaden) erklärte und Polen und Ungarn Ansprüche auf Grenzgebiete mit polnischer und ungarischer Bevölkerung durchgesetzt hatten, legte die »Mährische Pforte« zwischen Oder- und Donautal, d. h. zwischen Oberschlesien und Niederösterreich, den Gedanken an eine »Abschnürung« mehr als nahe, war das tschechische Kernland eigentlich schon einverleibt.

Trotzdem kam die plötzliche Umwandlung der »Resttschechei« in das sogenannte »Reichsprotektorat Böhmen und Mähren« im Frühjahr 1939 überraschend. E. erinnerte sich sehr wohl an die »letzte territoriale Forderung, die ich in Europa zu stellen habe« und auch an die Versicherung: »Wir wollen gar keine Tschechen«, mit der Hitler den Bestand des tschechischen Kernlandes garantiert hatte. Auch die Mutter erinnerte sich und meinte irritiert: »Kann der denn nicht genug kriegen«, während der Vater sein Unbehagen mit dem Hinweis auf die strategische Bedeutung der nunmehr um Hunderte von Kilometern verkürzten Grenze überspielte.

Es war klar, daß dieser »Anschluß« nichts mit dem »Zusammenschluß aller Deutschen aufgrund des Selbstbestimmungsrechts aller Völker« zu tun hatte. Es war auch durchgesickert – und wurde sogar in Parteikreisen offen und höhnisch zugegeben –, daß massiver Druck auf die tschechische Regierung ausgeübt worden war, ehe sich »Herr Benesch unter den Schutz des Reiches gestellt hatte«, wie es offiziell hieß.

Was die 14jährige an jenem Anschluß störte, war nicht die Verletzung völkerrechtlicher Prinzipien, sondern der störende Gedanke, daß Deutschland sich jetzt ein ganz fremdes Volk eingehandelt hatte. Was sollten »wir« mit den Tschechen? Die waren doch nicht einmal germanisch, ließen sich also auf gar keinen Fall eindeutschen, auch wenn jetzt für ihr Siedlungsgebiet wieder die alten deutschen Namen Böhmen und Mähren verwendet wurden. Ihre Empörung über die »Gemeinheiten« der Tschechen gegenüber den Sudetendeutschen war schnell abgeklungen – immerhin waren sie sehr musikalisch, und Dvor ák war ein Lieblingskomponist ihres Vaters, außerdem galten sie als fleißig, arbeitsam und technisch begabt. Jetzt, wo sie nicht mehr über Deutsche herrschten, bestand kein Anlaß zu weiterer Feindschaft, aber mußte man sie sich deshalb gleich ins eigene Haus holen? E. war für reinliche Scheidung. Jedes Volk in seinem eigenen Land für sich.

Andererseits hatte die neue Landkarte Großdeutschlands eine gewisse strategische und auch ästhetische Überzeugungskraft, bot nun ein erfreulich abgerundetes Bild (bis auf das Ärgernis des abgetrennten Ostpreußens). Sie beruhigte sich damit, daß den Tschechen ja weiter nichts Schlimmes passiert war. Kein Blut war geflossen. Niemand verwehrte ihnen, ihre Sprache, ihre Kultur zu pflegen, niemand dachte daran, ihnen ihre Schulen zu nehmen, und sie behielten ihre eigene Regierung. Vielleicht war es sogar für ein so kleines Volk von Vorteil, sich unter den Schutz eines mächtigeren zu stellen. Schließlich würde sich das deutsche Volk in einer solchen Beschützerrolle weit großzügiger, toleranter und gerechter verhalten als irgendein slawisches Volk. Da war E. ganz sicher. Der erste »Reichsprotektor von Böhmen und Mähren«, der Freiherr Konstantin von Neurath, war ein »Diplomat alter Schule«, der noch aus der Zeit der Weimarer Republik hohes internationales Ansehen genoß. Er wurde wohl zur Beschwichtigung des Auslands mit diesem Amt betraut. Zwei Jahre später nahm man weniger Rücksicht. Ein Bild seines Nachfolgers schnitt E. sich mit 15 oder 16 Jahren aus einer Zeitschrift aus. Es war kein Foto, sondern das Gemälde eines Mannes im Fechterdreß. Der Maler hatte die merkwürdig geschlitzten, fast wimperlosen Augen und den schmallippigen Mund des SS-Obergruppenführers und Chefs der Sicherheitspolizei und des SD, Reinhard Heydrich, entschärft und abgemildert. Weder davor noch danach bewahrte sie sich ein Bild oder Foto irgendeines hochgestellten »Würdenträgers der Partei« auf – auch nicht eines vom

Führer. Warum gerade dieses? Die vordergründige Erklärung wäre, daß Heydrich von allen hohen Nazifunktionären der einzige war, der dem Idealbild eines »nordischen Herrenmenschen« zumindest nahekam. Hat es sie nicht gestört, daß er der Chef der Sicherheitspolizei und des SD war? Nein, das hat sie nicht gestört. Diese Einrichtungen hatten für sie etwa den gleichen Stellenwert wie der Bundesverfassungsschutz für Millionen von Bundesbürgern heutzutage: eine notwendige Organisation, die dem Schutz des Staates diente und auf die man sich vertrauensvoll verlassen kann, in der absoluten Gewißheit, daß man selbst niemals damit zu tun haben würde.

Von der »Endlösung der Judenfrage« und der Tätigkeit der »Einsatzgruppen«, für die der Mann im Fechteranzug, zusammen mit Hitler und Himmler, die Hauptverantwortung trug, erfuhr sie erst lange nach dem Krieg.

Ist nicht wenigstens ein Hauch, eine Ahnung von der »luziferischen Ausstrahlung« dieses eiskalten »Endlösungsexperten« bei E. angekommen? Immerhin wurde er in höheren Parteikreisen auch damals schon als eine Gestalt »aus geschliffenem Stahl«, als »junger, böser Todesgott«, als »blonde Bestie« bezeichnet. Ist es möglich, daß es gerade diese »Aura« war, die E. bewogen hat, sich sein Bild aufzubewahren – zusammen mit Bildern von sympathischen Flieger- und U-Boot-Helden? Es ist möglich.

Sie betrauerte seinen Tod im Jahre 1942. Von den Strafaktionen gegen das tschechische Dorf Lidice, in dem die Heydrich-Attentäter vorübergehend Zuflucht gefunden hatten, hörte sie erst lange nach dem Krieg. Die männliche Bevölkerung ab 16 Jahren wurde ausnahmslos an Ort und Stelle erschossen. Von den über 300 ins KZ verschleppten Frauen und Kindern kehrten nur wenige zurück. Die übrigen wurden im Vernichtungslager Kulmhof (Chelmno) bei Lodz vergast.

Im Jahre 1941 wurde der Film »Die goldene Stadt« mit Kristina Söderbaum, Rudolf Prack, Kurt Meisel und Paul Klinger gedreht. Anna, die einzige Tochter eines Großbauern, ist mit dem Knecht Thomas (Rudolf Prack) verlobt. Sie wird von der Großmagd, die den verwitweten Vater Annas heiraten will, dazu angestiftet, Prag zu besuchen. Die städtische Verwandtschaft erweist sich als geschmacklos und geldgierig. Anna wird von ihrem »schmierigen« Vetter (Kurt Meisel) skrupellos verführt, weil er sich Hoffnungen macht, den Hof zu erben. Aber als Annas Vater seine Tochter verstößt, verläßt auch er sie zugunsten einer frechen, rothaarigen »Schlampe« aus der Stadt. Anna, die ein Kind erwartet, bleibt nichts anderes übrig, als ins Wasser zu gehen.

Unlängst entnahm E. einer kritischen Schrift über das Filmschaffen im Dritten Reich, es habe sich bei der städtischen Verwandtschaft Annas und auch bei der Großmagd und der rothaarigen »Schlampe« um Tschechen gehandelt. Die propagandistische Absicht des Films sei es gewesen, Annas trauriges Schicksal dem tschechischen Volk anzulasten. Darüber wunderte sie sich, denn diese Tendenz ist ihr damals nicht aufgefallen. Magd, Tante und Vetter sprachen deutsch, wenn auch mit einem harten »böhmischen« Akzent. Thema des Films war ihrer Ansicht nach nicht mehr und nicht weniger als der Konflikt zwischen »entwurzelter« Stadtbevölkerung und »gesundem« Bauernstand, der ihr auch aus anderen Filmen und Büchern zur Genüge bekannt war, und außerdem eine Liebeserklärung an die Stadt Prag mit ihren alten Brücken und Palästen und dem unverwechselbaren Goldglanz ihrer Häuser und Dächer in der Abendsonne. Dazu kam die Musik von Smetana, dessen sinfonische Dichtung »Die Moldau« lange Passagen des Films untermalte und dessen Oper »Die verkaufte Braut« in Ausschnitten einer farbenfrohen, temperamentvollen Aufführung dargeboten wurde.

In jenen Jahren waren E.s Informationen über die deutsche bzw. germanische Geschichte des böhmischen Kernlandes nicht unlieb: Marbod, der Markomannenfürst und Verbündete Hermann des Cheruskers im Kampf gegen die Römer, deutsche Stadtgründungen in Böhmen und Mähren, Prag, die erste, bereits im Jahre 1348 gegründete Universität des Deutschen Reiches, die Prager Studenten mit ihrem Lied »Nach Süden nun sich lenken die Vöglein allzumal«, Wallenstein in Eger, Mozart auf der Reise nach Prag, Goethe in Marienbad, die bis 1850 zur Hälfte deutschsprechende Bevölkerung der böhmischen Hauptstadt, Rainer Maria Rilke, dessen Gedicht »Mich rührt so sehr böhm'schen Volkes Weise. Schleicht in's Herz sich leise, macht es schwer« auch ihr Herz rührte.

Außer jenem von Exiltschechen verübten Attentat auf Heydrich hörte man bis Kriegsende wenig aus dem »Reichsprotektorat«. Es hieß sogar, die tschechischen Arbeiter seien recht zufrieden mit der neuen Situation, da das fortschrittlichere deutsche Arbeitsrecht nun auch für sie gelte und sie außerdem keine Soldaten zu werden brauchten. Also versöhnte sich E. mit der Existenz dieses Gebildes und stellte sich ein »Böhmen und Mähren« vor mit deutscher Kultur und einem Hintergrund musikalischer, farbenfroher, temperamentvoller slawischer Volkskunst. Seit dem Film »Die goldene Stadt« sehnte sie sich danach, einmal diese Stadt zu besuchen, von der ein kleines Mädchen eine schlichte, schwermütige Weise gesungen hatte: »Prag ist eine schöne Stadt, hat gar viele Häuser. Wer's noch nicht gesehen hat, ist ein armer Teu-eu-fel.«

Im Jahre 1945 war nicht nur der Traum von der deutschen »Schutzherrschaft« im Reichsprotektorat »Böhmen und Mähren« ausgeträumt, sondern auch der von der »friedlichen Völkergemeinschaft der Tschechoslowakei«. Der Führer der »Sudetendeutschen Partei« und Gauleiter des Sudetenlandes, Konrad Henlein, beendete sein Leben durch Selbstmord. Wenzel Jaksch, der nach London emigrierte Führer der sudetendeutschen Sozialdemokraten, bat vergebens um ein Verbleiben der Deutschen in Eger und Aussig, Reichenberg und Trautenau, Brünn und Iglau. Das Lied, das E. so oft mit ihren Jungmädeln gesungen hatte, verhallte ungehört: »Böhmischer Wind, ich bitt dich schön, bitt dich schön: Laß mir mein'n Weiz'n am Berge stehn.«

Aus dem böhmischen Wind war ein Sturm geworden. Dreieinhalb Millionen Sudetendeutsche bezahlten für das »Reichsprotektorat« mit dem Verlust ihrer Heimat und 260 000 mit ihrem Leben.

Harrendes Land

E.s Vater stammte aus dem Ruhrgebiet, in das zu Beginn dieses Jahrhunderts etwa eine Million polnischer Bergarbeiter hineingeströmt waren. Heute erinnern an diese Masseneinwanderung nur noch Familiennamen und das Hobby der Brieftaubenzucht; damals reagierten die Alteingesessenen mit Ablehnung und Überheblichkeit. Eine Unzahl Witze gab es, in denen man sich über Armut, Wohnungsnot und mangelnde deutsche Sprachkenntnisse der Neubürger lustig machte und sie als schlampig, liederlich und geistig minderbemittelt abstempelte. Besonders Onkel Hermann ließ sich nie lange bitten, Geschichten von »Kaczmarek und Antek« zu erzählen, wie zum Beispiel folgende: Kaczmarek hat sich eine Ziege gekauft. Fragt Antek: »Wo willst du lassän Ziegä?« »Na, in Schlafzimmärr!« »Abärr stinkt doch!« »Muß sich Hippchen an gewöhnen.« Oder: Kaczmarek kommt von der Nachtschicht nach Hause und findet seinen Freund Antek bei seiner Frau im Bett. Er droht grinsend mit dem Finger: »Kammrad, Kammrad, kost sich halbe Litärr!«

Auf der gleichen Ebene lagen sowohl der Spruch »Wo sich Deutschland grenzt an Asien, liegt das scheene Obärrschlesien« als auch das Lied »Dobsche, Dobsche, trala, Violinka

Draht kaputt, spielt sich aber noch ganz gutt«, das noch heute in vielen Liederbüchern für Fahrt und Lager, so in der weitverbreiteten »Mundorgel« des CVJM, abgedruckt ist. An solchen Witzen und Liedern, an der Redensart von der »polnischen Wirtschaft« und der abwertenden Bezeichnung »Polacken« nahm damals niemand Anstoß. Das Kind zweifelte nicht daran, daß die Polen dreckig, doof und versoffen waren. Es bleibt aber festzustellen, daß Kaczmarek und Antek in diesen Witzen harmlose, friedliche, verträgliche Zeitgenossen ohne jede Bosheit und Hinterhältigkeit waren.

Es gab nicht nur polnische Einwanderer im Ruhrgebiet, sondern auch Polen in Polen. Wie dieses Volk in seinem eigenen Staat zurechtkam, hätte E. nicht weiter interessiert, aber: In Polen »kämpften Deutsche um ihr Deutschtum«. Der »Volkstumskampf deutscher Minderheiten im Osten Europas«, insbesondere in den nach dem Ersten Weltkrieg an Polen abgetretenen Gebieten Oberschlesiens und im »polnischen Korridor«, war ein häufiges Thema von VDA-Feierstunden und Schulungsabenden der Hitlerjugend, nicht erst im Sommer 1939.

Die Polen in Polen, so hieß es, setzten sich rücksichtslos über vertraglich garantierte Minderheitenrechte hinweg, wenn es um deutsche Schulen und deutsche Kultureinrichtungen ging.

E. las viele »Grenzlandromane«, in denen es um die politische, wirtschaftliche und kulturelle Unterdrückung der Deutschen in Polen ging. In dieser Literatur hatte das polnische Volk kaum noch etwas mit den gutmütigen Typen Kaczmarek und Antek zu tun, sondern wurde als vorwiegend bösartiger, heimtückischer Menschenschlag dargestellt. Der »fanatische« polnische Nationalismus war nichts anderes als niedriger Haß gegen die höherstehende deutsche Kultur. Die polnische Oberschicht war arrogant, geschmacklos, oberflächlich und korrupt. Ihre fehlende Substanz übertünchte sie mit Luxus und Halbbildung. Häufig wurde die Problematik von »Mischehen« geschildert, die sich vor allem für die Kinder tragisch auswirkten, weil die dann nicht mehr wußten, zu welchem Volk sie gehörten. Zum Symbol des »Volkstumskampfes« an der »blutenden Grenze im Osten« wurde der Annaberg in Oberschlesien, der am 21. Mai 1921 während der oberschlesischen Abstimmungskämpfe von polnischen »Insurgenten« erstürmt worden war. Die Anregung des derzeitigen deutschen Kanzlers (und Historikers) anläßlich seines Polenbesuches im Jahre 1991, einen deutschsprachigen Gottesdienst in der Wallfahrtskirche Sankt Annaberg besuchen zu wollen, spricht nicht gerade für seinen politischen Instinkt.

Auf der Sprachenkarte in Dierckes Schulatlas erstreckten sich deutsche Siedlungsgebiete jenseits der Grenzen in Form blauer Flecken und Sprenkel über den ganzen Osten Europas, bis hoch hinauf ins Baltikum, bis an die Wolga und den Kaukasus, in die Ukraine, zur Halbinsel Krim am Schwarzen Meer und zu den Karpaten auf dem Balkan. In den ehemals deutschen Provinzen, die jetzt zu Polen gehörten, und auch in Grenzbezirken von Schlesien und Ostpreußen, die nicht vom Reich abgetrennt waren, verzeichnete jene Karte blau-gelbe, diagonal gestreifte Landstriche, die nur »deutsch-polnischen Mischmasch« bedeuten konnten. Das beunruhigte E. Ein solches Kunterbunt mußte ja schiefgehen. Außerdem bestand die Gefahr, daß die Deutschen als »Kulturdünger« im polnischen Volk »aufgehen« könnten, denn die polnische Regierung, so hieß es, versuche mit allen Mitteln, die in ihrem Staat lebenden Deutschen zu Polen zu machen. Für einen solchen »Aderlaß« war »deutsches Blut« aber viel zu schade. Außerdem konnte sich die »Veredelung« des polnischen Volkes sogar eines Tages gegen Deutschland auswirken. Im Geschichtsunterricht und in der Hitlerjugend lernte E., wie sich deutsche Stämme im Mittelalter »Grenzmark um Grenzmark« gen Osten vorgeschoben hatten. Die Glorifizie-

rung der deutschen Ostkolonisation und die unlösbar mit ihr verknüpfte Verachtung slawischer Völker waren keine Erfindung der Nationalsozialisten, sondern konnten sich auf mindestens hundert Jahre deutscher Geschichtsschreibung stützen. Die Schulbücher der Weimarer Republik brauchten auch in diesem Punkt kaum überarbeitet zu werden. So zog E. mit »Pflug und Schwert« zusammen mit den Großmeistern des Deutschen Ritter-Ordens, Heinrich von Plauen und Walter von Plettenberg, mit den deutschen Fürstengeschlechtern der Wettiner, Askanier und Welfen, mit Heinrich dem Löwen und Albrecht dem Bären, mit deutschen Ordensrittern, Bauern und Handwerkern auf den Spuren der Goten, Vandalen und Burgunder gen Osten, um »uralte germanische Siedlungsgebiete« zurückzuerobern, in die seit der Völkerwanderung slawische Stämme »eingesickert« waren – denn nur Germanen »wandern«, »besiedeln« oder »erobern«.
In Geschichtsbüchern und Ordensritterromanen wurden slawische Völker selten mit Namen genannt. Statt dessen herrschte das Bild einer »schmutzigen Flut« vor, die ständig deutsche Dörfer und Städte, Burgen und Dome, Felder und Äcker zu überschwemmen drohte.
Während deutsche Siedler unermüdlich Wälder und Dickicht rodeten, Deiche bauten und Uferbefestigungen anlegten, Oder-, Netze- und Warthebruch entwässerten, öde Heiden in fruchtbares Ackerland verwandelten und mit ihren eisernen Pflugscharen schweren Lehmboden umbrachen, den die Slawen – wie es hieß – mit ihren hölzernen Hakenpflügen nur schlampig und oberflächlich angekratzt hatten, mußten sie stets vor heimtückischen Überfällen slawisch-heidnischer Horden auf der Hut sein. Das Wort »Pflug« ist allerdings slawischen Ursprungs! All das geschah unter der Überschrift »Wiederverdeutschung uralten germanischen Volks- und Kulturbodens«, wurde mit »Kulturverbreitung« gerechtfertigt und mit »Zucht und Ordnung«, »Blut und Boden«, »Mühe und Schweiß« emotional aufgeladen.
Der Gedanke an eine slawische Gegenrechnung tauchte niemals auf, obwohl slawische Völker nach dem Abzug germanischer Stämme in der Völkerwanderung fast tausend Jahre hindurch die Gebiete der ehemaligen DDR und Schleswig-Holsteins bewohnt, im hannoverschen Wendland die Elbe überschritten hatten und im Süden bis an die Saale und den Böhmerwald vorgedrungen waren.
Von der slawischen Vorgeschichte dieser »deutschen Kernlande« zeugen noch heute »Wendenknüppel« auf den Dachfirsten von Bauernhäusern in Schleswig-Holstein, fremdartig klingende Orts- und Flurnamen (Jeetze, Witzeetze, Tolstefanz), Rundlingsdörfer und bunte Volkstrachten in den Heimatmuseen des Wendlandes sowie die zahlreichen auf »ow« endenden Adelsnamen, Dörfer, Städte und Bezirke in Mecklenburg, Brandenburg und Berlin. Der slawische Ausdruck »Kiez« bezeichnet Nähe und Vertrautheit.
In den Ostlandliedern und Ostlandgedichten, die E. in Schule und Hitlerjugend lernte und an ihre Jungmädel weitergab, kamen die alteingesessenen Bewohner östlicher Landstriche gar nicht vor. Da ging es um friedliche Besiedelung von brachliegendem, menschenleerem Land. Jungfräuliche Erde wartete darauf, mit deutscher Kultur »befruchtet« zu werden, so wie es in folgenden Zeilen der ostpreußischen Dichterin Agnes Miegel heißt:
»Sie kamen aus Flandern, sie kamen vom Niederrhein,
von den Hohen Tauern und aus der Goldenen Au,
sie strömten, harrendes Land, in dich hinein,
wie der Samen des Mannes in den Schoß der Frau.«
Bei Hans Baumann, dem bekanntesten Liedermacher des Dritten Reiches, ging es weniger brünstig zu. Sein »Ostland-Drang« ist mehr ein Wander- und Hungertrieb:

»Ein Hunger ist in die Augen gesetzt,
neue Lande, neue Lande wollen wir uns gewinnen –
Nach Ostland weht der Wind.
Drum Weib und Kind und Knecht und Gesind
auf die Wagen und auf die Pferde.
Wir hungern nach frischer Erde
und spüren den guten Wind.«

und auch

»Die fremde Wildnis schreckt uns nicht
mit Lug und Trug.
Wir geben ihr ein deutsch Gesicht
mit Schwert und Pflug.«

Nur deutsche Bauern, so hieß es, nahmen die Strapazen der Urbarmachung unwirtlicher
Landstriche für kommende Generationen auf sich, gemäß dem alten Siedlerspruch: »Der
erste findet den Tod, der zweite leidet Not, der dritte erst hat Brot.«

Deshalb waren sie von Zaren und Zarinnen, Ordensrittern und Balkanfürsten nach
Rußland, Litauen, Lettland und Estland, nach Kroatien, Ungarn und Rumänien gerufen
worden.

Als JM-Führerin veranstaltete E. viele Heimabende über die deutsche Ostbesiedelung
und den gegenwärtigen »Volkstumskampf« der Deutschen im Osten, mit Ostlandliedern,
Ostlandgedichten und Auszügen aus Grenz- und Ostlandromanen von Heinrich Zillich,
Erwin Wittstock, Wilhelm Pleyer, Joseph Ponten, Siegfried von Vegesack, Theodor
Kröger und anderen.

Besonders gern zitierte sie das lange vor 1933 geschriebene Gedicht »Ostlanddeutsche«
der »VDA-Dichterin« Maria Kahle:

»Unser Haus ist zerstört, unsre Scholle entweiht,
doch in Heimwehnot und in Knechtschaftsleid,
seit tausend Jahren singt Ostseewind,
Sudetenwind, Karpatenwind
von Ostlands deutscher Herrlichkeit.

Und wenn ihr uns heute auch schweigen heißt,
dann reden die Steine! Aus Stein ward Geist
in Burg und Rathaus, in Turm und Dom,
am Baltenmeere, am Weichselstrom,
aus Steinen blüht der deutsche Geist.

Und macht ihr den Mund unserer Kinder stumm,
so geht ein Raunen im Lande um,
ein Beten, das tief aus der Seele bricht,
denn die deutsche Seele bezwingt ihr nicht!
Die Treue ist unser Heiligtum.«

Auch eine Geschichte aus ihrem damaligen »Ostland-Repertoire« ist E. im Gedächtnis
geblieben: Ein edler deutscher Ordensritter gerät versprengt und einsam in einen
Hinterhalt, verteidigt sich »bis zum letzten Blutstropfen« gegen »slawische Horden« und
stößt im Todeskampfe sein Ordensschwert tief in die blutgetränkte Erde, ehe er über ihm
zusammenbricht. Generationen später finden nachdrängende deutsche Siedler das ver-
rostete Schwert und verwirklichen den Spruch, der darauf geschrieben stand: »Denn
wenn einst dies Eisen schwört, wird zum Reich gehören, was zum Reich gehört.«

306

Die lange Ballade »Über der Weichsel drüben« von Agnes Miegel nahm das Ende des
»Volkstumskampfes im Osten« ahnend vorweg:
>»Über der Weichsel drüben, Vaterland, hör uns an!
>Wir sinken wie Pferd und Wagen versinken im mahlenden Sand,
>Recke aus deine Hand,
>Daß sie uns hält, die allein uns halten kann,
>Deutschland, heiliges Land, Vaterland!«

Zeilen, die heute nicht mehr zu trennen sind von den Schreckensbildern aus dem letzten
Kriegswinter 1944/45, in dem deutsche Flüchtlinge aus Ost- und Westpreußen, Pommern
und Schlesien »mit Weib und Kind und Knecht und Gesind auf die Wagen und auf die
Pferde« über Weichsel und Oder gen Westen flohen und zu Hunderttausenden erfroren,
verhungerten, von der vorrückenden Front überrollt wurden oder in den eisigen Fluten
der Ostsee ertranken.

Und was hat man E.s Generation – und schon Generationen vorher (und auch nachher?) – unterschlagen in diesem »Ostland-Volkstumskampf-Mythos«? Zum Beispiel,
daß Polen im 18. Jahrhundert beim »einfachen Mann« in Westeuropa, der von den
Segnungen des absoluten und aufgeklärten Absolutismus betroffen war, als »Land der
Freiheit« galt, daß es eine anhaltende Bauernflucht aus den Nachbarländern, vor allem
aus Preußen und Rußland, in das Gebiet der polnischen Adelsrepublik gab, daß beispielsweise zur Zeit Friedrichs des Großen die Einwohner ganzer Dörfer über die Grenze nach
Polen flohen, um staatlichem Steuerdruck, Rekrutenaushebungen und Ausplünderungen
durch die Militärverwaltung zu entgehen und zu Tausenden von preußischen Husaren,
unter Verletzung der Souveränität Polens, zwangsweise zurückgeführt wurden.

Auch über die brutalen Germanisierungsmethoden des königlich-preußischen und
kaiserlich-deutschen Reiches in seinen östlichen Provinzen Pommern und Schlesien,
Westpreußen und Posen, denen auf seiten des zaristischen Rußland ebenso rigorose
Russifizierungsmethoden entsprachen, stand nichts in den Geschichtsbüchern.

Während die Kolonisationspolitik Friedrichs des Großen den Polen noch zugebilligt
hatte, »nach ihrer eigenen Facon selig zu werden«, wurde der polnischen Minderheit in
Preußen von Friedrichs Nachfolgern das Recht auf die Muttersprache in Schulen und
im Amts- und Geschäftsverkehr ausdrücklich aberkannt, wurde polnischer Schulunterricht, zeitweise sogar polnischer Privatunterricht bei Androhung von Gefängnisstrafe
verboten.

Von den 1886 im Preußischen Landtag verabschiedeten »Ansiedlungsgesetzen« zur
»planmäßigen Ansiedlung von Deutschen in den Ostprovinzen«, nach denen polnische
Grundstücke »zur Sicherung des gefährdeten Deutschtums« enteignet werden konnten,
hörte E. damals nichts und auch nichts von jenem »Dekret« aus dem Jahre 1904, nach
dem die Bildung neuer Bauernhöfe durch Parzellierung sowie die Neuerrichtung
winterfester Gebäude (»mit Schornstein«) in den »zur planmäßigen Ansiedlung von
Deutschen« vorgesehenen Gebieten für Polen verboten wurde.

Polnische Namen für Städte und Dörfer in den Ostprovinzen durften nicht mehr
verwendet werden, und polnische Familiennamen wurden (zumindest in der Schreibweise) der deutschen Sprache angeglichen. So gibt es denn viele »gute Deutsche« mit
polnischen Namen in deutscher Schreibweise und viele »gute Polen« mit deutschen
Namen in polnischer Schreibweise.

Ab 1901 mußte auch der Religionsunterricht für Kinder mit polnischer Muttersprache
auf deutsch erfolgen, und in den Schulen durfte, bei Androhung von Prügelstrafe, nur
noch deutsch gebetet werden.

Nur in den Kirchen war es noch erlaubt, in polnischer Sprache zu predigen und zu beten, und so wurde die polnische katholische Kirche zum Hort und zur letzten Zuflucht polnischer Sprache und polnischen Nationalbewußtseins. Erst 1918 konnte Polen, nach über 200jährigem Verschwinden von der Landkarte, wieder als Nationalstaat begründet werden.

In all der »Ostlandliteratur«, die E. damals zugänglich war, gab es immer nur »Volkstumskampf«. Niemals tauchte der Gedanke an ein friedliches Miteinander von Deutschen und Polen – an eine völkerverbindende Brücke, an gegenseitigen Kulturaustausch – auf, wie ihn die schlesischen Barockdichter Andreas Gryphius und Martin Opitz als »Grenzraumdenker einer deutsch-polnischen Gemeinsamkeit« vertraten und wie ihn Bettina von Arnim in folgendem Text beschwor: »Die Verleumdungen, die in unzähligen Varianten sich in Wort und Schrift verbreiten, sind das Schwert, das man zwischen Euch Deutsche und Polen legt, damit Ihr Euch nicht vereinigen solltet . . . Der Haß zwischen beiden ist ein anerzogener, angezwungener – und Freiheitsstreben, Fesselzerbrechen ist den Götzendienern ein Greuel.«

Stefan Georges Zukunftsvision einer deutsch-polnischen Freundschaft stand nicht in den Anthologien des Dritten Reiches:

»Einst wenn die trauer unseres sinnes entschlafen
erblicken die völker zweier sterne schein.
dies sind dann unsrer entfernten tage strahlen
die brennen werden über weichsel und rhein.«

Die Aufteilungen Polens zwischen den beiden Großmächten Preußen und Rußland galten im Geschichtsunterricht nicht als Ausdruck nackter Machtgier, sondern als Beweis für die Unfähigkeit des polnischen Volkes, einen eigenen Staat zu bilden. Polnische Aufstände, die sich gegen den östlichen Nachbarn gerichtet hatten, wurden allerdings während der ersten Jahre des Dritten Reiches mit Sympathie behandelt und propagandistisch vermarktet.

Die Bewunderung westeuropäischer Staaten für den »Freiheitskampf der tapfren und edlen Polen« gegen die zaristische Fremdherrschaft zu Beginn des 19. Jahrhunderts und der begeisterte Empfang polnischer Flüchtlinge nach der blutigen Niederschlagung des Aufstandes auf dem »Hambacher Fest« der Deutschen Nationalversammlung im Jahre 1832 wurden nicht verschwiegen. Jenes zeitgenössische Gemälde, auf dem die weißrote Fahne Polens unübersehbar neben der französischen Trikolore und dem deutschen Schwarz-Rot-Gold flatterte, fand sich auch in E.s Geschichtsbuch. Durch die Schullektüre der Novelle »Kleider machen Leute« drang ein Ausläufer der damaligen Sympathiewelle für Land und Volk der Polen bis zu E. in die Provinz. Darin schildert Gottfried Keller mit feiner Ironie die Auswirkungen der »Polenschwärmerei« auf die Schweizer Kleinbürger von Seldwyla. Ein melancholisches, bitterarmes Schneiderlein auf der Wanderschaft wird wegen seiner romantischen Kleidung, seines polnisch klingenden Namens und der Kenntnis eines einzigen polnischen Liedchens, dessen wenig feinen Text zum Glück niemand versteht, für einen polnischen Grafen und edlen Freiheitskämpfer gehalten und entsprechend aufgenommen.

Zwei während des Dritten Reiches gedrehte historische Filme behandeln den polnischen Aufstand gegen die Zarenherrschaft mit großer Sympathie: »Die Warschauer Zitadelle« (1937) mit Werner Hinz und Paul Hartmann und »Der Ritt in die Freiheit« (1936), den E. zwei Jahre später in einer Jugendfilmstunde sah. Victor Staal, für den die Heranwachsende ohnehin schwärmte, spielte darin einen edlen, tapferen polnischen Offizier, der zunächst in den Dienst des Zaren tritt, dann aber nach Beginn des Aufstandes in seiner

Heimat auf eine russische Braut aus bester Familie und auf eine glänzende Karriere am Zarenhof verzichtet und auf einem abenteuerlichen »Ritt in die Freiheit« dem Ruf des Vaterlandes folgt. Der Eindruck dieses Filmes war so stark, daß E. sich auch nach dem Einsetzen der massiven antipolnischen Propaganda im Sommer 1939 eine gewisse Sympathie für polnische Offiziere bewahrte.

Der Bericht eines befreundeten deutschen Panzeroffiziers über den romantisch-anachronistischen Versuch polnischer Kavallerieoffiziere, in der Tucheler Heide vorrollende Panzer der deutschen Wehrmacht mit einer Reiterattacke aufzuhalten, bewegte die 14jährige zutiefst.

Als im Jahre 1943 die Massengräber vieler Tausender durch Genickschuß ermordeter polnischer Offiziere von deutschen Soldaten im Wald von Katyn in Weißrußland aufgefunden wurden, erfüllte sie diese von der NS-Propaganda entsprechend ausgeschlachtete Schreckensmeldung mit Trauer.

Der Krieg gegen Polen und die anschließende Zerschlagung des polnischen Staates konnten von der NS-Propaganda nicht als »Kreuzzug gegen den Bolschewismus« oder gar als »Befreiung des polnischen Volkes vom bolschewistischen Schreckensregiment« gerechtfertigt werden, denn Polen war 1939 alles andere als ein kommunistisches Land. Brauchte die NS-Regierung überhaupt eine Rechtfertigung vor dem eigenen Volk? War es ihr in sechs Jahren nicht gelungen, genügend »Kriegslüsternheit« herzustellen? E. ist ganz sicher: Die Generation, die im Jahre 1939 in den Krieg zog, ist nicht zu einem »imperialistischen Angriffskrieg« aufgebrochen. Das hat sie erst später, viel zu spät (und manche haben es bis heute nicht) begriffen.

Auch die NS-Regierung konnte kein ganzes Volk vom Hochofen und von der Werkbank, vom Acker und aus der Schulstube hervorlocken, um die Welt zu erobern, andere Völker zu versklaven und das wahnwitzige Expansionsbedürfnis von Großkapital und Militär mit dem Leben zu bezahlen. So mußte der Krieg, der 1939 gegen Polen begann, ein unvermeidbarer, trotz aller Friedensbemühungen vom Gegner aufgezwungener sein, in dem es um Leben und Tod deutscher Volksgenossen ging und darum, die »blutende Grenze im Osten« endlich gerecht und sicher zu gestalten. Im Sommer 1939 erging folgende Geheimanweisung des Reichspropagandaministers an die gleichgeschaltete Presse: »Nach wie vor müssen die Polengreuel die entscheidende Aufmachung bleiben. Was das Volk oder das Ausland von den Polengreueln glaubt oder nicht, ist unwichtig. Entscheidend ist, daß diese letzte Phase des Nervenkrieges nicht von Deutschland verloren wird.«

E. hat die »Polengreuel« geglaubt, und sie kann sich an niemanden erinnern, der in diesem »Nervenkrieg« einen kühlen Kopf behalten hätte, denn in den Spätsommertagen dieses Jahres häuften sich Meldungen über grauenhafte Exzesse »polnischer Mordbanden« gegenüber der ihnen hilflos ausgesetzten deutschen Bevölkerung.

Vor den Kameras der Wochenschauen berichteten Flüchtlinge aus Polen – Männer, Frauen und Kinder – furchtbare Einzelheiten über Mißhandlungen und Ermordungen von Angehörigen, die E. bis heute nicht vergessen kann.

»Da muß doch was geschehen! Das kann man doch nicht zulassen! Das sind doch unsere deutschen Brüder und Schwestern!« dachte die 14jährige verzweifelt und war empört über England, das – wie es hieß – mit seiner »Garantieerklärung« die Polen ermutigt hatte, ihren Haß gegen das deutsche Volk in so schrecklicher Weise auszuleben.

Tatsächlich gab es im überhitzten Klima der Vorkriegswochen und der ersten Kriegstage etwa 6000 bis 7000 Opfer antideutscher Ausschreitungen in Polen, die in der NS-Propaganda mit 58 000 angegeben, d. h. fast verzehnfacht wurden. Allein für den sogenannten »Blutsonntag von Bromberg« am 3. September 1939, der 649 deutschen Bewohnern der Stadt das Leben kostete, berichteten die Reichssender von 6000 Opfern, die von den Polen an Laternenpfählen aufgehängt, auf Vorgartengitter aufgespießt, in ihren Häusern verbrannt, auf den Straßen erschlagen, erschossen oder ertränkt worden seien.

Ende August, fast gleichzeitig mit der Nachricht über den Nichtangriffspakt mit der Sowjetunion, gab es ein verwirrendes Durcheinander von Ultimaten, Friedensbeteuerungen, Interventionen ausländischer Diplomaten, Angeboten von Volksabstimmungen, internationalen Kontrollen, Demobilisierungsvorschlägen, Garantieerklärungen für Minderheiten usw.

Am Abend des 31. August hieß es, die maßvolle Forderung des »Führers« nach einer einzigen exterritorialen Verkehrsverbindung nach Ostpreußen (Autostraße und Eisenbahn) sei von der polnischen Regierung abgelehnt worden. Zur gleichen Zeit sollte der »Überfall auf den Reichssender Gleiwitz« stattgefunden haben, der den Anlaß zum längst geplanten Krieg abgab.

Wie sollte E. wissen, daß dieser »Überfall« von polnisch sprechenden Volksdeutschen in polnischen Uniformen fingiert worden war? Wie hätte sie die in der Wochenschau gezeigten »gefallenen polnischen Soldaten« als tote KZ-Häftlinge identifizieren können, da die Hintergründe erst Jahre nach dem Krieg von einigen der zu strengstem Stillschweigen verpflichteten Beteiligten enthüllt wurden?

Am 1. September 1939 erklärte Hitler vor dem Reichstag, daß es ihm, »trotz unendlichem Langmut, trotz aller Friedensbemühungen«, nicht gelungen sei, die polnischen Gewaltakte gegen das deutsche Volk zu stoppen, berichtete mit vor Erregung sich überschlagender Stimme vom »Überfall auf den Sender Gleiwitz« und verkündete: »Ab 5 Uhr 45 wird zurückgeschossen!« Niemand in E.s Umwelt bezweifelte, daß Polen den Krieg angefangen hatte.

Der »Polenfeldzug« war nach drei Wochen beendet, und der polnische Staat wurde dreigeteilt. Die im Versailler Vertrag abgetrennten Gebiete Oberschlesien, Posen-Westpreußen und die »Freie Stadt Danzig« kehrten »heim ins Reich«. Darüber hinaus wurde die Grenze »Großdeutschlands« auf Kosten des westlichen und nördlichen Polen weit nach Osten verschoben. Sie entsprach der bereits im Ersten Weltkrieg vom kaiserlichen Deutschland als Kriegsziel vorgesehenen »Erweiterung des deutschen Lebensraumes«.

Die Sowjetunion besetzte das östliche Drittel Polens, in dem 4,5 Millionen Ukrainer, 1,75 Millionen Weißrussen und 1,5 Millionen Polen wohnten. Die neue polnisch-russische Grenze lief entlang der sogenannten »Curzon-Linie«, die 1919 von den alliierten Hauptmächten des Ersten Weltkriegs als ethnographische Ostgrenze Polens festgelegt worden war. Das verbleibende Restpolen wurde als »Deutsches Generalgouvernement Polen« vorübergehend, wie E. glaubte, unter deutsche Verwaltung gestellt und von Krakau aus regiert.

E. erschien die territoriale Neuordnung im Osten Europas gut und richtig. Die Wiedereingliederung der ehemals deutschen Ostgebiete bedurfte keiner Rechtfertigung, da hier nur »bitteres Unrecht« wiedergutgemacht worden war. Es störte sie auch nicht, daß die »endgültige Friedensgrenze Deutschlands« weit über die Revision des »Schanddiktates von Versailles« hinausging, denn die »Erweiterung des deutschen Lebensraumes im Osten« wurde in der Propaganda als eine Art internationaler Landreform dargestellt. Der polnische Staat spielte darin die Rolle eines Großgrundbesitzers, der die ihm von einer ungerechten, durch Zufälle der Geschichte bedingten Raumordnung überreichlich zugeteilten Ländereien nur unzulänglich und wenig effektiv bearbeiten konnte. Deutschland hingegen war ein landloser Kleinbauer, dem das zur Existenzsicherung dringend benötigte Ackerland vorenthalten wurde, obwohl in den »ungeheuren Weiten des Ostens« noch immer genügend »harrendes Land« auf deutsche Siedler wartete.

Der Blut-und-Boden-Mythos behauptete, daß ein Volk nur dann lebensfähig sei, wenn es sich mit Hilfe der eigenen Landwirtschaft ernähren könne. Das leuchtete der Heranwachsenden ein, zumal sie die Erzählungen der Mutter von der englischen Hungerblokkade während des Ersten Weltkriegs nicht vergessen hatte. Die Möglichkeit, durch Industrialisierung und Welthandel Existenz und Wohlstand eines Volkes zu sichern, schien dagegen eine zweifelhafte, in Notzeiten viel zu unsichere Überlebenschance.

Einen sinnfälligen Beweis für das Schlagwort vom »Volk ohne Raum« lieferte die Bevölkerungsdichtekarte in Dierckes Schulatlas. Im Westen Deutschlands, aber auch in Belgien und Holland häuften sich dunkelbraune bis schwärzlich-violette Farbgebungen, während es gen Osten immer lichter und heller wurde. Noch eindrucksvoller waren graphische Darstellungen, die die Anzahl der Bewohner pro Quadratkilometer durch Strichmännchen anzeigten. In den Industriegebieten Westeuropas und Englands drängten sie sich in qualvoller Enge zusammen, östliche Länder schienen hingegen fast menschenleer zu sein. Vereinzelte Symbole für menschliche Besiedlung wirkten fast mitleiderregend und legten den Gedanken an einen flächendeckenden Ausgleich nahe.

Hans Grimm läßt in seinem Roman »Volk ohne Raum« einen Heimkehrer aus Übersee mit folgendem, den außereuropäischen Kolonialbesitz als potentielles Siedlungsland mitberücksichtigenden Zahlenvergleich für den Kolonialgedanken werben: »Nach dem verlorenen Krieg haben je fünfzehn Engländer eintausend Meter im Geviert zu eigen, je acht Franzosen . . ., je sieben Russen . . . und je sechs Belgier . . . und einhundertzweiunddreißig Deutsche müssen sich mit eintausend Metern im Geviert begnügen . . . Welches Recht ist das, daß die anderen, wer von ihnen es will, als Bauern auf Bauernland leben können und daß die Deutschen, wenn sie deutsch bleiben wollen, sich seit Jahren in Werkstätten vermehren müssen? . . . Ist das Menschenrecht oder ist das Gottesrecht oder nur ein faules, gemeines, ererbtes dummes Unrecht?«

Obwohl es E. nur in seltenen Anwandlungen danach gelüstete, als »Bäuerin auf Bauernland« zu leben, wirkten solche Vergleiche auf sie und wohl auch auf andere Jugendliche im Dritten Reich ähnlich wie revolutionäre Klassenkampfparolen gegen das Eigentum an Produktionsmitteln, die 30 Jahre später von einer anderen Jugendgeneration in der Bundesrepublik wieder aufgegriffen wurden.

Polen hatte den Krieg angefangen und fast 60 000 Volksdeutsche ermordet. Daran gab es für E. bis Kriegsende keinen Zweifel. Deshalb hatte Deutschland nicht nur das Recht, sich die »geraubten« Gebiete zurückzuholen, sondern auch für kommende Generationen vorzusorgen. Als sparsames Beamtenkind war sie daran gewöhnt, bei seltenen Neuanschaffungen an die Zukunft zu denken. Pullover wurden zu weit gestrickt, Schuhe eine Nummer zu groß gekauft, Kleider und Mäntel mit auszulassenden Säumen geschneidert. So war auch sie bei dieser seltenen Gelegenheit einer Neuerwerbung von Grund und Boden nicht kleinlich. Schließlich mußte genügend Platz für alle Auslandsdeutschen vorhanden sein, die »heim ins Reich« wollten, und außerdem für die überaus zahlreichen zweiten und dritten Bauernsöhne aus dem übervölkerten Westen, die sich den »Traum von der eigenen Scholle« bewahrt hatten. Wenn die polnischen Bauern wirklich etwas zusammenrücken mußten, so war das für sie vielleicht ein heilsamer Anstoß, sich mehr Mühe zu geben und aus ihren bislang nur »schlampig« bearbeiteten Äckern ebensoviel herauszuholen wie deutsche Bauern.

Abgesehen von der großzügigen »Erweiterung des deutschen Siedlungsraumes« auf Kosten des polnischen Staates war das polnische Volk von der NS-Regierung für ein Sklavendasein im Dienste des deutschen »Herrenvolkes« vorgesehen. Daher hörte die antipolnische Propaganda nach Beendigung der Kampfhandlungen auf polnischem Boden keineswegs auf. Die den Polen zugedachte Sklavenrolle wurde mit ihrer Abstempelung zu »slawischen Untermenschen« propagandistisch vorbereitet. Diese rassistische Diskriminierung betraf keineswegs alle slawischen Völker. Ab 1943 wurden »slawische Untermenschen« nicht nur in die deutsche Wehrmacht, sondern sogar in die – ursprünglich nur germanischen Freiwilligen offenstehende – Waffen-SS aufgenommen: Russen, Ukrainer, Kroaten, Slowenen, bosnische und albanische Moslems. Hatte das Wort »polnisch« in E.s Kindheit ausgereicht, eine »Wirtschaft« gründlichst in Verruf zu bringen, so erhielt es nun in Verbindung mit »polnische Banden«, »polnische Verbrecher«, »polnisches Mordgesindel« eine eigenständige, zusätzliche Bedeutung von Gemeinheit und Abscheulichkeit.

Da die Polen – in realistischer Einschätzung des polnischen Volkscharakters – nicht (wie andere Völker unter deutscher Besatzung) zur »Kollaboration« vorgesehen waren, richtete sich die antipolnische Propaganda gegen die Substanz des angeblich minderwertigen polnischen Volkes.

Eine vergleichbare antirussische Propaganda gab es nicht, obwohl den Völkern der Sowjetunion eine ähnliche Sklavenrolle zugedacht worden war. Der Krieg gegen die Sowjetunion wurde als Weltanschauungskrieg geführt. Die sich hinter der Front bildenden Partisanenarmeen wurden niemals als »russische«, sondern als »bolschewistische« Mordbanden bezeichnet, dem – als rassistische Verstärkung – gewohnheitsmäßig »jüdisch« (jüdisch-bolschewistisch), manchmal auch »mongolisch«, häufiger noch – mit Rücksicht auf den mongolischen Bundesgenossen Japan – »innerasiatisch« vorangestellt wurde.

Im Jahre 1940 spielte Brigitte Horney in dem Film »Feinde« die Tochter einer versoffenen polnischen Kneipenwirtin. Als eine Gruppe von Volksdeutschen vor polnischen Mörderbanden Schutz und Hilfe sucht, besinnt sich die schöne Polin – mit den typisch »slawischen Backenknochen« – auf ihr besseres, nämlich deutsches Erbgut des verstorbenen Vaters und geleitet die Flüchtlinge durch ein gefährliches Sumpfgebiet zur rettenden deutschen Grenze.

Wirkte dieser Film noch fast wie ein Abenteuerfilm, da die polnische Bedrohung durch das »Happy-End« gegenstandslos wurde, so war das in »Heimkehr« aus dem Jahre 1941 anders. Hier gab es keine »Lichtblicke« mehr bei der Schilderung polnischer Charaktere. Der deutsche Volksschullehrer (Carl Raddatz) wird in einem Dorfkino brutal zusammengeschlagen, als er sich weigert, die polnische Nationalhymne zu singen. Trotz flehentlicher Bitten seiner Braut Marie (Paula Wessely) verweigert ihm ein polnisches Krankenhaus die lebensrettende Hilfe. Ein polnischer Halbwüchsiger schießt mit einem Gewehr auf Maries Mutter, die dadurch das Augenlicht verliert. Ein junges deutsches Mädchen, das an ihrer Halskette einen kleinen Hakenkreuzanhänger trägt, wird von »polnischen Untermenschen« zu Tode gesteinigt. Schließlich werden alle deutschen Bewohner des wolhynischen Dorfes – Männer, Frauen und Kinder – auf einem Lastwagen ins Gefängnis abtransportiert und in Zellen zusammengepfercht, weil sie am Radio einer Rede des »Führers« gelauscht hatten. Beim Herannahen deutscher Truppen treibt man sie in einen Tunnel, vor dessen Luftschächten Maschinengewehre in Stellung gebracht werden. Bevor die dem Tod Geweihten von vorrückenden deutschen Soldaten gerettet werden, spricht ihnen Marie in ergreifender Weise Trost und Mut zu.

Obwohl die 16jährige E. das Schicksal der Volksdeutschen mit tiefer Bewegung nachvollzog, wirkte dieser Film schon fast historisch, da inzwischen Frankreich, Belgien, Holland, Luxemburg, Dänemark und Norwegen erobert bzw. besetzt worden waren und der in diesem Jahr begonnene Krieg gegen Rußland ihre Gefühle und Gedanken beherrschte. Polen war längst aus den Schlagzeilen verschwunden. Die Hunderttausende polnischer Männer und Frauen, die nach dem Ende des Polenfeldzuges zur Arbeit in der Landwirtschaft und in der Industrie des Reiches verpflichtet worden waren, entsprachen kaum dem Propagandabild von »polnischen Untermenschen«. Sie wirkten keineswegs »stumpfsinnig und primitiv«, sondern eher wach und selbstbewußt, was sich allerdings auch als »gefährlich und verschlagen« bei Männern, »frech und schamlos« bei Frauen interpretieren ließ.

Was E. am meisten verwunderte, war, daß dieses Volk so »normal«, ja eigentlich erstaunlich »deutsch« aussah und sich die Volkszugehörigkeit von Deutschen und Polen oft nur aufgrund von Äußerlichkeiten bestimmen ließ. So waren polnische Mädchen und Frauen an ihren unter dem Kinn gebundenen Kopftüchern oder an Kostümjacken über weiten Röcken und Sommerkleidern zu erkennen, was damals, zumindest in Westdeutschland, nicht üblich war, polnische Männer als Kriegsgefangene nur an ihren Uniformen, die statt militärischer Abzeichen nun mit einem aufgemalten »P« versehen waren. Es gab große und kleine, blonde und dunkelhaarige, schlanke und stämmige Polen und Polinnen, und die »slawischen Backenknochen« der ostbaltischen Rasse waren bei ihnen keineswegs häufiger anzutreffen als im deutschen Volk.

Ostern 1943 besuchte E. eine Cousine, die auf einen großen Gutshof im Rheinland geheiratet hatte. Der Betrieb wurde von zahlreichen Kriegsgefangenen, Fremdarbeitern und Fremdarbeiterinnen aufrechterhalten, von denen die Besucherin annahm, daß sie sich freiwillig zum Arbeitseinsatz im Reich gemeldet hatten. Es war ihr aber sehr peinlich, daß die »Gutsherrin« eines der polnischen Mädchen, das gerade auf den Knien das Wohnzimmer gewischt hatte, laut vor allen Gästen beschimpfte, weil der Fußboden noch »sandig« sei, und auf sofortiger Wiederholung der Arbeit bestand. Tatsächlich stammte der Sand von den gerade hereingekommenen Besuchern, aber als E. versuchte, das Mädchen in Schutz zu nehmen, entgegnete die Cousine, daß man Polen von vornherein mit nichts herlassen dürfe. Eine sehr ungemütliche Viertelstunde lang kroch die junge Polin mit unbewegtem Gesicht und aufreizender Langsamkeit zwischen den Beinen der Anwesenden herum.

Zum Nachmittagskaffee gab es frische Berliner Pfannkuchen, die die Gutsfrau selbst in einem großen Kessel mit siedendem Öl ausbackte. Diese Backware stellte im vierten Kriegsjahr für deutsche Stadtbewohner, die allein auf die Zuteilungen ihrer Lebensmittelkarten angewiesen waren, einen außergewöhnlichen Genuß dar, und E. war stolz auf den »deutschen Gerechtigkeitssinn«, als ihre mit hochrotem Kopf am Herd stehende Cousine auf einem großen Holzbrett je zwei »Berliner« für alle Kriegsgefangenen, Fremdarbeiter und Fremdarbeiterinnen abzählte.

Dem Kaffeetrinken folgte eine Hausbesichtigung; oben in einer der Dachkammern, in denen die »Polenmädchen« schliefen, lag in einem Kinderbett ein fliegenumsummter, laut brüllender Säugling. E.s Cousine berichtete, das Kind sei von Halina, die es »mit jedem treibe« und wahrscheinlich nicht einmal wisse, wer der Vater ihres Kindes sei. Die 18jährige Besucherin hatte es noch mit keinem »getrieben«, und als die junge polnische Mutter in die Dachkammer kam, um ihr Kind zu stillen, starrte E. sie mit einer Mischung von Neugier, moralischer Selbstgerechtigkeit und Neid an.

Halina knöpfte ihre Bluse auf und legte den schreienden Säugling an die Brust, der gierig schmatzend und schluckend die große bräunliche Brustwarze mit dem Mund umschloß und mit seinen Händchen der Mutter in die dicken, dunkelblonden Haarsträhnen griff. Auch eine stillende Mutter hatte E. bis dahin noch nicht gesehen, weil es in ihrer Familie keine Säuglinge mehr gab. Stillen in der Öffentlichkeit war damals weit mehr noch als heute tabuiert und ein freimütiges, selbstbewußtes Zurschautragen von Schwangerschaft völlig unüblich. Hochschwangere Frauen verbargen ihren Zustand auch an heißen Sommertagen unter einem weiten Mantel, manche verschafften sich nur in den Abendstunden Bewegung oder blieben in den letzten Wochen ganz zu Hause.

Obwohl in der Dachkammer nur Frauen zugegen waren, fand E. den Anblick der stillenden Mutter ein wenig schamlos, weil die junge Frau nicht die geringsten Anstalten machte, ihre üppige Brust gegen die Blicke der Anwesenden abzudecken und außerdem die Frucht ihres »anrüchigen Lebenswandels« mit mütterlichem Stolz anlächelte. Gleichzeitig berührte sie der kreatürliche Vorgang zutiefst, der ihr bis dahin nur von Kunstwerken bekannt war. Die junge polnische Mutter wirkte auf die etwa gleichaltrige Deutsche fast wie eine Allegorie der Lebenskraft des polnischen Volkes, dessen Geburtenüberschuß von der Propaganda als eine Art gefährliche Zeitbombe dargestellt wurde. E. nahm sich vor, als Ehefrau mindestens die vier deutschen Kinder zu gebären, die nach bevölkerungspolitischen Berechnungen notwendig sein sollten, um die »Lebenskraft des deutschen Volkes« zu erhalten.

Irgendwann las E. in der »NS-Frauenwarte« einen Aufsatz über die hohe Schwangerschaftsrate lediger polnischer Fremdarbeiterinnen, die auf moralische Minderwertigkeit und ungehemmte Triebhaftigkeit dieses Volkes zurückgeführt wurde. Sie machte sich keine Gedanken über die Situation dieser jungen Mädchen, die oft schon als »halbe Kinder« in ein feindliches Land verschleppt worden waren und möglicherweise früher und bewußter Trost in Liebesbeziehungen suchten, als es in der Geborgenheit der eigenen Familie und unter den Augen des katholischen Pfarrers im polnischen Heimatdorf wahrscheinlich gewesen wäre. Viele lebten in eheähnlichen Beziehungen, da Heiraten unter Fremdarbeitern nur in seltenen Fällen genehmigt wurden. Viele wurden zu Abtreibungen gezwungen, manche – sofern das zu erwartende Kind als »rassisch wertvoll« eingestuft wurde – mußten dieses zur Adoption an den »Lebensborn« abgeben. E. wußte nicht, daß die meisten Fremdarbeiterinnen keineswegs freiwillig nach Deutschland gekommen waren und bei »Arbeitsunwilligkeit« oder Anzeichen von »Aufsässigkeit« in ein KZ-Lager oder Arbeitslager der Industrie eingewiesen werden konnten, wo die Ernährungs-, Arbeits- und Überlebensbedingungen wesentlich schlechter waren als in der Landwirtschaft.

Und was geschah nach dem Sieg über Polen in den angegliederten Ostgebieten und im Generalgouvernement? Wochenschauen, Propagandafilme, Zeitschriften und Schulungshefte berichteten breit und ausführlich über den »Bevölkerungsaustausch im Warthegau«, den E. für weise und gerecht hielt, weil er mit dem »deutsch-polnischen Mischmasch« aufräumte und an der »blutenden Grenze im Osten« klare, den Frieden für alle Zeiten sichernde Verhältnisse schuf.

Sie erinnert sich an Bilder und Geschichten von ganzen Dorfgemeinschaften auslandsdeutscher Bauern aus Wolhynien, Galizien und Bessarabien, aus dem Baltikum und sogar von der Krim, die nach 200 und mehr Jahren »Kulturarbeit« inmitten slawischer Völker nun »heimkehrten ins Land ihrer Väter«. Sie kamen in winterlicher Kälte »mit Weib und Kind und Knecht und Gesind« auf hochbepackten, von struppigen Panjepferdchen gezogenen Bauernwagen. Bärtige Männer mit dicken, wattierten Jacken und Pelzmützen, Halbwüchsige aller Altersstufen, Frauen mit riesigen Umschlagtüchern, unter denen manchmal ein Säugling oder ein Kleinkind vorwitzig herauslugte, standen händereibend und mit dampfendem Atem an Biwakfeuern, umkreist von aufgeregt bellenden Hunden. Mit kindlich-gläubigen Gesichtern, die E. damals sehr »russisch« (im Sinne von »russischer Seele«) vorkamen, nahmen sie dankbar mit der Suppe und den behelfsmäßigen Unterkünften vorlieb, breiteten schneeweiße Bauernleintücher über Strohschütten, berichteten mit verlegenem Stolz, wie viele »Tagewerke« sie in der fernen Heimat bearbeitet hatten, und vernahmen mit Befriedigung, daß sie in der neuen Heimat im Warthegau ebensoviel Ackerboden erwartete.

Man sah sie beim Einzug in verlassene polnische Höfe, die verwahrlost und verkommen aussahen und die man erst einmal mit dem Besen oder gar mit einer Harke in einen »menschenwürdigen, d. h. deutschen Zustand« bringen mußte. Waren E. zunächst einige Zweifel ob des »östlich-archaischen« Aussehens der Heimkehrer gekommen, so wurden diese nun restlos beseitigt. Als »richtige Deutsche« gingen sie sofort mit Feuereifer und unter tatkräftiger Hilfe von deutschen Soldaten, Arbeitsmännern und Arbeitsmaiden an die Arbeit, nagelten lose Bretter fest, richteten schiefe Zaunpfähle gerade, ersetzten schadhafte Ziegel, putzten blinde Fensterscheiben und hingen frische Gardinen auf. Wenn das kein Beweis war!

Von den Umsiedlungsaktionen des Winters 1939/40 sah E. nur das letzte, propagandistisch aufbereitete Kapitel. Über die vorangegangenen »Nacht-und-Nebel-Aktionen«, bei denen die polnischen Höfe von Polizei- und SS-Einheiten umstellt wurden und den Bewohnern ganzer Dorfgemeinschaften oft nur wenige, von Geschrei, Schüssen, Schlägen und Fußtritten begleitete Minuten Zeit blieben, um persönliche Sachen und etwas Verpflegung für die Fahrt ins Ungewisse zusammenzuraffen, erfuhr E. erst lange nachdem ihr ähnliche Schilderungen von im Warthegau angesiedelten und 1945 vertriebenen Volksdeutschen bekannt geworden waren.

So konnten die Spuren des überstürzten Aufbruchs der polnischen Bauern – ungemachte Betten, unaufgeräumte Küchen, in fieberhafter Eile durchwühlte Schränke – als »polnische Wirtschaft« angeprangert werden.

E. hielt es für selbstverständlich, daß die Aussiedlung der bisherigen Bewohner »in aller Ordnung« vor sich gegangen war und man ihnen im Generalgouvernement die Möglichkeit einer neuen Existenz in der Landwirtschaft bieten würde. Sie wußte nicht, daß die Arbeitsfähigen unter den Ausgesiedelten zur Zwangsarbeit verpflichtet, daß Kinder und Jugendliche, die als »rassisch wertvoll« galten, zur Zwangsgermanisierung ins Reich verschleppt wurden und daß der weder zur Ausbeutung noch zur Eindeutschung geeignete »Rest« nur wenig Chancen hatte, der planmäßigen Dezimierung der Bevölkerung Polens zu entgehen.

Sie erfuhr auch erst nach dem Krieg, daß viele der aus östlichen Gebieten »heim ins Reich« gekehrten Auslandsdeutschen vom »Rasse- und Siedlungshauptamt der SS« als rassisch minderwertig und daher siedlungsunwürdig eingestuft wurden und bis Kriegsende in Lagern leben mußten. Ehemalige Sowjetbürger unter den im Warthegau Angesiedelten, die sich nicht mit der zurückweichenden deutschen Front zum Westen abgesetzt hatten, traf die volle Rache der Sowjetmacht. Sie wurden in Zwangsarbeitslager eingewiesen oder nach Sibirien verschleppt.

Die NS-Propaganda rechtfertigte die Umsiedlungsaktionen als Austausch zwischen germanischem und slawischem Kulturboden. Für jene aus dem Warthegau vertriebenen Polen mag es kaum ein Trost gewesen sein, daß in der Sowjetunion oder in den von ihr annektierten Gebieten Ostpolens slawischer Kulturboden nun wieder von slawischen Bauern bearbeitet werden konnte.

Mit Beklommenheit stellt E. fest, wie penetrant und erschreckend dieses Polen-Kapitel von deutscher »Sauberkeits- und Ordnungsarroganz«, inklusive ihrer weiblichen Variante: »Die deutsche Hausfrau macht uns keiner nach!« bestimmt wird, obwohl entsprechende Eigenschaften in der Realität des eigenen Lebens wenig begründet werden konnten. Auseinandersetzungen mit der Mutter drehten sich fast ausschließlich um »Unordnung und Schlamperei«. Dem sprichwörtlichen Stolz der deutschen Hausfrau: »Bei mir ist jederzeit aufgeräumt«, wird sie auch heute nur selten gerecht und möchte niemandem raten, jene blödsinnige Garantie: »Bei mir kann man vom Fußboden essen!« in ihrer Wohnung ernst zu nehmen.

Kannte E. niemanden, der ihr etwas über die wahren Zustände im Warthegau hätte erzählen können?

Patentante Liesel ließ sich im Jahre 1941 als Diplom-Handelslehrerin von Bottrop nach Lodz versetzen. Diese zweitgrößte Stadt auf dem Gebiet des polnischen Staates galt als östlicher Vorposten des Deutschtums. Hitler zog am 14. September 1939 in das »nunmehr befreite Lodsch« ein, und die Wochenschau zeigte eine mit unzähligen Hakenkreuzfahnen geschmückte Stadt, in deren Straßen Zehntausende volksdeutscher Männer, Frauen und Kinder dem »Führer« einen begeisterten Empfang bereiteten. So wunderte E. sich nicht, daß die neue »Friedensgrenze« des Reiches auch Lodz mit einschloß.

Die Propaganda verbreitete, »Lodsch« sei durch deutschen Fleiß und deutschen Unternehmungsgeist geschaffen worden, und da die Eindeutschung des polnischen »Lodz« nicht recht überzeugte, wurde die Stadt nach einem deutschen General des Ersten Weltkrieges in »Litzmannstadt« umbenannt.

Tatsächlich hatten im 19. Jahrhundert zahlreiche notleidende Weber und Textilhandwerker aus Schlesien, Sachsen und Böhmen in der von deutschen Unternehmern gegründeten Textilindustrie von Lodz Lohn und Brot gefunden, aber ihre Arbeitsplätze waren bereits um die Jahrhundertwende durch die technische Revolution vernichtet worden. Die deutschen Fabrikbesitzer zogen es vor, für die Massenproduktion in den neuerrichteten Großbetrieben billigere Arbeitskräfte einzustellen, nämlich ungelernte polnische Landarbeiter, die nach der Bauernbefreiung auf der Suche nach Arbeit zu Tausenden in die Stadt hineinströmten. So wurde Lodz zum »Manchester des Ostens« und auch zum Zentrum des revolutionären polnischen Industrieproletariats.

Graue, total übervölkerte Arbeiterviertel mit häßlichen Mietskasernen ohne ausreichende sanitäre Einrichtungen, ohne Anschluß an die Kanalisation prägten bald das Bild der Stadt. Völlig unzureichende Löhne und gesundheitsgefährdende Arbeitsbedingungen führten zu Beginn dieses Jahrhunderts zu Streiks, Arbeitskämpfen und sozialen Unruhen, die von der zaristischen Regierung blutig unterdrückt oder aber, im Verein mit der deutschen und polnischen Bourgeoisie, durch organisierte Pogrome gegen die jüdische Bevölkerung abgelenkt wurden. Im Jahre 1939 lebten zwar noch immer 70 000 Deutsche in Lodz, mehr als genug, um die Straßen mit jubelnden Volksmassen anzufüllen, aber diese 70 000 machten in der 700 000-Einwohner-Stadt gerade einmal zehn Prozent der Bevölkerung aus, gegenüber 360 000 Polen (52 Prozent) und 230 000 Juden (33 Prozent). Hätte E. damals diese Prozentzahlen gekannt: 52:33:10, so wäre sie sicher gewesen, daß es sich um 52 Prozent Deutsche, 33 Prozent Polen und zehn Prozent Juden handele. Der letzte Prozentsatz (zehn Prozent Juden in einer Stadt) wäre ihr sogar sehr unwahrscheinlich vorgekommen. Zwar hatte sie eine vage Vorstellung, daß es in Polen »viele Juden« gab, aber von der Existenz vieler Millionen, mit einer eigenen Sprache, die heute nur noch von wenigen Überlebenden des Holocaust gesprochen wird, erfuhr sie erst, als sie schon nicht mehr existierten.

Tante Liesel bezog eine schöne geräumige Wohnung in einer Allee, die damals »Busch-linie« hieß und zu den wenigen Prachtstraßen der Arbeiterstadt gehörte. Hätte E. fragen sollen: Wer hat früher darin gewohnt? Das fragte sie ja auch sonst nicht, wenn Bekannte oder Verwandte eine neue Wohnung bezogen.

Heute weiß sie, daß in jener Straße polnische und jüdische Industrielle und Intellektuelle gewohnt hatten, die bereits eineinhalb Jahre vor dem Einzug der Patentante »ausgesiedelt« worden waren und fast alle den Ausrottungsaktionen der Besatzungsmacht zum Opfer fielen. Tante Liesel unterrichtete an einer kaufmännischen Handelsschule deutsche Mädchen. Hätte E. fragen sollen: Auf welche Schulen gehen die polnischen Kinder? Das war schließlich eine Angelegenheit des polnischen Volkes, die die Halbwüchsige nicht weiter interessierte.

Die geheime Denkschrift Himmlers aus dem Jahr 1940: »Einige Gedanken über die Behandlung der Fremdvölkischen im Osten« wurde ihr erst lange nach dem Krieg bekannt. Darin hieß es: »Für die nichtdeutsche Bevölkerung des Ostens darf es keine höhere Schule geben als die vierklassige Volksschule. Das Ziel dieser Volksschule hat lediglich zu sein: Einfaches Rechnen bis höchstens 500, Schreiben des Namens, eine Lehre, daß es ein göttliches Gebot ist, den Deutschen gehorsam zu sein und ehrlich, fleißig und brav zu sein. Lesen halte ich nicht für erforderlich.«

Gerüchte über diese Denkschrift, von der E. nicht weiß, wieweit sie im Generalgouvernement realisiert wurde, müssen aber einer Tante aus dem Rheinland zu Ohren gekommen sein. Nach dem Krieg berichtete sie von einem Streit mit Cousine Liesel beim letzten Zusammentreffen, weil diese das Verbot höherer Schulen für polnische Kinder verteidigt habe.

Tante Liesel schrieb, daß die Verpflegungssituation in Litzmannstadt günstiger sei als im »Altreich«, daß gelegentlich »Ostzuschlags-Sonderrationen« auf Abschnitte der Lebensmittelkarten aufgerufen würden und man auf dem Markt manchmal sogar Geflügel »ohne Marken« kaufen könne. Hätte E. fragen müssen: Und wie ist die Verpflegungssituation für die polnische Bevölkerung, für die Juden im Ghetto? Sie war fest davon überzeugt, daß deutscher Gerechtigkeitssinn, gepaart mit deutschem Organisationstalent, für Polen, Juden und andere Völker das Lebensnotwendige bereitstellen würde.

Von der Existenz jüdischer Wohnbezirke in den Städten des Mittelalters wußte E. aus Geschichtsbüchern und Romanen – vor allem aber aus dem Film »Jud Süß« (1940). Daß es in Warschau und Litzmannstadt (Lodz) wieder »Ghettos« gab und wie es in ihnen zuging, wurde der deutschen Bevölkerung im Jahre 1941 durch den »Dokumentarfilm« »Der ewige Jude« vermittelt, der damals von seinem Regisseur, dem »Reichsfilminten-danten« Dr. Fritz Hippler, als »Symphonie des Ekels und des Entsetzens« bezeichnet wurde.

Ein großer Teil der Aufnahmen dieses monströsen antisemitischen Hetzfilms wurde im Ghetto von Lodz gedreht, das am 1. Mai 1940 in den ärmlichsten und elendesten Arbeitervierteln am nördlichen Stadtrand eingerichtet worden war. Der Kommentar verschwieg, daß die jüdische Bevölkerung hier zwangsweise in fürchterlicher, lebensbedrohlicher Enge vegetieren mußte, oft mehr als zehn Personen in jedem Raum der verfallenden Häuser. Er verschwieg, daß gnadenloser Arbeitszwang und Hungerrationen sowie grauenhafte hygienische Bedingungen jene Zustände erst geschaffen hatten, die die Kameras als »normale jüdische Lebensform« einfingen.

E. hat den Kommentar des Films nachgelesen und kann nicht umhin, ihm eine geradezu teuflische propagandistische Meisterschaft zuzuerkennen. So fängt er gleich in den ersten Sätzen das mögliche Mißverständnis auf, es könne sich bei den Ghettobewohnern um ein ganz anderes Volk handeln, als es die »zivilisierten Juden« in den Städten und Dörfern des Reiches verkörperten. Da heißt es: »Die zivilisierten Juden, welche wir aus Deutschland kennen, geben nur ein unvollkommenes Bild ihrer rassischen Eigenart. Der Film zeigt Originalaufnahmen aus polnischen Ghettos, er zeigt uns die Juden, wie sie in Wirklichkeit aussehen, bevor sie sich hinter der Maske des zivilisierten Europäers verstecken . . .«

Die ersten Bilder des Films zeigen Scharen ekliger Ratten auf der Wanderschaft, gleich darauf zahlreiche Ghettobewohner, die »geschäftig durcheinanderwuseln«, und im Kommentar heißt es dazu: »Sie (die Ratten) begleiten als Schmarotzer den Menschen von seinen Anfängen an . . . Sie sind hinterlistig, feige und grausam und treten meist in großen Scharen auf. Sie stellen unter den Tieren das Element der heimtückischen, unterirdischen Zerstörung dar. Nicht anders die Juden unter den Menschen.«

Um jeden Verdacht im Keim zu ersticken, es könne sich bei den gezeigten Bildern um Armut und Not handeln, behauptet der Kommentar: »Durch jahrzehntelangen Handel haben sie genug Geld angehäuft, um sich und ihrer Familie ein sauberes und behagliches Heim schaffen zu können. Aber sie wohnen Generationen hindurch in denselben schmutzigen und verwanzten Wohnlöchern.«

Im Begleittext des »Film-Kuriers« werden ebenso schamlos Ursache und Folge ausgetauscht. »Durch das Ghetto von Litzmannstadt wanderte damals, noch ehe die ordnende Hand der deutschen Verwaltung eingriff und diesen Augiasstall ausmistete, die Filmkamera, um ein tatsächliches, unverfälschtes Bild jenes stinkenden Pfuhls zu erhalten, von dem aus das Weltjudentum seinen ständig fließenden Zustrom erhielt.«

Die Ghettoszenen waren mit schwülstiger orientalischer Musik unterlegt, die am Schluß des Films gezeigten Bilder deutscher Menschen in deutscher Landschaft von strahlenden Barockklängen begleitet. Sie ließen das schweigende Publikum nach dieser »Symphonie des Ekels und des Entsetzens« wie aus einem bösen Traum erwachen.

Während der Film »Ich klage an«, der die Tötung »lebensunwerten Lebens« propagandistisch vorbereitete, eindeutig und scharf von den Kanzeln kritisiert wurde, Geistliche Hausbesuche machten, um vor der gefährlichen Tendenz des Films zu warnen, und die hektographierten Hirtenbriefe des Bischofs von Galen gegen das sogenannte »Euthanasie«-Programm von Hand zu Hand gingen, wurde »Der ewige Jude« in Paderborn schweigend zur Kenntnis genommen, vor seinem Besuch allenfalls aus ästhetischen Gründen gewarnt.

Der Kommentator Dr. Eberhard Taubert profilierte sich im Nachkriegsdeutschland als persönlicher Berater des ehemaligen bayerischen Ministerpräsidenten Franz Josef-Strauß, und der ehemalige »Reichsfilmintendant« Hippler, inzwischen ein seriöser, weißhaariger Herr, hatte bereits mehrere Male im bundesdeutschen Fernsehen Gelegenheit, sein Werk als versöhnliche Botschaft ohne jegliche antisemitische Tendenz zu rechtfertigen.

E. hat ihre Patentante nicht nach den Zuständen im Ghetto gefragt, obwohl diese ihr wahrscheinlich auch keine über den »Dokumentarfilm« hinausgehenden Auskünfte hätte geben können, da das Ghetto in einem Sperrbezirk lag. Abgesehen davon lebte auch sie in einer Art Ghetto, dem Privilegierten-Ghetto der Reichsdeutschen, und keiner der jüdischen, polnischen und volksdeutschen Bewohner von Lodz war ihr aus früheren Zeiten bekannt.

Tatsächlich überkreuzten sich in Lodz für einige Jahre die Interessen der »Ausbeuter« mit denen der »Endlöser«, die für die sofortige Vernichtung der Ghettobewohner plädierten. In den zahlreichen Produktionsbetrieben innerhalb der Ghettomauern wurde

318

bis Kriegsende rund um die Uhr fieberhaft von Männern, Frauen und Kindern gearbeitet – in Lumpen, oft ohne Schuhe, dem Hungertode nahe, in der vergeblichen Hoffnung, so dem Tod entrinnen zu können. Immer neues »Menschenmaterial« aus allen Ländern Europas – aus Berlin, Frankfurt, Wien, Prag, Luxemburg und Paris – rückte nach, um die Arbeit der Verhungerten, an Entkräftung und Seuchen Verstorbenen oder als »unproduktiv« im nahe gelegenen Vernichtungslager Kulmhof (Chelmno) Vergasten weiterzuführen. Hier produzierten Eltern, die ihrer Kinder schon beraubt worden waren, Spielzeug und Laufställchen für andere, glücklichere Kinder in Deutschland, hier wurden Uniformen geschneidert, Mannschaftswäsche hergestellt, Schuhe angefertigt und militärische Rang- und Hoheitsabzeichen gestickt. Da diese Produktion kriegswichtig war, setzte sich Rüstungsminister Speer als »Ausbeuter« durch, denn eine »Vernichtung durch Arbeit« zahlte sich in der Bilanz der Rüstungsproduktion aus.

Die polnische Vorkriegsbevölkerung von 24 Millionen wurde zwischen 1939 und 1945 um sechs Millionen dezimiert. Davon starben 500 000 durch Kriegshandlungen, drei Millionen polnische Juden in Vernichtungslagern.

E. ist sicher, daß sie niemals »über hungernde polnische Kinder wie über Baumstümpfe hinweggesehen« hätte, wie es eine acht Jahre ältere Zeitgenossin als »Fazit« ihrer langjährigen Aufbauarbeit im Osten mit achtenswerter Ehrlichkeit beschreibt. Kann sie da wirklich sicher sein? Und wenn sich ihr Vater damals nach Litzmannstadt hätte versetzen lassen? War es vielleicht nur ihr Jahrgang, der ihr eine solche »Bewährung« erspart hat?

Im Januar 1945 setzten sich die Spitzen der deutschen Verwaltungs- und Parteihierarchie von Lodz und der überwiegende Teil der Reichs- und Baltendeutschen nach dem Westen ab. In der Nacht vom 17. zum 18. Januar steckten deutsche Kommandos das Polizeigefängnis Radegast im Lodzer Vorort Radogoszcz in Brand und erschossen die aus den Fenstern des brennenden Gebäudes springenden politischen Häftlinge.

In der Jakubastraße des Ghettos befreiten Soldaten der Roten Armee ein letztes »Aufräumkommando« von 870 jüdischen Männern und Frauen. Mit ihnen überlebten 30 Kinder und 80 Erwachsene, denen es gelungen war, sich während der Deportationen zu verstecken.

Etwa ein Jahr nach dem Krieg wurden die letzten Volksdeutschen aus Lodz vertrieben. In der kleinen Stadt, in der E.s Eltern nach der Zerstörung von Paderborn ein Zimmer gefunden hatten, erschien eines Tages eine Frau, die in der »Buschlinie« als Hauswartsfrau gearbeitet hatte. Ihr Bericht über das Ende der 84jährigen Gertrud Peters (E.s Großmutter) und der 58jährigen Lehrerin Liesel Peters lautete wie folgt: »Alle Reichsdeutschen wurden aus ihren Wohnungen herausgetrieben auf einen großen Platz in der Stadt. Dort hat man sie fürchterlich mißhandelt und viele totgeprügelt, aber die Krankenhäuser haben keine Deutschen mehr aufgenommen. Als Fräulein Peters und Frau Peters nach ein paar Stunden wiederkamen, war Fräulein Peters ganz voll Blut. Man hatte ihr ein Auge ausgeschlagen, und man konnte sie kaum noch erkennen. Sie konnte die Treppen nur noch hochkriechen. Die alte Frau Peters haben sie nicht so schlimm geschlagen, weil Fräulein Peters immer gerufen hat, sie sollten eine alte Frau doch nicht so schlagen. Da ihre Wohnung schon besetzt war, wollte ich die beiden in meiner Wohnung aufnehmen, aber sie sind eine Treppe höher zum Dachboden hinaufgestiegen und haben sich auf die Straße gestürzt. Dann hat man sie in einem Straßengraben verscharrt. Der schwarze Mantel von Frau Peters guckte noch aus der Erde raus. Die Bücher von Fräulein Peters und die Noten von Herrn Peters haben die Polen auf die Straße geworfen, und die Blätter flogen noch tagelang herum.«

Die Schlacht am Birkenbaum

In Rußland wohnten Russen. Sie trugen buntbestickte, einfach geschnittene Kittel, die auch von weniger geübten Hausfrauen leicht herzustellen waren. So erfreuten sich E. und ihre Brüder in Kindheitstagen blauer Russenkittel, die von der Mutter an Stehbörtchen, Knopfleisten und Ärmelbündchen mit farbiger Stickerei versehen waren.

Das Wort »Russe« hatte auch die Bedeutung von Lausbub oder Strolch. »Du bist ein richtiger Russe« meinte die Mutter kopfschüttelnd, wenn die Tochter von Kletterübungen auf Bäumen oder Streifzügen durch Hecken und Unterholz mit zerzausten Haaren, zerkratzten Beinen und aufgeschlagenen Knien nach Hause kam.

In Rußland gab es eine große, prächtige Hafenstadt, die den gleichen Namen trug wie die Familie. Sie hieß in E.s Kindertagen zwar längst Leningrad, in Dierckes Schulatlas aber noch immer Sankt Petersburg. Eine Stadt mit dem eigenen Namen hatte nicht jeder, hatte überhaupt niemand in der Verwandtschaft und Bekanntschaft. Machte Sankt Petersburg das ferne Rußland nah und vertraut, so verbreitete der Name der Hauptstadt Angst. Der Gruß »Heil Moskau« und ein Zeichen mit zwei gekreuzten Werkzeugen waren dem Kind schon im Vorschulalter als Symbole des Schreckens bekannt. Das hinderte sie aber nicht daran, Hammer und Sichel gelegentlich in trauter Nachbarschaft mit dem Totenkopf und den zwei gekreuzten Knochen der Piratenflagge auf Hefte und Hausmauern zu kritzeln. In Rußland – so lernte die Schulanfängerin – hatte der Bolschewismus »das Reich Satans auf Erden« errichtet. Dieses Teufelswerk war eine Beleidigung Gottes und ein Ärgernis für alle Christen. Schutzpatron »christlicher Heerscharen« gegen den »Antichrist« war der heilige Erzengel Sankt Michael. Er hatte Luzifer, einen ehemaligen Miterzengel und späteren Widersacher Gottes, aus dem Himmel vertrieben und in den Abgrund der Hölle gestürzt. Im Schulgebäude und in der Klosterkirche der »Studienanstalt St. Michael«, die E. seit dem ersten Schuljahr besuchte, gab es Bilder und Skulpturen des gepanzerten ritterlichen Engels, der den Höllendrachen siegreich unter seinen Fuß gezwungen hatte, und jedes Jahr am 29. September, dem Fest des heiligen Michael, sang sie mit der Schulgemeinde den uralten Choral: »Unüberwindlich starker Held, Sankt Michael! Komm uns zu Hilf, zieh mit zu Feld! Hilf uns hie kämpfen, die Feinde dämpfen, Sankt Michael!«

Die Vision eines Krieges zwischen den Mächten des Lichtes und den Mächten der Finsternis kannte E. aus der uralten christlichen Legende von der »Schlacht am Birkenbaum«, die Clemens Brentano nach den Gesichten der katholischen Mystikerin Katharina Emmerich neu aufgezeichnet hatte. Danach wird »der Führer der abendländischen Christenheit« vor Beginn der schrecklichsten, blutigsten Schlacht der Weltgeschichte seinen Schild an einem dürren Birkenbaum aufhängen. Sodann werden die »Heere des Westens und die Heere des Ostens« (!) – »die Heere des Christen und die Heere des Antichrist« – zum letzten Kampf antreten, und nach dem Sieg über den Satan wird das große heilige Zeitalter des ewigen Friedens, das wahre Reich Gottes auf Erden anbrechen.

Den Vorstellungen der Heranwachsenden über Rußland und das russische Volk entsprachen Begriffe wie »Mütterchen Rußland« und »russische Seele«. Danach war die einfache russische Bevölkerung ein unendlich gutmütiger, kindlich gläubiger Menschenschlag. Die Russen waren geduldig, mitleidig, gastfrei und hilfsbereit, leidensfähig und schicksalsergeben. Ihre Unwissenheit glichen sie durch eine mystische Weisheit aus, die ihre Kraft aus schlichter Herzensgüte und tiefer Frömmigkeit herleitete. Russische Menschen neigten aber auch zu wilden, maßlosen Leidenschaftsausbrüchen, die sich gegen die eigene Person oder andere Personen richten konnten. Nicht selten kamen dabei heimtückische, rohe und grausame Züge zum Vorschein, die die Grenzen nachvollziehbarer menschlicher Regungen sprengten. Die jahrhundertelange Unterdrückung des russischen Volkes war zudem durch seine Neigung zu Schmutz, Schlendrian und Alkohol sowie einen Hang zu dumpfer Unterwürfigkeit mitverschuldet worden. All das machte die russische Seele liebenswürdig und anziehend, aber auch unheimlich und gefährlich – kurzum unergründlich.

Diese Vorstellungen verdankte sie einer Dostojewski-Gesamtausgabe – vielen schwarzen Leinenbänden mit aufgeprägten goldenen Zwiebelturm-Silhouetten –, die der Vater schon mit in die Ehe gebracht hatte, denn auch er war zeit seines Lebens von der »geheimnisvollen, unergründlichen russischen Seele« fasziniert.

Romane von Tschechow, Tolstoi, Gogol, Gontschwarow und Turgenjew lieh E. sich später in öffentlichen oder Leihbibliotheken aus, denn die vorrevolutionäre russische Literatur wurde im Dritten Reich keineswegs unterdrückt. Auch die Musik von Tschaikowsky, Mussorgski, Rimsky-Korssakoff, Glinka, Strawinsky, zeitweise auch Schostakowitsch spielte im Musikleben der Zeit eine nicht unwesentliche Rolle.

Jenes Rußland der unzähligen goldstrahlenden Kirchen und der tiefen Frömmigkeit seiner Bewohner, die das Leid von Leibeigenen und Verbannten mit einem versöhnlichen Glanz überstrahlt hatte, gehörte allerdings ebenso der Vergangenheit an wie jenes, das die abendländische Kultur mit so unvergleichlichen Meisterwerken bereichert hatte.

In Kreisen des aufgeklärten katholischen Bürgertums galt »Rußland« als ein Land, das nicht nur die Religion abgeschafft, sondern auch alle Kultur beseitigt hatte. Die Schreckensherrschaft des Bolschewismus, so hieß es, stelle alles weit in den Schatten, was das bedauernswerte russische Volk bereits in seiner Vergangenheit hatte erleiden müssen.

In der offiziellen Propaganda des Dritten Reiches erfreute sich das einfache russische Volk einer auffallenden Schonung. Sie beruhte wohl auf der realistischen Einschätzung, daß die »Russenschwärmerei« des Bürgertums nicht so leicht zu erschüttern war und dem Wort »russisch« im allgemeinen deutschen Sprachgebrauch keine bösartige Diskriminierung anhaftete, auf die man im Falle »polnisch« erfolgreich hatte zurückgreifen können.

So wurden Volk und Führung der Sowjetunion säuberlich voneinander getrennt. Die »jüdisch-bolschewistischen Machthaber« glichen Bestien und Ungeheuern in Menschengestalt, die das im Grunde liebenswerte, wenn auch rückständige russische Volk brutal und grausam unterdrückten und ihm auch noch seinen letzten Trost, den christlichen Glauben, genommen hatten.

Mitleid, das nach Befreiung und Erlösung der »Erniedrigten und Beleidigten« drängte, sowie Angst vor der »Weltrevolution«, die die Zustände im sogenannten »Sowjetparadies« auch auf die übrige Welt ausdehnen wollte, lieferten eine wirksame psychologische Vorbereitung des Krieges gegen die Sowjetunion.

Dieser Tendenz entsprechend, gab es während des Dritten Reiches keine ausgesprochen antirussischen, sondern nur antibolschewistische Filme. »Friesennot« aus dem Jahre 1935 schildert den Zusammenstoß der aus Friesland stammenden Bewohner eines wolgadeutschen Dorfes mit der neuen bolschewistischen Herrschaft. Der Dorfälteste (Friedrich Kayßler), eine ehrwürdige Patriarchengestalt, nimmt die Abgesandten der neuen Regierung zunächst als von Gott gewollte Obrigkeit freundlich auf. Ein Dorfmädchen, Tochter einer Friesin und eines Russen, erliegt sogar dem Charme des Kommissars, an dessen mongolische Gesichtszüge sich E. noch heute erinnert. Aber als er gotteslästerliche Reden führt und die wolgadeutschen Bauern erkennen, daß die bolschewistische Regierung Gott abschaffen will, setzen sie sich zur Wehr, jagen das Mädchen Mette ins Moor und schlachten alle Rotgardisten in einem schrecklichen Blutbad ab. Danach verbrennen sie ihre Häuser und machen sich auf den Weg durch die Kirgisensteppe zur persischen Grenze. Während der Dauer des Nichtangriffspaktes mit der Sowjetunion verschwand der Film »Friesennot« in den Archiven und wurde erst nach Beginn des Rußlandfeldzuges unter dem Titel »Dorf im roten Sturm« wieder in Jugendfilmstunden und Parteiveranstaltungen gezeigt.

Aus dem 1936 gedrehten, ebenfalls in Jugendfilmstunden gezeigten Film »Weiße Sklaven« kann E. sich nur noch an eine Szene vom Ausbruch der bolschewistischen Revolution in einer Hafenstadt am Schwarzen Meer erinnern: Sinnlos betrunkene Rotgardisten metzeln Gefangene nieder, vergewaltigen Frauen, zerfetzen Heiligenbilder in den Kirchen und stecken Häuser an, in denen Menschen bei lebendigem Leibe verbrennen.

Im Jahre 1942 folgte der dritte antisowjetische Propagandafilm, der die GPU, den sowjetischen Geheimdienst, bei der Arbeit zeigte. Das Unheimliche daran war, daß die Mitglieder der GPU, als seriöse diplomatische Vertreter ihres Landes getarnt, auch im Ausland auf Menschenjagd gingen und in den Kellern russischer Botschaften Verhöre im grellen Scheinwerferlicht, Folterungen und Ermordungen von Gefangenen stattfanden. So wird das Liebespaar, ein deutscher Student (Will Quadflieg) und eine baltische Geigenvirtuosin (Laura Solari), in einer Zweigniederlassung des sowjetischen Geheimdienstes in Holland von deutschen Soldaten bei der Besetzung dieses neutralen Landes befreit. Unvergeßlich die kahlgeschorenen Mongolenschädel und »Gangster-Visagen« der kommunistischen Agenten und auch die Horrorsequenzen auf den ersten Metern des Filmes: Die Worte G-rauen, P-anik, U-ntergang erscheinen zunächst im Hintergrund der Filmleinwand. Untermalt von Thriller-Musik und illustriert durch Gesichter und Leiber ohnmächtig der GPU ausgelieferter Menschen, vergrößert sich die unheimliche Flammenschrift in Sekundenschnelle und springt dem Betrachter als Menetekel des Schreckens ins Auge.

Vom August 1939 bis zum Juni 1941 hatte die antibolschewistische Propaganda Sendepause. In diesen zwei Jahren gelangten Werke zeitgenössischer sowjetischer Komponisten wie Schostakowitsch, Chatchaturjan und Prokofjew in das Repertoire des deutschen Musiklebens, und es wurden zwei Filme gedreht, die zwar nicht prosowjetisch waren, da sie im »alten« Rußland spielten, in denen aber die russische Kultur und das einfache russische Volk außerordentlich positiv dargestellt wurden.

Der Film »Es war eine rauschende Ballnacht« aus dem Jahr 1939 mit Peter Stüwe, Zarah Leander und Marika Rökk war dem russischen Komponisten Peter Tschaikowsky gewidmet. Die Spielhandlung hatte zwar kaum etwas mit dem historischen Vorbild zu tun, seine Musik wurde hingegen von erstklassigen Orchestern dargeboten.

Die Verfilmung von Puschkins Novelle »Der Postmeister« aus dem Jahre 1941 gab Heinrich George Gelegenheit zu seiner vielleicht großartigsten schauspielerischen Leistung. Er spielte die Titelrolle »russisch liebenswert«, und wer den Film gesehen hat, wird sich an die Szene erinnern, in der er seinen Pferden die Briefe der Tochter aus der fernen Hauptstadt vorliest, von der er nicht weiß – nicht wissen will –, daß sie eine zweifelhafte Lebedame geworden ist, wird sich an die strahlend schöne und sehr »russische« Dunja der jungen Hilde Krahl erinnern.

Der Hitler-Stalin-Pakt vom 23. August 1939 schlug in der deutschen Öffentlichkeit wie eine Bombe ein. Dem Gedanken an ein friedliches Nebeneinander oder gar eine Art

Freundschaft mit dem Sowjetkommunismus haftete eine seltsame, befremdliche Unwirklichkeit an. E. sah in der Wochenschau Ribbentrop und Molotow bei der Unterzeichnung des Abkommens – im Hintergrund ein freundlich lächelnder Stalin in weißer Generalsuniform, der wie ein richtiger Mensch aussah – und dachte: »Das kann doch einfach nicht wahr sein!«

Als sich der erste Schock gelegt hatte, sprachen die Erwachsenen von einem »genialen Schachzug« des Führers und bewerteten den Nichtangriffspakt als großartige Leistung eines Realpolitikers, der sich sogar mit dem Teufel verbündete, wenn es galt, das deutsche Volk vor Unheil zu bewahren. Die Militärstrategen in der Familie begrüßten es, daß nun die Gefahr eines Zweifrontenkrieges gebannt sei, der die Niederlage im Ersten Weltkrieg verursacht habe.

In katholischen Kreisen regte sich schweigendes Unbehagen, wenn nicht gar Mißtrauen. Der Verdacht einer unheiligen Allianz der kirchenfeindlichen NS-Regierung, die sich ständig über die Bestimmungen des Konkordats hinwegsetzte, und der Kommunisten, die die Religion völlig abgeschafft hatten, lag nahe. Normale Beziehungen zwischen Christen und »Antichristen« besiegelten, so fürchtete man, ein Sichabfinden mit der ungeheuerlichen Gotteslästerung des Sowjetstaates, der das »Gott ist tot« zur Grundlage seiner Ideologie erklärt hatte.

Die politischen Vorstellungen der 14jährigen waren »streng moralisch«. Realpolitische Kompromisse, diplomatische Schachzüge und strategische Bündnisse mit einem Staat, der allzu lange als Urbild des ideologischen Widersachers gegolten hatte, wollten da nicht recht hineinpassen. Als sich aber nach Beendigung des Polenfeldzuges Offiziere und Mannschaftsgrade der Roten Armee und der Wehrmacht in Brest miteinander verbrüderten, söhnte auch sie sich mit dem »Teufelspakt« aus. Die nunmehr gemeinsame Grenze war zwar ein wenig unheimlich, aber die Russen hatten sich mit den Gebieten zufriedengegeben, die der jungen revolutionsgeschwächten Sowjetmacht 1921 von den Polen abgenommen worden waren. Wenn die Kriegshetzer und Einkreisungspolitiker in England und Frankreich ihre Drohungen wirklich wahrmachen würden, konnte Deutschland sicher sein, daß »im Osten« alles ruhig blieb.

Zwei Jahre später mußte schon wieder umgedacht werden. Den Tagesbefehl Hitlers vom 21. Juni 1941 empfand E. – trotz böser Vorahnungen, »weil Rußland so groß war« – als Abkehr von listigen Schachzügen, faulen Kompromissen und Heuchelei, als Rückkehr zu einer klaren, ehrlichen, sauberen Politik. Er lautete:

> »Soldaten der Ostfront! Von schweren Sorgen bedrückt, zu monatelangem Schweigen verurteilt, ist nun die Stunde gekommen, in der ich zu Euch, meine Soldaten, offen sprechen kann . . . Es stehen 160 russische Divisionen an unserer Grenze . . . Wenn diese größte Front der Weltgeschichte (gemeint waren die eigenen und verbündeten Truppen) nunmehr antritt, dann geschieht es nicht nur, um die Voraussetzung zu schaffen für den endgültigen Abschluß des großen Krieges überhaupt . . . sondern um die ganze europäische Zivilisation zu retten . . . Denn: Das Schicksal Europas, die Zukunft des Deutschen Reiches, das Dasein unseres deutschen Volkes liegen nunmehr in Eurer Hand . . . Möge uns allen in diesem Kampfe der Herrgott helfen.«

Der ungeheuerlichste Eroberungs-, Versklavungs- und Vernichtungskrieg der Weltgeschichte wurde vor der deutschen Öffentlichkeit als »Vorwärtsverteidigung« gerechtfertigt. Die deutsche Wehrmacht – so hieß es – habe das Feuer eröffnen müssen, um den zur Vernichtung der europäischen Zivilisation entschlossenen und bereits in ungeheurer Konzentration an den Grenzen aufmarschierten Streitkräften der Sowjetunion zuvorzukommen, denn die »russische Dampfwalze«, einmal in Gang gekommen, mache alle Verteidigungsanstrengungen zunichte.

So ist denn in E.s historischem Gedächtnis kein »Bruch des Nichtangriffspaktes«, kein »Überfall« und kein »Angriffskrieg gegen die Sowjetmacht« verzeichnet, sondern ein »Erstschlag aus Notwehr«, ein »Präventivkrieg« zur Abwehr eines unmittelbar bevorstehenden Angriffs.

Nach dem verlegenen Schweigen während des Nichtangriffspaktes wurde nun die Angst vor der »ungeheuren Bedrohung aus dem Osten« wiederbelebt und in vielfältiger Weise veranschaulicht.

Für schlichte Gemüter gab es Plakate, auf denen Europa als winziges, mit seinen vielen Buchten und Halbinseln besonders verletzlich wirkendes Anhängsel einer erdrückenden russisch-asiatischen Landmasse erschien. Ein teuflisch grinsender Rotarmist wurzelt mit dem Standbein fest in der Gegend von Moskau und schickt sich an, das zarte, zerbrechliche Gebilde im Westen des Kontinents wie ein lästiges Insekt mit einem riesigen roten Stiefel zu zertreten.

Für Militaristen verkörperten entsprechende Symbole unermeßliche bolschewistische Heerscharen mit unzähligen Panzern, Flugzeugen und Geschützen, die an der Grenze des Generalgouvernements und Ostpreußens angeblich aufmarschiert seien und nur noch auf das Kommando zum Losschlagen warteten.

Für Intellektuelle wurde die Angst vor der »Weltrevolution« und der »Diktatur des Proletariats« aufgefrischt, wonach die Rote Armee eigens zu dem Zweck geschaffen worden sei, das bolschewistische Schreckensregiment mit Waffengewalt Deutschland, Europa und dem Rest der Welt aufzuzwingen.

Die Frontoffiziere der Familie machten besorgte Gesichter, weil »wir« ja nun doch wieder den »Zweifrontenkrieg« hatten, die Mutter weinte, weil sie an ihre Söhne dachte, und der Vater beruhigte sich und jeden, der es hören wollte, damit, daß die Sowjetunion »ein tönerner Koloß« sei, der beim geringsten Anstoß von selbst in sich zusammenstürzen würde.

Lew Kopelew, Friedenspreisträger des deutschen Buchhandels von 1981, berichtete vor einigen Jahren in einem Fernsehinterview über seine Gefühle und Erwartungen am 22. Juni 1941, den er als 26jähriger in Moskau erlebte: Er sei in freudiger Erregung und mit strahlenden Augen durch die Straßen der Hauptstadt gelaufen, weil er fest damit gerechnet habe, das deutsche Proletariat würde sich nun erheben und Hitler stürzen. Jetzt endlich, so habe er geglaubt, sei der große, heilige Krieg gekommen, der zur Befreiung Deutschlands von der faschistischen Diktatur und zur Befreiung Europas von der Gefahr des Faschismus führen werde.

Die 16jährige E. ist nicht in freudiger Erregung mit strahlenden Augen, sondern eher bedrückt und traurig durch die Straßen ihrer Heimatstadt gelaufen, aber ihre Erwartungen waren – wenn auch mit umgekehrtem Vorzeichen – sehr ähnlich. Sie rechnete fest damit, daß die russischen Arbeiter und Bauern sich nun erheben und Stalin stürzen würden. Auch für sie war der letzte, heilige Krieg gekommen, »Die Schlacht am Birkenbaum«, die nicht nur das unglückliche russische Volk, sondern die ganze Welt endgültig von der Menschheitsgeißel des Kommunismus befreien würde.

Der Deckname für die Angriffsplanung gegen die Sowjetunion lautete »Unternehmen Barbarossa«, obwohl der mittelalterliche Kaiser 750 Jahre zuvor keineswegs gen Rußland, sondern auf einen Kreuzzug in den Vorderen Orient gezogen war, um Jerusalem aus der Hand der Ungläubigen zu befreien. Im katholischen Bereich bedurfte der Kampf gegen die »Heere des Antichrist« ohnehin keiner Rechtfertigung. Hier genügte das schlichte »Gott will es« der Kreuzzüge. So begrüßten im Frühsommer 1941 katholische Geistliche in den Kirchen von E.s Heimatstadt den Kampf gegen die »Mächte der Finsternis« mit flammendem Pathos und leidenschaftlichem Zungenschlag. Das Lied vom »unüberwindlich starken Helden St. Michael« wurde auch ohne Bezug zum kalendermäßig festgelegten St.-Michaels-Tag gesungen, und folgende Strophe des Liedes »Ein Haus voll Glorie schauet weit über alle Land« aus dem »Sursum Corda«, dem katholischen Gesangbuch für die Erzdiözese Paderborn, bekam plötzlich eine erregende, aktuelle Bedeutung:

»Ob auch der Feind ihm dräue, anstürmt der Hölle Macht,
des Heilands Lieb und Treue auf seinen Zinnen wacht . . .
Viel tausend schon vergossen mit heil'ger Lust ihr Blut;
die Reih'n stehn fest geschlossen in hohem Glaubensmut.«

Die Übereinstimmung der katholischen Kirche mit dem NS-System offenbarte sich in dem von beiden Seiten verwendeten Begriff des »Kreuzzuges«. Der folgende Aufruf des katholischen Feldbischofs Rarkowski, dem die seelsorgerische Betreuung Millionen katholischer Soldaten der deutschen Wehrmacht 1938 vom katholischen Nuntius und späterem Papst Pius XII. anvertraut worden war, hätte auch von Himmler stammen können, da die SS bewußt an die Tradition des Deutschen Ritter-Ordens anknüpfte.

»Kameraden! . . . Wie schon so oft in der Geschichte ist Deutschland in der Gegenwart zum Retter und Vorkämpfer Europas geworden . . . Viele europäische Staaten, die bisher unter dem drohenden Schatten der bolschewistischen Gefahr gelebt haben und vielfach innerhalb ihres Staatsgefüges die bittersten Erfahrungen mit den zersetzenden Auswirkungen bolschewistischer Lehre machen mußten, wissen es, daß der Krieg gegen Rußland ein europäischer Kreuzzug ist. Die Völker Europas müßten ihre Geschichte verleugnen und ihre Zukunft verneinen, wollten sie nicht von Herzen jene Entscheidung herbeisehnen, die den Bolschewismus für alle Zeiten aus der Geschichte vertilgt. So ist es heute keine Übertreibung, wenn ich sage, daß ihr im Osten, gleich den deutschen Ordensrittern einer Zeit, die weit hinter uns liegt, eine Aufgabe zu erfüllen habt, die von einmaliger Bedeutung ist und deren Auswirkungen für unser Volk, ja für Europa und die ganze Menschheit heute noch nicht überblickt werden kann . . .«

Truppenteile des Ostheeres, in denen vorwiegend katholische Soldaten vom Lande kämpften, galten in führenden Wehrmachtskreisen als besonders tapfer und zuverlässig, und der Bischof von Münster, Clemens August von Galen, verhieß noch in einem Hirtenbrief des Jahres 1944 jedem im Kampf gegen den gottlosen Kommunismus Gefallenen den Rang eines Märtyrers und damit Vergebung aller Sünden und direkten Zugang zur ewigen Seligkeit.

In den frühen vierziger Jahren verschlang E. die Trilogie der Alja Rachmanowa »Studenten, Liebe, Tscheka und Tod«, »Ehen im roten Sturm« und »Milchfrau in Ottakring«. Sie schilderte den Lebensweg einer russischen Studentin aus bürgerlichen Kreisen im vorrevolutionären und bolschewistischen Rußland, das Schicksal ihrer Freunde und ihrer Familie, ihre Ehe mit einem österreichischen Gastdozenten und die ersten Jahre der Emigration. Die revolutionären Ziele der sozialistischen Revolution werden nicht aufgezeigt, die Vertreter der neuen Gesellschaft erscheinen ausnahmslos als primitive, brutale Kulturzerstörer.

Im Klappentext der inzwischen neu aufgelegten Bücher heißt es: »Gleichzeitig schildert sie (A. R.) mit fast unheimlicher Bannkraft die allmähliche Zermürbung der nichtbolschewistischen Intelligenz, die Bolschewisierung des Universitäts- und Wissenschaftsbetriebes, das langsame Erlahmen jeglichen Willens zum Widerstand gegen die neuen Mächte, die Kapitulation der letzten Reste des Bürgertums«, und so hat E. die Botschaft auch verstanden: der Grabgesang einer Klasse mit einer kulturellen Tradition, für die es in der Sowjetunion offenbar keine Chance gab.

Über den Bürgerkrieg zwischen Weiß und Rot in den Jahren 1917 bis 1921 orientierte E. sich durch Bücher von »weißer Seite«, wie »Vom Zarenadler zur roten Fahne« von Krasnow, einem General und Ataman der weißen Donkosaken, der im Zweiten Weltkrieg russische Einheiten auf deutscher Seite befehligte, nach Kriegsende mit Tausenden seiner Soldaten von den Amerikanern ausgeliefert und 1947 im Alter von 78 Jahren in Moskau gehenkt wurde, sowie »Zwischen weiß und rot« und »Die Armee hinter Stacheldraht« von Edwin Erich Dwinger, der sich als deutscher Kriegsgefangener der Armee des weißrussischen Generals Koltschak angeschlossen hatte. Erst viele Jahre nach dem Krieg las E. über diesen Zeitabschnitt der sowjetischen Geschichte das Werk von Scholochow »Der stille Don«.

Von ehemaligen überzeugten Kommunisten, die zeitweise in der Sowjetunion zu hohen Ämtern aufgestiegen waren, ehe sie viele Jahre in Gefängnissen und Zwangsarbeitslagern zubringen mußten, stammten die Bücher »Ich wählte die Freiheit« von Krawtschenko und »Der verratene Sozialismus« von Karl Albrecht.

Als E. vor einigen Jahren den »Archipel Gulag« von Solschenizyn las, erinnerte sie sich an Krawtschenkos Bericht aus sowjetischen Straflagern der dreißiger Jahre, die das System in gleicher Weise beschrieben. Eine Neuauflage von Krawtschenkos Buch nach dem Zweiten Weltkrieg wurde von einigen (linken) Kritikern als »unglaubwürdig« bezeichnet, weil die dort geschilderten Zustände denen deutscher Konzentrationslager zu sehr glichen. »Der verratene Sozialismus« von Karl Albrecht, einem freiwillig in die Sowjetunion gegangenen deutschen Holz- und Forstfachmann, erreichte im Dritten Reich eine Auflage von zwei Millionen Exemplaren, von denen eine zerfledderte Ausgabe auch zu E. gelangte, deren Buchumschlag den Inhalt andeutete – ein schmutziges, hoffnungsloses, mit Blutflecken übersätes Grau.

Aus diesen und anderen Büchern, aus Zeitungsaufsätzen und Abbildungen der Wanderausstellung »Das Sowjetparadies« informierte sich E. während des Dritten Reiches über die Hungersnot in der Ukraine, der – als Folge der Zwangskollektivierung in den frühen dreißiger Jahren – etwa acht bis zehn Millionen Sowjetbürger zum Opfer gefallen sein sollen, über das Elend der nach Sibirien verbannten Kulaken, über die großen Schauprozesse der Stalinzeit, die Säuberungen des Parteiapparates und die »Besprisornyje«, die Fürsorgelosen, jene in den Jahren des Bürgerkrieges zu Hunderttausenden heimatlos durch das weite Rußland streunenden Kinder und Jugendlichen.

Die Werke des großen sowjetischen Pädagogen Anton Semjonowitsch Makarenko, der sich dieser Kinder und Jugendlichen annahm und in seinen Jugendkolonien eine neue, faszinierende Pädagogik, die Pädagogik des Kollektivs, entwickelte, begegneten E. erst viele Jahre später.

Der Krieg gegen die Sowjetunion verlief zunächst in gewohnter »Blitzkrieg-Manier«. Die »ungeheuren bolschewistischen Heerscharen« waren in wenigen Tagen überrollt – so verkündete es der Heeresbericht. Das Grenzkommando der Festung Brest, in der sich zwei Jahre zuvor deutsche und russische Soldaten freundlich die Hände geschüttelt hatten, setzte den Eroberern zwar noch vier Wochen lang einen verzweifelten Widerstand entgegen, aber die schnellen Panzerverbände der deutschen Wehrmacht waren inzwischen schon Hunderte von Kilometern in Feindesland vorgedrungen.

In wenigen Monaten eroberten deutsche Truppen Weißrußland, die Ukraine und die baltischen Staaten, Gebiete, in denen fast die Hälfte der gesamten industriellen und landwirtschaftlichen Produktion der Sowjetunion erzeugt wurde. In den Meldungen hieß es wiederholt, daß die Einnahme von Moskau und Leningrad unmittelbar bevorstünde und die Rote Armee praktisch bereits besiegt sei.

War der Angriff auf die Sowjetunion vielleicht gar kein »Präventivkrieg«, keine »Vorwärtsverteidigung«? Hatte es jene 160 sowjetischen Divisionen, die zum Sprung auf Deutschland und Europa angesetzt hatten, überhaupt gegeben?

Und wenn schon! An den teuflischen Absichten der Bolschewisten bestand in E.s Umwelt nicht der geringste Zweifel. Der »Weltanschauungskrieg« war ohnehin unausweichlich. Wenn nicht jetzt, dann später!

Die Wahrheit über jene »Vorwärtsverteidigung« erfuhr E. erst viele Jahre nach dem Krieg. Tatsächlich standen den »gewaltigsten auf einem Schlachtfeld vereinten Streit-kräften der deutschen Wehrmacht«, verstärkt durch rumänische, finnische, ungarische, slowakische, italienische und spanische Bundesgenossen, auf der sowjetischen Seite nur etwa 100 000 Mann Grenzbefestigungstruppen sowie einige Schützendivisionen gegen-über, die sich zunächst ohne Schießbefehl und ohne koordinierte Abwehrstrategie verteidigen mußten. Erst Monate später gelang es der Roten Armee, das kaum vorstell-bare Chaos und die militärische Katastrophe des Kriegsbeginns zu überwinden und eine organisierte Gegenwehr aufzubauen.

Weizenlieferungen aus der Ukraine rollten noch tagelang gen Westen in Richtung Deutschland, um die vor dem Bruch des Nichtangriffspaktes abgeschlossenen Lieferver-träge zu erfüllen, weil untergeordnete Stellen nicht an den Überfall glauben wollten. Stalin wagte es erst zwölf Tage nach Beginn der Kampfhandlungen, sich in einer Rundfunkrede an die Völker der Sowjetunion zu wenden, und rief im November 1941 nicht zur Verteidigung des Sozialismus, sondern zum »Großen Vaterländischen Krieg« auf, wobei er sich nicht scheute, die bislang verachtete vorrevolutionäre Geschichte Rußlands zu beschwören und die vernichtende Niederlage des Napoleonischen Heeres durch zaristische Truppen als leuchtendes Beispiel vaterländischer Gesinnung anzu-führen.

Und was hörte man in der Heimat von diesem neuen Kriegsschauplatz? Die Wochen-schauen des Sommers und Herbstes 1941 zeigten deutsche Soldaten, die mit Salz und Brot, Blumen und Früchten als Befreier begrüßt wurden. Unter dem Beifall und mit tatkräftiger Hilfe der Bevölkerung stürzten sie Stalinbüsten vom Sockel und zerbrachen sowjetische Embleme. Die Jubelnden waren ukrainische Bauern, die mit der Aufhebung der Zwangskollektivierung und Befreiung von russischer Vorherrschaft rechneten, Litauer, Letten und Esten, die ihre im Jahre 1940 verlorene Unabhängigkeit wiederzu-erlangen hofften, und Sowjetbürger, die sich vom stalinistischen Joch befreit fühlten. Man sah grauenhafte Bilder von ermordeten Zivilisten, ein Krankenhaus, in dem zu Skeletten abgemagerte Kinder nur noch schwache Lebenszeichen von sich gaben, Behausungen der Arbeiter des »Sowjetparadieses«, die mehr Erdlöchern als mensch-lichen Wohnungen glichen, und »jüdisch-bolschewistisches Gesindel«, das für diese Zustände und Untaten verantwortlich gemacht wurde und nun »seiner gerechten Strafe entgegenging«. In den Wochenschauen der folgenden Jahre gab es keine Zivilbevölke-rung mehr, da »sprachen nur noch die Waffen«.

Als der Vormarsch vor Moskau und Leningrad zum Stillstand gekommen war, glaubte man zunächst an eine vorübergehende, ausschließlich klimatisch bedingte »Marschpau-se« (»General Schlamm« und »General Winter«), aber dann sprach es sich in den Städten und Gemeinden des Reiches herum, daß der »unaufhaltsame« Vormarsch keineswegs so unaufhaltsam verlaufen war, wie es in den Nachrichten des Großdeutschen Rundfunks und in den Wochenschauen behauptet wurde, daß die Rote Armee mit überraschender militärischer Stärke und unvorhergesehener Kampfentschlossenheit zähen und hartnäckigen Widerstand geleistet und »der Iwan« – wie die sowjetischen Soldaten mit zorniger Anerkennung genannt wurden – sich als ernstzunehmender, ja ebenbürtiger Gegner erwiesen hatte.

Die Landser-Parole »Der Felzug ist zu Ende, der Krieg hat begonnen« reduzierte alle bisherigen Erfolge der deutschen Wehrmacht auf »KdF-Reisen« und entlarvte den unmittelbar bevorstehenden Zusammenbruch der Sowjetunion als vorschnelle Spekulation.

Die Lagebeschreibung »Vor uns kein Feind, hinter uns kein Nachschub« legte den Verdacht nahe, daß der Gegner bewußt die ungeheuren russischen Weiten in seine Strategie einbezog. Meldungen sickerten durch, daß die eroberten Gebiete keineswegs so vollständig erobert waren, wie es die Landkarten mit dem Frontverlauf nahelegten, und sich in den riesigen Wäldern und Sümpfen zu beiden Seiten der »Rollbahn« der »Partisanenkrieg«, eine ganz neue Art der Kriegsführung, zusammenbraute, auf die die deutschen Soldaten kaum vorbereitet waren. Auch die hohen Verluste – Tote, Verwundete, Vermißte – ließen sich nicht verheimlichen.

Um Weihnachten 1941 kamen Gerüchte auf, daß es den deutschen Soldaten an Winterausrüstungen mangele, um sich vor den unglaublichen Kältegraden von minus 40 bis 50 Grad Celsius zu schützen, denn das Oberkommando der Wehrmacht hatte es versäumt, die kämpfende Truppe mit warmer Kleidung, Skiern, Skistiefeln und weißen Tarnhemden zu versorgen.

Das ganze Ausmaß der Winterkatastrophe von 1941/42, in der moderne Fahrzeuge und automatische Waffen versagten, weil die Schmiermittel für diese Kältegrade nicht geeignet waren, und die Zahl der Erfrorenen in den Grabenstellungen und Lazaretten zeitweise die der Gefallenen überstieg, wurde E. erst später bekannt, aber ihre Phantasie reichte aus, um sich grauenhafte Bilder vom Tod in eisigen Schneestürmen vorzustellen und von dunklen Gestalten in weißer Landschaft, die man abknallen konnte wie Hasen im Schnee.

Deutsche Soldaten, die diesen ersten und nach Aussagen von Militärexperten härtesten russischen Winter überstanden hatten, erhielten später ein Ordensband, das im Landser-Jargon mit grimmigem Humor als »Gefrierfleischorden« bezeichnet wurde. Die dünne, kaum sichtbare schwarze Linie in der Mitte wurde als »Rollbahn« gedeutet, die schmalen weißen Streifen zu beiden Seiten der Linie bedeuteten Schnee, und der breite dunkelrote Grund symbolisierte die Russen.

Im Januar 1942 trat die Propaganda die Flucht nach vorn an. Zwar wurden die Versäumnisse nicht offen zugegeben, statt dessen die gesamte Bevölkerung in pathetischer Weise aufgefordert, alle entbehrliche Winterbekleidung sowie Skier und Skistiefel für die in Rußland kämpfenden Soldaten abzuliefern.

Die 16jährige JM-Gruppenführerin erhielt kurzfristig den Auftrag, mit ihren Jungmädeln die Ortsgruppe »durchzukämmen« und an allen Türen nach Wollpullovern, wollenen Handschuhen und Socken, Pelzen und Pelzresten, Skiern und Skistiefeln zu fragen. Da sie befürchtete, daß der allgemeine, in Zeitungen und durch Plakate verbreitete Aufruf über die Köpfe der zehn- bis 14jährigen hinweggegangen sein könnte, unterstützte sie ihn zusätzlich mit einer persönlichen, »flammenden« Botschaft, die sie mit vielen Durchschlägen auf der väterlichen Schreibmaschine tippte und in den Schulen verteilte. Der Erfolg war erstaunlich. An einem auch im »Reich« bitterkalten Januartag des Jahres

1942 erschienen von den insgesamt 268 Jungmädeln der JM-Gruppe 263 zum Dienst. Die Ergebnisse der von der gesamten Hitlerjugend Paderborns durchgeführten Sammlung, zu der E. ihre eigenen Skier und Skistiefel sowie die ihrer Brüder beisteuerte, mußten in mehreren Lastwagen abtransportiert werden.

In den Wochenschauen sah man lustige Bilder von deutschen Soldaten, die mit Behagen gemusterte Wollpullover überstreiften oder sich mit Westen auspolsterten, die von »fleißigen Frauenhänden« in der Heimat mit Pelzresten abgefüttert worden waren, ehe sie erste Gehversuche auf Skiern machten. Die 16jährige konnte sich nicht recht darüber freuen, weil sie wußte, daß diese Sammlung viel zu spät angesetzt worden war und sich die bis dahin für unfehlbar gehaltene deutsche Heeresleitung schauerlich verrechnet hatte. Es ärgerte sie auch, daß ihre Skier, zusammen mit vielen anderen, an der Abgabestelle auf einem riesigen Haufen verrotteten.

In einem Buch über Sophie Scholl, die im Februar 1943, zusammen mit ihrem Bruder Hans und anderen Mitgliedern der Widerstandsgruppe »Die weiße Rose«, hingerichtet wurde, las E. vor einiger Zeit, die 20jährige Sophie habe anläßlich jener Wintersammlung den Standpunkt vertreten: »Wir geben nichts!« Sie sei auch durch einen befreundeten Offizier nicht davon abzubringen gewesen, der direkt von der Front in Rußland kam und ihr eindringlich vor Augen stellte, was diese harte Reaktion für die Soldaten draußen bedeute. Ihre unnachgiebige Haltung habe sie mit den Worten begründet: »Ob jetzt deutsche Soldaten erfrieren oder russische, das bleibt sich gleich und ist gleichermaßen schlimm. Aber wir müssen den Krieg verlieren. Wenn wir jetzt Wollsachen spenden, tragen wir dazu bei, den Krieg zu verlängern!«

E. bewundert diese harte, logische Konsequenz, aber ihre Versuche, sie gedanklich nachzuvollziehen, wollen nicht gelingen.

Und was erzählten Fronturlauber von dem neuen Kriegsschauplatz? Der erste Urlauber, ein fröhlicher, unbeschwerter Junge aus dem Sauerland, stand – auf der Durchreise in sein Heimatdorf – plötzlich vor der Tür. E. erkannte ihn nicht gleich. Er sah ungewohnt ernst und verschlossen aus. Als die Mutter dazukam und fast aufschrie »Mein Gott, Junge! Du kommst aus dem schrecklichen Rußland!«, nickte er stumm und ließ es sich gefallen, daß sie ihn umarmte und duzte, obwohl das vorher nicht üblich gewesen war.

Vom Krieg erzählte er nichts. Während er die Spiegeleier aß, die E.s Mutter ihm schnell in die Pfanne geschlagen hatte, sah er fast wieder so aus wie früher und lächelte sogar, aber irgendwo in seinem Lächeln waren Blutspuren im Schnee, waren tote Kameraden, war die »Schlacht am Birkenbaum«.

E. wußte nicht, daß dies sein letzter Urlaub war, aber er blieb der erste Vorbote eines Grauens, das dieser Krieg bis zu seinem bitteren Ende und bis heute nicht verloren hat. Später kamen andere. Sie erzählten von dem unvorstellbar niedrigen Lebensstandard sowjetischer Arbeiter, die schlecht ernährt, in Lumpen gekleidet, in zerfallenden Häusern oder Lehmhütten am Rande riesiger Industriewerke ihr Leben fristen mußten, erzählten von den unvorstellbar primitiven Verhältnissen auf dem Lande, den elenden Katen, deren Fenster mit Zeitungspapier abgedichtet seien und in denen es an jeglichem noch so bescheidenem Wohlstand gefehlt habe. Auch Kameraden aus kommunistischen Elternhäusern seien angesichts dieses Elends die letzten Illusionen über das »Arbeiter-und-Bauern-Paradies« vergangen. Einer berichtete, er habe mit Bildern seiner Braut – mal im flotten Sommerkleid, mal im schicken Kostüm, mal mit Hut und Mantel – bei einer russischen Familie Befremden und Ungläubigkeit ausgelöst, und man habe ihm augenzwinkernd zu verstehen gegeben, das könne gar nicht seine Braut, das müsse eine Filmschauspielerin sein, weil sie auf jedem Bild anders gekleidet sei.

Sie erzählten von der Fahrt in die Heimat, vom Aufenthalt im Lazarett, von Kameraden, die in Kampfpausen mit Erfindungsgeist erstaunliche Zivilisationseinrichtungen zusammengebastelt oder Zutaten für eine schmackhafte Mahlzeit organisiert hatten, erzählten lustige Begebenheiten am Rande des Kriegsgeschehens, imitierten Vorgesetzte, hatten flotte Sprüche drauf, erzählten viel und erzählten doch nichts. Manchmal hatte E. den Eindruck, daß sie sich diese Geschichten vorher zurechtgelegt hatten, um das Grauen verschweigen zu können, denn es gab dunkle Andeutungen, daß dieser Krieg »ganz anders« sei, weit härter, schrecklicher und unmenschlicher geführt werden müsse, weil der Gegner weit härter, schrecklicher und unmenschlicher sei als alle anderen Gegner, mit denen es deutsche Soldaten bisher zu tun gehabt hätten, und daß sie nichts so sehr fürchteten, wie in russische Gefangenschaft zu geraten.

Einmal wurde E. von einer Cousine zugetragen, ein Kollege von ihr, Journalist einer Bielefelder Zeitung, sei durchgedreht, weil er in Rußland »viele Menschen« habe erschießen müssen. E. hatte Mitleid mit dem ihr Unbekannten und war empört über die Unmenschlichkeit des sowjetischen Feindes, der anständige deutsche Soldaten durch den heimtückischen Partisanenkrieg zu so schrecklichen, aber wahrscheinlich notwendigen und unvermeidbaren Vergeltungsmaßnahmen zwang. Partisanen wurden in der Kriegsberichterstattung ausschließlich als feige, jüdisch-bolschewistische Mordbanden bezeichnet, die, statt ehrlich zu kämpfen, arglose deutsche Soldaten in Hinterhalte lockten und bestialisch ermordeten. E. war sicher, daß die deutschen Soldaten auch diesen Krieg so sauber und anständig führten, wie ein Krieg mit einem solchen Gegner überhaupt zu führen war.

Vielleicht haben Fronturlauber ihren Müttern, ihren Ehefrauen im Dunkel der Nacht mehr und anderes erzählt. Die Heranwachsende fragte niemals nach Einzelheiten des Kampfgeschehens, der Partisanenbekämpfung, der »harten und schrecklichen Kriegführung«, weil sie das für indiskret und taktlos hielt. Wenn die Soldaten in Rußland schon einen so furchtbaren Krieg führen mußten, so sollten sie nicht auch noch im Urlaub damit belastet werden, sondern erleben, daß es noch ein anderes, ein schönes, reiches, kulturerfülltes Leben gab. Sie sang ihnen Volkslieder und Schlager vor, spielte für sie auf dem Klavier Impromptus von Schumann und Mazurkas von Chopin, ging mit ihnen ins Kino und führte auf langen Spaziergängen Gespräche über Romane und Gedichte, Filme und Theaterstücke, Gott und die Welt, die Liebe und das Leben nach dem Krieg, aber nicht über den Krieg.

Und was erzählte E.s Bruder Günther, der vom ersten Tag in Rußland dabei war und im Mai 1942, drei Tage vor seinem 22. Geburtstag, unter einem Birkenkreuz am Ilmensee begraben wurde? Günther erlebte den Kriegsausbruch gegen Ende seiner halbjährigen Arbeitsdienstpflicht, die zu seinem Ärger für diesen Jahrgang im September 1939 auf ein ganzes Jahr verlängert wurde. Die einzige Möglichkeit, sich dem stumpfsinnigen Drill und den üblen Schleifermethoden bornierter »Truppführer« zu entziehen, war eine Freiwilligenmeldung zum Militär. Seine Bewerbung zur Luftwaffe scheiterte an seiner für diese Waffengattung nicht ausreichenden Sehschärfe. Daraufhin beschloß er, sich zur gerade erst neu aufgestellten Waffen-SS zu melden, und teilte diese Absicht im Weihnachtsurlaub 1939 der Familie mit.

Die Mutter war damit nicht einverstanden. Die Waffen-SS galt als Elitetruppe, und ihre böse Vorahnung, daß von ihren Soldaten ein rücksichtsloserer Einsatz des Lebens erwartet und verlangt wurde, war mehr als berechtigt, denn die Gefallenenquote der Waffen-SS lag erheblich über der der übrigen Waffengattungen – mit Ausnahme der U-Boot-Waffe.

Während einer gemeinsamen Mahlzeit schwärmte sie plötzlich ganz unvermittelt für den Arztberuf und sprach davon, wie schön es doch sei, anderen Menschen zu helfen. Es folgte ein betretenes Schweigen, da jeder wußte, wie das gemeint war. Das Medizinstudium galt – im Gegensatz zu anderen Studiengängen – als kriegswichtig. Medizinstudenten trugen zwar Uniformen und erhielten eine militärische Grundausbildung, wurden im übrigen aber zum Studium freigestellt, das durch Praktika auf Verbandsplätzen und in Lazaretten unterbrochen wurde, aber keinen direkten Fronteinsatz vorsah. Wer sich während des Krieges für ein Medizinstudium entschied, geriet in den Verdacht, sich drücken zu wollen. Günther antwortete etwas gequält, sie wisse doch, daß er Geschichte und Kunst studieren wolle. Als ihm die Mutter daraufhin mit zitternder Stimme vorschlug, er könne doch erst einmal *anfangen*, Medizin zu studieren, und wenn ihm das später nicht mehr zusage, immer noch etwas anderes machen (ein Vorschlag, der in einem sparsamen Beamtenhaushalt etwas merkwürdig klang), und er auch darauf nicht eingehen wollte, sagte sie mit ungewohnter Lautstärke, die das aufsteigende Schluchzen in der Kehle nicht verbergen konnte: »Dann geh doch! Dann geh doch zu deiner Waffen-SS!«, ehe sie laut weinend in der Küche verschwand.

Obwohl Günther es nach zweieinhalb Jahren Zugehörigkeit zur Waffen-SS erst zum SS-Sturmmann (Gefreiter) gebracht hatte, während viele seiner Klassenkameraden in anderen Truppengattungen längst zu Unteroffizieren, einige sogar schon zu Offizieren befördert worden waren, ließ er auf »seinen Haufen« nichts kommen. Er war stolz darauf, einer Elitetruppe anzugehören, von der besondere Tapferkeit erwartet wurde, in der aber auch, wie er behauptete, die Kameradschaft besser sei, der Drill sich in einsichtigen Grenzen halte, es keine Kluft zwischen Mannschaftsgraden und Offizieren gäbe und diese beim Angriff selbstverständlich ihrer Einheit vorausstürmten. Von seinem Divisionskommandeur sprach er mit Hochachtung und Verehrung, weil »Papa Eicke« sich nicht scheue, »seine Männer« in den vordersten Linien zu besuchen.

Theodor Eicke war der Kommandeur der »SS-Panzer-Grenadierdivision Totenkopf«, von der Feldmarschall von Manstein behauptete, es sei »wahrscheinlich die beste Waffen-SS-Division, der er je begegnet« sei. Als »Papa Eicke« im Jahre 1943 bei Charkow fiel, betrachtete E. ein Bild von ihm in der Zeitung mit besonderer Sympathie, weil er mit ihrem gefallenen Bruder Günther im vordersten Graben aus der gleichen Schnapsflasche getrunken hatte. Sie sah eine dicke, jovial wirkende Vaterfigur.

Erst nach dem Krieg erfuhr sie, daß Theodor Eicke von 1933 bis 1939 Organisator und Chef des gesamten Konzentrationslagersystems gewesen war und sich dabei als bösartiger, brutaler Menschenschinder »bewährt« haben soll.

E. hat mit dem Fronturlauber Günther über Bücher und Filme, Dichtung und Musik, Gott und die Welt, die Liebe und das Leben gesprochen, ist mit ihm ins Kino gegangen, hat ihm vorgesungen und vorgespielt, mit ihm im Radio nach Jazzmusik gesucht, aber nicht über den Krieg gesprochen. Seine Briefe verbrannten bei einem Bombenangriff. Nur noch Bruchstücke sind in der Erinnerung: »Ich kann die vielen Birkenkreuze nicht vergessen . . . Ich möchte nur noch einmal einen Frühling in Deutschland erleben . . . Gestern starb mein Kamerad Koch mir unter den Händen. Wie soll ich es nur seiner Frau schreiben?« Und aus den Briefen an eine Freundin: »Ich habe schon Krähenfüße und Rheumatismus. Ich glaube, ich bin schon ein alter Mann. Und dabei habe ich doch eigentlich noch gar nicht gelebt. Jetzt tut es mir leid, daß ich in meiner Jugend so viel gegrübelt habe. Ob das Leben wohl noch einmal schön wird?« Und immer wieder, fast beschwörend: »Wir tun unsere Pflicht ja doch für Euch, für die Heimat. Sonst wäre der Krieg gar nicht zu ertragen.«

Für die Bergung eines verwundeten Kameraden wurde er zum SS-Rottenführer (Obergefreiten) befördert und erhielt – posthum – das Eiserne Kreuz 1. Klasse, eine für einen Soldaten im Mannschaftsgrad ungewöhnliche Auszeichnung.

Wenige Wochen nach seinem Tod besuchten einige seiner Kameraden die Familie in Paderborn, denn die nach monatelangen schweren Abwehrkämpfen am Ilmensee stark dezimierte Einheit war nach Sennelager verlegt worden, um die Verluste aufzufüllen. Auch E.s Mutter hatte Bücher über den Ersten Weltkrieg gelesen, und weil ihr eine Schilderung aus einem dieser Bücher nicht aus dem Kopf gehen wollte, begnügte sie sich nicht mit den beruhigenden Formulierungen im Brief des SS-Hauptsturmführers, daß ihr Sohn »sofort tot« gewesen sei, sondern wollte die Todesumstände noch einmal ganz genau wissen. Die Besucher behaupteten übereinstimmend, daß der Kamerad Peters »gar nichts gemerkt habe« und »sofort tot« gewesen sei, und sie glaubte ihnen schließlich, weil sie es glauben wollte, und verdrängte jenen Bericht, in dem die ähnlich Befragten einer Mutter in gleicher Weise antworteten und sich hinterher vor der Tür stumm ansahen: »Wenn die wüßte . . . !«

E. brachte die drei Soldaten zur Straßenbahnhaltestelle, weil sie noch einige Minuten mit den Männern zusammensein wollte, die ihren Bruder hatten sterben sehen. Plötzlich brach einer von ihnen, ein ganz junger mit einem runden Kindergesicht, das bedrückende Schweigen und sagte leise und tonlos, ohne daß die beiden anderen es hören konnten: »Er wollte fallen!«, und als die 16jährige entsetzt stammelte: »Aber warum denn?«, blickte er starr geradeaus und antwortete: »Er hat zuviel gesehen!« Beim Abschied sah sie ihn einen Augenblick voll an und sah, daß auch seine Augen »zuviel, viel zuviel« gesehen hatten.

Der Soldatentod des 21jährigen Bruders liegt nunmehr 50 Jahre zurück. Warum kann E. ihn nicht vergessen? Warum beunruhigt sie die Erinnerung an ihn noch immer? Liegt es daran, weil er ihrem Herzen besonders nahestand, oder weil sein kurzes Leben Fragen hinterlassen hat, die auch die Eltern bis zum Ende ihres Lebens beunruhigt haben? Was bedeuteten vage Andeutungen dem Vater gegenüber, die dieser erst nach dem Kriege preisgab: Er, der allzu gutgläubige Vater, solle »nicht alles glauben . . . es sei alles ganz anders . . . und so könne man es nicht machen« . . .? Und jene Andeutung, die E. in den späten vierziger Jahren von einem ehemaligen Klassenkameraden des Bruders zugetragen wurde: »Nach dem Krieg müsse man einige hohe Generäle aufhängen!« . . .? Was hatte er gesehen? Was wußte er?

1945 sagte die Mutter: »Vielleicht ist es gut, daß er gefallen ist. Er hätte ›damit‹ nicht weiterleben können«, und E. stimmte zu, weil es auch ihr unendlich schwerfiel, mit dem Untergang des Reiches und den vielen Toten im Herzen weiterzuleben. Aber warum wollte Günther schon 1942 sterben? Später, viele Jahre später, als die meisten, die geglaubt hatten, »damit« nicht weiterleben zu können, sehr wohl dazu in der Lage gewesen waren, sagte die Mutter, wenn die Rede auf diesen Sohn kam, nicht mehr: »Vielleicht ist es gut . . .«, sondern: »Es ist gut, daß er gefallen ist!« Manchmal fügte sie gequält hinzu: »Wer weiß, was er getan hat . . . was er hat tun müssen . . . wozu man ihn gezwungen hat? Man hört ja soviel . . . und alles soll die SS getan haben.«

E. beruhigte sie damit, daß der Bruder immer zur kämpfenden Truppe gehört, sich niemals auch nur in der Nähe eines Konzentrationslagers aufgehalten habe. Insgesamt wurden etwa 1500 von einer Million Soldaten der Waffen-SS zu den Einsatzgruppen abkommandiert, die ansonsten aus Mitgliedern der Gestapo, des Sicherheitsdienstes, der Kriminal- und Ordnungspolizei bestand. Kurz vor dem Überfall auf die Sowjetunion aufgestellt, ermordeten sie in einem Zeitraum von sechs Monaten fast eine halbe Million

Juden. Das Konzentrationslager-System unterstand aus verwaltungstechnischen Gründen zwar derselben Dienststelle wie die Waffen-SS, bildete aber in Himmlers Reich eine besondere Organisation, die mit der der Frontverbände wenig gemeinsam hatte. Ein nicht unbeträchtlicher Teil des etwa 45 000 Mann starken KZ-Wachpersonals und der Vernichtungslager im Osten wurde von Österreichern, Ukrainern, Letten und Angehörigen anderer osteuropäischer Völker gestellt, bei denen man sich auf starke antisemitische Traditionen stützen konnte, aber auch verwundete bzw. frontdienstuntaugliche Männer der Waffen-SS wurden in bislang nicht erforschtem Ausmaße dorthin abkommandiert. Schätzungen gehen von 4000 bis 5000 Mann aus. Genug, um eine Million Männer aus ganz Europa, die glaubten, ihr Leben im Kampf gegen den Kommunismus einsetzen zu müssen und deren Divisionen dem Oberkommando der Wehrmacht unterstellt waren, als Mörder und Verbrecher abzustempeln?

In einem Notizbuch aus dem Nachlaß des Bruders fand E. eine Umdichtung des Liedes »Flandrischer Himmel«, das ihr aus einem Langemarck-Schulungsheft des Deutschen Jungvolks bekannt war. Die letzten Strophen lauteten: »Rußlands Weiten schrecken uns nicht, / nicht Asiens vertierte Herde. / Unsere Toten vergessen wir nicht, / sie liegen in deutscher Erde. / Russischer Himmel hängt nebelgrau, / ringsum lauert Verderben. / Graue Männer stehn am Verhau, / sie stehen und warten aufs Sterben.«

Mit der Formulierung »Asiens vertierte Herde« befand sich der 21jährige in allerbester Gesellschaft, so beispielsweise der des Paderborner Erzbischofs Lorenz Kardinal Jaeger, für den Bolschewisten »in ihrem Christushaß zu Tieren entartet sind«.

Bereits vor Beginn der Kampfhandlungen gegen die Sowjetunion beschrieb das Oberkommando der Wehrmacht in seinen »Richtlinien für das Verhalten der Truppe in Rußland« den potentiellen Gegner: »Was Bolschewisten sind, das weiß jeder, der einmal einen Blick in das Gesicht eines der roten Kommissare geworfen hat . . . Es hieße Tiere beleidigen, wollte man die Züge dieser zu einem hohen Prozentsatz jüdischen Menschenschinder tierisch nennen. Sie sind die Verkörperung des Infernalischen, Person gewordener wahnsinniger Haß gegen alles edle Menschentum . . .«

Der sogenannte »Kommissarbefehl« wurde erlassen, noch ehe ein einziger deutscher Soldat Gelegenheit hatte, in das Gesicht eines roten Kommissars zu blicken. Er sah die ausnahmslose und verfahrenslose Liquidierung einer bestimmten Gruppe von Angehörigen der Roten Armee vor, von denen »barbarisch-asiatische Kampfmethoden« und eine »haßerfüllte, grausame und unmenschliche Behandlung unserer Gefangenen zu erwarten« sei.

So war die Angst deutscher Soldaten, in russische Gefangenschaft zu geraten, verständlich. Die Formel »in Rußland vermißt« war auch für E. viele Jahre hindurch mit namenlosem Grauen verknüpft. Angehörigen von »in Rußland Vermißten« ging sie scheu aus dem Weg.

Statt der Bilder jubelnder und lachender Zivilisten beim Einmarsch deutscher Truppen in die Sowjetunion sah man schon wenige Wochen nach Beginn der Kampfhandlungen endlose Kolonnen sowjetischer Soldaten, die müde und abgekämpft in die Gefangenschaft trotteten. E. beneidete sie fast ein wenig, da es ihr selbstverständlich schien, daß sie nicht den geringsten Anlaß hatten, um ihr Leben zu fürchten. Verwundete konnten mit ärztlicher Hilfe, Hungernde mit ausreichender Verpflegung rechnen, und nach dem Krieg würden sie in die vom bolschewistischen Joch befreite Heimat zurückkehren und ein neues Leben beginnen. Manchmal sah man auch »lustige« Szenen auf einem Sammelplatz, »Läuseknacker« zum Beispiel oder Gefangene, die mit einem Kochgeschirr voll Wasser eine Art Körper- oder Wäschepflege versuchten, und andere, die

Machorkakrümel in mit Spucke zusammengeklebte Papierfetzen einrollten. Die Begleitkommentare schrieben diesen unendlichen Massen die weniger sympathischen Züge jenes Bürgerklischees von der »russischen Seele« zu: Stumpfsinnigkeit, dumpfe Unterwürfigkeit, Schmutz und Verwahrlosung.

Einzelne Gefangene, manchmal auch kleinere, von den übrigen abgesonderte Gruppen wurden als »Kommissare« vorgestellt. Sie blickten mißtrauisch, verschlossen, trotzig oder finster in die Kameras der Frontberichterstatter, und E. nahm ihre »innerasiatischen« Züge als »verschlagen«, »heimtückisch« und »grausam« wahr, weil der Kommentar das nahelegte.

Kommissare, so behauptete die Propaganda, zeichneten sich nicht nur durch besonders bestialische Grausamkeiten gegenüber Kriegsgefangenen aus, sie führten auch in den eigenen Reihen ein Schreckensregiment. Als fanatische Bolschewisten verstanden sie es, mit Schnaps und infamen Lügen Haß und Aggressivität der einfachen russischen Soldaten gegen die zu ihrer Befreiung angetretenen deutschen Truppen anzustacheln, und wenn das nicht gelang, scheuten sie nicht davor zurück, die eigenen Landsleute hinter der Front gnadenlos mit Sperrfeuer voranzutreiben.

Auch da ist E. etwas aufgefallen. Nicht etwa, daß sie das teuflische Wirken der »jüdisch-bolschewistischen Untermenschen« bezweifelte, aber mit Unterwürfigkeit, hartem Drill und Angst vor den Kommissaren konnte die ungeheure militärische Stärke und Kampfkraft der Roten Armee nicht zureichend erklärt werden. Der »tönerne Koloß« Sowjetunion war nicht zusammengebrochen. Je länger der Krieg dauerte, desto weniger ergriffen Soldaten der Roten Armee sich bietende Gelegenheiten, um überzulaufen, sondern lieferten statt dessen den deutschen Truppen immer neue, schreckliche, verlustreiche Schlachten und drängten diese mehr und mehr in die Defensive. Bis zum Dezember 1941 waren bereits 750 000 deutsche Soldaten in Rußland gefallen. Diese erschreckende Zahl wurde zwar nicht bekanntgegeben, aber in allen Regionalzeitungen füllten die Todesanzeigen für die Gefallenen oft ganze Seiten.

Nach dem Tod des Bruders im Mai 1942 verging E. die Hoffnung auf einen inneren Zusammenbruch des bolschewistischen Systems, nicht aber die Gewißheit eines militärischen Sieges über die Rote Armee. Die gute und gerechte Sache, für die so viele deutsche Soldaten ihr Leben gelassen hatten, mußte doch siegen. Etwas anderes konnte der Herrgott – wenn es einen gab – einfach nicht zulassen. Daß »der Iwan« so zäh und verbissen kämpfte, bewies nur die ungeheure, unerforschliche, magische Kraft des Bösen.

Heute weiß E. sehr wohl, warum der Krieg gegen die Sowjetunion nicht gewonnen werden konnte. Mag es in manchen Sowjetrepubliken bei Kriegsbeginn Illusionen über die Ziele und Absichten der einmarschierenden deutschen Armee gegeben haben, so wurden diese grausam zerstört, als das Schicksal der zu Hunderttausenden bereits in den ersten Kriegswochen in deutsche Gefangenschaft geratenen sowjetischen Soldaten bekannt wurde, die in den Sammellagern verhungerten, ohne daß es der Zivilbevölkerung erlaubt wurde, sie mit Nahrungsmitteln zu versorgen; die vor den Augen der entsetzten Landbewohner mitleidlos erschossen wurden, wenn sie auf den Märschen vor Erschöpfung zusammenbrachen. Von den insgesamt 5,7 Millionen sowjetischen Kriegsgefangenen starben in deutschem Gewahrsam 3,3 Millionen, d. h. fast 60 Prozent. Etwa eine Million davon wurde erschossen oder vergast.

Erst als sich die Hoffnungen auf einen Blitzsieg zerschlagen hatten, gab es gewisse, wenn auch völlig unzulängliche Maßnahmen gegen das Massensterben, da die Arbeitskraft der Gefangenen in der Rüstungsindustrie und im Bergbau dringend gebraucht wurde. Bei minimaler Ernährung und härtesten Arbeitsbedingungen rechneten Rüstungsunternehmer und Wehrwirtschaftsführer mit einer durchschnittlichen »Verwendungsdauer« dieser Arbeitssklaven von etwa sechs Monaten.

Die Behandlung sowjetischer Kriegsgefangener geschah nach folgenden, bereits am 31. März 1941 vor den Befehlshabern und Stabschefs des Ostheeres formulierten Richtlinien des »Führers«: »Wir müssen vom Standpunkt des soldatischen Kameradentums abrükken. Der Kommunist ist vorher kein Kamerad und nachher kein Kamerad. Es handelt sich um einen Vernichtungskrieg.« Der Kriegsdienst sowjetischer Soldaten wurde »in seiner Gesamtheit als Verbrechen« charakterisiert: »Der bolschewistische Soldat hat jeden Anspruch auf Behandlung als ehrenhafter Soldat und nach dem Genfer Abkommen verloren.«

Wenig besser sollte es nach diesen Richtlinien der Zivilbevölkerung ergehen; noch ehe ein deutscher Soldat den Boden der Sowjetunion betreten hatte, wurden als kollektive Gewaltmaßnahmen gegen Ortschaften, aus denen »hinterlistige und heimtückische Angriffe irgendwelcher Art erfolgt sind«, »Niederbrennen der Häuser« und »Erschießungen einer Gruppe von Leuten« für rechtens erklärt. Lange bevor sich eine Partisanenbewegung entwickelte, wurden alle Zivilisten, die die deutsche Wehrmacht »in irgendeiner Weise behindern oder zur Behinderung auffordern, Hetzer, Flugblattverteiler, Personen, die deutsche Anordnungen nicht befolgen, Vorräte nicht abliefern, Wegweiser zerstören« oder sonstwie »eine feindselige Haltung einnehmen«, zu »Freischärlern« erklärt, die »durch die Truppe schonungslos zu erledigen« seien. Monate vor der Invasion wurde von der obersten Heeresleitung Generalamnestie erteilt für individuelle Gewaltmaßnahmen von Angehörigen der deutschen Wehrmacht gegenüber Landeseinwohnern: »Strafbare Handlungen, die Heeresangehörige aus Erbitterung über Greueltaten oder die Zersetzungsarbeit der Träger des jüdisch-bolschewistischen Systems begangen haben, sind nur dann zu verfolgen, wenn im Einzelfall die Aufrechterhaltung der Manneszucht ein Einschreiten erfordert.«

Später gab es aktuelle Handlungsanweisungen, wie beispielsweise die vom Dezember 1941: »Gefangene und Einwohner rücksichtslos von Winterkleidung entblößen. Alle aufgegebenen Gehöfte niederbrennen« usw. Als sich die Beschlagnahme notwendigster Lebensmittel, die Verpflichtungen zur Zwangsarbeit, die Geiselerschießungen häuften, als ganze Dorfgemeinschaften, oft in grimmiger Winterkälte, ihre Häuser räumen mußten, gab es keine Illusion mehr, daß von den deutschen Soldaten irgendeine Befreiung von irgend etwas zu erwarten war.

Als die Völker der Sowjetunion verstanden, daß es nicht um die Verteidigung des Sozialismus, sondern um das nackte Überleben ging, stellte sich jener patriotische Solidarisierungseffekt ein, zu dem Stalin mit der Parole vom »großen vaterländischen Krieg« aufgerufen hatte. Erbitterung über russische Vorherrschaft, ideologische Vorbehalte gegen das sowjetische System, Empörung über stalinistischen Terror traten in den Hintergrund. Soldaten und Zivilisten nahmen unvorstellbare Anstrengungen und Opfer zur Rettung von Volk und Vaterland auf sich, die E. so lange als rätselhafte, unerforschliche Kräfte des Bösen erschienen waren.

Nicht nur der zähe Widerstand sowjetischer Soldaten, sondern auch der unerwartet hohe Leistungsstand der sowjetischen Rüstungsindustrie widerlegte E.s Vorstellungen vom »tönernen Koloß« Sowjetunion. Bis zum Beginn des Rußlandfeldzuges hielt sie die sowjetische Industrie für ein ungeheures Chaos, in dem aufgrund von Unfähigkeit, Korruption, Schlendrian, mangelnden Sicherheitsvorkehrungen, mangelnder Qualifikation und Leistungsbereitschaft der »Zwangsarbeiter« nichts funktionieren konnte. Jetzt erfuhr sie von Frontsoldaten, daß »der Iwan« weit besser für die klimatischen Bedingungen des Kampfes im eigenen Land ausgerüstet sei und über besonders gefährliche Waffen verfüge, von denen die »Stalinorgel« und das legendäre Panzermodell T 34 immer wieder erwähnt wurden.

Über den ab 1942 von der sowjetischen Rüstungsindustrie in ungeheuren Mengen gelieferten T 34 berichtete ihr ein Panzeroffizier, er sei zwar primitiver als die eigenen, hochkomplizierten Modelle, da »vom Fließband« produziert, aber gerade deshalb unter extremen Witterungsbedingungen robuster und weniger störanfällig, außerdem an Wendigkeit und Feuerkraft eindeutig überlegen. Die Beschaffung von Ersatzteilen mache kaum Schwierigkeiten, da es nur dieses eine Modell gäbe, und wenn, dann bauten die Russen einfach aus zwei kaputten Panzern einen neuen einsatzbereiten zusammen, während deutsche Panzertruppen auf einen differenzierten und langwierigen Wartungs- und Pflegedienst angewiesen seien.

Im Jahre 1942 besuchte E. das letzte Schuljahr der Mädchenoberschule. Im Fach Erdkunde war das Thema »Geopolitik« vorgesehen, und unter anderem wurde die Umwandlung des rückständigen zaristischen Rußland nach der Oktoberrevolution in einen modernen Industriestaat durchgenommen. Das Lehrbuch schilderte die technische Revolution mit erstaunlicher Sachlichkeit, ja Hochachtung. E. erfuhr von riesigen, leistungsfähigen Industrieanlagen und »Kombinaten« nicht nur im europäischen Teil der Sowjetunion, sondern auch im Ural, in der Kirgisensteppe und in Sibirien. Die Namen Kriwoi Rog, Charkow, Dnjepropetrowsk, Magnitogorsk, Kusnezk u. a. prägten sich ihr als Symbole technischen Fortschritts ein. Die Ingenieure, die diese gigantischen Projekte geplant, und die Arbeiter, die sie gebaut hatten, wurden in jenem Lehrbuch nicht erwähnt, aber es war klar, daß dabei keine Analphabeten und auch kein »russischer Schlendrian« am Werk gewesen sein konnte, sondern hochqualifizierte Fachleute.

Einem Mädchen aus dem »neuen« Rußland begegnete E. im Jahre 1943. Rosja war etwa gleichaltrig, stammte aus einem kleinen ukrainischen Dorf und war der Familie von Onkel Hermann in Garmisch-Partenkirchen als Hausgehilfin zugeteilt worden. Mit rundem, gutmütigem Gesicht, wasserblauen Augen, dicken, dunkelblonden Zöpfen und einer Figur von beachtlichem Umfang entsprach sie den Vorstellungen der 18jährigen Abiturientin von der zurückgebliebenen, primitiven russischen Landbevölkerung. Onkel Hermann hatte aber herausgefunden, daß Rosja keineswegs Analphabetin war, sondern auf einer Art Realschule in der nächstgelegenen Kleinstadt Grundkenntnisse in Mathematik, Chemie, Physik und sogar Englisch erworben hatte.

E. mußte zugeben, daß ein einfaches Landmädchen im »alten« Rußland kaum die Chance einer Mittelschulbildung erhalten hätte, fing an, sich für Rosja zu interessieren und spielte auf dem Flügel die »Katjuscha«, weil sie ihr eine Freude machen wollte. Das ukrainische Mädchen kam begeistert aus der Küche gerannt und wollte das Lied unbedingt selber spielen können. Da sie nicht über Notenkenntnisse verfügte, schrieb E. Zahlen auf die Tasten und die Reihenfolge auf ein Stück Papier.

Einige Tage später schnitt sich Rosja mit einer stumpfen Schere die dicken Zöpfe ab und sah mit den verbliebenen Zotteln wie ein zerrupftes Huhn aus. E. hatte zwar niemals zuvor Haare geschnitten, aber da sich Tante Ellen und Cousine Gisela nicht trauten und es in diesem Fall nur besser werden konnte, bei Rosja schließlich ja auch nicht so darauf ankam, versuchte sie sich als Friseuse und drehte ihr anschließend Lockenwickler in die Haare. Das Ergebnis war ganz passabel, und E. sah sich einem ungestümen Ausbruch von Dankesbezeugungen gegenüber, die ihr peinlich waren. Sie wehrte Rosjas Versuche, sie zu umarmen und zu küssen, »innerlich erstarrt« ab, weil damals auch unter guten

Freundinnen der Austausch körperlicher Zärtlichkeiten wie Umarmungen oder Küsse unüblich war. Nur mit Rosemarie und Halja, einer aus der Bukowina stammenden Klassenkameradin, leistete sich E. gelegentlich ein »Hand-in-Hand-Gehen«.

Von einem »Stalag« für russische Kriegsgefangene irgendwo auf dem Gelände des Truppenübungsplatzes zwischen Paderborn und Bielefeld hörte E. einmal, die Russen dort hätten es vorgezogen, sich als Unterkünfte Erdlöcher zu graben, statt Baracken zu bauen, und zur Verpflegung angelieferte Kohlköpfe gleich an Ort und Stelle »roh gefressen«. Sie dachte: Die sind eben primitiv. Deutsche Soldaten hätten sich bestimmt mit Tatkraft, Phantasie und Organisationstalent schmucke Häuschen gebaut und den Kohl zu einer schmackhaften Mahlzeit verarbeitet.

Im Winter 1944/45 wurde manchmal ein Wagen mit russischen Kriegsgefangenen, die zu irgendeinem Arbeitseinsatz fuhren, an die Straßenbahn angehängt. Die Transporte wurden streng bewacht, aber die Schaffnerin E. hatte sowieso keine Lust, den Männern mit den kurzgeschorenen Haaren und den zerlumpten Uniformen näher als unbedingt nötig zu kommen, da sie penetrant nach einem Desinfektionsmittel stanken. Außerdem befürchtete sie, sich Läuse einzufangen.

Am 27. März 1945, dem Tag, an dem in den frühen Abendstunden die Stadt Paderborn durch einen Bombenangriff zerstört wurde, hatte E. einen freien Tag und fuhr mit dem Fahrrad nach Stukenbrock, um ihren Vater zu besuchen. Der pensionierte Studienrat war wenige Monate zuvor zur Wehrmacht eingezogen worden und als Wachmann am russischen Kriegsgefangenenlager eingesetzt. Wegen des Besuches der Tochter bekam er Urlaub, und die beiden wanderten an dem wunderschönen, sehr warmen Frühlingstag einige Stunden durch die Heide. Das Lager – von Stacheldraht und hohen Lichtmasten umgeben – lag weitab. Man sah nur die Baracken. Der Vater berichtete, daß auch er kaum einen der Gefangenen zu Gesicht bekäme, da er zum »äußeren Wachring« gehöre.

Seit 1970 versammeln sich jedes Jahr in den ersten Septembertagen Kommunisten, Jungsozialisten, Gewerkschafter, evangelische Pastoren und andere, die nicht vergessen wollen, in einem kleinen Wald bei Stukenbrock. Sie bringen Rosen für 65 000 russische Soldaten und Zwangsarbeiter, die in diesem von der deutschen Wehrmacht verwalteten Lager zwischen 1942 und 1944 an Hunger und Krankheit zugrunde gingen.

Die Kommandanten der Kriegsgefangenenlager fügten sich in der Regel widerspruchslos der »Aussonderung bestimmter Persönlichkeiten aus politischen Gründen«, die, wie die Kategorien »zur Säuberung der Kriegsgefangenenlager« beweisen, nicht nur »alle Juden« und »alle Parteifunktionäre«, sondern die gesamte sowjetrussische Intelligenz betrafen. Aussonderungsaktionen wurden von den Einsatzgruppen durchgeführt, weil die kämpfende Truppe den Kommissarbefehl in der Regel mißachtete.

Diese Maßnahmen trugen wesentlich dazu bei, den Widerstandswillen der sowjetischen Truppen nicht nur zu steigern, sondern auch ihre Kampfesweise in einer Art zu brutalisieren, die der NS-Führung höchst willkommen war, da das, was die deutsche Propaganda von Anfang an behauptet hatte, nunmehr bestätigt schien.

Im März 1942 wurden etwa 180 bekanntgewordene Fälle von Ermordungen deutscher Kriegsgefangener in einer »Feindbeurteilung« des Oberkommandos der Wehrmacht, Abteilung Auslandswesen, ausdrücklich als Reaktion auf das in der Sowjetunion »schnell bekanntgewordene Elend der russischen Kriegsgefangenen« bezeichnet.

In erbeuteten Befehlen der 5. sowjetischen Armee wird bereits am 30. Juni 1941 entschieden verurteilt, daß Gefangene »aus Erbitterung über die Grausamkeiten der faschistischen Räuber« erschossen würden. Der Politkommissar des 31. Schützenkorps forderte am 14. Juli 1941 die ihm unterstellten Kommissare auf, den Einheiten »die ganze

Schädlichkeit des der Roten Armee unwürdigen Verhaltens gegenüber Gefangenen zu erklären«. Es müsse klar werden, »daß der deutsche Soldat, wenn er sich in Gefangenschaft begibt, aufhört, ein Feind zu sein«. Stalin verkündete in einem Tagesbefehl vom 23. Februar 1942: »Die Hitler kommen und gehen, aber das deutsche Volk bleibt bestehen.«

Als von 6000 Postkarten deutscher Kriegsgefangener, die 1942 von der sowjetischen Botschaft in Ankara dem Roten Kreuz übergeben wurden, 3000 versehentlich aufgrund einer Überwachungspanne der Gestapo ihre Adressaten in Deutschland erreichten, brachte das die deutsche Führung in erhebliche Verlegenheit, da sie die Propaganda widerlegten, russische Gefangenschaft bedeute den sicheren Tod.

Bis Kriegsende gerieten 3,3 Millionen deutsche Soldaten in sowjetische Kriegsgefangenschaft. Sie wurden als Arbeitskräfte für den Wiederaufbau dringend gebraucht in einem Land, dessen Nahrungsmittelproduktion auf weniger als die Hälfte abgesunken war.

Das Los der deutschen Kriegsgefangenen war bedauernswert. Etwa eine Million, das sind etwa 30 Prozent, kehrten nicht in die Heimat zurück. Die 90 000 Anfang Februar 1943 bei Stalingrad in Gefangenschaft geratenen Soldaten der 6. Armee hatten kaum eine Überlebenschance, da ihre Verpflegung bereits seit der Einschließung im November 1942 nur noch aus 200 Gramm Brot täglich bestanden hatte. Halb verhungert, verlaust, viele von ihnen mit Verwundungen und Erfrierungen, zogen sie durch die tiefverschneiten Steppen Südrußlands und starben in den folgenden Wochen an Fleckfieber, Typhus und Ruhr. Unter ihnen auch E.s Vetter Konny, der einzige Sohn von Onkel Hermann, mit dem E. als Kind »Gummibandharfen« gebaut hatte. Nur 6550 kehrten nach jahrelanger Gefangenschaft zurück.

Im Reich gab der Reichspressechef die Parole aus: »Das große und ergreifende Heldenopfer, das die bei Stalingrad eingeschlossenen deutschen Truppen der deutschen Nation darbringen, wird . . . die moralische Antriebskraft zu einer wahrhaft heroischen Haltung des ganzen deutschen Volkes und zum Ausgangspunkt eines neuen Abschnitts deutschen Siegeswillens und der Erhebung aller Kräfte werden.«

Die deutschen Kriegsgefangenen teilten das Los der sowjetischen Bevölkerung: harte Arbeit und mangelhafte Ernährung. Ihre Arbeitsnormen waren nicht höher, ihre Verpflegung nicht schlechter als die der Zivilbevölkerung, ihre psychische Belastung hingegen ungleich schwerer, da sie nicht wußten, wann und ob sie jemals entlassen würden. Gefangenenärzte berichteten, daß diejenigen die besten Überlebenschancen hatten, die sich am kulturellen Lagerleben beteiligten.

Tatsache ist, daß es weder eine systematische »Vernichtung durch Arbeit« noch Massenerschießungen oder Massenvergasungen in sowjetischen Lagern gegeben hat und auch keinen »Freibrief« für Wachmannschaften oder Zivilbevölkerung, der es erlaubt hätte, an den Gefangenen systematisch Rache zu üben.

Und wenn »wir« die »Schlacht am Birkenbaum« gewonnen hätten? In E.s Umwelt war man sich darüber einig, daß die baltischen Länder, die Ukraine und alle Völker, die sich von russischer Vorherrschaft befreien und einen eigenen Staat bilden wollten, mit der großzügigen und freundschaftlichen Hilfe Deutschlands rechnen konnten.

Im russischen Kerngebiet würde das deutsche Volk jedoch viele Jahre, vielleicht sogar Jahrzehnte die schwere Verantwortung für die vom »bolschewistischen Schreckensregiment« befreiten, führerlosen Massen übernehmen müssen, nicht nur um Hungersnöte und Chaos zu verhindern, sondern auch, um die Gefahr eines Wiederauflebens jener »Menschheitsgeißel« für immer und alle Zeiten zu bannen.

Aufgabe einer solchen (vorübergehenden!) deutschen Vorherrschaft in Rußland würde es sein, die im russischen Volk ruhenden schöpferischen Kräfte und die so gut wie ausgerottete russische Kultur wiederzuerwecken und neu zu beleben. Vor allem müßte das Empfinden für Freiheit und Menschenwürde, Selbstbestimmung und Selbstverantwortung in den unglücklichen Menschen der Sowjetunion angeregt und ermutigt, ihre Neigung zu Schmutz und Schlendrian energisch bekämpft werden. In diesem Punkt schien es ratsamer, die deutsche Hilfe etwas entschlossener und nachdrücklicher zu gestalten als der deutsche Ingenieur Schulz, der die Lethargie seines russischen Freundes »Oblomow« (in dem gleichnamigen Roman von Gontscharow) mit Liebe und Geduld vergeblich zu überwinden suchte.

So ähnlich lauteten die Zukunftsperspektiven, die die Heranwachsende den Völkern der Sowjetunion zugedacht hatte, und da sie von den guten Absichten deutscher Führungseliten in Regierung und Verwaltung, Militär und Wirtschaft (sowie von den moralischen Qualitäten des deutschen Volkes) überzeugt war, glaubte sie sich im Einklang mit ihnen. Heute weiß sie, daß diese Vorstellungen, trotz aller Überheblichkeit gegenüber den Völkern der Sowjetunion, relativ harmlos waren. Die bereits vor Beginn der Kampfhandlungen festgelegten Kriegsziele des »Unternehmens Barbarossa« sahen die Zerschlagung jedes wie auch immer gearteten selbständigen Staatsgebildes auf dem Boden der Sowjetunion für die Dauer des »1000jährigen Reiches«, d. h. bis zum Ende der Geschichte, und die Ausdehnung der »großdeutschen Kolonialmacht« bis zum Ural vor. Diese riesige Landmasse sollte in vier »Reichskommissariate« aufgeteilt werden.

Das Reichskommissariat »Ostland« umfaßte Weißrußland und die baltischen Staaten Litauen, Lettland und Estland. Die dort ansässige Bevölkerung war teilweise zur Germanisierung vorgesehen.

Das Reichskommissariat »Ukraine« sollte für die Besiedelung durch Volksdeutsche »freigemacht« werden.

Das Reichskommissariat »Kaukasus« sollte die Ausbeutung der Ölfelder am Kaspischen Meer bis ans Ende der Geschichte sichern, »Moskowien«, das russische Kerngebiet um Moskau, als Bastion gegen Asien dienen.

E. hat inzwischen mit Entsetzen einige der »Richtlinien« und »Planungsentwürfe« von »Wirtschaftsstäben«, »Landwirtschaftsorganisationen« und anderen Institutionen mit seriös klingenden Namen gelesen, in denen mit kalter Selbstverständlichkeit von der »Dezimierung der überflüssigen slawischen Bevölkerung« die Rede ist. Bei »vielen 10 Millionen«, so hoffte man, würde sich dieses Problem durch Hunger erledigen, »weitere 30 bis 40 Millionen« würden bei der Vertreibung über den Ural zugrunde gehen, da die Bereitstellung von Eisenbahnwaggons für Massentransporte »vorsorglich« ausgeschlossen wurde. Der verbleibende Rest der Bevölkerung war zur Zwangsarbeit auf Staatsgütern und Landwirtschaftsbetrieben der SS vorgesehen.

Zweimal war die Front mit insgesamt mehr als zehn Millionen Soldaten mit Zehntausenden von Panzern und Artilleriegeschützen durch den europäischen Teil der Sowjetunion gewalzt. 1700 Städte und 70 000 Dörfer waren dem Erdboden gleichgemacht, 32 000 Industriebetriebe, Maschinenbaukombinate und Großkraftwerke sowie 100 000 landwirtschaftliche Produktionsstätten vollständig zerstört worden. Ein Verkehrsnetz mit Brücken, Bahnstrecken und Schienen existierte nicht mehr.

Hatte schon die Rote Armee bei ihren Rückzügen zu Anfang des Krieges Brücken und Industrieanlagen gesprengt, so hinterließen die deutschen Truppen auf Befehl ihres Führers ein »auf lange Zeit voll unbrauchbares, unbewohnbares, wüstes Land«! Die Rückzugswege der deutschen Soldaten waren gesäumt mit brennenden Dörfern, Ruinenstädten, abgebrannten Wäldern, zerstörten Verkehrs- und Versorgungsbetrieben, sogar das Wintergetreide war teilweise untergepflügt und mit Spezialwalzen vernichtet worden. Zehn Millionen Zivilisten hatten ihr Leben verloren.

Als die Rote Armee nach Deutschland kam, galt Stalins Tagesbefehl vom Februar 1942, wonach »die Hitler kommen und gehen, aber das deutsche Volk, der deutsche Staat bestehen« bleibe, nicht mehr, sondern das Flugblatt von Ilja Ehrenburg: »Die Deutschen sind keine Menschen... Wir werden nicht sprechen. Wir werden uns nicht aufregen. Wir werden töten. Wenn du nicht im Laufe eines Tages einen Deutschen getötet hast, so ist es für dich ein verlorener Tag gewesen... Töte die Deutschen! – dies bittet dich deine greise Mutter. Töte die Deutschen! – so ruft die Heimaterde. Versäume nichts! Töte!«

In den ersten Wochen der Invasion las man in Ostpreußen und in Schlesien Plakate: »Rotarmist! Du stehst jetzt auf deutschem Boden – die Stunde der Rache hat geschlagen!«

Der Amerikaner George F. Kennan schrieb in seinen »Memoiren eines Diplomaten«: »Die Katastrophe, die über dieses Gebiet mit dem Einzug der sowjetischen Truppen hereinbrach, hat in der modernen europäischen Geschichte keine Parallele. Es gab weite Landstriche, in denen nach dem ersten Durchzug der Sowjets von der einheimischen Bevölkerung kaum noch ein Mensch – Mann, Frau oder Kind – am Leben war... Die Russen... fegten die einheimische Bevölkerung vom Erdboden, in einer Art, die seit den Tagen der asiatischen Horden kein Beispiel hat.«

Und was ist bei den Zeitgenossen des Dritten Reiches im Gedächtnis geblieben vom Krieg gegen die Sowjetunion?

Treue Pflichterfüllung in blutigen, verlustreichen Schlachten vor Moskau und Leningrad, bei Kursk und Demjansk, Smolensk und Charkow, am Ilmensee, im Kaukasus und auf der Krim, an Wolga, Don, Dnjepr und Bug, Weichsel und Oder, Havel und Elbe.

Millionen Söhne, Brüder, Väter – gute Kameraden, von denen es im Jargon ehemaliger Landser noch heute – generalisierend für alle Toten des Zweiten Weltkrieges – heißt: »Kameraden? Die sind in Rußland gefallen!«

600 000 Einwohner von Ostpreußen, die zwischen den Fronten in den Einschließungsringen der Kessel von Heiligenbeil, Königsberg und Samland »zerrieben« wurden oder in den eisigen Fluten der Ostsee ertranken.

Über eine Million deutscher Kriegsgefangene, die an Hunger und Verzweiflung über ihr ungewisses Schicksal zugrunde gingen.

Der »Einmarsch der Roten Armee«, der allzugut in das Schreckensbild vom Bolschewismus hineinpaßte und noch heute bei Tausenden deutscher Frauen Angstträume auslöst.

Verdrängt, verleugnet, vergessen, von vielen niemals zur Kenntnis genommen, die Reihenfolge: der Bruch des Nichtangriffspaktes, der Überfall, der Erstschlag, mit dem alles anfing.

Weitgehend unbekannt geblieben sind die verbrecherischen Befehle, Erlasse und Richtlinien des Oberkommandos der Wehrmacht, mit denen sich dieser Krieg bereits vor Beginn der Kampfhandlungen als Vernichtungskrieg entlarvte.

Zu »Organisationsschwierigkeiten« verharmlost, der nach der Judenvernichtung nächstgrößte Holocaust der Geschichte, das planmäßig einkalkulierte Massensterben von 3,3 Millionen sowjetischen Kriegsgefangenen in deutschem Gewahrsam.

Verdrängt, verleugnet, vergessen auch die Kreuzzugsparolen der katholischen Kirche, mit denen katholische Soldaten der Ostfront zu »Gott-will-es-Streitern« gegen den »Antichristen« erhoben wurden.

Niemals offiziell anerkannt das Meer von Schmerz und Verzweiflung, Tod und Verderben, das die siegreichen und die geschlagenen deutschen Truppen bei ihren Vormärschen und Rückzügen in der Sowjetunion hinterließen.

The Misfits

New York war die größte Stadt der Welt, der Mississippi der längste Fluß der Erde, kein Wasserfall war tiefer als der Niagara. Amerikanische Wolkenkratzer ragten höher in den Himmel als Dome und Pyramiden, amerikanische Züge und Autos, Schiffe und Flugzeuge waren schneller als Züge, Autos, Schiffe und Flugzeuge in Deutschland, England oder Frankreich. Reiche Leute waren in Amerika Millionäre. Auf der Landkarte der Vereinigten Staaten ließ sich Europa – von Lissabon bis Moskau, vom Nordkap bis Sizilien – bequem unterbringen. In Amerika war alles größer, länger, tiefer, höher, schneller, reicher oder weiter als in anderen Ländern. Deshalb waren die Amerikaner schreckliche Angeber.

Ein Amerikaner besuchte einmal Köln am Rhein, das schon eineinhalbtausend Jahre alt war, als Kolumbus Amerika entdeckte. Er ließ sich von Tünnes, dem Kölner Original, die Sehenswürdigkeiten der Stadt zeigen. Bei jedem Gebäude erkundigte er sich nach der Errichtungsdauer und übertrumpfte die Angaben seines Führers mit der wesentlich schnelleren amerikanischen Bauweise. Als sich am Kölner Dom das gleiche Frage-und-Antwort-Spiel wiederholt: »Well! Wie lang es hat gedauert zu bauen das Dom?«, reibt sich Tünnes verwundert die Augen und meint: »Wat is dat dann? Jestern stonn hier noch en Selterswasserbüdsche!«

Diesen Witz hörte E. mit sechs oder sieben Jahren von Großmutter Peters, einer waschechten Kölnerin. Sie freute sich über den pfiffigen Tünnes, der es dem blöden Angeber aus Amerika so schlagfertig »gegeben« hatte, und verstand die Unangemessenheit der Frage angesichts eines ehrwürdigen, einzigartigen sakralen Kunstwerkes, an dem die Menschen Jahrhunderte gebaut hatten.

E.s Vorstellungen vom »kultur- und geschichtslosen« Amerika wurden in Kindheits- und Jugendjahren durch diese und andere Anekdoten über die Amerikaner geprägt, die mit technischen Erfindungen und absonderlichen Rekorden aufschnitten, weil sie sonst offenbar nichts zum Vorzeigen hatten.

In jenen Krieg, der in E.s Kindheit der letzte gewesen war, hatten sich die Amerikaner noch ganz am Schluß mit ungeheuren Mengen an Waffen und Rüstungsmaterial eingemischt.

Nach dem Ersten Weltkrieg, als in Deutschland Not, Elend und Inflation herrschten, kamen sie haufenweise als Touristen und schmissen mit ihren Dollars um sich, weil die allein noch was wert waren, aber – die schlimmsten Feinde des deutschen Volkes waren sie nicht gewesen. Der amerikanische Präsident Wilson hatte es mit seinen 14 Punkten sogar gut mit Deutschland gemeint, aber er konnte sich nicht durchsetzen.

Amerika war zwar auch damals schon ein reiches und mächtiges Land, hatte aber in Europa nicht viel zu sagen. Rußland hatte überhaupt nichts zu sagen, denn dort ging schon seit 1917 alles »drunter und drüber«, weil der schreckliche Bolschewismus ausgebrochen war. Bis zum Ende des Zweiten Weltkrieges waren Frankreich und England mit ihren weltumspannenden Kolonialreichen die Supermächte. Sie mißachteten das von Wilson geforderte »Selbstbestimmungsrecht der Völker« und zwangen dem besiegten deutschen Volk das »Schanddiktat von Versailles« auf. So lernte es E. im Geschichtsunterricht.

In Amerika gab es außer Millionären noch andere Berufe, die in Europa unbekannt waren: Tellerwäscher, Goldsucher, Trapper, Farmer, Cowboys, Gangster, Fließbandarbeiter, Jazztrompeter und Tramps. Tramps waren Landstreicher, aber nicht mit den »Tippelbrüdern« auf deutschen Straßen zu verwechseln, denn sie gingen nicht zu Fuß, sondern ließen sich auf den Dächern der Eisenbahnen oder in Kohlewaggons durchs Land rollen.

Auch andere Amerikaner zogen viel herum – während der Pionierzeit auf der Suche nach Land oder »Weidegründen« mit Pferden und Planwagen in den »Wilden Westen«, wo es oft Kämpfe mit Indianern gab, die ihr Land nicht hergeben wollten. Viele verschlug es auf der Suche nach Arbeit oder Gold nach Texas, Kalifornien und Alaska. Wenn es anderswo besser bezahlte Arbeit oder mehr Gold gab, zogen sie weiter, denn alle Amerikaner waren von dem Wunsch besessen, möglichst schnell viel Geld zu verdienen.

Amerika war ein »weißes« Land, aber nicht so weiß wie Deutschland, England, Frankreich, Rußland und alle anderen europäischen Länder, denn es gab dort auch Indianer und Neger. Die weißen Amerikaner waren vor allem aus England, Deutschland und anderen germanischen Ländern, manche auch aus Frankreich, Irland, Polen und Italien eingewandert, aber jetzt waren alle Amerikaner, denn Amerika war ein »Schmelztiegel«. Bei der Abstimmung nach dem Unabhängigkeitskrieg, als es um die zukünftige Landessprache der neugegründeten Vereinigten Staaten von Amerika ging, unterlagen die deutschen Einwanderer mit einer einzigen Stimme gegen die für Englisch stimmenden Bürger der »Neuen Welt«. Deshalb nannten sie sich nicht mehr Müller, Schmidt oder Becker, sondern Miller, Smith und Baker und sprachen bald besser englisch als deutsch. Deutsche, die »um ihr Volkstum kämpften«, wie die Volksdeutschen in Ost- und Mitteleuropa, gab es in Amerika nicht. Das lag daran, daß sie sich nicht, wie die Ostlanddeutschen, in einer »slawischen Flut« behaupten mußten, sondern hauptsächlich mit Engländern und anderen germanischen Brudervölkern zusammenlebten, die auf der gleichen Stufe standen. E. fand es bedauerlich, daß die aus Deutschland Ausgewanderten keinen besonderen Wert darauf legten, weiterhin Deutsche zu bleiben, da das deutsche Volk durch diesen Aderlaß viel »gesunde Lebenskraft« und »wertvolle Substanz« verloren hatte.

Ein anderer Grund für die schnelle Amerikanisierung der eingewanderten Deutschen lag darin, daß es in den Zeiten der großen Einwanderungswellen gar kein deutsches Vaterland gab, auf das sie hätten stolz sein können. Sie kamen aus kleinen Königreichen, Fürstentümern, Grafschaften, Markgrafschaften, Herzogtümern, Großherzogtümern und wie die traurigen Gebilde im Zeitalter der »unseligen Kleinstaaterei« alle geheißen hatten, ehe wieder ein deutsches Reich entstanden war.

Viele wanderten aus ihrer deutschen Heimat aus, weil sie gerne Bauern geworden wären, aber keinen Acker geerbt hatten, Handwerker werden wollten, aber die engen Zulassungsbestimmungen der Zünfte und Gewerbeordnungen ihnen die Aufnahme verweigerten. Andere fühlten sich unter der Fürstenherrschaft bedrückt oder waren politisch verfolgt worden, wie Luis Trenker als Johann August Sutter in dem Film »Der Kaiser von Kalifornien«.

Viele gingen in die »Neue Welt«, weil sie für ihren Tatendrang und ihre Tüchtigkeit in Europa keine »freie Bahn« fanden oder von Fernweh und Abenteuerlust getrieben wurden, andere, weil ihre Religion nicht mit der des Landesherrn übereinstimmte. Manche hatten auch einen Mord oder ein anderes schweres Verbrechen begangen und wollten sich der Strafe entziehen. Gutbürgerliche Familien bezahlten einem mißratenen Sohn die Überfahrt nach Amerika, wenn er sein Studium verbummelt, Schulden gemacht oder sich in eine nicht standesgemäße Liebschaft verrannt hatte. Nach der Bismarckschen Reichsgründung im Jahre 1871 flohen viele junge Männer nach Amerika, weil sie nicht »bei den Preußen« dienen wollten. Besonders viele Wehrpflichtige aus dem Herzogtum Hannover entzogen sich dem verhaßten preußischen Militärdienst, so ein Bruder von Großmutter Determeyer, ein Jurastudent, dessen Flucht allerdings schon in Belgien mit seinem frühen Tod endete. Manche Grenzkneipen in holländischen Nachbarorten des Münsterlandes sind noch heute als Anlaufstellen für »Preußen-Deserteure« bekannt.

Auswanderer kamen manchmal als Millionäre zu Besuch in ihr Heimatdorf oder vererbten einem armen Verwandten, der oft gar nichts von ihrer Existenz gewußt hatte, ein riesiges Vermögen, so wie dem armen Staubsaugervertreter Heinz Rühmann in dem Film »Fünf Millionen suchen einen Erben«. Auswanderer, die keine Millionäre geworden waren, ließen meist nichts von sich hören und wurden von den Daheimgebliebenen als »verschollen« registriert.

In E.s Familie war niemand in Amerika zum Millionär geworden, nicht einmal verschollen, was sich nach dem Zweiten Weltkrieg als sehr bedauerlich herausstellte. Viele Amerikaner erinnerten sich damals ihrer deutschen Abstammung – noch viel mehr Deutsche ihrer amerikanischen Verwandten – und schickten »Carepakete« in das hungernde Deutschland.

E.s Familie, die nichts mehr hatte, womit sie sich an den damals überlebenswichtigen Tauschgeschäften hätte beteiligen können, und viele Jahre auf die zeitweilig unter 1000 Kalorien pro Tag absinkenden Lebensmittelrationen angewiesen war, sah von jenen Carepaketen nicht einmal das Einwickelpapier.

Die erste Stufe auf dem Weg zum Millionär bildete der in Amerika merkwürdigerweise ausschließlich Männern vorbehaltene Beruf des Tellerwäschers, während der Abwasch von Tassen und Töpfen weniger aussichtsreich zu sein schien. Viele Neueinwanderer aus Europa arbeiteten aber auch am »Fließband«, so z. B. in den Schweinefabriken von Chicago, in denen vorne die Schweine geschlachtet wurden und hinten die fertigen Würste und Fleischkonserven herauskamen. Diese Detailkenntnisse verdankte E. dem düsteren sozialkritischen Roman »Der Sumpf« von Upton Sinclair, den sie mit elf oder zwölf Jahren las, obwohl oder auch weil die Mutter ihn in die zweite Reihe des Bücherschrankes gestellt hatte.

Eine andere einprägsame Schilderung der Situation von Fließbandarbeitern in Amerika enthielt das Heimweh-Kapitel des damals in riesiger Auflage erschienenen Bändchens »Kamerad und Kameradin, Bunte Bilder, Gedanken und Worte aus den Morgenfeiern der Hitlerjugend« von Rudolf Kinau, einem Bruder von Gorch Fock. E. hat als Jungmädelführerin oft auf Heimabenden daraus vorgelesen. Rudolf Kinau trifft darin in der Steinwüste von New York zwei Bauernsöhne aus Dithmarschen, die nach Monaten der Arbeitslosigkeit in einer Keksfabrik als ungelernte Arbeiter eine Beschäftigung gefunden haben. »Zwischen lauter Ausländern, – fremde Rassen, fremde Sprachen, – keiner verstand von seinem Nebenmann ein Wort, – Tag für Tag zehn Stunden bei Lampenlicht im geschlossenen Raum vor einem glühenden Ofen, – bei vierzig Grad Hitze, – und – gleichmäßig wie eine Maschine – immer ein und dieselbe Handbewegung machen: Kuchenplatte aus dem laufenden Band auffangen, den Rand öffnen, den Kuchen zerteilen, und dann – zur Seite in den Blechkasten tun. Zehn Stunden, Tag für Tag. Für einen Lohn, der kaum zum Leben reichte.«

Obwohl sie vor Heimweh fast zugrunde gehen, weigern sie sich, nach Hause zu fahren oder auch nur zu schreiben, weil sie sich schämen, ohne einen Sack voll Geld zurückzukommen.

Luis Trenker wandert in seinem Film »Der verlorene Sohn« auf der Suche nach Arbeit vergeblich durch die end- und lichtlosen Straßen New Yorks, stellt sich, zusammen mit dem »Strandgut« aus aller Welt, in Suppenküchen an, klaut schließlich vor Hunger ein Brot. E. schloß daraus, daß Amerika ein kaltes, unmenschliches Land sei, in dem kein Hahn nach einem krähte, wenn man vor die Hunde ging.

Obwohl sie keine Ahnung von den Arbeitsbedingungen in deutschen Fabriken und Betrieben hatte, war sie davon überzeugt, daß diese viel erträglicher und menschenwürdiger waren, denn ein deutscher Unternehmer kannte alle seine Arbeiter persönlich und war eine gütige, gerechte und verständnisvolle Vaterfigur, wie Emil Jannings in dem Film »Der Herrscher«. In dem Filmlustspiel »Das andere Ich« mit Mathias Wiemann und Hilde Krahl erklärte der Ingenieur aufmüpfigen Arbeitern das Wesen einer organisierten Volksgemeinschaft, in der jeder an seinem Platz die Arbeit anständig verrichtet, für die er ausgebildet worden ist: hie gute Qualitätsarbeit, dort Führungsaufgaben.

Fließbandarbeit, so glaubte E., war eine spezifisch amerikanische »Errungenschaft«. Brutale Ausbeutung menschlicher Arbeitskraft gehörte für den »freien deutschen Arbeiter der Faust« im Dritten Reich längst der Vergangenheit an.

Viele Neueinwanderer hatten es aber geschafft, sich mit Fleiß, Tüchtigkeit und Glück auf dem harten Pflaster der »Neuen Welt« von der »Tellerwäscherei«, wenn auch nicht zum Millionär, so doch zu solidem Wohlstand hochzuarbeiten und richtige Amerikaner zu werden. Das Ergebnis des amerikanischen Einschmelzungsprozesses war ein tüchtiger, erfolgreicher, auch erfrischend unbekümmerter, unbelasteter und gesunder Menschenschlag, aber »gute Manieren« waren dabei auf der Strecke geblieben. Obwohl E. bis 1945 keinem leibhaftigen Bürger der USA begegnet ist, hatte es sich bis zu ihr herumgesprochen, daß Amerikaner rülpsten, spuckten und schmatzten, zuviel und zu laut sprachen, bei einer Konferenz die Füße auf den Tisch legten, im Wohnzimmer den Hut auf dem Kopf und in Gesellschaft die Hände in den Taschen behielten, keinen Wein, sondern Whisky tranken und dicke Zigarren qualmten, deren Rauch sie anderen Leuten ins Gesicht bliesen. Bedenklicher als schlechte Manieren war jedoch, daß ihnen bei der unablässigen Jagd nach Geld und Erfolg anderes, Wichtigeres abhanden gekommen war, nämlich kultur- und kunstschaffende schöpferische Kräfte, Geschmack, Adel und Vornehmheit, Ehrfurcht und Demut.

Ein vernichtendes Urteil Adolf Hitlers über Amerika lautete: »In einer einzigen Symphonie von Beethoven liegt mehr Kultur, als ganz Amerika bisher hervorgebracht hat.« E.s Verachtung amerikanischer Kultur ging weit darüber hinaus und bedurfte keiner Vergleiche mit außergewöhnlichen Kunstwerken. Das rückständigste, ärmlichste, schlampigste Dorf irgendwo auf dem Balkan, in Polen oder Rußland, in Vorderasien, Ägypten, Indien oder China schien ihr mehr »Kultur« oder zumindest »kulturelle Potenz« zu enthalten; jedem Volk der »Alten Welt« schrieb sie mehr Seele, Tiefe, innere Werte, schöpferische Fähigkeiten, verborgene Möglichkeiten zu als der oberflächlichen, geschmacklosen, lauten und lärmenden Zivilisation der Amerikaner, die ihre innere Hohlheit und fehlende Substanz hinter Angeberei, Arroganz und Großmannssucht verbargen.

Manche hatten allerdings gemerkt, daß ihnen etwas fehlte. Sie sehnten sich nach »echten Kulturwerten« und fuhren ins alte Europa, um sie sich anzusehen oder für harte Dollars zu kaufen. Ein amerikanischer Millionär hatte sich sogar eine mittelalterliche Burg gekauft und Stein für Stein abtragen lassen, um sie sich in der Neuen Welt wieder aufzubauen. »Selfmademen«, die aus dem »gesellschaftlichen Nichts« aufgestiegen waren, kauften sich ganze Ahnengalerien, reiche Klopapier- oder Wurstfabrikanten verschafften ihren Töchtern Adelstitel, indem sie sie mit verarmten Fürsten und Grafen aus alten Geschlechtern Europas verheirateten. Es gab in Amerika Opernhäuser und Konzerthallen, Museen und Kunstgalerien, aber das amerikanische Kulturleben war mehr ein Kultur»betrieb«, in dem Kunstwerke nur als Prestigeobjekte oder als Kapitalanlage verwertet wurden. Es lebte einzig und allein von der Kunst und Kultur Europas und war eine gekaufte, ausgeliehene, im besten Falle nachgemachte Angelegenheit.

E.s Vorstellungen vom »häßlichen Amerika« wurden wesentlich durch den Roman »Babbit« von Sinclair Lewis geprägt, dessen Neuauflage 1942 vom Propagandaministerium angeregt worden war.

Ein dunkles Kapitel in der kurzen Geschichte Amerikas war das Schicksal seiner Ureinwohner, der Indianer. E. las in den dreißiger Jahren mit Begeisterung die »Tecumseh-Reihe« von Fritz Steuben, die den »erschütternden Kampf eines edlen Volkes um seine Heimaterde und den heldenhaften Widerstand gegen die übermäßig andrängende Flut der Weißen« in der Zeit der »Landnahme« schildert. Mit 13 oder 14 Jahren schlug ihr Herz so stark für den tapferen Shawano-Häuptling, daß »Tecumseh« eine Zeitlang (zusammen mit den Namen der beiden letzten Westgotenkönige Totila und Teja) in das Repertoire in Frage kommender Vornamen für ihre noch ungeborenen Söhne aufgenommen wurde, nicht aber Winnetou, weil sie nur ein einziges Buch von Karl May gelesen hat. Auch E.s Brüder lasen keine Bücher dieses Schriftstellers, dafür aber – und E. mit ihnen – das »Grenzerbuch« von Friedrich von Gagern, den »Lederstrumpf« und den »Letzten Mohikaner« von Fenimore Cooper.

Ein anderes finsteres Kapitel amerikanischer Geschichte war die Zeit der Sklaverei. Weiße Farmer hatten sich für die Arbeit auf den Baumwollfeldern des Südens von Sklavenhändlern Schwarze aus Afrika besorgen lassen und oft sehr grausam behandelt, wie es in dem Buch »Onkel Toms Hütte« von Harriet Beecher-Stowe eindringlich geschildert wird. In »Vom Winde verweht«, dem Bestseller von Margaret Mitchell, der 1937 auch in Deutschland erschien und von E. und ihrer Mutter »verschlungen« wurde, erging es ihnen erheblich besser.

Trotzdem: Sklaverei paßte nun wirklich nicht mehr in die Neuzeit. Auch Schwarze waren Menschen und hatten das Recht auf menschenwürdige Behandlung. Man durfte ihnen nicht verbieten, den Arbeitsplatz zu wechseln, eine Familie zu gründen und mit dieser zusammenzuleben. Man durfte sie nicht ohne Bezahlung arbeiten lassen.

Nach ihrer Befreiung kehrten die ehemaligen Sklaven nicht nach Afrika zurück, weil sie ihre afrikanischen Stammessitten und Sprachen vergessen hatten, viele nicht einmal wußten, aus welchem Land ihre Vorväter verschleppt worden waren. Nur wenige gründeten mit amerikanischer Hilfe an der Westküste Afrikas den Staat »Liberia« (»Land der Freiheit«), aber es war ihnen nichts Besseres eingefallen, als das System der Sklaverei auf die dort lebenden afrikanischen Ureinwohner anzuwenden, wie E. von ihrem Vater erfuhr, denn – so behauptete er – »Neger sind nicht in der Lage, einen unabhängigen Staat zu bilden«.

Jetzt hatte das weiße Amerika eine ganze Menge Schwarze im Land, die nicht in Reservaten lebten und auch keineswegs, wie viele Indianer, am Alkohol zugrunde gingen, sondern sich über ganz Amerika ausgebreitet hatten. Wie alle »niedrig stehenden« Völker brachten sie viel mehr Kinder zur Welt als die weißen Einwanderer aus Europa. Das hätten sich die Farmer der Südstaaten früher überlegen müssen.

Ein solches Rassendurcheinander brachte die Gefahr von Rassenvermischungen mit sich. E. hatte in der Rassenkunde gelernt, daß Mischlinge von so fernstehenden Rassen wie Negern und Weißen (Mulatten) sowie Indianern und Weißen (Mestizen) in jedem Falle minderwertiger waren als reinrassige Eltern, da eine so »unnatürliche« Kombination unweigerlich zu »innerlicher Zerrissenheit« führe. Im allgemeinen waren die weißen Amerikaner der Vereinigten Staaten in dieser Hinsicht vernünftig. Vor allem weiße Frauen gaben sich nicht mit Negern ab, weil bei ihnen die »natürlichen Instinkte« noch nicht verlorengegangen waren, während die Männer instinkt- und verantwortungsloser zu sein schienen.

Die weißen Einwanderer aus Spanien und Portugal in den mittel- und südamerikanischen Staaten hatten sich hingegen hemmungslos mit Negern und Indianern vermischt, so daß es dort kaum noch reinrassige Menschen gab. Deshalb waren in Südamerika, vor allem aber in Mittelamerika stabile Staatsgebilde ohne Korruption und Schlendrian »biologisch« unmöglich.

E., die im Geschichts- und Biologieunterricht gelernt hatte, daß Geschichte eine Geschichte von Rassenkämpfen ist und der Untergang von Völkern und Staaten so gut wie ausschließlich auf Entartungserscheinungen durch Rassenmischungen zurückzuführen sei, hatte keine Ahnung vom Charakter süd- und mittelamerikanischer Operettenrevolutionen, in denen ein Diktator den anderen, eine Offiziersclique die andere ablöste, während sich am Schicksal der ausgebeuteten und unterdrückten Massen kaum etwas änderte. Ihre letzten Vorurteile verlor sie erst nach der kubanischen Revolution, die den Beweis lieferte, daß ein »Rassenmischmaschvolk« mit angeblich »biologisch« verankerter Neigung zu Korruption und Schlendrian sehr wohl in der Lage ist, diese zu überwinden.

So wenig E. die Sklaverei gutgeheißen hatte, so wenig Verständnis brachte sie dafür auf, daß das weiße Amerika sich bedenkenlos von Negern vertreten ließ, wenn es darum ging, sportliche Rekorde einzuheimsen. Sie gönnte dem freundlichen schwarzen Superstar Jesse Owens seine »schwarzen« Goldmedaillen bei den Olympischen Spielen 1936 von Herzen, aber daß sie dem »weißen« Amerika angerechnet wurden, mußte den Amerikanern doch eigentlich peinlich sein. Schließlich hatten sie ja auch gute Sportler, wie Glenn Morris, den Zehnkämpfer, Marjorie Gestring, die Turmspringerin, und viele andere, deren Namen E. vergessen hat.

Es störte sie nicht, daß der schwarze Leichtathlet weiße Sportler und auch Deutsche besiegt hatte, denn die Überlegenheit der weißen Rasse beruhte nicht auf langen Beinen und Muskelkraft. Außerdem wurde in diesem Fall der Wettkampf nur indirekt, nämlich mit Meßlatte und Stoppuhr, ausgetragen.

Als der deutsche Schwergewichtsboxer Max Schmeling 1938 in New York seinen Weltmeisterschaftstitel gegen Joe Louis, den »braunen Bomber« von Amerika, verteidigen wollte, war das eine Angelegenheit, die weit mehr »unter die Haut« ging.

Die 13jährige interessierte sich zwar nicht sonderlich für Boxsport, hatte sich jedoch von ihren Brüdern anstecken lassen und verfolgte mit ihnen zu nächtlicher Stunde das »Jahrhundertereignis« am Radio – aber da war nicht viel zu verfolgen. Schon nach zwei Minuten schrie der Reporter vor Entsetzen auf, als »unser Maxe« schwankend auf die Bretter stürzte, und seine Stimme brach fast vor nationaler Verzweiflung, als Schmeling sich auch bei »neun« noch nicht erhoben hatte und seine Niederlage mit einem K. o. in der ersten Runde besiegelt wurde. E.s Brüder – und nicht nur sie – waren tief erschüttert über diese »Katastrophe«, und Erwin meinte abfällig, daß man den »braunen Bomber« ja auch gerade erst »mit der Brotkruste aus dem Urwald gelockt« habe.

E. fand die breitgeschlagene Boxernase von Max Schmeling bis dahin und auch später niemals besonders edel. Auf den Schwarzweißfotos der Zeitungen fielen die Nuancen der Hautschattierung ohnehin kaum auf, wohl aber die »Boxerähnlichkeit« der beiden Rivalen. Die allgemeine Aufregung nach der Niederlage von Max Schmeling legte es jedoch nahe, sich Joe Louis als eine Art Gorilla mit unterentwickeltem Gehirn und stumpfsinniger, brutaler Naturgewalt vorzustellen, der »rücksichtslos« auf den edlen deutschen Sportler eingedroschen hatte.

Von der Diskriminierung der schwarzen Bürger Amerikas wußte E. kaum etwas, hätte die entsprechenden Gesetze aber wohl ganz in Ordnung gefunden, »da die Menschen schließlich nicht gleich waren« und die »natürlichen Unterschiede« zwischen Weißen und Schwarzen bei einem so engen Zusammenleben gewisse Abgrenzungen der Lebensbereiche zwingend notwendig machten.

Getrennte Schulen seien schon deshalb nötig, so hieß es, weil ein erfolgreicher Unterricht nur bei einigermaßen gleicher Intelligenz und Begabung durchzuführen war. An der angeblich biologisch verankerten niedrigen Intelligenz von Negerkindern bestand in E.s Umwelt nicht der geringste Zweifel.

Getrennte Abteilungen in Verkehrsmitteln, Hotels und Restaurants seien erforderlich, so erfuhr E. irgendwann von ihrem Vater, als sie – lange nach 1945 – begann, sich für die Situation der Schwarzen in den USA zu interessieren, weil Neger für »weiße« Nasen einen unerträglichen Körpergeruch ausströmten. Er wußte das aus irgendeinem seiner rassenkundlichen Bücher, da er zeit seines Lebens kaum eine Gelegenheit gehabt haben dürfte, diese Behauptung nachzuprüfen.

Die meisten Neger Amerikas kannten »ihren Platz« in der weißen Gesellschaft und waren friedliche, harmlose Leute. Da ihnen ihre afrikanische Kultur verlorengegangen war, hatten sie inzwischen eine Art Musik, den sogenannten »Jazz«, entwickelt, der vorwiegend aus heulenden, scheppernden, quäkenden, quiekenden und röchelnden Tönen bestand, die mit Saxophonen, »verstopften« Trompeten, »abgewürgten« Posaunen und allerlei »Schlagzeug« hervorgebracht wurden. Manchmal gurgelten fette alte Neger mit rollenden Augen und einem »Frosch in der Kehle« irgendwelche Laute dazu, die E. unerträglich fand.

Solche Eindrücke verdankte sie amerikanischen Musikfilmen, die bis 1941 in Deutschland zu sehen waren.

Das amerikanische Kultgetränk Coca-Cola war ebenfalls noch bis in den Krieg hinein in Deutschland erhältlich und wurde durch Max Schmeling Ende der vierziger Jahre wieder eingeführt.

Der Siegeszug des Jazz, von dem in den zwanziger und dreißiger Jahren ganz Europa erfaßt wurde, ließ sich auch und gerade im Krieg nicht an den Grenzen des Dritten Reiches aufhalten. »Verjazzte« Weisen, Swing- und Blues-Rhythmen wurden mehr und mehr zugelassen (wenn auch nicht als solche bezeichnet), nicht nur, um unerwünschtes Knopfdrehen am Radio überflüssig zu machen, sondern auch, weil es sich herausgestellt hatte, daß diese »flotte« Musik sehr geeignet war, Soldaten auf der Wache wach und Arbeiter bei Laune zu halten.

Im letzten Halbjahr des Krieges initiierte E. sogar einige Male zu nächtlicher Stunde – ohne zu wissen, was sie tat – regelrechte »Jam-Sessions«. Sie war damals als Straßenbahnschaffnerin an der Strecke zwischen Paderborn und dem Truppenübungsplatz Sennelager tätig, und die im totalen Krieg ohnehin zehnstündige Arbeitszeit dehnte sich während der Nachtschicht wegen des regelmäßigen Fliegeralarms oft auf 14 bis 15 Stunden aus, da der Fahrbetrieb erst nach der endgültigen Entwarnung wiederaufgenommen wurde. Die Straßenbahn stand dann einige Stunden irgendwo auf der Strecke, Licht und Heizung gingen aus, und viele Fahrgäste machten sich zu Fuß auf den Weg in die Kasernen. Manche blieben auch, da die Schaffnerinnen bleiben mußten. Um die langweilige Wartezeit erträglich zu machen, pfiff, sang oder spielte E. auf der Mundharmonika oder blies auf einem Kamm, manchmal auf einer Blockflöte »schmissige« Melodien, die sie irgendwo aufgeschnappt hatte. Die Landser pfiffen, sangen und bliesen die Melodie mit, »umspielten« sie mit allerlei Variationen, stampften, klopften oder trommelten »entfesselte« Rhythmen auf improvisierten »Instrumenten« – die geriffelten, wegen der Verdunkelung blaugestrichenen Fensterscheiben der Straßenbahnwagen eigneten sich sehr gut dazu –, während in der Luft das gleichmäßige dumpfe Grollen der in großer Höhe dahinziehenden Bomberverbände einen makabren »Backgroundsound« lieferte.

Nach dem Krieg stellte E. fest, daß zu ihrem damaligen Repertoirc Melodien von Glenn Miller, Benny Goodman und Irving Berlin, der Lambeth-Walk, Chattanooga Chou-Chou, In the mood, Goody Goody, Tiger Rag, American Patrol u. a. gehört hatten sowie eine Melodie, von der ihr nur der »Kriegsendetext« im Gedächtnis geblieben ist: »Heut ist Niggerjazz auf dem Adolf-Hitler-Platz!«

Am 11. Dezember 1941, vier Tage nach dem Überfall japanischer Bomber auf die amerikanische Flotte in Pearl Harbour, dem Kriegshafen auf Hawaii, erklärte die Regierung des Dritten Reiches den Vereinigten Staaten den Krieg. Deutschland und Amerika befanden sich zu diesem Zeitpunkt längst in einer Art unerklärtem Kriegszustand, da der amerikanische Präsident Roosevelt seit 1940 zu einer »Nichtkriegsführung bis an den Rand des Krieges« (short before the war) übergegangen war. Das »Arsenal der Demokratien« (Roosevelt) unterstützte Großbritannien (seit dem 6. 11. 1941 auch die Sowjetunion) mit Kriegsmaterial und Lebensmitteln und gewährte britischen Schiffen auf den Weltmeeren Geleitschutz. Im September 1941 wurde ein Schießbefehl gegen Schiffe der Achsenmächte ausgegeben.

Die Neutralitätsgesetzgebung der USA untersagte zwar die Lieferung von Waffen in kriegführende Länder, wurde aber durch zusätzliche Klauseln (»Cash and Carry«, »Lend-Leases-System«) mehr und mehr ausgehöhlt. Der weiterhin beanspruchte Status der Neutralität gab der NS-Propaganda genügend Anlaß zur Empörung über die »Heuchelei«.

Die offizielle Ausweitung des Krieges zu einem »erdumspannenden Schicksalskampf« kam für E. dennoch überraschend, und die Einsicht, daß Deutschland jetzt gegen den »Rest der Welt« kämpfte, war keineswegs angenehm. Andererseits blieb der Krieg gegen Amerika lange Zeit eine entfernte, seltsam unwirkliche Angelegenheit, die sich irgendwo auf den Weltmeeren abspielte. Die militärische Potenz Amerikas schien sich zunächst auch weitgehend im Pazifischen Ozean abzunutzen, da der japanische Bundesgenosse sich mit dem »Paukenschlag« von Pearl Harbour so erfolgreich in das Kriegsgeschehen »hineingebombt« hatte.

Der »Festlandblock« – von der Biscaya bis zum Kaukasus, vom Nordkap bis Sizilien – wirkte uneinnehmbar, und nicht nur E. hoffte, daß das »unnatürliche Bündnis« der Anti-Hitler-Koalition ohnehin nach dem Sieg über die Sowjetunion zusammenbrechen würde. Der Refrain eines Soldatenliedes, das sich nach dem Polen- und Frankreichfeldzug bereits vorschnell auf den »letzten« Gegner England eingestellt hatte, wurde im Sommer 1941 um die meist Rußland genannte Sowjetunion und gegen Ende des gleichen Jahres um die USA erweitert. Es klang fast übermütig, so, als komme es auf einen Gegner mehr oder weniger nun auch nicht mehr an, wenn die Soldaten sangen:

>   »Drum Mädel, sei lu-u-stig (horridoh),
>   wir sehn uns bald wieder (das sowieso),
>   nur gegen England, Rußland, USA, dann ist alles vorbei!«,

aber der Galgenhumor war nicht zu überhören, zumal eine andere Fassung deutlicher widerspiegelte, daß das schon so oft greifbar nah erscheinende Ende des Krieges in unberechenbar ferne Zeiträume verschoben war: »Nur ein paar Jahre noch, dann ist alles vorbei.«

Die 1942 massiv einsetzende antiamerikanische Propaganda machte nicht halt vor den innenpolitischen Machtstrukturen der USA. So hieß es, der amerikanische Präsident

Roosevelt sei – im Gegensatz zum »Führer« – nur scheinbar vom Volk frei gewählt, in Wirklichkeit verdanke er seine zweimalige Wiederwahl den Trusts, Kartellen, Konzernen, vor allem aber der »Standard-Oil-Company«, denn in Amerika sei alles käuflich, weil einzig und allein das Geld regiere.

Amerika war nämlich – so lernte E. – ein kapitalistischer Staat und von allen kapitalistischen Staaten der »kapitalistischste«. Die Heranwachsende interessierte sich in ihren Jugendjahren für vieles, aber kaum für Gesetze und Abläufe des Wirtschaftslebens bzw. für den Charakter des Wirtschaftssystems in »ihrem« Staat, weil ihr dafür jegliche Anstöße und Anregungen fehlten. In der eigenen Familie gab es weit und breit weder einen Arbeiter noch einen Unternehmer, geschweige denn jemanden, der ihr die Bedeutung dieses »Spezialgebietes« nahegebracht und Grundzüge der Politökonomie erläutert hätte. Sie war fest davon überzeugt, daß das nationalsozialistische Deutschland und auch das faschistische Italien keine kapitalistischen Staaten waren und das große Verdienst Hitlers und Mussolinis darin lag, ihre Länder nicht nur vor dem Kommunismus, sondern auch vorm Kapitalismus gerettet zu haben.

Der Begriff Kapitalismus, inklusive seiner Derivate: Konzern, Trust, Kartell, Dividende, Aktien, Börsenkurse, Spekulation usw., hatte in E.s Kindheit zwar nicht jenen schrecklichen Blut-und-Moder-Dunst wie Bolschewismus, war aber eindeutig negativ besetzt. Am Beispiel Amerikas lernte sie, daß der Kapitalismus letztlich ebenso gefährlich und menschenfeindlich sei wie der Bolschewismus, wenn auch schwerer zu durchschauen, da er sehr viel elegantere Methoden anwandte und seine Ziele und Absichten geschickter zu verschleiern wußte.

Über die brutalen Ausbeutungsmethoden amerikanischer Konzerne, so z. B. der »American Fruit Company« in mittel- und südamerikanischen Ländern, wurde damals ausführlich berichtet. E. lernte, daß das »internationale Kapital« nicht unbedingt der Kolonien bedurfte, um fremde Länder und Völker auszubeuten und in wirtschaftlicher und politischer Abhängigkeit zu halten.

»Kapitalismus« wurde in der NS-Propaganda schlicht und einfach mit »Machenschaften des internationalen Judentums« gleichgesetzt. Es gab nicht nur eine »jüdisch-bolschewistische«, sondern auch eine »jüdisch-kapitalistische« Weltverschwörung. Das leuchtete ein, da die Juden es ja schon immer mit Geld zu tun gehabt hatten. Zentrale der »jüdisch-kapitalistischen Weltverschwörung« war die Wallstreet, eine Straße in New York, und die »bigsten Bosse« der Wallstreet waren natürlich Juden, denen es um nichts anderes als um Geld, Profit und Dividende ging. Auch wenn sie sich meist vornehm im Hintergrund hielten, hatten sie ihre Hände in allen Taschen der Welt, verdienten an Eisen, Kohle, Öl, an Hunger und Elend, Blut und Tränen, Siegen und Niederlagen.

Damit ihnen ihr »arbeits- und müheloses Einkommen« erhalten blieb, strebten sie mit Hilfe ihres Kapitals die Herrschaft über das gesamte öffentliche Leben an, über Regierungen, Politiker und Parteien, über Presse und Rundfunkstationen, über Herzen und Hirne der »freien« Bürger Amerikas. Einen Einblick in die Sensationsgier der amerikanischen Presse, die Käuflichkeit von Staatsanwälten und Zeugen und die Ausbeutung selbst von Kindern erhielt E. durch den antiamerikanischen Film »Sensationsprozeß Casilla« nach einem Drehbuch von Ernst von Salomon.

Eine Staatsform, in der die eigentliche Macht nur durch Besitz begründet ist, nannte man »Plutokratie«. »Jüdisch-kapitalistische Plutokraten« produzierten Waffen und zettelten Kriege an, damit der Absatz an Kriegsmaterial nicht ins Stoppen kam, und hetzten gegen das neue Deutschland, weil ihnen der Nationalsozialismus »die Maske vom Gesicht gerissen hatte«. Die einfachen Bürger Amerikas durchschauten diese »finsteren Machenschaften« nicht und glaubten an die »Freiheit« in ihrem Lande. E. schien die »Ausschaltung der Juden aus dem deutschen Wirtschaftsleben« und der in Deutschland herrschende »Arbeitsfrieden« Beweis genug für die Befreiung der deutschen Wirtschaft vom Kapitalismus.

Von der unternehmerfreundlichen Politik der NS-Regierung, die durch Zerschlagung der Arbeiterparteien und Gewerkschaften »Stolpersteine« wie Streiks und Tarifverhandlungen aus dem Wege geräumt hatte, von den ungeheuren Gewinnen »arischer« Kapitalisten vor und nach der »Arisierung« vormals jüdischer Betriebe und von den »finsteren Machenschaften« der deutschen Rüstungs- und chemischen Industrie während des Krieges, die ihren Nachkriegsreichtum auf der gnadenlosen »Vernichtung durch Arbeit« von Hunderttausenden Kriegsgefangenen und Zwangsarbeitern begründete, ahnte sie nichts.

Gegen Ende des Krieges, als unzählige deutsche Städte durch amerikanische Bombenangriffe in wenigen Minuten zerstört und nicht nur Hunderttausende Männer, Frauen und Kinder, sondern unermeßliche Kunstschätze des Abendlandes unter dem Schutt der zusammenbrechenden Häuser und Gebäude begraben wurden oder im Flammenmeer verbrannten, sah E. ihre ersten kindlichen Vorstellungen über die Amerikaner bestätigt. Von einem Volk, das den Wert des Kölner Doms auf seine Errichtungsdauer reduzierte, konnte man wohl nichts anderes erwarten.

Über Begegnungen mit amerikanischen Soldaten nach der Besetzung ihrer Heimatstadt berichtet sie in einem anderen Kapitel. Erwähnt werden soll hier nur der erste amerikanische Schlager, der ihr 1945 bekannt wurde und von dem es sehr bald eine deutsche Version gab. Ein derart kaltschnäuziger, offen frauenverachtender Text war der 20jährigen bis dahin niemals begegnet, da sich die Frauenfeindlichkeit des NS-Systems in sehr viel subtilerer, schwerer durchschaubaren Weise geäußert hatte und im übrigen mit der der katholischen Kirche und der bürgerlich-patriarchalischen Kultur weitgehend übereinstimmte. Jetzt vernahm sie folgende Botschaft: »Ich nenne alle Frauen Baby, denn das ist für mich ja so bequem! Ich brauche nicht zu registrieren, das ist so angenehm!«

Was sollte man von einer »Kultur« halten, in der erwachsene Frauen »Baby« genannt wurden und für Männer nur als wahllos austauschbare Geschlechtswesen zu existieren schienen. Dieser Text war für E. fast so etwas wie ein Schlag ins Gesicht und zerstörte für lange Zeit jede Identifikationsmöglichkeit mit den »Barbaren aus der Neuen Welt«.

Nur noch Deutsche

Die Augusttage von 1914 kennt E. aus der Familienüberlieferung, die Septembertage von 1939 aus dem eigenen Erleben. Sie kennt sich also ein wenig aus mit »Kriegsausbruchsstimmungen«.

In den Septembertagen von 1939 zogen die Truppen stumm, fast lautlos in den Krieg, als marschierten sie zu einem Leichenbegängnis, und das Publikum stand ebenso stumm am Straßenrand. Die meisten der zur Front abkommandierten Soldaten rollten ohnehin zu nächtlicher Stunde auf Lastwagen und Zügen ohne Aufsehen gen Osten. Keine Blumen wurden in Gewehrläufe gesteckt, keine Musikkapellen spielten, keine Mädchen winkten, es gab nicht die Spur irgendeiner Begeisterung, auch nicht einer, »die im Innersten lodert«, wie Hitler in seiner Danziger Rede vom 19. September 1939 behauptete, sondern tiefe Niedergeschlagenheit und bedrückten, schweigenden Fatalismus, denn im Gegensatz zu 1914 wußten alle, daß der Krieg kein Kinderspiel ist. Anläßlich der Golfkriegsdebatte unterstellten Nachgeborene der Vätergeneration Kriegslüsternheit. Diese Unterstellung widerspricht nicht nur den Erinnerungen von Zeitgenossen, sondern auch zahlreichen Stimmungsberichten ausländischer Korrespondenten über die Septembertage des Jahres 1939.

Es gab allerdings auch keine aktive Antikriegsstimmung, da in E.s Umwelt niemand am Friedenswillen der deutschen Regierung zweifelte, die sich – so schien es – bis zum letzten Augenblick verzweifelt bemüht hatte, den Krieg zu vermeiden. Nun aber, da er uns »aufgezwungen« worden war, machte die »Gleichschaltung« einen gewaltigen Sprung vorwärts, und es gab, trotz aller Unterschiede zu 1914, mal wieder »keine Parteien mehr«, sondern »nur noch Deutsche«.

Zwar hatte es schon seit 1933 nur noch eine Partei gegeben, in der längst nicht alle Deutschen Mitglieder waren, aber jetzt war alles anders. Politische Differenzen, Unmut über bestimmte Maßnahmen der NS-Regierung schrumpften zu unwesentlichen Mißverständnissen angesichts der sich ausbreitenden Entschlossenheit, von Verfolgung und Tod bedrohten deutschen Landsleuten in Polen zur Hilfe zu eilen.

Jetzt hatte der »unbekannte Soldat aus dem Ersten Weltkrieg«, dessen einzige und eigentliche Heimat das kaiserliche Heer gewesen war, sein Volk da, wo er es haben wollte: in der Frontkameradschaft des Schützengrabens.

Die 14jährige stellte mit Befriedigung fest, daß Leute, die immer und an allem »was zu meckern« gehabt hatten – Lehrer und Lehrerinnen, Bekannte und Verwandte –, plötzlich Sprüche von sich gaben wie »Jetzt müssen alle zusammenhalten« oder auch »Wenn man einen Fluß überquert, wechselt man nicht die Pferde«.

Die Solidarisierungswelle der Septembertage von 1939 betraf kaum die Partei, weit mehr den Führer, in erster Linie jedoch die als unpolitisch und unideologisch geltende deutsche Wehrmacht, deren Offiziere sich von der Partei vornehm zu distanzieren pflegten, obwohl sie in der Regel ebenso antidemokratisch, antisemitisch und antikommunistisch waren. Jetzt ging es um Deutschland! Jetzt galt es, seine Pflicht zu tun wie die Väter Anno 1914–18. Vor dem Spruch »Deutschland muß leben und wenn wir sterben müssen« verstummten »Abseitsstehende«, noch immer nicht ganz »Gleichgeschaltete« und scharten sich um das »Heilig Vaterland! In Gefahren. . .«, und das seit 1933 häufig gesungene »Morgenrot-Lied« bestand im Jahre 1939 seine Feuertaufe:

»Siehst du im Osten das Morgenrot, ein Zeichen zur Freiheit, zur Sonne.
Wir halten zusammen, ob lebend, ob tot, mag kommen, was immer da wolle.
Warum jetzt noch zweifeln, hört auf mit dem Hadern,
noch fließt uns deutsches Blut in den Adern:
Volk, ans Gewehr! Volk, ans Gewehr!«

Die Zweifelnden, die Hadernden und sogar die Gläubigen zogen einen sauberen Trennungsstrich zwischen Partei und Vaterland, denn im »Schicksalskampf des deutschen Volkes« gab es »nur noch Deutsche«.

Der seit 1937 im Konzentrationslager Dachau inhaftierte Pastor Martin Niemöller bot dem Führer bei Kriegsausbruch seine Bereitschaft an, wie schon im Ersten Weltkrieg als U-Boot-Kommandant dem Vaterland zu dienen. Marie-Luise Fleißer, deren Werke zwischen 1933 und 1945 nicht aufgeführt werden durften, kritisierte 1943 Erich Kuby, der ihr sein pazifistisches Kriegstagebuch zugesandt hatte: »Ein Soldat verteidigt sein Land und sein Volk, er verteidigt nicht den Feind, das liegt in der Natur der Dinge begründet. . . . In Notzeiten kann man nicht aus der Reihe tanzen!«

Hans Fallada, als Sonderführer im Majorsrang vom Propagandaministerium nach Frankreich geschickt, schrieb im gleichen Jahr: »Wir müssen an den Sieg glauben, sonst ist alles sinnlos«, schrieb auch »Wir sind die Herren der Welt, bestimmt in Europa!«

Die Solidarisierungswelle erfaßte auch die christlichen Kirchen, deren Vertreter sich nicht nachsagen lassen wollten, es an Vaterlandsliebe und patriotischer Gesinnung fehlen zu lassen. Zumeist aufgewachsen und geprägt vom Kaiserreich, wollten auch sie in der Stunde der Gefahr vor allem gute Deutsche sein.

In der ersten Septemberwoche 1939 predigte ein katholischer Pfarrer in der Gaukirche zu Paderborn über das Christus-Wort »Liebe deinen Nächsten wie dich selbst!«, und E. erfuhr, daß es Nächste gab, die nächster waren als andere Nächste, und daß in Kriegszeiten die Angehörigen des eigenen Volkes die nächsten Nächsten seien.

Vom geistlichen Vertrauensrat der Deutschen Evangelischen Kirche (das waren nicht die »Deutschen Christen«!) wurde am 2. September folgender Aufruf erlassen:

»Seit dem gestrigen Tag steht unser deutsches Volk im Kampf für das Land unserer Väter, damit deutsches Blut zu deutschem Blute heimkehren darf. Die deutsche evangelische Kirche stand immer in treuer Verbundenheit zum Schicksal des deutschen Volkes. . . . Gott helfe uns, daß wir treu gefunden werden, und schenke uns einen Frieden der Gerechtigkeit!«

In der ersten Kriegsbotschaft des Bischofs von Münster, Clemens August Graf von Galen, an seine Geistlichen vom 10. September 1939 heißt es:

»Der Krieg, der 1919 durch einen erzwungenen Gewaltfrieden äußerlich beendet wurde, ist aufs neue ausgebrochen und hat unser Volk und Vaterland in seinen Bann gezogen. Wiederum sind unsere Männer und Jungmänner zum großen Teil zu den Waffen gerufen und stehen im blutigen Kampf oder in ernster Entschlossenheit an den Grenzen auf der Wacht, um das Vaterland zu schirmen und unter Einsatz des

Lebens einen Frieden der Freiheit und der Gerechtigkeit für unser Volk zu erkämpfen . . .«

Der Paderborner Erzbischof Kaspar Klein ermutigte im Februar 1940 seine zum Militärdienst einberufenen Theologen mit folgenden Worten:

»Vorwärts im Namen des Herrn. Wer in einem Krieg pflichtgemäß die Waffen trägt, ist eingefügt in die Pläne des ewigen Weltregierens, ist ein Kind und Werkzeug der Vorsehung, ist ein Knecht des allmächtigen, allweisen und allgütigen Völkerlenkers. Wir dürfen uns den Opfern, die das Vaterland in Kriegszeiten von uns verlangt, nicht entziehen, wir müssen ihm vielmehr in engster Verbundenheit selbstlos, in fester Ausdauer und in heldenhaftem Todesmut dienen.«

Er bittet sie eindringlich, jenes »unheilvolle Mißtrauen« auszuräumen, daß »das katholische Christentum die Vaterlandstreue und Wehrtüchtigkeit schwäche . . .«. So und ähnlich tönte es an vielen Kriegssonntagen von den Kanzeln in E.s Heimatstadt.

Je eindringlicher in solchen Predigten die Aufrufe zu treuer vaterländischer Pflichterfüllung, desto schärfer die Kritik an Verstößen der Regierung gegen das Konkordat. E. hielt diese Kritik für »kleinkariert«, da sie für katholisches Vereinsleben nicht viel übrig hatte. Es beruhigte sie aber, daß es in den »Grundfragen der Nation« offensichtlich keine Diskrepanzen zwischen Kirche und Staat gab.

Die tiefe Niedergeschlagenheit der Erwachsenen bei Kriegsbeginn wurde sehr bald durch Gewöhnung, Zuversicht und die beruhigende Gewißheit abgelöst: »Deutsche Soldaten sind unbesiegbar!« Es war zunächst ja auch alles anders als im Ersten Weltkrieg. Damals war der erste Siegesrausch schnell vergangen. Jetzt waren an allen Fronten deutsche Soldaten unaufhörlich im Vormarsch. Drei Jahre hindurch gab es Blitzkriege und Blitzsiege. Die Fanfare der Sondermeldungen mit dem so wirksam arrangierten triumphalen Thema aus »Les Préludes« von Liszt unterbrach immer häufiger die Rundfunksendungen. Die Glocken der vielen Kirchen in E.s Heimatstadt und in ganz Deutschland läuteten, wenn wieder ein Land »bezwungen« war. Wer siegt nicht gern?

Einmarsch in Warschau – Siegesparade in Paris – Eroberung von Narvik am Polarkreis – von Tobruk in Afrika – deutsche Fallschirmjäger auf Kreta – die deutsche Fahne weht auf dem Kaukasus. Das hatte natürlich Wirkungen; Wirkungen, die der immer falsch gesungenen und daher verbotenen Fassung des Liedes von den »morschen Knochen« entsprach:

»Es zittern die morschen Knochen
der Welt vor dem großen (roten) Krieg,
wir haben den Schrecken gebrochen,
für uns war's ein großer Sieg.
Wir werden weitermarschieren,
wenn alles in Scherben fällt,
den heute gehört (da hört) uns Deutschland
und morgen die ganze Welt!«

Im Herbst 1942 hielten deutsche Truppen ein Gebiet besetzt, das von der Biscaya bis zum Kaspischen Meer, vom Nordkap bis tief in die libysche Wüste reichte.

Da gab es nicht nur Siegesfreude, da gab es auch Machtrausch und neue Lieder, Siegeslieder. Von geschulten Männerchören gesungen, wurden sie den letzten Metern der Wochenschauen unterlegt, wenn lachende deutsche Soldaten mit aufgekrempelten Feldblusenärmeln im Sonnenschein auf fremden Straßen durch fremde Länder marschierten: »Wenn deutsche Soldaten marschieren, dann hält sie kein Teufel mehr auf, dann fallen die Würfel des Krieges, dann flattern die Fahnen des Sieges dem stürmenden

Heere voraus . . . über die Maas, über Schelde und Rhein . . . von Finnland bis zum Schwarzen Meer . . . Panzer rollen in Afrika vor . . . denn wir fahren gegen Engelland.« Aber gesungen haben die Soldaten am Nordkap und in Afrika, am Atlantik und an der Wolga ganz andere Lieder. Lieder von Heimweh und Sehnsucht, Liebe und Verlangen. Da leuchteten die Sterne der Heimat, da klangen die Glocken am fernsten Ort, da wartete die tapfere kleine Soldatenfrau. Sie sangen von den Vöglein im Walde und vom Wiedersehen in der Heimat, in der Heimat, von den Zelten jenseits des Tales und dem kalten Wind im schönen Westerwald, von Annemarie und Rosemarie, Erika, Marianka und Lilli Marleen, vom schönen Polenmädchen, vom Mädel in Wuppertal-Elberfeld und im Schwarzwäldertal. Sie sangen vom Heller und vom Batzen, vom freien Wildbretschützen, vom Tiroler, der jagen wollte, und der schwarzbraunen Haselnuß. Sie sangen vom Traum aller Landser – »Wovon kann der Landser denn schon träumen« – einem kleinen, magischen Stück Papier, dem »schönsten aller Scheine«: »Urlaubsschein, wann wirst du endlich mein, ich möcht so gern einmal nach Hause wieder gehn und meine Liebste wiedersehn.«

Je länger der Krieg andauerte, desto mehr wurden auch von der Unterhaltungsindustrie Trost- und Durchhalteschlager geliefert, von Zarah Leander, Marika Rökk, Heinz Rühmann, Ilse Werner, Wilhelm Strienz, Evelyn Künnecke und vielen anderen gesungen.

Da gab es forsche Weisen, die die Schrecken des Krieges bagatellisierten:

»Und wenn die ganze Erde bebt,
und die Welt sich aus den Angeln hebt:
Das kann doch einen Seemann nicht erschüttern,
keine Angst, keine Angst, Rosmarie.«

»Davon geht die Welt nicht unter, scheint sie auch heute noch grau,
geht's mal drüber und mal drunter, bald ist sie wieder himmelblau.«

»Es geht alles vorüber, es geht alles vorbei,
auf jeden Dezember folgt wieder ein Mai«

mit den späteren Versionen »Im nächsten Dezember gibt's wieder ein Ei« und gegen Kriegsende »auch Adolf Hitler mit seiner Partei«.

Da wurden Träume und Märchen zum Trost angeboten: »Ich weiß, es wird einmal ein Wunder geschehn und dann werden tausend Märchen wahr« –

»Kauf dir einen bunten Luftballon, halt ihn fest in deiner Hand, stell dir vor, du fliegst mit ihm davon in ein fernes Märchenland« – »Sing, Nachtigall, sing, ein Lied aus fernen Zeiten«.

Von Erwin lernte E. in seinem letzten Urlaub einen Schlager über ein kleines bescheidenes Glück, das nur der verstehen kann, der sich noch an das sechs lange Jahre hindurch verdunkelte Land erinnert, in dem jeder zufällig nach außen dringende Lichtstrahl empörtes Gebrüll von Straßenpassanten auslöste: »Licht aus!«

»Wenn die Lichter wieder scheinen
und wir wieder unsern kleinen
Abendbummel durch die hellen Straßen machen,
werden wir singen, werden wir lachen,
heidideldudeldideldum.«

Mädchen und Soldaten

E. gehört einer Generation an, von deren Frauen es heißt: Sie hat im Krieg ihren Mann
. . . verloren. Sie hat ihre Brüder . . . verloren. Sie hat ihren Liebsten . . . verloren. Wie
denn verloren? Man verliert einen Knopf, der nicht fest genug angenäht war, Handschuhe,
die achtlos irgendwo abgelegt wurden. Immer ist Unordnung, Schlamperei, Fahrlässigkeit dabei.
E. hat im Krieg zwei Brüder, sieben Vettern, viele Freunde und Kameraden verloren, weil
sie Uniformen trugen und Soldaten waren. Das hätte sie nicht verhinden können, aber:
Sie wollte es auch nicht verhindern. Ein Mann, der nicht Soldat war, war in ihren Augen
kein richtiger Mann. Über die wenigen jungen Männer, die damals keine Soldatenuni-
form trugen, hat sie hinweggesehen wie über Baumstümpfe.
Als der Krieg ausbrach, war E. 14 und an erwachsenen Männern, ob mit oder ohne
Uniform, noch nicht sonderlich interessiert. Sie war traurig über den Krieg, weil sich das
so gehörte, aber in ihrem Gedächtnis ist auch eine klammheimliche Freude vorhanden,
die sie nicht äußern durfte, weil sie der allgemeinen Stimmung widersprach. Es gab
damals wohl mehr Kinder und Jugendliche, die es heimlich »toll« fanden, daß jetzt eine
»große Zeit« begann, die den langweiligen Alltag mit prickelnder Spannung erfüllte –
eine Zeit der Bewährung, der Tapferkeit und des Heldentums –, aber die Erwachsenen
haben ihnen den Spaß verdorben. Eine merkwürdige Stille lag über dem Land, fast wie
lähmendes Entsetzen, denn der Krieg, der noch keine laufende Nummer trug, lag erst 20
Jahre zurück.
Die Mutter weinte, weil sie an ihre Söhne dachte und an die Hungersnot im letzten Krieg.
Sie sagte: »Hoffentlich geht der Krieg bald zu Ende, ehe die Jungens Soldaten werden
müssen!« und: »Jetzt fängt das schreckliche Hungern wieder an!« Auch E. weinte in den
Septembertagen des Jahres 1939, weil ihr kleiner heißgeliebter Dackel von der Straßen-
bahn überfahren wurde. Die Mutter, der die heimliche Freude der Tochter über den Krieg
nicht entgangen war, reagierte mit ganz ungewohnter Schärfe, fast höhnisch: »Spar dir
deine Tränen. Du wirst sie noch brauchen!«, und die 14jährige dachte: »Typisch Frau.
Die denkt nicht über ihren Kochtopf hinaus. Was weiß die schon von großen Zeiten und
Heldentaten!«
Sie beneidete damals alle Jungen und Männer, die für Deutschland kämpfen und ihr
Leben einsetzen durften. Da war alles klar und einfach. Was in einem Krieg für Mädchen
übrigblieb, war hingegen sehr viel langweiliger, eintöniger und unbestimmter. E., die sich
nach Heldentaten für das Vaterland sehnte, weil auch sie mit dem Mythos von Langemarck aufgewachsen war, verfluchte in jenen Septembertagen einmal mehr die Tatsache,
ein Mädchen zu sein.
Vier Jahre später wählte sie als einzige ihrer Klasse von drei zum Abitur vorgegebenen
Aufsatzthemen den Hölderlin-Spruch: »Eines nur gilt für den Tag: Das Vaterland. Und
des Opfers festlicher Flamme wirft jeder sein Eigenes zu!« Sie wußte dazu viele Seiten
vollzuschreiben.
Ihre erste heimliche Liebe war Jungvolkführer und später Kulturreferent der Hitlerjugend. Er war vielseitig begabt, leitete einen Chor, ein Jugendorchester, eine Spielschar,
ein Puppentheater, entwarf dazu Kostüme und Dekorationen, schrieb Chorsätze und
Liedertexte und verstand es, öffentliche Feierstunden der Hitlerjugend und der Partei
eindrucksvoll zu gestalten. Es störte E. keineswegs, daß er alles andere als »nordisch«
aussah, sondern mit seiner auch im Winter braunen Haut und den dunklen Haaren eher
einem Zigeunerjungen glich. Es störte sie auch nicht, daß er sich ständig mit irgendwel-

chen »Parteibonzen« herumschlug, denn das gehörte in der Führerschaft der Hitlerjugend zum guten Ton.

Einmal führte er mit seiner Spielschar im Bürgervereinssaal von Paderborn das Ritter-schauerdrama »Blut und Liebe« von Martin Luserke auf. Wenige Jahre später waren »Roderich von Löwenklauenstein«, »Dietlein, der Edelknabe«, der »Jude im Burgver-ließ« und die anderen männlichen Darsteller im Krieg »verlorengegangen«. Nur »Won-nebräu, der empfindsame Schreiber« und Spielleiter, überlebte den Krieg, wenn auch nur um 20 Jahre, weil er ein so schweres Nierenleiden hatte, daß er nicht einmal für eine Schreibstubentätigkeit »tauglich« war.

Während manche seiner ehemaligen Jungvolkkameraden im Urlaub auf der Westernstra-ße ihre Achselklappen und Ehrenzeichen zur Schau trugen, besuchte er noch einmal die Schule und machte 1943, im gleichen Jahr wie E., das Abitur. Die 18jährige hegte zwar noch immer freundschaftliche Gefühle für ihn und nahm mit Freude an seinem Chor teil, aber aus dem Repertoire der Männer, in die sie sich hätte verlieben können, war er ausgeschieden. Auch für sie wurde die Rangordnung von Männern längst nach Achsel-klappen und Ehrenzeichen bemessen. Für eine Liebe zu einem »Nichtwehrdiensttaug-lichen« war in jenen Jahren kein Platz in ihrem Herzen.

Die Mädchen vom BDM sangen damals das Lied vom Tiroler, der jagen wollte, keck und ausgelassen mit dem Refrain: ». . . denn ich ha-ab schon einen a-an-de-ern, einen schmucken, schmucken Fliegeroffizier«. E. sang »Panzeroffizier«, weil es davon mehr in Paderborn gab. Obwohl die meisten der singenden Mädchen sich realistisch auch mit niedrigeren Dienstgraden begnügten, war es der Traum vieler, sich einen Offizier zu angeln, denn ein Offizier war damals »das Höchste der Gefühle«.

Auf die böhmische Polka gab es (außer sehr unanständigen Versen) den Text: »Gehn' Se weiter, gehn' Se weiter, Sie sind ja nur Gefreiter. Sie müssen es schon wissen, daß wir nur Leutnants küssen!« E.s Vetter Hubert aus Ostfriesland berichtete einmal, er sei von einem Mädchen, das er zum Tanz aufgefordert hatte, schnippisch abgewiesen worden: »Ich tanze nur mit Määte!« Als er dann Maat (Unteroffizier) bei der Marine geworden war, ging er mit einem schwimmenden Grab, genannt Unterseeboot, irgendwo im Atlantik »verloren«. So war das im Heldenzeitalter!

Nach dem Krieg wurde E. einmal zugetragen, daß manche Soldaten sich zu »Himmel-fahrtskommandos« gemeldet hätten, um mit Achselklappen oder einem Eisernen Kreuz bei Mädchen Eindruck zu machen. Da ist ihr klargeworden, daß die »Spinner« auf dem Heldengedenkstein in Hamburg auch von ihr in Marsch gesetzt worden sind, daß sie nichts dazu getan hat, um ihnen da herauszuhelfen. Und das ist kein Spaß.

Während des Dritten Reiches wurde der Heldengedenktag vom trüben November in den erwachenden Frühling verlegt, der Soldatentod mit Bildern von Aussaat und Ernte als naturnotwendiges »Stirb und werde« in den Kreislauf des Lebens eingefügt und die menschliche Sehnsucht nach Unsterblichkeit in das »ewige Deutschland« projiziert.

In vielen Gedichten, Sprüchen und Liedern erschien das Vaterland als eine Art unersätt-licher Moloch, dem ständig frisches, junges Blut freiwillig und freudig geopfert wurde, wie z. B. in Hölderlins »Die Schlacht«, die damals in allen Lesebüchern für Oberschulen abgedruckt war:

> ». . . Lebe droben, o Vaterland,
> Und zähle nicht die Toten! Dir ist
> Liebes, nicht einer zuviel gefallen!«

Hans Baumann hatte die rüden Töne seiner »morschen Knochen« durch edle Texte wie folgende abgelöst:

»Deutschland, sieh uns, wir weihen
Dir den Tod als kleinste Tat,
Grüßt er einst unsere Reihen,
Werden wir die große Saat.
Denn mögen wir auch fallen.
Wie ein Dom steht unser Staat.
Ein Volk hat hundert Ernten
Und geht hundertmal zur Saat.«

Fast auf jeder nationalen Feierstunde wurde das »Heilig Vaterland« von Rudolf Alexander Schröder aus dem Jahre 1914 gesungen:

»Heilig Vaterland! In Gefahren
deine Söhne sich um dich scharen.
Von Gefahr umringt, heilig Vaterland,
alle stehen wir Hand in Hand.
Bei den Sternen steht, was wir schwören.
Der die Sterne lenkt, wird uns hören.
Eh der Fremde dir deine Krone raubt,
Deutschland, fallen wir Haupt bei Haupt.
Heilig Vaterland, heb zur Stunde
kühn dein Angesicht in die Runde.
Sieh uns all entbrannt, Sohn bei Söhnen stehn.
Du sollst bleiben, Land, wir vergehn.«

1948 erhielt Rudolf Alexander Schröder den ehrenvollen Auftrag, für die neugegründete Bundesrepublik Deutschland eine Nationalhymne zu schaffen, und E., die sich damals gerade in einer Lehrerausbildung befand, mußte drei lange Strophen über das »Land des Glaubens, der Hoffnung und der Liebe« auswendig lernen, um sie später an Schulkinder weitergeben zu können. Sie erinnert sich nur noch an die letzte Zeile: »Schling um uns dein Friedensband, Land der Liebe, Vaterland.«

Aber dann entschied sich der erste Bundeskanzler der Bundesrepublik Deutschland für die dritte Strophe des Deutschlandliedes, was wohl nicht nur bei E. noch lange den merkwürdigen Drang auslöste, am Schluß der Haydn-Hymne den rechten Arm hochzuschnellen, weil das zwölf Jahre hindurch direkt anschließende Horst-Wessel-Lied mit dem »deutschen Gruß« gesungen wurde.

Von der Hitlerjugend-Generation heißt es, sie sei zu Gewalt und Aggressivität erzogen worden. E. hat eher den Eindruck, daß ihre Generation zu bedingungsloser Liebe und Opferbereitschaft gegenüber dem eigenen Volk, dem eigenen Land erzogen worden ist. Zu diesem Dienst an der Gemeinschaft des Volkes gehörte in Kriegszeiten, als letzte und höchste Konsequenz, der Einsatz des eigenen Lebens, aber nicht das »unbändige Verlangen, getötet zu werden«, wie es ihr von Nachgeborenen oft unterstellt wird. Wer von den jungen Soldaten, die in den Krieg gezogen sind, wollte denn sterben? Der Tod war einbezogen, man mußte mit ihm rechnen, aber man rechnete nicht mit ihm, obwohl er in den Liedern der Hitlerjugend immer dabei war. Niemals ist darin vom Töten und nur selten vom Siegen die Rede. Wenn man hingegen die Worte »Tod« und »sterben« rot unterstreicht, gleichen manche Seiten ungenügend bewerteten Schulaufsätzen. Bei den Mädchen sieht die entsprechende Bilanz positiver aus. Im Liederbuch des BDM »Wir Mädel singen« überwiegen schöne alte Volkslieder, trotzdem ist auch hier in den sogenannten »Bekenntnisliedern« das Thema »Sterben für das Vaterland« erschreckend häufig vertreten.

Wenn man diesen Liedern Glauben schenkte, waren die Toten allerdings nicht richtig tot, sondern marschierten als unsichtbare Armee noch immer hinter der Fahne, so beispielsweise im Horst-Wessel-Lied, das die Achtjährige im Jahre 1933 als neue Nationalhymne lernte und bei dem es ihr lange nicht klar war, wer hier eigentlich wen erschossen hatte: ».. . Kam'raden, die Rotfront und Reaktion erschossen, marschiern im Geist in uns'ren Reihen mit«. Der Refrain des ersten Liedes, das sie zwei Jahre später im Jungmädelbund lernte, lautete: »Und vor uns marschieren mit sturmzerfetzten Fahnen / die toten Helden der jungen Nation / und über uns die Heldenahnen. / Deutschland, Vaterland wir kommen schon«. Auch in dem fast pazifistisch klingenden Baumann-Lied: »Wir treten ohne Gewehre an, marschieren ohne Waffen« heißt es: »Die Toten gehn bei der Fahne mit, sie sind zum Appell gekommen.«

Millionen deutscher Mädchen haben während des Dritten Reiches Lieder vom Sterben gesungen, obwohl sie persönlich für den Heldentod gar nicht in Frage kamen. Sie sollten sich damit abfinden, daß Männer ihr Leben für das Vaterland einsetzen müssen und auch verlieren können.

Im März 1942 wurde E. dazu ausersehen, auf der Schulfeier zum Heldengedenktag ein Gedicht von Rudolf G. Binding aus dem Jahre 1927 aufzusagen. Die Lehrerin, die es ausgesucht hatte, war ein Fräulein aus dem Ersten Weltkrieg. Das Gedicht hieß »Beweinung« und war in einem raunenden Edda-Schicksalston abgefaßt:

> »Es weinten Mütter,
> daß starben die Männer,
> daß starben die Söhne.
> Einst trugen den Keim sie,
> hegten die Blüte –
> nun müssen sie weinen
> der fallenden Frucht.
> Weint nicht, ihr Mütter,
> Früchte fallen im Wind
> oder der Schnitter tritt hinzu
> und schneidet sie ab.
> Die Ernte
> hat das Geschick
> nicht in die Kraft
> des Baumes gelegt.
> Weint nicht, ihr Mütter
> fallender Söhne.
> Was wären Siege
> ohne den Tod von Helden?
> Da ihr sie unter dem Herzen getragen,
> habt ihr nicht manche selber gebetet:
> ›Laß mich, mein Schoß,
> Helden gebären!‹
> Da standet ihr selber
> heimlich im Bund gegen sie mit dem Tod.
> Weint nicht, ihr Mütter.
> Immer verliert ihr.
> Helden fallen
> und Söhne gehen von Müttern.

Das sind alles
einfache Gesetze,
einfache Rechte,
Atem und Lidschlag
ungeheuren Geschehens.«

Heute packt E. die kalte Wut bei diesem Gedicht. Damals, mit 17 Jahren, konnte sie es
gut aufsagen, weil auch in ihrem Lebensplan die Geburt von Helden – oder wenn nicht
von Helden, so doch von Söhnen – vorgesehen war. Nur keine Mädchen, denn Mädchen
waren vom »eigentlichen« Leben ausgeschlossen, und sie legte keinen Wert darauf, das
eigene Unglück weiter zu vererben.

Zwei Monate später war es mit der erhabenen Trauer über den Tod von Helden vorbei,
als die »Ernte« nicht mehr nur Unbekannte betraf, sondern der eigenen Familie abgefor-
dert wurde. Die Auseinandersetzung mit der Mutter um die Formulierung der Todesan-
zeige für den so sehr geliebten Bruder Günther spiegelt den verzweifelten Versuch der
17jährigen wider, sich mit seinem Tod abzufinden:

»Für Führer, Volk und Vaterland . . .«, von dieser Floskel unter den Eisernen Kreuzen
der kleinen Gefallenenanzeigen, die manchmal eine ganze Seite des »Westfälischen
Volksblattes« füllten, wurde zwar der Führer in Paderborn häufig ausgelassen, Volk und
Vaterland waren jedoch immer dabei, und die Mutter erhob keinen Einspruch.

Darunter wollte E. setzen: »Was auch immer er hätte werden können, etwas Größeres
hätte er nicht erreicht!« Auch da stimmte die Mutter noch zu, wenngleich zögernd und
mit Bedenken. Aber als es um die »stolze Trauer« ging – »In stolzer Trauer« –, protestierte
sie mit einem wilden Aufschrei des Schmerzes: »Nein, das nicht. Das kommt nicht in
Frage. Auf keinen Fall!«

E. kämpfte nicht um diese Formulierung, denn auch ihr war nach allem anderen als nach
»stolzer Trauer« zumute. Und weil der Schmerz so unermeßlich war, einigten sie sich
darauf, daß überhaupt nichts von Trauer darunterstehen sollte. So lautete die Anzeige:

»Für Führer, Volk und Vaterland
fiel am 6. Mai 1942 unser guter Sohn und Bruder
SS-Sturmmann
Günther Peters
Inhaber EK 1. und 2. Klasse
und des Verwundeten-Abzeichens.
Nachdem er den Westfeldzug und
den russischen Winter überstanden
hatte, starb er am Ilmensee den
Heldentod im fast vollendeten
21. Lebensjahre.
Hans Peters, Studienrat und
Frau Aenne, geb. Determeyer
Erwin Peters, z. Zt. im Felde
Eva Peters
Paderborn, den 24. Mai 1942«

Der Spruch war wegen Platzmangels gestrichen worden.

Bruder Erwin hatte es zur Flak (Fugabwehr) verschlagen. Lange Zeit lag er in Belgien
und ballerte – erfolglos – in die Luft, um feindliche Bomberverbände vom Anflug auf
das Reichsgebiet abzuhalten. Das war ein relativ ungefährlicher Posten, mit dem er den
Krieg hätte überleben können.

Nach dem Tod des Bruders bekam er Sonderurlaub und fragte die Mutter: »Weinst du denn um mich auch so wie um Günther?« Auf der Westernstraße traf er ehemalige Klassenkameraden und Freunde, die auf Kreta und im Kaukasus, bei Tobruk und vor Stalingrad kämpften. Da vertraute er seiner Schwester an, daß er sich freiwillig zu den Fallschirmjägern gemeldet habe, und murmelte irgend etwas von »sich Günther würdig erweisen wollen«. E. sagte nicht: »Halt dich da raus. Denk doch an Vater und Mutter!« und schon gar nicht: »Versuch, dich zu drücken!« Sie sagte auch nicht: »Ich bin stolz auf dich!«, aber sie sagte leise und ohne ihn anzusehen: »Ich verstehe dich!« Das hat sie gesagt – schweren Herzens –, aber das hat sie gesagt. Verdammt noch mal, ja, das hat sie gesagt, weil sie es ja auch verstanden hat – damals, als es »um Deutschland« ging. Da ist ihr auch dieser Bruder verlorengegangen. Er fiel mit 21 Jahren, im Juli 1944, südlich von Florenz in der Toskana.

In den fünfziger Jahren war E. Volksschullehrerin in Hamburg. Als sie eines Tages mit ihrer 9. Mädchenklasse von einem Ausflug zurückkehrte, begegnete ihnen in der Fischbeker Heide ein Zug Soldaten der gerade neu aufgestellten Bundeswehr. Die 15jährigen blieben wie angewurzelt stehen und betrachteten die jungen Männer, die singend vorbeimarschierten:

»Graue Kolonnen zieh'n in der Sonnen
müde durch Heide und Sand.
Neben der Straßen blühen im Rasen
Blumen am Wegesrand.
Blumen am Wege, wie blüht ihr so schön!
Aber wir dürfen ja stille nicht stehn,
wenn wir marschieren in Feindesland.«

Als der Zug hinter Birken und Kiefern verschwunden war und nur noch verwehter Gesang und ein Geruch nach neuen Uniformen, gewichstem Lederzeug, Kernseife und Schweiß in der Luft lag, sagte eine Schülerin mit leuchtenden Augen: »Ach, Frau Peters, das finde ich toll. So in Uniformen!« Die Lehrerin kam sich plötzlich uralt vor und murmelte: »Ja, ja, das fand ich auch mal, als ich so jung war wie du!«

An diesem Abend suchte sie nach Texten gegen den Krieg, die inzwischen schon wieder aus den Lesebüchern verschwunden waren, suchte vor allem nach solchen, die sich an Mädchen und Mütter wandten: »General! General! Wag es nur nicht noch einmal!« – »Mutter, wozu hast du deinen aufgezogen . . . für den Graben, Mutter, für den Graben!« – »Und als der nächste Krieg begann, da sagten die Frauen: Nein! Und schlossen Brüder, Sohn und Mann fest in der Wohnung ein!« – »Du, Mädchen, hinterm Ladentisch und Mädchen im Büro. Wenn sie dir morgen befehlen, du sollst Granaten füllen und Zielfernrohre für Scharfschützengewehre montieren, dann gibt es nur eins: Sag NEIN . . .«

Ohne Rücksicht auf den Lehrplan füllte sie damit die Deutsch- und Geschichtsstunden der folgenden Wochen. Die Mädchen nahmen es hin, ohne nach dem Grund zu fragen, und manche wurden sehr nachdenklich. E. hofft, daß einiges davon hängengeblieben ist bei Rosi und Heidrun, Maleen, Sigrid, Monika, Karin, Renate und den übrigen, die mitten im Krieg geboren wurden und von denen viele ihre Väter »verloren« hatten.

Drill und Ehre

Heimkehrer aus dem Zweiten Weltkrieg beharren auf dem Trennungsstrich zwischen Militär und Politik, zwischen ehrlich und sauber kämpfender Truppe und den verbrecherischen Handlungen der NS-Regierung und ihrer Helfershelfer. Eine Million Soldaten der Waffen-SS fühlen sich zu Unrecht als »verbrecherische Organisation« diskriminiert, da sie mit den aus Polizeieinheiten zusammengesetzten Mordkommandos der »Einsatzgruppen« und den 45 000 durch nominelle Einbeziehung zur Waffen-SS vom Wehrdienst freigestellten Wachmannschaften der Konzentrationslager in einen Topf geworfen werden.

Als vor einigen Jahren der Nichtmehrkriegsteilnehmer und Bundestagsabgeordnete Norbert Blüm nüchtern die schreckliche Gleichung aufstellte, daß die Todesfabriken in den Vernichtungslagern hinter der Front nur so lange ungestört funktionieren konnten, wie die Front hielt, ging ein Aufschrei der Empörung durch das Land, und er mußte versichern, daß er damit keineswegs die Ehre der deutschen Soldaten habe in Frage stellen wollen.

Jene für die deutschen Armeen und Divisionen des Zweiten Weltkrieges so leidenschaftlich reklamierte Ehre der deutschen Soldaten bezieht sich auf den aktiven militärischen Einsatz, den E. nicht beurteilen kann. Wie inzwischen bekannt wurde, forderten die personell schwach besetzten Mordkommandos der Einsatzgruppen gelegentlich Truppenteile zur Hilfe bei Durchkämmungsaktionen oder zur Absperrung von Erschießungsstätten an, wie z. B. bei der Ermordung von 33 000 Juden aus Kiew in der Schlucht von Babi Jar. Armeebefehlshaber veranlaßten die Kennzeichnung der Juden und die Registrierung ihrer Wohnsitze, so daß sie nur noch »eingesammelt« zu werden brauchten, und es gibt Dokumente, die »das ganz ausgezeichnete Einverständnis von Einsatzgruppen und Wehrmachtsdienststellen« bestätigen.

E. kannte nur Soldaten und Offiziere der kämpfenden Truppe, denen in vorderster Frontlinie »die Kugeln um die Ohren flogen« und von denen die meisten gefallen sind. Armeebefehlshaber und Stabsoffiziere sowie Angehörige ziviler und militärischer Verwaltungs- und Wehrmachtsdienststellen im Hinterland, die für die Kriegsgefangenenlager, die Aushebung von Zwangsarbeitern, den Nachschub und wohl auch für die oben genannten Hilfsaktionen verantwortlich waren, gehörten nicht zu ihrem Bekanntenkreis.

E. glaubt den überlebenden Freunden von damals, daß ihnen die Verbrechen an Kommissaren, Juden, Kriegsgefangenen und Zivilisten im Hinterland unbekannt geblieben sind. Im übrigen fühlt sie sich nicht kompetent, diese Frage zu beurteilen. Ihre Erfahrungen mit der Ehre der deutschen Soldaten beziehen sich auf einen ganz anderen Bereich. Da sie in einer Garnisonsstadt aufgewachsen ist, erfreute sich ihr Elternhaus den ganzen Krieg über eines regen Besucherverkehrs von Soldaten, die es zur Grundausbildung oder zu einem Lehrgang in eine der vielen Kasernen Paderborns oder des nahe gelegenen Truppenübungsplatzes Sennelager verschlagen hatte.

Sie tauchten irgendwann unter Berufung auf oft recht entfernte Verwandtschafts- und Bekanntschaftsverhältnisse auf, wurden freundlich eingelassen, mit den Erzeugnissen der mütterlichen Kochkunst bewirtet und genossen für einige Stunden die private Atmosphäre im »Soldatenheim Peters«, das sich mehr und mehr zu einer Anlaufstelle für lautstarke Empörung, zähneknirschende Erbitterung, ohnmächtige Wut, manchmal auch Angst und Verzweiflung entwickelte ob der Methoden, mit denen aus Rekruten »brauchbare Soldaten« gemacht wurden.

Besonders eindrucksvoll ist E. ein Arnold aus dem Rheinland in Erinnerung, der zunächst einige Minuten mit hochrotem Kopf und geballten Fäusten durch die Wohnung rannte und viele Male brüllte: »Isch hannene Wut! Isch hannene Wut!«, ehe er in der Lage war, den Anlaß seiner Wut zu schildern.

Die Kampfkraft der deutschen Wehrmacht, die ihr so lange den Nimbus der Unbesiegbarkeit einbrachte, beruhte nämlich keineswegs nur auf jenem »Deutschland muß leben und wenn wir sterben müssen«, denn mit dem Mythos von Langemarck läßt sich kein moderner Krieg führen. Die jungen Wehrpflichtigen wurden nicht nur gründlich, »von der Pike auf«, in das Kriegshandwerk eingewiesen, sondern darüber hinaus hart und konsequent, systematisch und gnadenlos zu bedingungslos gehorchenden Befehlsempfängern »geschliffen«.

E. sah ein, daß Drill bei der Ausbildung von Soldaten unumgänglich war, daß zum Beispiel die perfekte Handhabung von Waffen, aber auch das Sich-fallen-Lassen bzw. In-Deckung-Gehen »bis zur Bewußtlosigkeit« geübt werden mußte, um jene automatische Reaktionsfähigkeit zu erzeugen, die in einem konventionellen Krieg nicht nur effektiv, sondern auch lebensrettend ist. Aber viele Geschichten und Berichte der jungen Rekruten hatten mit einsehbarem Drill nicht das geringste zu tun, um so mehr mit sadistischem, perversem Machtmißbrauch.

Vor einigen Jahren sah E. den Film »Ein Tag«, in dem ein einziger »normaler« Arbeitstag in einem »normalen« deutschen Konzentrationslager der dreißiger Jahre dargestellt wird. Beim Ansehen dieses Films drängte sich ihr ständig der Gedanke auf: »Das kennst du doch! Das hast du doch alles schon mal gehört!«, und sie erinnerte sich an jene 40 Jahre zuvor gehörten Berichte junger Rekruten im »Soldatenheim Peters«, denn die geschilderten Methoden physischer und psychischer Folter wiesen, bis in die Wortwahl hinein, erschreckende Parallelen auf.

Es liegt E. fern, die Zustände in einem deutschen Konzentrationslager auf ein »Auch-nicht-schlimmer-als-beim-Barras« hin zu bagatellisieren. Kein deutscher Soldat durfte von einem Vorgesetzten angefaßt oder gar mißhandelt werden, kein Strafexerzieren die Gesundheit der Rekruten schädigen, keine »Sonderauflagen« ihre körperliche Unversehrtheit angreifen, die im Fronteinsatz dringend gebraucht wurde. Niemand durfte »zum Spaß« auf der Flucht erschossen werden, wie einzelne Häftlinge in dem Film, aber in manchen Szenen waren Unterschiede kaum auszumachen. So zwang z. B. ein sadistischer KZ-Wärter die seiner Macht Ausgesetzten zum sogenannten »Froschhüpfen« mit vorgehaltenem Stock quer über den Appellplatz bis zur totalen Erschöpfung. Dem entsprach in Berichten der Soldaten das gleiche mit »Gewehr in Vorhalte«. Latrinenreinigen mit einer Zahnbürste unter Absingen des Liedes »So ein Tag, so wunderschön wie heute . . .« wurde in der Wehrmacht, bei gleichen oder ähnlich schikanösen Auflagen, nur unerheblich durch den Gesang variiert: »Es ist so schön, Soldat zu sein.« Öffentliche Beschimpfungen und Rituale der Bosheit, die einzig und allein zu dem Zweck ausgedacht schienen, nicht nur die persönliche Ehre des Häftlings, sondern auch die seiner Familie in den Schmutz zu ziehen, ihn zu demütigen, zu beleidigen, zu erniedrigen, ihm jedes Gefühl für Würde und Selbstachtung auszutreiben und ihn zu einem willenlosen, vor der Macht des brüllenden Kommandoführers zitternden »Würstchen« zu machen – all das unterschied sich von manchen der E. berichteten Einzelheiten aus dem Kasernenalltag nur graduell, aber nicht prinzipiell.

Es gab in der deutschen Wehrmacht Feldwebel, die ihrer Führungsaufgabe als »Mutter der Kompanie« voll gerecht wurden, Offiziere, die aufgrund ihrer Persönlichkeit geachtet und verehrt wurden, es gab unmißverständliche Verbote von Schikanen, sinnloser

Schleiferei, persönlichen Beleidigungen und gezielten Erniedrigungen von Untergebenen, aber sie wurden offenbar so häufig übertreten, daß E. schon damals nicht an bedauerliche Einzelfälle glaubte. Da gibt es wohl auch Traditionen, die bis in die Bundeswehr hineinreichen und im übrigen in allen Armeen der Welt zu finden sind. E.s Brüder hatten es besonders schwer, sich an diese Methoden zu gewöhnen, da ihre Würde und Selbstachtung im Elternhaus niemals in Frage gestellt, bedingungsloser Gehorsam (»weil ich es dir sage«) ihnen niemals abverlangt worden war. Günther geriet im Arbeitsdienst an einen im Zivilleben gescheiterten Truppführer, der seine gesellschaftlichen Ressentiments vorzugsweise gegenüber Abiturienten austobte. Erwin kam wenige Wochen, nachdem er eingezogen worden war, in den »Bau«, weil er angeblich sein Gewehr nicht ordnungsgemäß gepflegt hatte. E. kann das nicht recht glauben, da dieser Bruder sich – ganz im Gegensatz zu seinen Geschwistern – seit früher Kindheit geradezu als ein Ausbund von Ordnung, Zuverlässigkeit und Genauigkeit bis hin zur Pedanterie erwiesen hatte. Sie glaubt eher daran, daß es ihm gerade deswegen nicht gelang, jene für einen Rekruten überlebenswichtige Verhaltensweise zu entwickeln, die da heißt: »Nur nicht auffallen!«

Üble Schleifermethoden beschränkten sich meist auf die Grundausbildung und wurden durch Fronteinsatz oder Beförderung gegenstandslos. Die ihnen zeitweise Ausgesetzten entwickelten notgedrungen das »dicke Fell« eines »alten Hasen«, den »nichts mehr erschüttern kann«.

Manche der ehemals »Erniedrigten und Beleidigten« gaben die erlittenen Demütigungen später an Untergebene weiter, andere verdrängten sie erstaunlich schnell oder rechtfertigten sie sogar rückblickend als notwendiges Durchgangsstadium der Erziehung zum guten Soldaten, das ihnen »nichts geschadet habe« – aber das behaupten auch alle in ihrer Kindheit geprügelten Erwachsenen.

Die Aussteigerin

Als E. sich im April 1944, zusammen mit ihrer Freundin und Klassenkameradin Halja, an der Friedrich-Schiller-Universität in Jena immatrikulierte, hatte sich das »Kriegsglück« längst gewendet. In den Wehrmachtsberichten häuften sich »Frontbegradigungen«, »geordnete Rückzüge in vorbereitete Auffangstellungen«, »strategische Umgruppierungen« und »neue Verteidigungslinien«. Es war jedem klar, daß es sich um kaschierte Niederlagen handelte, für die die Landserparole galt: »Vorwärts, Kameraden! Wir müssen zurück!« Zu Beginn des Sommersemesters waren die Ölfelder im Kaukasus und der Kuban-Brückenkopf längst verlorengegangen, hatten sowjetische Truppen die Ukraine und die Halbinsel Krim zurückerobert. Am 6. Juni landeten alliierte Truppen in der Normandie. Am Ende des Semesters war auch Weißrußland von der vorrückenden Roten Armee befreit worden. Am 28. Juli überschritten sowjetische Soldaten den Bug und eroberten nach drei Jahren die Festung Brest zurück.

Im Sommersemester 1944 lag der Anteil der weiblichen Studenten an deutschen Universitäten bei 55 Prozent. Da der Prozentsatz von Studentinnen an technischen Hochschulen weit geringer war, gab es in den Seminaren und Vorlesungen der von E. gewählten Studienfächer Germanistik, Geschichte und Biologie ganze Hörsäle voller Studentinnen, unter denen Kriegsversehrte und vereinzelte schwer körperbehinderte und daher nicht wehrdiensttaugliche Studenten eine kaum wahrnehmbare Minderheit ausmachten. E. erinnert sich an einen ständig von seiner Frau begleiteten Kriegsblinden, einen Buckligen, einen Kleinwüchsigen und einen wegen einer doppelten Hüftluxation mühsam an zwei Stöcken gehenden Kommilitonen. Nur in zwei Massenvorlesungen, die einen Überblick über das Gesamtgebiet der Botanik bzw. der Zoologie boten, überwogen Studenten in Uniform, weil diese Veranstaltungen zum Pflichtprogramm der zum Studium freigestellten Mediziner gehörten.

Im Sommer 1944 war E. 19. An den Gedanken, daß jetzt und in diesem Augenblick irgendwo auf den Schlachtfeldern deutsche Soldaten – Brüder, Freunde, Kameraden – kämpften und starben, hatte sie sich seit ihrem 14. Lebensjahr gewöhnt. Der Krieg war zu einem Normalzustand geworden. Die Zeit, in der sie als Jungmädelführerin politisch tätig gewesen war, lag weit zurück. Das Leben lag vor ihr und war noch immer verheißungsvoll.

Wenn E. an diesen Sommer zurückdenkt, an Ausflüge mit Kommilitoninnen in den Thüringer Wald, zu den Burgen »an der Saale hellem Strand« und den Schlachtfeldern von Jena und Auerstedt, an vorgeschichtliche Exkursionen, botanische und ornithologische Wanderungen, so ist es ihr noch heute unerklärlich, wie es ihr gelingen konnte, aus Politik und Zeitgeschichte – wenn auch nur für wenige Monate – auszusteigen. Dieser Ausstieg war sogar – wenn auch in einem anderen Sinne – von der Studienanfängerin vorgeplant. Sie wollte sich nämlich – neben ihren Studienfächern – intensiv, ernsthaft und unbeeinflußt vom aktuellen Tagesgeschehen mit den Wurzeln der »nationalsozialistischen Weltanschauung« befassen. Darunter stellte sie sich ein geschlossenes, alle gesellschaftlichen Phänomene zureichend erklärendes philosophisches System vor.

Eine rein gefühlsmäßige Übereinstimmung mit dem Nationalsozialismus mochte in Kindheit und Jugend gereicht haben, schien ihr aber dem geistigen Niveau einer Studentin nicht angemessen. Es galt, sich in harter geistiger Arbeit mit dem begrifflichen Kern dieser Philosophie auseinanderzusetzen und ihre Konsequenzen in allen Lebensbereichen aufzuspüren, um nicht nur bewußter danach leben und handeln, sondern sie gegebenenfalls auch überzeugender vertreten zu können.

Rückblickend stellt E. fest, daß ihre damaligen Bedürfnisse vielleicht noch am ehesten – wenn auch unter anderem Vorzeichen – vom monokausalen Weltbild des dialektischen Materialismus hätten eingelöst werden können.

Es enttäuschte, ja befremdete die Studienanfängerin, daß im gesamten philosophischen Angebot der Universität nirgends eine »Einführung in den Nationalsozialismus« verzeichnet war, nicht einmal »Ausgewählte Kapitel der nationalsozialistischen Weltanschauung«. Statt dessen befaßten sich Professoren, von denen viele, wenn auch keineswegs alle, das Parteiabzeichen trugen, mit philosophischen Systemen der Antike, des Mittelalters und der Goethezeit. So nahm die frischgebackene Studentin damit vorlieb und beschäftigte sich außerdem mit Zellvermehrungs- und Gewebedifferenzierungsprozessen bei der Keimblattentfaltung, den naturphilosophischen Theorien des Neovitalismus, der Geschichte der Hanse im Mittelalter, ließ sich in Literatur, Musik und Malerei der Romantik einführen – unauslöschlich davon im Gedächtnis geblieben die »Herzensergießungen eines kunstliebenden Klosterbruders«, weil sie dem Zeitgeschehen so absolut widersprachen –, orientierte sich anhand der Lektüre des »Hartmann von Aue« über mittelhochdeutsche Lautverschiebungen und genoß die zeitlose unpolitische Atmosphäre der »reinen« Wissenschaft.

Nur ganz selten bekamen die Bildungserlebnisse in den Seminaren und Vorlesungen eine merkwürdige Unwirklichkeit. Manchmal nistete irgendwo im Hintergrund des Hörsaals, der Bibliothek, der Mensa die Angst vor einem drohenden Weltuntergang, über den hinauszudenken sie sich verbot, weil dann »sowieso alles aus war«.

Der Rückzug ins Privatleben und in eine von privaten Interessen bestimmte Bildungs-idylle wurde nur durch Feldpostbriefe und den Besuch eines Fronturlaubers sowie die Meldung von der Invasion in der Normandie unterbrochen. Noch war E. fest davon überzeugt, daß die sowjetischen Truppen spätestens an der deutschen Grenze vernichtend zurückgeschlagen und die Invasionstruppen im Westen niemals deutschen Boden betreten würden, eine Gewißheit, die sich auch zu bestätigen schien, denn die Weichsel-Front hielt noch für etwa sechs Monate. Belgien, Holland, Dänemark, Norwegen sowie weite Teile Frankreichs, Italiens und des Balkans waren noch immer von deutschen Soldaten besetzt.

Das Attentat vom 20. Juli 1944 holte die Aussteigerin jäh in die Wirklichkeit zurück. Mitleid mit dem Führer, »dem auch nichts erspart blieb, nicht einmal der Verrat aus den Reihen seiner eigenen Offiziere«, trat zunächst in den Hintergrund gegenüber dem Gefühl, einer schrecklichen Gefahr entronnen zu sein. Niemals zuvor schien ihr der noch immer geliebte und verehrte Führer unersetzlicher als zu diesem Zeitpunkt, denn, so glaubte sie, wenn es überhaupt noch einen Ausweg aus diesen schweren Zeiten gab, so war er nur von ihm zu erwarten.

Auf dem Marktplatz von Jena fand eine große Kundgebung des NS-Studentenbundes statt. E. hatte nur eine einzige Veranstaltung dieser Organisation besucht, um sich einzuschreiben und damit das Recht zu erhalten, das rhombenförmige Abzeichen mit dem bis an den Rand durchgezogenen Hakenkreuz zu tragen, weil sich damit jederzeit kundtun ließ: »Ich bin eine Studentin.« In Wehrmachtsuniform und Zivil trugen Studen-ten an diesem Abend die rot-weiß-rot gestreiften Fahnen der Hitlerjugend. E. reihte sich ein und beschloß, »Farbe zu bekennen« und in die NSDAP einzutreten.

Die vom SD und anderen NS-Dienststellen gesammelten, nach dem Krieg veröffentlich-ten »Stimmungsberichte« aus der Bevölkerung verzeichnen, daß das Attentat auf »nahezu einhellige« Ablehnung gestoßen sei und sogar eine Vertiefung der »Bindung an den Führer« bewirkt habe. Tatsächlich gab es noch einmal eine letzte große Solidarisie-rungswelle mit dem Manne, dem sich das deutsche Volk auf Gedeih und Verderb ausgeliefert hatte, eine Solidarisierung für die Verteidigung von Volk, Heimat und Vaterland, für den Endkampf um Sein oder Nichtsein, Leben oder Tod. Die Kirchen veranstalteten feierliche Gottesdienste für die Errettung des Führers und dankten der göttlichen Vorsehung, daß er dem »verbrecherischen Anschlag auf sein Leben« glücklich entronnen war.

In den ersten Augusttagen erreichte E. die Nachricht, daß auch ihr zweiter Bruder Erwin gefallen war. Obwohl inzwischen zum Kriegshilfsdienst in der Jenaer Glasfabrik Schott verpflichtet, durfte sie in ihre Heimatstadt zurückkehren, wo sie bis Kriegsende als Straßenbahnschaffnerin eingesetzt wurde. Da sie ihren Entschluß vom 20. Juli nicht vergessen hatte und sich die Kreisleitung der NSDAP im Nebenhaus befand, holte sie sich ein Antragsformular, schrieb einen entsprechenden Lebenslauf, besorgte sich bei Leni, einer früheren JM-Untergauführerin, eine Bestätigung ihrer Tätigkeit als JM-Führerin, ließ sich von Dr. B., einem Kollegen und Freund des Vaters und ehemaligen Ortsgruppenleiter, ihre »astreine« NS-Gesinnung bestätigen und schickte alles zusam-men mit zwei Fotos an die Gauleitung nach Münster (oder war es Dortmund?) – ohne jemals eine Antwort, geschweige denn eine Bestätigung ihrer »Anwartschaft als Partei-mitglied« zu erhalten.

Das hinderte sie nicht daran, sich in den letzten Monaten des Krieges gelegentlich ein Parteiabzeichen anzustecken, obwohl »normalerweise« (d. h. bei Weiterbestehen des Dritten Reiches) die Vollmitgliedschaft erst am 20. April 1945 wirksam geworden wäre.

An diesem Datum war ihre Heimatstadt bzw. das, was von ihr übriggeblieben war, bereits seit drei Wochen von den Amerikanern besetzt.

Warum hat sie nicht zwei Jahre zuvor, mit vollendetem 18. Lebensjahr, »Farbe bekannt«? Damals erschien ihr ein öffentliches Zurschautragen des politischen Standpunktes unwichtig und überflüssig, da es schließlich auf die »Gesinnung« ankam. Abgesehen davon hatte sie der Anblick eines Parteiabzeichens auf einer Frauenbrust immer etwas peinlich berührt. Jetzt war das anders.

Es kotzte sie an, daß Parteimitglieder, die 1933 nicht schnell genug auf den fahrenden Zug hatten aufspringen können, um durch einen Parteieintritt ihre Karriere zu beschleunigen, sich nun vorsichtig distanzierten und von dem immer schneller in die Katastrophe rasenden Zug abzuspringen versuchten.

Diese kläglichen Manöver weckten andererseits die Hoffnung, daß sich nun die Spreu vom Weizen scheiden und die Partei endlich zu dem würde, was sie nach E.s Vorstellungen immer schon hätte sein müssen: eine klare, saubere Elitepartei. Jetzt, wo es darauf ankam, wollte sie zu denen gehören, die guten Gewissens von sich behaupten konnten:

»Wenn alle untreu werden, so bleiben wir doch treu . . .

Wir woll'n den Eid nicht brechen, nicht Buben werden gleich.

Woll'n predigen und sprechen vom heil'gen Deutschen Reich!«

Wie auch immer sich das Schicksal Deutschlands entwickeln würde, die Idee würde nicht sterben, die Idee der Volksgemeinschaft, die Idee des Rütlischwurs: »Wir wollen sein ein einzig Volk von Brüdern, in keiner Not uns trennen und Gefahr.« Daran glaubte sie so fest, wie sie an das »ewige Deutschland« glaubte.

Im Oktober 1944 sah man in der Wochenschau grauenvolle Bilder aus dem unglücklichen, kurzzeitig von sowjetischen Truppen eingenommenen und wieder zurückeroberten Nemmersdorf bei Gumbinnen in Ostpreußen. Die Bewohner, fast ausschließlich Frauen und Kinder, waren nicht geflohen, weil niemand sie rechtzeitig dazu aufgefordert hatte, oder weil sie glaubten, »uns« werden sie doch nichts tun. Sie hatten sich schauerlich verrechnet und mit ihnen einige französische Kriegsgefangene. Nur wenige wiesen Genickschüsse auf, die übrigen waren bestialisch ermordet worden. Mitte Januar 1945 wurde die deutsche Grenze an vielen Stellen gleichzeitig von der Roten Armee überschritten. Im Westen schien die Ardennen-Offensive noch einmal eine Wende einzuleiten, ehe die Amerikaner am 6. März 1945 die Rheinbrücke von Remagen überquerten, weil die montierte Sprengladung nicht gezündet hatte.

In den letzten Wochen des Krieges »lernten die Optimisten Englisch und die Pessimisten Russisch«, steckte – wie es in einem andern Witz hieß – der Reichspropagandaminister Dr. Goebbels den Kopf aus einem geöffneten Kanaldeckel im umkämpften Berlin und schrie: »Und wir siegen doch!«, sangen die Soldaten: »In einer Bar in Mexiko, da saßen wir und waren froh«, machte sich eine Götterdämmerungs-»Genießet den Krieg, der Friede wird fürchterlich«-Stimmung breit, und E. weigerte sich, über das Heute hinauszudenken, denn morgen war »alles vorbei«.

In den letzten Wochenschauen sah man Flüchtlingstrecks »mit Weib und Kind und Knecht und Gesind auf die Wagen und auf die Pferde«. Obwohl der Aufbruch in den gezeigten Bildern »geordnet« vor sich ging, verbreitete er Angst und Schrecken.

In E.s Vorstellung wurde »der Osten« zu einer schrecklichen Dampfwalze, die Millionen von Flüchtlingen vor sich hertrieb bzw. unter sich begrub. Sie rollte unaufhaltsam durch das offene Land heran und ließ Grauen, Panik und Untergang hinter sich zurück. Da schlug auch sie sich zu den »Optimisten« und hoffte, daß die Amerikaner den Russen bei der Besetzung ihrer Heimat zuvorkommen würden.

Der »Einmarsch der Roten Armee« blieb E. erspart, nicht aber Hunderttausenden deutscher Mädchen und Frauen in Ostpreußen, Schlesien, Pommern, Mecklenburg, Sachsen, Thüringen und Berlin, an denen sowjetische Soldaten, wenn auch nur für wenige Wochen, eine »Rache« nahmen, die viele nicht überlebten, viele nicht überleben wollten.

Karwoche

E. wurde am 25. März 1925, dem Fest »Mariä Verkündigung«, geboren. Im Jahre 1945 fiel ihr Geburtsdatum auf den Palmsonntag, den Sonntag vor Ostern. An diesem Tag war sie zur Spätschicht eingeteilt worden. Ihr Dienst als Straßenbahnschaffnerin begann um 15 Uhr und endete planmäßig um 1 Uhr nachts im Depot mit der Abrechnung der Tageseinnahmen. Dieser Dienstschluß stand in den letzten Kriegswochen allerdings nur auf dem Papier, denn der allnächtliche Fliegeralarm endete meist erst einige Stunden später. Anschließend mußten Hunderte von Soldaten, die in Paderborn ein Kino oder eine Kneipe besucht hatten, in Sonderschichten zum Truppenübungsplatz Sennelager gefahren werden.

Auch während des Tages verkehrte die Straßenbahn oft nur wenige Male, da die Sirenen unaufhörlich vorwarnten, warnten, vorentwarnten und nur für wenige Stunden endgültig entwarnten. Außerdem mußte der Himmel ständig beobachtet werden, da die Bordschützen tieffliegender feindlicher Jäger mehr und mehr dazu übergingen, nicht nur militärische Objekte, sondern Frauen auf den Feldern, Kinder auf dem Schulweg, Straßenarbeiter, Radfahrer und Fußgänger mit Maschinengewehrsalven zu bedenken. Auf der Detmolder Strecke hatte es mehr als 20 Tote unter Fahrgästen der Straßenbahn gegeben. Die Beobachtung des Luftraumes übernahmen ganz selbstverständlich Soldaten, die während der Fahrt in allen Türen von Triebwagen und Anhängern Posten bezogen und den Fahrer durch Reißen an der Leine auf die Gefahr aufmerksam machten. Es galt dann, möglichst schnell im Straßengraben oder in einem der vielen ausgehobenen »Ein-Mann-Löcher« Deckung zu beziehen. E. zwang sich, den Ausstieg aller Fahrgäste abzuwarten und gegebenenfalls dabei behilflich zu sein, ehe auch sie sich in Sicherheit brachte.

An die ständige Lebensbedrohung hatte sie sich gewöhnt. Wenn sie nach oft 14- bis 16stündiger Arbeitszeit endlich zu Hause eingeschlafen war, mußten schon Bomben fallen, ehe sie sich dazu bequemte, wieder aufzustehen und den Luftschutzkeller aufzusuchen.

Am Morgen des 25. März hatte E. gebadet, sich die Haare gewaschen, die Augenbrauen sparsam nachgestrichelt und die Lippen mit einem hellroten Stift so dezent betont, daß ihre Farbe noch gerade eben als »unverfälschte Natur« durchgehen konnte. An diesem Tag verzichtete sie auf die lange Hose und trug statt dessen einen dunkelblauen Rock, eine ebensolche Uniformjacke und das flotte Schiffchen der PESAG (Paderborner Elektrizitäts- und Straßenbahn Aktiengesellschaft), dazu eine hellblaue, frisch gebügelte Bluse, linksgewirkte Strümpfe und halbhohe, dunkelrote Pumps, obwohl ein enger Rock und Schuhe mit Absätzen im Dienst unpraktisch und gefährlich waren.

Kragenspiegel und Knick der Mütze zierte das rollende Rad der PESAG mit den zuckenden Blitzen. Am Revers der »Studentin im Kriegseinsatz« steckte das Abzeichen des NS-Studentenbundes. Das »Geschirr«: eine Ledertasche für Geldscheine, Reserveblocks und Fahrtenschreiber, ein aufklappbarer Holzkasten mit den Fahrscheinen und ein Geldwechsler, wurde umgehängt und ließ die Hände frei.

E. liebte ihren »Beruf« aus technischen, sportlichen und persönlichen Gründen. Beim An-, Ab- und Umkoppeln der Anhänger an den Endhaltestellen mußten die dazu notwendigen Kommandos dem unsichtbaren, oft um Wagenlängen entfernten Fahrer mit erheblicher Lautstärke zugebrüllt werden. Nur so ließen sich Arbeitsunfälle wie zerquetschte Finger oder auch gebrochene Rippen vermeiden. Das letzte Kommando war regelmäßig: »Kleinen Tuck«, ehe der schwere eiserne Verbindungsbolzen in die Löcher der beiden Kupplungen einrastete. Einmal fror ihr die bei Minusgraden fahrlässigerweise ungeschützte Hand an dem Eisenstück fest, und es gab eine ärgerliche, blutende Wunde. Manchmal überließ ihr der Fahrer beim Rangieren für einige Minuten die Kurbel, und es machte großen Spaß, den Triebwagen sicher über eine Weiche zu steuern. Einige Kolleginnen wurden zu Fahrerinnen ausgebildet, um die erheblich überalterten Fahrer zu ersetzen, aber dazu mußte »frau« – zu E.s Ärger – mindestens 21 Jahre alt sein. Sportliche Anforderungen stellte das »Umspringen« während der Fahrt, da oft zwei, in der Frühschicht sogar manchmal drei Wagen »bedient« werden mußten. Wenn diese Arbeit erledigt war, ließ E. sich nicht selten auch aus persönlichen Gründen lässig von einem der vorderen Trittbretter abgleiten und sprang auf das nächste oder übernächste wieder auf, um ein Gespräch oder einen Flirt mit einem der Fahrgäste fortzusetzen. Ihr Beruf bot ausgiebige Gelegenheit, auf ein und derselben Fahrt mit verschiedenen Landsern auf den Plattformen von Triebwagen oder Anhänger flotte Sprüche, ein verheißungsvolles Lächeln oder einen Verabredungstermin auszutauschen, der allerdings wegen des ständigen Fliegeralarms oft nicht eingehalten werden konnte. Ihr Platz war in der offenen Tür, und sie liebte es, das Gesicht dem Fahrtwind auszusetzen, der mehr und mehr nach Frühling schmeckte.

In diesen Tagen knöpften viele Soldaten ihren Waffenrock nicht mehr vorschriftsmäßig zu. Manche trugen bunte Schals zur Uniform, was sich zuvor – bis zu seinem Tod im Jahre 1944 – nur Generalfeldmarschall Rommel geleistet hatte, und manche genügten ihrer »Grußpflicht« nur noch lässig oder überhaupt nicht mehr. Die meisten Offiziere sahen darüber hinweg, aber an diesem Sonntag brüllte ein schneidiger, forscher Oberleutnant in E.s Wagen einen Landser mit schnarrender, befehlsgewohnter Stimme zusammen: »Könn' Se nicht anständig grüßen?«, worauf dieser aufreizend vorschriftsmäßig »ein Männchen baute«. Als der Offizier an der nächsten Haltestelle ausstieg, bemerkte der Betroffene: »Mann! Der macht vielleicht 'nen Wind mit seinem kurzen Hemd!«

Alle lachten, und E. lachte mit, denn an der tadellosen Uniform des sich schnell Entfernenden erinnerte nichts an ein im Wind flatterndes Hemd. Aber es war ein beklommenes Lachen, denn diese kleine Begebenheit gehörte zu den zahlreichen, untrüglichen Anzeichen dafür, daß der Krieg verloren und »alles umsonst« gewesen war. In diesen Tagen meldete der Wehrmachtsbericht »schwere Abwehrkämpfe« aus verschiedenen Teilen des Reiches, aus der Tschechoslowakei, Norditalien und Ungarn, aber klare Frontlinien ließen sich daraus kaum noch entnehmen. Im Osten stand »der Russe« an der Oder, im Westen hatten die Amerikaner schon am 3. März den Rhein überschritten und kämpften irgendwo im Ruhrgebiet gegen eine deutsche Armee unter Generalfeldmarschall Model.

Am Abend des 25. März wartete E.s Straßenbahn an der zwischen Neuhaus und Paderborn gelegenen Weiche der eingleisigen Strecke auf die Gegenbahn. Aus den Paderwiesen stieg ein feiner weißer Nebel auf, im Erlengebüsch des sumpfigen Grundes an der »Villa Rattenburg« nistete schon die Dämmerung, aber hoch über dem Frankfurter Weg stand noch eine goldene Sonne. Die Fahrgäste – aus allen Waffengattungen zusammengewürfelte Landser – stiegen aus und standen lachend und rauchend zusammen. Auch E. stieg aus, lachte und rauchte mit ihnen und sagte: »So jung kommen wir nicht mehr zusammen!« und als sie nach ihrem Alter gefragt wurde: »Zwanzig! Heute geworden!« Da gab es ein großes Hallo. Einige schwärmten aus, suchten in der noch kahlen Natur vergeblich nach Blumen und kehrten mit kunstvoll arrangiertem Vorjahrsgestrüpp zurück, das sie dem Geburtstagskind formvollendet überreichten. Andere versuchten es mit einem Ständchen: »Liebes kleines, feines, sonniges Mädel, verliebst du dich, bitte, bitte denk an mich, an mi-ich!«

Auch Heinz Mutwill, ein schwerkriegsversehrter SS-Rottenführer, war dabei, der seinem längst von der Roten Armee überrollten Geburtsort Beuthen in Oberschlesien stets ein grenzlandtrotziges »OS« hinzufügte: »Beuthen/OS«. Er sah E. besonders bittend an, aber sie liebte ihn nicht, weil sie alle liebte, weil sie in die Liebe und das Leben verliebt war und noch so unendlich viel Zeit vor sich zu haben glaubte.

Während der »Geburtstagsfeier« näherte sich auf der Straße eine Marschkolonne. Es waren die letzten marschierenden Soldaten, die E. in diesem Krieg vor Augen kamen, aber irgend etwas an dieser Truppe war merkwürdig, war anders. Sie marschierten nicht mit jenem schlurfenden, energiesparenden Landserschritt, mit dem deutsche Soldaten durch ganz Europa »gelatscht« waren, sondern schnell, federnd, gespannt, auch ein wenig stolpernd, allzu bemüht.

Im Schein der Abendsonne sah E. an ihren Kragenspiegeln Zeichen der Waffen-SS und auf ihren Ärmelstreifen ganz verschiedene Divisionsnamen: »Hitlerjugend«, »Frundsberg«, »Prinz Eugen«, »Wiking«, »Nibelungen« – sah, daß viele von ihnen keine Männer, sondern Jungen, fast noch Kinder waren, drei oder vier Jahre jünger als sie, und es wurde ihr plötzlich bewußt, daß der Krieg ihren eigenen Jahrgang längst überholt hatte und seine Totenknochenhand schon nach einer Generation ausstreckte, die es doch eigentlich zu schützen galt.

Als die jungen Soldaten die »Villa Rattenburg« passierten, stimmten sie ein Lied an. Nicht den »Westerwald«, nicht den »Wildbretschützen« und nicht die »schwarzbraune Haselnuß«, sondern ein Lied der bündischen Jugend mit kurzen Zeilen und einer abgehackten, aggressiven Melodie, ein Lied, das E. zehn Jahre zuvor, in einem Jungvolk-Zeltlager, zum letztenmal gehört hatte:

»Herbei, herbei, zum Kampfe herbei,
die Waffen in die Hand genommen!
Das Roß heraus, das Schwert zur Seit',
der Feind ist in das Land gekommen.
Es droht Gefahr und bitt're Not,
der Feind steht vor den Toren.
Nicht scheuen wollen wir den Tod,
zur Freiheit sind wir geboren.
Verflucht sei Angst und feiger Graus,
wer schwach in dieser Stunde!
Im Sattel fest, das Schwert heraus,
haut los auf die falschen Hunde!«

Sie sangen mit dem trotzigen Mut von zum Tode Verurteilten und berauschten sich an der schon in den Materialschlachten des Ersten Weltkrieges überholten Romantik vergangener Jahrhunderte, obwohl sie Maschinengewehre, Handgranaten und Panzerfäuste mitschleppten.

Einen Augenblick lang schämte sich E. ihrer roten Lippen und ihrer Liebe zum Überleben. Gleichzeitig jedoch kam sie sich plötzlich uralt vor, wurde – vielleicht zum ersten Mal – von einer heißen Welle mütterlicher Gefühle überschwemmt, denn trotz der Maschinengewehre und Panzerfäuste wollte es ihr nicht gelingen, in diesen Jungen Männer zu sehen.

Obwohl sie sich noch immer dagegen wehrte, daß der Tod ihrer Brüder, Freunde und Verwandten »umsonst« gewesen war, drängte es sich ihr plötzlich auf: »Das hier ist glatter Wahnsinn!« Auch die Landser an der Haltestelle waren verstummt und starrten der marschierenden Kolonne entgeistert nach. Erst als diese schon oben am Wilhelmsberg angekommen und der Gesang verweht war, schüttelten einige den Kopf und sagten: »Mann o Mann!«, andere zischten mit wütender Schadenfreude: »Ihr scheißt euch auch noch in die Hosen!«, und einer tippte sich an die Stirn und meinte: »Hat doch keinen Zweck mehr! Ist doch alles aus.«

Auch die Geburtstagsfeier war aus. Die fröhliche, ausgelassene Stimmung wich einem bedrückten Schweigen. Die Sonne versank im Dunst des Horizontes. Aus dem Boden stieg eine feuchte Kälte auf, die E. in ihren dünnen Strümpfen frösteln ließ.

Jener »verlorene Haufen« lieferte wenige Tage später, am Karfreitag und Karsamstag des Jahres 1945, den vorrückenden Amerikanern südlich von Paderborn noch eine regelrechte Panzerschlacht.

Am 26. März, dem Montag der Karwoche des Jahres 1945, erlebte E. die erste und einzige Begegnung mit jenem »anderen Deutschland«, von dem sie bis Kriegsende nichts ahnte. Wenige Tage zuvor war sie allerdings durch einen schwerkriegsversehrten Weltkriegsoffizier, Studienrat und Parteigenossen, der im gleichen Hause wohnte, auf diese Begegnung vorbereitet worden, als er im Luftschutzkeller voller Empörung von einer Gruppe Holländer berichtete, die seit Tagen in der Theodor-Schule ohne jede Nahrung untergebracht sei. Es handelte sich wohl um einen der zahlreichen Transporte von KZ-Häftlingen, die in den letzten Wochen des Krieges von Lager zu Lager getrieben wurden und deren Begleitkommandos sich bereits abgesetzt hatten.

Gegen Mittag, als E. begann, sich zur Schicht fertigzumachen, klingelte ein etwa 16jähriger Junge in abgerissener, schlotternder Kleidung an der Wohnungstür und murmelte auf holländisch etwas, das nach »Hunger« und »Brot« klang. E. starrte ihn entsetzt an. Obwohl sie bis dahin noch nie einen verhungernden Menschen gesehen hatte, war dieser Fall eindeutig: große, unnatürlich glänzende Augen, eingefallene Gesichtszüge und eine unglaublich magere Jammergestalt. Sie war wütend über die »Schlamperei« der für diesen Zustand verantwortlichen Dienststelle, die sie sich nur mit den bereits allerorten zu bemerkenden Auflösungserscheinungen der bis dahin für perfekt gehaltenen deutschen Verwaltung und Organisation erklären konnte.

Da Eile geboten schien, hielt sie sich nicht mit Fragen nach dem Woher und Wohin auf, sondern schmierte schnell ein Marmeladenbrot und goß dem jungen Holländer ein Glas Magermilch ein (Vollmilch gab es für deutsche »Normalverbraucher« seit Jahren nicht mehr), um die Zeit bis zum Aufwärmen einer Kartoffelmahlzeit zu überbrücken. Während sie am Herd stand, um die Kartoffeln umzurühren, stopfte sich der Junge das Brot hastig in den Mund und leckte die mit Marmelade beschmierten Finger ab. Diese Gier beunruhigte E., da sie gehört hatte, daß Ausgehungerte sich erst vorsichtig wieder an Nahrungsaufnahme gewöhnen müßten, aber ihre Versuche, ihn zu langsamerem Essen anzuhalten, blieben erfolglos.

Nachdem er eine riesige Portion aufgewärmter Kartoffeln in einer Fleischsauce verschlungen hatte, trollte er sich von dannen, und E. ging zum Dienst mit einem ganz neuen, zuvor niemals erlebten Glücksgefühl: »Ich habe einen Hungernden gespeist!«

Am 27. März, dem Dienstag der Karwoche, hatte E. einen freien Tag und fuhr mit dem

Fahrrad nach Stukenbrock, um ihren Vater zu besuchen, den man wenige Wochen zuvor dorthin zur Bewachung eines russischen Kriegsgefangenenlagers abkommandiert hatte. Der weltfremde, bereits pensionierte Studienrat war im August 1944 als »Soldat Peters« zur Wehrmacht eingezogen worden, denn er hatte es im Ersten Weltkrieg nicht einmal zum Gefreiten gebracht. Diese »späte Berufung« war ganz ungewöhnlich, da es sich nicht um das erst am Jahresende aufgestellte »letzte Aufgebot« des »Volkssturms« handelte, und hatte einen tragikomischen politischen Hintergrund. Anstatt seine vorzeitige Versetzung in den Ruhestand aufgrund eines Nervenzusammenbruchs zu genießen, drängte es den »150prozentig« überzeugten Parteigenossen nach politischer Betätigung. Obwohl er sich bereits seit Jahren – vergeblich – um den sogenannten »Rednerschein« der NSDAP bemüht hatte und seine Aufsätze über Rassenkunde und Vererbungslehre erst nach mehrmaliger Überarbeitung in entsprechenden Fachzeitschriften abgedruckt wurden, fiel er nun dem für die Schulungsarbeit der NSDAP Verantwortlichen mit seinen ungebremsten Aktivitäten derart auf die Nerven, daß ihm die Einberufung des Unbequemen zur Wehrmacht wohl als letzter Ausweg erschien. E. muß dem Betreffenden insofern recht geben, als sich ihr Vater, trotz aller ideologischer Verblendung, kaum für demagogische Propaganda eignete. Dazu war er nicht nur viel zu umständlich und in seiner Wortwahl zu wenig »volkstümlich«, sondern auch viel zu ehrlich und daher noch immer viel zu »wissenschaftlich«. Den Rat seiner ehemaligen Kollegen mit und ohne Parteiabzeichen, sich mit einem Attest der Verpflichtung zu entziehen, schlug er in den Wind, und so traf sich die 20jährige am 27. März 1945 mit dem »Soldaten Peters« in einer Baracke am Rande des Truppenübungsplatzes. Mit seiner Brille, dem eisgrauen »Hitlerbärtchen« und der schlotternden, abgetragenen Landseruniform sah er wie eine Witzblattfigur aus. Anstatt sich bei Kriegsende »in die Büsche« bzw. zu seiner Familie durchzuschlagen, ließ er sich gefangennehmen und kehrte erst ein halbes Jahr später, auf 36 kg abgemagert, aus einem amerikanischen Kriegsgefangenenlager an der Atlantikküste zurück.

Gegen 16 Uhr machte sich E. auf die Heimfahrt. Als sie sich etwa eine Stunde später der Stadt näherte, gab es Voralarm. Da sie keine Lust hatte, einen fremden Luftschutzkeller aufzusuchen, strampelte sie, trotz der nun bereits auf und ab heulenden Sirenen, im Eiltempo nach Hause. Seit Wochen hatte es leichtere und mittelschwere Bombenangriffe auf Paderborn gegeben, viele Einwohner waren schon aufs Land geflüchtet. An jenem Tage sollen sich nur noch etwa 4000 bis 5000 Personen in der Stadt aufgehalten haben. Auch die eigene »Kellergemeinschaft« war auf einen Mann, vier Frauen und drei Kleinkinder zusammengeschmolzen.

Da sie zunächst den Grad der Gefahr abschätzen wollte, ging sie in die Wohnung, um den »Drahtfunk« abzuhören. Die Meldung: »Überschwerer Bomberverband im Anflug auf Konrad/Siegfried 2«, dazu das nur zu gut bekannte dumpfe Rollen in der Luft, veranlaßte sie, so schnell wie möglich den Keller aufzusuchen und die soeben gehörte Meldung flüsternd an Studienrat H. weiterzugeben, denn »Konrad/Siegfried 2« war das Planquadrat von Paderborn. Zwischen 17.27 Uhr und 17.55 Uhr, also in einer knappen halben Stunde, fielen 2500 bis 3000 zentnerschwere Sprengbomben, 50 Luftminen, 60 000 Stabbrandbomben und 15 000 Phosphorbrandbomben auf die Stadt. Etwa 700 bis 800 Menschen, vorwiegend Frauen und Kinder, fanden einen grauenhaften Tod: erschlagen unter Trümmern ihrer zusammenbrechenden Häuser, erstickt und verbrannt in Kellern, deren Ausgänge verschüttet waren. Eine Sprengbombe verfehlte den Luftschutzkeller des eigenen Hauses nur um wenige Meter. E. erinnert sich an das trommelfellzerreißende Knallen und Krachen explodierender Bomben, an das schauerliche

Ächzen und Knacken der Holzstempel, mit denen der Keller abgestützt war, an undurchdringliche Finsternis, da das elektrische Licht schon in den ersten Minuten des Angriffs ausgefallen war, an atemberaubenden Kalkstaub in Nase und Lunge, herabfallende Steinbrocken auf Kopf und Schultern. Der ganze Keller tanzte und bebte wie ein Schiff im Orkan. Es war eine Situation, die bestimmten, quälend langen Sequenzen der Fernsehserie »Das Boot« zum Verwechseln ähnlich war. Nur mit dem Unterschied, daß sie von Frauen und Kindern ausgehalten werden mußte und der Tod nicht in einem durch Wasserdruck zusammengequetschten U-Boot, sondern unter den Trümmern eines fünfstöckigen Hauses drohte. Zwei Soldaten, die es bei einem vorherigen Bombenangriff einmal in den Luftschutzkeller von E.s Wohnhaus verschlagen hatte, meinten dazu: »Das ist ja schlimmer als an der Front. Da kann man wenigstens ballern.«

Die Angst der 20jährigen, im nächsten Augenblick begraben zu werden (nur nicht lebendig, lieber gleicht tot!), war merkwürdigerweise weniger stark als Wut und Haß auf jene Piloten, die irgendwo weit oben ihre Bomben ausklinkten, um Frauen und Kinder zu morden, von denen nicht die geringste militärische Bedrohung ausgegangen war.

Seit dem Angriff auf die Innenstadt von Lübeck am 29. März 1942 war es das erklärte Ziel der Alliierten, die »Kampfmoral« deutscher Soldaten durch Flächenbombardements von Stadtzentren und Wohnvierteln der Heimat zu brechen und den Krieg durch Massenmord an der wehrlosen Zivilbevölkerung zu entscheiden – eine Strategie, der insgesamt etwa 500 000 bis 800 000 Männer, Frauen und Kinder zum Opfer fielen. Bezeichnenderweise wurde ihr Initiator, der englische Luftmarschall Harris, von seinen eigenen Leuten »the butch« (der Schlächter) genannt. E. ist auch heute noch nicht bereit, ihn und die in seinem Auftrag handelnden Bomberpiloten anders denn als Kriegsverbrecher zu bezeichnen. Es ist wahr: Hitler hätte feindliche Städte ohne Rücksicht auf die Zivilbevölkerung »ausradiert«, wenn er es gekonnt hätte. Die Alliierten konnten es und haben es getan.

Amerikanische Piloten »testeten«, auf Anordnung von Präsident Truman, am 6. und 9. August 1945 die Wirkung der neu entwickelten Atombombe im kapitulationsbereiten Japan an den zuvor sorgfältig ausgesuchten, da in Talkesseln gelegenen »Objekten« Hiroshima und Nagasaki, nicht zuletzt, um den Vereinigten Staaten mit dieser Demonstration der eigenen Macht eine günstige Ausgangsposition in den kommenden Konferenzen mit der noch atombombenlosen Sowjetunion zu schaffen.

Die Bombenangriffe auf Rotterdam und Hamburg, Coventry und Köln, London und Dresden, Belgrad und Warschau, Berlin und ungezählte andere Städte geschahen mit »konventionellen Waffen«, aber – abgesehen von Strahlenschäden und genetischen Folgen – wurde die »Qualität« einer einzigen Atombombe damals durch »Quantität« ausgeglichen. Für jene 40 000 Einwohner Hamburgs, die in der Nacht vom 23. zum 24. Juli 1943 im »Feuerorkan« verbrannten, verkohlten, verglühten und zusammenschrumpften, weil sich kein Flüchtender dem ungeheuren Sog entziehen konnte, der Straßenbäume entwurzelte und Autos durch die Luft wirbelte, mag es kaum eine Erleichterung gewesen sein, daß die Temperatur in dieser Hölle »nur« 800 Grad betrug gebenüber der weitaus höheren der atomaren Hitzewelle, in der die Opfer von Hiroshima und Nagasaki verglühten.

Nachdem die letzte Angriffswelle des zur Vernichtung von »Konrad/Siegfried 2« am 27. März 1945 irgendwo in England oder Frankreich gestarteten »überschweren Bomberverbandes« ihre todbringende Last abgeworfen und abgedreht hatte, erleuchtete ein matter, düsterer Feuerschein die Dunkelheit des Luftschutzkellers, und in der unheimlichen Stille hörte man das beklommene Stimmchen des dreijährigen Robert: »Sind wir nun alle tot?«

372

Es stellte sich heraus, daß Steine und herabgefallener Schutt leicht abzuschütteln waren, niemand ernsthafte Verletzungen davongetragen hatte und der Eingang nicht verschüttet war, so daß die »Kellergemeinschaft« auf dem hinter der Häuserzeile liegenden Gartengelände Schutz vor Flammen und zusammenbrechenden Häusern finden konnte.

Trotz der frühen Abendstunde war der Himmel tiefschwarz. Obwohl der Tag hell und sonnig gewesen war, drang keine Spur von Tageslicht durch die riesige schwarze Rauchwolke über der Stadt. Nur die brennenden Häuser, der glühende Asphalt auf den Straßen und Hunderte in Parks, Promenaden, Gärten und Straßen verglimmende Brandbomben erhellten das Inferno. In den engen Gassen der Altstadt mit ihren lichterloh brennenden Fachwerkbauten bildete sich ein Feuersturm, der den tiefschwarzen Qualm manchmal böenartig aufriß und einen Blick auf die himmelhoch schlagenden Flammen der Kirchtürme freigab.

Begleitet wurde dieses Schauspiel von einem unheimlichen, immer lauter anschwellenden und zuletzt fast ohrenbetäubenden Knistern und Prasseln des Feuermeeres, das E. in grotesker Verkennung zunächst als Regen mißdeutete: »Wie gut, daß es regnet!« Während die Mutter versuchte, einige Koffer aus dem Keller in Sicherheit zu bringen, stieg die 20jährige im Treppenhaus des zur Hälfte weggerissenen Hauses empor und entschied angesichts des bereits in hellen Flammen stehenden Dachstuhles und des an der Außenwand herunterlaufenden brennenden Phosphors, daß hier mit »Feuerpatsche« und Sand nichts mehr zu machen sei.

Danach betrat sie die im Parterre gelegene elterliche Wohnung, in der ein umbeschreibliches Chaos von umgestürzten oder um einen Meter verrückten Möbeln herrschte. Abgesehen von Eßzimmer und Herrenzimmer, die es »voll erwischt« hatte, war im Wohnzimmer und in ihrem eigenen Zimmer noch alles vorhanden, und E. stand für wenige Augenblicke vor der Frage: »Was soll ich retten?« Leider war sie sich der »kulturhistorischen Bedeutung« dieser Auswahl voll bewußt. Da sie das geliebte Klavier und die Eichenmöbel vom Deteringhof nicht retten konnte, verwarf sie Radio, Kleidung und Akkordeon als zu banal, kapitulierte vor der Aufgabe, in Bruchteilen von Sekunden zu entscheiden, welchem der Bücher »ewiger, zeitüberdauernder« Wert zukomme, und überließ die Fotoalben mit den Bildern der väterlichen und mütterlichen Familie und der eigenen Kindheit, die Feldpostbriefe von Brüdern, Freunden und Kameraden, Noten und Liederbücher, Gedichtbände und Spruchsammlungen, Bettzeug und Geschirr, Töpfe und Pfannen, Decken, Kissen und andere Dinge, die das Leben der Familie in den kommenden Jahren wesentlich erleichtert hätten, trotzig den sich nähernden Flammen, weil jetzt doch alles aus war und daher auch alles kaputtgehen konnte – eine Entscheidung, die sie wenige Tage später zutiefst bedauerte. Hunderte Male hat sie seitdem in Tag- und Nachtträumen dieses »Versagen« kompensiert und kühl alles Greifbare in Tischdecken und Bettbezügen zusammengerafft. Noch heute erlebt sie den Verlust aller Gegenstände, in denen sich ihre Existenz bis zum 20. Lebensjahr verdinglicht hatte, als schmerzlichen Angriff auf die eigene Identität. Vielleicht ist das der Grund, warum sie sich die Welt ihrer Kindheit und Jugend so klar und detailgetreu im Gedächtnis aufbewahrt hat, so daß sie noch immer in der Lage ist, jedes Bild an der Wand, jeden Fleck an der Tapete, jeden Kratzer, jeden Tintenfleck und jeden Laubsägeschnitt in der Platte des Wohnzimmertisches zu beschreiben.

E. ging auf die Straße, wo Studienrat H. und einige andere Männer ratlos vor dem Nachbarhaus standen. Es hatte offenbar mehrere Volltreffer abbekommen und war nun, wenige Minuten nach dem Angriff, bereits ein niedriger, brennender Schutthaufen. Ihre Freundin Marga, die wenige Jahre zuvor auf einem Elternabend des JM-Bundes mit ihren schwarzen Haaren, der weißen Haut und den roten Backen ein so liebliches Schneewittchen gewesen war, lag unter den Trümmern, denn die Krankenkasse, in der sie gearbeitet hatte, schloß an Werktagen erst um 18 Uhr. Einige entsetzlich lange Minuten hörte man Schreie aus dem Keller, in dem elf Menschen, Männer, Frauen und Kinder, einen schrecklichen Tod fanden, aber eine Hilfe, eine Rettung war unmöglich. E. stopfte sich verzweifelt die Finger in die Ohren und dachte: »Jetzt! Jetzt! . . . In diesem Augenblick verbrennen Menschen«, und dieser Gedanke war entsetzlich. Dann half sie bei der Bergung eines schwerverletzten älteren Mannes aus dem anderen Nachbarhaus, er starb wenige Minuten später. Dunkle Gestalten taumelten aus dem Feuermeer der Innenstadt und hoben sich schemenhaft vor dem flammenden Hintergrund ab. E. schlug sich zwischen Häusern, Rauch und Funkenflug in das Gartengelände durch, wo irgend jemand eine Schnapsflasche kreisen ließ, und die 20jährige trank mit, aber der unerträgliche Durst wurde nicht besser.

In den frühen Morgenstunden des 28. März machten sich die beiden »Ausgebombten« auf den Weg nach Boke zu »unser Katharina«, einem ehemaligen Dienstmädchen. Sie war inzwischen verheiratet und Mutter dreier Kinder, hatte sich aber schon seit Jahren allein auf dem kleinen Kotten durchschlagen müssen, da ihr Ehemann – als Rüstungsarbeiter nach Sachsen verpflichtet – erst Wochen nach dem Krieg zu Fuß heimkehrte. Noch in der Nacht, als der Feuerschein des brennenden Paderborn bis zu 50 Kilometer weit in der Umgebung zu sehen gewesen war, hatte sich die junge Frau an den Küchentisch gesetzt und der früheren Herrschaft einen Brief geschrieben, den keine Post mehr befördern konnte und den sie nun, etwas verlegen, den vom Angriff gezeichneten Flüchtlingen persönlich übergab. Er rührte die Mutter zu Tränen, und sie bewahrte ihn lange Jahre als eine außerordentliche Kostbarkeit auf, deren Wert in dem Maße anstieg, als ihre anfängliche Zuversicht: »Ich habe ja die vielen Verwandten, die alle nicht ausgebombt sind. Die werden uns schon helfen!« enttäuscht wurde.

E. erinnert sich an die Formulierung: ». . . Bitte kommen Sie doch zu uns, auch wenn Sie nichts mehr haben. Wir teilen alles mit Ihnen!«, was um so bemerkenswerter war, als Katharinas Familie damals in einer Armut lebte, die sich die beiden Stadtbewohnerinnen bis dahin kaum hatten vorstellen können. Ähnliches erlebte die Mutter auch bei Frau Hirschberg, einer zufällig nicht ausgebombten ehemaligen Putzhilfe, die ihren nach sechs Jahren Krieg nur mit dem Notwendigsten an Töpfen und Geschirr ausgestatteten Küchenschrank mit den Worten öffnete: »Nehmen Sie sich raus, was Sie brauchen. Sie haben mir geholfen, als es mir dreckig ging. Jetzt bin ich an der Reihe!«

In den letzten Tagen der Karwoche hielt sich die 20jährige tagsüber meist in Paderborn auf, um in den Trümmern des inzwischen völlig zusammengestürzten Hauses nach irgend etwas Brauchbarem herumzustochern und sich nach dem Schicksal von Bekannten und Freundinnen zu erkundigen. Obwohl sie jeden Winkel der Stadt gekannt hatte, fiel es ihr schwer, sich zurechtzufinden. Straßen und Plätze waren von Schuttlawinen versperrt oder von unzähligen Bombenkratern aufgerissen. Man begegnete nur selten einer Menschenseele, um so häufiger fett und dreist gewordenen Ratten. Trampelpfade führten auf und ab durch Täler und Hügel der Trümmerwüste. Nur die ausgebrannten Stümpfe der Kirchtürme, die Ruinen und Fassaden der zerstörten Kirchenschiffe, des Rathauses, des Gymnasiums sowie die sieben Wasserläufe der Pader erleichterten die Orientierung. Über allem lag der beißende Geruch verkohlter Holzbalken, an denen noch tagelang zuckende Flämmchen entlangliefen, und der noch immer in den Kellern schwelenden Kohlevorräte. Er mischte sich mit dem stinkender Rinnsale und nach einigen Tagen auch mit einem zunächst undefinierbaren Verwesungsgeruch.

Eine ehemalige Klassenkameradin war auf der Straße von einem brennenden Balken erschlagen, einige ihrer früheren Jungmädel waren mit ihren Familien in Kellern der Altstadt verbrannt oder verschüttet worden, die neunjährige Adelheid, Tochter eines befreundeten Zahnarztehepaares, vor den Augen der Mutter im glühenden Schutt erstickt, ihrer Tante hatte es »das halbe Gesicht weggerissen«, so und ähnlich lauteten die Schreckensnachrichten, die E. auf ihren Streifzügen durch das zerstörte Paderborn zugetragen wurden.

Im Garten lag noch immer die Leiche des alten Mannes, den E. mit herausgetragen hatte. Sie meldete ihn in der St.-Georgs-Pfarre am Stadtrand, denn in der zuständigen Herz-Jesu-Pfarre war niemand mehr zu erreichen, aber sowohl die Bergungsversuche wie auch die Beerdigung der Toten wurde durch Artilleriebeschuß der Amerikaner erschwert, die sich mit der »Eroberung« der toten Stadt Zeit ließen.

Die Meinolfuskirche im Südviertel war fast unzerstört. Auf den Bänken lagen merkwürdige Kleiderhaufen – es waren die Toten aus der Umgebung. E. rannte heraus, da sie es – allein mit den vielen Toten – nicht aushielt und auch, um sich in Deckung zu bringen, weil irgendwo schon wieder Granaten einschlugen, und sie dachte: »Diese feigen Schweine! Warum kommen sie nicht endlich? Haben sie vielleicht Angst vor den Ratten?«

Am Karfreitag machte sie sich gegen Abend, beladen mit einigen Gartengeräten und einem Kochtopf, dessen Emailschicht nach dem Feuerbad in blasenartigen Auswüchsen zusammengelaufen war, auf den 18 Kilometer langen Heimweg nach Boke. Als sie an der – wie alle Kasernen der Stadt – von Bomben verschonten Infanteriekaserne vorbeikam, boten einige deutsche Soldaten der Zivilbevölkerung von der offenen Ladefläche eines Armeelastwagens Panzerfäuste an, ohne daß es zur Ausgabe auch nur einer einzigen dieser Nahkampfwaffen gekommen wäre, obwohl ein Spaßvogel sie marktschreierisch anbot: »Wolln' Se noch eine für den Endsieg? Heute im Sonderangebot zum Selbstkostenpreis!« Bei der anschließenden Gebrauchsanweisung führte er den »Selbstkostenpreis« in einer makabren Pantomime als Selbstvernichtung infolge unsachgemäßer Handhabung vor und verkündete zuletzt im Tonfall der Nachrichten des Oberkommandos der Wehrmacht: »Schon wieder hat unser ruhmreicher Volkssturm, das letzte Aufgebot tapferer kampfentschlossener Omas und Opas, eine feindliche Panzerarmee vernichtet!«

Die meisten Vorübergehenden beachteten dieses Spektakel nicht, da sie vollauf mit der Bergung ihrer letzten Habe zu tun hatten, manche lachten oder tippten sich kopfschüttelnd an die Stirn, nur einige Halbwüchsige zeigten ein gewisses Interesse.

E. war nachdenklich stehengeblieben, verspürte aber nicht das geringste Bedürfnis, sich in den verlorenen Krieg einzumischen, und rechtfertigte ihre mangelnde Kampfbereitschaft vor sich und der Nachwelt mit einem: »Ist ja interessant! Jetzt auf einmal sind auch Mädchen gut genug für so was! Aber dazu ist es zu spät, meine Herren!«, dachte auch: »Ich kann ja gar nicht werfen!«, was tatsächlich der Wahrheit entsprach und sie auf vielen Reichsjugendsportwettkämpfen zu ihrem Ärger sogar um die bronzene Nadel gebracht hatte.

Der 1. April des Jahres 1945 fiel auf den Ostersonntag. An diesem Tag vereinigten sich in Paderborn zwei aus dem Münsterland und dem Sauerland vorrückende amerikanische Armeen und schlossen den Ring um die Heeresgruppe B im Ruhrgebiet. Gegen Mittag rollten amerikanische Panzer auch über die Dorfstraße von Boke.

Die 20jährige stand am Hoftor mit strohigen, verklebten Haaren, denn Kalkstaub und Ruß ließen sich mit Kriegsseifenpulver nicht herauswaschen. Das von Feuerschein und Hitze noch immer rotverbrannte Gesicht, dessen Haut sich schmerzhaft abzupellen begann, hatte sie sich – in Ermangelung von Creme – mit Milchrahm eingefettet, die Zähne mit einem Holzspan notdürftig abgeschabt und den fünf Tage nach dem Angriff noch immer aus der Nase fließenden schwarzen Schleim in ein schmutziges Taschentuch geschneuzt. Die feindlichen Panzer kündigten sich mit ohrenbetäubendem Lärm rasselnder Ketten und dröhnender Motoren an und tauchten wenige Sekunden in einer alles durchdringenden Staubwolke auf, ehe sie wieder darin verschwanden. Man hätte sie für einen Spuk halten können, denn die stählernen Ungetüme schienen wie von Geisterhand bewegt. Luken und Deckel waren fest geschlossen. Die Geschützrohre bohrten sich durch die im Sonnenschein tanzenden Staubkörnchen drohend in die friedliche Landschaft. E. dachte an die jungen Soldaten der Waffen-SS mit den Panzerfäusten und Maschinengewehren in den bloßen Händen und dachte: »Die mit ihren Panzern. Das sind gar keine richtigen Soldaten. Die trauen sich erst, wenn sie alles kaputtgemacht haben!«

Sechs Jahre zuvor hatte die 14jährige mit ihrer Jungmädelschaft in den Gärtnereien der Neuhäuser Straße die letzten Herbstblumen zusammengeschnorrt, um die siegreich aus Polen heimkehrenden Paderborner Panzergrenadiere am Wilhelmsberg zu begrüßen. Das Rasseln der Ketten und das Dröhnen der Motoren war sehr ähnlich gewesen, aber damals waren Luken und Deckel weit geöffnet und die Geschützrohre mit Blumen und Girlanden geschmückt. Wer von der Besatzung nicht im Turm Platz hatte, guckte lachend durch die Seitenklappen, und wenn es einen Stau gab, bildete sich um jeden Panzer eine Menschentraube. Da wurden Hände geschüttelt, Blumen übergeben, Erfrischungen heraufgereicht, und einige junge Mädchen stellten sich auf die Zehenspitzen und ließen sich küssen, obwohl das damals in der Öffentlichkeit nicht üblich war. Ein kleiner weißer Hund, den sich eine Panzerbesatzung als Maskottchen mitgebracht hatte, bellte aufgeregt, und viele Erwachsene am Straßenrand hatten Tränen in den Augen. Auch E. war damals glücklich, daß der Krieg so schnell zu Ende gegangen war und so wenig Tote gekostet hatte, denn England und Frankreich hatten sich nicht eingemischt, als deutsche Soldaten mit Waffengewalt die in Versailles vom Deutschen Reich abgetrennten deutschen Ostgebiete wiedereroberten und Millionen Volksdeutschen das Leben gerettet hatten.

Am Ostersonntag 1945 hatte Katharina Streuselkuchen gebacken, und als sich nach einer längeren Pause neue Panzer mit einer kilometerlangen Staubwolke auf der Landstraße ankündigten, gingen die Kinder mit großen Kuchenstücken in der Hand vor das Haus, um den Amerikanern zu zeigen, daß »Deutschland« noch keineswegs am Ende war, sondern immer noch genug zu essen hatte. Diesmal rollte der erste Panzer aber nicht vorbei, sondern hielt an, der Deckel wurde geöffnet, einige Gestalten spähten zunächst vorsichtig nach allen Seiten, ehe sie sichernd ausschwärmten. Als sie bemerkten, daß an jenem Bauernhaus kein weißes Bettuch hing, brüllten sie etwas Unverständliches und legten ihre Maschinenpistolen an. Die Kinder liefen schreiend ins Haus, während E.s Mutter und Katharina mit zitternden Fingern ein weißes Laken zuerst an einem Besenstiel und dann am Scheunentor anbrachten. E. beteiligte sich nicht an diesem »Kapitulationsritual«, sondern blieb stehen, bohrte die Hände tief in die Taschen ihrer weiten tschechischen Militärhose und dachte: »Sollen sie dich doch abknallen, diese lächerlichen Soldaten. Gegen Frauen und Kinder kämpfen, das können sie. Vielleicht müssen erst noch die Ratten in Paderborn weiße Fahnen hissen, ehe die sich trauen, die Stadt zu erobern!« Sie bemühte sich, verachtungsvoll – und doch voller Neugier – durch die khakibraunen Gestalten »hindurchzublicken«.

Die Sprache, in der sie sich brüllend miteinander verständigten, mußte ja Englisch sein, hatte aber mit E.s Schulenglisch nicht das geringste zu tun. Die merkwürdigen mimischen

Signale, die von unablässig mampfenden Kinnbacken ausgingen, schienen ihr Anzeichen leichter bis mittelschwerer geistiger Behinderung, denn langlebige, noch dazu von Erwachsenen gekaute Kaugummis waren bis dahin in Deutschland unbekannt. Ein kurzgeschorener Haarschnitt mit igelartig abstehenden Borsten erinnerte sie an Sträflingsfrisuren in amerikanischen Gangsterfilmen, und die Uniformen mit den taillenkurzen Blousons und den stramm sitzenden Hosen über prallen »vollgefressenen« Hintern schienen ihr unästhetisch.

Das Fazit der ersten Begegnung mit den Siegern aus Übersee: feige, lächerliche, schlampige Soldaten, bestenfalls stumpfsinnige, primitive Hinterwäldler, die zu hassen viel zuviel Ehre gewesen wäre. Nicht einmal Verachtung lohnte sich für die »geschichts- und kulturlosen Barbaren« aus der Neuen Welt. Am besten war es, sie gar nicht zur Kenntnis zu nehmen.

Scheuklappen

Wenige Tage nach der »Eroberung« von Paderborn klebten die ersten Anschläge der Besatzungsmacht an ausgebrannten Fassaden und Mauerresten der zerstörten Stadt. E. las sie aufmerksam und mit wachsender Empörung. Es war nicht das Verbot aller militärischen und halbmilitärischen Organisationen und das Gebot, sämtliche Waffen abzuliefern, die sie empörten. Solche Anordnungen – und auch die Androhung der Todesstrafe bei Nichtbefolgen – waren logisch seitens eines militärischen Gegners, der ein feindliches Land besetzt hatte und auf seine Sicherheit bedacht sein mußte, für E. allerdings kein Grund, jene 20 Trommelrevolver abzuliefern, die sie bei ihren Streifzügen durch die Keller der Nachbarschaft in der ehemaligen Kreisleitung gefunden und gemeinsam mit einem untergetauchten deutschen Soldaten für alle Fälle sichergestellt hatte.

In jenen Tagen war E. nicht nur auf die vollständige Entwaffnung und Entmilitarisierung des deutschen Volkes, sondern auch auf die Demontage aller Industriebetriebe und Anlagen sowie auf die Rückführung Deutschlands in einen Agrarstaat gefaßt (Morgenthau-Plan), auf Reparationszahlungen bis ans Ende der Geschichte, auf Zwangsarbeit der arbeitsfähigen deutschen Bevölkerung, vielleicht sogar Zwangsdeportationen.

Bei der Plünderung der Paderborner Infanteriekasernen durch die Zivilbevölkerung kam sie zwar zu spät, um sich mit blauweiß kariertem Bettzeug und Wolldecken zu versorgen, aber es gelang ihr, drei Paar Filzstiefel und eine größere Anzahl wollener Leibbinden zu ergattern, die man »in Sibirien« sicher gut gebrauchen konnte.

Weiterhin erwartete sie Gebietsabtretungen an alle umliegenden Länder bis zur völligen Aufteilung und Kolonialisierung Deutschlands – kurzum, ein »Super-Versailles«, denn der Haß der Feinde, deren Übermacht die deutschen Soldaten sechs Jahre lang getrotzt hatten, schien grenzenlos.

Was E. an jenen Anschlägen und den weiteren Verlautbarungen der Militärregierung empörte, war die ihrer Ansicht nach grenzenlose Dummheit und zynische Heuchelei der »politischen Aufklärung«. Da wurde z. B. das gerade untergegangene Dritte Reich als »faschistische Diktatur« bezeichnet, obwohl in Deutschland jedes Kind wußte, daß der Faschismus eine italienische Bewegung gewesen war, während es in Deutschland den Nationalsozialismus gegeben hatte. Das häßliche Wort »Diktatur« verriet ein geradezu sagenhaftes Unverständnis für das Wesen einer »germanischen Demokratie«, in der sich freie Bürger aus Volkes Mitte einen Führer wählten, dem sie sich freiwillig als Gefolgschaft unterordneten. Außerdem kam es ja wohl auf den »Diktator« an. Hitler war von der Mehrheit des deutschen Volkes verehrt und geliebt worden, während die Vertreter der Militärdiktatur eine Fremdherrschaft darstellten, die sich mit dem von ihnen unterworfenen deutschen Volk nur mit Hilfe von Dolmetschern verständigen konnten. Wenn schon »Diktatur«, dachte E., dann lieber eine selbstgewählte, hausgemachte, mit Stallgeruch, als eine durch fremde, feindliche Soldaten aufgezwungene.

Kritik an Maßnahmen und Mitgliedern der »faschistischen Diktatur« sei während des Dritten Reiches verboten gewesen, hieß es. Das konnte E. nicht bestreiten, obwohl ihr die entsprechenden Gesetze niemals schriftlich vor Augen gekommen waren und sie unter diesem Verbot kaum gelitten hatte. Aber damals ging es um die Einigung des deutschen Volkes. Vor allem in den Kriegsjahren konnte man sich keine inneren Streitigkeiten und keine »Zersetzung der Wehrkraft« leisten. Jetzt war Frieden, und trotzdem konnte man an jeder Straßenecke lesen, daß jegliche Kritik an Maßnahmen und Mitgliedern der Militärregierung bei Todesstrafe verboten war.

Das Verwerfliche an einer Diktatur sei das »Einparteiensystem«, hieß es, während eine Demokratie schon deshalb besser sei, weil sie sich durch ein Spektrum vieler Parteien auszeichne; die Deutschen könnten ihre Mündigkeit im Kreis der übrigen Völker nur durch die Errichtung einer Demokratie mit vielen neuen Parteien beweisen.

Zurück also zur Weimarer Republik mit ihrem Parteienwirrwarr und Parteienhader, in der Arbeiter, Unternehmer, Bauern, Kaufleute, Bürger, Katholiken, Protestanten, Handwerker, Schrebergärtner und Kleintierzüchter jeweils ihre eigenen Parteien gehabt und über ihren Querelen und kleinkarierten Interessen das Schicksal des deutschen Volkes aus den Augen verloren hatten? E. hatte nichts gegen neue Parteien – mochte sie doch gründen, wer wollte –, wohl aber gegen das Verbot jener Partei, der sie sich zugehörig fühlte.

Das bereits auf dem allererersten Anschlag der Militärregierung unmißverständlich ausgesprochene sofortige Verbot der NSDAP und ihrer Gliederungen erstaunte die 20jährige und gab dem gerade erst überstandenen Krieg eine völlig neue Note. Die Sieger behaupteten nämlich, nicht gegen das deutsche Volk, sondern gegen den Nationalsozialismus gekämpft zu haben, eine Unterscheidung, die sie nicht nachvollziehen konnte. Trotz aller Vorbehalte, die ihr in ihrer Umgebung gegen das NS-Regime begegnet waren, kannte sie niemanden, für den der Krieg nicht eine patriotische Angelegenheit des ganzen deutschen Volkes gewesen war. Daß das Verbot der NSDAP auch noch als »Wiederherstellung der Meinungsfreiheit« bezeichnet wurde, empörte E. zutiefst, da für ihre Meinung in dieser »Meinungsfreiheit« kein Platz war.

Nicht nur das Tragen von Symbolen und Emblemen, Abzeichen und Orden, Fahnen und Standarten der »Bewegung« wurde verboten, sondern auch solcher, die schon vor dem Dritten Reich als nationale Farben und Symbole gegolten hatten: Reichsadler, Schwarz-weiß-Rot und sogar das noch aus früher Kindheit bekannte Schwarz-Rot-Gold.

E. steckte sich das Abzeichen des NS-Studentenbundes und ein Parteiabzeichen unter das Revers der Straßenbahnerjacke, bis die Mutter sie eines Tages entdeckte und, zum Ärger der Tocher, ins Klo warf.

Die NSDAP, so dachte die 20jährige, mochte das deutsche Volk mit ihrer Vision einer Volksgemeinschaft, in der alle Klassen und Konfessionen »aufgehoben« werden sollten, überfordert haben, und ihre Vertreter waren wohl auch nicht alle »astrein« gewesen, aber schließlich kam es nicht auf die Vertreter an, sondern auf die Idee. Das Verbot der einzigen echten »Volkspartei« hielt E. für eine besonders perfide Schikane der Militärdiktatur, die nichts so sehr zu fürchten schien wie ein in der Volksgemeinschaft geeintes Deutschland.

Während des Dritten Reiches habe es keine »freien Wahlen« gegeben, hieß es. E. erinnerte sich an zahlreiche Wahlgänge mit den Eltern, bei denen diese einzeln in einer Kabine verschwunden waren. Während des Krieges hatte es allerdings keine Wahlen gegeben, weil man da wirklich andere Sorgen hatte. Wenn nun die Wahlergebnisse der dreißiger Jahre angezweifelt wurden, sollte man doch die Probe aufs Exempel machen und möglichst bald eine »freie Wahl«, natürlich unter Beteiligung der NSDAP, durchführen, dachte die 20jährige. Sie erwartete zwar keine 95prozentige Zustimmung für diese Partei, da die Besatzungsmächte durch ihre parteifeindliche Einstellung eine unselige Spaltung des deutschen Volkes erreicht hatten und viele ihr nun nachträglich und risikolos einen Tritt versetzten, um sich den neuen Herrschern anzudienen. E. rechnete aber noch immer mit einer beachtlichen Anzahl von Anhängern, die man nicht einfach, noch dazu im Zeichen der »Meinungsfreiheit«, unter den Tisch kehren konnte. Da würde es sich ja zeigen, wie viele ihre Enttäuschung über den verlorenen Krieg der NS-Regierung anlasteten, der sie in »guten Zeiten« gefolgt waren, und wie viele ihr auch jetzt noch die Treue hielten.

Es enttäuschte sie, daß die Amerikaner, die sich soviel auf ihre »demokratischen Freiheiten« einbildeten, den Deutschen das Recht absprachen, ihre inneren Angelegenheiten mit einer Regierung »freier Wahl« zu regeln. Daß sie sich anmaßten, über Herzen und Hirne zu bestimmen, und dem deutschen Volk von vornherein untersagten, sich möglicherweise auch weiterhin für eine nationalsozialistische Regierung zu entscheiden, empfand E. als politische Vergewaltigung.

Da die NS-Abzeichen unwiederbringlich im Klo verschwunden waren, besorgte sie sich – als Zeichen für ihre über den Klassen und Konfessionen schwebende »deutsche« Gesinnung – drei Glaskopfstecknadeln in den Farben Schwarz, Weiß und Rot für das Revers ihrer Jacke und wurde daraufhin zu ihrem Ärger verschiedentlich als Polin angesprochen, da der schwarze Kopf auf dem dunkelblauen Untergrund nur schwer zu erkennen war. Ostarbeiter, Fremdarbeiter, und Kriegsgefangene, die jetzt »Displaced persons« hießen und die E. während des Krieges kaum zu Gesicht bekommen hatte, beherrschten bereits wenige Tage nach Kriegsende das Bild der Öffentlichkeit, weil sie Unterkünfte, Lastwagen und Kleidungsstücke verschwenderisch mit Fahnen und Abzeichen in ihren jeweiligen Nationalfarben schmückten.

E. störte das nicht, im Gegenteil. Als ein trikoloregeschmückter Lastwagen an ihr vorbeifuhr, mit dem französische Kriegsgefangene singend und tanzend die Fahrt in die Heimat antraten, winkte E. ihnen zu, und es gelang ihr sogar zu lachen, weil sie sich freute, daß es noch Menschen gab, die Grund hatten, glücklich zu sein. Sie erfreute sich auch an den fröhlichen Volksweisen eines Akkordeonspielers, zu denen junge polnische Mädchen und Männer auf einer grünen Wiese tanzten.

Aber daß den Deutschen in einem Land, das noch immer Deutschland hieß, jegliche Demonstration der nationalen Zugehörigkeit verboten war, empörte sie zutiefst, und sie stellte sich zornig die Frage, wann der Tag käme, an dem die »Sieger« den Deutschen verbieten würden, in Deutschland deutsch zu sprechen.

Etwa zwei Wochen, nachdem die Amerikaner Stadt und Landkreis Paderborn eingenommen hatten, erregte E. mit ihren Glasknöpfen das gewünschte Aufsehen bei einigen amerikanischen Soldaten, die von einem offenen Lastwagen im Stau einer Militärkolonne abgestiegen waren. Zunächst bemerkten sie die rollenden, blitzezuckenden Räder der PESAG an E.s Kragenspiegeln, die sie anscheinend für das Abzeichen irgendeines gefährlichen NS-Vereins hielten, und beruhigten sich erst, als sie beim besten Willen kein mitrollendes, blitzezuckendes Hakenkreuz darin ausfindig machen konnten. Dafür

entdeckten sie aber die unauffälligeren Stecknadeln. Ein Amerikaner faßte ihr grob an den Kragen und brüllte drohend: »What is that?« E., die auf so etwas gewartet hatte, war der Situation voll gewachsen. Sie schaute sich die Stecknadeln verwundert an und sagte freundlich lächelnd: »That are pins!« Als er daraufhin mit zornrotem Gesicht etwas von »Nazi« und »forbidden« schrie, zog sie die Nadeln langsam und umständlich aus dem Revers, steckte sie, nach Art der Schneiderinnen, in den Mund und nuschelte beruhigend: »Sorry, I didn't know, that you are afraid of pins!«
Weitere politische Diskussionen gab es nicht, da die Fahrzeugkolonne sich langsam in Bewegung setzte und die Soldaten auf den abfahrenden Lastwagen sprangen.
E. strampelte mit dem Fahrrad hinterher und steckte sich die Nadeln im Fahren wieder an. Die amerikanischen Soldaten taten ihr fast leid, weil sie geglaubt hatten, in ein Land voller »Nazis« zu kommen, und nun niemand antrafen, der einer gewesen sein wollte. So tat sie ihnen den Gefallen, brach in ein »höhnisches Gelächter« aus und bot ihnen zum Abschied mit erhobenem rechten Arm den deutschen Gruß. Er fiel zwar nicht sehr zackig aus, da am Lenker ihres Fahrrades viele schwere Taschen hingen, wurde aber verstanden, denn auf der Ladefläche erhob sich ein wildes Geschrei. Da die Soldaten dem Fahrer diese Provokation nicht so schnell mitteilen konnten und E. – inzwischen von anderen Fahrzeugen der Kolonne überholt – es vorzog, in ein »Pättken« abzubiegen, blieb diese »mutige Demonstration ungebrochenen deutschen Nationalbewußtseins« ohne Folgen.
Nach der Kapitulation am 8. Mai 1945 zogen die amerikanischen Soldaten aus Stadt und Landkreis Paderborn ab und wurden von Engländern abgelöst. Die Amerikaner hinterließen noch einige Eindrücke, die E. lange zu denken gaben, so z. B. außer dem bereits erwähnten sexistischen Schlager »Ich nenne alle Frauen Baby...« die erste Begegnung mit zwei Frauen, die der amerikanischen Armee angehörten.
Sie trugen enge, khakifarbene Röcke, ebensolche Blusen mit dunklen Schlipsen, dazu aufregend mattschimmernde Strümpfe – das mußten die berühmten »Nylons« sein – und hochhackige Pumps, mit denen sie, in Begleitung einiger amerikanischer Soldaten, unsicher durch die Trümmer staksten. Während die eine keinerlei weibliche Rundungen aufwies, hatte die andere davon eher zuviel, und E. fand den dicken Busen in der hochgeschlossenen Bluse und den ausladenden Popo in dem engen Rock »ordinär«.
Am meisten verwunderten und erschreckten E. die Gesichter. Da sie niemals zuvor ein »Make-up« gesehen hatte, das auf den ersten Blick zu erkennen war und sich unbekümmert über die unverfälschte Natur hinwegsetzte, vermochte sie nur rosig-weiße, starre Masken mit dunklen Augenlöchern und blutroten Wunden an Stelle des Mundes zu erkennen, die sie an Zirkusclowns erinnerten.
Der dritte Eindruck, den die Amerikaner bei E. hinterließen, beruhte auf dem unbekümmerten und selbstbewußten Auftreten der »Sieger aus der Neuen Welt«, die über unerschöpfliche Reserven nicht nur an Kriegsmaterial und Waffen, Nahrungsmitteln, Gebrauchsgegenständen und Textilien, sondern auch an Gesundheit, Kraft und Vitalität zu verfügen schienen.
Vielleicht, so dachte E. eines Tages in den Trümmern ihres ehemaligen Wohnhauses, waren die Kulturnationen des alten Europa wirklich inzwischen überholte Gebilde und das Abendland längst reif zum Untergang, während den »geschichts- und kulturlosen, aber starken und kräftigen Barbaren« von jenseits des Ozeans die Zukunft gehörte.
Die flüchtige Vision eines Deutschlands, das irgendwann in der Zukunft mit den Vereinigten Staaten von Amerika eine Art »Konföderation« eingehen bzw. sich dem überseeischen Staatengebilde als zusätzlicher Staat eingliedern würde, tauchte auf, wurde aber bald wieder verworfen.

Wenige Tage vor der Kapitulation wurde vom Reichssender Flensburg eine Rede des Reichsministers für Rüstung, Albert Speer, ausgestrahlt, die E. ganz zufällig und auch nur bruchstückhaft hörte. Speer sprach von dem »Heldenkampf Deutschlands« und vom deutschen Volk, »das alles Leiden dieses Krieges so tapfer getragen hat . . .« und schloß mit den beschwörenden Worten: »Es liegt nicht mehr in unserer Hand, wohin sich unser Schicksal wendet. Nur eine bessere Vorsehung kann unsere Zukunft ändern. Wir selbst können aber dazu beitragen, indem wir entschlossen und fleißig unserer Arbeit nachgehen, indem wir würdig und selbstbewußt dem Gegner begegnen, indem wir innerlich bescheidener werden und Selbstkritik üben und indem wir unerschüttert an die Zukunft des Volkes glauben, das immer und ewig bleiben wird. Gott schütze Deutschland.«

Die gewohnte heroische Sprache erfüllte E. mit Trost und Zuversicht. Deutschland hatte einen ihm aufgezwungenen Krieg tapfer und anständig bis zum bitteren Ende geführt. Als eines Abends ein alter Bauer aus der Nachbarschaft, der niemals ein »Nazi« gewesen war, mit großer Empörung berichtete, in Delbrück habe ein Kaplan die einrückenden Amerikaner in vollem Ornat feierlich als »Befreier« begrüßt, teilte sie seinen Zorn, denn eine solche »Arschkriecherei« war »würdelos und unanständig«, die Bezeichung »Befreier« für den militärischen Gegner überdies eine bodenlose Unverschämtheit gegenüber Millionen deutscher Soldaten, die sechs Jahre hindurch ihre militärische Pflicht erfüllt und im letzten Kriegsjahr verzweifelt versucht hatten, das Eindringen feindlicher Truppen über die Grenzen des Reiches zu verhindern.

Wie konnte man ihnen zumuten, den Augenblick ihrer Entwaffnung und den Marsch in die Gefangenschaft als »Befreiung« zu erleben?

Das Wort »Befreiung« bzw. »Befreiung vom Faschismus« im Zusammenhang mit der Eroberung Deutschlands durch die Armeen der Alliierten blieb für E. lange Zeit ein Reizwort. Sie fühlte sich damals alles andere als »befreit«, vielmehr geschlagen, unterworfen, gedemütigt, unfrei, der Willkürherrschaft der militärischen Gegner auf Gnade und Ungnade ausgeliefert, und es gab in ihrer Umwelt niemanden, der nicht ähnliches gefühlt, für den die militärische Niederlage etwas anderes gewesen wäre als eine ungeheure nationale Katastrophe. E., die nicht nur den verlorenen Krieg, sondern auch den Tod von Brüdern, Freunden und Verwandten sowie den totalen Verlust ihres Besitzes an Kulturgütern und verdinglichten bleibenden Gefühlswerten zu verarbeiten hatte, drängte sich damals die bittere Formel auf: »Befreiung? – Ja, von allem, was mir lieb und teuer war.« Es gab zwar allgemeine tiefempfundene Erleichterung darüber, daß nun endlich die ständige Lebensbedrohung durch Bombenangriffe aufgehört hatte, aber den wenigen, die beflissentlich das Schlagwort »Befreiung vom Faschismus« nachbeteten, nahm E. das nicht ab, weil sie sich noch zu gut an ihr Verhalten vor der »Befreiung« erinnerte.

Es gab allerdings Zeitgenossen, denen sie ihre Erleichterung über das Ende der NS-Herrschaft glaubte, weil sie »schon immer was zu meckern« gehabt hatten, aber auch deren Genugtuung hatte einen Beiklang von: »Wenigstens etwas Gutes ist bei dem ganzen Unglück herausgekommen. Die Nazis sind wir los.« Das schien ihnen ein schwacher Trost, der sie mit der auch von ihnen als nationale Katastrophe erlebten militärischen Niederlage ein wenig versöhnte.

Als das Gerücht aufkam, der Bischof von Münster, Clemens August Graf von Galen, dem man wohl kaum Sympathien für das NS-Regime nachsagen kann, sei an der Spitze der einrückenden Amerikaner nach Münster zurückgekehrt, war nicht nur E. tief enttäuscht. Aber bereits vier Tage nach der Kapitulation trat von Galen öffentlich der »geflissentlich verbreiteten Lüge und Verleumdung« entgegen, daß er »die Stadt seiner Kathedrale in

Gesellschaft vorrückender Feindtruppen wieder betreten und mit diesen Verhandlungen angeknüpft habe«, sprach von dem »erschütternden Erlebnis«, nämlich dem »Anblick der durchziehenden Truppen unserer Kriegsgegner in unserer Heimat, im deutschen Land«. Weiter hieß es in dieser Verlautbarung: »Es ist heute nicht der Zeitpunkt, und es ist hier nicht der Ort, darüber zu sprechen, wie bitter uns dies Geschehen ist und wie unsere Herzen bluten bei der Not unseres Volkes«, und er sprach damit vielen katholischen Geistlichen aus der Seele, die sich viele Jahre lang entschieden und mutig gegen die Schließung katholischer Schulen und Klöster, gegen das Verbot kirchlicher Jugendgruppen und Organisationen, gegen Einmischung in innerkirchliche Belange und seelsorgerische Funktionen, gegen die Tötung »unwerten Lebens« in den Heil- und Pflegeanstalten, gegen »Neuheidentum« und antichristliche Propaganda gewandt hatten und doch in diesem Krieg zunächst einmal und vor allem »gute Deutsche« gewesen waren.

Der plötzliche Tod des Bischofs und Kardinals im Jahre 1946 löste wiederum Gerüchte aus, nämlich es sei dabei »nicht mit rechten Dingen zugegangen«, und sogar, er sei vergiftet worden, denn er hatte sich nicht gescheut, der Militärregierung gegenüber entschieden und unbequem gegen Besatzungswillkür und Besatzungsunrecht zu protestieren.

Befreit wurden im Jahr 1945 die vom faschistischen Deutschland besetzten Länder und unterdrückten Völker, KZ-Häftlinge und Zwangsarbeiter, Kriegsgefangene in deutschem Gewahrsam, Widerstandkämpfer im Untergrund und Juden, die die Vernichtungslager überlebt hatten, aber nicht jene Mehrheit des deutschen Volkes, die der Faschismus mehr oder weniger – meist mehr, als es ihnen selbst bewußt war – geprägt hatte. Eine »Befreiung vom Faschismus« in Herzen und Hirnen war nicht so leicht zu haben – nicht durch die militärische Niederlage, nicht durch sogenannte Entnazifizierungsverfahren und nicht durch emsige Arbeitswut und Ohne-mich-Rückzug in die Privatsphäre, die dann zum Wirtschaftswunder führte.

Das war ein langer, schmerzlicher Prozeß, den viele gar nicht erst begonnen haben und der für E. noch immer nicht beendet ist. Sie wird darüber im zweiten Band dieses Buches berichten, der außer dem Kapitel »Entnazifizierung« die Themen »Sozialrassismus«, »Frauenfrage« und »Neuheidentum« behandelt.

Auf die Gefahr hin, für »unbelehrbar« zu gelten: E. kann für das Jahr 1945 nicht den Terminus »Befreiung vom Faschismus« gelten lassen, da er die spontane, emotionelle Beteiligung der Befreiten an ihrer Befreiung unterstellt. Eine solche Gemütsbewegung nachträglich in das damalige subjektive Zeiterleben einzufügen, wäre eine intellektuelle Unredlichkeit. Sie kann ihn auch nicht für jene späte Einsicht benutzen, daß die militärische Niederlage des Dritten Reiches die einzige Chance war, nicht nur das deutsche Volk, sondern vor allem die unterworfenen und besetzten Ostvölker und die Juden vor den Weltherrschafts-, Versklavungs- und Ausrottungsplänen dieses Systems zu schützen.

Für Nachgeborene mag es berechtigt sein, die Kapitulation vom 8. Mai 1945 als »Befreiung des deutschen Volkes vom Faschismus« zu bezeichnen, obwohl es genauer ». . . vom faschistischen System« heißen müßte und das Wort »Befreiung« – um Mißdeutungen auszuschließen – nur als kühle, historische Bestandsaufnahme verstanden werden darf. Für sich und ihre Generation bittet E. um Nachsicht, wenn sie das Wort »Befreiung« auch im Sinne dieser Bestandsaufnahme nur schwer über die Lippen bringt. Der Preis, der dafür bezahlt werden mußte, war zu hoch.

Un bequem

Inge Deutschkron
Mein Leben nach dem Überleben

248 Seiten,
Paperback DM 32,–
ISBN 3-8046-8785-7

Nach dem sensationellen Erfolg des autobiographischen Berichts »Ich trug den gelben Stern« von Inge Deutschkron ist die »Fortsetzung« von 1945 bis heute ein spannendes, erregendes und enthüllendes Zeitzeugnis über das Leben einer streitbaren und engagierten Journalistin und die Gesellschaft, in der es sich abspielte. Sie hat es sich nicht bequem gemacht, aber sie war auch nicht bequem, wenn sie etwa ihre Erfahrungen mit alten und neuen Nazis in der Bundesrepublik Deutschland schilderte oder auch ihre Enttäuschungen über die politische Entwicklung in Israel zum Ausdruck brachte. Ihre Aufzeichnungen führen uns nahezu ein halbes Jahrhundert Nachkriegsgeschichte vor, die in den persönlichen Erlebnissen und durch ungewöhnliche Sichtweisen begreifbar wird und uns zumindest sehr nachdenklich macht.

Verlag Wissenschaft und Politik